2011

大中型批发零售和住宿餐饮企业统计年鉴

国家统计局贸易外经统计司编

中国统计出版社
China Statistics Press

(京)新登字041号

图书在版编目（CIP）数据

大中型批发零售和住宿餐饮企业统计年鉴. 2011/
国家统计局贸易外经统计司编.
--北京：中国统计出版社，2011. 9
ISBN 978-7-5037-6347-2

Ⅰ.①大… Ⅱ.①国… Ⅲ.①批发业-统计资料
-中国-2011-年鉴②零售业-统计资料
-中国-2011-年鉴③饭店业-统计资料
-中国-2011-年鉴④饮食业-统计资料
-中国-2011-年鉴 Ⅳ.①F721.7-54②F719-54

中国版本图书馆CIP数据核字（2011）第178546号

大中型批发零售和住宿餐饮企业统计年鉴-2011

作　　者/国家统计局贸易外经统计司
责任编辑/马　平
装帧设计/李雪燕
出版发行/中国统计出版社
通信地址/北京市西城区月坛南街57号　　邮政编码/100826
办公地址/北京市丰台区西三环南路甲6号　邮政编码/100073
电　　话/邮购（010）63376907　书店（010）68783172
印　　刷/河北天普润印刷厂
经　　销/新华书店
开　　本/880×1230毫米　1/16
字　　数/1028千字
印　　张/32.75
版　　别/2011年9月第1版
版　　次/2011年9月第1次印刷
书　　号/ISBN 978-7-5037-6347-2/F·3041
定　　价/380.00元

《大中型批发零售和住宿餐饮企业统计年鉴—2011》编辑成员

编辑说明

一、《大中型批发零售和住宿餐饮企业统计年鉴—2011》系统收录了全国和各省、自治区、直辖市2010年大中型批发零售和住宿餐饮企业基本情况、经营情况和主要财务状况的年报统计数据，是一部全面反映中国大中型批发和零售业、住宿和餐饮业企业改革和发展状况的资料性年刊。

二、本年鉴正文内容分为四个部分：1．综合篇；2．地区篇；3．行业篇；4．企业篇。同时设有四个附录：1．统计上大中小微型企业划分办法；2．统计上大中小型企业划分办法（暂行）；3．批发和零售业、住宿和餐饮业统计限额标准；4．主要统计指标解释。

三、为便于读者使用，本年鉴对所用略语和主要统计指标解释、统计范围和统计方法作了简要说明。

四、本年鉴中所使用的企业划型标准，如无特别标注，采用国家统计局于2011年9月印发的《统计上大中小微型企业划分办法》。

五、本年鉴中涉及的全国性统计资料，均未包括香港、澳门特别行政区和台湾省数据。

六、本年鉴中所使用的度量衡单位，均为国际统一标准计量单位。

七、本年鉴表中的“空格”表示该项统计指标数据不足本表最小单位数、不详或无该项数据。

目录

综合篇

地区篇

行业篇

企业篇

附 录

综合篇

简要说明：

一、本篇资料主要内容为大中型批发和零售业、住宿和餐饮业企业的单位数和从业人员数情况；大中型批发和零售业企业的商品购、销、存情况；大中型住宿和餐饮业企业的经营情况；大中型批发和零售业、住宿和餐饮业企业的主要财务、劳动工资及经济效益分析指标等。

二、大中型批发和零售业、住宿和餐饮业采用全面调查方法。

三、本篇中“新标准”是指国家统计局于2011年9月印发的《统计上大中小微型企业划分办法》，具体见附件Ⅰ；“原标准”是指国家统计局于2003年印发的《统计上大中小型企业划分办法（暂行）》，具体见附件Ⅱ。如无特别标注，批发和零售业、住宿和餐饮业大中型企业划分均依据“新标准”。

1-1 大中型批发和零售业企业基本情况

项目	批发业（按新标准划型）					
	大中型		大型		中型	
	2010年	2009年	2010年	2009年	2010年	2009年
一、法人单位数(个)	**19482**	**16863**	**1749**	**1484**	**17733**	**15379**
二、年末从业人数(万人)	**274.8**	**239.7**	**138.9**	**119.2**	**135.9**	**120.5**
三、商品购、销、存情况(亿元)						
商品购进额	157566.5	112914.8	69557.3	48244.2	88009.1	64670.6
商品销售额	174266.0	125180.5	80409.8	55780.3	93856.2	69400.2
期末商品库存额	12084.5	9539.9	5112.3	3868.0	6972.1	5671.9
四、实收资本及构成(亿元)						
实收资本	8584.2	7519.3	3454.6	2929.9	5129.6	4589.4
国家资本	3030.0	2754.3	1572.7	1518.2	1457.2	1236.1
集体资本	228.3	198.0	41.0	27.7	187.2	170.3
法人资本	2468.2	1996.4	816.1	559.4	1652.1	1437.0
个人资本	1632.7	1463.6	261.0	193.3	1371.7	1270.3
港澳台资本	310.9	243.9	137.5	80.2	173.4	163.7
外商资本	914.2	863.2	626.3	551.1	287.9	312.1
五、主要财务指标(亿元)						
(一)年末资产负债						
流动资产合计	52597.2	39773.6	20808.3	15145.1	31788.8	24628.4
固定资产原价	5600.7	5041.8	3308.0	2921.9	2292.6	2120.0
累计折旧	1874.3	1636.8	1144.9	966.5	729.4	670.3
资产总计	67472.4	52673.2	28612.7	21502.0	38859.7	31171.2
负债合计	47635.2	36231.0	17534.0	13182.6	30101.2	23048.4
所有者权益	19767.6	16409.6	11009.0	8286.9	8758.6	8122.7
(二)损益及分配						
主营业务收入	157166.5	113845.2	71921.6	50530.9	85244.9	63314.3
主营业务成本	144989.7	104470.9	64852.9	45110.5	80136.7	59360.4
主营业务税金及附加	689.6	456.9	492.0	276.7	197.5	180.2
主营业务利润	11020.3	9156.9	6435.7	5521.7	4584.6	3635.1
其他业务利润	363.3	354.6	174.6	183.2	188.8	171.4
营业费用	4568.1	3477.8	2671.7	2011.6	1896.4	1466.2
管理费用	2349.0	1876.7	1266.2	993.8	1082.8	882.9
财务费用	445.2	327.9	79.1	86.9	366.1	241.0
营业利润	4587.9	3623.4	2911.2	2200.0	1676.7	1423.4
利润总额	4854.3	3917.4	3074.9	2381.6	1779.4	1535.9
应交所得税	919.0	777.6	629.4	510.4	289.6	267.2
本年应付工资总额	1359.1	1085.0	800.7	614.1	558.4	470.9
本年应付福利费总额	115.8	80.6	73.2	49.6	42.6	31.1
本年应交增值税	2137.8	1726.8	1220.8	954.7	917.0	772.1

1-1 续表1

项目	批发业(按原标准划型)					
	大中型		大型		中型	
	2010年	2009年	2010年	2009年	2010年	2009年
一、法人单位数(个)	**5811**	**3361**	**1958**	**1673**	**3853**	**1688**
二、年末从业人数(万人)	**219.5**	**149.4**	**147.9**	**126.3**	**71.7**	**23.0**
三、商品购、销、存情况(亿元)						
商品购进额	97005.4	50663.7	69882.1	48566.1	27123.3	2097.7
商品销售额	109235.7	58612.2	81199.6	56536.9	28036.2	2075.3
期末商品库存额	7806.6	4333.6	5209.3	3952.1	2597.3	381.5
四、实收资本及构成(亿元)						
实收资本	5283.0	3253.9	3510.4	2954.9	1772.6	299.0
国家资本	2275.6	1602.9	1580.9	1515.6	694.7	87.3
集体资本	110.0	46.5	46.6	30.6	63.4	15.8
法人资本	1365.0	645.4	833.1	572.2	531.9	73.2
个人资本	556.6	278.9	275.3	204.6	281.3	74.3
港澳台资本	206.9	102.4	147.9	86.6	59.0	15.8
外商资本	768.8	577.8	626.5	545.3	142.3	32.5
五、主要财务指标(亿元)						
(一)年末资产负债						
流动资产合计	30780.8	16557.6	21028.8	15390.8	9752.0	1166.9
固定资产原价	4323.9	3251.2	3360.3	2972.6	963.6	278.6
累计折旧	1473.4	1066.2	1163.3	980.6	310.1	85.6
资产总计	41389.2	23360.2	28892.4	21753.8	12496.7	1606.4
负债合计	27034.2	14549.9	17744.4	13376.1	9289.8	1173.8
所有者权益	14285.2	8777.7	11078.3	8345.1	3206.9	432.6
(二)损益及分配						
主营业务收入	97714.0	52785.9	72261.1	50818.3	25452.9	1967.6
主营业务成本	88764.2	47031.7	65094.4	45328.6	23669.8	1703.1
主营业务税金及附加	567.5	289.8	499.4	280.5	68.1	9.3
主营业务利润	8101.1	5830.0	6524.4	5589.2	1576.8	240.7
其他业务利润	246.0	212.3	179.6	188.2	66.4	24.1
营业费用	3475.7	2184.2	2731.3	2052.1	744.4	132.2
管理费用	1688.3	1111.4	1291.9	1016.7	396.5	94.6
财务费用	193.4	105.5	83.7	89.5	109.7	15.9
营业利润	3406.0	2243.6	2918.3	2206.3	487.8	37.2
利润总额	3626.7	2447.2	3081.1	2389.7	545.6	57.5
应交所得税	726.4	523.2	630.2	511.9	96.2	11.3
本年应付工资总额	1094.1	700.8	829.4	634.0	264.7	66.9
本年应付福利费总额	93.8	55.0	75.3	50.8	18.5	4.1
本年应交增值税	1469.5	1010.2	1239.2	968.3	230.2	41.9

1-1 续表2

项　　目	零售业（按新标准划型）					
	大中型		大型		中型	
	2010年	2009年	2010年	2009年	2010年	2009年
一、法人单位数(个)	**19097**	**16465**	**1628**	**1402**	**17469**	**15063**
二、年末从业人数(万人)	**429.5**	**379.9**	**194.4**	**172.5**	**235.1**	**207.4**
三、商品购、销、存情况(亿元)						
商品购进额	39485.7	29362.8	17984.3	13896.3	21501.4	15466.5
商品销售额	46531.4	35504.8	22391.1	17926.9	24140.4	17577.9
期末商品库存额	4106.6	3243.5	1712.9	1334.8	2393.8	1908.7
四、实收资本及构成(亿元)						
实收资本	3569.3	3040.8	1541.3	1317.1	2028.0	1723.7
国家资本	638.3	560.6	430.3	359.7	208.0	201.0
集体资本	145.1	124.1	47.6	44.2	97.6	79.9
法人资本	1241.3	847.9	511.3	373.3	730.0	474.6
个人资本	859.6	935.7	180.4	203.0	679.3	732.7
港澳台资本	286.4	227.8	116.3	125.9	170.0	101.9
外商资本	398.5	344.6	255.4	211.1	143.1	133.6
五、主要财务指标(亿元)						
(一)年末资产负债						
流动资产合计	13552.5	10594	6622.8	5365.6	6929.7	5228.8
固定资产原价	4855.3	4312	2628.0	2359.6	2227.3	1952.6
累计折旧	1488.6	1292	860.1	745.8	628.5	545.9
资产总计	20499.3	16420	10551.5	8736.2	9947.8	7684.0
负债合计	14910.9	11614	7370.8	5796.0	7540.0	5818.0
所有者权益	5586.5	4802	3178.7	2936.6	2407.8	1864.9
(二)损益及分配						
主营业务收入	41517.7	31585.4	19647.8	15519.1	21869.9	16066.3
主营业务成本	36723.2	27732.5	17208.3	13470.7	19514.9	14261.8
主营业务税金及附加	184.8	151.8	81.0	77.0	103.8	74.8
主营业务利润	4389.2	3499.4	2285.1	1883.2	2104.1	1616.2
其他业务利润	667.7	561.2	450.1	382.2	217.7	179.0
营业费用	2397.0	1954.0	1344.7	1124.2	1052.3	829.7
管理费用	1307.4	1087.3	634.0	543.9	673.4	543.3
财务费用	207.2	166.5	73.1	68.6	134.1	97.9
营业利润	1325.2	970.0	778.6	599.1	546.6	370.9
利润总额	1251.1	902.6	755.2	552.7	495.9	349.9
应交所得税	238.4	179.3	134.5	105.4	103.9	73.9
本年应付工资总额	997.2	782.1	487.2	385.2	510.1	396.9
本年应付福利费总额	63.5	48.6	29.7	23.0	33.9	25.6
本年应交增值税	874.6	701.1	463.9	389.6	410.7	311.5

1-1 续表3

项　　目	零售业（按原标准划型）					
	大中型		大型		中型	
	2010年	2009年	2010年	2009年	2010年	2009年
一、法人单位数(个)	**9279**	**5350**	**1208**	**1048**	**8071**	**4302**
二、年末从业人数(万人)	**356.6**	**244.9**	**183.3**	**162.6**	**173.3**	**82.3**
三、商品购、销、存情况(亿元)						
商品购进额	30914.6	14009.3	15283.6	11867.9	15631.1	2141.3
商品销售额	37167.8	17853.3	18989.4	15364.6	18178.4	2488.7
期末商品库存额	3174.2	1571.2	1497.3	1155.2	1676.9	416.0
四、实收资本及构成(亿元)						
实收资本	2772.7	1558.0	1332.9	1105.3	1439.8	452.7
国家资本	569.5	365.6	370.8	315.0	198.7	50.6
集体资本	109.0	66.6	42.8	39.3	66.2	27.3
法人资本	964.8	424.7	444.1	317.3	520.7	107.3
个人资本	508.2	349.5	147.0	158.1	361.2	191.4
港澳台资本	256.0	142.2	104.2	110.3	151.7	31.9
外商资本	365.1	209.4	223.9	165.3	141.3	44.1
五、主要财务指标(亿元)						
(一)年末资产负债						
流动资产合计	10883.8	5521.3	5721.8	4492.7	5162.1	1028.5
固定资产原价	4142.3	2635.4	2276.5	2072.0	1865.9	563.4
累计折旧	1296.0	816.2	748.1	653.0	547.9	163.2
资产总计	16877.4	9103.4	9171.9	7401.0	7705.5	1702.4
负债合计	12198.7	6268.9	6457.3	4930.9	5741.4	1338.0
所有者权益	4676.7	2832.6	2712.6	2468.2	1964.1	364.5
(二)损益及分配						
主营业务收入	32991.2	15534.8	16637.3	13219.1	16354.0	2315.7
主营业务成本	29012.3	13374.1	14570.3	11461.3	14442.0	1912.8
主营业务税金及附加	146.3	85.2	68.2	66.2	78.1	19.0
主营业务利润	3661.0	1977.3	1916.1	1616.6	1744.8	360.6
其他业务利润	620.2	395.7	401.3	334.9	218.8	60.8
营业费用	2091.9	1225.7	1168.8	975.5	923.1	250.2
管理费用	1077.2	621.4	538.4	471.9	538.8	149.5
财务费用	154.0	75.3	57.6	57.0	96.5	18.3
营业利润	1110.4	530.3	638.0	506.6	472.5	23.8
利润总额	1064.9	480.3	617.6	451.8	447.3	28.5
应交所得税	202.9	97.2	112.0	85.7	90.8	11.5
本年应付工资总额	835.9	480.1	440.6	347.1	395.4	133.0
本年应付福利费总额	52.9	27.2	27.2	19.4	25.8	7.8
本年应交增值税	737.9	390.8	391.7	330.3	346.2	60.6

1-2 大中型批发和零售业企业单位数和从业人数

项目	法人单位数(个)		年末从业人数(人)	
	限额以上	大中型企业	限额以上	大中型企业
总计	**111770**	**38579**	**8522285**	**7042900**
一、批发业	**59464**	**19482**	**3509411**	**2747781**
(一)按登记注册类型分				
1.内资企业	**56684**	**17999**	**3146278**	**2411798**
国有企业	3857	2289	717042	648392
集体企业	1121	350	82840	52034
股份合作企业	352	117	20000	14245
联营企业	129	61	9399	7910
国有联营企业	53	26	3331	2616
集体联营企业	20	6	776	532
国有与集体联营企业	25	14	1809	1628
其他联营企业	31	15	3483	3134
有限责任公司	13932	5691	848583	681515
国有独资公司	475	303	62575	56244
其他有限责任公司	13457	5388	786008	625271
股份有限公司	1588	910	359883	341182
私营企业	35222	8435	1070941	636516
私营独资企业	2397	509	77645	36524
私营合伙企业	534	113	17341	9250
私营有限责任公司	31038	7491	920343	552803
私营股份有限公司	1253	322	55612	37939
其他企业	483	146	37590	30004
2.港、澳、台商投资企业	**962**	**532**	**134682**	**124605**
合资经营企业	182	98	23501	21477
合作经营企业	12	5	4024	3895
独资经营企业	735	408	94356	87039
投资股份有限公司	33	21	12801	12194
3.外商投资企业	**1818**	**951**	**228451**	**211378**
中外合资经营企业	367	205	54791	49871
中外合作经营企业	22	16	2415	2242
外资企业	1391	714	168835	157338
外商投资股份有限公司	38	16	2410	1927

1-2 续表 1

项　　目	法人单位数(个)		年末从业人数(人)	
	限额以上	大中型企业	限额以上	大中型企业
(二)按国民经济行业分				
农畜产品批发	2261	757	152892	97504
食品、饮料及烟草制品批发	4870	2250	738425	637254
米、面制品及食用油批发	950	382	66171	48399
肉、禽、蛋及水产品批发	540	172	57130	45786
饮料及茶叶批发	916	429	120022	97971
烟草制品批发	618	570	320744	318260
纺织、服装及日用品批发	5758	2133	392750	322291
服装批发	1635	761	175077	151751
鞋帽批发	417	162	32676	27966
文化、体育用品及器材批发	1303	483	90860	71006
文具用品批发	424	135	13328	8527
体育用品批发	106	38	7895	6592
图书批发	201	94	24444	18911
医药及医疗器材批发	3462	1947	311916	256862
西药批发	2099	1259	196545	161182
中药材及中成药批发	792	469	87500	75412
矿产品、建材及化工产品批发	26966	6807	1091893	812058
煤炭及制品批发	3760	1171	168716	121446
石油及制品批发	2687	1253	411924	389973
金属及金属矿批发	10506	1999	213778	124778
建材批发	2827	672	80529	47226
化肥批发	1186	361	70523	45978
农药批发	141	45	6654	4356
机械设备、五金交电及电子产品批发	11067	4080	598710	466012
汽车、摩托车及零配件批发	2001	788	95998	74654
家用电器批发	1036	530	127902	113820
计算机、软件及辅助设备批发	1355	498	57163	42230
通讯及广播电视设备批发	462	234	49993	45450
贸易经纪与代理	926	316	37869	29124
其他批发	2851	709	94096	55670
(三)按控股情况分				
国有控股	6618	4019	1180317	1083221
集体控股	2161	874	158131	112880
私人控股	42203	10992	1449898	930379
港澳台控股	911	530	124534	115375
外商控股	1655	858	202901	187786

1-2 续表 2

项　　目	法人单位数(个)		年末从业人数(人)	
	限额以上	大中型企业	限额以上	大中型企业
二、零售业	**52306**	**19097**	**5012874**	**4295119**
(一)按登记注册类型分				
1.内资企业	**50820**	**17977**	**4408866**	**3715347**
国有企业	3046	1372	332538	287628
集体企业	2820	889	166125	122070
股份合作企业	545	169	43024	35296
联营企业	235	59	13962	10603
国有联营企业	75	16	5782	4578
集体联营企业	59	20	2748	2115
国有与集体联营企业	51	8	2073	1263
其他联营企业	50	15	3359	2647
有限责任公司	13235	6205	1587381	1429203
国有独资公司	224	105	24635	21492
其他有限责任公司	13011	6100	1562746	1407711
股份有限公司	1948	1054	569348	538161
私营企业	28201	7971	1642376	1247762
私营独资企业	6008	1012	212026	123248
私营合伙企业	908	212	42314	28049
私营有限责任公司	19828	6296	1280716	1009739
私营股份有限公司	1457	451	107320	86726
其他企业	790	258	54112	44624
2.港、澳、台商投资企业	**650**	**501**	**239131**	**235201**
合资经营企业	165	132	56030	55138
合作经营企业	32	18	13930	13597
独资经营企业	429	331	161749	159097
投资股份有限公司	24	20	7422	7369
3.外商投资企业	**836**	**619**	**364877**	**344571**
中外合资经营企业	280	207	169039	152484
中外合作经营企业	45	31	17134	16805
外资企业	479	353	166276	162953
外商投资股份有限公司	32	28	12428	12329

1-2 续表 3

项　　目	法人单位数(个)		年末从业人数(人)	
	限额以上	大中型企业	限额以上	大中型企业
(二)按国民经济行业分				
综合零售	10418	6562	2402072	2283786
百货零售	4708	2985	1057098	1007361
超级市场零售	4139	3000	1208456	1164001
食品、饮料及烟草制品专门零售	2639	765	171318	133124
粮油零售	435	103	26181	19219
肉、禽、蛋及水产品零售	387	150	29441	24150
饮料及茶叶零售	526	103	27947	20304
烟草制品零售	323	92	16828	11946
纺织、服装及日用品专门零售	2932	1177	304847	266849
服装零售	1587	764	201759	182508
文化、体育用品及器材专门零售	2887	890	189277	143414
体育用品零售	83	32	8842	7829
图书零售	1553	586	118234	92469
医药及医疗器材专门零售	3039	1451	333199	287703
药品零售	2634	1408	322320	282865
汽车、摩托车、燃料及零配件专门零售	18255	5854	969237	719610
汽车零售	12262	5152	667062	512991
机动车燃料零售	4083	531	259203	191979
家用电器及电子产品专门零售	7068	1493	418410	308741
家用电器零售	3882	957	291925	231151
计算机、软件及辅助设备零售	2079	253	64502	31802
通信设备零售	732	240	52948	41851
五金、家具及室内装修材料专门零售	2712	535	132789	94459
无店铺及其他零售	2356	370	91725	57433
邮购及电子销售	73	37	15310	14594
(三)按控股情况分				
国有控股	4838	2423	832691	760706
集体控股	3830	1475	397193	342522
私人控股	35562	11237	2482274	1991559
港澳台控股	632	489	230158	225240
外商控股	663	505	299215	286909

1-3 大中型批发和零售业

项 目	商品购进额		进 口	
	限额以上	大中型企业	限额以上	大中型企业
总 计	**2480408659**	**1970521261**	**196046675**	**168283371**
一、批发业	**1991501142**	**1575664650**	**184630178**	**158588676**
(一)按登记注册类型分				
1.内资企业	**1781060870**	**1382405103**	**128292794**	**106481287**
国有企业	399832289	377703044	28972206	28104208
集体企业	20841705	16433850	2121385	1895749
股份合作企业	7755437	6296747	91506	31849
联营企业	5524764	4136252	282075	75522
国有联营企业	2893432	2036878	187068	983
集体联营企业	229234	59672		
国有与集体联营企业	1157852	990155	5885	2856
其他联营企业	1244247	1049547	89122	71683
有限责任公司	581730448	464306253	56314625	47015422
国有独资公司	84157024	77267256	13216186	13092935
其他有限责任公司	497573424	387038997	43098439	33922487
股份有限公司	252280365	245695495	10969044	10739798
私营企业	504722602	261906648	29405852	18523224
私营独资企业	19423175	9642090	337546	141619
私营合伙企业	5832529	2087049	235241	10795
私营有限责任公司	461840099	239772503	28155348	18003251
私营股份有限公司	17626799	10405007	677717	367559
其他企业	8373260	5926814	136101	95516
2.港、澳、台商投资企业	**47295839**	**42090209**	**9735211**	**7571268**
合资经营企业	11333706	10646528	453431	292300
合作经营企业	636486	575883	1129	
独资经营企业	33480216	29080963	9253787	7265507
投资股份有限公司	1845432	1786835	26864	13461
3.外商投资企业	**163144433**	**151169338**	**46602174**	**44536121**
中外合资经营企业	46867099	43254554	3271990	3068290
中外合作经营企业	8441745	8420883	32317	30218
外资企业	107386150	99145748	43177028	41338785
外商投资股份有限公司	449440	348154	120840	98827

企业商品购、销、存情况

单位：万元

商品销售额		出口		期末商品库存额	
限额以上	大中型企业	限额以上	大中型企业	限额以上	大中型企业
2766356780	**2207974469**	**144248214**	**112175169**	**198167903**	**161911018**
2191210971	**1742660079**	**143803074**	**111813092**	**147122030**	**120844573**
1940378679	**1510954523**	**124703962**	**94913426**	**129148889**	**104274801**
450270131	426447417	19189044	17724753	29601272	27481519
24359674	19595322	1810903	1579234	1875009	1569715
8149849	6582530	131512	74060	701526	622287
6005134	4554697	503531	172554	429992	242043
3062651	2166138	256638	54284	290733	144885
403200	219828	48435		27965	4127
1209394	1038384	101318	82089	61601	58546
1329889	1130347	97140	36181	49692	34485
618793370	493631321	48908051	40110547	48307254	40408129
84983068	77884150	3793344	3451152	11194553	10685831
533810302	415747171	45114707	36659395	37112701	29722299
273375051	266271010	11720112	11167768	14014811	13476690
549039357	286173589	42078571	23829687	33276661	19837581
21431344	10666238	1063585	591408	1232461	655967
6175671	2236240	507525	222090	264680	107467
501988714	261775241	38989116	22059324	30517111	18270612
19443628	11495870	1518345	956865	1262408	803536
10386115	7698639	362238	254823	942365	636838
55526815	**49669594**	**4083479**	**3166598**	**5485236**	**5018478**
11965049	11210390	294875	249067	824000	775428
831892	763940			11016	9844
40081110	35109610	3768398	2898830	4257729	3844685
2648764	2585654	20206	18701	392491	388520
195305477	**182035961**	**15015633**	**13733068**	**12487905**	**11551294**
49166139	45042152	1951971	1560308	2361597	2218671
8595367	8566648	10443	8222	88941	87010
136889730	127920451	13003411	12139926	9967527	9185630
654241	506711	49807	24612	69840	59983

1-3 续表 1

项 目	商品购进额		进 口	
	限额以上	大中型企业	限额以上	大中型企业
(二)按国民经济行业分				
农畜产品批发	40121534	31325554	6213220	5721484
食品、饮料及烟草制品批发	151547182	135387972	5026631	3304677
米、面制品及食用油批发	21234786	17106891	2910513	2094507
肉、禽、蛋及水产品批发	8370848	6654167	145149	27969
饮料及茶叶批发	18164250	15692951	675615	298925
烟草制品批发	78102146	76483829	335209	320359
纺织、服装及日用品批发	104242515	80394131	9293779	7572287
服装批发	35065532	29453776	2447151	2113833
鞋帽批发	7086076	5382116	502736	427218
文化、体育用品及器材批发	24776780	20572905	1383914	912169
文具用品批发	6748454	4999463	281896	81105
体育用品批发	2290236	2007383	340130	307668
图书批发	3991525	3679859	67541	66493
医药及医疗器材批发	72466213	66248934	4167316	3761898
西药批发	50537610	47165767	1920348	1754107
中药材及中成药批发	15856230	14432359	648106	612675
矿产品、建材及化工产品批发	1213203900	920052074	90293258	76139913
煤炭及制品批发	148566644	117033979	5816502	5359315
石油及制品批发	375167697	343377863	13264958	8900259
金属及金属矿批发	477937837	319049645	46731791	43054084
建材批发	56387357	36946313	5375740	3879576
化肥批发	23425422	18845121	914873	813212
农药批发	3402615	2861872	514032	498556
机械设备、五金交电及电子产品批发	303151727	260787269	53700671	48858422
汽车、摩托车及零配件批发	93060533	85626513	18644868	18236113
家用电器批发	57343406	48848831	9886826	9581543
计算机、软件及辅助设备批发	29094110	25020179	4968019	4744305
通讯及广播电视设备批发	23026695	21784991	605587	542766
贸易经纪与代理	32261041	26940558	7503757	6607102
其他批发	49730249	33955254	7047632	5710725
(三)按控股情况分				
国有控股	883814738	834056564	70512187	66967774
集体控股	60433459	48704890	3754114	3278760
私人控股	673668416	382403747	37322933	25156110
港澳台控股	44106069	39177889	9789799	7695174
外商控股	138071143	126683449	44576351	42521830

单位：万元

商品销售额		出口		期末商品库存额	
限额以上	大中型企业	限额以上	大中型企业	限额以上	大中型企业
39694017	30429419	1414499	1029622	11979206	9965818
190838393	172634684	5105737	3759918	17958929	16189395
21921128	17463197	1093027	1037300	6610804	5922184
9318040	7261453	1513635	957963	301966	214525
23224532	20508610	688160	577464	1901958	1513530
105889504	103820532	320066	235078	7037424	7007235
122210210	95435449	49838324	38103681	8324587	6910776
41682280	35504211	19289812	15297871	3207146	2846777
8739183	6865635	4298043	2877355	507035	428763
27238137	22637919	2292212	1704694	3627331	3069560
7365309	5515479	525219	361139	447783	297503
2689639	2390213	663656	485663	177650	155426
4485810	4132764	32446	32347	856781	763320
80765507	73739788	1620322	1406965	7119562	6436253
55543975	51778573	1048891	928622	4650704	4289563
17780532	16167096	188975	154882	1667331	1533654
1288157391	976372142	30120210	23865862	67499045	52062258
168220868	134249899	917572	803495	5607591	4013151
397636744	364565111	3785264	3562435	17902809	15303423
496258906	327773338	10344846	8506623	29570600	22511235
59655977	38959971	3955679	2853174	3364685	2052545
24615676	19713893	757762	675952	3742337	3113379
4498582	3912432	670187	562878	314033	240775
351395046	304408196	37792571	30259044	25260364	21966229
114747326	106079037	3875187	3011473	7251814	6697507
64476911	55743114	5257639	4274573	4745195	4192628
31232838	26848200	2243951	2107421	1853462	1616845
26789529	25457424	479512	411065	1618833	1461304
34837832	28869612	9356328	6466753	2428414	2081298
56074439	38132869	6262870	5216554	2924592	2162987
958274288	905090280	43477276	40319031	67556613	61927813
66753976	54297227	6350883	5470861	4909591	4067332
732834553	418501502	62836602	40163712	43596893	27981782
51665569	46137107	4223072	3323192	5307042	4854135
171108762	158700588	13296182	12392371	11450672	10565181

1-3 续表 2

项目	商品购进额		进口	
	限额以上	大中型企业	限额以上	大中型企业
二、零售业	**488907517**	**394856611**	**11416497**	**9694696**
(一)按登记注册类型分				
1.内资企业	**428544908**	**336854888**	**8327604**	**6881448**
国有企业	36832636	32671035	477438	413659
集体企业	10395230	5957190	27725	384
股份合作企业	2635914	1614578	378	24
联营企业	2144953	1327843	295	
国有联营企业	1195141	841024	295	
集体联营企业	233988	125166		
国有与集体联营企业	475237	242123		
其他联营企业	240588	119531		
有限责任公司	156123496	129826082	2901885	2499826
国有独资公司	2665479	2127722	83171	81996
其他有限责任公司	153458017	127698360	2818714	2417830
股份有限公司	65279727	60519313	292907	222103
私营企业	151132836	102142919	4597072	3715655
私营独资企业	14293197	5588538	265312	246053
私营合伙企业	2602168	1222673	37900	24591
私营有限责任公司	124874511	88281620	4220459	3392853
私营股份有限公司	9362961	7050089	73402	52159
其他企业	4000116	2795928	29905	29798
2.港、澳、台商投资企业	**25235558**	**24361514**	**1958733**	**1863384**
合资经营企业	7234528	6886635	746917	720747
合作经营企业	3819506	3768794		
独资经营企业	13501951	13030015	1169136	1099957
投资股份有限公司	679573	676070	42680	42680
3.外商投资企业	**35127052**	**33640208**	**1130160**	**949863**
中外合资经营企业	15879641	15351877	305860	296968
中外合作经营企业	2273390	2146079	420	
外资企业	15915260	15090636	823055	652861
外商投资股份有限公司	1058760	1051617	825	34

单位：万元

商品销售额		出口		期末商品库存额	
限额以上	大中型企业	限额以上	大中型企业	限额以上	大中型企业
575145810	**465314390**	**445140**	**362076**	**51045873**	**41066445**
499839885	**396686821**	**416711**	**334129**	**44333006**	**34714012**
43929858	38666194	61973	61973	3740536	3300178
11338905	6483223			1133170	751770
3173901	2022852	300		224767	131447
2387724	1472787			133381	98055
1314273	908226			62070	48556
267923	140153			15215	11840
524565	275262			28663	20070
280963	149146			27434	17590
178102237	148699078	33928	4263	16702320	14070302
2962081	2312057	760		310326	251909
175140155	146387022	33169	4263	16391994	13818393
87715187	81936561	169044	167644	5669163	5219600
168704709	114284577	139410	88193	16292379	10822137
15896699	6302714	1717	98	1387402	663703
2900084	1356063			263272	124928
139500320	98752558	130143	80545	13734946	9347408
10407606	7873243	7550	7550	906759	686098
4487364	3121549	12056	12056	437291	320522
29867471	**28851718**	**25121**	**25121**	**2749446**	**2633561**
8478232	8122052	529	529	544901	497181
3505281	3434513			459966	456049
17019966	16435501	24592	24592	1663276	1599610
863992	859651			81302	80720
45438454	**39775851**	**3308**	**2827**	**3963421**	**3718873**
22809531	18426281			1328830	1184297
2756908	2579425	699	699	149568	146233
18598933	17510329	2609	2128	2405904	2310620
1273083	1259817			79120	77723

1-3 续表 3

项 目	商品购进额		进 口	
	限额以上	大中型企业	限额以上	大中型企业
(二)按国民经济行业分				
综合零售	131334784	124244580	529453	393383
百货零售	67061045	63295050	424112	296833
超级市场零售	56730996	55214090	77729	74558
食品、饮料及烟草制品专门零售	8704961	5099587	144575	126832
粮油零售	1378318	726185	616	
肉、禽、蛋及水产品零售	1724416	1175846	2847	
饮料及茶叶零售	1367075	597340	7239	1254
烟草制品零售	1636925	1080468	92642	88116
纺织、服装及日用品专门零售	14936617	11063091	595805	537647
服装零售	10236534	8074578	486723	441407
文化、体育用品及器材专门零售	11383423	7902644	322387	302191
体育用品零售	674514	597738	20085	20066
图书零售	5887582	4415054	114375	111722
医药及医疗器材专门零售	22810540	17640144	143299	56386
药品零售	21867355	17413138	5641	3985
汽车、摩托车、燃料及零配件专门零售	236481885	185016086	9075282	7950469
汽车零售	172450307	134792185	8928421	7881420
机动车燃料零售	59117106	48378172	21645	123
家用电器及电子产品专门零售	42588914	31952344	211550	106329
家用电器零售	30677604	25290880	71896	55733
计算机、软件及辅助设备零售	7572140	3891529	36050	8315
通信设备零售	3357117	2415627	42858	16084
五金、家具及室内装修材料专门零售	10496721	6489135	103079	52728
无店铺及其他零售	10169673	5449001	291067	168731
邮购及电子销售	2814753	2284015	19390	16767
(三)按控股情况分				
国有控股	101814798	93579230	868982	782649
集体控股	27700785	21317753	328893	233262
私人控股	235574126	170492776	5725133	4649226
港澳台控股	24431856	23631029	1926338	1842722
外商控股	27040269	25794555	916160	735336

单位：万元

商品销售额		出口		期末商品库存额	
限额以上	大中型企业	限额以上	大中型企业	限额以上	大中型企业
161760150	152841916	65886	63168	14861766	13976566
86467150	82297033	62545	59927	6291259	5901752
68047515	65252784	223	223	7842477	7490473
10370821	6169027	93927	90718	1243623	783122
1413133	730072			326887	171395
1956679	1345288	11063	8150	93501	63620
1725206	863465	82744	82448	251653	148313
1972456	1267055			309248	241478
19668556	14706262	34390	7261	3340294	2432291
13170603	10287848	22897	1410	2323633	1667870
13090494	9117821	24152	9714	2957875	2253096
758678	663492	204	204	190937	176398
6041258	4469469	2435	2435	1336520	1092913
25117415	19607623	620	548	2920935	2352911
23990353	19324045	14	1	2783930	2317469
274607085	214168183	167254	151196	18381722	14206137
186087389	145106365	160708	146233	15360025	12109467
83095304	67101949	365	365	2475353	1912328
46410618	34690215	9324	402	5158336	3698663
32983496	27175023	5940	97	3809573	2963044
8450116	4332223	2182		739566	356199
3861370	2782179	305	305	499628	338010
12549795	7899094	18793	14233	1238727	839989
11570876	6114250	30793	24836	942594	523669
3207541	2555031	3396		255990	229771
134562826	121638526	124699	122236	9097222	8337740
31185588	24102036	33371	32871	2696511	2206048
262332679	190740492	156958	85605	25856050	18638799
29143522	27832977	24806	24806	2617546	2519349
33723398	31020138	3308	2827	3492583	3253090

1-4 大中型批发和零售业

项目	流动资产合计		固定资产原价	
	限额以上	大中型企业	限额以上	大中型企业
总计	**830771920**	**661496526**	**123220518**	**104559289**
一、批发业	**665941050**	**525971566**	**66561780**	**56006524**
(一)按登记注册类型分				
1.内资企业	**583890605**	**450106346**	**62211984**	**51950846**
国有企业	121453141	112776508	21304759	19904138
集体企业	8182274	6679565	1426280	1101356
股份合作企业	1423234	1031362	256047	197460
联营企业	1785058	1143765	145807	107775
国有联营企业	691555	356765	73236	59425
集体联营企业	177071	11709	4559	2455
国有与集体联营企业	293234	276533	22645	20973
其他联营企业	623199	498758	45367	24923
有限责任公司	217144417	175908554	14337387	11450705
国有独资公司	32965903	31542272	2350222	2201021
其他有限责任公司	184178514	144366282	11987165	9249685
股份有限公司	56774941	54336349	11554163	11309240
私营企业	173889348	95702511	12816188	7586010
私营独资企业	4616423	2364283	1079957	453811
私营合伙企业	1269061	529297	145520	74908
私营有限责任公司	161580191	88711288	10895537	6597923
私营股份有限公司	6423673	4097643	695174	459367
其他企业	3238193	2527733	371355	294163
2.港、澳、台商投资企业	**20792683**	**18184911**	**1286401**	**1174822**
合资经营企业	3199250	2904493	439638	399851
合作经营企业	119811	111135	26411	24810
独资经营企业	16692257	14404576	741071	671569
投资股份有限公司	781365	764707	79281	78592
3.外商投资企业	**61257762**	**57680309**	**3063395**	**2880856**
中外合资经营企业	10428315	9587858	781554	703486
中外合作经营企业	1201149	1190602	21039	20324
外资企业	49399688	46724731	2248797	2146743
外商投资股份有限公司	228610	177118	12005	10303

企业年末资产负债

单位：万元

累计折旧		资产总计		负债合计		所有者权益合计	
限额以上	大中型企业	限额以上	大中型企业	限额以上	大中型企业	限额以上	大中型企业
39181282	**33628781**	**1085564036**	**879717486**	**780490919**	**625460192**	**304356580**	**253540546**
22022472	**18742857**	**839986146**	**674724447**	**604283854**	**476351657**	**235005002**	**197675501**
20202279	**17035793**	**740279250**	**582171631**	**538491462**	**415439913**	**201090499**	**166034429**
7543065	7005941	161106942	150324677	100865480	92148580	60044464	57979099
465856	359974	10389423	8453058	8395019	6929839	1994404	1523219
75130	55685	1816080	1332642	1305742	933987	510339	398655
58912	47289	2147082	1430184	1611841	1016827	535241	413357
38186	31473	820782	467369	547302	229632	273480	237737
1871	815	187084	14610	166268	10271	20816	4339
6799	6172	339342	319801	257168	243840	82174	75961
12056	8829	799874	628404	641103	533083	158771	95320
4602094	3795024	268038762	217943551	209664442	171482695	58374320	46460856
705713	665696	46102813	44465526	33406157	32134774	12696657	12330752
3896381	3129329	221935949	173478025	176258285	139347921	45677663	34130104
3641760	3560963	87926938	84766705	52032290	49735024	35394356	34531389
3722053	2134839	204805372	114793018	161760083	90977487	43045289	23815531
268475	112100	6459510	3373938	4159744	2125696	2299766	1248242
41024	21225	1527166	671796	1143291	487944	383875	183852
3229263	1876468	188695423	105458499	150674383	84685103	38021039	20773395
183291	125047	8123274	5288785	5782665	3678744	2340609	1610042
93409	76078	4048653	3127796	2856566	2215474	1192087	912322
442611	**403649**	**24487849**	**21532838**	**17049602**	**15005495**	**7438247**	**6527343**
159729	147186	4360041	3979974	2700662	2472449	1659379	1507525
6819	5669	158034	148107	72802	67711	85232	80396
246551	221480	19033398	16486016	13592127	11795747	5441271	4690269
29512	29315	936376	918742	684011	669589	252365	249153
1377583	**1303415**	**75219047**	**71019978**	**48742790**	**45906249**	**26476257**	**25113729**
315337	287950	12256908	11166550	9270902	8551735	2986006	2614814
7738	7241	1329744	1318694	1049577	1034882	280167	283812
1049607	1004117	61392949	58348713	38233291	36167941	23159658	22180771
4901	4107	239446	186022	189021	151691	50426	34331

1-4 续表 1

项　　目	流动资产合计		固定资产原价	
	限额以上	大中型企业	限额以上	大中型企业
(二)按国民经济行业分				
农畜产品批发	27998507	23108965	4009763	2891196
食品、饮料及烟草制品批发	67343011	60153735	13616309	12531166
米、面制品及食用油批发	14876887	12698239	1668896	1281002
肉、禽、蛋及水产品批发	2005852	1417311	713790	608077
饮料及茶叶批发	8532402	7544351	820783	695743
烟草制品批发	31647096	30538175	8315229	8300732
纺织、服装及日用品批发	42580718	33179004	3826685	3190385
服装批发	15292604	13075537	1434171	1266394
鞋帽批发	2763484	2236334	297287	266689
文化、体育用品及器材批发	11664815	9412761	1326515	1143710
文具用品批发	3382097	2449947	178408	121488
体育用品批发	971681	867068	78729	71986
图书批发	2712323	2465802	700233	634981
医药及医疗器材批发	30928011	27614953	2279631	1917142
西药批发	20334567	18530299	1454123	1241228
中药材及中成药批发	7205221	6516287	546437	440849
矿产品、建材及化工产品批发	310410937	223187797	32763819	27468719
煤炭及制品批发	43457682	34223927	3760547	2783646
石油及制品批发	56575724	47213218	18541779	17685348
金属及金属矿批发	142898322	96128509	5066388	3406258
建材批发	20869025	12887606	1693345	1209113
化肥批发	11146090	9217940	1081689	748558
农药批发	1685421	1421899	215589	196080
机械设备、五金交电及电子产品批发	128584222	110529994	6565997	5319814
汽车、摩托车及零配件批发	31074079	28063643	1408464	1121298
家用电器批发	21687450	18925869	486256	405712
计算机、软件及辅助设备批发	9598756	8156512	254834	191339
通讯及广播电视设备批发	11989168	11089830	685018	647385
贸易经纪与代理	29079600	26642017	760927	618673
其他批发	17351229	12142342	1412132	925718
(三)按控股情况分				
国有控股	264107468	243971411	37561367	35374575
集体控股	21291874	17071131	2558944	2039346
私人控股	237107297	143237437	17567166	11080481
港澳台控股	20201146	17703985	1155608	1068373
外商控股	56397361	53156824	2490642	2346362

单位：万元

累计折旧		资产总计		负债合计		所有者权益合计	
限额以上	大中型企业	限额以上	大中型企业	限额以上	大中型企业	限额以上	大中型企业
1211025	881478	39811853	33421371	30427206	25430224	9384648	7991147
5125370	4805174	86882001	77761697	43752071	36647474	43129930	41114223
501272	384422	17531674	14739394	15171052	12870509	2360623	1868885
245242	215689	3230579	2470597	2165354	1593596	1065225	877001
264557	227879	10518498	9210052	7283086	6412398	3235412	2797654
3469624	3465096	40196750	39066274	8719353	7662176	31477397	31404098
1268226	1069624	52734106	41844865	37906292	29542288	14827814	12302577
485225	430008	18919216	16195720	13135175	11180850	5784040	5014870
68867	57601	3490358	2901307	2406065	1955596	1084293	945711
405881	346389	15444050	12800836	10233412	8328856	5210638	4471980
50969	33423	3805357	2710166	3098307	2288189	707050	421977
34757	32341	1188879	1071054	833011	742725	355868	328329
209179	190835	4771941	4442714	2463798	2260012	2308144	2182702
796557	663134	37347385	33353207	27350842	24403912	9996544	8949295
465277	394279	25043614	22895439	18073616	16443329	6969998	6452110
211395	166175	8405838	7553032	6735244	6073067	1670595	1479965
10086644	8480073	399971689	297500033	296848031	217232251	102426369	79570493
977307	737573	57111856	46087542	39487606	31283523	17624251	14804019
5979596	5731842	87621548	75441614	54451558	46584117	32472701	28160208
1438118	939578	170152314	117267647	137109467	94254321	33042847	23013327
435198	308119	26741386	16787302	21062022	13044250	5679364	3743053
320901	247170	14292864	11877082	11332001	9441120	2960863	2435962
31788	28047	2204804	1894763	1827454	1586651	377350	308112
2407098	1947715	152406663	131891284	113304765	97397381	39101898	34493903
406730	325415	37562014	33794567	28508733	25521289	9053281	8273278
172700	150527	24255785	21262944	20249786	17655972	4006000	3606972
105877	79665	10460626	8834438	8096032	6929057	2364594	1905381
321155	302162	13742661	12736297	7859392	7048221	5883270	5688076
251404	207570	34344520	31423190	28383626	26286948	5960894	5136242
470269	341700	21043878	14727963	16077610	11082322	4966269	3645642
12809502	12083966	358107365	332452000	235412078	216922216	121997998	114832495
844227	679064	26623122	21595760	21267087	17206140	5356035	4389620
5157308	3194976	282915888	174106826	222956780	137520390	59959108	36586436
403582	372277	23367450	20503027	16607017	14658127	6760433	5844901
1145398	1083005	69337688	65593917	44644640	42120087	24693048	23473830

1-4 续表 2

项目	流动资产合计		固定资产原价	
	限额以上	大中型企业	限额以上	大中型企业
二、零售业	**164830870**	**135524959**	**56658738**	**48552765**
(一)按登记注册类型分				
1.内资企业	**140888136**	**112689617**	**48038192**	**40250367**
国有企业	9010449	7569585	5522539	4832393
集体企业	2152026	1390848	1314793	866293
股份合作企业	814571	532086	422209	340143
联营企业	462582	354818	182867	125700
国有联营企业	241040	198143	80954	59323
集体联营企业	37903	23802	18780	9205
国有与集体联营企业	112529	86271	33278	16367
其他联营企业	71109	46602	49855	40805
有限责任公司	53404230	44610212	15709429	13733784
国有独资公司	918243	770546	675287	534246
其他有限责任公司	52485986	43839666	15034142	13199539
股份有限公司	22379347	21528774	11069329	10739332
私营企业	51544676	35806914	13365406	9251637
私营独资企业	3495836	1647272	1950928	738463
私营合伙企业	623516	321737	273888	122970
私营有限责任公司	43783934	31280660	10266705	7797837
私营股份有限公司	3641389	2557246	873885	592366
其他企业	1120256	896379	451622	361085
2.港、澳、台商投资企业	**9513640**	**9107627**	**3118519**	**3001296**
合资经营企业	3191911	3055769	1126174	1080282
合作经营企业	1030163	1006608	153397	141322
独资经营企业	4999757	4754855	1624496	1565330
投资股份有限公司	291810	290396	214452	214362
3.外商投资企业	**14429093**	**13727716**	**5502028**	**5301103**
中外合资经营企业	4994879	4659153	2260280	2126646
中外合作经营企业	803437	782840	330487	318859
外资企业	8218597	7881372	2554641	2501342
外商投资股份有限公司	412181	404351	356620	354255

单位：万元

累计折旧		资产总计		负债合计		所有者权益合计	
限额以上	大中型企业	限额以上	大中型企业	限额以上	大中型企业	限额以上	大中型企业
17158810	**14885924**	**245577890**	**204993040**	**176207065**	**149108535**	**69351577**	**55865045**
14170715	**12011462**	**210579255**	**171463817**	**150490743**	**124455607**	**60069265**	**46988751**
1696948	1486291	16036157	13807812	10498437	9091531	5537720	4716281
414553	265546	3529993	2281050	2464610	1653123	1065383	627927
107257	79828	1449860	1063516	1022167	752126	427693	311390
71358	43507	673024	514032	431432	360441	241591	153591
35250	25258	345071	283066	227737	205021	117333	78045
7374	3350	67885	39127	36515	24001	31370	15126
17939	8368	141403	104619	100642	82017	40761	22603
10795	6531	118666	87220	66538	49403	52127	37817
4741521	4204023	74346506	62453030	56362569	48109103	17984149	14343927
230969	197302	1704407	1399040	882764	730432	821644	668608
4510553	4006721	72642099	61053990	55479806	47378671	17162505	13675319
3343103	3260555	42634999	41185961	26507560	25646643	16107980	15519860
3681829	2579261	70176124	48782630	51911084	37754810	18265040	11027819
460668	166888	5840486	2559319	3221701	1549487	2618785	1009832
69845	30972	993808	504247	574059	309391	419749	194856
2910869	2206274	58461749	42329844	44614582	33392632	13847167	8937212
240448	175128	4880081	3389220	3500743	2503301	1379338	885919
114146	92452	1732593	1375786	1292885	1087831	439709	287956
985602	**957828**	**14282531**	**13702019**	**10084055**	**9723138**	**4198476**	**3978882**
401682	391011	4760888	4543597	3161899	3027187	1598989	1516411
79708	75441	1288418	1253872	1047683	1030155	240734	223718
454074	441263	7478722	7151603	5349160	5140874	2129563	2010729
50138	50113	754503	752947	525313	524923	229190	228025
2002493	**1916634**	**20716103**	**19827203**	**15632267**	**14929790**	**5083837**	**4897413**
914844	856824	7274783	6848753	5421737	4954888	1853045	1893865
173285	165547	1086438	1050859	749914	723950	336524	326908
820090	801300	11372986	10965681	8899674	8696359	2473312	2269321
94274	92963	981897	961911	560942	554593	420955	407318

1-4 续表 3

项目	流动资产合计		固定资产原价	
	限额以上	大中型企业	限额以上	大中型企业
(二)按国民经济行业分				
综合零售	52699436	50317034	26542886	25211504
百货零售	29347774	28324149	16703916	15979976
超级市场零售	21545509	20548185	9007527	8614752
食品、饮料及烟草制品专门零售	3347670	2198921	1542409	1053518
粮油零售	626855	346931	326468	150884
肉、禽、蛋及水产品零售	306443	234561	314109	242974
饮料及茶叶零售	776172	463792	296663	230482
烟草制品零售	679752	517097	116795	77968
纺织、服装及日用品专门零售	6938274	5556395	2256654	1765681
服装零售	4838530	4056213	1693073	1410209
文化、体育用品及器材专门零售	6350863	4730327	2964022	2358445
体育用品零售	361047	322143	77432	68146
图书零售	3367515	2626058	2123105	1716168
医药及医疗器材专门零售	8849102	7491417	1406961	1146935
药品零售	8319661	7363052	1346450	1122692
汽车、摩托车、燃料及零配件专门零售	59737087	44741350	16277510	13107612
汽车零售	49393527	37555910	8397676	6474535
机动车燃料零售	8801982	6673369	7470020	6513022
家用电器及电子产品专门零售	19168614	15613939	2234650	1568185
家用电器零售	14959872	13273041	1638884	1218142
计算机、软件及辅助设备零售	2587143	1363623	260056	144736
通信设备零售	1219936	829902	293590	185937
五金、家具及室内装修材料专门零售	3724577	2463343	1995860	1453066
无店铺及其他零售	4015246	2412233	1437786	887819
邮购及电子销售	1115901	974276	70310	66885
(三)按控股情况分				
国有控股	27701760	25206411	16016311	14955962
集体控股	8772976	7474761	3886888	3279147
私人控股	81727406	60967951	21737040	16510228
港澳台控股	8901705	8529690	2876750	2756742
外商控股	12703127	12023890	4404329	4233825

单位：万元

累计折旧		资产总计		负债合计		所有者权益合计	
限额以上	大中型企业	限额以上	大中型企业	限额以上	大中型企业	限额以上	大中型企业
8407709	8052252	87467141	83304018	65033964	62134061	22433177	21169957
4956033	4786309	52538478	50515745	36942585	35713547	15595893	14802197
3171190	3053799	32186445	30646275	26046707	24759241	6139738	5887033
405302	279743	5213732	3470726	3024180	2009076	2189552	1461649
87441	46079	1007746	524235	695755	390453	311992	133782
71252	54559	660070	506968	388075	310687	271996	196281
67777	48474	1104884	710391	708632	438024	396252	272367
44747	32356	902417	679514	338388	245449	564029	434064
593928	450403	9928636	7969832	7314157	6003658	2614479	1966174
409175	329280	7070510	5932219	5434196	4587738	1636314	1344481
946648	758407	10049742	7685691	5587112	4247697	4462631	3437994
19612	16527	466456	418328	314837	276148	151619	142180
672209	536827	5971281	4773784	2990603	2360287	2980677	2413497
494620	414735	11161479	9409553	8361306	7140540	2800173	2269013
474104	408910	10560573	9255210	7895364	7018869	2665210	2236342
4808315	3905320	85746368	65858243	61017312	47174539	24709597	18664245
2372360	1892905	63158182	47971268	48789653	37735516	14368530	10235751
2314235	1973689	20463354	17225128	10807083	8979699	9636811	8225970
553588	380361	23638553	19213815	17893312	15040903	5745453	4172912
355169	258460	18402562	16192342	14355095	12884651	4047679	3307691
92901	47227	3184478	1790888	2083643	1246664	1100835	544224
90200	68811	1578683	1058507	1138364	789728	440319	268779
514170	374411	6365560	4395694	3842755	2678584	2522805	1717109
434530	270292	6006679	3685469	4132968	2679476	1873711	1005993
27615	25880	1257329	1094792	1203244	1053970	54084	40822
4947619	4615914	51696938	47947924	31302749	29073482	20374729	18854982
1219419	1020242	13874213	11882955	10150602	8868980	3723611	3013975
6020674	4623053	113951965	85500313	85114082	66042124	28838096	19458188
908070	879737	13128168	12609606	9356861	9020617	3771307	3588989
1675080	1600192	17536825	16701623	13558258	12875186	3978567	3826437

1-5 大中型批发和零售业

项目	实收资本					
			国家资本		集体资本	
	限额以上	大中型企业	限额以上	大中型企业	限额以上	大中型企业
总计	**168243680**	**121535024**	**39549766**	**36683144**	**4976479**	**3734183**
一、批发业	**118363695**	**85842205**	**32433304**	**30299854**	**3025264**	**2282875**
(一)按登记注册类型分						
1.内资企业	**104056616**	**73142551.3**	**32051077**	**29938081**	**2994154**	**2270622**
国有企业	17970884	16554666	14913387	13707038	77530	71789
集体企业	1061054	743684	114541	103220	826778	554622
股份合作企业	326490	234862	12728	10536	66062	46121
联营企业	239980	192728	118774	99237	18286	7451
国有联营企业	106614	83547	95976	77923	2792	2492
集体联营企业	16283	5255	2828	2828	8396	1216
国有与集体联营企业	49317	46135	19711	18226	2232	1765
其他联营企业	67766	57792	260	260	4865	1978
有限责任公司	34068477	24630697	6818891	6029121	1445971	1167452
国有独资公司	4857950	4685426	2884968	2774089	20222	20222
其他有限责任公司	29210527	19945271	3933923	3255032	1425749	1147230
股份有限公司	16656635	16073944	9897328	9858073	385820	336928
私营企业	32899413	14100277	105457	64490	147923	71707
私营独资企业	1504374	742959	2059	54	10961	4206
私营合伙企业	276342	109245	493	27	3620	2000
私营有限责任公司	29441210	12297145	101057	64409	113411	51519
私营股份有限公司	1677487	950928	1848		19931	13982
其他企业	833683	611694	69970	66365	25785	14552
2.港、澳、台商投资企业	**3691520**	**3073964**	**100898**	**91281**	**11523**	**3266**
合资经营企业	738178	610405	94333	84881	9592	2366
合作经营企业	30484	25986				
独资经营企业	2865985	2382352	6566	6400	981	
投资股份有限公司	56872	55220			950	900
3.外商投资企业	**10615560**	**9625691**	**281329**	**270493**	**19587**	**8988**
中外合资经营企业	1550621	1294935	276391	269794	19587	8988
中外合作经营企业	187875	182774	69			
外资企业	8838600	8121133	4870	698		
外商投资股份有限公司	38464	26849				

企业实收资本及构成

单位：万元

法人资本		个人资本		港澳台资本		外商资本	
限额以上	大中型企业	限额以上	大中型企业	限额以上	大中型企业	限额以上	大中型企业
52386202	**37095364**	**50385993**	**24923246**	**6676253**	**5972312**	**14268986**	**13126775**
35807112	**24681910**	**33406600**	**16326775**	**3656650**	**3108796**	**10034767**	**9141996**
35076226	**24077651**	**33220572**	**16178668**	**153172**	**132006**	**561415**	**545523**
2829757	2633259	117278	109738	27901	27843	5030	5000
53811	27839	65924	58002				
111546	91970	134784	84965	1270	1270	100	
47038	35871	55882	50169				
3465	2160	4380	972				
4307	489	753	723				
16763	16286	10612	9858				
22503	16937	40138	38617				
18954505	13318385	6681952	3960746	23493	20980	143664	134013
1938378	1879694	14045	11084			337	337
17016127	11438691	6667908	3949662	23493	20980	143328	133676
3921550	3673795	2015096	1770226	37807	37807	399035	397116
8958224	4169785	23620383	9747016	60868	42894	6560	4385
518430	300743	951725	416757	21199	21199		
79686	37753	192449	69465	25		70	
7834746	3576570	21346591	8579195	39644	21694	5761	3757
525362	254719	1129618	681599			729	628
199796	126748	529272	397806	1833	1213	7027	5010
223605	**157101**	**63267**	**57685**	**3229777**	**2708437**	**62451**	**56194**
155995	103924	51965	47002	399373	348469	26921	23764
2056				28404	25961	25	25
51487	39110	11302	10683	2766927	2300536	28723	25623
14068	14068			35073	33471	6782	6782
507281	**447158**	**122761**	**90422**	**273701**	**268353**	**9410901**	**8540278**
388474	333158	98916	68815	48163	43916	719090	570263
82039	81906	21157	21157	4918	4868	79693	74843
36196	32093	1938		218070	217019	8577526	7871323
572		750	450	2550	2550	34592	23849

1-5 续表 1

项　　目	实收资本		国家资本		集体资本	
	限额以上	大中型企业	限额以上	大中型企业	限额以上	大中型企业
(二)按国民经济行业分						
农畜产品批发	4388107	3365410	2092820	1763039	299350	233804
食品、饮料及烟草制品批发	7645911	6134479	3239480	2974236	242364	187282
米、面制品及食用油批发	1425104	1070203	678083	580074	30801	18493
肉、禽、蛋及水产品批发	648052	529555	216351	207193	15599	11415
饮料及茶叶批发	1311624	907475	120243	114636	39842	31925
烟草制品批发	1802164	1769426	1498156	1469561	10411	10175
纺织、服装及日用品批发	8903326	5794385	784986	692646	172021	129774
服装批发	2861281	2137345	218198	171228	45831	40480
鞋帽批发	475049	372627	37235	34152	3352	2830
文化、体育用品及器材批发	2671315	2174049	1087352	1047295	63669	54240
文具用品批发	522658	355891	55439	51729	2516	946
体育用品批发	112223	88855	135			
图书批发	1055239	974770	800999	774627	31609	28524
医药及医疗器材批发	5515299	4723090	1152475	1109086	99555	80606
西药批发	3839947	3406098	986515	952427	59264	47813
中药材及中成药批发	1144523	973363	131678	126788	38349	31563
矿产品、建材及化工产品批发	64694227	45240933	21084331	20098905	1581474	1172355
煤炭及制品批发	7767338	5500668	1704617	1542066	160748	107787
石油及制品批发	22326144	18704859	12757670	12670026	124779	92842
金属及金属矿批发	21729247	12661668	4937282	4417311	629236	481888
建材批发	4248820	2671960	654464	606750	67376	26631
化肥批发	1973917	1634388	185257	159611	451016	351741
农药批发	176976	121127	14108	8591	8732	5849
机械设备、五金交电及电子产品批发	18534165	13977582	1598929	1347194	333184	256688
汽车、摩托车及零配件批发	4318643	3666295	358395	254791	75291	62263
家用电器批发	1984179	1790510	104329	95450	64488	59756
计算机、软件及辅助设备批发	1650596	1201795	74642	51311	42793	41301
通讯及广播电视设备批发	1337078	1107666	206494	203264	11928	3728
贸易经纪与代理	3087585	2574073	995238	969673	30277	23442
其他批发	2923761	1858204	397692	297780	203370	144686
(三)按控股情况分						
国有控股	49686871	44460631	31913565	29872973	150241	141927
集体控股	3009388	2278682	22369	18191	2444384	1825553
私人控股	43174188	20917773	114542	69094	128564	82354
港澳台控股	3595479	3047115	10331	7825	1915	1766
外商控股	9800327	8886920	28812	21995	6879	6018

单位：万元

法人资本		个人资本		港澳台资本		外商资本	
限额以上	大中型企业	限额以上	大中型企业	限额以上	大中型企业	限额以上	大中型企业
793603	561343	982360	614273	45411	36294	174562	156657
1943926	1606723	1491925	860311	232912	200757	495304	305170
385342	281792	257125	130001	30490	20341	43265	39501
267752	235666	136634	68135	6519	6519	5197	628
305213	244754	468789	301152	106515	98237	271022	116771
289272	287540	4325	2151				
2173970	1493170	4031705	1924380	860805	769640	879839	784775
907908	608331	1101570	822170	389300	350755	198475	144382
172407	141239	114760	59520	111045	103426	36251	31460
508704	365916	518129	287198	193477	147842	299985	271559
135610	93276	162310	57577	12416	1501	154368	150862
23756	20426	21635	8034	50663	50321	16033	10074
130406	105353	82146	59274	3058		7021	6991
1929708	1613725	1794560	1435844	199662	185490	339339	298340
1280248	1131142	1168926	949453	149158	137626	195836	187637
481879	402741	445036	382726	29045	29045	18536	500
20939969	13072274	18053060	8242564	765219	590837	2270173	2063998
2602630	1947288	2829059	1462810	74475	53446	395809	387271
7440213	4608117	1562026	938901	151493	130397	289963	264576
7325622	4122395	8443701	3386696	159518	118900	233888	134478
1125227	646009	2132408	1145658	179310	160936	90035	85976
198502	121744	368990	232259	4900	4900	765253	764133
53370	43737	59251	21731	298		41218	41218
5226841	4148277	5290519	2411591	951637	889460	5133054	4924372
1053778	844682	976700	682731	145947	139563	1708533	1682264
294313	237487	299827	192049	18840	18367	1202381	1187401
409496	286145	585529	314127	306144	303502	231993	205410
486682	434283	403928	247179	87477	80872	140569	138340
1385409	1187187	327573	179381	93984	37573	255105	176817
904981	633295	916769	371233	313544	250904	187405	160307
15961745	12844606	1040237	983186	28198	27930	592885	590009
241582	179604	285257	248655	2281		13516	6680
13455754	7155781	29340791	13505240	92583	77421	41955	27884
142289	112556	45675	43649	3383281	2870339	11987	10980
367059	325358	58248	50517	34330	33556	9304999	8449476

1-5 续表 2

项目	实收资本		国家资本		集体资本	
	限额以上	大中型企业	限额以上	大中型企业	限额以上	大中型企业
二、零售业	**49879985**	**35692819**	**7116463**	**6383290**	**1951215**	**1451307**
(一)按登记注册类型分						
1.内资企业	**41633075**	**27886789**	**6797333**	**6074908**	**1900206**	**1403836**
国有企业	3075057	2637483	2552390	2151204	13058	10251
集体企业	812385	485831	9342	7011	706047	426799
股份合作企业	259275	168523	5077	3101	74969	48052
联营企业	125800	88504	45483	31567	20923	11000
国有联营企业	47595	33870	32573	24108	232	35
集体联营企业	16426	9988	145	65	14194	9387
国有与集体联营企业	20345	9665	8436	3447	4790	1080
其他联营企业	41434	34981	4329	3947	1707	497
有限责任公司	13358644	9117297	1723132	1502955	631060	524538
国有独资公司	342887	276454	294944	236291		
其他有限责任公司	13013757	8840843	1428188	1266665	631060	524538
股份有限公司	6753143	6318157	2392132	2319809	323778	289813
私营企业	16781217	8714630	22493	13143	111853	80455
私营独资企业	1944854	700290	4837	1887	17042	8328
私营合伙企业	791406	113410	104	23	1526	1054
私营有限责任公司	13232639	7416390	15975	10130	81804	61611
私营股份有限公司	812318	484541	1577	1103	11481	9463
其他企业	467556	356365	47286	46117	18517	12928
2.港、澳、台商投资企业	**3239224**	**3073379**	**78005**	**71623**	**21440**	**18763**
合资经营企业	954186	914844	67971	62728	15026	12349
合作经营企业	184431	167570	5534	4395	6268	6268
独资经营企业	1959954	1851136			146	146
投资股份有限公司	140653	139830	4500	4500		
3.外商投资企业	**5007686**	**4732651**	**241125**	**236760**	**29570**	**28708**
中外合资经营企业	1625858	1490234	156485	152259	28704	27842
中外合作经营企业	287302	256151	9194	9055	400	400
外资企业	2826468	2733648				
外商投资股份有限公司	268058	252618	75446	75446	466	466

单位：万元

法人资本		个人资本		港澳台资本		外商资本	
限额以上	大中型企业	限额以上	大中型企业	限额以上	大中型企业	限额以上	大中型企业
16579090	**12413454**	**16979394**	**8596472**	**3019604**	**2863517**	**4234219**	**3984780**
15746979	**11612203**	**16918337**	**8545762**	**185998**	**175513**	**84223**	**74567**
485148	458898	24008	16877	200	100	253	153
40457	19355	56494	32660	5	5	40	
72957	50254	103230	64173	1300	1200	1742	1742
29795	21008	29435	24930	1		164	
14172	9598	456	129			163	
427		1660	536				
3151	1600	3966	3538	1		1	
12045	9810	23352	20727				
6805582	4872545	4083508	2117351	52652	45097	62711	54811
43134	36536	4810	3627				
6762448	4836009	4076698	2113724	52652	45097	62711	54811
2710460	2574754	1224710	1031819	85995	85995	16068	15968
5355017	3409242	11270163	5194097	18497	15800	3195	1893
648948	260934	1273726	429141	250		50	
83637	23077	706140	89256				
4294850	2922768	8818986	4404556	18247	15800	2777	1525
327582	202464	471311	271144			368	368
247564	206148	126790	63856	27348	27316	50	
328357	**319344**	**13283**	**6883**	**2712429**	**2574952**	**85710**	**81815**
192312	186287	12565	6593	659483	640057	6829	6829
54183	51245	473	100	96307	87387	21666	18175
25147	25097	65	10	1877380	1769072	57215	56810
56715	56715	180	180	79259	78435		
503755	**481906**	**47774**	**43826**	**121177**	**113052**	**4064286**	**3828399**
410004	393998	20614	18329	44269	43358	965782	854448
20902	20667			23382	19626	233424	206403
32567	30147	782	432	21625	18168	2771494	2684901
40282	37094	26378	25065	31900	31900	93587	82647

1-5 续表 3

项目	实收资本		国家资本		集体资本	
	限额以上	大中型企业	限额以上	大中型企业	限额以上	大中型企业
(二)按国民经济行业分						
综合零售	14178918	12933764	1276652	1224491	1088711	879574
百货零售	8324741	7648417	980115	940953	674082	551219
超级市场零售	5029650	4650571	225145	221797	219943	209256
食品、饮料及烟草制品专门零售	1500334	957295	300385	202647	76669	41588
粮油零售	199844	78210	112712	47528	16149	5760
肉、禽、蛋及水产品零售	472343	416951	47829	43445	7009	4304
饮料及茶叶零售	298927	114503	9084	4446	4969	927
烟草制品零售	167543	119506	95198	77318	16647	10673
纺织、服装及日用品专门零售	3202477	1724275	127355	110335	55344	41327
服装零售	2446754	1151457	38586	29354	35043	28979
文化、体育用品及器材专门零售	2193760	1605911	1027487	788811	27340	12078
体育用品零售	112507	96152	2523	2000	56	56
图书零售	1180613	938636	953988	761012	8546	3734
医药及医疗器材专门零售	2322393	1639587	353409	316077	64023	52847
药品零售	2233087	1620676	350921	314935	61582	51602
汽车、摩托车、燃料及零配件专门零售	18316832	11916884	3533626	3328089	387230	240919
汽车零售	12469933	7306348	349080	282344	261142	201198
机动车燃料零售	5358284	4483648	3158990	3039900	111409	35181
家用电器及电子产品专门零售	4184322	2857075	65075	38274	109639	93138
家用电器零售	2743913	2154962	28436	21478	90067	79633
计算机、软件及辅助设备零售	893822	392411	28160	9173	4958	1534
通信设备零售	430236	280356	5770	5150	10708	9996
五金、家具及室内装修材料专门零售	1706421	1092537	74749	60908	69917	53007
无店铺及其他零售	2274529	965492	357726	313659	72343	36830
邮购及电子销售	349989	237282	24590	22535		
(三)按控股情况分						
国有控股	9558940	8710439	6793090	6100344	25619	21501
集体控股	2019913	1541938	21877	19267	1625497	1197500
私人控股	25506308	14320568	48087	39667	94800	57875
港澳台控股	2983362	2821096	16017	10332	17023	16822
外商控股	4307324	4060042	41505	41505	23756	23376

单位：万元

法人资本		个人资本		港澳台资本		外商资本	
限额以上	大中型企业	限额以上	大中型企业	限额以上	大中型企业	限额以上	大中型企业
4250727	3961543	3273044	2703977	1734643	1704402	2555141	2459778
2681760	2546648	2016800	1669581	1104679	1075072	867306	864944
1421311	1301950	1096167	938026	507685	507551	1559398	1471991
710281	507114	350884	155720	36882	31848	25234	18379
22921	5828	43859	14938	48		4156	4156
363140	347643	54261	21506			103	53
188849	60979	79537	34580	12821	12461	3667	1111
29882	21759	25816	9755				
1107649	475137	1084617	371463	417199	370655	410314	355358
904477	313977	873975	263403	282065	246923	312607	268820
471887	318923	418531	253530	149227	144928	99288	87641
18794	11556	27018	21750	26188	26163	37929	34627
117884	96464	51367	31548	44235	44235	4593	1643
851028	718541	1022777	523027	18908	17829	12248	11267
820986	711719	971432	514904	16683	16583	11483	10933
5918231	4081528	7674839	3576563	400310	349049	402595	340736
4423451	2975297	6925394	3392254	348170	311065	162696	144189
1336683	1054061	477178	129737	51455	37984	222569	186785
2175514	1784610	1478212	589407	122891	120099	232992	231547
1572816	1400433	755920	357879	113665	112780	183009	182759
364854	210339	441587	119447	7246	5638	47018	46280
203181	160978	207380	101396	510	510	2688	2328
627477	414450	640098	279901	18349	15554	275830	268717
466296	151608	1036392	142884	121195	109153	220577	211359
158277	52360	28694	23958			138429	138429
1885637	1755068	551245	534660	203387	203212	99962	95654
255652	235734	114411	87471	875	555	1602	1412
10256405	7005510	15024749	7143143	37300	33825	44968	40549
181593	176096	3977	3367	2723426	2575558	41325	38920
310991	300014	5661	4198	1071	556	3924341	3690394

1-6 大中型批发和零售业

项 目	主营业务收入		主营业务成本	
	限额以上	大中型企业	限额以上	大中型企业
总 计	**2488744037**	**1986841845**	**2286630541**	**1817128494**
一、批发业	**1977588807**	**1571665031**	**1834822585**	**1449896650**
(一)按登记注册类型分				
1.内资企业	**1751110632**	**1362476046**	**1637411651**	**1268470586**
国有企业	404792761	382701138	367701043	346819187
集体企业	22478179	18126569	20998880	16982080
股份合作企业	7226062	5823208	6911724	5583399
联营企业	5644050	4282665	5342754	4036139
国有联营企业	2865874	2032190	2716732	1908855
集体联营企业	394582	215397	370678	205229
国有与集体联营企业	1111608	950653	1044378	890690
其他联营企业	1271986	1084426	1210966	1031365
有限责任公司	556478260	442612615	526539646	417146803
国有独资公司	73879647	67596133	70835251	64780142
其他有限责任公司	482598614	375016482	455704396	352366661
股份有限公司	247486194	241227243	234905724	229082595
私营企业	497458879	260651847	466353437	242467363
私营独资企业	20215341	10166058	18258129	9177213
私营合伙企业	5708191	2132076	5262489	1878436
私营有限责任公司	453661597	237805942	426359807	221761293
私营股份有限公司	17873751	10547771	16473013	9650421
其他企业	9546246	7050761	8658443	6353019
2.港、澳、台商投资企业	**50465758**	**45094165**	**44160090**	**39252340**
合资经营企业	10521958	9834073	9720218	9085617
合作经营企业	731739	671553	642227	584859
独资经营企业	36853732	32286942	31802265	27637613
投资股份有限公司	2358328	2301597	1995381	1944251
3.外商投资企业	**176012417**	**164094820**	**153250845**	**142173724**
中外合资经营企业	48789737	45089504	45031416	41493466
中外合作经营企业	7416779	7392156	7237784	7219870
外资企业	119210044	111153275	100523496	93121725
外商投资股份有限公司	595857	459885	458149	338664

企业损益及分配

单位：万元

主营业务税金及附加		主营业务利润		其他业务利润		营业费用	
限额以上	大中型企业	限额以上	大中型企业	限额以上	大中型企业	限额以上	大中型企业
10501527	**8743620**	**182025917**	**154094126**	**11142920**	**10310884**	**80576089**	**69650192**
7887236	**6895668**	**128357199**	**110202500**	**4061849**	**3633417**	**53253061**	**45680651**
7683092	**6713562**	**99594877**	**82673362**	**2733458**	**2364201**	**38217149**	**31265836**
4488240	4442773	30900453	29806695	692334	638355	7212330	6813740
96337	68600	1368094	1089104	52354	40578	494309	399930
15359	10182	293565	226211	11201	8522	151321	120567
21399	20241	275264	224873	7011	6146	98135	76759
17834	17565	130934	105648	3846	3469	34576	21918
569	231	21357	9937	288		7910	4176
1301	1087	64237	57953	1154	1142	28040	25501
1696	1358	58736	51336	1723	1536	27609	25165
1428521	1177726	26697498	22616951	1072729	947665	12317093	10621531
246980	241296	2718194	2500687	119531	116502	897943	845664
1181541	936430	23979304	20116264	953198	831163	11419150	9775867
380505	363171	11775254	11400471	240034	230170	5817154	5692789
1215511	604494	27513348	16703636	648825	484996	11874836	7340000
175283	82611	1827283	995764	21150	11494	511354	316326
21790	9349	381453	212648	3463	2325	140876	80348
959996	477120	24123498	14741950	601563	455989	10698288	6589323
58443	35415	1181115	753275	22649	15188	524318	354002
37219	26376	771400	605420	8971	7771	251972	200520
40977	**33145**	**6264537**	**5813936**	**190127**	**174211**	**3121840**	**2867322**
5111	4596	790623	740448	-20816	-22829	369421	351490
2535	2242	86842	84453	-924	-969	29127	27903
31768	24859	5025196	4632544	193465	179611	2555079	2323689
1563	1448	361877	356491	18402	18397	168213	164240
163168	**148961**	**22497785**	**21715203**	**1138264**	**1095006**	**11914072**	**11547494**
18721	17708	3689612	3568505	56513	52550	2440142	2381092
1337	1331	177446	170956	4626	4294	45243	42038
143000	129839	18493124	17854605	1076458	1037558	9336540	9040322
110	84	137602	121137	667	604	92147	84042

1-6 续表 1

项目	管理费用		财务费用		营业利润	
	限额以上	大中型企业	限额以上	大中型企业	限额以上	大中型企业
总计	**44180228**	**36564159**	**8552202**	**6524278**	**68977330**	**59130398**
一、批发业	**28451326**	**23490205**	**6011903**	**4451913**	**51659741**	**45878779**
(一)按登记注册类型分						
1.内资企业	**22641424**	**18063655**	**5979330**	**4430693**	**42070557**	**36627655**
国有企业	7175433	6842401	833471	747869	17824446	17331074
集体企业	390060	300917	119733	96631	470140	374589
股份合作企业	88366	64622	18287	14242	59346	42987
联营企业	70455	60812	16129	8071	101178	85645
国有联营企业	32533	26939	5716	2300	61952	57870
集体联营企业	3582	2422	3323	215	9107	3124
国有与集体联营企业	10684	8729	3246	3148	24295	21822
其他联营企业	23657	22722	3844	2409	5824	2829
有限责任公司	6042700	4977800	2045009	1657791	9285885	7870583
国有独资公司	875591	831155	384622	376048	1106938	988560
其他有限责任公司	5167109	4146645	1660387	1281743	8178947	6882023
股份有限公司	1905096	1821863	573510	520146	5417437	5286415
私营企业	6756575	3817237	2338414	1360264	8510877	5315411
私营独资企业	379227	199362	104860	53622	916874	479612
私营合伙企业	80186	44190	21522	10472	164273	102229
私营有限责任公司	6033537	3408648	2131544	1242307	7051514	4514496
私营股份有限公司	263625	165036	80489	53863	378217	219075
其他企业	212739	178004	34776	25679	401249	320952
2.港、澳、台商投资企业	**1337852**	**1236112**	**79113**	**74201**	**2022295**	**1900157**
合资经营企业	150735	134616	30797	26744	227366	212589
合作经营企业	4802	3856	199	324	51985	51401
独资经营企业	1106257	1022724	47654	46659	1605739	1500311
投资股份有限公司	76059	74916	462	474	137205	135856
3.外商投资企业	**4472050**	**4190438**	**-46540**	**-52981**	**7566889**	**7350967**
中外合资经营企业	438443	396482	53121	48710	874930	815417
中外合作经营企业	22002	19259	6562	6101	117076	116450
外资企业	3989104	3756498	-106498	-107427	6551555	6399235
外商投资股份有限公司	22500	18199	276	-365	23327	19865

单位：万元

利润总额		应交所得税		劳动、失业保险费		住房公积金和住房补贴	
限额以上	大中型企业	限额以上	大中型企业	限额以上	大中型企业	限额以上	大中型企业
70238231	**61053837**	**13135408**	**11574166**	**796291**	**639702**	**1391862**	**1255106**
54274008	**48543248**	**10228698**	**9189739**	**465779**	**365761**	**1014798**	**922122**
43081938	**37714505**	**8021132**	**7071948**	**393045**	**298606**	**817256**	**736526**
18379984	17837844	3836943	3711923	151066	139208	424468	411080
549885	450944	55260	42947	6540	5344	8729	7035
92668	79293	19249	16944	1965	1602	2210	1854
147240	128273	23829	19784	766	679	1935	1773
95870	88186	15076	13079	358	322	1510	1385
7729	1932	1163	143	30	22	18	8
22885	20469	4730	4346	253	220	243	222
20756	17686	2860	2216	125	116	165	157
10242344	8589810	2087985	1778259	77574	65224	217006	198925
1448361	1320257	334173	302476	12930	12386	34633	33323
8793983	7269553	1753812	1475783	64644	52838	182373	165602
5433502	5323181	699121	679126	26773	25331	72197	70543
7947669	5075198	1262620	794960	125745	59510	87145	42172
801987	430575	117017	62900	4917	2252	4449	1883
150501	92649	21027	15417	1794	832	522	203
6608739	4329508	1066727	673442	114762	53684	79131	38077
386441	222466	57849	43202	4272	2742	3044	2009
288646	229962	36126	28005	2616	1705	3565	3145
2313852	**2134893**	**460093**	**422839**	**12129**	**10857**	**42365**	**40574**
273132	255345	51366	48110	2132	1901	5217	4834
54166	53614	8488	8300	79	47	266	239
1846776	1687661	379910	346462	9185	8195	34874	33519
139778	138273	20329	19968	732	714	2009	1983
8878219	**8693850**	**1747473**	**1694952**	**60605**	**56298**	**155177**	**145023**
889862	861098	180420	172713	9923	9418	19754	18887
89744	89677	18224	18076	175	138	703	582
7874693	7722614	1543699	1499840	49864	46162	134089	125008
23921	20462	5131	4323	643	580	631	545

1-6 续表 2

项目	主营业务收入		主营业务成本	
	限额以上	大中型企业	限额以上	大中型企业
(二)按国民经济行业分				
农畜产品批发	37497614	28830158	34060827	26122382
食品、饮料及烟草制品批发	170348285	153665552	137055565	122187083
米、面制品及食用油批发	19596926	15547290	18384212	14612618
肉、禽、蛋及水产品批发	8822312	7039402	7918936	6263234
饮料及茶叶批发	20827272	18353716	16036412	13909219
烟草制品批发	93703345	91627976	71130407	69423015
纺织、服装及日用品批发	113798583	88886273	100649902	77334404
服装批发	39358174	33493450	34631662	29160957
鞋帽批发	8206969	6388837	6879907	5165877
文化、体育用品及器材批发	24000760	19853145	21760523	17902573
文具用品批发	6605209	4967061	6268520	4736101
体育用品批发	2409788	2116066	1987705	1689449
图书批发	3520007	3198869	3044839	2782751
医药及医疗器材批发	72028056	65590169	65304625	59545476
西药批发	49410459	45949867	45563636	42428537
中药材及中成药批发	15983533	14470726	14308336	12961123
矿产品、建材及化工产品批发	1160992753	880992850	1110051719	842116070
煤炭及制品批发	153354799	122814440	141868691	113553858
石油及制品批发	362476952	333188574	346682456	318278523
金属及金属矿批发	438931955	288248164	426380610	280454303
建材批发	54433650	35199788	50997591	33463709
化肥批发	23794271	19096640	22719420	18284745
农药批发	4456789	3896313	4274730	3753732
机械设备、五金交电及电子产品批发	315378323	272707210	287279942	247400052
汽车、摩托车及零配件批发	103342118	95460184	94872596	87412321
家用电器批发	53802964	46002898	49094540	41539828
计算机、软件及辅助设备批发	28081766	24210099	26683501	22995563
通讯及广播电视设备批发	23351210	22165814	20182186	19071995
贸易经纪与代理	32385125	26588512	30209268	24780050
其他批发	51159307	34551163	48450214	32508562
(三)按控股情况分				
国有控股	861228192	813305174	803548990	757782042
集体控股	61392398	50041433	57874967	47174016
私人控股	664390278	380699809	624547478	355138097
港澳台控股	47082828	42011128	40923669	36295049
外商控股	150846317	139746875	129751932	119463308

单位：万元

主营业务税金及附加		主营业务利润		其他业务利润		营业费用	
限额以上	大中型企业	限额以上	大中型企业	限额以上	大中型企业	限额以上	大中型企业
91891	55836	2379883	1762485	81865	60432	941310	715735
4815716	4749051	27615558	25978319	487633	438274	7488408	6789795
31339	20521	1079139	834432	104480	87293	756748	555367
50833	44006	848160	729975	51144	46830	349283	304585
129209	119640	4638504	4302968	39822	34602	2038118	1854812
4457007	4447174	17642046	17285087	130571	129584	2455723	2422871
189720	141329	12872296	11389024	290847	260113	6597942	5948563
59355	51711	4629309	4262872	136350	130612	1962149	1774139
17656	16529	1305930	1205052	10370	8711	498497	440017
55505	46899	2176590	1881928	81738	68287	960118	817544
4807	2547	322881	224070	17039	13974	146307	104421
1760	1564	447236	424376	6979	5309	229514	216030
11791	9943	435511	382568	24270	21104	187749	161632
146773	122087	6274131	5627995	256280	241382	3426358	3140391
85891	72062	3548777	3234450	139837	133164	1932801	1797111
42438	37281	1592798	1440014	32437	29788	878159	809577
1761735	1215137	45442833	35277250	1106602	976415	18282017	14197528
458052	354743	10087658	8126420	221217	200254	3632118	2629342
303037	281410	14608544	13791931	236416	214524	6996193	6686802
550785	274908	11379391	7242969	352726	278744	3778535	2301716
143952	96551	2249007	1356901	65186	47782	867984	534361
89123	53999	1009185	728238	24784	17622	485454	388016
3070	1903	177329	139184	2308	2137	104250	88275
404781	307999	27329026	24746382	1477175	1357459	13536339	12448592
81776	64167	8293871	7915419	214613	199262	4401420	4253932
58902	53157	4544622	4321044	179572	160275	3357503	3179776
26580	19538	1344886	1163729	76682	63210	739079	661935
28745	26392	3109659	3041711	484825	477272	855190	830309
119748	109244	2083464	1752954	154989	141069	952971	828107
301367	148086	2183417	1786164	124720	89987	1067599	794396
5258725	5180394	50133370	48179416	1348979	1261219	16421775	15739439
185286	144738	3236260	2662055	138154	108126	1205686	1008772
1599859	888247	36410985	23778622	990064	772337	16426150	11106892
43585	36158	6120492	5687867	173398	157840	3024399	2777035
146579	132821	20848525	20093306	1127028	1086213	11097709	10747946

1-6 续表 3

项目	管理费用		财务费用		营业利润	
	限额以上	大中型企业	限额以上	大中型企业	限额以上	大中型企业
(二)按国民经济行业分						
农畜产品批发	755606	575589	518418	441813	629458	423670
食品、饮料及烟草制品批发	6605243	6222700	227163	156836	14462788	13884241
米、面制品及食用油批发	334529	264117	177700	143995	-50039	-22169
肉、禽、蛋及水产品批发	229222	195849	47522	38924	265936	229093
饮料及茶叶批发	545480	458926	36196	37153	2051197	1973369
烟草制品批发	4708354	4696416	-183213	-181707	11227542	10911617
纺织、服装及日用品批发	2758836	2340402	393380	256123	3726129	3375851
服装批发	1110833	982485	111147	83461	1655356	1597774
鞋帽批发	361852	337319	24789	17701	450442	435596
文化、体育用品及器材批发	592156	477564	88585	72612	675077	630192
文具用品批发	103759	71519	36037	29153	65734	41631
体育用品批发	102004	92774	-823	-1773	120612	119666
图书批发	180112	155978	-1959	-2675	150384	141856
医药及医疗器材批发	1579655	1346119	245863	217230	1691759	1524534
西药批发	918333	800504	175375	156411	926458	857251
中药材及中成药批发	355205	303084	60958	54675	396490	361497
矿产品、建材及化工产品批发	8587913	6196042	3802329	2754285	19699871	16026878
煤炭及制品批发	1467361	1146570	545778	405346	5863277	5212187
石油及制品批发	2023591	1828202	516555	452965	6440480	5966360
金属及金属矿批发	2375776	1545706	1898582	1311424	4339369	2831303
建材批发	881766	448247	247542	159191	815710	488475
化肥批发	291647	221380	160787	133204	211641	108893
农药批发	51792	42104	43051	39264	-19275	-28496
机械设备、五金交电及电子产品批发	6274553	5352675	433598	331113	9511208	8778003
汽车、摩托车及零配件批发	889729	764722	132427	103504	3270811	3179141
家用电器批发	811721	738810	16718	3553	766124	712455
计算机、软件及辅助设备批发	394187	303729	14675	7576	337585	304947
通讯及广播电视设备批发	1299818	1264712	51494	49011	1427329	1410771
贸易经纪与代理	534331	437301	111277	93453	857309	745345
其他批发	763035	541813	191290	128447	406143	490063
(三)按控股情况分						
国有控股	10949650	10396617	1852195	1725410	26233172	25139936
集体控股	840764	679718	283575	224672	1186361	980729
私人控股	8559064	5318699	3208753	2021820	10893376	7237837
港澳台控股	1349640	1251657	69309	67730	1965602	1848108
外商控股	4217713	3950944	-59101	-62112	6964501	6745291

单位：万元

利润总额		应交所得税		劳动、失业保险费		住房公积金和住房补贴	
限额以上	大中型企业	限额以上	大中型企业	限额以上	大中型企业	限额以上	大中型企业
945216	713943	96151	73206	9183	5832	16518	11901
15289574	14648353	3517664	3375289	134381	125934	387439	375990
302920	247527	49060	42350	8699	5132	11366	8794
262024	220778	20707	15004	3988	3259	3879	3415
2154923	2073964	476499	452169	11050	10049	13172	12160
11563867	11249589	2818494	2736951	91043	90939	328225	327926
3840856	3505124	773334	706198	49260	38560	79051	72313
1735895	1672843	325067	307575	12296	10922	35854	34411
462802	446497	62823	58918	1843	1510	5077	4925
724879	655261	137546	123614	11905	9825	21219	18900
50963	22682	13676	8367	1092	700	2740	2337
135164	133493	27789	27104	1754	1688	2213	2066
157724	149351	16459	14540	3944	3206	8601	7765
1719245	1585698	361513	322790	20730	17677	71935	69102
978877	929155	209765	190526	12769	11287	54842	53401
366603	348597	78125	69025	5208	4486	7304	6696
18948728	15771328	2939281	2395778	128318	77853	229810	189086
5491156	4989477	555963	456152	11454	7848	30890	27903
6106749	5556937	1146756	1045940	30326	27577	96643	94469
4221062	3115494	677693	488671	44242	16462	46009	30951
744477	457126	129007	88998	10207	8232	9668	7692
367566	254775	52693	35899	3652	2932	7143	6212
16562	8476	8879	7689	655	510	1020	885
10560242	9864456	2002600	1861611	92894	80699	176128	157172
3520838	3442616	793016	774982	13030	11870	21814	20368
887527	828539	126689	116995	7686	6831	26440	23295
339266	308619	69338	60550	9334	8240	13365	12245
1619559	1603057	236165	231171	5259	4792	21126	17151
1093843	977998	185439	163840	9479	4977	16512	14916
1151423	821087	215170	167414	9630	4404	16185	12744
27307528	25997595	5470029	5195443	200434	185871	619498	599680
1223233	1010423	181123	148944	13703	11476	21047	17174
10907756	7605122	1771645	1230991	155099	82137	121623	69844
2200312	2025981	445300	409269	12190	10941	41982	40192
8296249	8114640	1630398	1578948	57770	53614	144319	134407

1-6 续表 4

项目	主营业务收入		主营业务成本	
	限额以上	大中型企业	限额以上	大中型企业
二、零售业	**511155230**	**415176814**	**451807956**	**367231844**
(一)按登记注册类型分				
1.内资企业	**447157715**	**354931324**	**397322352**	**315952045**
国有企业	39652146	35123149	35226192	31418706
集体企业	10438814	6006690	9063799	5194121
股份合作企业	2770186	1703246	2419464	1461650
联营企业	2065674	1239250	1868190	1124424
国有联营企业	1081698	723194	985244	661861
集体联营企业	247018	128369	212468	108765
国有与集体联营企业	479525	253240	444088	237116
其他联营企业	257434	134447	226391	116682
有限责任公司	158991135	131968314	140972730	116982450
国有独资公司	2611636	2029172	2217760	1712372
其他有限责任公司	156343425	129939141	138720268	115270079
股份有限公司	74876058	72031182	66645231	64158261
私营企业	154155227	103954646	137428551	93069778
私营独资企业	15140595	5971931	12649863	5031549
私营合伙企业	2773155	1307256	2332423	1111619
私营有限责任公司	126751174	89550332	113988158	80575706
私营股份有限公司	9490302	7125127	8458108	6350904
其他企业	4208474	2904847	3698195	2542656
2.港、澳、台商投资企业	**26748905**	**25843894**	**22861841**	**22085203**
合资经营企业	7577964	7271475	6459604	6181138
合作经营企业	3416361	3347272	3181543	3122024
独资经营企业	15018828	14493122	12659524	12223582
投资股份有限公司	735753	732025	561170	558460
3.外商投资企业	**37248610**	**34401596**	**31623763**	**29194596**
中外合资经营企业	17646471	15970996	15317789	13826879
中外合作经营企业	2369852	2204017	2007227	1867345
外资企业	16070441	15077737	13305492	12519298
外商投资股份有限公司	1161845	1148846	993256	981075

单位：万元

主营业务税金及附加		主营业务利润		其他业务利润		营业费用	
限额以上	大中型企业	限额以上	大中型企业	限额以上	大中型企业	限额以上	大中型企业
2614291	**1847952**	**53668718**	**43891626**	**7081072**	**6677467**	**27323028**	**23969541**
2424695	**1669819**	**44532416**	**35281977**	**5076981**	**4785271**	**21219425**	**18205634**
167888	137369	3719389	3116983	250127	223079	1644698	1448315
123190	61033	1191078	724018	55773	44269	381765	255866
15748	10574	302280	210114	34611	31519	107555	72019
7663	5206	154791	88068	10656	10339	84114	63811
1887	936	65407	38900	5224	5159	46885	38734
2702	2210	27566	17393	167	116	10282	7313
1365	1003	32898	15121	1439	1258	15555	9379
1708	1057	28921	16654	3827	3806	11393	8384
836157	653882	16331471	13756125	2443043	2354026	8760299	7904125
12617	9566	370958	298600	67776	62873	160294	137766
823529	644316	15959153	13457525	2375254	2291153	8599437	7766359
336126	309079	7190041	6905908	989939	981990	3328356	3249052
906434	473537	15176871	10162171	1255682	1105109	6718799	5060073
245520	81008	2067819	768770	43186	31308	516228	255772
43692	18937	365776	177109	12645	11671	119512	71802
570080	344481	11850030	8546630	1075240	944484	5663393	4384695
47143	29112	893247	669662	124611	117647	419665	347805
31490	19139	466495	318590	37149	34938	193838	152373
98396	**94596**	**3704529**	**3579302**	**794102**	**786113**	**2073026**	**2015312**
42792	42328	1003733	976175	280083	277660	565077	546968
7294	6409	228342	218839	116575	115572	71412	67672
42871	40430	2303658	2216502	379257	374694	1376711	1341140
5439	5430	168795	167786	18187	18187	59826	59533
91200	**83537**	**5431773**	**5030347**	**1209989**	**1106083**	**4030577**	**3748595**
46389	43944	2225195	2049588	580448	485770	1691139	1506230
4775	2748	357579	333654	61448	60339	243267	231579
36855	33679	2683590	2482500	547315	539609	2004079	1919524
3180	3166	165409	164606	20777	20365	92092	91262

1-6 续表 5

项　　目	管理费用		财务费用		营业利润	
	限额以上	大中型企业	限额以上	大中型企业	限额以上	大中型企业
二、零售业	**15728902**	**13073954**	**2540299**	**2072365**	**17317589**	**13251619**
(一)按登记注册类型分						
1.内资企业	**12918438**	**10398149**	**2344045**	**1886955**	**15079797**	**11182175**
国有企业	1108770	861580	87907	74351	1326492	1130848
集体企业	323614	212056	53431	34418	523908	286645
股份合作企业	116664	88011	18785	15669	116945	82666
联营企业	34627	22437	7553	5913	62033	27162
国有联营企业	15761	10888	4110	3569	24642	11402
集体联营企业	3929	1887	1254	760	12382	7575
国有与集体联营企业	5045	3034	1406	981	13926	3029
其他联营企业	9892	6629	783	603	11083	5157
有限责任公司	4704167	4038370	834933	707464	5012420	3890901
国有独资公司	128582	107464	2963	1629	156715	123808
其他有限责任公司	4574849	3930906	831540	705835	4856065	3767093
股份有限公司	2077427	1988625	307953	290865	2925093	2805938
私营企业	4433154	3094359	1011435	742146	4919084	2854035
私营独资企业	423316	184735	100439	38187	1101325	341760
私营合伙企业	77612	40563	18127	8751	180160	72456
私营有限责任公司	3681012	2677964	836387	652387	3283913	2178929
私营股份有限公司	251214	191098	56482	42821	353686	260890
其他企业	120015	92712	22048	16129	193823	103978
2.港、澳、台商投资企业	**1251589**	**1222128**	**92870**	**89940**	**1185001**	**1140524**
合资经营企业	323102	317941	30311	29178	449656	443804
合作经营企业	116957	115421	4640	4271	151514	146704
独资经营企业	753680	730929	48953	47546	523147	490012
投资股份有限公司	57851	57836	8966	8946	60685	60004
3.外商投资企业	**1558875**	**1453678**	**103385**	**95470**	**1052791**	**928920**
中外合资经营企业	562996	505056	26946	24896	570843	533939
中外合作经营企业	73786	70603	2348	1932	113482	103734
外资企业	862684	819031	66731	61295	341049	263797
外商投资股份有限公司	59410	58988	7359	7346	27417	27451

单位：万元

利润总额		应交所得税		劳动、失业保险费		住房公积金和住房补贴	
限额以上	大中型企业	限额以上	大中型企业	限额以上	大中型企业	限额以上	大中型企业
15964224	**12510589**	**2906710**	**2384427**	**330512**	**273941**	**377064**	**332984**
13537568	**10246826**	**2307686**	**1811913**	**290629**	**235829**	**300138**	**257885**
1281039	1082718	174246	150146	36958	25375	53993	45508
441272	260216	46741	23835	6835	3834	5439	3321
93844	70433	11495	8124	2070	1627	2789	2477
61547	27599	11957	4912	1229	490	948	756
25373	11684	5569	2478	758	105	456	365
11434	7163	1332	721	106	94	104	92
14088	3582	3279	818	95	50	158	113
10652	5170	1777	895	271	240	230	186
4735457	3651490	946513	742405	99840	84472	107293	96148
212398	131908	35345	28710	1893	1528	7189	6344
4523418	3519582	911161	713695	97947	82944	100104	89804
2853653	2750104	401288	388167	42102	40110	65955	64049
3901131	2280832	696645	481823	98421	77492	61622	43847
868104	264727	120915	39495	7376	2956	4345	1848
150291	57903	19461	8854	1251	430	855	392
2614132	1758677	513489	399324	85656	71088	53219	39611
268604	199525	42780	34149	4138	3017	3204	1997
169626	123434	18800	12502	3175	2430	2100	1779
1208618	**1171677**	**277827**	**271091**	**13057**	**12682**	**25342**	**24839**
499808	495847	103540	102403	5106	5068	7385	7276
150739	146491	36503	36012	966	950	1521	1484
488823	460773	130938	125876	6766	6450	15959	15609
69247	68567	6846	6801	220	214	477	471
1218038	**1092086**	**321197**	**301422**	**26826**	**25430**	**51585**	**50260**
548249	511692	131649	129467	10658	9989	21477	21200
112214	100999	23783	21273	522	495	2641	2515
508467	430226	156333	141255	14843	14181	24082	23168
49108	49168	9432	9427	803	765	3386	3378

1-6 续表 6

项　　目	主营业务收入		主营业务成本	
	限额以上	大中型企业	限额以上	大中型企业
(二)按国民经济行业分				
综合零售	140376086	131920367	120085290	112897306
百货零售	73797895	69920476	62307408	59044644
超级市场零售	59771030	57054469	52051926	49701331
食品、饮料及烟草制品专门零售	9816791	5866259	8036795	4743935
粮油零售	1357638	705706	1209362	624745
肉、禽、蛋及水产品零售	1867801	1276446	1656206	1148691
饮料及茶叶零售	1641950	827659	1228551	572221
烟草制品零售	1826257	1172004	1470744	923578
纺织、服装及日用品专门零售	17533214	13040628	12931741	9508896
服装零售	11723424	9131622	8562588	6689754
文化、体育用品及器材专门零售	11771965	8139877	9195215	6258667
体育用品零售	691265	605568	541650	471933
图书零售	5374123	3928696	4012312	2904985
医药及医疗器材专门零售	20417157	17146709	17709588	14940021
药品零售	19414171	16893510	16879382	14732289
汽车、摩托车、燃料及零配件专门零售	247551733	195561930	228275482	180784475
汽车零售	170044050	132473049	157509662	122919845
机动车燃料零售	72470392	61281263	66410800	56313448
家用电器及电子产品专门零售	41667307	30891804	37139657	27554923
家用电器零售	29550340	24108441	26221034	21474521
计算机、软件及辅助设备零售	7590100	3877590	6996589	3581924
通信设备零售	3505248	2526264	3017623	2158294
五金、家具及室内装修材料专门零售	11298144	6902765	9303437	5634137
无店铺及其他零售	10722834	5706475	9130752	4909484
邮购及电子销售	2848215	2296841	2515604	2072817
(三)按控股情况分				
国有控股	115264140	106642554	102447403	95041999
集体控股	28268622	21759793	24801116	19094891
私人控股	237298047	172984145	211809110	154731134
港澳台控股	25652650	24794897	22019676	21292742
外商控股	29426048	26852319	24766073	22549605

单位：万元

主营业务税金及附加		主营业务利润		其他业务利润		营业费用	
限额以上	大中型企业	限额以上	大中型企业	限额以上	大中型企业	限额以上	大中型企业
976823	862108	18347820	17290465	4819270	4677354	11653806	11227047
632710	578891	10272984	9749909	2035885	1999846	4789121	4648450
265893	244934	7139672	6807210	2640512	2541314	6287503	6061611
108706	60547	1588899	1019919	82722	68620	661419	477656
23322	16248	116338	57660	17277	13756	69178	47843
21965	9382	167084	101374	8053	6961	57097	42846
16051	6740	378748	241230	6009	5011	169430	122481
15814	10081	333713	237468	20465	18326	78954	58321
133014	85176	4408639	3421674	176745	153624	2199428	1898802
96035	69249	3030607	2355611	112153	97539	1418088	1250910
119804	71273	2371132	1774824	156097	130136	1048740	821077
4021	3423	142907	127910	4913	3903	72770	62136
34206	22038	1268248	977775	109402	91559	550191	431224
95195	63307	2459287	2026404	100560	94005	1257187	1102241
89873	62025	2299569	1983053	97569	92938	1186649	1080555
719309	439828	17240833	13429339	682839	577626	6582803	5292800
514067	324920	11093425	8671192	607432	517116	4166144	3306654
169402	109011	5619214	4594640	59207	50073	2242990	1928391
194211	117988	4009016	2998552	869697	817479	2521052	2131577
140752	90962	2928346	2357873	719111	705866	1981121	1768659
26925	11713	585721	318031	48695	26285	260318	158789
22852	14058	394629	287861	98147	83890	239011	186696
185942	118848	1814285	1211879	107936	100220	722932	560051
81286	28878	1428807	718571	85206	58404	675663	458289
7270	4777	279060	172965	15492	10317	274979	241792
439441	388823	11419854	10338561	1156377	1110181	5364342	5015813
217556	140655	2966610	2351202	460821	444837	1378793	1200127
1284663	782146	22935877	16766496	2479465	2281360	10905954	8823843
74936	72194	3476516	3348606	808550	801227	2026229	1969728
60493	55130	4493950	4149969	1066464	967470	3441584	3190035

1-6 续表 7

项　　目	管理费用		财务费用		营业利润	
	限额以上	大中型企业	限额以上	大中型企业	限额以上	大中型企业
(二)按国民经济行业分						
综合零售	6470361	6156259	766124	703469	5246908	4802080
百货零售	4081650	3923144	578621	551016	3567157	3311330
超级市场零售	2130252	2024879	159210	133281	1446967	1353796
食品、饮料及烟草制品专门零售	394194	254186	53859	32559	596884	347587
粮油零售	51606	25879	13774	7421	7306	-4154
肉、禽、蛋及水产品零售	47704	30596	7792	5484	62932	30329
饮料及茶叶零售	70374	42746	15543	11372	132387	69028
烟草制品零售	87440	63081	3447	587	198042	145053
纺织、服装及日用品专门零售	1106802	954764	120304	97909	1199976	648526
服装零售	742516	655589	78630	67122	928050	493868
文化、体育用品及器材专门零售	892215	676371	52596	35356	610000	410910
体育用品零售	47212	41999	4660	4088	27419	25391
图书零售	576061	447736	4391	1524	287800	205076
医药及医疗器材专门零售	724070	590532	104018	90280	589214	433038
药品零售	662480	573574	100217	88733	556737	427216
汽车、摩托车、燃料及零配件专门零售	4109516	3109983	1165961	934151	6665893	5123423
汽车零售	3157438	2446222	1013235	838060	3798097	2891206
机动车燃料零售	821504	622719	125660	87823	2647069	2161228
家用电器及电子产品专门零售	1147111	817270	131182	81522	1294501	946934
家用电器零售	768337	620737	76260	45857	958134	734184
计算机、软件及辅助设备零售	213073	93636	29192	15932	174022	102890
通信设备零售	125160	89890	21559	16994	130346	97726
五金、家具及室内装修材料专门零售	449727	301196	104219	77412	686209	390115
无店铺及其他零售	434907	213394	42037	19707	428004	149007
邮购及电子销售	125429	58775	9434	7451	-69483	-79638
(三)按控股情况分						
国有控股	3258122	2910829	296887	270546	4233623	3816306
集体控股	983363	791432	157991	130995	1103684	818839
私人控股	6777768	5076802	1485376	1134834	7219944	4758171
港澳台控股	1213455	1177142	80435	75740	1057405	1018473
外商控股	1323128	1230157	82028	75236	806571	707107

单位：万元

利润总额		应交所得税		劳动、失业保险费		住房公积金和住房补贴	
限额以上	大中型企业	限额以上	大中型企业	限额以上	大中型企业	限额以上	大中型企业
5134142	4761086	1122684	1072136	143189	137919	153500	150404
3489522	3262526	759843	727593	87809	85015	89049	87652
1475202	1400589	331500	322216	49459	48205	59128	58296
602645	367014	108960	77074	16542	7219	13343	10087
47864	19369	7455	4912	7145	610	1745	884
57630	30343	5435	3413	1460	1098	907	655
126728	71559	24276	15760	1086	453	1341	967
200348	147609	40590	31061	2972	2154	5038	3975
1301792	756328	292818	179989	13349	10528	20060	17830
971563	534304	212584	115980	7317	6354	12338	11296
600384	391965	70475	46923	24123	18922	42026	33318
16715	16268	3834	3703	410	336	993	901
307960	206855	24566	15246	17012	13610	32158	25165
515586	412106	102656	84991	18910	16705	19166	17607
488826	407895	97923	84023	18250	16430	18224	17074
5712124	4491559	868943	680170	71994	51009	76404	64873
3319362	2596004	600626	493302	52323	37140	37633	31434
2227040	1842803	244499	177552	17355	13150	37535	32933
1109295	830458	196049	160351	26985	20365	31692	21872
854580	679680	158113	135311	19298	15575	25168	18188
130927	71238	21137	13631	3650	1860	4030	2401
95531	65957	13995	10450	3284	2609	1317	975
579244	364304	81306	52473	8341	6548	11093	9654
409013	135769	62819	30320	7081	4728	9781	7339
-71884	-83980	2049	1075	2214	2178	2938	2851
4018475	3576364	586390	524336	76963	62800	141511	129166
935439	688886	152474	118433	23414	19477	20320	17212
6156487	4239705	1129183	865963	151186	119002	101589	79620
1064202	1029293	248443	240929	12272	11760	26295	25795
949067	843249	269475	253016	22945	21673	43085	42090

1-7 大中型批发和零售业企业工资、福利及增值税

单位：万元

项目	本年应付工资总额		本年应付福利费总额		本年应交增值税	
	限额以上	大中型企业	限额以上	大中型企业	限额以上	大中型企业
总计	**27061406**	**23563150**	**2029949**	**1793313**	**36165946**	**30123978**
一、批发业	**15646386**	**13590697**	**1294799**	**1158077**	**25746211**	**21377925**
(一)按登记注册类型分						
1.内资企业	**12267632**	**10372582**	**1013389**	**884608**	**20719886**	**16562906**
国有企业	4045777	3873444	422539	402232	6465142	6158139
集体企业	176861	123819	13827	10861	371036	283197
股份合作企业	59199	46440	6088	5195	175448	154740
联营企业	39299	34487	2839	2271	77973	40835
国有联营企业	18383	15850	1247	1046	59123	24796
集体联营企业	2384	1616	84	26	2563	1795
国有与集体联营企业	6555	5805	924	637	10089	8618
其他联营企业	11976	11215	583	563	6199	5626
有限责任公司	3580339	3110329	234600	201774	5846998	4784781
国有独资公司	420372	399884	32384	30729	529063	491050
其他有限责任公司	3159967	2710445	202216	171044	5317936	4293732
股份有限公司	1340973	1297090	128524	125919	1985768	1901864
私营企业	2940304	1820500	198370	130842	5705760	3173606
私营独资企业	173211	91887	32102	25572	390659	159088
私营合伙企业	41998	24327	2956	1971	52824	22159
私营有限责任公司	2599678	1619736	154921	98138	5024220	2852200
私营股份有限公司	125418	84549	8391	5160	238057	140159
其他企业	84879	66472	6602	5515	91761	65745
2.港、澳、台商投资企业	**818394**	**772585**	**51801**	**49631**	**1140687**	**1061623**
合资经营企业	125763	118487	6547	6117	218964	201224
合作经营企业	13169	12715	426	400	24710	23587
独资经营企业	634833	599065	41877	40178	812097	752920
投资股份有限公司	44630	42319	2951	2936	84916	83893
3.外商投资企业	**2560360**	**2445530**	**229610**	**223838**	**3885638**	**3753395**
中外合资经营企业	323679	304479	19553	18453	454454	438545
中外合作经营企业	15195	12911	1300	955	26481	25764
外资企业	2203536	2113236	202879	198705	3369290	3255397
外商投资股份有限公司	17950	14904	5878	5725	35413	33690

1-7 续表 1

单位：万元

项　　目	本年应付工资总额		本年应付福利费总额		本年应交增值税	
	限额以上	大中型企业	限额以上	大中型企业	限额以上	大中型企业
(二)按国民经济行业分						
农畜产品批发	361995	260586	26925	20529	185298	100185
食品、饮料及烟草制品批发	3894062	3660038	370702	353939	5349983	5031457
米、面制品及食用油批发	200680	161768	17965	14533	199478	125270
肉、禽、蛋及水产品批发	143948	120800	8571	7052	65599	48283
饮料及茶叶批发	468680	412586	29839	25967	754778	693977
烟草制品批发	2525761	2521349	277153	276833	3791103	3717735
纺织、服装及日用品批发	1687751	1484357	103200	92270	2063462	1820732
服装批发	665390	599092	32360	29442	690046	635842
鞋帽批发	126957	113708	10653	10008	224510	212553
文化、体育用品及器材批发	375290	315262	38307	34471	423199	369835
文具用品批发	52875	39004	2563	1900	39821	23589
体育用品批发	41242	37101	3526	3287	115660	111715
图书批发	99864	83431	7805	6443	78509	70816
医药及医疗器材批发	1180388	1054425	82217	74757	1137092	1011196
西药批发	706384	636094	49633	45561	698545	631230
中药材及中成药批发	276458	249195	14231	12459	277681	249325
矿产品、建材及化工产品批发	4022478	3267031	365630	309861	8527524	6584067
煤炭及制品批发	567793	465577	53423	39876	2028012	1639470
石油及制品批发	1395775	1335463	170566	166413	2893052	2759776
金属及金属矿批发	964594	693704	58581	40834	2142020	1242972
建材批发	259320	177749	21307	16447	338485	187035
化肥批发	157080	118640	12645	10320	222595	181964
农药批发	24295	19449	1430	1210	5983	2696
机械设备、五金交电及电子产品批发	3464853	3033826	262441	236270	5032383	4547048
汽车、摩托车及零配件批发	489039	432333	36310	31299	2052706	1973326
家用电器批发	595742	558090	36135	34861	770126	716670
计算机、软件及辅助设备批发	274451	219089	17285	14876	291730	252116
通讯及广播电视设备批发	399889	386228	38405	37501	487189	475960
贸易经纪与代理	296337	253268	19805	17040	448767	410320
其他批发	363232	261904	25574	18941	2578504	1503084
(三)按控股情况分						
国有控股	6430549	6149346	638318	609684	10229865	9731814
集体控股	452726	361148	30705	24947	853976	703914
私人控股	4183906	2838563	247522	164652	7508904	4481396
港澳台控股	797962	753900	50628	48506	1037407	969919
外商控股	2416545	2309292.6	219382	214370	3635469	3506264

1-7 续表 2

单位：万元

项目	本年应付工资总额		本年应付福利费总额		本年应交增值税	
	限额以上	大中型企业	限额以上	大中型企业	限额以上	大中型企业
二、零售业	**11415020**	**9972453**	**735150**	**635237**	**10419736**	**8746054**
(一)按登记注册类型分						
1.内资企业	**9600543**	**8197001**	**610248**	**512969**	**8835859**	**7229671**
国有企业	832787	720050	64500	55427	1146850	1065285
集体企业	248499	176585	15410	10497	177364	107180
股份合作企业	79876	63800	21199	19001	43317	32133
联营企业	36961	27980	2124	1534	32581	18136
国有联营企业	16702	13253	982	715	16629	10686
集体联营企业	4793	3501	262	139	5964	3059
国有与集体联营企业	7099	4603	315	197	5310	2112
其他联营企业	8367	6623	565	482	4678	2279
有限责任公司	3648933	3292364	213589	190214	3053893	2613203
国有独资公司	84356	73688	7018	6165	54094	43302
其他有限责任公司	3564218	3218676	206550	184050	2999698	2569901
股份有限公司	1368959	1326037	97404	94550	1462162	1414405
私营企业	3254870	2478237	190599	138002	2800799	1926242
私营独资企业	332463	178810	25332	12624	280679	101373
私营合伙企业	71653	46390	3178	1548	49288	28526
私营有限责任公司	2644268	2084682	152043	116196	2327256	1697255
私营股份有限公司	206486	168356	10046	7634	143576	99088
其他企业	129659	111948	5423	3744	118894	53088
2.港、澳、台商投资企业	**730304**	**714312**	**48428**	**47407**	**654809**	**638724**
合资经营企业	211142	207953	10878	10318	208714	204089
合作经营企业	38647	37534	7904	7850	44602	43616
独资经营企业	462645	451060	28152	27767	386911	376559
投资股份有限公司	17870	17765	1496	1472	14582	14460
3.外商投资企业	**1084173**	**1061140**	**76474**	**74860**	**929068**	**877659**
中外合资经营企业	442020	435858	30677	30265	431378	419788
中外合作经营企业	50123	48762	4862	4584	51670	47163
外资企业	548670	533693	37431	36522	412553	377556
外商投资股份有限公司	43034	42828	3501	3490	33246	33152

1-7 续表 3

单位：万元

项　　目	本年应付工资总额		本年应付福利费总额		本年应交增值税	
	限额以上	大中型企业	限额以上	大中型企业	限额以上	大中型企业
(二)按国民经济行业分						
综合零售	4659807	4504422	299118	288284	3291554	3160888
百货零售	2177658	2107033	142750	137574	1811968	1750925
超级市场零售	2250189	2200673	131394	128338	1355237	1313430
食品、饮料及烟草制品专门零售	363414	282986	18543	12725	245545	147554
粮油零售	47290	33379	1959	1000	20966	12007
肉、禽、蛋及水产品零售	50012	40766	2824	2210	24446	12813
饮料及茶叶零售	57395	42605	3135	2019	52641	32958
烟草制品零售	59465	44751	4126	2835	40089	23610
纺织、服装及日用品专门零售	828243	747325	42048	37175	663420	506109
服装零售	543460	502917	25799	23397	466835	362618
文化、体育用品及器材专门零售	629645	499957	44045	34456	431863	332504
体育用品零售	25210	22550	1020	808	23559	21466
图书零售	409360	331794	31815	25106	124170	93287
医药及医疗器材专门零售	682384	602509	41417	36337	441488	364346
药品零售	651003	589191	39480	35405	405946	355937
汽车、摩托车、燃料及零配件专门零售	2754658	2216493	202058	164482	3900818	3134274
汽车零售	2014099	1657515	137247	114775	2370275	1866250
机动车燃料零售	649098	522863	57920	46977	1443869	1231829
家用电器及电子产品专门零售	943063	726315	47220	34216	947731	775615
家用电器零售	645258	536766	31125	25468	730651	636391
计算机、软件及辅助设备零售	160524	88782	9137	3906	119392	73417
通信设备零售	113200	89956	5904	4411	80695	60724
五金、家具及室内装修材料专门零售	292700	213026	23084	15864	232064	158389
无店铺及其他零售	261105	179421	17618	11699	265254	166376
邮购及电子销售	60463	58126	2419	2300	57954	41034
(三)按控股情况分						
国有控股	2333832	2159350	170117	156308	2523518	2366121
集体控股	715228	618531	47618	39329	518290	425671
私人控股	5073105	4106634	305577	239884	4234922	3170274
港澳台控股	681634	666215	45842	45164	623991	608416
外商控股	897597	879195	61445	60277	742062	704114

1-8 大中型批发和零售业

项　　目	负债比率(%)		主营业务毛利率(%)	
	限额以上	大中型企业	限额以上	大中型企业
总　　计	**71.9**	**71.1**	**8.1**	**8.5**
一、批发业	**71.9**	**70.6**	**7.2**	**7.7**
(一)按登记注册类型分				
1.内资企业	**72.7**	**71.4**	**6.5**	**6.9**
国有企业	62.6	61.3	9.2	9.4
集体企业	80.8	82.0	6.6	6.3
股份合作企业	71.9	70.1	4.4	4.1
联营企业	75.1	71.1	5.3	5.8
国有联营企业	66.7	49.1	5.2	6.1
集体联营企业	88.9	70.3	6.1	4.7
国有与集体联营企业	75.8	76.2	6.0	6.3
其他联营企业	80.2	84.8	4.8	4.9
有限责任公司	78.2	78.7	5.4	5.8
国有独资公司	72.5	72.3	4.1	4.2
其他有限责任公司	79.4	80.3	5.6	6.0
股份有限公司	59.2	58.7	5.1	5.0
私营企业	79.0	79.3	6.3	7.0
私营独资企业	64.4	63.0	9.7	9.7
私营合伙企业	74.9	72.6	7.8	11.9
私营有限责任公司	79.9	80.3	6.0	6.7
私营股份有限公司	71.2	69.6	7.8	8.5
其他企业	70.6	70.8	9.3	9.9
2.港、澳、台商投资企业	**69.6**	**69.7**	**12.5**	**13.0**
合资经营企业	61.9	62.1	7.6	7.6
合作经营企业	46.1	45.7	12.2	12.9
独资经营企业	71.4	71.6	13.7	14.4
投资股份有限公司	73.0	72.9	15.4	15.5
3.外商投资企业	**64.8**	**64.6**	**12.9**	**13.4**
中外合资经营企业	75.6	76.6	7.7	8.0
中外合作经营企业	78.9	78.5	2.4	2.3
外资企业	62.3	62.0	15.7	16.2
外商投资股份有限公司	78.9	81.5	23.1	26.4

注：费用率等于营业费用、管理费用、财务费用三项之和除以营业收入合计(下表同)。

企业经济效益分析指标

人均营业收入(万元)		流动资产周转次数(次)		费用率(%)	
限额以上	大中型企业	限额以上	大中型企业	限额以上	大中型企业
297.9	**286.4**	**3.0**	**3.0**	**5.3**	**5.6**
567.6	**573.1**	**3.0**	**3.0**	**4.4**	**4.7**
561.9	**567.7**	**3.0**	**3.0**	**3.8**	**3.9**
560.0	582.5	3.4	3.4	3.7	3.7
279.0	363.6	2.8	2.7	4.4	4.4
363.7	412.3	5.1	5.7	3.6	3.4
621.0	562.3	3.2	3.8	3.3	3.4
849.3	767.2	4.2	5.7	2.5	2.5
499.9	393.1	2.2	18.4	3.8	3.2
661.6	631.6	3.8	3.4	3.8	3.9
391.8	371.9	2.0	2.2	4.3	4.6
666.5	659.1	2.6	2.5	3.6	3.9
1234.6	1257.6	2.3	2.2	2.9	3.0
622.0	606.2	2.6	2.6	3.8	4.0
683.8	700.3	4.4	4.5	3.3	3.3
473.9	416.9	2.9	2.7	4.2	4.8
263.2	280.4	4.4	4.3	4.9	5.6
339.2	235.0	4.5	4.0	4.2	6.3
503.4	438.2	2.8	2.7	4.1	4.7
325.2	282.5	2.8	2.6	4.8	5.4
254.1	233.7	3.0	2.8	5.2	5.7
380.1	**365.7**	**2.5**	**2.5**	**8.9**	**9.2**
457.8	463.9	3.4	3.5	5.1	5.1
152.3	144.2	6.1	6.0	4.7	4.8
398.2	376.9	2.2	2.3	10.0	10.4
191.4	196.2	3.1	3.1	10.0	10.0
748.2	**749.7**	**2.9**	**2.9**	**9.2**	**9.5**
902.0	917.8	4.7	4.7	6.0	6.3
3146.7	3380.8	6.2	6.2	1.0	0.9
676.1	671.5	2.4	2.4	11.0	11.3
255.8	245.8	2.6	2.6	19.2	22.1

1-8 续表 1

项目	负债比率(%)		主营业务毛利率(%)	
	限额以上	大中型企业	限额以上	大中型企业
(二)按国民经济行业分				
农畜产品批发	76.4	76.1	9.2	9.4
食品、饮料及烟草制品批发	50.4	47.1	19.5	20.5
米、面制品及食用油批发	86.5	87.3	6.2	6.0
肉、禽、蛋及水产品批发	67.0	64.5	10.2	11.0
饮料及茶叶批发	69.2	69.6	23.0	24.2
烟草制品批发	21.7	19.6	24.1	24.2
纺织、服装及日用品批发	71.9	70.6	11.6	13.0
服装批发	69.4	69.0	12.0	12.9
鞋帽批发	68.9	67.4	16.2	19.1
文化、体育用品及器材批发	66.3	65.1	9.3	9.8
文具用品批发	81.4	84.4	5.1	4.6
体育用品批发	70.1	69.3	17.5	20.2
图书批发	51.6	50.9	13.5	13.0
医药及医疗器材批发	73.2	73.2	9.3	9.2
西药批发	72.2	71.8	7.8	7.7
中药材及中成药批发	80.1	80.4	10.5	10.4
矿产品、建材及化工产品批发	74.2	73.0	4.4	4.4
煤炭及制品批发	69.1	67.9	7.5	7.5
石油及制品批发	62.1	61.7	4.4	4.5
金属及金属矿批发	80.6	80.4	2.9	2.7
建材批发	78.8	77.7	6.3	4.9
化肥批发	79.3	79.5	4.5	4.3
农药批发	82.9	83.7	4.1	3.7
机械设备、五金交电及电子产品批发	74.3	73.8	8.9	9.3
汽车、摩托车及零配件批发	75.9	75.5	8.2	8.4
家用电器批发	83.5	83.0	8.8	9.7
计算机、软件及辅助设备批发	77.4	78.4	5.0	5.0
通讯及广播电视设备批发	57.2	55.3	13.6	14.0
贸易经纪与代理	82.6	83.7	6.7	6.8
其他批发	76.4	75.2	5.3	5.9
(三)按控股情况分				
国有控股	65.7	65.2	6.7	6.8
集体控股	79.9	79.7	5.7	5.7
私人控股	78.8	79.0	6.0	6.7
港澳台控股	71.1	71.5	13.1	13.6
外商控股	64.4	64.2	14.0	14.5

人均营业收入(万元)		流动资产周转次数(次)		费用率(%)	
限额以上	大中型企业	限额以上	大中型企业	限额以上	大中型企业
247.7	299.7	1.3	1.3	5.9	6.0
232.1	241.1	2.6	2.6	8.3	8.5
304.7	330.9	1.3	1.2	6.4	6.1
157.8	157.1	4.4	5.0	7.0	7.6
177.7	191.3	2.5	2.5	12.5	12.7
289.2	283.5	3.0	3.0	7.4	7.5
294.9	280.2	2.7	2.7	8.5	9.5
231.5	226.8	2.6	2.6	8.0	8.4
251.2	226.4	3.0	2.9	10.8	12.4
266.7	281.4	2.1	2.1	6.8	6.8
495.9	577.2	2.0	2.0	4.3	4.1
306.8	321.9	2.5	2.5	13.6	14.3
149.1	176.3	1.3	1.3	10.2	9.7
233.3	257.6	2.3	2.4	7.3	7.1
253.6	286.8	2.4	2.5	6.1	6.0
184.3	193.7	2.2	2.2	8.1	8.0
1064.7	1077.9	3.8	4.0	2.6	2.6
921.3	1023.2	3.6	3.6	3.7	3.4
860.4	831.5	6.4	7.1	2.6	2.7
2084.8	2329.1	3.1	3.0	1.8	1.8
680.8	747.3	2.6	2.7	3.7	3.2
352.1	437.5	2.1	2.1	3.9	3.9
679.0	906.6	2.6	2.7	4.5	4.4
531.9	587.5	2.5	2.5	6.4	6.6
1104.4	1309.2	3.3	3.4	5.2	5.3
399.4	380.2	2.5	2.4	7.7	8.5
496.7	578.4	2.9	3.0	4.1	4.0
476.5	497.2	2.0	2.0	9.2	9.4
905.9	958.2	1.2	1.0	4.8	4.9
553.8	622.6	3.0	2.9	3.9	4.2
726.1	744.0	3.3	3.4	3.4	3.4
397.3	456.3	2.9	2.9	3.8	3.8
466.8	415.9	2.8	2.7	4.2	4.8
384.5	369.4	2.4	2.4	9.3	9.6
715.0	710.9	2.7	2.7	10.0	10.4

1-8 续表 2

项目	负债比率(%)		主营业务毛利率(%)	
	限额以上	大中型企业	限额以上	大中型企业
二、零售业	**71.8**	**72.7**	**11.6**	**11.5**
(一)按登记注册类型分				
1.内资企业	**71.5**	**72.6**	**11.1**	**11.0**
国有企业	65.5	65.8	11.2	10.5
集体企业	69.8	72.5	13.2	13.5
股份合作企业	70.5	70.7	12.7	14.2
联营企业	64.1	70.1	9.6	9.3
国有联营企业	66.0	72.4	8.9	8.5
集体联营企业	53.8	61.3	14.0	15.3
国有与集体联营企业	71.2	78.4	7.4	6.4
其他联营企业	56.1	56.6	12.1	13.2
有限责任公司	75.8	77.0	11.3	11.4
国有独资公司	51.8	52.2	15.1	15.6
其他有限责任公司	76.4	77.6	11.3	11.3
股份有限公司	62.2	62.3	11.0	10.9
私营企业	74.0	77.4	10.9	10.5
私营独资企业	55.2	60.5	16.5	15.7
私营合伙企业	57.8	61.4	15.9	15.0
私营有限责任公司	76.3	78.9	10.1	10.0
私营股份有限公司	71.7	73.9	10.9	10.9
其他企业	74.6	79.1	12.1	12.5
2.港、澳、台商投资企业	**70.6**	**71.0**	**14.5**	**14.5**
合资经营企业	66.4	66.6	14.8	15.0
合作经营企业	81.3	82.2	6.9	6.7
独资经营企业	71.5	71.9	15.7	15.7
投资股份有限公司	69.6	69.7	23.7	23.7
3.外商投资企业	**75.5**	**75.3**	**15.1**	**15.1**
中外合资经营企业	74.5	72.3	13.2	13.4
中外合作经营企业	69.0	68.9	15.3	15.3
外资企业	78.3	79.3	17.2	17.0
外商投资股份有限公司	57.1	57.7	14.5	14.6

人均营业收入(万元)		流动资产周转次数(次)		费用率(%)	
限额以上	大中型企业	限额以上	大中型企业	限额以上	大中型企业
105.8	**99.9**	**3.2**	**3.1**	**8.8**	**9.2**
104.5	**98.3**	**3.2**	**3.2**	**8.0**	**8.4**
123.4	125.6	4.5	4.7	7.1	6.7
63.9	50.1	4.9	4.4	7.2	8.3
65.3	49.0	3.5	3.3	8.6	10.1
151.5	120.2	4.5	3.5	6.1	7.4
196.6	167.4	4.5	3.7	6.1	7.3
90.7	60.6	6.6	5.4	6.2	7.7
229.7	196.1	4.3	3.0	4.6	5.3
78.1	52.6	3.7	3.0	8.4	11.3
103.4	95.4	3.0	3.0	8.8	9.4
112.1	100.3	2.9	2.7	10.8	11.7
103.2	95.3	3.0	3.0	8.8	9.3
138.1	138.1	3.4	3.4	7.5	7.5
96.0	85.3	3.0	2.9	7.8	8.4
72.2	49.1	4.4	3.7	6.8	7.9
67.2	48.3	4.5	4.1	7.7	9.2
101.4	90.8	2.9	2.9	7.9	8.5
90.9	84.4	2.7	2.8	7.5	8.0
78.2	65.6	3.8	3.3	7.9	8.8
120.1	**118.1**	**2.9**	**2.9**	**12.4**	**12.4**
142.4	139.1	2.5	2.5	11.6	11.8
253.2	253.9	3.4	3.4	5.5	5.4
100.6	98.7	3.1	3.1	14.1	14.2
107.6	107.8	2.7	2.7	16.1	16.1
112.0	**105.0**	**2.7**	**2.6**	**14.7**	**14.8**
119.1	108.7	3.7	3.5	12.5	12.3
139.3	132.3	3.1	2.9	13.0	13.3
103.3	99.2	2.0	2.0	17.6	17.8
97.4	96.9	2.9	2.9	13.3	13.3

1-8 续表 3

项　　目	负债比率(%)		主营业务毛利率(%)	
	限额以上	大中型企业	限额以上	大中型企业
(二)按国民经济行业分				
综合零售	74.4	74.6	14.5	14.4
百货零售	70.3	70.7	15.6	15.6
超级市场零售	80.9	80.8	12.9	12.9
食品、饮料及烟草制品专门零售	58.0	57.9	18.1	19.1
粮油零售	69.0	74.5	10.9	11.5
肉、禽、蛋及水产品零售	58.8	61.3	11.3	10.0
饮料及茶叶零售	64.1	61.7	25.2	30.9
烟草制品零售	37.5	36.1	19.5	21.2
纺织、服装及日用品专门零售	73.7	75.3	26.2	27.1
服装零售	76.9	77.3	27.0	26.7
文化、体育用品及器材专门零售	55.6	55.3	21.9	23.1
体育用品零售	67.5	66.0	21.6	22.1
图书零售	50.1	49.4	25.3	26.1
医药及医疗器材专门零售	74.9	75.9	13.3	12.9
药品零售	74.8	75.8	13.1	12.8
汽车、摩托车、燃料及零配件专门零售	71.2	71.6	7.8	7.6
汽车零售	77.2	78.7	7.4	7.2
机动车燃料零售	52.8	52.1	8.4	8.1
家用电器及电子产品专门零售	75.7	78.3	10.9	10.8
家用电器零售	78.0	79.6	11.3	10.9
计算机、软件及辅助设备零售	65.4	69.6	7.8	7.6
通信设备零售	72.1	74.6	13.9	14.6
五金、家具及室内装修材料专门零售	60.4	60.9	17.7	18.4
无店铺及其他零售	68.8	72.7	14.8	14.0
邮购及电子销售	95.7	96.3	11.7	9.8
(三)按控股情况分				
国有控股	60.6	60.6	11.1	10.9
集体控股	73.2	74.6	12.3	12.2
私人控股	74.7	77.2	10.7	10.6
港澳台控股	71.3	71.5	14.2	14.1
外商控股	77.3	77.1	15.8	16.0

人均营业收入(万元)		流动资产周转次数(次)		费用率(%)	
限额以上	大中型企业	限额以上	大中型企业	限额以上	大中型企业
62.0	61.1	2.8	2.7	12.9	13.2
72.9	72.5	2.6	2.6	12.4	12.6
53.6	52.8	2.9	2.9	13.7	13.7
58.8	45.4	3.0	2.7	11.2	12.8
53.1	37.8	2.2	2.1	9.7	11.2
64.9	54.3	6.1	5.5	6.0	6.1
58.7	40.6	2.1	1.8	15.5	21.2
113.4	103.4	2.7	2.3	9.2	10.2
59.5	50.7	2.6	2.4	19.2	22.2
60.0	51.8	2.5	2.3	18.8	21.2
64.2	58.8	1.9	1.8	16.6	18.4
77.3	75.9	1.9	1.9	17.8	17.7
47.4	44.6	1.6	1.6	20.4	21.6
64.0	60.9	2.3	2.3	10.1	10.3
62.9	61.0	2.4	2.3	10.0	10.2
260.4	272.1	4.2	4.4	4.8	4.7
257.9	259.9	3.5	3.5	4.9	4.9
291.1	315.0	8.3	9.2	4.4	4.3
104.8	106.3	2.2	2.0	8.9	9.5
107.4	111.6	2.0	1.9	9.3	9.8
120.9	124.6	3.0	2.9	6.5	6.8
69.7	63.9	3.0	3.2	10.6	11.1
87.3	75.2	3.1	2.9	11.2	13.3
120.3	103.4	2.7	2.4	10.6	11.9
199.5	169.4	2.6	2.4	14.2	13.2
142.9	142.7	4.2	4.3	7.6	7.6
75.4	67.8	3.3	3.0	8.7	9.5
98.5	89.4	2.9	2.9	8.0	8.5
120.7	118.7	3.0	3.0	12.5	12.5
106.5	98.6	2.4	2.3	15.8	16.1

1-9 大中型住宿和餐饮业企业基本情况

项 目	住宿业（按新标准划型）					
	大中型		大型		中型	
	2010年	2009年	2010年	2009年	2010年	2009年
一、法人单位数(个)	**3303**	**2738**	**341**	**246**	**2962**	**2492**
二、年末从业人数(万人)	**113.2**	**99.1**	**24.6**	**19.0**	**88.6**	**80.1**
三、经营情况(亿元)						
营业额	1839.0	1403.7	614.0	413.2	1225.0	990.4
客房收入	803.3	604.8	273.1	181.7	530.2	423.2
餐费收入	786.7	599.9	246.9	160.8	539.8	439.1
商品销售收入	50.4	38.2	18.2	12.4	32.2	25.8
其他收入	198.6	160.7	75.7	58.4	122.9	102.3
四、实收资本及构成(亿元)						
实收资本	1724.0	1523.7	515.2	458.0	1208.8	1065.7
国家资本	612.2	572.0	186.8	166.6	425.4	405.4
集体资本	53.1	47.9	10.4	2.2	42.6	45.6
法人资本	451.7	362.9	109.4	95.0	342.3	267.9
个人资本	189.3	152.9	20.4	20.4	169.0	132.6
港澳台资本	244.1	231.5	120.3	103.6	123.8	127.9
外商资本	173.5	156.5	67.9	70.3	105.6	86.2
五、主要财务指标(亿元)						
(一)年末资产负债						
流动资产合计	1598.6	1234.2	571.8	415.9	1026.8	818.3
固定资产原价	3898.7	3491.8	1344.9	1141.2	2553.7	2350.7
累计折旧	1474.5	1291.3	530.6	445.9	943.8	845.3
资产总计	5205.9	4389.4	1792.2	1441.4	3413.7	2948.0
负债合计	3576.3	2998.5	1104.1	882.9	2472.2	2115.6
所有者权益	1629.6	1390.9	688.1	558.5	941.5	832.4
(二)损益及分配						
主营业务收入	1872.6	1437.7	651.9	449.9	1220.6	987.8
主营业务成本	613.8	464.4	204.3	144.8	409.5	319.6
主营业务税金及附加	98.7	75.3	32.6	22.0	66.1	53.3
主营业务利润	1118.6	873.5	401.3	278.7	717.3	594.8
其他业务利润	12.9	14.6	4.8	6.6	8.2	8.0
营业费用	522.5	426.5	152.7	108.6	369.8	317.9
管理费用	525.0	439.8	174.0	134.8	351.0	304.9
财务费用	77.6	69.0	28.2	22.4	49.4	46.6
营业利润	52.2	-12.3	67.3	29.5	-15.1	-41.9
利润总额	58.8	-9.9	68.6	30.1	-9.9	-40.0
应交所得税	22.5	13.4	13.1	7.3	9.4	6.1
本年应付工资总额	303.9	243.4	91.0	66.1	212.9	177.3
本年应付福利费总额	30.3	23.5	11.8	8.7	18.4	14.9

1-9 续表1

项目	住宿业（按原标准划型）					
	大中型		大型		中型	
	2010年	2009年	2010年	2009年	2010年	2009年
一、法人单位数(个)	**884**	**706**	**70**	**56**	**814**	**650**
二、年末从业人数(万人)	**52.7**	**40.3**	**7.9**	**6.8**	**44.8**	**33.5**
三、经营情况(亿元)						
营业额	947.7	602.3	205.1	146.0	742.6	456.3
客房收入	409.1	254.2	87.4	63.2	321.7	191.0
餐费收入	398.3	255.3	80.0	52.7	318.3	202.6
商品销售收入	27.9	15.4	7.5	5.5	20.4	9.9
其他收入	112.5	77.4	30.2	24.5	82.3	52.8
四、实收资本及构成(亿元)						
实收资本	867.0	703.8	197.4	192.1	669.6	511.7
国家资本	307.8	255.1	78.6	64.9	229.2	190.2
集体资本	15.7	21.3	1.3		14.4	21.3
法人资本	208.1	170.8	47.9	46.6	160.2	124.2
个人资本	70.8	56.2	7.0	11.8	63.9	44.4
港澳台资本	163.8	118.1	25.2	32.3	138.7	85.8
外商资本	100.8	82.3	37.5	36.5	63.3	45.9
五、主要财务指标(亿元)						
(一)年末资产负债						
流动资产合计	892.2	558.2	178.4	155.6	713.8	402.5
固定资产原价	2170.7	1708.5	462.2	418.3	1708.5	1290.1
累计折旧	840.3	626.6	177.6	159.0	662.8	467.6
资产总计	2893.9	2102.1	643.5	560.1	2250.5	1542.0
负债合计	1967.2	1449.4	376.2	308.7	1591.0	1140.7
所有者权益	926.7	652.6	267.3	251.3	659.4	401.3
(二)损益及分配						
主营业务收入	985.4	605.7	204.0	147.1	781.4	458.6
主营业务成本	306.9	177.8	61.9	46.6	245.0	131.2
主营业务税金及附加	50.7	32.4	10.6	7.8	40.1	24.7
主营业务利润	604.3	388.4	124.9	93.0	479.3	295.4
其他业务利润	6.5	7.9	1.8	2.9	4.7	5.0
营业费用	258.6	181.6	52.4	38.9	206.2	142.7
管理费用	280.4	199.0	51.3	42.7	229.1	156.3
财务费用	44.4	33.1	10.2	7.9	34.2	25.3
营业利润	52.3	-3.9	20.7	11.0	31.6	-14.8
利润总额	55.6	-4.9	24.0	10.7	31.6	-15.6
应交所得税	15.9	6.4	4.9	3.1	11.1	3.3
本年应付工资总额	157.9	107.4	30.6	24.1	127.3	83.3
本年应付福利费总额	18.0	11.6	2.6	2.9	15.4	8.6

1-9 续表2

项　　目	餐饮业（按新标准划型）					
	大中型		大型		中型	
	2010年	2009年	2010年	2009年	2010年	2009年
一、法人单位数(个)	**2486**	**2063**	**228**	**190**	**2258**	**1873**
二、年末从业人数(万人)	**107.8**	**90.0**	**52.3**	**41.4**	**55.5**	**48.6**
三、经营情况(亿元)						
营业额	1761.4	1407.4	872.9	708.4	888.5	699.0
客房收入	66.7	47.9	10.7	5.8	56.1	42.1
餐费收入	1620.4	1297.9	837.6	678.6	782.9	619.4
商品销售收入	40.7	31.8	15.6	13.1	25.2	18.7
其他收入	33.5	29.8	9.1	10.9	24.4	18.8
四、实收资本及构成(亿元)						
实收资本	343.1	341.8	118.4	91.8	224.7	250.0
国家资本	24.3	32.3	6.6	5.0	17.7	27.3
集体资本	8.0	11.2	3.2	1.9	4.8	9.3
法人资本	104.0	106.9	24.4	22.1	79.7	84.8
个人资本	102.9	103.1	27.2	13.2	75.7	89.9
港澳台资本	50.4	38.6	18.9	15.2	31.5	23.4
外商资本	53.5	49.6	38.2	34.3	15.3	15.3
五、主要财务指标(亿元)						
(一)年末资产负债						
流动资产合计	629.1	451.1	214.2	157.5	415.0	293.6
固定资产原价	602.9	523.4	228.4	204.9	374.5	318.5
累计折旧	213.4	184.9	89.7	80.0	123.7	104.9
资产总计	1413.7	1091.7	542.7	444.2	871.1	647.5
负债合计	931.3	697.0	320.6	248.3	610.6	448.7
所有者权益	482.5	394.6	222.0	195.9	260.5	198.7
(二)损益及分配						
主营业务收入	1758.0	1403.0	874.9	707.2	883.1	695.8
主营业务成本	774.0	631.6	336.4	283.1	437.6	348.5
主营业务税金及附加	91.4	71.6	45.0	34.6	46.4	37.0
主营业务利润	896.6	686.2	510.2	383.3	386.3	302.9
其他业务利润	7.1	6.9	0.6	1.5	6.5	5.5
营业费用	582.4	463.4	335.4	261.6	247.0	201.7
管理费用	178.5	134.8	76.7	56.2	101.8	78.7
财务费用	22.5	16.8	7.8	5.8	14.7	11.0
营业利润	123.4	96.3	81.1	70.1	42.3	26.2
利润总额	127.3	92.5	88.0	69.6	39.3	22.8
应交所得税	31.5	23.2	20.1	16.0	11.4	7.2
本年应付工资总额	230.9	181.0	108.5	83.6	122.3	97.4
本年应付福利费总额	17.7	15.5	10.4	9.3	7.2	6.2

1-9 续表3

项目	餐饮业（按原标准划型）					
	大中型		大型		中型	
	2010年	2009年	2010年	2009年	2010年	2009年
一、法人单位数(个)	**441**	**347**	**115**	**94**	**326**	**253**
二、年末从业人数(万人)	**64.8**	**47.6**	**44.7**	**34.4**	**20.1**	**13.2**
三、经营情况(亿元)						
营业额	998.5	734.6	713.7	562.2	284.7	172.3
客房收入	21.1	14.3	4.4	2.0	16.7	12.3
餐费收入	943.3	696.1	692.2	547.2	251.1	148.8
商品销售收入	19.1	12.6	11.3	8.2	7.8	4.4
其他收入	15.0	11.6	5.9	4.9	9.1	6.8
四、实收资本及构成(亿元)						
实收资本	151.4	112.7	74.2	62.3	77.3	50.4
国家资本	11.0	10.2	3.2	1.8	7.8	8.4
集体资本	4.2	1.8	0.7	1.2	3.5	0.6
法人资本	35.8	30.4	15.5	12.4	20.3	18.0
个人资本	39.3	21.1	11.7	8.2	27.6	13.0
港澳台资本	21.3	17.2	10.3	10.2	11.0	7.0
外商资本	39.8	32.0	32.7	28.5	7.1	3.5
五、主要财务指标(亿元)						
(一)年末资产负债						
流动资产合计	277.5	190.5	152.3	105.6	125.2	84.9
固定资产原价	308.3	238.5	155.8	140.2	152.5	98.3
累计折旧	115.0	89.9	65.8	58.5	49.2	31.4
资产总计	690.3	506.9	390.5	308.9	299.8	198.0
负债合计	415.8	297.7	226.6	169.7	189.1	128.0
所有者权益	274.5	209.1	163.9	139.1	110.6	70.0
(二)损益及分配						
主营业务收入	998.6	735.0	714.8	564.1	283.7	170.9
主营业务成本	393.7	292.9	261.6	212.9	132.2	80.0
主营业务税金及附加	51.7	37.3	36.4	28.1	15.4	9.2
主营业务利润	567.3	397.2	432.9	317.0	134.4	80.3
其他业务利润	1.9	1.7	0.2	-0.4	1.7	2.2
营业费用	374.0	270.5	281.0	217.9	92.9	52.6
管理费用	92.1	64.5	60.8	43.7	31.3	20.8
财务费用	9.7	7.3	5.8	4.5	3.8	2.8
营业利润	85.7	65.7	72.2	57.8	13.5	7.9
利润总额	93.3	66.5	77.4	57.7	16.0	8.8
应交所得税	21.3	16.2	17.6	13.7	3.7	2.5
本年应付工资总额	132.9	93.8	87.8	66.6	45.1	27.2
本年应付福利费总额	11.7	10.2	9.0	8.2	2.8	2.0

1-10 大中型住宿和餐饮业企业单位数和从业人数

项目	法人单位数(个)		年末从业人数(人)	
	限额以上	大中型企业	限额以上	大中型企业
总　　计	**37308**	**5789**	**4311167**	**2209993**
一、住宿业	**15713**	**3303**	**2108179**	**1132243**
(一)按登记注册类型分				
1.内资企业	**14698**	**2758**	**1836644**	**905611**
国有企业	3119	722	451920	247280
集体企业	680	75	62181	18510
股份合作企业	185	26	21322	8348
联营企业	69	18	10472	5753
国有联营企业	31	7	4881	2824
集体联营企业	12	2	1352	426
国有与集体联营企业	12	6	2558	1571
其他联营企业	14	3	1681	932
有限责任公司	3557	969	555587	331593
国有独资公司	121	51	22533	16711
其他有限责任公司	3436	918	533054	314882
股份有限公司	537	116	76564	40176
私营企业	6250	794	626475	242420
私营独资企业	1658	104	126260	32783
私营合伙企业	407	17	30476	5657
私营有限责任公司	3815	618	431137	189638
私营股份有限公司	370	55	38602	14342
其他企业	301	38	32123	11531
2.港、澳、台商投资企业	**568**	**316**	**158192**	**132882**
合资经营企业	272	166	80639	68958
合作经营企业	68	49	22692	20855
独资经营企业	205	94	50834	40710
投资股份有限公司	23	7	4027	2359
3.外商投资企业	**447**	**229**	**113343**	**93750**
中外合资经营企业	202	109	53722	44199
中外合作经营企业	59	37	17410	15239
外资企业	173	78	39472	32208
外商投资股份有限公司	13	5	2739	2104
(二)按国民经济行业分				
旅游饭店	11044	2980	1757772	1040855
一般旅馆	4217	274	308060	77439
其他住宿服务	452	49	42347	13949
(三)按控股情况分				
国有控股	3925	1106	630218	388300
集体控股	1038	180	118738	51094
私人控股	7949	1147	864538	364869
港澳台控股	470	251	126324	103788
外商控股	289	142	70831	59024

1-10 续表

项目	法人单位数(个)		年末从业人数(人)	
	限额以上	大中型企业	限额以上	大中型企业
二、餐饮业	**21595**	**2486**	**2202988**	**1077750**
(一)按登记注册类型分				
1.内资企业	**20395**	**2087**	**1722385**	**650778**
国有企业	666	73	68472	20800
集体企业	420	20	26317	4691
股份合作企业	273	25	21216	7206
联营企业	27	3	1979	527
国有联营企业	3		152	
集体联营企业	6		423	
国有与集体联营企业	1	1	116	116
其他联营企业	17	2	1288	411
有限责任公司	3300	544	368554	171945
国有独资公司	33	3	3467	721
其他有限责任公司	3267	541	365087	171224
股份有限公司	449	66	64985	38039
私营企业	14553	1315	1123673	393249
私营独资企业	5116	186	272628	46028
私营合伙企业	792	46	52086	9693
私营有限责任公司	7967	1010	724060	300408
私营股份有限公司	678	73	74899	37120
其他企业	707	41	47189	14321
2.港、澳、台商投资企业	**611**	**228**	**139324**	**111139**
合资经营企业	175	63	50002	42118
合作经营企业	34	14	8300	6857
独资经营企业	390	146	77606	59223
投资股份有限公司	12	5	3416	2941
3.外商投资企业	**589**	**171**	**341279**	**315833**
中外合资经营企业	163	34	79473	70575
中外合作经营企业	39	13	9724	7713
外资企业	363	118	243693	230321
外商投资股份有限公司	24	6	8389	7224
(二)按国民经济行业分				
正餐服务	20106	2221	1748292	682157
快餐服务	764	178	364676	337473
饮料及冷饮服务	170	14	14341	8730
其他餐饮服务	555	73	75679	49390
(三)按控股情况分				
国有控股	869	132	106100	47864
集体控股	669	66	56913	21320
私人控股	16532	1620	1340335	495352
港澳台控股	557	211	128121	102087
外商控股	466	146	276202	257977

1-11 大中型住宿和餐饮业

项目	营业额		客房收入	
	限额以上	大中型企业	限额以上	大中型企业
总计	**59929874**	**36004437**	**14654383**	**8700648**
一、住宿业	**27978430**	**18390404**	**13097602**	**8033262**
(一)按登记注册类型分				
1.内资企业	**22940343**	**13791568**	**10653114**	**5841562**
国有企业	5606421	3670917	2500991	1556079
集体企业	753850	316755	323560	115643
股份合作企业	220533	108721	103130	43177
联营企业	132720	88199	63507	41774
国有联营企业	58794	36861	30939	18143
集体联营企业	22614	13223	8718	5597
国有与集体联营企业	32113	26091	14065	11932
其他联营企业	19199	12023	9784	6102
有限责任公司	7329732	5154425	3469644	2273676
国有独资公司	320142	260034	153589	122534
其他有限责任公司	7009590	4894391	3316055	2151142
股份有限公司	1068831	680422	470999	270709
私营企业	7455494	3591805	3544161	1459221
私营独资企业	1448479	473470	681628	208758
私营合伙企业	338057	80845	158011	31925
私营有限责任公司	5238945	2824359	2491882	1122550
私营股份有限公司	430013	213130	212639	95989
其他企业	372763	180323	177124	81282
2.港、澳、台商投资企业	**2814163**	**2590164**	**1334036**	**1207727**
合资经营企业	1486433	1390411	723427	674002
合作经营企业	423835	406525	193217	183836
独资经营企业	850883	754272	391876	333142
投资股份有限公司	53013	38956	25517	16746
3.外商投资企业	**2223923**	**2008673**	**1110452**	**983974**
中外合资经营企业	1053602	956153	503240	454566
中外合作经营企业	364071	342691	171293	156226
外资企业	758943	671513	413177	355918
外商投资股份有限公司	47307	38316	22742	17264
(二)按国民经济行业分				
旅游饭店	23660268	16970615	10584997	7280816
一般旅馆	3837589	1216002	2251160	652921
其他住宿服务	480573	203787	261445	99524
(三)按控股情况分				
国有控股	8792753	6450945	3985958	2814271
集体控股	1476701	816196	661113	328012
私人控股	10308561	5310944	4878272	2181796
港澳台控股	2115824	1909937	1004618	887551
外商控股	1405104	1258000	726490	632269

企业经营情况

单位：万元

餐费收入		商品销售收入		其他收入	
限额以上	大中型企业	限额以上	大中型企业	限额以上	大中型企业
40370965	**24071412**	**1684237**	**911308**	**3220290**	**2321069**
11438685	**7867277**	**777298**	**504123**	**2664845**	**1985742**
9530240	**6099594**	**644128**	**379013**	**2112861**	**1471399**
2321485	1569717	164942	106598	619003	438522
327355	151881	20937	8133	81997	41098
91533	50906	7074	3395	18796	11244
52591	34779	2493	1432	14130	10214
21015	13460	349		6492	5258
11846	6517	451		1599	1109
11958	10035	1517	1379	4573	2745
7772	4767	176	53	1467	1102
2926547	2173258	174658	124880	758884	582611
119618	101039	12054	7932	34881	28529
2806928	2072219	162603	116948	724003	554082
433008	281662	68188	53028	96636	75023
3218430	1759513	193794	75059	499109	298012
637143	216498	48175	9217	81533	38998
148948	45858	14753	750	16346	2312
2249192	1397216	121736	61788	376134	242806
183148	99942	9129	3304	25097	13895
159290	77878	12043	6489	24306	14675
1080669	**1002977**	**95064**	**90818**	**304393**	**288643**
564306	527056	23614	21486	175086	167866
154761	148780	35684	35449	40173	38460
340723	310765	35389	33691	82895	76675
20879	16376	377	192	6240	5641
827775	**764706**	**38106**	**34292**	**247591**	**225701**
391651	357945	17756	15268	140956	128374
148608	143691	9675	9535	34496	33239
268013	246481	10472	9342	67282	59772
19504	16589	203	147	4858	4316
10073269	7387252	667515	469035	2334486	1833512
1208644	405572	96536	29085	281250	128424
156772	74453	13247	6003	49109	23807
3479007	2611111	262696	191769	1065091	833794
607212	358800	39013	22427	169362	106957
4395308	2503179	276115	136180	758866	489789
822361	751167	79448	75863	209397	195356
526989	487367	16776	15056	134849	123309

1-11　续表

项　　目	营业额		客房收入	
	限额以上	大中型企业	限额以上	大中型企业
二、餐饮业	**31951444**	**17614033**	**1556781**	**667386**
(一)按登记注册类型分				
1.内资企业	**23989238**	**10443326**	**1487601**	**623713**
国有企业	792753	308766	160138	63868
集体企业	339293	82293	33314	6344
股份合作企业	293960	104216	22851	8878
联营企业	24623	7842	599	
国有联营企业	1684		78	
集体联营企业	4120		219	
国有与集体联营企业	2645	2645		
其他联营企业	16175	5197	302	
有限责任公司	4857828	2726838	362340	193203
国有独资公司	89480	60741	5845	2676
其他有限责任公司	4768347	2666097	356495	190527
股份有限公司	1001526	718924	70230	40901
私营企业	16057184	6288561	800029	296038
私营独资企业	4157766	746536	220930	52058
私营合伙企业	707098	171835	44628	8358
私营有限责任公司	10134108	4757081	480952	213100
私营股份有限公司	1058212	613109	53519	22521
其他企业	622071	205887	38101	14481
2.港、澳、台商投资企业	**2483302**	**2093805**	**44055**	**31602**
合资经营企业	741030	631707	18789	14469
合作经营企业	151024	123193	1492	
独资经营企业	1500806	1256408	22227	15674
投资股份有限公司	90442	82497	1547	1460
3.外商投资企业	**5478905**	**5076901**	**25125**	**12071**
中外合资经营企业	1236141	1120618	16992	10799
中外合作经营企业	176000	145008	1081	
外资企业	3909481	3669992	6348	1272
外商投资股份有限公司	157283	141283	705	
(二)按国民经济行业分				
正餐服务	24781404	11346363	1516617	649537
快餐服务	5727846	5288714	4947	1313
饮料及冷饮服务	337727	249311	459	
其他餐饮服务	1104466	729645	34758	16537
(三)按控股情况分				
国有控股	1446730	828495	184793	80946
集体控股	808216	376125	94994	49455
私人控股	18874585	7906046	1005404	408801
港澳台控股	2345262	1983931	37489	25410
外商控股	4622349	4306681	14320	7124

单位：万元

餐费收入		商品销售收入		其他收入	
限额以上	大中型企业	限额以上	大中型企业	限额以上	大中型企业
28932280	**16204135**	**906939**	**407185**	**555444**	**335327**
21184378	**9191702**	**835792**	**352627**	**481466**	**275285**
557759	208847	39902	16644	34953	19407
279487	63600	13114	4557	13378	7791
243115	75531	14136	8124	13858	11684
23461	7842	416		148	
1449		100		57	
3892				8	
2645	2645				
15474	5197	317		82	
4163628	2317523	162668	99002	169191	117110
64930	43820	3293	40	15413	14206
4098698	2273703	159375	98962	153779	102904
842652	600903	59541	51806	29103	25314
14527927	5733819	522494	169255	206735	89450
3698269	658009	176872	22812	61696	13658
630602	157631	23896	3995	7971	1850
9230005	4339969	298272	135019	124880	68993
969051	578210	23454	7429	12188	4950
546350	183638	23519	3239	14101	4528
2355499	**1992034**	**47614**	**39191**	**36134**	**30978**
687669	588337	16849	13968	17723	14934
136535	110578	8054	7916	4943	4699
1444044	1213204	22058	17175	12477	10355
87251	79915	655	132	990	990
5392403	**5020399**	**23533**	**15367**	**37844**	**29064**
1196453	1096553	9533	4875	13163	8392
162965	135123	1846	1666	10109	8219
3881683	3652536	8050	4902	13401	11282
151302	136187	4105	3924	1172	1171
21943089	10036137	837099	375754	484599	284935
5668828	5255053	26119	8876	27953	23472
314312	232678	18692	13169	4264	3464
1006051	680267	25029	9385	38629	23456
1104177	643823	76273	43190	81487	60536
617470	261367	56709	39278	39044	26026
17015417	7164428	579968	202019	273796	130798
2236012	1898278	38437	31605	33324	28639
4544257	4244433	30709	27407	33062	27718

1-12 大中型住宿和餐饮业

项目	流动资产合计		固定资产原价	
	限额以上	大中型企业	限额以上	大中型企业
总计	**34529234**	**22277650**	**68935191**	**45015549**
一、住宿业	**23021219**	**15986379**	**56037770**	**38986669**
(一)按登记注册类型分				
1.内资企业	**18009169**	**11557992**	**42138874**	**26627286**
国有企业	3605086	2400212	13521495	9071726
集体企业	394242	144873	1230960	531010
股份合作企业	122888	49759	415955	189482
联营企业	71941	49254	276080	176894
国有联营企业	34591	23636	160712	99457
集体联营企业	9307	4854	21814	2727
国有与集体联营企业	18643	14824	69080	58988
其他联营企业	9401	5941	24474	15722
有限责任公司	6785657	5008619	13901840	10156631
国有独资公司	208298	146310	944176	764101
其他有限责任公司	6577358	4862309	12957665	9392529
股份有限公司	915388	686457	1979968	1211060
私营企业	5842534	3115035	10434170	5153927
私营独资企业	854508	347891	1703870	479751
私营合伙企业	214247	92860	386952	95105
私营有限责任公司	4416864	2501157	7737405	4272061
私营股份有限公司	356915	173127	605943	307012
其他企业	271432	103783	378404	136558
2.港、澳、台商投资企业	**3067250**	**2726062**	**8300429**	**7339965**
合资经营企业	1674276	1527093	4592942	4131330
合作经营企业	493039	442926	1004849	931809
独资经营企业	840484	715781	2575869	2184756
投资股份有限公司	59452	40262	126770	92070
3.外商投资企业	**1944801**	**1702324**	**5598467**	**5019418**
中外合资经营企业	961320	829761	2398070	2088787
中外合作经营企业	235890	214217	898787	824902
外资企业	720435	633700	2176756	2001199
外商投资股份有限公司	27156	24645	124853	104531
(二)按国民经济行业分				
旅游饭店	20148340	14842465	50671400	37057795
一般旅馆	2563437	1045706	4704758	1656906
其他住宿服务	309442	98208	661612	271968
(三)按控股情况分				
国有控股	6019328	4509361	21937367	16322106
集体控股	885602	479489	2556961	1372341
私人控股	8993770	5325314	15270068	8215239
港澳台控股	2221500	1954253	6003354	5197500
外商控股	1508844	1333399	3888925	3581849

企业年末资产负债

单位：万元

累计折旧		资产总计		负债合计		所有者权益合计	
限额以上	大中型企业	限额以上	大中型企业	限额以上	大中型企业	限额以上	大中型企业
24482002	**16878490**	**103204638**	**66196903**	**69583256**	**45075893**	**33620241**	**21121010**
20382123	**14744596**	**75763874**	**52059431**	**51578853**	**35763120**	**24184400**	**16296312**
14376194	**9339187**	**59552904**	**37915592**	**39723757**	**25280583**	**19828526**	**12635010**
5061790	3387691	15226321	10338421	8496921	5560738	6729400	4777683
501635	216346	1452430	617713	979335	389599	473096	228114
127300	46487	497889	227420	318839	157664	179050	69756
118083	68282	312777	195346	177439	98423	135338	96923
72362	37708	146239	93444	65455	31737	80784	61708
8513	1328	29821	8731	24663	6622	5158	2110
30849	24977	79941	71857	56375	49213	23566	22644
6360	4269	56775	21313	30945	10851	25831	10462
4750674	3493736	21378476	15740503	15000507	10889019	6377968	4851484
350272	284378	1206412	975075	738680	612192	467732	362883
4400401	3209357	20172063	14765428	14261827	10276827	5910236	4488601
765961	510943	2893395	1902590	1694827	1072724	1198568	829866
2925361	1550572	17145254	8667972	12656259	6987838	4488375	1680135
402716	124882	2694795	909586	1580501	673737	1113673	235849
96862	24074	615956	205515	396282	169000	219674	36516
2279976	1330645	12835024	7094372	9952093	5773999	2882931	1320373
145806	70971	999480	458500	727383	371103	272097	87397
125390	65131	646362	225628	399631	124579	246731	101049
3607882	**3259320**	**9754931**	**8485434**	**7348000**	**6537490**	**2406930**	**1947944**
2185491	1984187	5147507	4624357	3879796	3499402	1267711	1124955
467162	446282	1194360	1086467	980316	920987	214045	165481
898662	786917	3260530	2675762	2361994	2035392	898536	640370
56567	41934	152534	98847	125895	81709	26638	17139
2398047	**2146088**	**6456040**	**5658405**	**4507095**	**3945047**	**1948945**	**1713358**
1123268	978633	2830586	2398324	1902569	1583714	928016	814610
455078	419370	889137	817235	811721	765813	77416	51422
779039	714395	2575927	2309551	1653334	1478285	922592	831265
40662	33691	160391	133295	139471	117235	20920	16060
18850273	14219800	66888836	48563292	45771534	33374139	21116681	15189153
1359192	459129	7847586	3084283	5065157	2060442	2782429	1023842
172658	65667	1027452	411856	742161	328539	285291	83317
8693257	6515606	25244903	19088695	14120318	10381636	11124584	8707059
971117	527620	3189708	1748820	2270674	1190486	919034	558334
4465990	2541954	25648776	14215360	19026150	11267089	6622005	2948270
2470200	2185550	7258767	6151227	5692620	5048177	1566146	1103050
1449743	1325449	4911913	4395947	3504904	3145085	1407009	1250862

1-12 续表

项　　目	流动资产合计		固定资产原价	
	限额以上	大中型企业	限额以上	大中型企业
二、餐饮业	**11508015**	**6291271**	**12897421**	**6028880**
(一)按登记注册类型分				
1.内资企业	**9548976**	**4730767**	**10535626**	**4237673**
国有企业	337906	142110	856997	297775
集体企业	102196	25390	169855	17696
股份合作企业	143175	69147	155699	82631
联营企业	6001	1518	7054	648
国有联营企业	472		1378	
集体联营企业	697		582	
国有与集体联营企业	175	175	482	482
其他联营企业	4656	1343	4612	166
有限责任公司	2490051	1375486	2698077	1493201
国有独资公司	57902	28522	17639	7049
其他有限责任公司	2432149	1346964	2680438	1486152
股份有限公司	590549	475377	573356	413943
私营企业	5683794	2550251	5809396	1853397
私营独资企业	1019654	292990	1701285	263688
私营合伙企业	183450	45794	252329	53054
私营有限责任公司	4105664	1997361	3528368	1405203
私营股份有限公司	375026	214106	327414	131451
其他企业	195305	91488	265192	78383
2.港、澳、台商投资企业	**947806**	**745696**	**1048352**	**707396**
合资经营企业	283107	222906	331794	192211
合作经营企业	51435	41053	74982	61881
独资经营企业	576030	446848	611321	426069
投资股份有限公司	37235	34889	30255	27236
3.外商投资企业	**1011233**	**814808**	**1313443**	**1083811**
中外合资经营企业	261531	185467	379437	278940
中外合作经营企业	71925	46268	67040	36293
外资企业	609473	518313	827396	734352
外商投资股份有限公司	68303	64759	39570	34227
(二)按国民经济行业分				
正餐服务	10053880	5212670	11240352	4661576
快餐服务	928595	772630	1241397	1114649
饮料及冷饮服务	92536	52601	88570	66477
其他餐饮服务	433004	253371	327102	186179
(三)按控股情况分				
国有控股	730136	418994	1282706	659924
集体控股	309362	159560	655191	336774
私人控股	7282198	3496171	7219688	2615790
港澳台控股	904423	718153	967521	660841
外商控股	879972	723975	1062701	902942

单位：万元

累计折旧		资产总计		负债合计		所有者权益合计	
限额以上	大中型企业	限额以上	大中型企业	限额以上	大中型企业	限额以上	大中型企业
4099879	**2133894**	**27440763**	**14137472**	**18004403**	**9312774**	**9435840**	**4824699**
3081110	**1349942**	**22730945**	**10351565**	**14832198**	**6926879**	**7898747**	**3424687**
282552	109448	1199886	426244	723237	197628	476648	228616
53905	7378	308903	54265	186124	43211	122778	11054
46046	25820	396413	219936	227690	131445	168722	88492
2321	251	12090	2086	8423	2142	3667	-56
143		2080		501		1580	
217		1107		832		276	
168	168	660	660	595	595	65	65
1793	82	8243	1427	6496	1547	1747	-121
747165	414562	6055213	3240195	4156354	2155398	1898859	1084797
5506	3138	89507	44923	85229	45177	4278	-254
741659	411424	5965706	3195272	4071125	2110221	1894581	1085051
197647	150878	1513055	1202285	732300	553010	780755	649276
1677571	614829	12677103	5019003	8486325	3702921	4190778	1316083
414123	79202	2953690	635307	1472990	409289	1480700	226017
65428	18340	454873	104749	234676	61554	220197	43195
1101509	476172	8405754	3828034	6190894	2918148	2214860	909886
96511	41114	862786	450914	587765	313929	275021	136984
73903	26779	568283	187551	311745	141125	256539	46426
438715	**288352**	**2005818**	**1520710**	**1433384**	**964951**	**572435**	**555759**
155364	81081	609237	448125	504624	276940	104613	171185
32776	25346	120164	100305	74448	61992	45716	38313
242973	174956	1209799	911766	798684	574667	411114	337099
7602	6969	66620	60514	55628	51352	10992	9162
580054	**495600**	**2704001**	**2265197**	**1738822**	**1420944**	**964659**	**844253**
181917	141318	701236	517706	408470	254661	292766	263045
28243	17406	137732	83726	93540	66678	44192	17049
354148	322895	1747477	1555001	1149209	1017887	597748	537113
15746	13981	117555	108764	87602	81718	29953	27046
3378428	1507343	23751603	11267366	15783748	7621074	7967335	3646292
561782	522453	2583235	2273227	1629053	1412569	954182	860658
34765	25319	198649	133373	97402	57290	101247	76083
124904	78780	907276	463506	494200	221842	413076	241665
420192	226559	2152193	1179505	1233088	540509	919105	638996
172560	75380	1107780	578723	769539	451105	338241	127619
2127996	867607	16372351	7062737	10933999	4980549	5438352	2082188
404463	266675	1873359	1443947	1314163	899064	559196	544883
465537	407690	2329398	1998494	1518935	1281320	809943	717174

1-13 大中型住宿和餐饮业

项目	实收资本		国家资本		集体资本	
	限额以上	大中型企业	限额以上	大中型企业	限额以上	大中型企业
总计	**39103404**	**20670480**	**10350921**	**6364686**	**1380823**	**610850**
一、住宿业	**30518725**	**17239966**	**9701445**	**6122149**	**1065769**	**530856**
(一)按登记注册类型分						
1.内资企业	**23843499**	**11729092**	**9056236**	**5578533**	**1008210**	**485592**
国有企业	6862319	3862367	6271600	3481212	18447	999
集体企业	453568	149204	8117		410370	142452
股份合作企业	183600	61942	30400	10559	59921	29063
联营企业	117693	76423	84481	56142	11506	4625
国有联营企业	70673	45111	68986	44911		
集体联营企业	9969	2490			8460	2490
国有与集体联营企业	26996	22023	10345	6231	2522	1663
其他联营企业	10055	6800	5151	5000	523	473
有限责任公司	9964235	4910620	2287907	1793044	401433	282725
国有独资公司	466683	336814	294023	223545		
其他有限责任公司	9497552	4573805	1993884	1569499	401433	282725
股份有限公司	936236	522389	295158	209431	34914	4124
私营企业	5064355	2043396	19824	3014	59075	17132
私营独资企业	1106617	392700	7265	1544	6754	75
私营合伙企业	181479	25435	30		2594	
私营有限责任公司	3428143	1478582	11831	1470	47197	17057
私营股份有限公司	348116	146679	699		2530	
其他企业	261494	102752	58749	25131	12544	4472
2.港、澳、台商投资企业	**3899984**	**3192038**	**380135**	**316900**	**27473**	**21853**
合资经营企业	1884598	1567644	242292	187635	17637	13419
合作经营企业	521660	448168	113335	104759	5113	4413
独资经营企业	1426248	1134997	10666	10666	4021	4021
投资股份有限公司	67478	41230	13842	13840	702	
3.外商投资企业	**2775242**	**2318836**	**265074**	**226716**	**30086**	**23411**
中外合资经营企业	1148925	923904	207095	185681	16517	10050
中外合作经营企业	353705	299534	51879	34935	13569	13361
外资企业	1224143	1052843	1100	1100		
外商投资股份有限公司	48469	42555	5000	5000		
(二)按国民经济行业分						
旅游饭店	27539417	16196252	9092530	5944489	902387	480036
一般旅馆	2657453	934573	535005	155603	143767	42822
其他住宿服务	321855	109141	73910	22057	19616	7998
(三)按控股情况分						
国有控股	11203981	7474109	9292364	5880760	25925	15992
集体控股	937593	437994	13387	775	859613	401938
私人控股	10377105	3291859	34802	12330	36820	21873
港澳台控股	3131969	2542191	128966	97812	18783	13512
外商控股	2034511	1732234	42191	25686	15969	15761

企业实收资本及构成

单位：万元

法人资本		个人资本		港澳台资本		外商资本	
限额以上	大中型企业	限额以上	大中型企业	限额以上	大中型企业	限额以上	大中型企业
12716046	**5557240**	**8108714**	**2922598**	**3791323**	**2944929**	**2755577**	**2270179**
10118561	**4517136**	**4554561**	**1893413**	**3038472**	**2441370**	**2039918**	**1735043**
9269025	**3798102**	**4453309**	**1827709**	**25273**	**12297**	**31445**	**26859**
531068	367898	35453	7997	4520	4260	1231	
25443	6720	9588	32	50			
44115	12589	49164	9731				
19978	15329	1729	327				
1588	200	100					
1509							
14129	14129						
2752	1000	1629	327				
6167578	2217684	1066380	584296	15205	7937	25733	24934
172660	113269						
5994918	2104415	1066380	584296	15205	7937	25733	24934
386554	203022	217131	104288	1054	100	1425	1425
1971625	922574	3007429	1100176	3444		2957	500
485679	272328	605276	118753	1642			
34917	80	143938	25355				
1343696	612471	2020660	847084	1802		2957	500
107333	37695	237555	108984				
122665	52286	66435	20863	1000		100	
546900	**485383**	**51502**	**27274**	**2799020**	**2252694**	**94955**	**87933**
454416	399785	35304	22950	1106373	917279	28576	26576
78555	76106	8120	3126	315502	258782	1035	982
13928	9493	488		1331802	1050442	65343	60375
		7589	1198	45344	26191	1	
302636	**233651**	**49750**	**38430**	**214179**	**176378**	**1913518**	**1620250**
236904	177109	37324	27792	92907	73678	558178	449594
55255	48862	11450	10638	57496	48256	164056	143483
9920	7122	975		57949	48617	1154200	996005
558	558			5828	5828	37083	31169
9162391	4117941	3667949	1712141	2843716	2321055	1870444	1620590
859126	362259	790068	162132	180203	110504	149285	101252
97045	36935	96544	19140	14553	9811	20188	13201
1580984	1316970	70391	46404	143639	135364	90678	78618
46815	25604	14659	8777	1169		1951	900
6232563	1534889	4004933	1668594	42855	39619	25132	14554
295157	256373	8650	6273	2673482	2164231	6932	3989
144236	103607	22504	17303	5842	5842	1803770	1564036

1-13 续表

项　　目	实收资本					
			国家资本		集体资本	
	限额以上	大中型企业	限额以上	大中型企业	限额以上	大中型企业
二、餐饮业	**8584679**	**3430514**	**649476**	**242536**	**315054**	**79994**
(一)按登记注册类型分						
1.内资企业	**6866362**	**2258472**	**614578**	**225692**	**288160**	**74219**
国有企业	451840	147061	410106	145544	4603	175
集体企业	92085	7643	2648	500	79931	3298
股份合作企业	117054	56862	771	100	19091	2269
联营企业	3932	700	677		492	200
国有联营企业	658		477		113	
集体联营企业	225				175	
国有与集体联营企业	200	200			200	200
其他联营企业	2849	500	200		5	
有限责任公司	1749568	711934	151996	50932	131143	52459
国有独资公司	18846	6300	9452			
其他有限责任公司	1730722	705634	142544	50932	131143	52459
股份有限公司	320063	208225	37790	28226	22465	12743
私营企业	3937027	1095052	7832	91	28026	3075
私营独资企业	1190833	155259	3512		10167	108
私营合伙企业	188549	39796	550		3989	
私营有限责任公司	2356055	833450	2906	91	11363	2882
私营股份有限公司	201590	66548	865		2507	85
其他企业	194793	30995	2757	300	2410	
2.港、澳、台商投资企业	**848538**	**552469**	**25128**	**14351**	**21129**	**5764**
合资经营企业	258826	151034	15972	13367	16751	5764
合作经营企业	65245	42690	8656	983	4308	
独资经营企业	511433	346549	500		70	
投资股份有限公司	13034	12196				
3.外商投资企业	**869779**	**619573**	**9771**	**2493**	**5765**	**10**
中外合资经营企业	213850	120021	8785	2493	5445	10
中外合作经营企业	55290	19665	985		320	
外资企业	556353	441138				
外商投资股份有限公司	44286	38748				
(二)按国民经济行业分						
正餐服务	7518353	2646997	595731	200826	286304	74575
快餐服务	675986	556549	13322	8992	8680	4742
饮料及冷饮服务	79853	51821	1335	245	222	
其他餐饮服务	310486	175147	39088	32473	19849	676
(三)按控股情况分						
国有控股	716523	302739	592614	216652	3968	2556
集体控股	281256	87176	5610	1656	239579	59819
私人控股	4906708	1447504	8546	4295	17467	4595
港澳台控股	777485	519383	10949	2642	13553	5764
外商控股	732170	540726	2029	90	232	10

单位：万元

法人资本		个人资本		港澳台资本		外商资本	
限额以上	大中型企业	限额以上	大中型企业	限额以上	大中型企业	限额以上	大中型企业
2597485	**1040104**	**3554153**	**1029185**	**752851**	**503559**	**715659**	**535137**
2441195	**938426**	**3500111**	**1006914**	**8500**	**1321**	**13817**	**11899**
21603	1342	15528					
5846	3500	3604	345			55	
58755	44144	38337	10349	100			
1252	500	1510					
		68					
		50					
1252	500	1392					
830687	383384	619992	212949	3363	377	12388	11835
7861	6300	1533					
822825	377084	618459	212949	3363	377	12388	11835
124780	80250	134344	86373	634	634	50	
1301749	404723	2594760	687098	3336		1325	64
386095	49523	790142	105628	390		529	
52466	16390	131544	23406				
812133	324836	1526301	505577	2556		796	64
51056	13975	146772	52488	389			
96523	20584	92036	9801	1067	310		
46450	**19991**	**33243**	**16690**	**705708**	**485578**	**16880**	**10095**
34533	16751	22631	14615	158763	91603	10176	8933
1968	1076	1086		49227	40631		
9226	1441	9455	2075	485478	341871	6703	1162
723	723	71		12240	11473		
109839	**81687**	**20799**	**5580**	**38643**	**16660**	**684962**	**513142**
67605	48502	15632	2680	15594	13367	100788	52969
1750	29	54		18401	1171	33780	18465
18984	11756	3005	1000	4440	2122	529925	426260
21500	21400	2108	1900	208		20469	15448
2399107	924674	3372601	956333	534112	311999	330498	178590
107937	70140	91393	44391	128553	115506	326101	312778
12614	2150	9724	2270	33845	27736	22113	19421
77827	43140	80435	26191	56340	48318	36947	24348
77044	49929	33224	26452	3824	2873	5850	4278
27804	23303	5152	2399	2198		914	
1823919	647525	3043437	786069	6150	1331	7189	3689
28865	13665	16436	9697	699390	480198	8293	7416
71998	55333	7039	2266	738		650134	483028

1-14 大中型住宿和餐饮业

项　　目	主营业务收入		主营业务成本	
	限额以上	大中型企业	限额以上	大中型企业
总　　计	**59919474**	**36305881**	**25779398**	**13877541**
一、住宿业	**28139653**	**18725972**	**10005502**	**6137587**
(一)按登记注册类型分				
1.内资企业	**22724272**	**13747343**	**8291414**	**4573742**
国有企业	5552692	3657390	1963137	1143230
集体企业	746131	315871	312254	115575
股份合作企业	218092	107713	91975	44819
联营企业	134105	89336	47318	27831
国有联营企业	58354	36092	18203	9078
集体联营企业	22589	13223	11217	6850
国有与集体联营企业	34189	28148	11415	8901
其他联营企业	18973	11873	6484	3002
有限责任公司	7291546	5156946	2407509	1639539
国有独资公司	315459	257814	99921	75332
其他有限责任公司	6976087	4899132	2307587	1564207
股份有限公司	1038762	672235	425260	276371
私营企业	7372694	3566547	2893530	1264962
私营独资企业	1431657	469076	687677	186560
私营合伙企业	329925	79110	165583	36276
私营有限责任公司	5188704	2807764	1864420	957386
私营股份有限公司	422409	210597	175851	84740
其他企业	370249	181306	150431	61416
2.港、澳、台商投资企业	**3204189**	**2982816**	**1074243**	**996366**
合资经营企业	1880203	1783917	720266	684538
合作经营企业	420145	402719	106331	100769
独资经营企业	850676	756526	228355	196190
投资股份有限公司	53166	39654	19291	14869
3.外商投资企业	**2211192**	**1995813**	**639846**	**567478**
中外合资经营企业	1037510	939124	226439	190548
中外合作经营企业	361872	340553	141313	134564
外资企业	764035	677820	254774	228209
外商投资股份有限公司	47775	38316	17320	14156
(二)按国民经济行业分				
旅游饭店	23868950	17311805	8341830	5658175
一般旅馆	3798717	1212542	1490345	416633
其他住宿服务	471986	201625	173328	62779
(三)按控股情况分				
国有控股	8755881	6457912	2916416	1954284
集体控股	1470714	821169	557571	286196
私人控股	10179107	5274782	3907589	1855919
港澳台控股	2110821	1910693	588266	518718
外商控股	1408471	1260436	468859	424194

企业损益及分配

单位：万元

主营业务税金及附加		主营业务利润		其他业务利润		营业费用	
限额以上	大中型企业	限额以上	大中型企业	限额以上	大中型企业	限额以上	大中型企业
3148815	**1901576**	**30293852**	**20151059**	**333596**	**200509**	**17079336**	**11049092**
1499696	**987170**	**16031172**	**11185514**	**223050**	**129390**	**8208860**	**5225005**
1242691	**753225**	**12679767**	**8099961**	**183281**	**94672**	**6882595**	**4050773**
288991	187751	3190881	2254163	54725	30395	1807208	1154892
40463	17151	379146	175202	4947	1226	211265	88303
11142	5365	102123	46553	1521	99	56418	20227
7413	5001	76487	54770	877	694	41083	26697
3588	2333	34829	22947	644	469	19898	12791
889	482	10484	5891	108	108	4164	1739
1901	1539	19785	17708	125	118	10542	8176
1035	647	11388	8224			6480	3991
411817	293017	4291612	3101714	60342	32901	2267424	1512024
16956	13918	197719	168690	1344	685	102862	84913
394861	279098	4093893	2933024	58998	32216	2164562	1427111
54449	35471	516916	329540	9590	7530	248784	139489
409554	200081	3931259	2033538	49911	21233	2160860	1065076
77185	26913	649036	247861	6278	2426	332142	133232
17455	4540	137678	35010	1875	185	70829	20196
292109	156802	2932418	1640976	38747	17262	1646195	860613
22805	11826	212128	109691	3012	1360	111694	51034
18861	9389	191345	104481	1369	594	89554	44065
146303	**133691**	**1923043**	**1786584**	**19758**	**17092**	**770773**	**692203**
78197	73009	1050685	994905	13036	12514	392291	356657
22110	21093	280979	270480	1327	1316	115072	107186
43212	37476	555837	498527	5303	3187	251393	220927
2784	2114	35542	22671	91	75	12019	7434
110703	**100254**	**1428362**	**1298969**	**20011**	**17626**	**555491**	**482029**
52096	47218	741112	686688	6048	4744	274382	244728
17639	16680	192712	179100	1988	1817	69849	62789
38412	34272	466639	411104	11954	11066	197141	163755
2556	2084	27899	22076	21		14119	10757
1274365	913794	13718673	10339101	178053	108313	6893018	4818459
200783	62543	2050524	719885	42686	19957	1178514	353476
24549	10834	261976	126528	2311	1120	137327	53070
457625	334882	5205585	4044845	66599	38306	2694988	1908841
77714	42711	790498	461722	9239	3668	431164	228321
571551	302625	5477439	2992936	81232	38318	3004862	1542566
108248	96792	1375099	1251970	12132	9762	580624	510746
70105	62947	857600	761689	15339	13720	338563	281377

1-14 续表 1

项　　目	主营业务收入		主营业务成本	
	限额以上	大中型企业	限额以上	大中型企业
二、餐饮业	**31779821**	**17579909**	**15773896**	**7739955**
(一)按登记注册类型分				
1.内资企业	**23863660**	**10444882**	**12807310**	**5149373**
国有企业	784615	309217	418203	154619
集体企业	333896	80204	194877	47166
股份合作企业	295922	105814	159952	51901
联营企业	24291	7609	13836	3979
国有联营企业	1584		1131	
集体联营企业	4120		2299	
国有与集体联营企业	2334	2334	614	614
其他联营企业	16253	5274	9792	3365
有限责任公司	4875390	2753219	2399775	1254388
国有独资公司	89108	60680	33306	16149
其他有限责任公司	4786281	2692539	2366469	1238239
股份有限公司	1005315	722670	484639	327691
私营企业	15929085	6260178	8787239	3203861
私营独资企业	4113277	742841	2462125	412060
私营合伙企业	699604	170372	408784	97124
私营有限责任公司	10065214	4735492	5351655	2376214
私营股份有限公司	1050990	611473	564675	318464
其他企业	615147	205971	348790	105769
2.港、澳、台商投资企业	**2467175**	**2085116**	**1036748**	**854491**
合资经营企业	742961	633865	302810	249963
合作经营企业	149789	122036	59406	44965
独资经营企业	1484452	1247286	645183	535116
投资股份有限公司	89973	81930	29350	24446
3.外商投资企业	**5448987**	**5049911**	**1929838**	**1736091**
中外合资经营企业	1231402	1117074	444746	387120
中外合作经营企业	175086	144544	83008	71237
外资企业	3888267	3649757	1346370	1229820
外商投资股份有限公司	154232	138537	55713	47914
(二)按国民经济行业分				
正餐服务	24644713	11332936	12935586	5426086
快餐服务	5710896	5277148	2184067	1926305
饮料及冷饮服务	326536	243515	101640	63438
其他餐饮服务	1097676	726309	552602	324126
(三)按控股情况分				
国有控股	1469632	853658	734147	386489
集体控股	797756	369398	411878	170762
私人控股	18758823	7894066	10183530	3962972
港澳台控股	2327349	1973023	967792	801588
外商控股	4598409	4283620	1622034	1468297

单位：万元

主营业务税金及附加		主营业务利润		其他业务利润		营业费用	
限额以上	大中型企业	限额以上	大中型企业	限额以上	大中型企业	限额以上	大中型企业
1649119	**914405**	**14262680**	**8965545**	**110547**	**71119**	**8870476**	**5824087**
1244667	**550437**	**9563761**	**4620367**	**87077**	**51226**	**5628737**	**2815607**
39997	14227	314726	134932	5876	2199	176947	71987
17410	3847	119705	29192	3468	2998	62808	15557
13930	4804	114165	47644	658	191	63668	26559
1292	410	8131	2464	6		4862	1779
76		377		6		90	
278		1418				1113	
130	130	834	834			491	491
807	280	5502	1630			3168	1288
262674	147491	2155910	1316423	22604	14210	1379927	814359
4053	2908	51368	41623	393	194	26176	18599
258621	144583	2104543	1274801	22210	14015	1353751	795760
48248	33609	464256	357525	7557	6887	239192	175941
827597	334576	6157717	2644592	45766	24243	3577869	1654465
193858	36188	1412380	281610	7841	2246	593065	164111
34966	8685	246265	62379	1858	330	127850	35436
544896	257809	4079318	2042157	30915	18834	2592237	1292700
53877	31894	419754	258446	5152	2834	264718	162219
33520	11474	229151	87595	1143	498	123464	54959
126733	**106846**	**1320146**	**1144915**	**8844**	**7516**	**948656**	**825338**
37710	31855	391852	342911	566	197	271012	238666
10502	9265	78664	67806	674	621	50138	42872
74163	61786	793930	680655	7047	6140	578283	496481
4358	3941	55700	53542	558	558	49223	47319
277720	**257123**	**3378773**	**3200263**	**14625**	**12377**	**2293083**	**2183142**
62986	57030	720807	673204	1401	746	508768	477957
8955	7317	82633	65989	771	321	51472	42664
197785	185541	2484809	2377681	12143	11001	1664150	1598310
7994	7234	90525	83389	310	309	68693	64211
1287736	593929	10168199	5184030	86279	51535	6103719	3246210
288115	268910	3405209	3252582	17657	15124	2337229	2241701
16627	12308	207531	167769	420	209	150776	126474
56641	39257	481741	361165	6191	4252	278753	209703
73402	40859	647942	419172	10583	5942	376500	234232
41109	18582	335722	175434	7695	5964	187625	97150
973166	416040	7409652	3425038	56728	31587	4376530	2117620
119482	101106	1254876	1091360	7284	6134	907652	791653
234257	218196	2660227	2518903	13693	12725	1957710	1868069

1-14 续表 2

项　　目	管理费用		财务费用		营业利润	
	限额以上	大中型企业	限额以上	大中型企业	限额以上	大中型企业
总　　计	**10695616**	**7034725**	**1434691**	**1000932**	**2432033**	**1755634**
一、住宿业	**7343537**	**5249753**	**1030863**	**775834**	**431818**	**521555**
(一)按登记注册类型分						
1.内资企业	**5699370**	**3759102**	**789164**	**554316**	**129239**	**166714**
国有企业	1575005	1104422	115601	93564	-80398	7344
集体企业	163287	75899	11618	4652	13879	15615
股份合作企业	48581	27598	7876	4685	4403	5097
联营企业	37430	26248	2329	1414	-529	2902
国有联营企业	17653	11735	992	787	-1273	-100
集体联营企业	4453	2273	96	61	1879	1926
国有与集体联营企业	11357	9809	583	434	-1483	-593
其他联营企业	3968	2431	658	133	348	1669
有限责任公司	2017004	1472987	285808	229778	-14298	54585
国有独资公司	109956	91353	692	3689	-13272	-10646
其他有限责任公司	1907048	1381634	285116	226089	-1026	65230
股份有限公司	225186	153620	37633	25297	62775	53660
私营企业	1551453	848463	322070	193082	116957	11928
私营独资企业	218453	98159	38572	11481	94407	9412
私营合伙企业	49064	15387	12887	7383	15288	-3588
私营有限责任公司	1196189	688610	249870	163353	-3610	933
私营股份有限公司	87747	46307	20740	10865	10871	5171
其他企业	81424	49865	6230	1844	26450	15584
2.港、澳、台商投资企业	**960461**	**876733**	**142236**	**131247**	**150221**	**187134**
合资经营企业	497166	463783	80223	75213	143568	160219
合作经营企业	129308	122779	23045	21940	25725	30393
独资经营企业	320392	281088	37609	33817	-23282	-9430
投资股份有限公司	13595	9083	1359	278	4210	5952
3.外商投资企业	**683706**	**613919**	**99463**	**90271**	**152358**	**167706**
中外合资经营企业	348063	313726	47487	42184	98317	107872
中外合作经营企业	92566	87017	23853	22814	18649	18504
外资企业	223749	195929	27175	24505	36817	43007
外商投资股份有限公司	19327	17247	948	768	-1425	-1677
(二)按国民经济行业分						
旅游饭店	6403859	4854987	933194	738706	266345	469696
一般旅馆	806858	322158	87659	35669	151379	49818
其他住宿服务	132820	72608	10010	1459	14095	2041
(三)按控股情况分						
国有控股	2577844	1969455	195398	165990	50281	175501
集体控股	360669	219321	35364	21618	26481	26950
私人控股	2267986	1323603	476355	309915	87907	-1569
港澳台控股	714549	641577	115326	106785	19720	49408
外商控股	440232	393867	69639	63700	43563	53421

单位：万元

利润总额		应交所得税		劳动、失业保险费		住房公积金和住房补贴	
限额以上	大中型企业	限额以上	大中型企业	限额以上	大中型企业	限额以上	大中型企业
2443333	**1860618**	**757135**	**540165**	**172206**	**113091**	**220772**	**170244**
468267	**587505**	**303712**	**225077**	**101738**	**74225**	**144252**	**108802**
150015	**219997**	**211067**	**136210**	**88390**	**62883**	**109651**	**76493**
-30762	31401	44151	34136	28305	19034	54330	37810
12895	13233	7131	3545	2342	916	2823	988
3108	6939	1192	780	686	374	616	174
1235	3918	1645	1535	423	151	484	341
-238	-147	477	405	299	88	252	161
1423	1926	35	17	53	14	38	31
-364	481	690	690	44	42	160	140
414	1659	443	423	27	7	34	9
-16184	69988	72424	55817	26267	20790	34242	26759
-8102	-5880	1804	991	1058	811	3163	2463
-8082	75868	70620	54826	25209	19979	31079	24295
57751	46828	13674	10047	2626	1794	4608	3587
100105	30029	67657	28716	26768	19073	11463	5981
77086	9851	16112	5375	2430	746	3200	1079
11501	-3869	3675	809	710	175	607	244
2565	20309	44590	21192	23016	17880	6804	4296
8953	3737	3281	1340	612	271	852	363
21867	17661	3193	1635	973	751	1086	854
151518	**184318**	**52208**	**50384**	**7821**	**6598**	**20118**	**19140**
136653	154121	36354	35463	4423	3955	13389	12837
23293	27734	4540	4404	1147	1107	2682	2595
-12068	-2968	10656	9930	2185	1479	3891	3553
3639	5431	658	586	66	56	156	155
166735	**183190**	**40436**	**38483**	**5527**	**4745**	**14483**	**13170**
113509	124962	17778	16883	2625	2361	7177	6553
17932	18124	8910	8648	1196	1105	1864	1764
41408	46311	13351	12587	1657	1238	5246	4663
-6114	-6207	397	366	49	41	196	189
318013	520369	253111	207039	77904	57445	128861	102983
134259	57033	44696	14413	22809	16539	13879	5205
15996	10102	5905	3626	1025	241	1511	615
130601	213732	96540	82186	38900	28406	84370	64356
13331	19014	13637	8233	5602	3318	5732	2935
46088	10505	97656	50027	34502	24330	19888	11787
29566	53935	25606	23945	5236	4129	12148	11326
60115	73079	26091	24842	3294	2897	8368	7861

1-14　续表 3

项　　目	管理费用		财务费用		营业利润	
	限额以上	大中型企业	限额以上	大中型企业	限额以上	大中型企业
二、餐饮业	**3352079**	**1784971**	**403828**	**225098**	**2000215**	**1234080**
(一)按登记注册类型分						
1.内资企业	**2657067**	**1210900**	**356662**	**185134**	**1356599**	**596235**
国有企业	126095	51346	7554	2440	29623	17439
集体企业	38762	9773	3536	856	19973	5311
股份合作企业	29103	10713	3222	1606	23424	10422
联营企业	2131	434	276	175	1901	832
国有联营企业	152		5		136	
集体联营企业	373		11		46	
国有与集体联营企业	155	155	110	110	834	834
其他联营企业	1452	280	150	65	884	-3
有限责任公司	672060	396911	71526	42872	146630	137959
国有独资公司	29790	25420	585	283	-4421	-2593
其他有限责任公司	642270	371491	70941	42589	151050	140552
股份有限公司	126050	92576	20401	17062	102247	89689
私营企业	1609605	630814	242184	118678	984047	321702
私营独资企业	373949	58211	54397	11698	498394	54637
私营合伙企业	55630	11330	7345	2163	65894	16041
私营有限责任公司	1093325	519725	160456	89816	356263	208185
私营股份有限公司	86701	41548	19986	15001	63497	42840
其他企业	53261	18333	7964	1444	48755	12881
2.港、澳、台商投资企业	**234481**	**176794**	**20017**	**18391**	**143996**	**146915**
合资经营企业	71385	52687	4729	5983	55006	53874
合作经营企业	22270	18314	1471	1140	5459	6101
独资经营企业	135067	100422	12764	10303	82742	86495
投资股份有限公司	5758	5371	1053	965	790	445
3.外商投资企业	**460532**	**397277**	**27149**	**21574**	**499620**	**490930**
中外合资经营企业	85903	68333	5925	2398	125373	124945
中外合作经营企业	22539	15641	2178	1993	7557	6012
外资企业	343327	306301	16803	15055	353520	347581
外商投资股份有限公司	8763	7003	2243	2128	13171	12392
(二)按国民经济行业分						
正餐服务	2784311	1310021	364162	191929	1362665	632686
快餐服务	406610	367058	21849	19236	545308	524333
饮料及冷饮服务	27523	16423	1494	882	28752	24186
其他餐饮服务	133636	91470	16324	13051	63490	52875
(三)按控股情况分						
国有控股	252807	154959	12634	6263	42552	42973
集体控股	112919	59728	17150	12680	35798	15623
私人控股	1993248	858234	286929	145104	1097028	442616
港澳台控股	217110	163822	17559	16786	138634	139912
外商控股	405541	354057	23592	19393	393823	392601

单位：万元

利润总额		应交所得税		劳动、失业保险费		住房公积金和住房补贴	
限额以上	大中型企业	限额以上	大中型企业	限额以上	大中型企业	限额以上	大中型企业
1975066	**1273113**	**453423**	**315088**	**70468**	**38866**	**76520**	**61441**
1342705	**636558**	**280303**	**148687**	**46401**	**18479**	**33037**	**19750**
25486	17327	5168	1992	2638	944	4578	2523
18196	4903	2923	899	697	239	573	245
18768	9047	2700	1594	590	123	550	263
1087	31	123	11	46	33	9	4
167		7					
27		30		1			
35	35	11	11	8	8	4	4
858	-4	76		37	25	5	
160935	159115	52203	36169	11342	6050	8213	5585
-3965	-2619	267		189	88	559	453
164900	161734	51936	36169	11152	5961	7654	5132
118046	108223	14969	13475	3276	2690	5444	5002
962707	330596	194597	92521	26961	8160	12996	5833
484711	51245	56307	9448	5396	957	2733	555
64993	14212	8034	2141	4430	276	1076	80
343317	210792	114402	68929	15982	6653	8415	4862
69686	54348	15855	12003	1153	274	772	337
37481	7316	7619	2028	851	241	674	295
133287	**148510**	**45048**	**41828**	**3049**	**2128**	**6474**	**5669**
44625	54505	16122	15003	864	602	1793	1507
4391	4955	1626	1489	117	78	416	346
83778	88858	26463	24589	1944	1333	3910	3461
493	192	837	747	124	116	355	355
499074	**488045**	**128072**	**124573**	**21018**	**18259**	**37009**	**36022**
132101	128261	33802	32500	3795	3552	10888	10637
8985	7114	2098	1820	911	837	1213	1124
345728	340722	89700	87872	14994	13557	24475	23876
12259	11948	2472	2380	1318	312	434	385
1339576	667801	291579	160681	52219	22452	34175	20835
539391	519922	135527	131303	14660	13837	38051	37221
26966	23587	6629	5596	449	275	1097	954
69133	61803	19689	17509	3141	2302	3196	2432
76671	79252	15409	11221	6387	3897	9499	6621
30035	15643	6104	3097	2354	1006	2771	2058
1066702	444973	210171	99350	32216	10764	17083	8434
126433	140603	44026	41161	3713	2517	6403	5686
392627	388712	100482	98164	17887	16404	27657	26767

1-15 大中型住宿和餐饮业企业工资及福利

单位：万元

项目	本年应付工资总额		本年应付福利费总额	
	限额以上	大中型企业	限额以上	大中型企业
总计	**9009715**	**5347507**	**687799**	**479273**
一、住宿业	**4756477**	**3038911**	**410393**	**302502**
(一)按登记注册类型分				
1.内资企业	**3945740**	**2313774**	**302635**	**200958**
国有企业	1104618	703959	81596	56116
集体企业	119164	42123	9630	4690
股份合作企业	39426	17048	2357	1304
联营企业	25729	16022	1206	556
国有联营企业	13388	8462	460	243
集体联营企业	3001	1300	153	
国有与集体联营企业	6187	4689	306	217
其他联营企业	3153	1572	287	96
有限责任公司	1278620	868796	107230	83312
国有独资公司	62962	49278	7630	6905
其他有限责任公司	1215658	819518	99600	76408
股份有限公司	158053	99324	12213	9141
私营企业	1157488	537245	84048	43436
私营独资企业	206602	67758	12777	5252
私营合伙企业	48461	10825	2867	677
私营有限责任公司	836940	431136	64104	35553
私营股份有限公司	65485	27525	4301	1955
其他企业	62641	29259	4356	2403
2.港、澳、台商投资企业	**461535**	**414528**	**60501**	**57114**
合资经营企业	258439	237415	29437	27618
合作经营企业	60550	56319	9505	9270
独资经营企业	132592	114235	20518	19312
投资股份有限公司	9954	6559	1042	915
3.外商投资企业	**349201**	**310609**	**47257**	**44430**
中外合资经营企业	162990	144703	21533	20434
中外合作经营企业	56881	52102	4152	3593
外资企业	121637	107416	20893	19999
外商投资股份有限公司	7694	6387	680	404
(二)按国民经济行业分				
旅游饭店	4072752	2815356	367596	286404
一般旅馆	604391	193768	38000	14588
其他住宿服务	79334	29787	4797	1510
(三)按控股情况分				
国有控股	1678109	1185305	134431	102997
集体控股	243186	121191	22573	15005
私人控股	1636856	822814	118369	66464
港澳台控股	338733	296488	45826	42963
外商控股	224082	200095	31285	29554

1-15 续表

单位：万元

项目	本年应付工资总额		本年应付福利费总额	
	限额以上	大中型企业	限额以上	大中型企业
二、餐饮业	**4253239**	**2308596**	**277406**	**176771**
(一)按登记注册类型分				
1.内资企业	**3251260**	**1425438**	**174686**	**80855**
国有企业	138304	51303	9026	4096
集体企业	48234	12711	3059	749
股份合作企业	40655	16166	1430	527
联营企业	3738	1000	146	23
国有联营企业	227		52	
集体联营企业	788		64	
国有与集体联营企业	182	182	21	21
其他联营企业	2540	817	9	2
有限责任公司	742941	402683	44211	26248
国有独资公司	15993	10716	570	342
其他有限责任公司	726947	391967	43641	25905
股份有限公司	155361	110745	9140	7010
私营企业	2043703	805089	104002	40835
私营独资企业	447405	89755	26978	4328
私营合伙企业	85995	18815	4687	1565
私营有限责任公司	1369007	616779	65048	30529
私营股份有限公司	141296	79740	7288	4413
其他企业	78325	25742	3672	1367
2.港、澳、台商投资企业	**347383**	**284949**	**24927**	**22174**
合资经营企业	108655	90755	12741	11659
合作经营企业	23439	19315	945	826
独资经营企业	207149	167882	11137	9685
投资股份有限公司	8140	6997	104	5
3.外商投资企业	**654595**	**598209**	**77793**	**73741**
中外合资经营企业	152416	134573	13496	12855
中外合作经营企业	30389	25527	1733	1471
外资企业	451814	420781	62339	59245
外商投资股份有限公司	19976	17328	225	171
(二)按国民经济行业分				
正餐服务	3369714	1535815	180436	84965
快餐服务	673353	622505	86461	83451
饮料及冷饮服务	42143	31439	1258	975
其他餐饮服务	168029	118838	9251	7380
(三)按控股情况分				
国有控股	267914	153572	16606	9921
集体控股	113764	52284	7120	3490
私人控股	2478375	1042730	131310	56774
港澳台控股	325147	267741	23772	21336
外商控股	561683	517969	65692	63618

1-16 大中型住宿和餐饮业

项　　目	负债比率(%)		主营业务毛利率(%)	
	限额以上	大中型企业	限额以上	大中型企业
总　　计	**67.4**	**68.1**	**57.0**	**61.8**
一、住宿业	**68.1**	**68.7**	**64.4**	**67.2**
(一)按登记注册类型分				
1.内资企业	**66.7**	**66.7**	**63.5**	**66.7**
国有企业	55.8	53.8	64.6	68.7
集体企业	67.4	63.1	58.2	63.4
股份合作企业	64.0	69.3	57.8	58.4
联营企业	56.7	50.4	64.7	68.8
国有联营企业	44.8	34.0	68.8	74.8
集体联营企业	82.7	75.8	50.3	48.2
国有与集体联营企业	70.5	68.5	66.6	68.4
其他联营企业	54.5	50.9	65.8	74.7
有限责任公司	70.2	69.2	67.0	68.2
国有独资公司	61.2	62.8	68.3	70.8
其他有限责任公司	70.7	69.6	66.9	68.1
股份有限公司	58.6	56.4	59.1	58.9
私营企业	73.8	80.6	60.8	64.5
私营独资企业	58.7	74.1	52.0	60.2
私营合伙企业	64.3	82.2	49.8	54.1
私营有限责任公司	77.5	81.4	64.1	65.9
私营股份有限公司	72.8	80.9	58.4	59.8
其他企业	61.8	55.2	59.4	66.1
2.港、澳、台商投资企业	**75.3**	**77.0**	**66.5**	**66.6**
合资经营企业	75.4	75.7	61.7	61.6
合作经营企业	82.1	84.8	74.7	75.0
独资经营企业	72.4	76.1	73.2	74.1
投资股份有限公司	82.5	82.7	63.7	62.5
3.外商投资企业	**69.8**	**69.7**	**71.1**	**71.6**
中外合资经营企业	67.2	66.0	78.2	79.7
中外合作经营企业	91.3	93.7	60.9	60.5
外资企业	64.2	64.0	66.7	66.3
外商投资股份有限公司	87.0	88.0	63.7	63.1
(二)按国民经济行业分				
旅游饭店	68.4	68.7	65.1	67.3
一般旅馆	64.5	66.8	60.8	65.6
其他住宿服务	72.2	79.8	63.3	68.9
(三)按控股情况分				
国有控股	55.9	54.4	66.7	69.7
集体控股	71.2	68.1	62.1	65.1
私人控股	74.2	79.3	61.6	64.8
港澳台控股	78.4	82.1	72.1	72.9
外商控股	71.4	71.5	66.7	66.3

企业经济效益分析指标

人均营业收入(万元)		流动资产周转次数(次)		费用率(%)	
限额以上	大中型企业	限额以上	大中型企业	限额以上	大中型企业
14.2	**16.8**	**1.8**	**1.7**	**48.2**	**51.9**
13.7	**16.9**	**1.2**	**1.2**	**57.9**	**59.0**
12.6	**15.4**	**1.3**	**1.2**	**57.9**	**60.1**
12.5	15.0	1.6	1.5	62.0	63.5
12.3	17.3	1.9	2.2	51.2	53.0
10.7	13.4	1.8	2.2	50.6	48.7
13.5	16.8	1.9	1.9	58.6	58.6
12.6	13.9	1.7	1.6	64.8	68.8
17.7	34.2	2.6	3.0	36.3	27.9
13.9	18.9	1.9	2.0	63.2	62.4
11.5	13.4	2.0	2.0	58.5	55.2
13.4	15.7	1.1	1.0	61.7	61.5
14.3	15.6	1.5	1.8	66.6	69.4
13.3	15.7	1.1	1.0	61.5	61.1
14.0	17.0	1.2	1.0	47.8	46.6
12.0	14.9	1.3	1.2	54.1	58.5
11.7	14.8	1.7	1.4	40.7	51.2
11.1	14.3	1.6	0.9	39.8	54.2
12.3	14.9	1.2	1.1	58.9	60.5
11.2	14.8	1.2	1.2	51.4	50.9
11.8	16.1	1.4	1.8	46.9	51.5
21.4	**23.6**	**1.1**	**1.1**	**55.9**	**54.4**
25.0	27.6	1.2	1.3	48.1	46.7
19.0	19.9	0.9	0.9	63.4	62.3
17.2	18.9	1.0	1.1	71.1	70.5
13.1	16.7	0.9	1.0	50.6	42.3
19.9	**21.7**	**1.2**	**1.2**	**59.8**	**58.7**
19.6	21.5	1.1	1.1	64.1	63.6
21.2	22.8	1.5	1.6	51.1	50.3
19.8	21.5	1.1	1.1	57.3	55.3
18.8	20.1	1.8	1.6	72.0	75.1
13.9	17.0	1.2	1.2	58.5	59.1
12.6	15.8	1.5	1.2	53.5	57.1
11.3	14.5	1.5	2.1	58.8	62.4
14.1	16.8	1.5	1.4	61.5	61.9
12.7	16.5	1.7	1.7	55.5	56.4
12.1	14.7	1.1	1.0	55.6	59.5
18.0	19.8	1.0	1.0	62.7	61.6
20.1	21.5	0.9	1.0	59.3	57.7

1-16 续表

项　　目	负债比率(%)		主营业务毛利率(%)	
	限额以上	大中型企业	限额以上	大中型企业
二、餐饮业	**65.6**	**65.9**	**50.4**	**56.0**
(一)按登记注册类型分				
1.内资企业	**65.3**	**66.9**	**46.3**	**50.7**
国有企业	60.3	46.4	46.7	50.0
集体企业	60.3	79.6	41.6	41.2
股份合作企业	57.4	59.8	45.9	51.0
联营企业	69.7	102.7	43.0	47.7
国有联营企业	24.1		28.6	
集体联营企业	75.1		44.2	
国有与集体联营企业	90.2	90.2	73.7	73.7
其他联营企业	78.8	108.5	39.8	36.2
有限责任公司	68.6	66.5	50.8	54.4
国有独资公司	95.2	100.6	62.6	73.4
其他有限责任公司	68.2	66.0	50.6	54.0
股份有限公司	48.4	46.0	51.8	54.7
私营企业	66.9	73.8	44.8	48.8
私营独资企业	49.9	64.4	40.1	44.5
私营合伙企业	51.6	58.8	41.6	43.0
私营有限责任公司	73.7	76.2	46.8	49.8
私营股份有限公司	68.1	69.6	46.3	47.9
其他企业	54.9	75.2	43.3	48.6
2.港、澳、台商投资企业	**71.5**	**63.5**	**58.0**	**59.0**
合资经营企业	82.8	61.8	59.2	60.6
合作经营企业	62.0	61.8	60.3	63.2
独资经营企业	66.0	63.0	56.5	57.1
投资股份有限公司	83.5	84.9	67.4	70.2
3.外商投资企业	**64.3**	**62.7**	**64.6**	**65.6**
中外合资经营企业	58.2	49.2	63.9	65.3
中外合作经营企业	67.9	79.6	52.6	50.7
外资企业	65.8	65.5	65.4	66.3
外商投资股份有限公司	74.5	75.1	63.9	65.4
(二)按国民经济行业分				
正餐服务	66.5	67.6	47.5	52.1
快餐服务	63.1	62.1	61.8	63.5
饮料及冷饮服务	49.0	43.0	68.9	73.9
其他餐饮服务	54.5	47.9	49.7	55.4
(三)按控股情况分				
国有控股	57.3	45.8	50.0	54.7
集体控股	69.5	77.9	48.4	53.8
私人控股	66.8	70.5	45.7	49.8
港澳台控股	70.2	62.3	58.4	59.4
外商控股	65.2	64.1	64.7	65.7

人均营业收入(万元)		流动资产周转次数(次)		费用率(%)	
限额以上	大中型企业	限额以上	大中型企业	限额以上	大中型企业
14.7	**16.6**	**2.8**	**2.8**	**39.5**	**44.3**
14.2	**16.4**	**2.5**	**2.2**	**36.0**	**40.0**
11.7	15.0	2.4	2.2	39.1	40.3
13.1	18.2	3.3	3.4	30.9	30.7
14.3	15.3	2.1	1.5	32.1	36.4
13.3	20.1	4.1	5.0	29.8	31.4
11.1		3.6		14.7	
9.6		5.9		36.3	
20.1	20.1	13.3	13.3	32.4	32.4
14.2	20.1	3.5	3.9	29.3	30.9
13.4	16.1	2.0	2.0	43.3	45.3
14.1	16.7	1.5	2.1	63.1	72.7
13.4	16.1	2.0	2.0	42.9	44.6
15.7	19.2	1.7	1.5	37.9	39.0
14.5	16.4	2.8	2.5	33.9	38.1
15.4	16.6	4.1	2.6	24.7	31.3
13.8	18.0	3.8	3.7	27.1	28.5
14.2	16.2	2.5	2.4	38.0	39.9
14.6	17.4	2.8	2.9	35.1	35.6
13.2	14.6	3.2	2.3	29.9	36.1
18.3	**19.3**	**2.6**	**2.8**	**48.5**	**48.7**
15.0	15.2	2.6	2.8	46.7	46.9
18.3	18.0	2.9	3.0	48.7	50.4
20.0	21.8	2.6	2.8	48.6	48.3
29.7	32.1	2.4	2.4	61.9	65.0
16.3	**16.3**	**5.4**	**6.2**	**50.7**	**51.2**
15.3	15.5	4.7	6.0	48.4	48.9
17.8	18.2	2.4	3.1	43.3	41.6
16.5	16.3	6.4	7.1	51.7	52.3
19.6	20.4	2.3	2.2	50.8	52.0
14.4	16.9	2.5	2.2	37.3	41.6
16.1	16.1	6.2	6.9	48.1	49.5
23.0	27.4	3.5	4.6	54.9	59.0
15.1	15.3	2.6	2.9	38.8	43.0
13.8	17.2	2.0	2.1	43.2	45.9
14.3	17.9	2.6	2.4	39.2	44.8
14.3	16.4	2.6	2.3	35.3	39.3
18.7	19.8	2.6	2.8	48.9	49.1
17.0	16.9	5.3	6.0	51.5	52.0

地区篇

简要说明：

一、本篇资料主要内容为分地区的大中型批发和零售业、住宿和餐饮业企业的单位数和从业人员数情况；分地区的大中型批发和零售业企业的商品购、销、存情况；分地区的大中型住宿和餐饮业企业的经营情况；分地区的大中型批发和零售业、住宿和餐饮业企业的主要财务、劳动工资及经济效益分析指标等。

二、批发和零售业、住宿和餐饮业统计采用“法人在地统计”原则，即按法人企业主要经营活动所在地确定法人企业所在地区。

2-1 各地区大中型批发和零售业企业基本情况

地区	大中型		大型		中型	
	法人单位数（个）	年末从业人数（人）	法人单位数（个）	年末从业人数（人）	法人单位数（个）	年末从业人数（人）
全国	**38579**	**7042900**	**3377**	**3333394**	**35202**	**3709506**
北京	2602	485596	253	260320	2349	225276
天津	870	128308	54	58164	816	70144
河北	1153	224933	100	92497	1053	132436
山西	978	205114	96	88601	882	116513
内蒙古	522	115343	62	56076	460	59267
辽宁	1176	241278	121	122322	1055	118956
吉林	442	90211	45	42652	397	47559
黑龙江	536	134470	77	73859	459	60611
上海	2539	467930	297	258107	2242	209823
江苏	3311	576151	263	294042	3048	282109
浙江	3291	413051	209	161101	3082	251950
安徽	1031	225072	119	112976	912	112096
福建	1422	217494	87	93388	1335	124106
江西	505	104895	54	51175	451	53720
山东	3653	682901	271	323288	3382	359613
河南	2160	331892	113	95014	2047	236878
湖北	1278	311752	116	168675	1162	143077
湖南	1015	199692	95	98759	920	100933
广东	4295	750261	368	362660	3927	387601
广西	625	104119	66	44885	559	59234
海南	240	30483	15	9359	225	21124
重庆	930	187303	68	89602	862	97701
四川	1156	255423	130	119381	1026	136042
贵州	327	67968	37	34708	290	33260
云南	718	138539	70	69429	648	69110
西藏	36	5278	3	1295	33	3983
陕西	701	170394	77	86140	624	84254
甘肃	322	56307	36	18170	286	38137
青海	83	14987	11	5285	72	9702
宁夏	153	24305	12	6893	141	17412
新疆	509	81450	52	34571	457	46879

2-2 各地区大中型批发和零售业企业商品购、销、存情况

单位：万元

地 区	商品购进额	进 口	商品销售额	出 口	期末商品库存额
全 国	**1970521261**	**168283371**	**2207974469**	**112175169**	**161911018**
北 京	299762517	55234096	325224922	11545357	31056092
天 津	97900282	4123915	107785003	2133110	4769991
河 北	41081992	585505	47723950	534758	3380373
山 西	37376836	2637298	50290516	199040	2874131
内蒙古	21988559	196759	24315569	54672	1616992
辽 宁	78079757	4005729	85269568	1133805	4796407
吉 林	16055968	445731	19398509	37470	1791501
黑龙江	19917506	1076161	24309929	1561307	2418816
上 海	240334168	37073395	263123297	18677649	19410236
江 苏	157981241	8715668	179404643	12930497	11925865
浙 江	144986704	11225204	161705972	22913377	9400227
安 徽	41034701	1937860	45389342	1454717	3440955
福 建	58563462	5460348	59395066	6681572	5295261
江 西	12814487	71922	17055782	432529	901820
山 东	102556271	4495480	121717449	4067841	7611100
河 南	49322500	1318013	49969557	518069	4662166
湖 北	62250975	2064268	70693056	866676	4283754
湖 南	28763457	529650	31580223	514455	2267050
广 东	231180789	22059687	258695322	22043021	15883560
广 西	18947801	171073	20116488	286756	1438963
海 南	7608327	518764	9413730	298557	521748
重 庆	37037708	329288	41100055	714928	2376640
四 川	39544380	720028	46651856	1132493	3712994
贵 州	10066382	88037	13754827	49654	1165967
云 南	28683407	1568637	34497975	607547	6233207
西 藏	683811		821268		133388
陕 西	32108338	463685	38657653	480368	2593042
甘 肃	15888558	17481	18742888	18000	1796158
青 海	2333747	15885	3070101	36533	353513
宁 夏	4724601	72387	4995865	62112	439244
新 疆	30942031	1061419	33104089	188301	3359860

2-3 各地区大型批发和零售业企业商品购、销、存情况

单位：万元

地区	商品购进额	进口	商品销售额	出口	期末商品库存额
全国	**875416111**	**61829043**	**1028008167**	**30653371**	**68251971**
北京	152271506	29258210	174627591	6377715	15351105
天津	40218317	154839	42940607	91652	1069725
河北	15707914	220852	20292579		1068551
山西	14059276	22649	24087094		871368
内蒙古	7322730		8764886		411241
辽宁	49553421	2226428	53201452	68167	2300358
吉林	7464702		9783951		852020
黑龙江	12007133	127086	14634668	533654	1054848
上海	114589083	15719309	128313795	5822400	8869789
江苏	60033780	2269749	71863785	5173982	5755437
浙江	43392888	2584328	53227274	5112435	2755109
安徽	21220377	213332	24412598	610623	1280662
福建	26375199	3252588	24200480	1100793	2384928
江西	4774865		8573335		357413
山东	43463953	990753	53827396	315070	3372118
河南	14896266	44	18704397		1008532
湖北	42965006	1667598	48289681	486188	2108231
湖南	14554125	101307	16744155	30698	1026133
广东	91934330	2659117	108895922	4721161	5802550
广西	4775378	1358	9352348	121	394146
海南	2218855		2560253		143840
重庆	17383034	41	19514416		1109192
四川	20123272	247180	24313888	125973	1597987
贵州	5401254	6578	8627705		695650
云南	13030552	104929	17885881		4101821
西藏	235660		349712		13869
陕西	13837721	217	15971189	82448	829246
甘肃	3812026	39	4380544	152	196064
青海	1205311		1624805		214247
宁夏	2053639		2138911		165011
新疆	14534542	513	15902869	141	1090781

2-4 各地区中型批发和零售业企业商品购、销、存情况

单位：万元

地区	商品购进额	进口	商品销售额	出口	期末商品库存额
全国	**1095105150**	**106454329**	**1179966302**	**81521797**	**93659046**
北京	147491011	25975887	150597331	5167642	15704987
天津	57681965	3969076	64844396	2041458	3700265
河北	25374079	364652.5	27431370	534758	2311822
山西	23317560	2614649	26203421	199040	2002764
内蒙古	14665829	196759	15550683	54672	1205751
辽宁	28526336	1779302	32068116	1065638	2496049
吉林	8591266	445731	9614558	37470	939481
黑龙江	7910373	949076	9675261	1027654	1363968
上海	125745085	21354086	134809503	12855249	10540447
江苏	97947461	6445919	107540858	7756516	6170428
浙江	101593816	8640876	108478699	17800941	6645118
安徽	19814324	1724527	20976744	844094	2160293
福建	32188263	2207760	35194587	5580779	2910333
江西	8039623	71922	8482448	432529	544408
山东	59092318	3504727	67890053	3752771	4238982
河南	34426233	1317969	31265160	518069	3653634
湖北	19285970	396670	22403376	380488	2175523
湖南	14209332	428343	14836068	483757	1240917
广东	139246459	19400570	149799399	17321860	10081010
广西	14172423	169715	10764139	286635	1044817
海南	5389472	518764	6853477	298557	377908
重庆	19654674	329247	21585639	714928	1267447
四川	19421108	472848	22337968	1006521	2115007
贵州	4665128	81460	5127122	49654	470317
云南	15652856	1463708	16612093	607547	2131386
西藏	448151		471556		119519
陕西	18270617	463469	22686464	397920	1763796
甘肃	12076532	17442	14362344	17848	1600094
青海	1128436	15885	1445296	36533	139266
宁夏	2670962	72387	2856954	62112	274233
新疆	16407489	1060906	17201220	188160	2269078

2-5 各地区大中型批发业企业商品购、销、存情况

单位：万元

地 区	商品购进额	进 口	商品销售额	出 口	期末商品库存额
全 国	**1575664650**	**158588676**	**1742660079**	**111813092**	**120844573**
北 京	258974298	54465291	280114879	11523535	27374128
天 津	87255885	3843913	95805966	2122506	3931236
河 北	31088198	466370	36239527	509437	2260732
山 西	29417064	2584870	39859950	199040	1941633
内蒙古	14812736	99890	15928956	54575	875368
辽 宁	63715520	3120310	67448597	1117818	3338214
吉 林	12100043	324821	13219909	37470	1211486
黑龙江	14653871	1044416	17244447	1561307	1762081
上 海	213480023	36235710	231816160	18672334	15238358
江 苏	123186864	8151350	137642393	12921200	8761535
浙 江	113428577	9750658	125944458	22843336	6478275
安 徽	30651981	1868623	33956603	1454717	2062793
福 建	47134596	5228787	47146748	6656284	3893018
江 西	8666600	29197	12485788	432529	565706
山 东	69894805	4068646	83950381	4048022	4595097
河 南	35844437	1017661	35352273	518069	3307845
湖 北	46093143	1917219	52128088	865863	2694681
湖 南	19411864	387310	16570511	514455	1484549
广 东	189274668	20042297	206541540	21983971	11242642
广 西	13946970	115568	14669235	286331	890180
海 南	5132574	450849	6608051	298557	305955
重 庆	26377460	258719	29199506	714928	1553930
四 川	23520767	380506	27770366	1130637	2343533
贵 州	6667876	77137	9754889	49207	838576
云 南	22160526	1397130	26354055	607547	5421109
西 藏	257883		391923		31176
陕 西	22858399	247118	28225929	397920	1569736
甘 肃	13109661	9900	15607583	17880	1451711
青 海	1815132		2417838	36533	277973
宁 夏	3187846	45126	3420271	62112	207478
新 疆	27544382	959284	28843260	174975	2933838

2-6 各地区大中型零售业企业商品购、销、存情况

单位：万元

地区	商品购进额	进口	商品销售额	出口	期末商品库存额
全国	**394856611**	**9694696**	**465314390**	**362076**	**41066445**
北京	40788219	768805	45110042	21822	3681964
天津	10644397	280003	11979037	10603	838755
河北	9993794	119135	11484423	25321	1119641
山西	7959772	52428	10430566		932498
内蒙古	7175823	96868	8386614	97	741623
辽宁	14364237	885419	17820971	15987	1458193
吉林	3955925	120910	6178601		580014
黑龙江	5263635	31746	7065482		656735
上海	26854145	837685	31307138	5315	4171879
江苏	34794377	564318	41762250	9297	3164330
浙江	31558126	1474546	35761514	70041	2921952
安徽	10382720	69237	11432739		1378162
福建	11428866	231561	12248319	25288	1402243
江西	4147888	42725	4569995		336115
山东	32661466	426834	37767068	19819	3016002
河南	13478062	300352	14617284		1354321
湖北	16157832	147049	18564968	814	1589073
湖南	9351593	142339	15009712		782501
广东	41906121	2017391	52153781	59050	4640918
广西	5000831	55505	5447253	426	548783
海南	2475753	67915	2805678		215792
重庆	10660248	70569	11900548		822710
四川	16023613	339521	18881491	1856	1369461
贵州	3398507	10900	3999938	447	327391
云南	6522881	171507	8143920		812099
西藏	425928		429345		102212
陕西	9249938	216567	10431725	82448	1023306
甘肃	2778896	7580	3135305	120	344448
青海	518615	15885	652263		75540
宁夏	1536754	27261	1575594		231766
新疆	3397648	102135	4260829	13326	426021

2-7 各地区大中型批发和零售业企业年末资产负债

单位：万元

地区	流动资产合计	固定资产原价	累计折旧	资产总计	负债合计	所有者权益合计
全国	**661496526**	**104559289**	**33628781**	**879717486**	**625460192**	**253540546**
北京	136864112	8757509	3097890	184178334	127364324	56814010
天津	23036994	2801796	844538	28123459	21507620	6615839
河北	15302474	3122165	941170	20058090	14112913	5354419
山西	16795793	3206140	889952	22272334	17719827	4552507
内蒙古	5049216	1617148	465178	7704557	5411425	2293132
辽宁	19683180	4019734	1328245	26640498	19386264	7110531
吉林	4088707	1738995	506520	6490267	4809383	1680885
黑龙江	8664514	1839109	629209	10824098	8717378	2106719
上海	68373401	7280084	2686961	87700001	61591897	26108104
江苏	52171540	9037986	2820444	68665652	49350197	19315455
浙江	50292462	7124608	2220287	66423628	49413993	17009635
安徽	13905330	2855749	891420	18139302	13035838	5103464
福建	21978218	2736668	847418	30559947	19883772	10676175
江西	3957336	1435658	376979	5951428	3700984	2250444
山东	35017178	9356843	2797518	48126409	34497231	13629178
河南	12830161	3213704	948928	17173004	12743542	4429461
湖北	15619347	4760894	1459305	22060738	16062188	5998550
湖南	7931415	2663945	867650	12397175	7396373	5000802
广东	76111851	10231995	3473119	96399205	71229595	25169610
广西	5522590	1286432	437298	7665573	5436790	2210273
海南	2212956	621040	205162	3066599	1595949	1470650
重庆	9358686	2201609	683318	13212379	9281461	3930919
四川	13262906	2802822	834242	17819472	12046413	5773058
贵州	4855114	1102924	396064	6435253	4140529	2294724
云南	15008903	2860039	1068693	19006399	12230784	6775615
西藏	165144	103678	37434	334363	131524	202839
陕西	8065442	2222442	628556	11816506	8255837	3596890
甘肃	4571379	721050	266424	5753741	3361984	2391758
青海	790639	361618	100363	1256701	696955	559745
宁夏	1302142	365416	98964	1810721	1243636	567085
新疆	8707399	2109490	779533	11651658	9103587	2548071

2-8 各地区大型批发和零售业企业年末资产负债

单位：万元

地 区	流动资产合计	固定资产原价	累计折旧	资产总计	负债合计	所有者权益合计
全 国	**274311416**	**59360146**	**20049986**	**391641700**	**249048277**	**141876675**
北 京	67563236	5393303	2080420	97091529	61158783	35932746
天 津	4186551	1709236	509704	6138704	4242613	1896091
河 北	7268219	1787262	580063	9713596	6235638	2887200
山 西	8247755	1785342	472782	11072944	8507491	2565453
内蒙古	1430773	789737	260015	2881273	1785590	1095684
辽 宁	7479114	2140818	765507	11029238	6577687	4307848
吉 林	1621783	973557	305979	2938373	2206663	731710
黑龙江	3620988	1129241	428766	4674450	3525860	1148590
上 海	29365308	4240571	1693260	39570053	26853728	12716325
江 苏	25585963	5139701	1636967	34786361	22828086	11958275
浙 江	14740432	2872019	978641	20073003	12839123	7233880
安 徽	6186915	1699832	540532	8688093	5496508	3191585
福 建	8370757	1422295	449357	12852336	7243902	5608434
江 西	1932696	951670	245467	3083083	1535284	1547799
山 东	16229112	5067938	1627442	23169506	15055072	8114434
河 南	3067964	1419560	462267	4636061	3063351	1572710
湖 北	7756179	3309873	1029634	12040743	8027827	4012916
湖 南	3663710	1654949	572616	6181116	3044783	3136333
广 东	25335269	6087694	1995335	37259373	22946019	14313355
广 西	1520600	832000	290746	2399737	1209762	1171466
海 南	436106	308899	98121	740133	295482	444651
重 庆	4358692	1291548	417938	6307660	4036055	2271605
四 川	6379534	1762515	528676	9146281	5333955	3812326
贵 州	2786013	759815	280661	3717779	2008579	1709199
云 南	7898202	1897148	773974	10070625	5230492	4840134
西 藏	33832	24134	9538	119977	24769	95208
陕 西	3354811	1310292	429272	5190354	3615960	1610615
甘 肃	745400	224626	89301	1011530	449216	562313
青 海	233262	239057	63247	493414	315739	177675
宁 夏	457495	149617	43449	670186	407007	263179
新 疆	2454748	985898	390312	3894190	2947254	946936

2-9 各地区中型批发和零售业企业年末资产负债

单位：万元

地区	流动资产合计	固定资产原价	累计折旧	资产总计	负债合计	所有者权益合计
全国	**387185109**	**45199143**	**13578795**	**488075786**	**376411915**	**111663871**
北京	69300876	3364205	1017470	87086805	66205540	20881265
天津	18850444	1092560	334834	21984755	17265006	4719749
河北	8034255	1334903	361106	10344494	7877275	2467219
山西	8548038	1420798	417170	11199390	9212336	1987054
内蒙古	3618443	827412	205163	4823283	3625835	1197448
辽宁	12204066	1878915	562738	15611261	12808578	2802683
吉林	2466924	765438	200541	3551894	2602720	949175
黑龙江	5043526	709868	200443	6149648	5191519	958129
上海	39008093	3039513	993702	48129948	34738169	13391779
江苏	26585576	3898285	1183477	33879291	26522111	7357180
浙江	35552030	4252590	1241646	46350625	36574869	9775756
安徽	7718415	1155917	350888	9451209	7539331	1911879
福建	13607461	1314373	398061	17707610	12639870	5067740
江西	2024640	483988	131512	2868345	2165700	702645
山东	18788066	4288904	1170076	24956903	19442159	5514744
河南	9762198	1794144	486661	12536942	9680191	2856751
湖北	7863168	1451021	429671	10019995	8034361	1985634
湖南	4267705	1008996	295034	6216059	4351590	1864469
广东	50776583	4144301	1477784	59139832	48283577	10856255
广西	4001990	454432	146552	5265836	4227029	1038808
海南	1776850	312142	107041	2326466	1300466	1025999
重庆	4999994	910060	265380	6904720	5245406	1659314
四川	6883372	1040307	305565	8673191	6712459	1960732
贵州	2069101	343108	115404	2717474	2131950	585524
云南	7110701	962892	294720	8935774	7000292	1935482
西藏	131312	79544	27896	214386	106755	107631
陕西	4710631	912150	199285	6626152	4639877	1986275
甘肃	3825978	496425	177123	4742212	2912767	1829444
青海	557377	122562	37116	763287	381217	382071
宁夏	844646	215799	55515	1140535	836629	303907
新疆	6252651	1123592	389221	7757468	6156334	1601134

2-10 各地区大中型批发业企业年末资产负债

单位：万元

地　区	流动资产合计	固定资产原价	累计折旧	资产总计	负债合计	所有者权益合计
全　国	**525971566**	**56006524**	**18742857**	**674724447**	**476351657**	**197675501**
北　京	119060034	5263975	1840545	160882932	109129995	51752937
天　津	20236549	1548592	419548	23707893	18378859	5329034
河　北	11716099	1705623	537658	14671802	9850198	4230845
山　西	13900778	2098396	562503	17876193	14382726	3493467
内蒙古	2984075	782554	229795	4250363	2941251	1309112
辽　宁	14551236	1502809	591671	17784556	13041798	4618515
吉　林	2624093	665118	222373	3710191	2715095	995097
黑龙江	6493491	811166	301148	7529565	6103979	1425587
上　海	58982317	3901163	1434188	73747805	51714656	22033148
江　苏	40170314	4671981	1452406	49981019	35625684	14355334
浙　江	39250825	3827643	1288974	50935584	37487720	13447864
安　徽	10172497	1610573	504320	12867159	9109724	3757435
福　建	18008252	1571901	523124	24480633	15836119	8644514
江　西	2658248	867195	249228	3809153	2295246	1513907
山　东	24163939	4610042	1414896	30957401	21649683	9307718
河　南	9018178	1737420	560650	11429291	8222828	3206462
湖　北	11383289	2375618	755599	14714599	10853125	3861474
湖　南	4685740	923211	357692	6768878	3815090	2953788
广　东	61340192	5938897	2029118	74500048	56486744	18013304
广　西	3833890	816127	286732	5246338	3677374	1550454
海　南	1631342	248482	84327	2114992	1027830	1087162
重　庆	6482580	1209033	401813	8815952	6244545	2571407
四　川	8638432	1166588	387985	10347746	6920407	3427339
贵　州	3833247	718047	282704	4732997	2737746	1995251
云　南	12327045	1970200	829211	15136245	9702560	5433684
西　藏	111673	38071	14233	210164	76244	133920
陕　西	5123466	903187	281476	7163196	4847176	2352242
甘　肃	3850490	470911	187941	4635973	2545468	2090505
青　海	570760	266916	71097	930542	479069	451474
宁　夏	750144	167702	44313	999088	671873	327216
新　疆	7418353	1617385	595591	9786152	7780847	2005305

2-11 各地区大中型零售业企业年末资产负债

单位：万元

地 区	流动资产合计	固定资产原价	累计折旧	资产总计	负债合计	所有者权益合计
全 国	**135524959**	**48552765**	**14885924**	**204993040**	**149108535**	**55865045**
北 京	17804078	3493534	1257345	23295402	18234329	5061073
天 津	2800446	1253204	424990	4415566	3128761	1286805
河 北	3586375	1416542	403511	5386289	4262715	1123573
山 西	2895015	1107744	327449	4396141	3337101	1059040
内蒙古	2065141	834595	235383	3454194	2470174	984020
辽 宁	5131943	2516925	736574	8855942	6344466	2492016
吉 林	1464614	1073877	284147	2780076	2094288	685788
黑龙江	2171023	1027943	328061	3294532	2613400	681132
上 海	9391084	3378921	1252773	13952196	9877241	4074955
江 苏	12001226	4366005	1368038	18684634	13724513	4960121
浙 江	11041637	3296965	931313	15488044	11926273	3561772
安 徽	3732833	1245176	387100	5272143	3926115	1346029
福 建	3969966	1164768	324294	6079314	4047653	2031661
江 西	1299088	568463	127750	2142276	1405739	736537
山 东	10853238	4746801	1382623	17169008	12847548	4321460
河 南	3811984	1476284	388278	5743713	4520714	1222999
湖 北	4236058	2385276	703706	7346139	5209063	2137076
湖 南	3245675	1740735	509958	5628297	3581283	2047015
广 东	14771659	4293098	1444001	21899157	14742852	7156305
广 西	1688700	470305	150565	2419235	1759416	659819
海 南	581614	372559	120835	951607	568119	383488
重 庆	2876105	992576	281505	4396428	3036915	1359512
四 川	4624474	1636234	446257	7471726	5126007	2345719
贵 州	1021867	384876	113360	1702256	1402783	299473
云 南	2681858	889839	239482	3870155	2528223	1341931
西 藏	53472	65607	23201	124198	55280	68919
陕 西	2941976	1319255	347080	4653310	3408661	1244648
甘 肃	720888	250140	78482	1117768	816516	301253
青 海	219879	94702	29266	326158	217887	108272
宁 夏	551998	197714	54651	811633	571763	239870
新 疆	1289045	492105	183942	1865506	1322740	542765

2-12　各地区大中型批发和零售业企业实收资本及构成

单位：万元

地　区	实收资本	国家资本	集体资本	法人资本	个人资本	港澳台资本	外商资本
全　国	**121535024**	**36683144**	**3734183**	**37095364**	**24923246**	**5972312**	**13126775**
北　京	24841053	2763015	93274	14154191	1526834	499473	5804265
天　津	4544105	1879210	127121	1464435	698085	158747	216508
河　北	2065338	536402	140609	557748	798565	45	31970
山　西	2341953	675467	152635	509571	976649	26843	788
内蒙古	1109587	291426	111822	387369	318971		
辽　宁	4156802	1686993	116026	727065	775207	482340	369171
吉　林	985425	381773	39599	146093	377541	7645	32775
黑龙江	1267322	375024	38166	507219	288281	42705	15928
上　海	12597104	3650460	268927	2337673	1544175	1359153	3436716
江　苏	8633748	2016203	240512	2208862	2866024	585991	716157
浙　江	8077558	1580299	337119	2321147	3287001	271134	280857
安　徽	2430857	1339901	75666	386673	515782	87818	25018
福　建	5751973	2290968	170721	1263258	1495536	311395	220095
江　西	979278	461695	27757	227235	235375	14767	12449
山　东	5921033	1106222	510773	2058236	1834437	213410	197955
河　南	3275318	1375782	202509	700167	811381	148595	36884
湖　北	3278277	1408398	174610	782642	647111	163968	101548
湖　南	2391032	1158512	134567	208842	759810	52419	76882
广　东	12320104	5208779	214309	2279026	2399779	1099612	1118598
广　西	1167021	581698	42882	292652	218025	24434	7329
海　南	637116	82143	1124	268738	142242	50374	92497
重　庆	1913801	796189	44854	566163	410720	36602	59273
四　川	2229455	716833	113916	711627	393635	181824	111620
贵　州	722790	451132	21584	107206	123058	9498	10313
云　南	1916475	934868	65431	383763	418529	73547	40339
西　藏	146550	130519	1150	5130	9751		
陕　西	2366238	978237	55219	682829	523942	42419	83591
甘　肃	1614679	1129790	123408	245500	112520	50	3411
青　海	191565	78759	9308	44724	53504		5270
宁　夏	259349	50405	2827	155901	48420		1798
新　疆	1402122	566043	75762	403680	312358	27508	16771

2-13 各地区大型批发和零售业企业实收资本及构成

单位：万元

地区	实收资本	国家资本	集体资本	法人资本	个人资本	港澳台资本	外商资本
全国	**49959154**	**20030556**	**885926**	**13274041**	**4413962**	**2538412**	**8816256**
北京	13089477	829305	29143	6549527	390303	288355	5002844
天津	1115907	482800	7308	450134	59162	27147	89357
河北	633744	217160	25527	119218	269659		2181
山西	471031	249753	37967	100296	82516	500	
内蒙古	351322	141526	52613	58601	98583		
辽宁	1832609	1255207	34265	231491	106142	16129	189375
吉林	367121	102097	18394	24728	212127	137	9638
黑龙江	427824	204135	6000	136277	53838	20472	7103
上海	5841419	2370436	11634	848725	264211	549763	1796651
江苏	3850655	1454354	49831	1169769	555554	162709	458438
浙江	2068528	733204	70035	541652	540600	73681	109356
安徽	1155494	920333	17401	97632	82248	26780	11100
福建	2106161	1261946	108792	254395	136574	193476	150978
江西	469612	338017	11422	44760	64147	9766	1500
山东	1700356	516292	178573	490540	278208	152889	83855
河南	499341	319400	1783	101819	26671	45600	4068
湖北	1722871	1157117	21132	260388	173638	83032	27564
湖南	1044563	787732	35481	50110	78151	21186	71903
广东	6004479	3519847	35665	677411	503856	660105	607595
广西	416825	326264	4598	33841	50046	2075	
海南	58679	21604		7000		2985	27090
重庆	813127	500790	1630	184957	76365	21011	28375
四川	1016136	535232	76449	175148	57828	98572	72906
贵州	323894	287329	10233	12170	13651		510
云南	917089	699721	723	111335	47362	35043	22905
西藏	65249	65149		90	10		
陕西	868883	368194	7440	276359	160666	29750	26475
甘肃	127562	74964	27303	21030	4264		
青海	75799	60067	3145	7318			5270
宁夏	93287	16493		76362	432		
新疆	430112	214089	1438	160961	27153	17250	9221

2-14 各地区中型批发和零售业企业实收资本及构成

单位：万元

地　区	实收资本	国家资本	集体资本	法人资本	个人资本	港澳台资本	外商资本
全　国	**71575871**	**16652588**	**2848257**	**23821323**	**20509284**	**3433900**	**4310519**
北　京	11751576	1933710	64131	7604664	1136531	211118	801421
天　津	3428198	1396410	119812	1014301	638923	131600	127151
河　北	1431595	319242	115083	438530	528906	45	29789
山　西	1870921	425714	114668	409276	894133	26343	788
内蒙古	758265	149900	59209	328768	220388		
辽　宁	2324193	431786	81760	495574	669066	466211	179796
吉　林	618305	279676	21206	121365	165414	7508	23137
黑龙江	839498	170889	32166	370942	234443	22233	8825
上　海	6755685	1280024	257293	1488949	1279964	809389	1640065
江　苏	4783093	561849	190681	1039093	2310469	423282	257719
浙　江	6009030	847095	267084	1779496	2746402	197452	171502
安　徽	1275364	419568	58265	289041	433534	61037	13918
福　建	3645812	1029021	61929	1008863	1358962	117920	69118
江　西	509666	123678	16335	182475	171228	5001	10949
山　东	4220677	589930	332201	1567695	1556229	60522	114101
河　南	2775976	1056382	200725	598348	784710	102994	32816
湖　北	1555406	251281	153478	522254	473473	80936	73984
湖　南	1346469	370780	99086	158732	681659	31234	4978
广　东	6315625	1688932	178645	1601615	1895923	439507	511003
广　西	750196	255434	38284	258812	167978	22359	7329
海　南	578437	60539	1124	261738	142242	47389	65407
重　庆	1100673	295399	43224	381207	334355	15591	30899
四　川	1213319	181601	37467	536479	335807	83252	38713
贵　州	398896	163802	11351	95036	109406	9498	9803
云　南	999386	235147	64708	272427	371167	38503	17433
西　藏	81301	65370	1150	5040	9741		
陕　西	1497354	610043	47779	406471	363277	12669	57116
甘　肃	1487118	1054826	96105	224470	108256	50	3411
青　海	115765	18692	6162	37406	53504		
宁　夏	166062	33912	2827	79538	47988		1798
新　疆	972010	351954	74324	242719	285206	10258	7550

2-15 各地区大中型批发业企业实收资本及构成

单位：万元

地 区	实收资本	国家资本	集体资本	法人资本	个人资本	港澳台资本	外商资本
全 国	**85842205**	**30299854**	**2282875**	**24681910**	**16326775**	**3108796**	**9141996**
北 京	21522570	2639685	37570	12432442	1046029	341482	5025364
天 津	3420089	1676439	93849	904301	549854	120284	75362
河 北	1366504	455744	63518	278844	547662	40	20696
山 西	1169686	546800	124628	225399	250629	21543	688
内蒙古	519749	197726	59134	82214	180676		
辽 宁	2484198	1427911	54841	321933	490224	31082	158208
吉 林	638983	338669	6815	55068	210761	1500	26170
黑龙江	499011	231159	14607	113780	134366	5100	
上 海	9968917	3189427	215560	1644255	1257816	948447	2713413
江 苏	5203633	1801385	166509	873606	1835424	321432	205278
浙 江	5854830	1320468	255948	1478967	2631882	111543	56022
安 徽	1678620	1123759	47690	165208	271649	65514	4800
福 建	4133881	1654010	162783	767581	1176244	233315	139950
江 西	444309	255216	9895	67713	98444	9800	3240
山 东	3318540	902838	232430	964084	1078009	113075	28104
河 南	2144752	1190450	122972	341964	479117	934	9315
湖 北	1910968	1022827	40521	398158	343354	78873	27235
湖 南	998705	467721	26113	93556	393145	15793	2378
广 东	8988812	4592927	148324	1440704	1693976	606195	506686
广 西	804677	514852	26848	128799	123478	9000	1700
海 南	482180	50571	1124	207977	101518	46909	74082
重 庆	1274952	625229	35304	332752	259106	2498	20063
四 川	1068734	434466	89473	362197	180496	981	1121
贵 州	412008	289519	20896	23772	74888		2933
云 南	1236944	690912	43960	249097	246389	3776	2810
西 藏	76104	75504		590	10		
陕 西	1541395	893458	20013	304822	293500	1224	28379
甘 肃	1390160	1080853	89428	144479	75350	50	
青 海	118785	75354	2036	6146	29979		5270
宁 夏	125235	30124	2487	67244	25130		250
新 疆	1044275	503853	67603	204260	247672	18408	2480

2-16 各地区大中型零售业企业实收资本及构成

单位：万元

地 区	实收资本	国家资本	集体资本	法人资本	个人资本	港澳台资本	外商资本
全 国	**35692819**	**6383290**	**1451307**	**12413454**	**8596472**	**2863517**	**3984780**
北 京	3318482	123331	55705	1721750	480805	157991	778901
天 津	1124017	202771	33271	560134	148231	38463	141146
河 北	698835	80658	77092	278904	250903	5	11274
山 西	1172267	128667	28008	284172	726020	5300	100
内蒙古	589838	93700	52688	305155	138296		
辽 宁	1672603	259081	61185	405133	284983	451258	210963
吉 林	346442	43104	32784	91025	166780	6145	6605
黑龙江	768311	143866	23559	393439	153915	37605	15928
上 海	2628187	461033	53367	693419	286359	410706	723303
江 苏	3430115	214819	74003	1335255	1030600	264559	510879
浙 江	2222727	259831	81171	842180	655120	159590	224835
安 徽	752237	216141	27976	221465	244133	22303	20218
福 建	1618091	636958	7938	495677	319292	78080	80146
江 西	534969	206479	17862	159522	136931	4967	9209
山 东	2602493	203384	278344	1094152	756427	100335	169852
河 南	1130566	185333	79537	358203	332263	147661	27569
湖 北	1367309	385572	134089	384484	303757	85095	74313
湖 南	1392327	690792	108454	115286	366665	36627	74503
广 东	3331292	615852	65986	838322	705803	493417	611913
广 西	362344	66846	16034	163854	94547	15434	5629
海 南	154936	31572		60761	40725	3464	18415
重 庆	638849	170959	9550	233412	151614	34104	39210
四 川	1160721	282367	24444	349430	213139	180843	110499
贵 州	310782	161612	689	83434	48169	9498	7380
云 南	679531	243956	21470	134666	172140	69771	37528
西 藏	70446	55015	1150	4540	9741		
陕 西	824842	84779	35205	378007	230443	41196	55212
甘 肃	224519	48937	33980	101021	37170		3411
青 海	72780	3405	7272	38578	23525		
宁 夏	134115	20281	340	88657	23290		1548
新 疆	357847	62191	8159	199421	64686	9100	14291

2-17 各地区大中型批发和零售业企业损益及分配

单位：万元

地区	主营业务收入	主营业务成本	主营业务税金及附加	主营业务利润
全国	**1986841845**	**1817128494**	**8743620**	**154094126**
北京	278496706	256191446	475972	21829289
天津	93317656	89592576	127385	3590553
河北	43214180	40078721	223674	2741328
山西	48108484	43967922	296967	3262234
内蒙古	24211879	20369539	219518	2486221
辽宁	74447684	69780737	258016	3771757
吉林	18443717	16893670	105935	1294744
黑龙江	21815906	19171690	300609	2157212
上海	240174635	220607774	378334	19188527
江苏	160029109	145822156	633679	13073568
浙江	143909572	134268961	550043	9093191
安徽	38792345	35267154	285181	3153660
福建	57903150	53335935	293672	4225776
江西	15487536	13648355	181880	1391739
山东	119100710	106564888	690966	11516914
河南	44893374	41220468	423763	3249143
湖北	60977616	55693778	351682	4531081
湖南	29480265	25385372	340166	2194703
广东	233486316	215135075	685815	17558077
广西	17817610	16048277	143715	1457626
海南	8413435	7692853	48946	618350
重庆	37024104	33348124	343052	3092538
四川	42614498	38045287	377686	4191526
贵州	12245439	9894426	176626	2045621
云南	31264396	27633065	213807	3427863
西藏	789155	630795	11354	147006
陕西	35801050	29832885	339647	5546586
甘肃	18462476	17172210	100544	1192996
青海	2561392	2353246	58170	214447
宁夏	4247379	3868511	28425	342589
新疆	29310073	27612601	78393	1507263

2-17 续表

地　区	其他业务利润	营业费用	管理费用	财务费用
全　国	**10310884**	**69650192**	**36564159**	**6524278**
北　京	2135305	10623284	5688970	604239
天　津	287141	1643275	728266	329804
河　北	188253	1385061	729770	162159
山　西	246850	1381530	856472	263996
内蒙古	77135	648360	389947	72882
辽　宁	230415	2190815	1160274	241164
吉　林	76479	599833	347302	73564
黑龙江	149288	907818	635493	90335
上　海	1447251	10846187	4285332	403826
江　苏	905587	5467667	3037673	544297
浙　江	760563	4352298	2301630	728808
安　徽	143418	1641797	773616	128036
福　建	202770	1819271	959596	206572
江　西	49258	553087	312610	37958
山　东	476725	3850480	2659775	554956
河　南	221557	1333265	1087227	186119
湖　北	260091	1848492	1099908	186170
湖　南	111677	1366299	1060779	130050
广　东	1250552	8101718	3575402	775702
广　西	86429	677298	411799	55844
海　南	71566	304524	154734	10171
重　庆	167199	1532398	786432	134804
四　川	215569	1877286	928530	164305
贵　州	81654	570390	454145	15434
云　南	102768	1292064	718800	88112
西　藏	1340	71130	32781	1302
陕　西	200831	1078327	701286	151710
甘　肃	23277	661286	217311	54606
青　海	17253	71929	57465	7023
宁　夏	35210	145432	75372	13875
新　疆	87474	807592	335464	106455

单位：万元

营业利润	利润总额	应交所得税	劳动、失业保险费	住房公积金和住房补贴
59130398	**61053837**	**11574166**	**639702**	**1255106**
8829769	10454228	2020715	84056	194170
1205513	1340583	326896	12704	31147
709381	870113	176939	23581	21537
1171506	1118074	255790	12989	14595
1734236	1332167	136522	10898	12121
1121837	1167240	242945	38586	42740
497243	533558	102257	5883	15681
1024250	723520	173946	14808	17723
5129249	6289200	1387377	62677	124403
5367448	4972332	940900	74015	81970
2747306	3295688	745504	40117	62589
875725	995271	213823	16193	27175
1584267	1775696	353651	9532	35035
632041	618438	134599	3495	8818
4985774	4270799	652706	32759	126781
864022	966316	232366	23328	36232
1780181	1856710	444675	14852	31937
1265389	1077492	212093	22670	25950
6887913	6404788	1154294	45055	108771
549737	500956	114799	8103	21241
239081	280236	54794	2428	4199
1068453	1002299	157296	8862	34783
1436973	1509897	294034	32129	34894
1242083	1307713	302503	12850	45645
1245416	1421087	343617	9381	34762
43133	59635	4370	380	1120
3820640	3703258	215759	5922	28101
284205	266279	58478	3599	13018
97129	163591	16006	1589	2449
142546	147429	21185	1195	2493
547952	629247	83328	5069	13029

2-18 各地区大型批发和

地区	主营业务收入	主营业务成本	主营业务税金及附加	主营业务利润	其他业务利润	营业费用
全国	**915694094**	**820612020**	**5730650**	**87207808**	**6246303**	**40163835**
北京	146274712	131005507	232493	15036712	1511694	7401065
天津	36759576	35261998	73104	1424474	149419	576369
河北	17254670	15566787	168469	1407686	102416	659902
山西	23098992	20667233	170079	2121257	116805	807184
内蒙古	8704853	7320614	122222	1189441	33080	287726
辽宁	46074235	43463692	180392	2102176	107922	1235135
吉林	9036504	8181134	71577	733980	36625	397199
黑龙江	12955119	11550716	177210	1284936	90122	516234
上海	115227032	103442327	260904	11523802	866090	7250269
江苏	64305003	56244141	411482	7470543	532251	3283178
浙江	46941681	42409254	413866	4118561	371794	1787752
安徽	20965548	18513992	228582	2219734	84740	1127469
福建	25973615	23392380	234056	2336162	156153	934511
江西	7794695	6479693	155499	964299	26711	344052
山东	56223850	50256007	412344	5470527	310317	2034024
河南	16379561	14517870	258778	1602913	130184	602376
湖北	40709174	37403022	227640	2934533	194447	1132633
湖南	15310929	13090567	246405	1256894	87693	703282
广东	96817448	87050834	417858	9261953	696398	4206679
广西	8131055	7043435	119857	882981	41242	337383
海南	2327071	2044971	35134	218434	50207	92483
重庆	17028517	15482936	168854	1643271	119260	970241
四川	22041597	19297442	281646	2462508	127435	1029793
贵州	7620447	5742863	133147	1653078	42788	333358
云南	15634395	13095713	181005	2358905	47963	825028
西藏	322976	243056	5108	74811		37753
陕西	14427770	12234653	187065	1958897	141993	581634
甘肃	4360205	3823111	77381	459713	7304	141177
青海	1164794	1058780	13775	67003	7267	31176
宁夏	1769294	1597794	15401	156099	24094	65115
新疆	14058779	13129499	49317	811523	31889	431655

零售业企业损益及分配

单位：万元

管理费用	财务费用	营业利润	利润总额	应交所得税	劳动、失业保险费	住房公积金和住房补贴
19001600	**1521603**	**36898171**	**38301165**	**7638986**	**320161**	**805038**
3630416	17921	6833989	7968909	1417080	48214	125714
272728	75361	656206	677629	163703	5924	15109
356466	43231	473859	533125	107220	15788	14633
449479	145147	915838	800247	204601	3560	9648
200049	26921	690732	613418	71896	7963	8710
578098	71834	779730	799176	149614	17601	26161
166361	26835	326101	273158	55143	2309	10709
364921	42222	574950	497965	121448	6931	14633
2073892	87267	3004867	3396297	791356	31449	77113
1706403	126716	3142695	3176181	621150	32317	50348
828409	68002	1987128	2066803	464508	19753	30641
469486	28680	707800	739488	167351	9396	21028
504258	51884	1086396	1135603	234509	4999	21894
214377	13859	482562	510644	118169	2414	6976
1306412	163151	2313219	2049817	365978	16893	69748
570052	18357	542313	606533	158819	12273	26390
684623	56246	1321809	1423430	346417	7655	19945
555593	37269	734416	771101	168023	11888	17060
1499498	209903	4415320	3996819	687475	15576	59098
215602	4170	469378	398756	92524	3760	16555
52959	4041	130321	148504	24552	823	2555
364985	51713	457730	496316	90018	3384	22941
527195	58033	974923	1099505	215804	13357	25056
288198	-12437	1174154	1209810	283273	11658	43331
448319	-9833	1014266	1158523	286144	6805	29626
13092	151	23816	29523	2367	33	163
395787	74312	1055671	1029315	151682	3554	23852
98405	2596	224840	193120	34860	645	4526
17172	1771	36682	105250	3564	583	984
26345	930	87850	87589	12456	802	1440
122019	35350	258611	308614	27284	1857	8452

2-19 各地区中型批发和

地 区	主营业务收入	主营业务成本	主营业务税金及附加	主营业务利润	其他业务利润	营业费用
全 国	**1071147750**	**996516474**	**3012971**	**66886319**	**4064581**	**29486358**
北 京	132221993	125185939	243479	6792576	623610	3222219
天 津	56558080	54330578	54281	2166079	137723	1066906
河 北	25959510	24511934	55205	1333642	85837	725159
山 西	25009492	23300689	126887	1140977	130045	574346
内蒙古	15507027	13048925	97296	1296779	44055	360633
辽 宁	28373449	26317045	77624	1669581	122493	955680
吉 林	9407213	8712535	34358	560764	39855	202635
黑龙江	8860786	7620974	123400	872276	59166	391584
上 海	124947602	117165447	117431	7664725	581161	3595918
江 苏	95724107	89578015	222197	5603025	373336	2184489
浙 江	96967891	91859706	136177	4974631	388769	2564547
安 徽	17826798	16753162	56599	933926	58678	514329
福 建	31929535	29943555	59616	1889614	46617	884760
江 西	7692841	7168662	26381	427440	22547	209035
山 东	62876860	56308881	278621	6046387	166408	1816456
河 南	28513814	26702599	164985	1646230	91373	730889
湖 北	20268442	18290757	124041	1596548	65645	715859
湖 南	14169336	12294804	93762	937809	23984	663017
广 东	136668868	128084240	267958	8296123	554155	3895039
广 西	9686556	9004842	23859	574645	45186	339914
海 南	6086365	5647882	13812	399916	21359	212041
重 庆	19995587	17865188	174198	1449267	47939	562157
四 川	20572901	18747844	96039	1729017	88133	847493
贵 州	4624992	4151564	43479	392543	38866	237033
云 南	15630001	14537352	32802	1068958	54805	467037
西 藏	466179	387739	6246	72194	1340	33378
陕 西	21373281	17598233	152582	3587689	58838	496693
甘 肃	14102271	13349100	23163	733283	15973	520109
青 海	1396598	1294466	44395	147444	9986	40752
宁 夏	2478085	2270717	13024	186490	11115	80317
新 疆	15251293	14483102	29076	695739	55584	375937

零售业企业损益及分配

单位：万元

管理费用	财务费用	营业利润	利润总额	应交所得税	劳动、失业保险费	住房公积金和住房补贴
17562559	**5002675**	**22232227**	**22752672**	**3935179**	**319541**	**450068**
2058554	586318	1995780	2485319	603635	35842	68457
455538	254443	549307	662954	163193	6781	16038
373304	118928	235523	336988	69719	7793	6904
406993	118849	255668	317826	51189	9429	4947
189898	45961	1043503	718749	64627	2935	3410
582176	169330	342107	368064	93331	20985	16579
180941	46729	171142	260400	47114	3573	4971
270571	48113	449300	225556	52498	7877	3090
2211440	316559	2124382	2892904	596021	31228	47290
1331270	417581	2224753	1796151	319751	41698	31621
1473220	660806	760178	1228885	280996	20364	31948
304130	99356	167925	255783	46472	6796	6146
455338	154687	497871	640093	119142	4533	13141
98233	24100	149479	107794	16430	1082	1842
1353362	391805	2672556	2220982	286728	15866	57034
517175	167762	321709	359783	73547	11055	9841
415285	129923	458372	433280	98258	7197	11992
505186	92781	530973	306392	44070	10782	8891
2075904	565799	2472593	2407969	466819	29479	49673
196198	51673	80359	102200	22275	4343	4686
101775	6131	108760	131732	30242	1606	1644
421447	83091	610723	505983	67279	5478	11841
401335	106272	462050	410392	78230	18772	9838
165947	27871	67929	97902	19230	1192	2315
270480	97945	231151	262565	57473	2576	5136
19689	1150	19318	30111	2003	347	957
305498	77398	2764970	2673943	64077	2368	4250
118906	52011	59366	73160	23617	2954	8492
40293	5252	60447	58341	12442	1005	1465
49027	12945	54696	59840	8729	393	1052
213445	71105	289340	320633	56044	3212	4577

2-20 各地区大中型批发业

地区	主营业务收入	主营业务成本	主营业务税金及附加	主营业务利润	其他业务利润	营业费用
全国	**1571665031**	**1449896650**	**6895668**	**110202500**	**3633417**	**45680651**
北京	239791784	221826641	368041	17597102	1200937	7768252
天津	83062964	80260634	103065	2692124	89696	1025024
河北	33299942	31013601	188797	1948613	19767	907514
山西	38242578	34981396	236307	2558580	158143	994546
内蒙古	15809664	13037271	182142	1485206	18906	388656
辽宁	58896619	56082670	176430	2314293	53565	1407984
吉林	12751036	11641388	78433	908619	8095	438331
黑龙江	15814861	13948692	192455	1446827	20716	580464
上海	212690380	196998719	281097	15410564	590806	8271064
江苏	123598616	113462288	509587	9369621	186663	3471173
浙江	112338432	105386560	464130	6490336	250010	2725547
安徽	28735577	26195771	239200	2247757	51217	1157101
福建	46718839	43377861	243469	3059643	67315	1173886
江西	11359174	10073871	162264	907743	7959	330439
山东	84000176	75586195	509737	7725511	113823	2324404
河南	31979490	29545895	335505	2098090	34724	758659
湖北	45880436	42622629	268703	2921212	39747	967596
湖南	15401830	13096831	272093	1169604	18447	606840
广东	186056432	174052869	542773	11490850	393892	4898976
广西	12888528	11744628	125904	932916	15075	385707
海南	5878491	5376247	44363	402109	44668	186028
重庆	26388258	23802463	267633	2060758	39999	933392
四川	25295795	22685635	294251	2315908	42408	886316
贵州	8674836	6700486	167045	1693217	34807	382868
云南	23639391	20880637	193184	2598459	44210	888951
西藏	358306	270795	8567	78943	31	51195
陕西	26270583	22089532	248045	3919947	36716	522109
甘肃	15349084	14341862	85924	921298	6077	530894
青海	1926672	1742654	19584	130302	2676	41140
宁夏	2927787	2705178	23086	199523	4507	72994
新疆	25638472	24364751	63853	1106827	37817	602605

企业损益及分配

单位：万元

管理费用	财务费用	营业利润	利润总额	应交所得税	劳动、失业保险费	住房公积金和住房补贴
23490205	**4451913**	**45878779**	**48543248**	**9189739**	**365761**	**922122**
4291568	454388	7995773	9571268	1743347	59165	139599
445473	290305	1050438	1167921	281318	7063	17625
413282	107102	575636	728719	138212	11580	15483
638036	212211	1001922	949227	235429	9623	12341
229205	36325	1156897	852632	100322	6589	8404
478662	147704	705084	797289	162023	17684	23237
130511	38481	354939	351397	53268	2551	11813
344134	54387	719669	526920	118193	10330	11103
3028956	307189	4423035	5380604	1153577	42459	94692
1823157	366876	4264201	3874588	711608	37006	45900
1505286	532424	2246803	2727604	588000	21897	41267
487962	77310	647756	745578	168475	10358	18922
680124	141912	1278186	1443162	292408	4334	26933
180063	10838	454639	502903	119394	1546	6989
1532400	315230	3669876	3177631	488548	14312	107923
702077	128431	543594	692435	169091	13490	30032
582806	115987	1365995	1451923	353023	6847	22294
614886	65953	747478	677567	143000	13801	18277
2281677	586741	4541371	4335036	857455	24838	81465
253714	36283	381005	337065	78939	2241	15297
96694	1598	183976	216378	42094	1784	2924
534053	82881	768892	724395	110943	4841	24140
528350	88034	855616	962912	224930	11890	20591
373021	540	1116885	1177691	287241	12035	44513
520038	46485	1000650	1203559	302738	7647	31328
18756	511	8513	24099	3418	198	194
331454	63828	3044701	3034604	136225	2620	24013
151870	42145	202467	180465	45279	2539	11542
33333	4540	62726	137248	13131	505	2135
38663	6413	86007	88975	12972	824	1620
219999	88865	424050	501454	55139	3164	9526

2-21 各地区大中型零售业

地 区	主营业务收入	主营业务成本	主营业务税金及附加	主营业务利润	其他业务利润	营业费用
全 国	**415176814**	**367231844**	**1847952**	**43891626**	**6677467**	**23969541**
北 京	38704922	34364805	107930	4232187	934367	2855033
天 津	10254692	9331943	24320	898429	197445	618251
河 北	9914238	9065120	34877	792715	168486	477547
山 西	9865907	8986526	60659	703654	88708	386984
内蒙古	8402215	7332268	37376	1001014	58229	259703
辽 宁	15551066	13698067	81586	1457464	176850	782831
吉 林	5692682	5252282	27502	386125	68384	161502
黑龙江	6001044	5222998	108154	710384	128571	327354
上 海	27484255	23609055	97237	3777963	856445	2575123
江 苏	36430493	32359868	124092	3703947	718924	1996494
浙 江	31571140	28882400	85912	2602856	510553	1626751
安 徽	10056768	9071383	45981	905903	92201	484697
福 建	11184311	9958074	50203	1166134	135455	645386
江 西	4128362	3574484	19616	483997	41299	222648
山 东	35100534	30978693	181229	3791403	362902	1526076
河 南	12913884	11674573	88258	1151053	186833	574606
湖 北	15097180	13071149	82979	1609869	220345	880896
湖 南	14078435	12288541	68073	1025099	93231	759459
广 东	47429884	41082205	143042	6067227	856660	3202742
广 西	4929082	4303649	17811	524710	71354	291591
海 南	2534945	2316605	4583	216241	26898	118496
重 庆	10635846	9545660	75419	1031780	127200	599006
四 川	17318703	15359651	83434	1875618	173161	990970
贵 州	3570603	3193940	9580	352404	46847	187522
云 南	7625005	6752428	20623	829404	58558	403113
西 藏	430849	360000	2786	68063	1309	19936
陕 西	9530467	7743353	91602	1626639	164115	556218
甘 肃	3113391	2830348	14620	271698	17200	130392
青 海	634720	610592	38587	84146	14577	30788
宁 夏	1319592	1163333	5339	143067	30702	72438
新 疆	3671600	3247851	14540	400436	49657	204987

企业损益及分配

单位：万元

管理费用	财务费用	营业利润	利润总额	应交所得税	劳动、失业保险费	住房公积金和住房补贴
13073954	**2072365**	**13251619**	**12510589**	**2384427**	**273941**	**332984**
1397402	149851	833996	882960	277368	24891	54571
282793	39499	155075	172662	45578	5642	13522
316488	55058	133745	141393	38727	12000	6054
218437	51786	169584	168846	20361	3365	2254
160742	36558	577339	479535	36201	4309	3716
681612	93461	416753	369952	80922	20902	19503
216792	35083	142304	182161	48989	3332	3867
291359	35948	304581	196600	55753	4479	6620
1256376	96637	706213	908596	233799	20218	29711
1214516	177421	1103247	1097744	229292	37009	36069
796344	196384	500504	568083	157504	18220	21322
285654	50726	227969	249693	45348	5835	8252
279472	64660	306081	332534	61243	5198	8102
132547	27121	177403	115535	15205	1949	1829
1127374	239726	1315898	1093168	164158	18446	18858
385150	57688	320427	273880	63275	9837	6200
517102	70183	414186	404787	91652	8005	9642
445894	64097	517911	399925	69093	8869	7673
1293725	188962	2346542	2069752	296839	20217	27306
158086	19561	168732	163891	35859	5862	5944
58041	8573	55105	63858	12700	644	1275
252380	51924	299562	277904	46353	4021	10643
400181	76271	581357	546985	69105	20239	14303
81124	14894	125198	130022	15262	815	1132
198762	41627	244766	217528	40879	1734	3434
14025	791	34621	35536	952	182	926
369832	87882	775940	668654	79534	3302	4088
65442	12462	81738	85814	13199	1060	1477
24132	2483	34403	26343	2875	1084	314
36710	7463	56539	58454	8213	371	873
115465	17590	123902	127794	28189	1905	3503

2-22 各地区大中型批发和

地 区	大中型批发和零售业企业			大型批发和零售业企业		
	本年应付工资总额	本年应付福利费总额	本年应交增值税	本年应付工资总额	本年应付福利费总额	本年应交增值税
全 国	**23563150**	**1793313**	**30123978**	**12878327**	**1028426**	**16847170**
北 京	3156155	240759	3182161	1908140	169821	2520872
天 津	505384	22911	1506624	231199	10951	316629
河 北	459714	27938	488021	224601	14103	274349
山 西	460612	46774	888077	252054	30253	476786
内蒙古	283859	28147	760859	158005	17632	275120
辽 宁	633944	45665	785577	342759	25910	471333
吉 林	220341	16555	288414	129458	10863	196129
黑龙江	372391	28776	1122863	231744	17496	707806
上 海	2685795	182245	3074360	1522517	96470	1583609
江 苏	1887549	176938	2243354	1056255	107446	1219982
浙 江	1557324	99401	1269975	681535	46904	770595
安 徽	533726	47797	804842	325380	32619	514791
福 建	694928	54093	742346	357584	31228	345533
江 西	247512	21852	339056	151037	13351	205091
山 东	1498255	107695	1821029	789288	56117	862968
河 南	690161	39557	589085	295039	20008	351304
湖 北	734401	61334	1318851	439941	43328	662894
湖 南	591516	74568	705383	336782	45595	367828
广 东	2930939	182866	3409305	1492918	80079	1610838
广 西	322334	28344	353044	179281	18393	240359
海 南	98330	5192	153995	37714	2087	46280
重 庆	528814	41505	658418	289334	20182	422132
四 川	684897	51676	779271	387425	31265	435564
贵 州	272282	22932	422431	191571	18536	329824
云 南	515967	34360	653616	334116	21921	463402
西 藏	20479	548	29806	7983		15775
陕 西	463886	39777	932586	291401	25051	659712
甘 肃	138343	17833	209273	60494	5517	123163
青 海	41464	18680	39043	13259	1024	14021
宁 夏	64678	4605	83552	23185	1622	48118
新 疆	267173	21992	468761	136330	12655	314364

零售业企业工资、福利及增值税

单位：万元

中型批发和零售业企业			大中型批发业企业			大中型零售业企业		
本年应付工资总额	本年应付福利费总额	本年应交增值税	本年应付工资总额	本年应付福利费总额	本年应交增值税	本年应付工资总额	本年应付福利费总额	本年应交增值税
10684823	**764888**	**13276808**	**13590697**	**1158077**	**21377925**	**9972453**	**635237**	**8746054**
1248015	70938	661289	2193845	185113	2466657	962310	55646	715504
274185	11960	1189996	266582	15153	1331437	238802	7758	175188
235113	13835	213671	222852	14613	336627	236862	13325	151394
208559	16521	411290	297657	37932	657670	162955	8842	230407
125854	10515	485739	128006	14530	450937	155853	13618	309922
291185	19755	314244	263609	21859	384950	370335	23806	400627
90883	5692	92285	123173	11409	215378	97168	5146	73036
140647	11280	415057	161554	17030	750130	210837	11746	372732
1163278	85774	1490752	1881102	132187	2297764	804692	50057	776597
831294	69492	1023372	985962	109740	1661416	901586	67198	581938
875789	52497	499380	924283	62175	756952	633041	37227	513023
208345	15178	290051	290499	31080	576234	243227	16717	228608
337344	22865	396814	423956	36432	543568	270972	17661	198778
96475	8501	133965	135137	14488	278873	112375	7363	60183
708967	51578	958060	729171	58762	1279839	769085	48933	541190
395122	19549	237780	333800	24116	396059	356361	15441	193026
294460	18006	655957	349940	41189	992175	384461	20145	326677
254734	28973	337555	297624	35884	451255	293892	38684	254128
1438021	102786	1798467	1629211	121441	2203220	1301728	61424	1206085
143053	9951	112685	159563	16295	266842	162771	12049	86202
60616	3105	107715	58187	2846	98235	40143	2346	55760
239481	21323	236285	320311	31096	485459	208503	10409	172959
297472	20411	343707	307426	25466	465797	377470	26210	313474
80712	4396	92608	207116	18493	329659	65167	4439	92772
181851	12439	190214	342032	24684	511989	173935	9676	141627
12495	548	14031	10182	262	20723	10296	286	9083
172485	14726	272874	237619	18939	546748	226266	20838	385838
77849	12317	86110	74375	14298	168159	63968	3535	41114
28205	17656	25022	24598	2446	29013	16866	16234	10030
41492	2983	35434	30429	2243	48743	34249	2362	34809
130844	9338	154397	180895	15876	375417	86278	6116	93344

2-23 各地区大中型批发和零售业企业经济效益分析指标

地　区	负债比率 (%)	主营业务毛利率 (%)	人均营业收入 (万元)	流动资产周转次数 (次)	费用率 (%)
全　国	**71.1**	**8.5**	**286.4**	**3.0**	**5.6**
北　京	69.2	8.0	573.7	2.1	6.0
天　津	76.5	4.0	739.3	4.1	2.9
河　北	70.4	7.3	193.6	2.8	5.2
山　西	79.6	8.6	239.1	2.9	5.1
内蒙古	70.2	15.9	212.2	4.8	4.6
辽　宁	72.8	6.3	312.9	3.8	4.8
吉　林	74.1	8.4	208.3	4.6	5.4
黑龙江	80.5	12.1	163.6	2.5	7.4
上　海	70.2	8.1	516.9	3.5	6.4
江　苏	71.9	8.9	279.9	3.1	5.6
浙　江	74.4	6.7	355.2	2.9	5.1
安　徽	71.9	9.1	175.0	2.8	6.5
福　建	65.1	7.9	274.9	2.7	5.1
江　西	62.2	11.9	151.6	3.9	5.8
山　东	71.7	10.5	177.4	3.4	5.9
河　南	74.2	8.2	138.3	3.5	5.8
湖　北	72.8	8.7	198.9	3.9	5.1
湖　南	59.7	13.9	157.8	3.7	8.6
广　东	73.9	7.9	310.0	3.1	5.3
广　西	70.9	9.9	175.0	3.3	6.4
海　南	52.0	8.6	285.2	3.8	5.5
重　庆	70.2	9.9	201.5	4.0	6.6
四　川	67.6	10.7	173.6	3.2	6.9
贵　州	64.3	19.2	180.3	2.6	8.4
云　南	64.4	11.6	222.7	2.1	6.6
西　藏	39.3	20.1	154.9	4.8	13.3
陕　西	69.9	16.7	213.9	4.5	5.3
甘　肃	58.4	7.0	329.6	4.0	5.0
青　海	55.5	8.1	173.0	3.3	5.2
宁　夏	68.7	8.9	195.9	3.3	5.5
新　疆	78.1	5.8	386.3	3.5	4.1

费用、财务费用三项之和除以营业收入合计(下表同)。

2-24 各地区大型批发和零售业企业经济效益分析指标

地区	负债比率(%)	主营业务毛利率(%)	人均营业收入(万元)	流动资产周转次数(次)	费用率(%)
全国	**63.6**	**10.4**	**277.7**	**3.4**	**6.6**
北京	63.0	10.4	550.8	2.2	7.4
天津	69.1	4.1	641.8	8.8	2.5
河北	64.2	9.8	187.5	2.4	6.1
山西	76.8	10.5	262.3	2.8	6.0
内蒙古	62.0	15.9	156.8	6.1	5.9
辽宁	59.6	5.7	379.8	6.2	4.1
吉林	75.1	9.5	218.0	5.8	6.3
黑龙江	75.4	10.8	176.5	3.6	7.1
上海	67.9	10.2	444.2	4.0	8.1
江苏	65.6	12.5	218.6	2.5	7.9
浙江	64.0	9.7	297.8	3.2	5.7
安徽	63.3	11.7	188.1	3.4	7.7
福建	56.4	9.9	287.1	3.1	5.7
江西	49.8	16.9	156.4	4.1	7.3
山东	65.0	10.6	175.7	3.5	6.2
河南	66.1	11.4	180.9	5.4	7.2
湖北	66.7	8.1	244.0	5.3	4.6
湖南	49.3	14.5	176.8	4.2	8.4
广东	61.6	10.1	264.6	3.9	6.1
广西	50.4	13.4	185.1	5.4	6.7
海南	39.9	12.1	253.8	5.5	6.3
重庆	64.0	9.1	192.4	4.0	8.1
四川	58.3	12.4	195.7	3.5	7.2
贵州	54.0	24.6	213.6	2.8	7.9
云南	51.9	16.2	214.9	2.0	8.0
西藏	20.6	24.7	248.7	9.5	15.8
陕西	69.7	15.2	171.1	4.4	7.2
甘肃	44.4	12.3	239.3	5.9	5.5
青海	64.0	9.1	225.1	5.1	4.2
宁夏	60.7	9.7	262.9	3.9	5.1
新疆	75.7	6.6	432.6	5.8	4.2

2-25 各地区中型批发和零售业企业经济效益分析指标

地 区	负债比率 (%)	主营业务毛利率 (%)	人均营业收入 (万元)	流动资产周转次数 (次)	费用率 (%)
全 国	**77.1**	**7.0**	**294.4**	**2.8**	**4.8**
北 京	76.0	5.3	601.7	1.9	4.4
天 津	78.5	3.9	820.3	3.0	3.1
河 北	76.1	5.6	197.9	3.3	4.7
山 西	82.3	6.8	221.1	3.0	4.3
内蒙古	75.2	15.9	265.1	4.3	3.8
辽 宁	82.0	7.2	243.6	2.3	6.0
吉 林	73.3	7.4	199.6	3.8	4.5
黑龙江	84.4	14.0	147.7	1.8	7.9
上 海	72.2	6.2	609.3	3.2	4.9
江 苏	78.3	6.4	345.5	3.6	4.1
浙 江	78.9	5.3	391.7	2.8	4.8
安 徽	79.8	6.0	161.8	2.3	5.1
福 建	71.4	6.2	265.7	2.4	4.7
江 西	75.5	6.8	147.0	3.8	4.3
山 东	77.9	10.4	178.8	3.4	5.6
河 南	77.2	6.4	121.7	2.9	4.9
湖 北	80.2	9.8	145.0	2.6	6.2
湖 南	70.0	13.2	141.4	3.3	8.9
广 东	81.6	6.3	353.0	2.7	4.8
广 西	80.3	7.0	167.3	2.4	6.0
海 南	55.9	7.2	299.7	3.4	5.2
重 庆	76.0	10.7	209.9	4.0	5.3
四 川	77.4	8.9	154.9	3.0	6.5
贵 州	78.5	10.2	143.6	2.3	9.2
云 南	78.3	7.0	231.2	2.2	5.3
西 藏	49.8	16.8	123.1	3.6	11.5
陕 西	70.0	17.7	258.1	4.6	4.1
甘 肃	61.4	5.3	373.2	3.7	4.9
青 海	49.9	7.3	144.8	2.5	6.1
宁 夏	73.4	8.4	165.4	3.0	5.7
新 疆	79.4	5.0	353.3	2.6	4.1

2-26 各地区大中型批发业企业经济效益分析指标

地区	负债比率 (%)	主营业务毛利率 (%)	人均营业收入 (万元)	流动资产周转次数 (次)	费用率 (%)
全国	**70.6**	**7.7**	**573.1**	**3.0**	**4.7**
北京	67.8	7.5	1043.5	2.0	5.2
天津	77.5	3.4	1744.8	4.1	2.1
河北	67.1	6.9	434.5	2.9	4.3
山西	80.5	8.5	465.0	2.8	4.8
内蒙古	69.2	17.5	389.2	5.3	4.1
辽宁	73.3	4.8	939.6	4.1	3.4
吉林	73.2	8.7	346.8	4.9	4.8
黑龙江	81.1	11.8	366.6	2.4	6.2
上海	70.1	7.4	936.1	3.6	5.4
江苏	71.3	8.2	541.7	3.1	4.6
浙江	73.6	6.2	632.0	2.9	4.2
安徽	70.8	8.8	335.8	2.8	6.0
福建	64.7	7.2	511.2	2.6	4.2
江西	60.3	11.3	255.2	4.3	4.6
山东	69.9	10.0	353.8	3.5	4.9
河南	71.9	7.6	322.9	3.6	5.0
湖北	73.8	7.1	466.8	4.0	3.6
湖南	56.4	15.0	287.7	3.3	8.3
广东	75.8	6.5	556.1	3.0	4.2
广西	70.1	8.9	314.9	3.4	5.2
海南	48.6	8.5	515.6	3.6	4.8
重庆	70.8	9.8	317.7	4.1	5.8
四川	66.9	10.3	328.2	2.9	5.9
贵州	57.8	22.8	236.4	2.3	8.6
云南	64.1	11.7	359.6	1.9	6.1
西藏	36.3	24.4	215.1	3.2	19.5
陕西	67.7	15.9	502.6	5.2	3.5
甘肃	54.9	6.6	857.1	4.0	4.7
青海	51.5	9.6	302.9	3.4	4.1
宁夏	67.2	7.6	412.2	3.9	4.0
新疆	79.5	5.0	569.6	3.6	3.4

2-27 各地区大中型零售业企业经济效益分析指标

地　区	负债比率 (%)	主营业务毛利率 (%)	人均营业收入 (万元)	流动资产周转次数 (次)	费用率 (%)
全　国	**72.7**	**11.5**	**99.9**	**3.1**	**9.2**
北　京	78.3	11.2	153.3	2.2	11.0
天　津	70.9	9.0	132.7	3.8	9.0
河　北	79.1	8.6	68.3	2.8	8.4
山　西	75.9	8.9	82.9	3.5	6.6
内蒙古	71.5	12.7	114.7	4.1	5.4
辽　宁	71.6	11.9	89.7	3.1	9.9
吉　林	75.3	7.7	112.8	4.1	6.9
黑龙江	79.3	13.0	67.3	2.8	10.6
上　海	70.8	14.1	118.8	3.0	13.8
江　苏	73.5	11.2	107.2	3.1	9.1
浙　江	77.0	8.5	139.6	2.9	8.1
安　徽	74.5	9.8	74.3	2.7	8.0
福　建	66.6	11.0	94.3	2.9	8.7
江　西	65.6	13.4	72.1	3.2	9.1
山　东	74.8	11.7	81.0	3.3	8.1
河　南	78.7	9.6	57.8	3.5	7.7
湖　北	70.9	13.4	73.1	3.6	9.6
湖　南	63.6	12.7	105.9	4.4	8.9
广　东	67.3	13.4	114.6	3.3	9.7
广　西	72.7	12.7	81.4	3.0	9.3
海　南	59.7	8.6	140.6	4.4	7.2
重　庆	69.1	10.3	106.0	3.8	8.4
四　川	68.6	11.3	103.2	3.8	8.3
贵　州	82.4	10.5	114.6	3.6	7.8
云　南	65.3	11.4	102.3	2.9	8.3
西　藏	44.5	16.4	125.6	8.1	8.0
陕　西	73.3	18.8	83.6	3.3	10.4
甘　肃	73.0	9.1	82.2	4.4	6.6
青　海	66.8	3.8	77.2	3.0	8.6
宁　夏	70.4	11.8	91.5	2.4	8.6
新　疆	70.9	11.5	117.5	2.9	9.0

2-28 各地区大中型住宿和餐饮业企业基本情况

地区	大中型		大型		中型	
	法人单位数（个）	年末从业人数（人）	法人单位数（个）	年末从业人数（人）	法人单位数（个）	年末从业人数（人）
全国	**5789**	**2209993**	**569**	**768521**	**5220**	**1441472**
北京	630	249206	97	114808	533	134398
天津	103	47349	4	22950	99	24399
河北	126	43234	6	4281	120	38953
山西	141	49851	8	5082	133	44769
内蒙古	82	24301	5	3686	77	20615
辽宁	157	57824	16	22021	141	35803
吉林	41	14255	2	1434	39	12821
黑龙江	64	17182	3	1802	61	15380
上海	493	202487	91	116483	402	86004
江苏	460	167821	30	59423	430	108398
浙江	510	187714	51	68436	459	119278
安徽	109	34412	6	6169	103	28243
福建	185	82072	21	32338	164	49734
江西	70	21335	2	1880	68	19455
山东	329	114768	20	30802	309	83966
河南	137	46822	7	8556	130	38266
湖北	154	63872	11	20714	143	43158
湖南	186	64640	11	11643	175	52997
广东	940	380040	104	136258	836	243782
广西	66	26068	8	7367	58	18701
海南	103	38074	15	10381	88	27693
重庆	126	55214	14	21334	112	33880
四川	185	79464	16	33415	169	46049
贵州	29	8753	2	1695	27	7058
云南	77	29907	4	3971	73	25936
西藏	5	1329			5	1329
陕西	171	63937	9	16176	162	47761
甘肃	37	12988	2	1875	35	11113
青海	13	4951			13	4951
宁夏	15	4200			15	4200
新疆	45	15923	4	3541	41	12382

2-29 各地区大中型住宿和餐饮业企业经营情况

单位：万元

地　区	营业额	客房收入	餐费收入	商品销售收入	其他收入
全　国	**36004437**	**8700648**	**24071412**	**911308**	**2321069**
北　京	5039817	1055587	3357822	101915	524493
天　津	724303	95348	581192	10742	37022
河　北	526594	151823	322063	14387	38321
山　西	670625	166696	453389	21757	28784
内蒙古	384859	105748	249907	14519	14684
辽　宁	1083079	225615	787354	12663	57447
吉　林	196343	77064	101469	2792	15019
黑龙江	270408	77773	166305	20373	5957
上　海	4208251	983557	2951967	37539	235188
江　苏	2677337	591912	1897977	71197	116251
浙　江	3239615	782978	2225963	51192	179482
安　徽	467795	138936	273080	29885	25895
福　建	1303860	276163	927385	49915	50398
江　西	284766	80824	171117	17547	15279
山　东	1744865	426940	1114136	105219	98570
河　南	609363	182770	339386	37146	50060
湖　北	876554	206065	613646	16711	40133
湖　南	956384	283545	598084	19403	55352
广　东	5979835	1371111	4077628	115895	415200
广　西	334842	107134	193994	15270	18445
海　南	645204	368099	224229	5274	47602
重　庆	775097	142839	563995	20963	47300
四　川	1183906	280888	795904	30247	76866
贵　州	111993	35307	70466	4559	1661
云　南	384661	134675	193648	20118	36220
西　藏	12417	5677	4195	43	2502
陕　西	848243	205889	539192	48450	54712
甘　肃	146739	38835	93677	4723	9505
青　海	47294	18240	24509	891	3654
宁　夏	56852	17625	33750	2020	3457
新　疆	212538	64989	123986	7956	15608

2-30 各地区大型住宿和餐饮业企业经营情况

单位：万元

地区	营业额	客房收入	餐费收入	商品销售收入	其他收入
全国	**14869565**	**2837979**	**10844856**	**338037**	**848693**
北京	2745792	519074	1873468	65500	287751
天津	318151	7320	310200		631
河北	79375	15560	57019	2442	4354
山西	148169	31861	112249	1025	3034
内蒙古	58896	27030	28871	853	2142
辽宁	504653	49002	439840	3626	12185
吉林	31692	13232	13988	87	4384
黑龙江	41847	23232	17120	142	1353
上海	2471314	543851	1769456	18770	139237
江苏	926083	103383	768628	31903	22169
浙江	1282245	211448	988190	22053	60554
安徽	89581	13926	69887	2703	3065
福建	607402	95017	458937	39122	14325
江西	51129	5489	45469	65	106
山东	527794	98337	354268	37535	37654
河南	122780	23790	83080	7436	8474
湖北	320415	33960	282294	1463	2698
湖南	259634	53127	188243	2994	15271
广东	2595650	544473	1866730	39493	144954
广西	112075	22103	79589	8276	2108
海南	297120	195421	84700	1471	15528
重庆	322022	36044	261986	4533	19459
四川	527903	91385	395365	14044	27109
贵州	29752	5282	23799	336	335
云南	73436	22267	47894		3275
西藏					
陕西	231308	36493	157418	26847	10551
甘肃	30275	4175	25225	159	716
青海					
宁夏					
新疆	63075	11700	40944	5161	5270

2-31 各地区中型住宿和餐饮业企业经营情况

单位：万元

地区	营业额	客房收入	餐费收入	商品销售收入	其他收入
全国	**21134872**	**5862669**	**13226557**	**573270**	**1472376**
北京	2294024	536513	1484354	36415	236742
天津	406152	88028	270992	10742	36391
河北	447219	136263	265044	11945	33967
山西	522456	134835	341139	20732	25750
内蒙古	325963	78718	221036	13666	12543
辽宁	578426	176613	347514	9037	45262
吉林	164651	63832	87481	2705	10634
黑龙江	228561	54541	149185	20231	4604
上海	1736936	439706	1182511	18769	95951
江苏	1751254	488529	1129349	39294	94082
浙江	1957370	571530	1237773	29139	118928
安徽	378215	125009	203194	27182	22830
福建	696459	181146	468448	10792	36072
江西	233637	75335	125647	17482	15173
山东	1217071	328603	759868	67684	60916
河南	486582	158980	256306	29710	41586
湖北	556139	172104	331352	15248	37435
湖南	696750	230418	409841	16410	40082
广东	3384185	826639	2210898	76402	270246
广西	222767	85031	114405	6994	16337
海南	348084	172678	139529	3803	32074
重庆	453076	106795	302009	16430	27841
四川	656003	189503	400539	16203	49757
贵州	82241	30025	46667	4223	1326
云南	311226	112409	145755	20118	32945
西藏	12417	5677	4195	43	2502
陕西	616935	169397	381774	21603	44161
甘肃	116465	34660	68452	4564	8789
青海	47294	18240	24509	891	3654
宁夏	56852	17625	33750	2020	3457
新疆	149463	53289	83042	2795	10338

2-32　各地区大中型住宿业企业经营情况

单位：万元

地　区	营业额	客房收入	餐费收入	商品销售收入	其他收入
全　国	**18390404**	**8033262**	**7867277**	**504123**	**1985742**
北　京	2320089	1037928	756080	70697	455385
天　津	203272	84953	86377	6748	25194
河　北	372413	139197	190061	7701	35454
山　西	291109	114804	145048	10869	20388
内蒙古	216725	89007	103248	11940	12530
辽　宁	499993	218683	225160	9084	47065
吉　林	143107	61021	69506	2259	10321
黑龙江	144254	75149	58216	5048	5841
上　海	1785096	953518	591177	22005	218396
江　苏	1335171	506146	680943	54649	93433
浙　江	1885473	706417	997985	32035	149037
安　徽	296677	127103	129960	16370	23243
福　建	625202	248217	304749	27421	44816
江　西	163214	78435	62571	7514	14694
山　东	939200	347978	469684	40538	81000
河　南	402763	168325	168332	25950	40157
湖　北	330601	171375	118939	7574	32712
湖　南	619278	258253	295928	15281	49816
广　东	3086972	1307291	1348067	59128	372487
广　西	243457	106382	106334	13144	17597
海　南	587989	367292	174472	4379	41846
重　庆	329115	129548	151603	7575	40389
四　川	530471	261283	202677	10351	56160
贵　州	70566	34653	31780	2573	1561
云　南	262385	133182	83964	12953	32286
西　藏	12417	5677	4195	43	2502
陕　西	386397	171870	173657	8333	32536
甘　肃	78720	37075	30266	2300	9078
青　海	33284	17358	12132	891	2904
宁　夏	22736	10156	9693	945	1942
新　疆	172260	64989	84474	7825	14972

2-33 各地区大中型餐饮业企业经营情况

单位：万元

地区	营业额				
		客房收入	餐费收入	商品销售收入	其他收入
全国	**17614033**	**667386**	**16204135**	**407185**	**335327**
北京	2719727	17659	2601742	31218	69109
天津	521032	10395	494815	3994	11828
河北	154181	12625	132003	6685	2868
山西	379516	51892	308341	10888	8396
内蒙古	168134	16741	146659	2579	2155
辽宁	583086	6932	562194	3578	10382
吉林	53236	16042	31963	533	4698
黑龙江	126155	2624	108089	15325	117
上海	2423155	30040	2360789	15535	16792
江苏	1342167	85766	1217035	16548	22818
浙江	1354141	76561	1227978	19157	30445
安徽	171119	11832	143120	13515	2652
福建	678658	27947	622636	22494	5582
江西	121552	2388	108546	10033	584
山东	805664	78962	644452	64681	17570
河南	206599	14445	171054	11196	9904
湖北	545954	34689	494707	9136	7421
湖南	337107	25292	302156	4123	5536
广东	2892862	63821	2729561	56768	42713
广西	91385	752	87660	2125	848
海南	57215	807	49757	895	5756
重庆	445982	13291	412392	13388	6911
四川	653434	19605	593227	19897	20706
贵州	41426	654	38686	1987	100
云南	122277	1493	109684	7165	3934
西藏					
陕西	461846	34019	365535	40116	22176
甘肃	68020	1760	63410	2423	427
青海	14010	883	12377		750
宁夏	34116	7469	24057	1074	1516
新疆	40278		39511	130	636

2-34 各地区大中型住宿和餐饮业企业年末资产负债

单位：万元

地　区	流动资产合计	固定资产原价	累计折旧	资产总计	负债合计	所有者权益合计
全　国	**22277650**	**45015549**	**16878490**	**66196903**	**45075893**	**21121010**
北　京	3207120	6763582	2964766	9857708	6906152	2951556
天　津	422817	561274	175621	1082264	795693	286571
河　北	387600	1021716	281585	1380526	1015013	365514
山　西	340665	690445	209432	1081094	785221	295873
内蒙古	258422	612041	147697	850948	544162	306786
辽　宁	541367	1638156	639107	1822231	1203131	619100
吉　林	116768	547094	187792	571945	302364	269582
黑龙江	105882	412745	146637	422056	264804	157252
上　海	1970395	4159289	1654438	6040492	3527367	2513125
江　苏	1576620	3485771	1231425	5188690	3478654	1710036
浙　江	2536927	3937006	1367334	6656987	4791311	1865677
安　徽	397138	665736	194496	1154586	780676	373910
福　建	621666	1175671	380853	1849640	1096822	752818
江　西	155081	255478	69587	528414	334230	194184
山　东	993773	2355625	817552	3178424	2096226	1082198
河　南	506764	805151	296643	1204901	896953	307948
湖　北	373787	947433	376184	1356944	920046	436898
湖　南	473519	1429947	473202	2042411	1393948	648463
广　东	3779168	6534985	2719197	9792123	6978147	2813976
广　西	198522	726246	275725	836818	544247	292571
海　南	833558	955663	386322	1790123	1349228	440895
重　庆	517407	672764	240557	1257259	891378	365882
四　川	858123	1570088	579744	2399188	1882661	516527
贵　州	60371	166902	54771	203599	153439	50160
云　南	334991	803761	312028	1076252	531423	544829
西　藏	14947	84417	32306	71540	20102	51438
陕　西	414706	1124170	396209	1471719	1013173	458546
甘　肃	66306	216315	70155	288107	156192	131915
青　海	34497	106131	22096	127524	49786	77738
宁　夏	55465	146404	26184	116172	84876	31296
新　疆	123281	443546	148844	496219	288471	207748

2-35 各地区大型住宿和餐饮业企业年末资产负债

单位：万元

地 区	流动资产合计	固定资产原价	累计折旧	资产总计	负债合计	所有者权益合计
全 国	**7859788**	**15732917**	**6202754**	**23348835**	**14247781**	**9101054**
北 京	1691231	3528316	1665683	5073085	3087098	1985986
天 津	51104	84358	27600	147325	95302	52023
河 北	47493	157229	53447	174870	92092	82778
山 西	36812	137964	34915	197522	164581	32942
内蒙古	55118	154859	44623	192524	96299	96225
辽 宁	185264	459236	207431	496105	250107	245999
吉 林	6840	114884	41496	86594	25240	61354
黑龙江	15354	46013	23493	45459	21352	24107
上 海	1035424	2618493	1086453	3615724	1867253	1748471
江 苏	453618	854844	262146	1517515	963758	553757
浙 江	996348	1360864	447662	2412830	1703117	709714
安 徽	70081	60932	22421	180728	157852	22876
福 建	192282	449808	150036	656573	420435	236137
江 西	3038	23701	7680	30467	26001	4465
山 东	236983	664953	234087	856234	465360	390874
河 南	140079	130442	57469	234277	146437	87840
湖 北	68851	248171	125117	276927	193815	83112
湖 南	144220	311166	112442	534265	374811	159455
广 东	1357415	2601362	1049645	3819659	2432818	1386840
广 西	45063	206772	76353	206454	103528	102926
海 南	192085	189364	69532	371742	193671	178071
重 庆	285470	281265	98969	554454	401984	152471
四 川	339353	496074	131481	947361	686405	260956
贵 州	17920	56736	6960	72863	63821	9042
云 南	65404	168441	43438	210790	42937	167852
西 藏						
陕 西	89398	222052	72516	319569	136110	183459
甘 肃	5225	8009	5466	15146	8979	6167
青 海						
宁 夏						
新 疆	32317	96612	44198	101774	26618	75156

2-36 各地区中型住宿和餐饮业企业年末资产负债

单位：万元

地　区	流动资产合计	固定资产原价	累计折旧	资产总计	负债合计	所有者权益合计
全　国	**14417862**	**29282632**	**10675736**	**42848068**	**30828112**	**12019956**
北　京	1515889	3235266	1299084	4784623	3819054	965570
天　津	371713	476915	148021	934938	700391	234547
河　北	340108	864487	228139	1205656	922921	282735
山　西	303853	552481	174517	883572	620641	262931
内蒙古	203303	457182	103074	658425	447863	210562
辽　宁	356103	1178920	431677	1326126	953024	373102
吉　林	109928	432210	146296	485351	277123	208228
黑龙江	90527	366732	123144	376597	243452	133146
上　海	934971	1540797	567985	2424768	1660114	764654
江　苏	1123002	2630928	969279	3671175	2514896	1156279
浙　江	1540579	2576142	919672	4244157	3088194	1155963
安　徽	327057	604805	172075	973858	622824	351034
福　建	429384	725863	230817	1193067	676387	516681
江　西	152043	231777	61908	497947	308228	189719
山　东	756791	1690672	583465	2322190	1630867	691324
河　南	366685	674710	239175	970624	750516	220108
湖　北	304935	699262	251067	1080017	726231	353786
湖　南	329300	1118781	360761	1508146	1019138	489008
广　东	2421752	3933623	1669552	5972465	4545329	1427136
广　西	153459	519474	199372	630364	440719	189645
海　南	641473	766299	316790	1418381	1155557	262824
重　庆	231937	391499	141588	702805	489394	213411
四　川	518770	1074014	448264	1451827	1196256	255571
贵　州	42451	110167	47811	130736	89617	41119
云　南	269588	635320	268590	865463	488485	376977
西　藏	14947	84417	32306	71540	20102	51438
陕　西	325308	902118	323693	1152151	877064	275087
甘　肃	61081	208306	64689	272960	147213	125748
青　海	34497	106131	22096	127524	49786	77738
宁　夏	55465	146404	26184	116172	84876	31296
新　疆	90965	346934	104647	394445	261853	132592

2-37 各地区大中型住宿业企业年末资产负债

单位：万元

地 区	流动资产合计	固定资产原价	累计折旧	资产总计	负债合计	所有者权益合计
全 国	**15986379**	**38986669**	**14744596**	**52059431**	**35763120**	**16296312**
北 京	2152001	6122942	2694962	7828046	5548250	2279796
天 津	221094	460449	138565	721991	547206	174785
河 北	338023	964986	259842	1273342	934168	339174
山 西	138645	460510	146221	578856	437970	140886
内蒙古	157607	488538	127928	590496	404077	186418
辽 宁	398450	1340223	548583	1370923	914469	456454
吉 林	90363	431779	166381	411178	248619	162560
黑龙江	76995	389706	139139	364300	241317	122983
上 海	1147528	3530192	1435461	4419016	2443293	1975723
江 苏	1136579	3013989	1065665	4161480	2769233	1392247
浙 江	1923117	3423889	1215372	5405384	3863353	1542031
安 徽	307380	588593	169853	943873	631970	311903
福 建	472966	990087	308598	1496025	886224	609801
江 西	126428	216456	59918	445595	293074	152521
山 东	642168	1910629	669322	2247578	1456474	791105
河 南	375000	699696	261800	955095	699186	255909
湖 北	242003	731055	292538	933045	626434	306610
湖 南	392883	1335342	437337	1767117	1249043	518074
广 东	2916729	5668761	2338470	7947313	5828453	2118860
广 西	175798	704688	268697	781632	508450	273182
海 南	808177	925557	375139	1739822	1308983	430839
重 庆	410636	570277	211060	956143	714879	241264
四 川	606307	1290459	486211	1707262	1433512	273750
贵 州	34385	150702	47611	157132	121037	36096
云 南	280504	755776	292782	952543	448408	504135
西 藏	14947	84417	32306	71540	20102	51438
陕 西	199651	897635	310172	964429	725147	239282
甘 肃	47522	203628	63382	245985	129913	116073
青 海	20445	91903	18920	102215	33615	68600
宁 夏	22315	112563	18064	51570	28979	22591
新 疆	109733	431243	144298	468506	267281	201225

2-38 各地区大中型餐饮业企业年末资产负债

单位：万元

地区	流动资产合计	固定资产原价	累计折旧	资产总计	负债合计	所有者权益合计
全国	**6291271**	**6028880**	**2133894**	**14137472**	**9312774**	**4824699**
北京	1055118	640640	269804	2029662	1357902	671760
天津	201723	100824	37056	360273	248487	111785
河北	49577	56730	21744	107184	80845	26340
山西	202020	229935	63212	502239	347251	154987
内蒙古	100814	123503	19769	260452	140084	120368
辽宁	142917	297933	90525	451308	288662	162646
吉林	26405	115315	21410	160767	53745	107022
黑龙江	28887	23039	7498	57756	23487	34269
上海	822866	629097	218977	1621476	1084074	537402
江苏	440041	471782	165760	1027209	709420	317789
浙江	613811	513117	151961	1251603	927957	323646
安徽	89758	77144	24643	210713	148706	62008
福建	148700	185584	72255	353615	210599	143017
江西	28653	39022	9669	82819	41155	41664
山东	351606	444996	148230	930846	639753	291093
河南	131764	105455	34843	249806	197767	52039
湖北	131784	216378	83646	423900	293612	130288
湖南	80636	94605	35865	275294	144905	130389
广东	862439	866225	380727	1844810	1149694	695116
广西	22724	21558	7029	55186	35797	19389
海南	25381	30106	11183	50301	40245	10056
重庆	106771	102488	29497	301116	176498	124618
四川	251816	279629	93533	691926	449149	242777
贵州	25986	16200	7160	46466	32402	14065
云南	54487	47985	19246	123709	83015	40695
西藏						
陕西	215055	226535	86037	507290	288027	219264
甘肃	18784	12687	6773	42122	26279	15842
青海	14052	14228	3176	25309	16171	9139
宁夏	33150	33841	8120	64602	55897	8705
新疆	13548	12303	4546	27713	21190	6522

2-39 各地区大中型住宿和餐饮业企业实收资本及构成

单位：万元

地 区	实收资本	国家资本	集体资本	法人资本	个人资本	港澳台资本	外商资本
全 国	**20670480**	**6364686**	**610850**	**5557240**	**2922598**	**2944929**	**2270179**
北 京	2937838	406275	27481	1582336	159715	529891	232142
天 津	326128	77516	7675	157690	51218	13470	18560
河 北	439171	216031	16601	72646	100035	22162	11695
山 西	295746	93658	5582	118140	65104	8575	4687
内蒙古	198289	46096	10466	52071	36518	33297	19843
辽 宁	551527	146980	25608	136028	52288	102022	88600
吉 林	182500	75921		27507	45499	1348	32225
黑龙江	181575	117347		13310	15543	16875	18500
上 海	2071152	1014632	92070	247258	108513	274208	334472
江 苏	1750183	692631	54834	285820	322437	136626	257835
浙 江	1685788	354352	63425	596610	345171	249535	76695
安 徽	293747	62994	1524	55514	148563	22568	2584
福 建	635236	121794	15606	149034	67136	197578	84088
江 西	133014	41349	380	45507	36855	2072	6852
山 东	946105	279270	63439	253908	217279	28460	103749
河 南	358371	121547	6708	79231	39401	105935	5549
湖 北	538655	246054	19736	128127	62343	64278	18117
湖 南	628233	255052	32725	67072	176555	63788	33040
广 东	2951220	685614	73202	483557	428426	754949	525473
广 西	350539	134683	7500	51459	15710	124016	17171
海 南	662595	166272	61176	313495	38144	37292	46216
重 庆	308798	104979	3486	69448	48679	29732	52474
四 川	531668	119637	7410	233352	95259	27281	48728
贵 州	51585	26865	172	5450	11798	7300	
云 南	467784	261918	209	81239	68290	20545	35583
西 藏	43151	36433		6718			
陕 西	684353	151157	3838	185792	125573	63410	154584
甘 肃	102889	50331	377	32954	4344	3200	11682
青 海	70110	22705	9288	562	16082	50	21424
宁 夏	43170	22812		5099	8266		6994
新 疆	249363	211781	335	20305	11855	4466	621

2-40 各地区大型住宿和餐饮业企业实收资本及构成

单位：万元

地　区	实收资本						
		国家资本	集体资本	法人资本	个人资本	港澳台资本	外商资本
全　国	**6335596**	**1933386**	**135899**	**1337504**	**475396**	**1392028**	**1061383**
北　京	1331817	76048		720165	47329	385585	102690
天　津	37816	13235		9265	7000		8316
河　北	43120	37040		500	5580		
山　西	12834	7796		2000	1300		1739
内蒙古	51494	11000	3851		3675	32968	
辽　宁	141887	13867		11122	880	76323	39695
吉　林	18700			2000			16700
黑龙江	17327			100			17227
上　海	1212635	637226	78210	67384	9669	201457	218690
江　苏	443930	268344	1500	34010	71240	28795	40040
浙　江	440769	60634	8312	119066	65820	172966	13971
安　徽	28937			3000	4417	21520	
福　建	189893	45899		26000	1560	91069	25365
江　西	4069			1960			2109
山　东	274684	46103	10415	44295	101900		71971
河　南	80237	27572		14919		33939	3807
湖　北	128709	73280	5500	1830	11230	22199	14671
湖　南	112960	36126		48641	15290		12903
广　东	1070894	272464	1881	116412	79661	251824	348653
广　西	68999	40850			1850	24064	2235
海　南	116344	82844	23000	2000	8500		
重　庆	67357		2000	2622	8808	23564	30363
四　川	160115	10856	1231	84770	16230	6528	40500
贵　州	4000			3000	1000		
云　南	77359	76280		500			579
西　藏							
陕　西	128975	28218		21943	12457	19228	47129
甘　肃	2270	861					1410
青　海							
宁　夏							
新　疆	67464	66844					621

2-41 各地区中型住宿和餐饮业企业实收资本及构成

单位：万元

地　区	实收资本						
		国家资本	集体资本	法人资本	个人资本	港澳台资本	外商资本
全　国	**14334885**	**4431300**	**474951**	**4219735**	**2447202**	**1552900**	**1208796**
北　京	1606021	330228	27481	862171	112386	144305	129451
天　津	288312	64281	7675	148424	44218	13470	10244
河　北	396051	178992	16601	72146	94455	22162	11695
山　西	282911	85862	5582	116140	63804	8575	2948
内蒙古	146795	35096	6615	52071	32843	329	19843
辽　宁	409640	133113	25608	124906	51408	25700	48905
吉　林	163800	75921		25507	45499	1348	15525
黑龙江	164249	117347		13210	15543	16875	1273
上　海	858517	377406	13860	179873	98844	72752	115782
江　苏	1306253	424287	53334	251810	251197	107831	217795
浙　江	1245019	293718	55113	477544	279351	76569	62724
安　徽	264809	62994	1524	52514	144145	1048	2584
福　建	445342	75895	15606	123034	65576	106509	58723
江　西	128945	41349	380	43547	36855	2072	4743
山　东	671421	233167	53024	209613	115379	28460	31778
河　南	278134	93975	6708	64312	39401	71995	1742
湖　北	409945	172774	14236	126297	51114	42079	3445
湖　南	515273	218926	32725	18431	161265	63788	20137
广　东	1880326	413151	71321	367145	348765	503125	176820
广　西	281540	93833	7500	51459	13860	99952	14936
海　南	546250	83428	38176	311495	29644	37292	46216
重　庆	241441	104979	1486	66826	39872	6168	22110
四　川	371553	108781	6179	148583	79029	20754	8228
贵　州	47585	26865	172	2450	10798	7300	
云　南	390425	185639	209	80739	68290	20545	35004
西　藏	43151	36433		6718			
陕　西	555378	122939	3838	163849	113116	44182	107455
甘　肃	100618	49471	377	32954	4344	3200	10272
青　海	70110	22705	9288	562	16082	50	21424
宁　夏	43170	22812		5099	8266		6994
新　疆	181899	144937	335	20305	11855	4466	

2-42 各地区大中型住宿业企业实收资本及构成

单位：万元

地区	实收资本	国家资本	集体资本	法人资本	个人资本	港澳台资本	外商资本
全国	**17239966**	**6122149**	**530856**	**4517136**	**1893413**	**2441370**	**1735043**
北京	2531557	402255	23454	1423033	60567	457940	164308
天津	262925	75276	6860	135655	25056	13155	6922
河北	411942	214139	16601	69921	77423	22162	11695
山西	199958	86862	1970	77953	22890	8325	1959
内蒙古	140226	39560	10128	22171	15228	33297	19842
辽宁	489601	139892	24932	126007	34764	99650	64357
吉林	140207	56170		9166	41299	1348	32225
黑龙江	163808	117297		11370	4200	13714	17227
上海	1616799	969590	68888	171355	67282	161609	178076
江苏	1488267	666907	38864	246266	248389	68385	219456
浙江	1477186	339834	57028	517789	256400	242699	63436
安徽	247583	62994	1524	44193	117118	19836	1918
福建	520716	118125	13017	119938	40079	157693	71865
江西	104266	41349	380	35048	23346		4143
山东	581770	236611	57229	135496	56868	14511	81056
河南	305767	121515	4241	69689	22996	86248	1079
湖北	422958	229284	18420	100366	13860	60978	50
湖南	575426	253377	30051	63936	145866	62358	19837
广东	2497199	656105	69466	371876	334774	639969	425009
广西	338559	134683	7500	46925	13480	121035	14936
海南	652373	166272	59030	311865	34835	34154	46216
重庆	257090	104478	3336	57087	29918	25664	36607
四川	396943	118327	6079	148764	56709	21549	45516
贵州	44761	25788	100	4700	6873	7300	
云南	433842	260224	209	62794	58571	17518	34527
西藏	43151	36433		6718			
陕西	466164	143346	1587	75927	68242	42607	134456
甘肃	97059	50231	377	29434	3544	3200	10272
青海	61915.8	22704.8	9287.5		8500		21423.5
宁夏	29443	20812		1700	300		6631.7
新疆	240506	211711	300	19993	4035	4466	

2-43 各地区大中型餐饮业企业实收资本及构成

单位：万元

地 区	实收资本	国家资本	集体资本	法人资本	个人资本	港澳台资本	外商资本
全 国	**3430514**	**242536**	**79994**	**1040104**	**1029185**	**503559**	**535137**
北 京	406282	4020	4026	159303	99148	71951	67834
天 津	63203	2239	815	22034	26162	315	11637
河 北	27229	1893		2725	22612		
山 西	95787	6796	3612	40188	42214	250	2728
内蒙古	58064	6536	338	29900	21290		
辽 宁	61926	7089	676	10022	17524	2373	24243
吉 林	42293	19751		18342	4200		
黑龙江	17768	50		1940	11343	3162	1273
上 海	454353	45042	23182	75903	41231	112599	156396
江 苏	261916	25724	15970	39554	74048	68241	38379
浙 江	208602	14518	6397	78821	88771	6836	13259
安 徽	46164			11321	31445	2732	666
福 建	114520	3669	2589	29097	27057	39885	12223
江 西	28748			10458	13510	2072	2709
山 东	364335	42659	6210	118412	160410	13950	22693
河 南	52604	32	2467	9542	16406	19687	4471
湖 北	115697	16770	1316	27761	48483	3300	18067
湖 南	52807	1675	2674	3136	30689	1430	13203
广 东	454021	29510	3735	111681	93652	114980	100465
广 西	11980			4534	2230	2981	2235
海 南	10222		2146	1630	3309	3137	
重 庆	51708	501	150	12360	18761	4068	15867
四 川	134724	1311	1331	84588	38550	5732	3212
贵 州	6824	1076	72	750	4925		
云 南	33943	1695		18445	9719	3028	1057
西 藏							
陕 西	218190	7811	2251	109865	57331	20803	20128
甘 肃	5830	100		3520	800		1410
青 海	8194			562	7582	50	
宁 夏	13727	2000		3399	7966		362
新 疆	8857	70	35	312	7819		621

2-44 各地区大中型住宿和餐饮业企业损益及分配

单位：万元

地　区	主营业务收入	主营业务成本	主营业务税金及附加	主营业务利润
全　国	**36305881**	**13877541**	**1901576**	**20151059**
北　京	5083693	1746246	265427	3072019
天　津	716561	280089	38221	398251
河　北	526447	227630	30027	264048
山　西	669513	289080	42356	289821
内蒙古	397586	193590	18261	189628
辽　宁	1080254	415733	54144	531441
吉　林	196251	73209	10698	112336
黑龙江	270299	102566	18307	149004
上　海	4183418	1402129	216461	2564828
江　苏	2663838	1054268	137981	1432690
浙　江	3626138	1595843	177952	1852321
安　徽	465191	186048	25375	248490
福　建	1293749	504770	68470	689321
江　西	282220	136422	20796	351632
山　东	1734710	712279	90551	930017
河　南	602559	241379	29849	331331
湖　北	867711	370154	43806	442078
湖　南	939147	364648	45352	236207
广　东	5971847	2244594	323902	3421435
广　西	338722	112364	17630	194487
海　南	648531	140702	34407	416672
重　庆	762007	399258	29170	301377
四　川	1179232	393187	63083	722962
贵　州	110469	38381	6118	65970
云　南	384147	125879	19041	239226
西　藏	12388	1965	670	9753
陕　西	836670	327398	47867	459389
甘　肃	148956	62540	8813	77603
青　海	45638	13619	2486	29534
宁　夏	56705	22012	2579	32114
新　疆	211286	99559	11775	95075

2-44 续表

地　区	其他业务利润	营业费用	管理费用	财务费用
全　国	**200509**	**11049092**	**7034725**	**1000932**
北　京	22424	1682864	1118194	134367
天　津	7320	236590	105506	12710
河　北	1954	162681	110596	22838
山　西	2895	184369	142584	18709
内蒙古	1354	78754	76300	6427
辽　宁	449	321179	232464	20044
吉　林	200	54978	53053	5274
黑龙江	471	42789	41937	2625
上　海	25066	1429764	777359	100562
江　苏	7874	798670	535926	82528
浙　江	30270	966744	657097	140908
安　徽	2745	129834	84107	18740
福　建	8569	375702	255759	40166
江　西	134	63700	39911	7624
山　东	14120	474939	324169	46585
河　南	6094	179942	126670	19969
湖　北	3344	263065	142253	21490
湖　南	6683	201606	190886	41671
广　东	29699	2043884	1038891	141049
广　西	3143	113557	87207	10922
海　南	792	161545	178614	15132
重　庆	3461	140692	104298	18909
四　川	8191	376944	231602	37262
贵　州	736	39140	23749	2731
云　南	5692	116732	101143	8511
西　藏	35	6182	1960	193
陕　西	5261	256580	163000	16169
甘　肃	455	42840	27351	1534
青　海	175	16362	13148	711
宁　夏	331	21531	11294	2695
新　疆	572	64933	37698	1881

单位：万元

营业利润	利润总额	应交所得税	劳动、失业保险费	住房公积金和住房补贴
1755634	**1860618**	**540165**	**113091**	**170244**
188597	204870	90016	17733	37672
50766	46432	14699	1001	5534
-25309	-24898	2456	2036	2026
21232	13268	18956	291	923
33890	24296	2431	1194	1558
62419	55492	19027	8722	11262
235	4184	1804	777	684
62101	54169	1993	178	1028
282209	330011	72585	14097	19022
57111	77484	34385	7684	15160
123575	166199	52302	8898	15568
21710	27779	6025	1329	1087
62199	66548	20525	2445	6290
21038	18136	3358	225	361
99905	104678	35772	3796	9723
10844	9521	6911	1794	2049
25244	23929	10327	2353	2900
99105	45630	8586	2712	2515
252734	277679	79671	9134	18400
1256	-1786	3658	1025	2197
115069	109056	4079	3212	1147
54455	55674	9517	711	2577
85344	103591	21815	18120	2060
2737	2931	582	149	395
18532	21759	6775	805	2143
1454	1608	59	50	259
30083	38577	7896	1579	4151
6334	5315	1222	519	426
-512	-401	63	58	294
-3075	-2731	261	23	86
-5649	1621	2411	444	750

2-45 各地区大型住宿和

地　区	主营业务收入	主营业务成本	主营业务税金及附加	主营业务利润	其他业务利润	营业费用
全　国	**15268496**	**5406615**	**776378**	**9114701**	**54137**	**4881091**
北　京	2765941	914035	141190	1710717	7294	890247
天　津	317351	118421	16349	182580	-1296	110710
河　北	79008	33364	4430	41429	52	25002
山　西	148165	50583	8007	69610	46	46941
内蒙古	64560	29674	3497	31390		11622
辽　宁	504653	165988	26381	268092	-499	177718
吉　林	31692	11020	1546	19110		4439
黑龙江	41847	6921	2311	32616		7455
上　海	2459577	776843	124574	1558161	8094	856360
江　苏	923546	322394	45989	554863	-428	323226
浙　江	1684705	827536	70771	786374	13687	406286
安　徽	89681	33343	4920	51417	261	31319
福　建	601288	189547	32319	349320	1865	171088
江　西	51130	15464	8209	254527	-495	17716
山　东	524035	171790	27079	324765	5729	176323
河　南	122832	32877	6284	83671	867	47110
湖　北	315648	130356	15940	169353	459	121481
湖　南	255045	77023	13249	61054	3737	74377
广　东	2599648	935269	139345	1560437	12325	920203
广　西	112025	39432	5362	67232	403	39663
海　南	295221	50223	15350	197406	538	55014
重　庆	322247	172296	11648	135774	189	56723
四　川	528227	148935	27911	351381		165216
贵　州	29548	11772	1648	16127	78	10303
云　南	74613	18301	3969	52343	500	25344
西　藏						
陕　西	232381	75517	12383	144482	769	92476
甘　肃	30275	9756	1646	18872		9352
青　海						
宁　夏						
新　疆	63609	37938	4073	21598	-40	7376

餐饮业企业损益及分配

单位：万元

管理费用	财务费用	营业利润	利润总额	应交所得税	劳动、失业保险费	住房公积金和住房补贴
2506558	**360024**	**1483436**	**1565775**	**331489**	**41051**	**92299**
523289	70751	262129	265500	70984	10411	22387
21978	829	47767	44714	10538	343	3074
10784	2048	3426	4183	384	255	180
25211	1688	16232	13340	3104	38	392
18892	16	931	1005	9	49	22
88803	1745	63520	64178	14283	6172	7943
8020	86	6726	6609	1613	36	123
11676	-28	13513	7873	1048	42	271
425127	52977	231791	265766	52603	9028	12571
135433	17447	78321	89027	21433	1314	8044
200091	55181	140655	155077	36845	3728	10167
4882	6465	5828	5856	1859	384	236
144570	18009	50542	50591	13038	1111	4725
6608	2036	6173	5807	1610	140	79
97037	12849	44985	44411	10283	925	3683
27814	2301	7313	6198	1725	607	439
33873	8622	5835	5996	5670	610	995
47665	14710	31497	25334	2185	291	316
416432	48616	193666	211361	44803	3568	10847
16474	3814	7684	7814	2130	366	719
67339	6821	100962	99535	1517	546	388
30387	8715	38509	42969	7135	297	1274
88441	19717	78006	90294	15823	341	992
2185	512	3205	3358	231	26	
13205	294	14001	13042	3270	31	223
27732	3495	21564	25202	4980	271	2043
5280	157	4083	4055	796	15	28
7329	150	4574	6679	1593	107	140

2-46 各地区中型住宿和

地 区	主营业务收入	主营业务成本	主营业务税金及附加	主营业务利润	其他业务利润	营业费用
全 国	**21037385**	**8470927**	**1125198**	**11036358**	**146373**	**6168000**
北 京	2317752	832212	124238	1361303	15129	792617
天 津	399210	161668	21871	215671	8616	125880
河 北	447439	194266	25598	222619	1902	137679
山 西	521349	238498	34349	220211	2849	137428
内蒙古	333025	163916	14764	158238	1354	67132
辽 宁	575601	249746	27764	263349	948	143461
吉 林	164559	62189	9151	93226	200	50540
黑龙江	228452	95645	15996	116389	471	35333
上 海	1723841	625286	91888	1006667	16972	573404
江 苏	1740291	731875	91992	877827	8302	475444
浙 江	1941433	768307	107181	1065947	16583	560459
安 徽	375511	152705	20455	197072	2485	98515
福 建	692461	315224	36151	340001	6704	204615
江 西	231090	120959	12587	97105	629	45984
山 东	1210676	540489	63472	605252	8391	298616
河 南	479727	208503	23565	247659	5227	132832
湖 北	552062	239799	27867	272725	2885	141584
湖 南	684102	287625	32102	175153	2946	127229
广 东	3372198	1309326	184558	1860998	17374	1123681
广 西	226698	72933	12269	127255	2740	73894
海 南	353310	90478	19058	219266	255	106531
重 庆	439761	226963	17522	165603	3272	83969
四 川	651005	244252	35172	371581	8191	211728
贵 州	80922	26609	4470	49842	658	28837
云 南	309534	107578	15073	186883	5192	91388
西 藏	12388	1965	670	9753	35	6182
陕 西	604289	251881	35484	314907	4492	164104
甘 肃	118681	52783	7167	58731	455	33488
青 海	45638	13619	2486	29534	175	16362
宁 夏	56705	22012	2579	32114	331	21531
新 疆	147677	61621	7702	73477	612	57557

餐饮业企业损益及分配

单位：万元

管理费用	财务费用	营业利润	利润总额	应交所得税	劳动、失业保险费	住房公积金和住房补贴
4528166	**640909**	**272198**	**294843**	**208676**	**72040**	**77945**
594905	63616	-73532	-60631	19033	7323	15285
83528	11881	2998	1718	4161	658	2460
99812	20790	-28735	-29081	2072	1781	1846
117373	17022	5000	-73	15853	253	531
57408	6411	32959	23291	2422	1145	1537
143660	18299	-1101	-8686	4744	2550	3319
45032	5188	-6491	-2425	191	741	561
30261	2653	48589	46295	945	137	757
352232	47585	50418	64245	19982	5069	6451
400492	65081	-21210	-11544	12952	6370	7116
457006	85727	-17079	11121	15456	5169	5401
79225	12275	15882	21923	4167	945	851
111189	22157	11657	15957	7487	1334	1566
33303	5588	14866	12328	1747	85	282
227132	33736	54920	60267	25489	2871	6040
98856	17668	3531	3324	5186	1187	1610
108380	12867	19409	17933	4657	1743	1905
143220	26961	67608	20296	6401	2421	2199
622459	92434	59068	66318	34868	5566	7552
70733	7108	-6428	-9600	1528	659	1478
111274	8311	14107	9521	2562	2666	759
73911	10194	15946	12705	2382	413	1303
143161	17545	7338	13297	5993	17780	1068
21564	2219	-467	-427	351	124	395
87939	8217	4531	8717	3505	774	1920
1960	193	1454	1608	59	50	259
135269	12674	8519	13375	2916	1308	2108
22071	1377	2250	1261	426	505	398
13148	711	-512	-401	63	58	294
11294	2695	-3075	-2731	261	23	86
30369	1731	-10223	-5058	819	337	610

2-47 各地区大中型住宿业

地 区	主营业务收入	主营业务成本	主营业务税金及附加	主营业务利润	其他业务利润	营业费用
全 国	**18725972**	**6137587**	**987170**	**11185514**	**129390**	**5225005**
北 京	2345334	632445	122510	1590379	10451	646896
天 津	201837	73275	11391	117172	3166	60911
河 北	372271	142153	21144	204016	1910	118125
山 西	291311	122416	21698	138782	1359	85636
内蒙古	222025	103500	10325	110800	394	54414
辽 宁	498868	173695	24417	228549	666	120164
吉 林	141816	48693	7863	85887	98	46630
黑龙江	144144	39138	7441	95883	252	30898
上 海	1767083	429604	93358	1244121	11002	485682
江 苏	1325554	483901	68232	754788	6640	356116
浙 江	2278999	935399	105236	1238342	24067	556147
安 徽	294801	107135	15995	169481	1571	75494
福 建	619810	205296	33327	380101	7051	187781
江 西	160639	69266	15016	81487	617	36278
山 东	932386	351913	50444	528767	10213	244840
河 南	400547	154265	19636	226646	2356	113078
湖 北	328770	123363	15603	179581	2356	80625
湖 南	604195	211278	29931	145379	4687	117320
广 东	3071422	943018	169725	1961211	25090	1017208
广 西	248913	73201	12644	149651	2416	81343
海 南	591214	112371	30786	392911	747	145797
重 庆	319658	127222	14608	161453	1011	80528
四 川	532226	132704	29391	370132	3398	166712
贵 州	69075	16418	3915	48742	714	28018
云 南	263274	67894	13836	181544	4082	80702
西 藏	12388	1965	670	9753	35	6182
陕 西	381794	129622	21412	230560	2035	105479
甘 肃	78611	29864	4331	44416	339	21261
青 海	33259	6808	1810	24643	175	13057
宁 夏	22594	7652	736	14206	146	11105
新 疆	171155	82114	9742	76133	349	50579

企业损益及分配

单位：万元

管理费用	财务费用	营业利润	利润总额	应交所得税	劳动、失业保险费	住房公积金和住房补贴
5249753	**775834**	**521555**	**587505**	**225077**	**74225**	**108802**
831666	113024	22292	29527	37588	10209	26338
62344	7596	-10513	-12589	801	464	2211
99552	20642	-27420	-27038	1406	1611	1886
62227	10187	-5955	-10648	13309	273	668
58549	1951	637	3326	547	503	378
174153	13114	2694	-3898	3261	2569	3937
38223	3895	-3680	-1560	1102	665	537
33574	1879	29687	25057	1176	147	838
535063	74923	159455	171910	35596	6255	13333
387320	64422	-27378	-10605	10233	4957	9437
539594	118620	53292	76021	30083	5965	9025
69157	15015	10576	16626	3224	1102	944
148859	32487	19543	24810	8136	1320	2418
34371	5721	7926	5533	1222	72	282
230847	29312	35857	36732	8112	3064	6046
101163	15619	-858	1821	3042	1059	1572
92756	9408	4735	4130	2524	1506	1641
158827	35427	55443	16404	5912	2126	1942
795038	117074	70154	96261	33364	5770	12663
80461	10347	-5558	-8838	1779	916	1700
171347	14477	113119	107455	3284	3116	1109
82731	16930	-2723	-825	4187	504	1346
166575	18960	21283	30859	6942	17246	1399
19068	1692	2171	2273	253	120	245
86713	7714	10497	13874	4220	382	1606
1960	193	1454	1608	59	50	259
113743	11433	1949	2497	1958	1257	3614
23180	997	-682	496	257	517	423
11800	488	-528	-471	60	57	288
4320	794	-1867	-1519	31	11	70
34573	1494	-8658	-1723	1410	414	649

2-48 各地区大中型餐饮业

地　区	主营业务收入	主营业务成本	主营业务税金及附加	主营业务利润	其他业务利润	营业费用
全　国	**17579909**	**7739955**	**914405**	**8965545**	**71119**	**5824087**
北　京	2738359	1113801	142917	1481641	11973	1035968
天　津	514724	206815	26830	281079	4154	175679
河　北	154176	85477	8883	60031	44	44557
山　西	378203	166664	20658	151039	1536	98733
内蒙古	175561	90090	7936	78828	960	24340
辽　宁	581387	242038	29727	302892	-217	201015
吉　林	54435	24516	2835	26448	101	8348
黑龙江	126155	63429	10866	53121	219	11891
上　海	2416336	972525	123103	1320708	14064	944082
江　苏	1338283	570368	69749	677902	1235	442554
浙　江	1347139	660444	72716	613980	6203	410597
安　徽	170390	78913	9380	79009	1174	54340
福　建	673938	299474	35143	309220	1518	187921
江　西	121581	67157	5780	270145	-483	27422
山　东	802324	360366	40107	401250	3907	230099
河　南	202012	87115	10213	104685	3739	66864
湖　北	538941	246792	28204	262497	988	182440
湖　南	334952	153370	15421	90829	1997	84286
广　东	2900425	1301576	154178	1460224	4609	1026677
广　西	89810	39163	4986	44836	727	32214
海　南	57317	28331	3621	23761	46	15748
重　庆	442350	272037	14562	139924	2451	60164
四　川	647006	260483	33692	352831	4794	210232
贵　州	41394	21963	2203	17228	22	11122
云　南	120873	57985	5206	57682	1610	36030
西　藏						
陕　西	454876	197777	26455	228829	3227	151101
甘　肃	70345	32675	4482	33187	116	21579
青　海	12379	6811	677	4891		3305
宁　夏	34111	14359	1844	17907	185	10426
新　疆	40131	17445	2033	18942	223	14354

企业损益及分配

单位：万元

管理费用	财务费用	营业利润	利润总额	应交所得税	劳动、失业保险费	住房公积金和住房补贴
1784971	**225098**	**1234080**	**1273113**	**315088**	**38866**	**61441**
286528	21343	166305	175343	52428	7525	11334
43162	5114	61279	59021	13897	536	3322
11044	2196	2110	2140	1050	425	140
80358	8522	27187	23916	5647	17	255
17751	4476	33253	20970	1885	692	1181
58311	6931	65113	59390	15766	6153	7325
14829	1379	3914	5744	702	112	147
8363	745	32415	29111	817	32	190
242296	25639	122755	158101	36989	7842	5689
148606	18105	84489	88089	24152	2727	5723
117504	22288	70284	90178	22219	2932	6543
14951	3725	11134	11154	2801	227	143
106900	7678	42656	41738	12389	1126	3873
5540	1903	13113	12603	2136	152	79
93322	17273	64048	67946	27660	732	3677
25507	4350	11702	7700	3869	735	477
49496	12082	20509	19799	7803	848	1259
32058	6243	43662	29226	2674	586	572
243853	23976	182580	181418	46307	3364	5737
6746	575	6814	7052	1878	108	497
7266	655	1950	1601	795	95	38
21567	1979	57178	56498	5330	206	1230
65028	18302	64062	72732	14873	874	661
4681	1039	567	658	328	30	149
14430	797	8035	7885	2555	423	537
49257	4736	28135	36081	5938	322	537
4170	537	7016	4819	965	3	4
1347	223	16	70	3	1	6
6974	1900	-1208	-1212	230	12	16
3126	387	3010	3344	1001	29	101

2-49 各地区大中型住宿和

地 区	大中型住宿和餐饮业企业		大型住宿和餐饮业企业	
	本年应付工资总额	本年应付福利费总额	本年应付工资总额	本年应付福利费总额
全 国	**5347507**	**479273**	**1995326**	**222550**
北 京	849527	55842	442918	29909
天 津	98538	9583	29670	4731
河 北	87438	4400	10121	317
山 西	88169	4923	11120	368
内蒙古	58520	12239	8853	7278
辽 宁	128731	26521	52313	19059
吉 林	33452	3889	4333	1433
黑龙江	38157	4506	4730	639
上 海	547865	48875	306297	36057
江 苏	393474	35799	117491	10176
浙 江	440781	30733	159769	12114
安 徽	68913	6177	10568	1112
福 建	184785	13242	74538	6904
江 西	37651	3826	4212	447
山 东	242505	21742	61947	8388
河 南	87703	4956	15991	1255
湖 北	130307	11322	42111	3330
湖 南	133175	15384	27047	4307
广 东	967053	96086	388857	49293
广 西	51917	6447	14552	2174
海 南	91257	14013	33220	7206
重 庆	109968	6315	43391	2140
四 川	171399	14534	70131	7300
贵 州	19138	1434	3161	238
云 南	69461	6719	8860	1027
西 藏	3274	49		
陕 西	132318	13677	36432	3633
甘 肃	23795	950	2943	247
青 海	9046	476		
宁 夏	10491	727		
新 疆	38698	3887	9750	1471

餐饮业企业工资及福利

单位：万元

中型住宿和餐饮业企业		大中型住宿业企业		大中型餐饮业企业	
本年应付工资总额	本年应付福利费总额	本年应付工资总额	本年应付福利费总额	本年应付工资总额	本年应付福利费总额
3352181	**256722**	**3038911**	**302502**	**2308596**	**176771**
406609	25933	434369	33192	415158	22650
68868	4853	39434	3518	59104	6065
77316	4083	65322	3789	22116	611
77049	4556	45283	3351	42886	1572
49668	4961	37988	9285	20533	2954
76419	7462	69649	13130	59082	13391
29119	2457	24256	3345	9197	544
33427	3866	20822	1414	17335	3091
241568	12818	250875	26225	296990	22650
275983	25623	216649	20036	176825	15763
281012	18619	292144	24366	148638	6367
58346	5065	46509	5336	22405	841
110247	6338	107156	9715	77630	3527
33440	3379	26193	2563	11458	1263
180558	13355	143157	11077	99348	10666
71712	3701	60622	3211	27081	1745
88196	7993	59193	5900	71114	5422
106128	11078	95990	11325	37185	4059
578196	46793	552817	62354	414236	33731
37365	4274	41517	4402	10399	2045
58037	6807	85080	13198	6177	815
66577	4174	50728	4670	59240	1645
101268	7234	77694	7445	93705	7088
15977	1196	13097	1211	6041	223
60602	5692	53364	4948	16097	1771
3274	49	3274	49		
95886	10044	64737	8956	67581	4722
20852	703	16075	630	7720	320
9046	476	6708	468	2338	8
10491	727	4367	154	6125	573
28947	2415	33844	3238	4853	649

2-50 各地区大中型住宿和餐饮业企业经济效益分析指标

地　区	负债比率 (%)	主营业务毛利率 (%)	人均营业收入 (万元)	流动资产周转次数 (次)	费用率 (%)
全　国	**68.1**	**61.8**	**16.8**	**1.7**	**51.9**
北　京	70.1	65.7	20.3	1.6	57.4
天　津	73.5	60.9	15.5	1.7	48.7
河　北	73.5	56.8	12.5	1.4	55.4
山　西	72.6	56.8	13.7	2.0	51.3
内蒙古	63.9	51.3	16.7	1.6	40.1
辽　宁	66.0	61.5	18.9	2.0	53.0
吉　林	52.9	62.7	13.9	1.7	57.6
黑龙江	62.7	62.1	16.0	2.6	32.3
上　海	58.4	66.5	20.8	2.1	54.7
江　苏	67.0	60.4	16.2	1.7	52.9
浙　江	72.0	56.0	19.8	1.4	48.2
安　徽	67.6	60.0	13.9	1.2	49.1
福　建	59.3	61.0	16.5	2.1	51.3
江　西	63.3	51.7	13.4	1.8	39.2
山　东	66.0	58.9	15.3	1.8	48.2
河　南	74.4	59.9	13.3	1.2	53.2
湖　北	67.8	57.3	14.2	2.3	48.9
湖　南	68.3	61.2	14.7	2.0	45.8
广　东	71.3	62.4	16.4	1.6	52.5
广　西	65.0	66.8	13.5	1.7	61.4
海　南	75.4	78.3	16.8	0.8	54.6
重　庆	70.9	47.6	14.1	1.5	34.1
四　川	78.5	66.7	15.4	1.4	54.1
贵　州	75.4	65.3	12.8	1.9	57.8
云　南	49.4	67.2	13.3	1.2	57.7
西　藏	28.1	84.1	9.3	0.8	66.3
陕　西	68.8	60.9	13.2	2.0	51.3
甘　肃	54.2	58.0	11.6	2.3	48.0
青　海	39.0	70.2	9.4	1.3	65.9
宁　夏	73.1	61.2	13.6	1.0	62.2
新　疆	58.1	52.9	13.6	1.7	49.0

注：费用率等于营业费用、管理费用、财务费用三项之和除以营业收入合计(下表同)。

2-51 各地区大型住宿和餐饮业企业经济效益分析指标

地区	负债比率(%)	主营业务毛利率(%)	人均营业收入(万元)	流动资产周转次数(次)	费用率(%)
全国	**61.0**	**64.6**	**20.3**	**2.0**	**50.0**
北京	60.9	67.0	23.8	1.6	53.4
天津	64.7	62.7	14.4	6.2	42.1
河北	52.7	57.8	18.8	1.7	47.7
山西	83.3	65.9	30.1	4.0	49.7
内蒙古	50.0	54.0	17.7	1.2	47.3
辽宁	50.4	67.1	23.2	2.7	53.1
吉林	29.1	65.2	22.1	4.6	39.6
黑龙江	47.0	83.5	23.4	2.7	45.6
上海	51.6	68.4	21.2	2.4	53.9
江苏	63.5	65.1	15.6	2.0	51.5
浙江	70.6	50.9	25.0	1.7	38.9
安徽	87.3	62.8	14.6	1.3	47.4
福建	64.0	68.5	19.6	3.1	55.3
江西	85.3	69.8	28.3	16.8	51.6
山东	54.3	67.2	17.2	2.2	53.7
河南	62.5	73.2	14.1	0.9	61.5
湖北	70.0	58.7	17.0	4.6	51.9
湖南	70.2	69.8	22.3	1.8	52.7
广东	63.7	64.0	20.4	2.0	50.5
广西	50.1	64.8	15.5	2.5	53.2
海南	52.1	83.0	28.2	1.5	43.5
重庆	72.5	46.5	15.6	1.1	29.5
四川	72.5	71.8	16.8	1.6	51.7
贵州	87.6	60.2	17.0	1.7	43.9
云南	20.4	75.5	19.0	1.2	51.5
西藏					
陕西	42.6	67.5	14.1	2.6	52.9
甘肃	59.3	67.8	15.6	5.8	48.8
青海					
宁夏					
新疆	26.2	40.4	17.8	2.0	23.3

2-52 各地区中型住宿和餐饮业企业经济效益分析指标

地 区	负债比率 (%)	主营业务毛利率 (%)	人均营业收入 (万元)	流动资产周转次数 (次)	费用率 (%)
全 国	**71.9**	**59.7**	**14.9**	**1.5**	**53.3**
北 京	79.8	64.1	17.2	1.5	62.1
天 津	74.9	59.5	16.6	1.1	53.9
河 北	76.5	56.6	11.8	1.3	56.7
山 西	70.2	54.3	11.9	1.7	51.7
内蒙古	68.0	50.8	16.5	1.7	38.8
辽 宁	71.9	56.6	16.3	1.6	52.9
吉 林	57.1	62.2	12.9	1.5	61.1
黑龙江	64.6	58.1	15.1	2.5	29.8
上 海	68.5	63.7	20.2	1.9	55.9
江 苏	68.5	57.9	16.5	1.6	53.6
浙 江	72.8	60.4	16.8	1.3	56.2
安 徽	64.0	59.3	13.7	1.2	49.5
福 建	56.7	54.5	14.5	1.6	47.9
江 西	61.9	47.7	12.0	1.5	36.5
山 东	70.2	55.4	14.6	1.6	45.8
河 南	77.3	56.5	13.1	1.3	51.1
湖 北	67.2	56.6	13.0	1.8	47.1
湖 南	67.6	58.0	13.0	2.1	43.2
广 东	76.1	61.2	14.1	1.4	54.0
广 西	69.9	67.8	12.7	1.5	65.4
海 南	81.5	74.4	12.5	0.6	63.8
重 庆	69.6	48.4	13.2	1.9	37.5
四 川	82.4	62.5	14.5	1.3	55.9
贵 州	68.5	67.1	11.8	2.0	62.8
云 南	56.4	65.2	12.4	1.2	59.2
西 藏	28.1	84.1	9.3	0.8	66.3
陕 西	76.1	58.3	12.9	1.9	50.6
甘 肃	53.9	55.5	10.9	2.0	47.7
青 海	39.0	70.2	9.4	1.3	65.9
宁 夏	73.1	61.2	13.6	1.0	62.2
新 疆	66.4	58.3	12.3	1.6	60.0

2-53 各地区大中型住宿业企业经济效益分析指标

地 区	负债比率 (%)	主营业务毛利率 (%)	人均营业收入 (万元)	流动资产周转次数 (次)	费用率 (%)
全 国	**68.7**	**67.2**	**16.9**	**1.2**	**59.0**
北 京	70.9	73.0	20.5	1.1	67.5
天 津	75.8	63.7	15.5	0.9	63.6
河 北	73.4	61.8	12.0	1.1	62.6
山 西	75.7	58.0	12.1	2.1	53.8
内蒙古	68.4	53.4	14.1	1.4	51.5
辽 宁	66.7	65.2	16.7	1.3	61.5
吉 林	60.5	65.7	14.0	1.6	62.5
黑龙江	66.2	72.8	15.5	1.9	46.0
上 海	55.3	75.7	26.5	1.6	61.4
江 苏	66.5	63.5	17.6	1.2	60.4
浙 江	71.5	59.0	21.9	1.2	52.6
安 徽	67.0	63.7	14.1	1.0	53.2
福 建	59.2	66.9	15.5	1.3	58.6
江 西	65.8	56.9	12.1	1.3	47.1
山 东	64.8	62.3	15.6	1.5	53.3
河 南	73.2	61.5	13.3	1.1	56.6
湖 北	67.1	62.5	13.1	1.4	55.0
湖 南	70.7	65.0	14.3	1.6	50.9
广 东	73.3	69.3	15.9	1.1	59.7
广 西	65.0	70.6	13.5	1.4	68.2
海 南	75.2	81.0	16.8	0.7	55.9
重 庆	74.8	60.2	14.7	0.8	55.8
四 川	84.0	75.1	16.2	0.9	65.1
贵 州	77.0	76.2	11.8	2.1	67.7
云 南	47.1	74.2	12.6	1.0	65.0
西 藏	28.1	84.1	9.3	0.8	66.3
陕 西	75.2	66.0	13.3	2.0	59.2
甘 肃	52.8	62.0	10.8	1.7	57.5
青 海	32.9	79.5	9.6	1.6	75.8
宁 夏	56.2	66.1	11.6	1.0	71.0
新 疆	57.0	52.0	13.4	1.6	50.2

2-54 各地区大中型餐饮业企业经济效益分析指标

地 区	负债比率(%)	主营业务毛利率(%)	人均营业收入(万元)	流动资产周转次数(次)	费用率(%)
全 国	**65.9**	**56.0**	**16.6**	**2.8**	**44.3**
北 京	66.9	59.3	20.1	2.6	48.7
天 津	69.0	59.8	15.6	2.6	42.9
河 北	75.4	44.6	13.8	3.1	37.5
山 西	69.1	55.9	15.3	1.9	49.3
内蒙古	53.8	48.7	21.6	1.8	26.0
辽 宁	64.0	58.4	21.4	4.1	45.7
吉 林	33.4	55.0	13.4	2.1	45.0
黑龙江	40.7	49.7	16.6	4.4	16.6
上 海	66.9	59.8	17.9	3.0	49.8
江 苏	69.1	57.4	14.9	3.0	45.4
浙 江	74.1	51.0	17.1	2.2	40.6
安 徽	70.6	53.7	13.5	1.9	42.0
福 建	59.6	55.6	17.5	4.6	44.5
江 西	49.7	44.8	15.8	4.2	28.7
山 东	68.7	55.1	14.9	2.3	42.2
河 南	79.2	56.9	13.1	1.6	46.7
湖 北	69.3	54.2	15.0	4.1	45.1
湖 南	52.6	54.2	15.5	4.2	36.4
广 东	62.3	55.1	16.9	3.4	44.4
广 西	64.9	56.4	13.4	4.1	42.9
海 南	80.0	50.6	16.2	2.3	41.1
重 庆	58.6	38.5	13.7	4.2	18.6
四 川	64.9	59.7	14.9	2.6	44.9
贵 州	69.7	46.9	15.0	1.6	40.7
云 南	67.1	52.0	15.2	2.3	41.7
西 藏					
陕 西	56.8	56.5	13.2	2.1	44.6
甘 肃	62.4	53.5	12.7	3.8	37.3
青 海	63.9	45.0	8.8	0.9	39.2
宁 夏	86.5	57.9	15.4	1.0	56.3
新 疆	76.5	56.5	14.3	3.0	44.0

行业篇

简要说明：

一、本篇资料主要内容为分行业分地区的大中型批发和零售业、住宿和餐饮业企业的单位数和从业人员数情况；分行业分地区的大中型批发和零售业企业的商品购、销、存情况；分行业分地区的大中型住宿和餐饮业企业的经营情况；分行业分地区的大中型批发和零售业、住宿和餐饮业企业的主要财务、劳动工资及经济效益分析指标等。

二、行业分类按照《国民经济行业分类》(GB/T 4754-2002)列示，包括批发和零售业、住宿和餐饮业两个门类，批发业、零售业、住宿业、餐饮业四个大类和25个行业中类。

3-1 大中型批发业企业分行业基本情况

地区	批发业		农畜产品批发		食品、饮料及烟草制品批发	
	法人单位数(个)	年末从业人数(人)	法人单位数(个)	年末从业人数(人)	法人单位数(个)	年末从业人数(人)
全国	**19482**	**2747781**	**757**	**97504**	**2250**	**637254**
北京	1656	225532	33	4150	142	26341
天津	586	48461	9	382	37	6756
河北	477	76639	33	2786	38	14443
山西	401	83445	6	867	36	11578
内蒙古	204	40512	27	2827	41	11947
辽宁	557	64389	27	1545	53	14621
吉林	144	35935	39	13299	25	6332
黑龙江	231	42629	34	3555	40	11523
上海	1830	231982	13	1252	155	29702
江苏	1756	220643	58	5499	138	35402
浙江	2080	180591	26	1967	158	43076
安徽	383	87431	25	3524	54	24188
福建	775	94478	20	1267	96	26538
江西	194	45415	9	3354	31	14658
山东	1542	240974	80	8758	219	58291
河南	637	99466	79	10076	84	35670
湖北	479	98663	28	4894	87	29302
湖南	333	53883	17	2062	47	23731
广东	2548	324688	41	5268	310	64845
广西	257	42318	6	907	37	11341
海南	134	11443	1	24	20	2364
重庆	545	84462	11	2031	101	22040
四川	464	78598	12	1529	115	30860
贵州	134	36050	2	164	25	23790
云南	346	62306	8	1365	51	28863
西藏	12	1652	1	40	5	732
陕西	212	52612	7	503	23	14881
甘肃	138	17951	4	241	29	6085
青海	40	6437			10	1275
宁夏	57	9228			9	1746
新疆	330	48968	101	13368	34	4333

3-1 续表 1

地区	纺织、服装及日用品批发		文化、体育用品及器材批发		医药及医疗器材批发	
	法人单位数（个）	年末从业人数（人）	法人单位数（个）	年末从业人数（人）	法人单位数（个）	年末从业人数（人）
全国	**2133**	**322291**	**483**	**71006**	**1947**	**256862**
北京	135	20616	88	14453	151	21352
天津	30	3674	14	1504	38	4651
河北	13	2807	1	423	58	8092
山西	4	760	4	534	23	5395
内蒙古	3	2760	3	350	13	2225
辽宁	38	3111	8	680	76	6483
吉林	3	382	5	699	24	2384
黑龙江	15	1456	2	295	27	3865
上海	309	60054	46	5909	114	19737
江苏	286	37128	37	6751	89	24687
浙江	521	42678	72	4242	147	16301
安徽	28	7170	7	647	77	10645
福建	148	18502	13	1115	55	5179
江西	8	332	1	30	32	9528
山东	94	44543	26	6993	104	13861
河南	23	2130	7	689	79	9239
湖北	22	2110	6	779	91	8470
湖南	13	2003	10	1372	56	7251
广东	349	47858	93	14746	299	30086
广西	10	1342	5	908	30	3120
海南	6	383	2	479	47	4444
重庆	15	4094	9	4221	80	8924
四川	30	5594	5	152	103	14003
贵州	4	292	2	311	26	3054
云南	3	204	6	437	43	7271
西藏			1	82	2	630
陕西	9	8143	4	321	22	2795
甘肃	3	469	2	486	15	1459
青海	1	31	1	692	2	78
宁夏	1	38	1	139	4	150
新疆	9	1627	2	567	20	1503

3-1 续表 2

地 区	矿产品、建材及化工产品批发		机械设备、五金交电及电子产品批发	
	法人单位数（个）	年末从业人数（人）	法人单位数（个）	年末从业人数（人）
全 国	**6807**	**812058**	**4080**	**466012**
北 京	433	39968	591	90444
天 津	291	17669	121	10541
河 北	250	36686	77	11024
山 西	295	59303	22	3757
内蒙古	96	18616	19	1713
辽 宁	208	27486	131	8404
吉 林	31	11566	16	1254
黑龙江	67	17302	37	3035
上 海	481	40379	547	58075
江 苏	701	66274	317	36507
浙 江	641	36457	443	31977
安 徽	89	29730	81	10054
福 建	244	23504	134	13173
江 西	65	13253	37	3425
山 东	720	68385	227	34106
河 南	235	30302	116	10295
湖 北	146	41285	84	8812
湖 南	112	9160	56	6497
广 东	716	75251	562	73065
广 西	107	17822	55	6560
海 南	33	1854	20	1621
重 庆	210	28216	97	12787
四 川	116	16862	72	9157
贵 州	48	5896	21	2149
云 南	164	17363	54	5387
西 藏	1	105	2	63
陕 西	108	21652	38	4292
甘 肃	60	6954	23	2064
青 海	20	3732	6	629
宁 夏	21	6001	17	1037
新 疆	98	23025	57	4108

3-1 续表 3

地 区	贸易经纪与代理		其他批发	
	法人单位数(个)	年末从业人数(人)	法人单位数(个)	年末从业人数(人)
全 国	**316**	**29124**	**709**	**55670**
北 京	54	5847	29	2361
天 津	7	569	39	2715
河 北	3	139	4	239
山 西	1	114	10	1137
内蒙古			2	74
辽 宁	3	1019	13	1040
吉 林			1	19
黑龙江	2	98	7	1500
上 海	72	7645	93	9229
江 苏	25	1158	105	7237
浙 江	10	375	62	3518
安 徽			22	1473
福 建	20	2109	45	3091
江 西			11	835
山 东	13	2145	59	3892
河 南	1	30	13	1035
湖 北	5	2006	10	1005
湖 南	6	754	16	1053
广 东	87	4836	91	8733
广 西	1	50	6	268
海 南			5	274
重 庆			22	2149
四 川	2	76	9	365
贵 州			6	394
云 南	2	103	15	1313
西 藏				
陕 西	1	25		
甘 肃			2	193
青 海				
宁 夏			4	117
新 疆	1	26	8	411

3-2 大中型批发业企业分行业商品购、销、存情况

农畜产品批发　　单位：万元

地区	商品购进额	进口	商品销售额	出口	期末商品库存额
全国	**31325554**	**5721484**	**30429419**	**1029622**	**9965818**
北京	6585976	3405249	6006117	39711	1442998
天津	123702	12960	117158	118	224302
河北	937358	47988	930985	1452	190959
山西	60897	930	98331	3368	37747
内蒙古	1142288		1404492	15068	117029
辽宁	777060	267	890143	17159	108042
吉林	1543332	251812	1556183	36185	424478
黑龙江	567565	11741	764776	17841	288388
上海	884598	401530	871541	80896	361198
江苏	960047	17575	1088828	92072	276660
浙江	781462	159580	820425	226656	138374
安徽	515079	252	468406	38709	167112
福建	729012	37966	771911	41239	231720
江西	178607		133134		66701
山东	2002364	114485	2213570	3980	266872
河南	2385404	292086	2171328	13801	1321562
湖北	976716		1094874	94975	439000
湖南	328997	4386	407717	19025	102322
广东	1169664	162539	1242295	206610	166929
广西	83620		115289	22792	29128
海南	13119		14577	1596	4239
重庆	281105	62	319814	3728	21766
四川	314584	7500	324000	41013	38655
贵州	10978		14612		3717
云南	3522636	576831	2365757	339	1743158
西藏			6165		723
陕西	110698		98626	11290	23138
甘肃	68330		71781		6568
青海					
宁夏					
新疆	4270358	215746	4046586		1722334

3-2 续表 1

食品、饮料及烟草制品批发　　　　单位：万元

地　区	商品购进额	进　口	商品销售额	出　口	期末商品库存额
全　国	**135387972**	**3304677**	**172634684**	**3759918**	**16189395**
北　京	11666488	1468628	12545730	237352	2925085
天　津	3842258	26008	4241631	36195	250315
河　北	2573657	11538	4173987	13302	238673
山　西	2296913		3085694	1821	179201
内蒙古	1913359		2396624	206	110630
辽　宁	2510568	21987	3239858	38293	213269
吉　林	1054627		1809401		91265
黑龙江	2283859	5693	2605690	73118	599101
上　海	10189697	577943	11855834	330704	901321
江　苏	7916289	24297	10402711	222502	639632
浙　江	11163502	119855	14233835	729453	586499
安　徽	4340989	227995	5387997	216412	384222
福　建	7601019	153119	8873076	549593	636886
江　西	2269031		2753081		188851
山　东	9995773	114537	13399366	215053	717566
河　南	4960700	3163	6488912	16263	652953
湖　北	5097826	270	6522735	46120	356842
湖　南	4594370	101307	5790473	46306	474539
广　东	14148158	363744	17640059	729846	1050281
广　西	2158718	9045	2814881	92384	153899
海　南	1299500		1494036	433	65725
重　庆	3968426	3294	5100882		359879
四　川	4562121	10451	7074436	120472	782621
贵　州	2558334		4716351		601686
云　南	5211370	57581	7485061	17084	2487483
西　藏	185250		256874		21977
陕　西	2153161		2677429		145590
甘　肃	930876	39	1312766	152	111582
青　海	529370		649194		54360
宁　夏	316481		421192		18622
新　疆	1095283	4186	1184893	26855	188839

3-2 续表 2

纺织、服装及日用品批发　　　　单位：万元

地　区	商品购进额	进　口	商品销售额	出　口	期末商品库存额
全　国	**80394131**	**7572287**	**95435449**	**38103681**	**6910776**
北　京	3449492	890406	3799907	601193	535492
天　津	1657389	99933	1873857	715098	90441
河　北	249855	5272	262733	75466	19056
山　西	76390		90785	30243	12836
内蒙古	150037		149240		5105
辽　宁	855730	46763	967219	299728	82655
吉　林	71357		74657		17412
黑龙江	1155107	5048	1318279	1213699	16160
上　海	11998784	1816363	16557418	4838798	1834763
江　苏	13091656	1723355	17016029	6941878	1326511
浙　江	16747622	1192014	18421119	11677890	836827
安　徽	1672769	6913	2228410	504901	144267
福　建	6173376	499402	7283605	3122497	279141
江　西	130086	13379	148646	144990	5546
山　东	3490471	226084	4372463	600532	286326
河　南	610006	36894	652548	194833	37448
湖　北	323512	16005	376479	130017	56875
湖　南	340333	2730	365060	135789	14219
广　东	15982532	975910	17046932	6244037	1079840
广　西	170010	14403	193094	61998	21701
海　南	141437		147362		1717
重　庆	339385		367996		38672
四　川	1004290	1357	1116262	515713	88110
贵　州	48834		46894		9008
云　南	28027		24878		6374
西　藏					
陕　西	327806	55	347422	10527	28353
甘　肃	25602		39633		7695
青　海	6891		6364	6364	527
宁　夏			37493	37493	5000
新　疆	75347		102666		22701

3-2 续表 3

文化、体育用品及器材批发　　单位：万元

地区	商品购进额	进口	商品销售额	出口	期末商品库存额
全　国	**20572905**	**912169**	**22637919**	**1704694**	**3069560**
北　京	5117246	122201	5618924	311701	764561
天　津	215754	1576	272206	17334	31819
河　北	193353		200120		15673
山　西	174962		179304	24979	20654
内蒙古	83172		74867		8363
辽　宁	71256	68	99556	10800	27962
吉　林	55587		74641		26987
黑龙江	53382		97636		4363
上　海	4059763	196894	4239230	59241	378473
江　苏	1575491	969	1888834	168825	302871
浙　江	2170696	102770	2249835	433791	312816
安　徽	274686		286425	9367	17904
福　建	171531	2677	184865	47859	10424
江　西	16773		22230		334
山　东	1229607		1575216	18773	119802
河　南	254095		365224	13825	38984
湖　北	236816		240850	242	30599
湖　南	413199		433851	19082	73146
广　东	3125654	485015	3289539	568877	630013
广　西	141688		133238		9940
海　南	52907		49678		13944
重　庆	203915		288563		78888
四　川	104294		104784		9617
贵　州	126386		119379		36465
云　南	198952		194259		45135
西　藏	8048		7518		5026
陕　西	119717		114521		10400
甘　肃	73643		75488		12550
青　海	11891		12052		219
宁　夏	12574		12377		197
新　疆	25870		132710		31436

3-2　续表 4

医药及医疗器材批发　　　　单位：万元

地　区	商品购进额	进　口	商品销售额	出　口	期末商品库存额
全　国	**66248934**	**3761898**	**73739788**	**1406965**	**6436253**
北　京	6596167	1049779	7169963	175503	837004
天　津	1955951	61819	2125183	50210	162765
河　北	2729031	29753	2970303	2988	200517
山　西	472285		540939	5737	41280
内蒙古	151030		166387		13223
辽　宁	2437591	7075	2668930	6952	198537
吉　林	476603		504265		53104
黑龙江	596887	413	864897	1404	41456
上　海	6122132	1396492	7178821	208336	795808
江　苏	4417729	70727	5473688	171743	375999
浙　江	6054889	186165	6627351	416077	528730
安　徽	3936237	3733	4046072	95141	331619
福　建	1461889	30318	1587824	142	151113
江　西	1118771		1210169	26554	82680
山　东	3956784	29254	4216787	6488	337903
河　南	2516547	15427	2647360	238	205103
湖　北	1981961	13624	2197274	19109	191525
湖　南	1549839		1578460	9	182491
广　东	8575822	562264	9502376	101369	869846
广　西	451315		519867		39866
海　南	599452	113976	864473		66415
重　庆	2210338	95875	2332131	70481	148533
四　川	2801994	89217	3342951	30662	212617
贵　州	456920		512843		33371
云　南	1442113	5885	1602716	17641	149241
西　藏	49271		94513		305
陕　西	652436	102	677151		133148
甘　肃	213572		243890	182	22957
青　海	10385		10782		308
宁　夏	30265		30832		2031
新　疆	222729		230591		26761

3-2 续表 5

矿产品、建材及化工产品批发　　　　单位：万元

地区	商品购进额	进口	商品销售额	出口	期末商品库存额
全国	**920052074**	**76139913**	**976372142**	**23865862**	**52062258**
北京	146519122	23577090	146795530	3978494	12548941
天津	72046549	2924979	75746150	1009307	2485029
河北	19000640	347479	22234314	217249	1138559
山西	25268184	2478195	34886206	83674	1358754
内蒙古	11004590	99890	11348894	39301	603184
辽宁	52937190	2589299	54474124	443261	2228725
吉林	6687969	24948	6656308		575377
黑龙江	8680069	830610	9805058	250941	676135
上海	114875536	11997955	117768971	2879664	6079795
江苏	69398278	5051873	72805312	2287855	3340419
浙江	57066099	6924845	62546832	3843198	3079911
安徽	14363602	1420984	15777938	230665	430333
福建	23076025	3808558	20207881	1515251	1926273
江西	3170288	15818	6288815	58669	144879
山东	34260081	1767854	40427232	1905455	1852067
河南	20446767	634667	18033004	137056	674835
湖北	26342596	24908	29587823	76255	1039999
湖南	10441972	244135	6166098	229723	513959
广东	106639952	9226619	114375944	3724886	5265313
广西	9398480	90988	9247640	61392	466677
海南	1671563	336727	1773594	276154	86905
重庆	10962745	104991	11657240	145734	580510
四川	12252385	257490	12747782	92070	1031294
贵州	2362198	76066	3162229	238	117319
云南	8234160	321187	10877024	131224	594019
西藏	6936		6777		589
陕西	17861903	222378	22554675	146877	1140537
甘肃	11145778	9862	12717474	17546	964261
青海	1106433		1591489	30169	200859
宁夏	2494283	18248	2567935	11056	125431
新疆	20329703	711273	21535851	42497	791371

3-2 续表 6

机械设备、五金交电及电子产品批发

单位：万元

地区	商品购进额	进口	商品销售额	出口	期末商品库存额
全国	**260787269**	**48858422**	**304408196**	**30259044**	**21966229**
北京	72166875	21900743	91163947	5020246	7246133
天津	5773405	625394	9470386	104716	612094
河北	5328628	24145	5358926	159345	439024
山西	661403		521321	7513	249364
内蒙古	341461		348457		17269
辽宁	3835465	454851	4750600	299824	450256
吉林	2190114	48062	2524344	1284	22494
黑龙江	876439	127107	1232457	4304	59325
上海	53815621	16935782	60354238	8377912	3901722
江苏	20255336	1177271	22792291	2507998	2313346
浙江	16362029	688496	17746964	5202606	894159
安徽	3948135	208746	4009205	359522	259126
福建	3713761	50394	3911157	377857	415010
江西	1160918		1280382	202315	58280
山东	12574786	1312598	15106532	964880	841528
河南	4431197	5039	4717855	100996	360686
湖北	3379106	192375	3950578	70104	339081
湖南	1482079	34753	1553047	64522	114660
广东	29425362	4853996	32349979	5086972	1862428
广西	1388953	1132	1481772	14392	165205
海南	1174866	146	1246384	20374	45583
重庆	7930288	54498	8584866	494986	288348
四川	2373912	14055	2841648	324771	176805
贵州	827932	1071	901285	48969	33915
云南	1385498	116133	1531503	139277	196683
西藏	8378		20077		2556
陕西	1600894	24583	1724444	201251	84989
甘肃	643874		1131454		324455
青海	150161		147957		21700
宁夏	287211	777	305373		35159
新疆	1293183	6273	1348769	102109	134845

3-2 续表 7

贸易经纪与代理　　　　单位：万元

地　区	商品购进额	进　口	商品销售额	出　口	期末商品库存额
全　国	**26940558**	**6607102**	**28869612**	**6466753**	**2081298**
北　京	5540370	1909323	5633708	751210	945828
天　津	324847	30657	434843	155943	15784
河　北	15454	196	48446	39635	1185
山　西	174074	105745	201132	41706	34254
内蒙古					
辽　宁	55925		97174	1800	21170
吉　林					
黑龙江	32379		42433		2161
上　海	4448679	1204435	5087761	804318	402097
江　苏	985749	85150	1070539	461967	36966
浙　江	176309	35907	196158	191363	3865
安　徽					
福　建	1243416	67101	1298092	640899	87456
江　西					
山　东	641838	406980	824051	303871	98709
河　南	4856		5726		52
湖　北	7583499	1670037	7963955	429041	230245
湖　南	58275		58335		675
广　东	5192216	930472	5454992	2509295	139245
广　西	11387		12433	6742	15
海　南					
重　庆					
四　川	15093	436	15223	5937	1100
贵　州					
云　南	380113	160662	368947	94505	55320
西　藏					
陕　西	31784		31662	27975	3582
甘　肃					
青　海					
宁　夏					
新　疆	24296		24002	545	1588

3-2 续表 8

其他批发　　　　单位：万元

地　区	商品购进额	进　口	商品销售额	出　口	期末商品库存额
全　国	**33955254**	**5710725**	**38132869**	**5216554**	**2162987**
北　京	1332563	141871	1381053	408125	128087
天　津	1316031	60587	1524551	33585	58687
河　北	60221		59713		17086
山　西	231957		256238		7544
内蒙古	26800		39996		566
辽　宁	234736		260994		7598
吉　林	20455		20110		370
黑龙江	408184	63805	513221		74993
上　海	7085212	1708318	7902346	1092466	583181
江　苏	4586291	133	5104160	66360	149130
浙　江	2905971	341026	3101939	122301	97095
安　徽	1600484		1752151		328212
福　建	2964568	579252	3028338	360948	154996
江　西	622125		649330		18434
山　东	1743102	96853	1815165	28991	74324
河　南	234864	30384	270317	41057	16224
湖　北	171112		193519		10515
湖　南	202799		217470		8538
广　东	5015310	2481738	5639425	2812079	178747
广　西	142800		151022	26631	3747
海　南	179730		1017949		21426
重　庆	481258		548015		37335
四　川	92096		203280		2715
贵　州	276294		281297		3096
云　南	1757659	158850	1903910	207477	143696
西　藏					
陕　西					
甘　肃	7988		15098		1643
青　海					
宁　夏	47033	26101	45068	13563	21039
新　疆	207614	21807	237194	2970	13964

3-3 大中型批发业企业分行业年末资产负债

农畜产品批发　　单位：万元

地　区	流动资产合计	固定资产原价	累计折旧	资产总计	负债合计	所有者权益合计
全　国	**23108965**	**2891196**	**881478**	**33421371**	**25430224**	**7991147**
北　京	5703205	341367	49723	11561723	7672769	3888954
天　津	262334	16625	3124	280878	145761	135118
河　北	417550	69061	17284	523674	426395	97280
山　西	74126	27651	7250	107515	84637	22878
内蒙古	288253	81112	18974	391483	297441	94042
辽　宁	556881	63472	21356	750828	651405	99424
吉　林	935360	187471	45651	1170931	902672	268260
黑龙江	449055	60194	20817	595284	471127	124157
上　海	811668	86238	23272	1416395	856353	560042
江　苏	613305	161232	48534	888742	711842	176901
浙　江	519905	58203	19771	839371	664528	174843
安　徽	267848	62787	15833	424276	257661	166615
福　建	436130	72653	14501	525244	410259	114984
江　西	155490	53004	18350	216147	187695	28452
山　东	1291209	178595	53072	1715753	1345339	370415
河　南	2426408	290532	85351	2906203	2517825	388378
湖　北	893415	117358	32806	1058512	874518	183994
湖　南	271658	54226	19623	355793	269516	86278
广　东	524079	127868	50906	679385	539275	140110
广　西	47808	10723	3908	55763	45435	10328
海　南	20886	2162	687	33797	6634	27164
重　庆	43641	37142	9283	80363	32660	47703
四　川	121523	37618	15893	162185	124922	37263
贵　州	6801	1442	635	8986	8513	474
云　南	2216038	59370	37431	2257414	2108520	148894
西　藏	3306	3483	691	6254	2605	3649
陕　西	108624	29068	8021	164518	164106	413
甘　肃	64418	10523	2759	72714	66323	6391
青　海						
宁　夏						
新　疆	3578041	590017	235978	4171240	3583491	587749

3-3 续表 1

食品、饮料及烟草制品批发　　　　单位：万元

地　区	流动资产合计	固定资产原价	累计折旧	资产总计	负债合计	所有者权益合计
全　国	**60153735**	**12531166**	**4805174**	**77761697**	**36647474**	**41114223**
北　京	7381917	410537	147101	8539052	6499410	2039642
天　津	1031997	143463	55427	1217836	684356	533481
河　北	1068927	250134	99763	1312037	347222	964815
山　西	711250	298685	96846	1004684	231421	773262
内蒙古	617821	209847	64049	851859	318047	533812
辽　宁	1188931	339585	143282	1494687	403434	1091253
吉　林	376358	172694	57139	539720	148778	390942
黑龙江	1072115	223695	83517	1272569	639464	633105
上　海	4441529	552626	253523	6067129	3882216	2184913
江　苏	4987617	823806	266731	5804201	2183251	3620950
浙　江	5113220	838252	305028	6251943	2820671	3431272
安　徽	1941717	283888	117123	2385955	956947	1429008
福　建	2861815	573652	207710	4245579	1615586	2629993
江　西	786902	285328	90091	1159516	373492	786023
山　东	2994377	953252	315327	4123003	1959881	2163123
河　南	1801389	519367	206375	2345362	1051755	1293607
湖　北	2087064	577852	227999	2743522	1412369	1331154
湖　南	1675957	580788	242782	2584313	940786	1643527
广　东	4648703	899322	343694	6268803	3181374	3087429
广　西	1131638	218024	93947	1541920	926433	615487
海　南	318137	95571	35309	422517	110247	312269
重　庆	1285534	407551	172104	1831841	820167	1011674
四　川	2409456	622009	205815	3116172	1112335	2003837
贵　州	2246181	484097	204087	2737275	1195076	1542199
云　南	4155258	1153979	541229	5408161	2040704	3367457
西　藏	33621	23685	10108	115648	12969	102679
陕　西	553794	250741	83719	782703	210158	572545
甘　肃	471819	124639	55819	589346	122662	466684
青　海	179752	32696	12769	222269	29141	193128
宁　夏	184567	40538	11169	222745	50178	172567
新　疆	394374	140863	55593	559334	366945	192389

3-3 续表 2

纺织、服装及日用品批发 单位：万元

地 区	流动资产合计	固定资产原价	累计折旧	资产总计	负债合计	所有者权益合计
全 国	**33179004**	**3190385**	**1069624**	**41844865**	**29542288**	**12302577**
北 京	1537647	133862	43669	1987303	1272937	714366
天 津	477029	41676	13374	532279	353351	178928
河 北	56976	6582	3065	68290	49586	18704
山 西	38598	6596	1545	75075	30152	44923
内蒙古	18594	22695	360	41093	31231	9862
辽 宁	446981	37917	12669	1091914	300626	791287
吉 林	33119	1641	816	37528	30310	7218
黑龙江	113853	15793	2754	156903	120199	36704
上 海	6151177	664818	238760	7605196	4800155	2805041
江 苏	7104375	661053	236086	9080639	6576254	2504385
浙 江	6144277	601847	196240	7672301	5924362	1747939
安 徽	736135	86388	21251	883305	827284	56021
福 建	2791665	128485	40366	3511216	2338103	1173113
江 西	45910	2759	751	50103	41005	9098
山 东	1177333	199752	59002	1610674	1146237	464438
河 南	206489	24221	4493	249226	199584	49642
湖 北	184098	13438	4922	202128	165072	37056
湖 南	111934	14546	4721	136821	78763	58059
广 东	5196356	401439	150613	6049740	4705958	1343783
广 西	94870	4821	1355	123690	56232	67459
海 南	20769	665	297	22338	18934	3404
重 庆	54157	14454	3330	70153	54095	16058
四 川	241859	17245	4661	276390	199172	77218
贵 州	16454	1546	767	17255	16034	1220
云 南	10702	1141	514	11905	11906	-1
西 藏						
陕 西	38602	75831	20686	100137	81336	18802
甘 肃	11166	4567	1088	14855	9138	5717
青 海	27799	1209	309	50018	10544	39474
宁 夏	54028	1861	527	78218	61856	16362
新 疆	36053	1539	634	38175	31873	6302

3-3 续表 3

文化、体育用品及器材批发

单位：万元

地　区	流动资产合计	固定资产原价	累计折旧	资产总计	负债合计	所有者权益合计
全　国	**9412761**	**1143710**	**346389**	**12800836**	**8328856**	**4471980**
北　京	2175514	233462	67253	2737104	1743558	993546
天　津	72935	9575	2617	186260	149249	37012
河　北	76865	17393	4878	259267	90543	168724
山　西	91024	20921	3370	118216	87876	30340
内蒙古	55516	25577	5350	75903	56429	19473
辽　宁	64949	11761	6610	80428	54027	26401
吉　林	43389	22587	5296	92766	40873	51893
黑龙江	22990	8664	3032	32768	26123	6645
上　海	1470621	48111	20582	1707649	1228689	478960
江　苏	749785	156305	59557	1196188	632623	563565
浙　江	957608	112516	33324	1371082	940282	430800
安　徽	437355	19108	7572	549681	294552	255129
福　建	53642	16055	4373	71626	39053	32573
江　西	1602	176	87	1720	1094	626
山　东	440943	98514	20029	791114	483968	307146
河　南	120539	65515	15506	184661	117509	67153
湖　北	87180	27175	1369	130067	102279	27788
湖　南	177270	15704	4768	334317	141048	193269
广　东	1584926	108889	44832	1878166	1404281	473885
广　西	45520	4534	2571	78317	40609	37708
海　南	12931	12438	1810	70675	28351	42324
重　庆	146939	10019	1288	158926	130702	28224
四　川	49719	706	253	50277	45637	4640
贵　州	227125	14833	4598	237559	220608	16951
云　南	89693	14991	4858	132039	77796	54243
西　藏	4226	3071	807	6608	4200	2408
陕　西	49785	7357	2864	100569	45073	55496
甘　肃	28876	17309	4227	58065	36479	21587
青　海	12392	8745	3477	17799	13481	4318
宁　夏	5987	3142	1337	8680	5157	3523
新　疆	54918	28557	7895	82344	46713	35631

3-3 续表 4

医药及医疗器材批发　　　　单位：万元

地　区	流动资产合计	固定资产原价	累计折旧	资产总计	负债合计	所有者权益合计
全　国	**27614953**	**1917142**	**663134**	**33353207**	**24403912**	**8949295**
北　京	3104249	171900	65101	3842756	2744870	1097886
天　津	774041	40287	14908	856271	668493	187778
河　北	682760	43373	19108	771387	677225	94161
山　西	207798	20546	5800	245275	198530	46745
内蒙古	55876	7391	1241	91678	64999	26680
辽　宁	972680	62107	19651	1113648	882502	231146
吉　林	253256	14858	5875	272900	267283	5618
黑龙江	223429	9803	4253	231140	187101	44039
上　海	3132194	257151	109497	4311988	2545801	1766187
江　苏	2002766	173972	51946	2476910	2002620	474290
浙　江	2188512	194987	69952	2541474	1997055	544418
安　徽	1068594	109670	26714	1204212	1030487	173726
福　建	627659	41623	10332	724454	498506	225948
江　西	422717	33384	7780	513735	373073	140662
山　东	1556327	92481	24376	1701820	1499197	202622
河　南	829616	36805	11903	905833	721596	184238
湖　北	1182597	60932	18395	1454605	906466	548138
湖　南	539194	62986	15798	699466	538844	160622
广　东	3664397	204627	86393	4571174	3160119	1411055
广　西	205105	11285	4212	241633	176614	65019
海　南	472714	17824	5240	613676	264007	349669
重　庆	812486	67794	21804	1003495	673093	330402
四　川	1257113	77949	25483	1414245	1189043	225202
贵　州	244481	20936	8266	278925	206322	72603
云　南	626431	39500	16425	700017	478912	221106
西　藏	40874	846	56	41825	31678	10147
陕　西	210054	13852	6107	225428	207041	18387
甘　肃	106554	13178	1666	124762	108241	16521
青　海	5060	137	30	5168	4114	1053
宁　夏	9504	786	291	10047	9440	606
新　疆	135918	14174	4531	163261	90639	72622

3-3 续表 5

矿产品、建材及化工产品批发　　单位：万元

地区	流动资产合计	固定资产原价	累计折旧	资产总计	负债合计	所有者权益合计
全国	**223187797**	**27468719**	**8480073**	**297500033**	**217232251**	**79570493**
北京	43621129	1852649	609445	61370777	40625315	20745462
天津	13362268	1088583	261483	15974253	12511227	3463026
河北	7348876	1187145	366530	9141172	6120407	2430007
山西	12467852	1589111	433612	15872506	13358243	2514264
内蒙古	1742263	424160	137228	2571546	1980372	591175
辽宁	8738852	883625	348023	10310131	8296056	1889833
吉林	826632	258502	104906	1408305	1201838	206467
黑龙江	4116119	430692	169577	4626694	4183948	442746
上海	21055459	1394915	413070	27012630	19077736	7934895
江苏	14695003	2060551	600003	19324618	14372980	4951638
浙江	17450641	1559660	508163	23695903	18462054	5233850
安徽	4042919	951550	283618	5565345	4096662	1468683
福建	8181327	573755	192623	11635416	8087397	3548019
江西	688941	465242	127857	1238987	765135	473852
山东	10565812	2650553	794362	14089704	9416366	4673339
河南	2208951	733646	205836	3228272	2174544	1053728
湖北	3939830	1497243	439104	5846909	4565652	1281257
湖南	1291408	135030	50238	1922256	1227070	695186
广东	26084096	3501576	1090288	33410511	25694245	7716266
广西	1480151	545627	173667	2329817	1685248	626060
海南	459762	111523	38757	597501	318364	279137
重庆	2163813	600578	174457	3514556	2592293	922263
四川	3656589	350406	119695	4335991	3417509	918482
贵州	845823	174894	58998	1186244	880478	305766
云南	3207726	561870	155297	4310164	3389490	920674
西藏	25285	4890	1545	34156	20589	13567
陕西	3518041	501093	151957	5100287	3492049	1644459
甘肃	2212088	291524	119511	2804588	1384703	1419885
青海	286994	219956	53199	570829	364181	206648
宁夏	353918	111807	27858	506875	407842	99034
新疆	2549231	756365	269169	3963088	3062260	900828

3-3 续表 6

机械设备、五金交电及电子产品批发　　　　单位：万元

地　区	流动资产合计	固定资产原价	累计折旧	资产总计	负债合计	所有者权益合计
全　国	**110529994**	**5319814**	**1947715**	**131891284**	**97397381**	**34493903**
北　京	36144066	1722829	723367	47202761	29050879	18151882
天　津	3560580	137038	42091	3855327	3294796	560531
河　北	2030115	129903	25764	2557197	2109381	447816
山　西	131962	108776	5278	241242	224388	16855
内蒙古	196591	11039	2509	216792	191124	25669
辽　宁	2470932	92094	36143	2814892	2369948	444944
吉　林	153266	7333	2671	185316	121928	63388
黑龙江	311703	45658	9478	402174	342017	60157
上　海	17166943	611048	286584	20149424	15107537	5041888
江　苏	8876548	512373	151287	9797598	8066328	1731270
浙　江	6178954	409875	137136	7690058	5973288	1716770
安　徽	1328999	86864	29722	1488040	1307149	180891
福　建	1716408	85225	26450	1961381	1514662	446718
江　西	403908	22651	3368	470920	404960	65961
山　东	5233839	354642	125637	5803322	4990434	812888
河　南	1372173	44715	14132	1545392	1390992	154400
湖　北	889152	44080	14452	1050702	902695	148007
湖　南	583225	45325	14589	663795	583006	80789
广　东	14519508	538275	204936	15882772	12681851	3200921
广　西	788908	19626	6222	833702	712702	121000
海　南	288362	5245	1490	313920	257823	56097
重　庆	1924524	60752	17896	2086726	1893642	193084
四　川	832575	55069	14126	901245	767821	133424
贵　州	213545	5534	2569	219185	183132	36053
云　南	839194	42077	16263	985750	785943	199807
西　藏	4361	2096	1026	5674	4203	1471
陕　西	631204	25159	8094	675791	634510	41282
甘　肃	953029	8876	2863	968816	815937	152879
青　海	58764	4174	1314	64460	57608	6853
宁　夏	107430	8598	2699	120513	104433	16080
新　疆	619229	72865	17561	736398	552267	184132

3-3 续表 7

贸易经纪与代理　　　　单位：万元

地　区	流动资产合计	固定资产原价	累计折旧	资产总计	负债合计	所有者权益合计
全　国	**26642017**	**618673**	**207570**	**31423190**	**26286948**	**5136242**
北　京	17770921	269309	81613	21363966	17877664	3486302
天　津	223578	11459	3295	261070	180881	80189
河　北	10292	712	570	10849	9932	917
山　西	103485	13554	2803	123881	93485	30396
内蒙古						
辽　宁	57664	2198	761	60693	28859	31834
吉　林						
黑龙江	17966	1835	952	19702	10038	9664
上　海	1782839	86537	32760	2039799	1659804	379995
江　苏	266030	21471	6372	323593	249995	73598
浙　江	109351	3989	1138	112631	90334	22297
安　徽						
福　建	543748	47271	15991	735563	541591	193972
江　西						
山　东	494583	34615	10469	601839	468288	133552
河　南	251	320	40	800	270	530
湖　北	2067144	30808	14404	2168850	1879274	289576
湖　南	3026	3272	2219	12824	5306	7518
广　东	2771523	82970	32012	3151950	2789186	362764
广　西	5726	51	34	5779	4652	1127
海　南						
重　庆						
四　川	13764	4088	1468	18883	7412	11471
贵　州						
云　南	382793	408	188	388438	371208	17230
西　藏						
陕　西	13363	85	29	13762	12903	859
甘　肃						
青　海						
宁　夏						
新　疆	3971	3722	453	8318	5865	2453

3-3 续表 8

其他批发　　单位：万元

地 区	流动资产合计	固定资产原价	累计折旧	资产总计	负债合计	所有者权益合计
全 国	**12142342**	**925718**	**341700**	**14727963**	**11082322**	**3645642**
北 京	1621386	128060	53274	2277492	1642593	634898
天 津	471788	59886	23229	543718	390745	152973
河 北	23738	1320	697	27930	19509	8421
山 西	74684	12556	5999	87799	73994	13805
内蒙古	9162	733	84	10009	1608	8401
辽 宁	53366	10050	3176	67335	54942	12393
吉 林	2713	32	21	2725	1413	1313
黑龙江	166262	14832	6768	192331	123962	68370
上 海	2969887	199719	56142	3437594	2556366	881227
江 苏	874885	101217	31891	1088530	829793	258737
浙 江	588358	48314	18222	760822	615147	145675
安 徽	348930	10319	2487	366345	338982	27363
福 建	795859	33182	10778	1070154	790961	279193
江 西	152778	4651	945	158025	148792	9233
山 东	409518	47637	12623	520171	339974	180196
河 南	52363	22300	17013	63542	48754	14789
湖 北	52809	6731	2147	59304	44800	14504
湖 南	32068	11336	2954	59293	30753	28540
广 东	2346606	73934	25445	2607547	2330455	277091
广 西	34165	1436	817	35718	29450	6268
海 南	37781	3054	736	40569	23471	17098
重 庆	51487	10743	1651	69893	47894	21999
四 川	55834	1498	591	72360	56555	15805
贵 州	32838	14766	2785	47570	27584	19986
云 南	799210	96865	57007	942357	438082	504275
西 藏						
陕 西						
甘 肃	2540	294	7	2828	1985	843
青 海						
宁 夏	34711	971	433	52012	32966	19045
新 疆	46617	9284	3777	63994	40794	23200

3-4 大中型批发业企业分行业实收资本及构成

农畜产品批发 单位：万元

地区	实收资本	国家资本	集体资本	法人资本	个人资本	港澳台资本	外商资本
全国	**3365410**	**1763039**	**233804**	**561343**	**614273**	**36294**	**156657**
北京	1046328	660238		217998	19351		148741
天津	98501	93841		1450	2660		550
河北	69454	24946	13253	13308	17946		
山西	17914	12364		5000	550		
内蒙古	48923	24306	852	18266	5500		
辽宁	77330	30168	19144	4263	23755		
吉林	250734	48266		24947	177521		
黑龙江	29035	17001		6294	5740		
上海	265680	261214	500	2500	496	405	566
江苏	122415	66238	7371	18184	30622		
浙江	94230	7000	1625	11460	74145		
安徽	71949	51593	2038	6048	12270		
福建	48051	26168		7428	2290	6592	5573
江西	21553	19835	38	1050	630		
山东	134849	30643	36944	44017	22345	73	828
河南	249775	91897	63173	9126	85356	224	
湖北	124336	33166	10361	73496	7312		
湖南	45659	30019		3785	11456		400
广东	94153	15678	1000	37360	12273	27843	
广西	9210	6873	3	920	1414		
海南	12000			3586	8414		
重庆	27878	17828		550	9500		
四川	18458	14666	784	2365	643		
贵州	1100	800			300		
云南	45259	22300		3137	19821		
西藏	3073	3073					
陕西	13511	2543	10598		370		
甘肃	6902	264	6102	380	156		
青海							
宁夏							
新疆	317152	150114	60017	44426	61438	1158	

3-4 续表 1

食品、饮料及烟草制品批发　　单位：万元

地区	实收资本	国家资本	集体资本	法人资本	个人资本	港澳台资本	外商资本
全国	**6134479**	**2974236**	**187282**	**1606723**	**860311**	**200757**	**305170**
北京	783715	160471	50	473414	31628	67456	50696
天津	97369	30269	2552	52017	6461	1500	4569
河北	78495	47358	17558	3015	10263		300
山西	56883	30345	16344	6994	3201		
内蒙古	80146	50893	10670	3373	15210		
辽宁	110041	57534		14630	36616	1261	
吉林	56921	42400	1000	4917	8604		
黑龙江	86722	65637	2160	15427	3497		
上海	746335	251800	23298	263662	68627	15997	122952
江苏	214187	115695	2255	15450	73863	4596	2328
浙江	540181	165040	8137	207770	125085	13550	20600
安徽	132526	82611	1383	17501	18847	8384	3800
福建	338017	191486	373	63805	82167		186
江西	29068	20437		966	1366	6200	100
山东	428799	146042	19595	169039	67677	24097	2350
河南	248039	210595	13558	14674	8534	50	628
湖北	198779	153458	10842	25077	9097	100	205
湖南	175980	96010	17768	24718	22373	14633	478
广东	587079	230075	6083	91947	132893	31654	94427
广西	79876	36922	10389	11580	11985	9000	
海南	34161	30321		820	2970	50	
重庆	197877	106559	3681	71008	15607	22	1000
四川	182087	135610	2745	24743	18588	100	300
贵州	152075	120309	10233	961	20571		
云南	240579	173358	657	11863	52643	2059	
西藏	67359	67359					
陕西	40557	31721	3751	3788	1298		
甘肃	42946	25867		10599	6430	50	
青海	15095	14095	200	800			
宁夏	7464	6114		1100			250
新疆	85123	77846	2000	1067	4211		

3-4 续表 2

纺织、服装及日用品批发 单位：万元

地区	实收资本	国家资本	集体资本	法人资本	个人资本	港澳台资本	外商资本
全国	**5794385**	**692646**	**129774**	**1493170**	**1924380**	**769640**	**784775**
北京	398004	2800		259867	36650	39320	59368
天津	67324	3198	879	31508	6875	22384	2481
河北	12280	1300	1200	331	9409	40	
山西	33283			7240	5000	21043	
内蒙古	1788				1788		
辽宁	234453	56784		27009	147524	721	2417
吉林	2100			1500	600		
黑龙江	23010			10610	12400		
上海	1488510	229570	30230	219039	145575	276392	587705
江苏	743737	152003	17707	144864	224199	183935	21029
浙江	922888	39265	44600	254009	530428	37945	16643
安徽	107174	15956	1000	23743	9375	56099	1000
福建	544993	32996	754	237081	154910	79132	40121
江西	5960	2591		109	3261		
山东	318651	11043	2932	127982	150952	25406	337
河南	31462	6393	1243	4476	12956		6395
湖北	22059	2651	1964	3124	14320		
湖南	57259	2560	217	12000	42481		
广东	572930	123775	14472	96231	266611	26761	45080
广西	8185	270		2485	3730		1700
海南	3508			3050	458		
重庆	16049	1152	1540	6902	6040	415	
四川	31122	2954	6987	11170	9461	50	500
贵州	1121	471			650		
云南	368				368		
西藏							
陕西	128892	4914	2000		121978		
甘肃	3831		450	500	2881		
青海	1639		1600		39		
宁夏	8606			8242	364		
新疆	3202			100	3102		

3-4 续表 3

文化、体育用品及器材批发　　　　单位：万元

地　区	实收资本	国家资本	集体资本	法人资本	个人资本	港澳台资本	外商资本
全　国	**2174049**	**1047295**	**54240**	**365916**	**287198**	**147842**	**271559**
北　京	394773	195715	3400	131007	44303	16546	3803
天　津	51722	2651		30184	200	16080	2607
河　北	6742	1930		4812			
山　西	18263	15263		3000			
内蒙古	28364		26714	1650			
辽　宁	11757	9707		800	1250		
吉　林	25963	24374		368	1221		
黑龙江	2500	2000		500			
上　海	324327	39767	2511	35964	11030	23717	211338
江　苏	292272	222300	1446	1309	23913	9309	33995
浙　江	159772	73617	17889	22568	43267		2431
安　徽	95600	92200		2000	1400		
福　建	22307	5494		9294	6743		776
江　西	600				600		
山　东	75191	10048	270	21353	42080	1440	
河　南	22642	19710	180	2054	180		518
湖　北	58672	50200		264	2254	1500	4454
湖　南	165043	158390		100	6553		
广　东	271465	44233		45129	94446	77883	9774
广　西	16803	16353		50	400		
海　南	39776			39276	500		
重　庆	11263	2510	20	6888	478	1367	
四　川	3350	1915		1145	290		
贵　州	10915	10915					
云　南	12027	4099	1810		5290		828
西　藏	197	197					
陕　西	30940	26000		3105	800		1035
甘　肃	11269	10269		1000			
青　海	3070	3070					
宁　夏	2097			2097			
新　疆	4369	4369					

3-4 续表 4

医药及医疗器材批发

单位：万元

地区	实收资本	国家资本	集体资本	法人资本	个人资本	港澳台资本	外商资本
全国	**4723090**	**1109086**	**80606**	**1613725**	**1435844**	**185490**	**298340**
北京	512561	14271	2818	402426	37181	13828	42037
天津	143970	67955	1622	50456	11556	2999	9381
河北	83126	13088	1423	16250	52364		
山西	32000	6061		12432	13508		
内蒙古	14193	790	1581	3685	8137		
辽宁	183223	110682	569	23759	41225	1350	5637
吉林	16345		315	6090	9940		
黑龙江	34512	4010	169	13803	16530		
上海	515914	274919	6502	139239	28938	29475	36842
江苏	315952	30425	13695	95107	118922	16660	41143
浙江	276411	51312	6847	95084	120647	2521	
安徽	129680	8830	21648	35381	63821		
福建	180677	69835	3783	64668	36391	6000	
江西	91885	30210		8726	51550		1400
山东	152175	12344	4438	59332	57192	4110	14758
河南	152587	7705	2653	76817	65412		
湖北	295233	11500	2000	118924	115370	34682	12757
湖南	163572	6155	140	21307	135969		
广东	727000	250636	2380	139676	202213	67712	64384
广西	46087	329	1500	9335	34923		
海南	116159	100		35712	5810	4536	70000
重庆	145561	20127	2193	41961	81280		
四川	151149	42055	483	59866	48745		
贵州	48317	3157	1188	12541	31431		
云南	116992	59553	500	27959	27364	1617	
西藏	600			590	10		
陕西	22720	3748	1160	10850	6963		
甘肃	15320		1000	5340	8980		
青海	780				780		
宁夏	1865	1475		390			
新疆	36527	7814		26020	2693		

3-4 续表 5

矿产品、建材及化工产品批发　　　　单位：万元

地区	实收资本	国家资本	集体资本	法人资本	个人资本	港澳台资本	外商资本
全　国	**45240933**	**20098905**	**1172355**	**13072274**	**8242564**	**590837**	**2063998**
北　京	10071251	983677	21824	7277891	564564	21803	1201491
天　津	2570973	1404038	36875	654498	452262	14740	8560
河　北	860796	363385	22831	209594	245173		19813
山　西	977498	467175	102715	184264	222656		688
内蒙古	337294	121387	19317	50282	146307		
辽　宁	1508438	1089781	33438	188898	193666		2656
吉　林	246132	216129	5000	14947	10057		
黑龙江	255941	121448	12017	53056	69420		
上　海	3801108	1745828	128465	669169	689640	96268	471738
江　苏	2763497	1124889	74192	405935	1067002	53219	38261
浙　江	2858417	933134	144012	515998	1216291	42444	6539
安　徽	1017746	847680	17245	40023	112799		
福　建	2395410	1171625	67086	294671	771989	2120	87919
江　西	255304	176670	8549	34190	32895	1500	1500
山　东	1468203	423995	88327	416963	534747	1500	2671
河　南	1195515	834844	37722	74735	246438		1775
湖　北	889685	554962	13046	123305	162804	31568	4000
湖　南	300557	156103	7421	23591	111182	760	1500
广　东	5307750	3542606	74507	663689	604611	265342	156995
广　西	602905	449864	13521	80855	58665		
海　南	225957	13750	1105	88623	76075	42323	4082
重　庆	733232	447383	26692	122340	118554		18263
四　川	597655	220996	78474	225008	73178		
贵　州	174726	141180	9475	7725	13414		2933
云　南	601362	353147	37417	96849	113948		
西　藏	4329	4329					
陕　西	1268003	820482	2485	271147	146545		27344
甘　肃	1287945	1043462	80736	117083	46665		
青　海	92092	58189	236	4570	23827		5270
宁　夏	79527	22534	2487	49157	5349		
新　疆	491686	244234	5140	113220	111842	17250	

3-4 续表 6

机械设备、五金交电及电子产品批发　　　　单位：万元

地区	实收资本	国家资本	集体资本	法人资本	个人资本	港澳台资本	外商资本
全　国	**13977582**	**1347194**	**256688**	**4148277**	**2411591**	**889460**	**4924372**
北　京	6492583	216830	3993	2426695	300638	176759	3367668
天　津	269334	44016	38827	45285	40996	59271	40939
河　北	248367	3603	2480	30484	211216		584
山　西	25246	13892		5253	5601	500	
内蒙古	8454	350		4370	3734		
辽　宁	319389	63956	1278	61741	41655	4297	146462
吉　林	40738	7500	500	2300	2818	1500	26120
黑龙江	43043	6685		14090	22168	100	
上　海	2171226	177692	21495	240105	256960	336014	1138960
江　苏	490547	72705	39572	93263	213923	11548	59537
浙　江	890192	45471	26945	340375	456366	11333	9702
安　徽	104714	21817	2500	39081	40285	1031	
福　建	302985	39889	4299	49839	66634	137614	4709
江　西	31152	4115	308	18451	5938	2100	240
山　东	550912	212610	64866	92448	120933	56000	4055
河　南	235907	19185	4443	156612	55008	660	
湖　北	97168	6603	1948	45327	26450	11023	5819
湖　南	66549	17434	567	7190	41358		
广　东	1053400	259046	37333	267150	299013	76863	113995
广　西	38620	3260	1436	22393	11531		
海　南	24999	6400	18	13290	5291		
重　庆	127123	29459	890	70491	24788	694	800
四　川	70174	6391		35290	27341	831	321
贵　州	11660	2044		2545	7072		
云　南	92745	51172	2269	12760	24461	100	1982
西　藏	547	547					
陕　西	35848	3126	20	15932	15546	1224	
甘　肃	20956	800	700	9578	9878		
青　海	6109			776	5333		
宁　夏	13554			6176	7378		
新　疆	93341	10597		18985	61279		2480

3-4 续表 7

贸易经纪与代理　　单位：万元

地区	实收资本	国家资本	集体资本	法人资本	个人资本	港澳台资本	外商资本
全国	**2574073**	**969673**	**23442**	**1187187**	**179381**	**37573**	**176817**
北京	1551238	376625		1025082	5329	5771	138431
天津	45963	7439		28566	6648	3311	
河北	1790			500	1290		
山西	5000		5000				
内蒙古							
辽宁	32754	9300				23454	
吉林							
黑龙江	2960	2700	260				
上海	238637	157315	360	16720	23278	3431	37533
江苏	30918	12930		2280	15707		
浙江	8605			2100	6398		107
安徽							
福建	112364	79671	6000	19420	6773		500
江西							
山东	111630	45534	255	6570	58821	450	
河南	48				48		
湖北	213397	209397		2000	2000		
湖南	7161				7161		
广东	187805	47958	11567	82950	43929	1156	245
广西	1000			1000			
海南							
重庆							
四川	9879	9879					
贵州							
云南	11000	10000			1000		
西藏							
陕西	924	924					
甘肃							
青海							
宁夏							
新疆	1000				1000		

3-4 续表 8

其他批发　　　　单位：万元

地区	实收资本	国家资本	集体资本	法人资本	个人资本	港澳台资本	外商资本
全　国	**1858204**	**297780**	**144686**	**633295**	**371233**	**250904**	**160307**
北　京	272118	29058	5485	218061	6385		13129
天　津	74934	23032	13094	10338	22197		6274
河　北	5455	133	4772	550			
山　西	3598	1700	568	1217	113		
内蒙古	588			588			
辽　宁	6813		413	832	4532		1036
吉　林	50						50
黑龙江	21289	11679			4610	5000	
上　海	417180	51322	2200	57857	33273	166750	105779
江　苏	230109	4200	10271	97216	67273	42164	8985
浙　江	104135	5630	5893	29604	59256	3751	
安　徽	19232	3072	1876	1431	12853		
福　建	189079	36845	80488	21375	48347	1858	166
江　西	8787	1359	1000	4222	2206		
山　东	78130	10580	14803	26381	23261		3105
河　南	8777	120		3471	5186		
湖　北	11639	890	360	6641	3748		
湖　南	16927	1050		865	14612	400	
广　东	187230	78921	982	16573	37989	30981	21785
广　西	1992	982		180	830		
海　南	25620			23620	2000		
重　庆	15971	212	287	12612	2860		
四　川	4859			2609	2250		
贵　州	12094	10644			1450		
云　南	116612	17282	1308	96529	1494		
西　藏							
陕　西							
甘　肃	991	191	440		360		
青　海							
宁　夏	12122			82	12040		
新　疆	11876	8878	446	443	2109		

3-5 大中型批发业企业分行业损益及分配

农畜产品批发

地　区	主营业务收入	主营业务成本	主营业务税金及附加	主营业务利润	其他业务利润	营业费用
全　国	**28830158**	**26122382**	**55836**	**1762485**	**60432**	**715735**
北　京	5455588	5153452	4588	297549	3937	139433
天　津	124423	131185	74	-6836	663	2038
河　北	883072	828853	145	53105	-8032	20923
山　西	95348	87608	283	8423		2171
内蒙古	1407771	473538	3836	44511	874	13021
辽　宁	793447	745535	1999	45374	7972	24422
吉　林	1558582	1488742	296	113965	2182	50044
黑龙江	718466	653112	5797	78582	6858	35411
上　海	877651	859332	682	17637	4073	22234
江　苏	1058281	976188	2568	79525	7663	26793
浙　江	771320	725732	229	45359	1018	19003
安　徽	451298	405460	310	38262	500	21075
福　建	755981	707177	374	48636	821	32254
江　西	130152	124270	75	5808	743	4319
山　东	2148512	1904481	6425	234910	4379	50862
河　南	2067615	1945210	15376	107029	3719	32483
湖　北	1079612	1008593	1761	70884	2272	17836
湖　南	400276	315288	3571	51602	735	25748
广　东	1172553	1111898	752	57518	5342	36658
广　西	112988	111209	7	1771		1870
海　南	14577	10115		4462		1044
重　庆	305501	269727	3072	18799	157	4379
四　川	308338	293097	340	14901	1316	9227
贵　州	13935	14098	4	-167	30	219
云　南	2104913	2043295	462	61157	3037	44215
西　藏	6165	5120	740	305		289
陕　西	92865	88138	874	3853	894	1645
甘　肃	68185	63432	40	4713	222	1531
青　海						
宁　夏						
新　疆	3852745	3578500	1156	260847	9057	74590

单位：万元

管理费用	财务费用	营业利润	利润总额	应交所得税	劳动、失业保险费	住房公积金和住房补贴
575589	**441813**	**423670**	**713943**	**73206**	**5832**	**11901**
155957	106891	26617	147393	23183	854	2780
4055	6171	-18437	7704	209	39	213
12319	11137	1159	10952	1005	487	225
2107	1529	1650	2187	12	17	30
12079	11122	139037	24379	2726	69	68
17822	14332	-2572	9306	893	111	316
16638	17828	-7903	8478	951	271	361
20156	8578	41642	20115	1695	69	165
21808	18449	-40781	18459	2174	501	322
26784	15481	18129	23166	2454	498	240
17657	20514	-14032	25521	881	327	447
13543	3790	7900	15126	941	83	511
9118	8476	347	20993	3343	44	309
5966	623	-3783	2079	22	117	4
43893	30159	120289	121961	10209	359	595
34052	60231	-16018	49271	3113	307	522
15573	21442	34219	33575	3753	67	263
25632	9488	20568	5389	313	252	494
25025	15671	19470	27834	1735	155	553
1629	471	-2187	238	27	7	40
1058	144	2311	2319	248	28	21
3963	2249	9700	11503	1673	440	952
4314	2409	268	3567	567	36	173
674	187	-1222	115	2	1	
13053	3299	3539	3509	436	37	945
405	75	-463	161		3	
2425	1263	-585	699	38	13	29
949	1039	1416	378	186	8	
66936	48768	83394	117565	10418	634	1326

3-5 续表 1

食品、饮料及烟草制品批发

地区	主营业务收入	主营业务成本	主营业务税金及附加	主营业务利润	其他业务利润	营业费用
全国	**153665552**	**122187083**	**4749051**	**25978319**	**438274**	**6789795**
北京	10215383	9012805	88543	1114035	58311	662485
天津	3648269	3281108	59353	307808	2590	64071
河北	3334328	2494616	155807	594062	14102	118890
山西	2813795	2149325	142702	516110	4854	50642
内蒙古	2317302	1737447	104731	451865	8301	77275
辽宁	2814065	2196655	128127	512953	2488	89222
吉林	1743251	1338439	67702	288812	117	31655
黑龙江	2439214	1911668	75891	428573	1813	82457
上海	10633051	9022942	115970	1494139	64941	840769
江苏	9243795	7223404	312613	1703312	28250	451404
浙江	12308365	10051709	360061	1896595	45249	408319
安徽	4840216	3869391	195098	767369	5096	157364
福建	7826882	6758193	176809	887802	23958	224676
江西	2483738	1830899	145744	511391	1440	76286
山东	12345635	9485444	356975	2430244	26989	563604
河南	5849024	4547743	254344	1046937	4641	230770
湖北	6031309	4669849	224680	1112189	9427	329659
湖南	5426330	4116311	223831	763299	6374	260450
广东	16053369	13007274	395159	2622729	43406	695750
广西	2501498	1997018	107055	397426	6766	75357
海南	1326603	1135112	34760	128198	955	19971
重庆	4475126	3560092	194483	695030	16971	137115
四川	6447421	4887575	264477	1295369	11374	313051
贵州	4153025	2548520	128170	1390630	30394	224814
云南	6435474	4754990	169893	1540205	8913	424735
西藏	225634	183776	7029	34828	30	3588
陕西	2469079	1831393	115959	521394	2933	89406
甘肃	1279351	929278	63050	287022	1783	42942
青海	562887	483054	17485	65598	604	5335
宁夏	361787	266241	18617	76929	778	9082
新疆	1060348	904812	43936	95466	4427	28655

单位：万元

管理费用	财务费用	营业利润	利润总额	应交所得税	劳动、失业保险费	住房公积金和住房补贴
6222700	**156836**	**13884241**	**14648353**	**3375289**	**125934**	**375990**
202464	20576	312496	472449	92518	3969	9844
71631	5118	169877	171292	42487	1742	3052
182341	-3863	323487	324577	80824	5816	10242
136267	2492	338642	339553	80855	2084	4815
114713	3371	272337	236751	54428	4000	4622
127036	-2989	306577	315038	73107	5820	8045
72599	1191	169252	168246	36584	1163	5884
110392	11779	241079	234448	63977	8675	5179
306256	20160	391895	499411	96028	4003	8085
278182	-12953	1017472	1057073	245817	6746	11225
377373	2059	1198451	1300206	304946	7809	12893
188030	-1371	453951	489824	112996	5780	10884
238485	12894	484456	532073	118348	1205	12800
118711	-2084	315276	342567	88901	745	4884
529917	28292	1383445	1197843	243055	5341	55549
385365	12521	422921	457112	119756	11195	24826
288073	2960	530615	539790	139299	4127	10561
339914	11927	477704	518269	122929	7624	13020
546933	18977	1419096	1529629	299951	3979	29770
136814	12209	246720	214290	51221	1148	12003
40821	-2336	76656	86826	17853	1246	2049
223060	18759	346113	357951	63272	2058	15593
321081	18671	653939	729321	180466	9926	15354
256772	-13374	1015168	1057370	276943	10712	42195
318346	-17142	728047	904184	244405	5805	24458
16252	169	14850	16176	2268	65	110
135561	2721	296642	307745	62483	770	10149
72546	-1156	174474	132034	32613	549	4107
17818	1089	36262	35692	10428	394	1149
18811	-892	50707	50588	10686	695	661
50138	7062	15637	30027	5849	744	1986

3-5 续表 2

纺织、服装及日用品批发

地　区	主营业务收入	主营业务成本	主营业务税金及附加	主营业务利润	其他业务利润	营业费用
全　国	**88886273**	**77334404**	**141329**	**11389024**	**260113**	**5948563**
北　京	3324426	2858229	4941	461256	31120	264626
天　津	1666074	1485872	3440	176762	4138	73499
河　北	237542	220286	268	16988	386	8870
山　西	92941	76469	345	16127	64	5412
内蒙古	147868	111779	4358	31726	230	4881
辽　宁	932948	856146	1059	58523	668	43186
吉　林	74657	65264	141	7131		7078
黑龙江	1248746	1069265	7692	164151	2173	54196
上　海	15112530	11306634	19802	3786095	66506	2406421
江　苏	16003888	13843426	23434	2109304	24453	700175
浙　江	17569232	16282180	19195	1267862	37241	662624
安　徽	2159802	1626570	1205	532028	19065	481106
福　建	6857261	6184401	17728	655094	4304	267948
江　西	137383	133112	824	2802	511	2603
山　东	4281775	3766834	7628	503810	9773	156752
河　南	581936	538436	736	42765	1433	24378
湖　北	350715	323492	421	26316	3166	17239
湖　南	320641	258733	712	30924	1208	20809
广　东	15553169	14249773	17767	1276892	48750	670162
广　西	177790	148181	227	29508	577	7738
海　南	126853	122934	73	3845	16	3674
重　庆	325434	363777	625	41111	418	13429
四　川	1051629	969738	1227	80664	1890	36663
贵　州	42367	40320	67	1979	92	806
云　南	21263	20114	70	1079	833	1337
西　藏						
陕　西	313342	257536	7161	48646	725	5633
甘　肃	39633	34800	54	4779	20	854
青　海	8497	6769		1728	247	61
宁　夏	37493	34870	17	2606	137	705
新　疆	88439	78466	110	6525	-28	5697

单位：万元

管理费用	财务费用	营业利润	利润总额	应交所得税	劳动、失业保险费	住房公积金和住房补贴
2340402	**256123**	**3375851**	**3505124**	**706198**	**38560**	**72313**
122446	11592	122902	133528	30052	2243	4566
26215	3205	78048	90238	19949	481	1216
6186	701	1422	1552	457	118	160
3600	557	6598	6298	1601	9	43
8913	1718	16449	16449	338	218	
26660	3566	82906	84228	2301	4639	716
1780	403	860	565	395	70	8
10472	1241	102088	43010	7284	7	14
577339	14241	855414	1006859	288074	11298	17882
613313	57082	810312	791747	132219	9640	13384
289509	84551	285063	343545	70209	3439	8523
78649	5413	-11969	-10917	2411	385	2485
116888	8947	283839	289038	54463	745	4118
1492	274	-361	232	73	13	68
79351	15760	264944	265124	15602	490	1401
7257	2608	9955	4948	1753	86	180
8336	2115	1997	637	741	53	291
11112	1618	26302	13253	941	726	1007
300281	34804	339194	338702	67147	3452	15852
3275	880	18049	5594	1519	57	22
191	5	-9	-10	34	7	4
6712	488	23040	22527	446	72	76
18088	2284	25519	21188	5425	72	222
1130	330	-195	-206	20	50	11
751	78	-254	-252	2	6	4
14593	997	28147	28291	563	144	44
2138	349	1459	1439	342	3	3
450	-581	2046	5175	1264	3	2
641	613	784	1090	219	8	1
2638	288	1304	1254	355	26	12

3-5 续表 3

文化、体育用品及器材批发

地 区	主营业务收入	主营业务成本	主营业务税金及附加	主营业务利润	其他业务利润	营业费用
全 国	**19853145**	**17902573**	**46899**	**1881928**	**68287**	**817544**
北 京	4962990	4314770	10677	637543	24969	295503
天 津	228111	196038	138	31935	826	19397
河 北	107184	96799	62	10324	292	2365
山 西	139070	124342	151	14577	292	5880
内蒙古	74867	60732	149	13986		1751
辽 宁	87873	79639	235	7516	1936	5082
吉 林	57324	47394	164	9767	3190	2882
黑龙江	66258	42869	665	23368	4	1295
上 海	3802183	3534996	8324	258864	13162	102756
江 苏	1668074	1478587	2618	186870	1161	75768
浙 江	2043301	1931335	2333	109672	5174	49207
安 徽	204799	183241	396	19433	2231	9053
福 建	165631	151775	198	13658	489	6777
江 西	18753	17848	17	888		454
山 东	1388879	1291185	3659	98776	1321	26477
河 南	318097	296776	431	20889	2602	6840
湖 北	182816	164220	146	18451	95	7684
湖 南	286967	241157	1457	20995	121	14017
广 东	3033069	2750401	12378	269111	6493	125902
广 西	88827	77916	166	10748	330	5625
海 南	37208	33911	84	3213	360	2207
重 庆	272829	225888	1443	45498	757	24806
四 川	97810	93954	63	3793	83	1744
贵 州	80678	72656	165	7857	346	2109
云 南	138948	124836	424	13688	630	8080
西 藏	5140	4525		615		417
陕 西	104157	96449	29	7679	50	2759
甘 肃	77090	69710	55	7325		2673
青 海	12052	8308	58	3687	674	2065
宁 夏	10237	8604	11	1622	99	493
新 疆	91925	81713	204	9584	602	5478

单位：万元

管理费用	财务费用	营业利润	利润总额	应交所得税	劳动、失业保险费	住房公积金和住房补贴
477564	**72612**	**630192**	**655261**	**123614**	**9825**	**18900**
145391	28158	189567	223491	50320	2214	6122
8252	3738	1373	1410	997	329	364
6950	-346	1646	1509		422	330
6262	394	3315	2491	657	43	308
3049	104	9082	7586	174	49	29
3907	-253	1162	1188	21	47	633
6148	21	4311	5236	503	142	437
2400	49	19629	403	133	23	185
57881	23398	87991	90130	23309	1805	1647
39204	4905	99255	103383	11755	1135	2584
30968	5623	29067	38993	4939	466	783
4675	-1460	11384	11200	85	29	152
5887	1033	450	1340	346	29	72
417		16	16	4		
30353	4224	24129	21804	2598	351	678
9540	875	6236	7020	1707	133	211
6518	-37	4381	4723	1224	61	131
13155	-229	17410	10632	153	265	258
64390	1518	91442	89387	20699	1713	1947
2554	-455	3386	3982	6	230	182
1650	-1	-284	-309		27	54
5807	646	15142	16275	1853	118	378
865	211	1056	1057	318	2	
3484	-38	2649	2682	113	12	518
3070	490	2679	4409	370	9	170
328	-5	-125	178	19		
4162	22	781	606	347	12	194
3733	287	632	731	18	8	51
2209	-18	104	229	21	26	243
961	-1	269	270		4	56
3397	-243	2057	3213	926	121	184

3-5 续表 4

医药及医疗器材批发

地　区	主营业务收入	主营业务成本	主营业务税金及附加	主营业务利润	其他业务利润	营业费用
全　国	**65590169**	**59545476**	**122087**	**5627995**	**241382**	**3140391**
北　京	6204324	5491799	10905	701621	60749	423409
天　津	1825019	1706687	2602	115730	1760	40033
河　北	2646421	2546537	1999	91466	1292	52832
山　西	534533	480785	688	37088	124	27156
内蒙古	167441	144751	1326	20568		7566
辽　宁	2313040	2089128	3332	141650	2711	81610
吉　林	491299	430293	4722	48216	40	27890
黑龙江	785950	710715	13317	72038	715	39513
上　海	6434360	5680345	5592	748424	38867	362870
江　苏	4880268	4074537	10306	760024	6877	529435
浙　江	5758689	5288171	9384	461134	11457	256047
安　徽	3717678	3599697	3591	102611	4420	55793
福　建	1384030	1315852	1325	67427	1421	23341
江　西	1114814	965374	2653	144236	1932	94521
山　东	3677521	3372560	5087	297785	5467	139707
河　南	2375089	2282622	6537	85931	1447	29964
湖　北	2015506	1875572	3047	130594	6682	56978
湖　南	1459868	1337297	3715	52848	3980	49303
广　东	8485905	7615839	13371	839591	33777	466346
广　西	487584	437004	1075	29638	1665	12045
海　南	756553	619327	1505	118664	39564	58993
重　庆	2054624	1937950	2462	96647	9664	49627
四　川	2978363	2829036	3832	145495	4397	84010
贵　州	443315	408310	3071	33257	322	10914
云　南	1430425	1262428	2760	165237	1129	89794
西　藏	94513	49271	797	44446		43886
陕　西	581450	529995	2353	48792	594	15971
甘　肃	245772	235438	353	9981	37	4413
青　海	10782	10273	11	497		309
宁　夏	27212	25688	15	1509		465
新　疆	207824	192198	356	14852	295	5653

单位：万元

管理费用	财务费用	营业利润	利润总额	应交所得税	劳动、失业保险费	住房公积金和住房补贴
1346119	**217230**	**1524534**	**1585698**	**322790**	**17677**	**69102**
181915	17925	177073	216327	52859	3070	7910
39524	8770	36086	38445	9500	265	1045
21720	6744	11745	14578	4622	673	349
8539	951	4178	4695	1384	68	50
3516	367	9673	8283	377	17	1
42411	9326	46951	46970	9967	575	791
8141	1279	19545	23232	1467	73	76
25261	451	28340	9879	2345	59	229
219321	1736	223130	237436	47992	2298	5576
110047	20993	115495	91353	35580	2003	2183
100523	25738	121817	124972	28437	2001	2878
35201	4664	11704	13050	3667	544	277
21727	9127	19540	20054	5486	176	521
13856	2984	37198	18573	4300	223	166
74691	13328	77427	69258	14503	911	35432
26665	8249	22499	22373	5782	107	123
36474	16045	27889	51970	6687	226	2690
32852	9424	27418	20027	2336	871	678
176408	36324	275890	282180	41937	1861	4633
11365	2366	9410	5942	1286	74	36
24959	909	91651	109237	17715	262	241
33283	4294	26449	24032	4305	263	312
40793	5388	19701	35840	7087	573	1416
10632	2908	9919	10135	1926	226	67
19075	3401	54096	59321	7762	94	422
634	7	-81	5289	878		
15621	2085	15779	15907	1038	115	287
4004	1104	497	830	220	2	631
141	44	35	36	13		1
609	45	391	372	107	3	20
6212	255	3088	5105	1227	43	63

3-5 续表 5

矿产品、建材及化工产品批发

地　区	主营业务收入	主营业务成本	主营业务税金及附加	主营业务利润	其他业务利润	营业费用
全　国	**880992850**	**842116070**	**1215137**	**35277250**	**976415**	**14197528**
北　京	127665821	124688511	134391	2842919	133797	1174924
天　津	65552647	64260618	26399	1258488	45087	355399
河　北	20971570	19962390	22686	945562	-2779	544883
山　西	33612341	31180494	85095	1911709	147325	867037
内蒙古	11318915	10209686	66380	855643	5588	272476
辽　宁	47385071	45861167	32523	1318274	26610	1029796
吉　林	6282447	5916304	4807	256017	2290	189483
黑龙江	8898088	8090784	63904	495130	7366	287633
上　海	106409179	103247778	71452	3089949	166960	1062995
江　苏	64709763	61517972	81451	2970552	43811	966396
浙　江	54637954	52854650	32503	1750916	108717	792967
安　徽	12026992	11370539	15976	628450	8409	304427
福　建	22078393	21071915	32035	939022	13493	443197
江　西	5718972	5304485	7696	206438	1942	121777
山　东	43855615	40750813	81636	2860261	22797	877904
河　南	16303669	15659235	32320	612114	13696	261436
湖　北	25654615	24268252	29508	1325352	9556	413973
湖　南	5708986	5307615	25580	157695	3956	138089
广　东	101554070	97564648	64582	3945188	122865	1534070
广　西	8053359	7621773	12816	358886	2683	230258
海　南	1522853	1449073	6396	57552	3386	28439
重　庆	10785295	9932992	53454	600481	6414	303305
四　川	11569458	10959930	19508	590021	16245	335815
贵　州	2899009	2631271	34127	208518	3728	104287
云　南	9916208	9359813	14486	545183	14949	219986
西　藏	6777	9981		-3204		1873
陕　西	21113227	17769791	120162	3209858	30244	359768
甘　肃	12489262	11922095	21570	545597	2506	460198
青　海	1180899	1092331	1974	51313	755	27339
宁　夏	2186110	2085731	4098	96281	2657	48957
新　疆	18925288	18193436	15624	647086	11362	438439

单位：万元

管理费用	财务费用	营业利润	利润总额	应交所得税	劳动、失业保险费	住房公积金和住房补贴
6196042	**2754285**	**16026878**	**15771328**	**2395778**	**77853**	**189086**
787358	220249	1798242	1901753	308115	11332	27613
179152	217059	570725	596979	137747	1865	5744
139992	72761	200728	277692	35677	2099	3187
464369	202937	640996	576463	146472	2730	6543
78636	18693	661128	522181	38215	2138	3638
184351	95976	195235	238823	54487	5239	10211
15139	18456	119454	98935	3708	672	4059
117868	29765	186011	178588	30136	1246	4386
675915	179617	1345076	1759852	308805	4587	13879
423178	246624	1619856	1197397	198840	10590	9379
436685	316986	377502	623216	121161	3928	9511
108797	52301	185444	182988	41400	2758	3382
143490	74513	346260	430410	79661	1028	5973
29165	5424	111754	105036	22560	370	1581
516026	178391	1265584	990113	125462	3645	8111
181115	39760	143499	129114	30764	1396	3513
163512	65977	711659	739273	169419	1414	5829
99680	30458	106186	75564	12791	2918	2090
619527	386102	1786985	1364461	317762	8297	16795
72284	19862	75579	74869	20284	496	2748
19299	2051	20524	24515	5515	71	476
203705	32056	235869	178431	27773	1536	6184
111350	51799	107302	131227	24062	653	2815
41589	8999	84297	99175	6756	905	1559
96898	55554	96370	104861	17829	897	2890
692	212	-5981	2164	248	105	47
141617	55326	2688483	2671313	69832	1368	12905
56574	39989	-8658	44652	5889	1935	6713
10621	3176	24010	95142	1331	71	729
11601	4942	33484	34967	1091	93	853
65860	28270	303278	321176	31986	1472	5745

3-5 续表 6

机械设备、五金交电及电子产品批发

地 区	主营业务收入	主营业务成本	主营业务税金及附加	主营业务利润	其他业务利润	营业费用
全 国	**272707210**	**247400052**	**307999**	**24746382**	**1357459**	**12448592**
北 京	75496738	64710554	86121	10700063	780064	4453068
天 津	8238017	7549546	4375	684097	24471	418612
河 北	5027037	4785122	5997	223335	13663	153858
山 西	504564	478475	564	25710	840	22975
内蒙古	330880	266274	1190	55527	3912	10613
辽 宁	4260168	3958236	4572	225335	11062	129289
吉 林	2523366	2335579	602	183974	276	129016
黑龙江	1126777	1042176	18561	83165	1479	55883
上 海	57889186	52927955	33662	4927569	192036	2882603
江 苏	20521674	19148534	16299	1344935	68268	661835
浙 江	16257086	15301646	16407	941469	39037	508406
安 徽	3805052	3602717	3491	185745	10954	122069
福 建	3524853	3235272	6137	283460	13799	102695
江 西	1136454	1070460	1246	64459	1136	28283
山 东	13813465	12753276	28894	1096746	25288	442791
河 南	4243056	4055034	15520	172503	6954	165724
湖 北	3576217	3400754	3658	172062	5623	100807
湖 南	1522758	1292699	5386	75721	1720	84753
广 东	29646438	27610864	29696	2003614	117035	1151793
广 西	1314280	1206589	4315	97855	2749	49062
海 南	1078833	994472	1312	83049	388	71102
重 庆	7686665	7067735	9788	553070	5324	394154
四 川	2630056	2444435	2921	182700	6376	99394
贵 州	798486	747535	840	47368	-319	36467
云 南	1438979	1332397	2202	104380	11037	54307
西 藏	20077	18122	2	1953		1141
陕 西	1565122	1488255	1506	76360	1183	43742
甘 肃	1134746	1072291	799	61657	1241	17756
青 海	151555	141919	57	7478	397	6033
宁 夏	263917	247704	257	15957	778	12115
新 疆	1180711	1113429	1625	65069	10690	38248

单位：万元

管理费用	财务费用	营业利润	利润总额	应交所得税	劳动、失业保险费	住房公积金和住房补贴
5352675	**331113**	**8778003**	**9864456**	**1861611**	**80699**	**157172**
2452122	-16212	4856771	5781754	1065915	32651	72659
89403	40287	163636	180468	58990	2017	4605
41592	19622	28238	97490	15465	1942	960
6554	2516	-4990	-2575	250	4610	378
6703	930	40500	33499	2002	93	47
68519	26575	83871	96538	19749	1163	2397
10065	-698	49420	46706	9661	160	986
38967	1679	34353	9386	3581	163	361
889116	42553	1306932	1474693	308657	16212	38841
265193	13158	478630	486960	69735	5119	5819
229123	58990	299600	242438	52800	3746	5897
51934	7577	35205	40506	5969	717	1144
96987	6512	92224	92491	19559	524	2410
7941	1647	30410	29547	2843	60	235
224119	28293	430185	374302	65252	2882	5703
55076	2962	-44359	20895	5908	189	619
30619	6669	39546	41113	22754	696	1397
78458	2590	59559	13369	2350	685	601
444755	45883	504944	569360	88321	4562	9338
23172	691	29351	30627	4347	220	222
7747	660	3323	2954	684	135	77
54686	23738	112061	106165	11095	330	530
27167	5239	57277	29230	5862	619	544
57401	721	5812	6188	1367	124	94
37261	2053	21796	29847	6426	694	700
445	54	313	132	6	26	37
17181	1441	15449	10035	1923	195	403
11911	527	32704	476	6011	32	37
2093	831	270	975	75	10	10
4863	584	-828	771	292	20	24
21506	3041	15800	18119	3762	103	98

3-5 续表 7

贸易经纪与代理

地　　区	主营业务收入	主营业务成本	主营业务税金及附加	主营业务利润	其他业务利润	营业费用
全　　国	**26588512**	**24780050**	**109244**	**1752954**	**141069**	**828107**
北　　京	5119464	4438145	24795	656525	93198	257885
天　　津	404526	377406	188	26931	308	11171
河　　北	43027	39890	1817	3135	17	2811
山　　西	201132	174074	5854	14036		8582
内 蒙 古						
辽　　宁	83054	78659	36	4359	4	3343
吉　　林						
黑 龙 江	42660	39749	701	2887	147	969
上　　海	4857025	4431494	17514	408017	13130	279656
江　　苏	1045649	946441	38167	57710	886	21969
浙　　江	213125	187322	968	24835	341	6361
安　　徽						
福　　建	1317332	1232295	2479	82062	6050	30833
江　　西						
山　　东	766104	640600	4355	121149	16787	29290
河　　南	5726	5313	52	361		82
湖　　北	6801385	6745599	4763	51023	2880	16412
湖　　南	58335	44888	2288	3421		3201
广　　东	5181551	4986256	4783	260488	6385	128732
广　　西	12433	11387	5	1042		732
海　　南						
重　　庆						
四　　川	15075	14182	44	849	726	768
贵　　州						
云　　南	365567	334947	415	30206	41	21974
西　　藏						
陕　　西	31341	27975	2	3365	94	3185
甘　　肃						
青　　海						
宁　　夏						
新　　疆	24002	23429	19	554	75	149

单位：万元

管理费用	财务费用	营业利润	利润总额	应交所得税	劳动、失业保险费	住房公积金和住房补贴
437301	**93453**	**745345**	**977998**	**163840**	**4977**	**14916**
182825	58904	468438	639388	106195	2515	6693
9909	1317	4841	5388	1596	196	618
504	138	-281	-276		2	8
2497	590	2367	11153	2818		
3258	624	-2861	-1602	78	38	27
1424	-34	944	4594	1505	3	34
96242	3148	42100	58458	20998	470	4098
14993	4317	17317	19655	1633	242	616
5627	856	12332	12554	344	10	8
23403	5460	36292	38238	7723	439	278
11838	8015	88793	71581	5138	249	281
45	5	229	229	30	4	
26646	-1013	11858	36521	7819	150	1027
4299	239	3421	8466	250	171	22
49812	10300	53979	69377	7641	474	1085
150	146	15	39	10		
584		222	296	45	5	31
2759	292	5222	3998	17	5	88
294	-26	5	7	2	2	2
190	177	113	-67		2	

3-5 续表 8

其他批发

地　区	主营业务收入	主营业务成本	主营业务税金及附加	主营业务利润	其他业务利润	营业费用
全　国	**34551163**	**32508562**	**148086**	**1786164**	**89987**	**794396**
北　京	1347049	1158377	3082	185591	14794	96918
天　津	1375880	1272175	6496	97209	9854	40802
河　北	49760	39109	16	10635	825	2082
山　西	248854	229825	625	14800	4644	4691
内蒙古	44620	33064	173	11382		1074
辽　宁	226951	217504	4548	309	115	2035
吉　林	20110	19373		737		283
黑龙江	488703	388356	5929	98933	162	23107
上　海	6675215	5987244	8099	679871	31131	310760
江　苏	4467224	4253200	22131	157389	5294	37398
浙　江	2779361	2763815	23052	-7506	1776	22612
安　徽	1529742	1538157	19134	-26141	543	6215
福　建	2808477	2720981	6384	82483	2980	42165
江　西	618907	627424	4009	-28279	257	2195
山　东	1722671	1621002	15077	81830	1021	37018
河　南	235278	215528	10189	9562	233	6982
湖　北	188263	166300	718	14342	46	7008
湖　南	217670	182844	5553	13100	354	10472
广　东	5376310	5155917	4285	215720	9840	89563
广　西	139770	133551	237	6042	306	3020
海　南	1015012	1011303	233	3126		598
重　庆	482786	444303	2306	10123	294	6578
四　川	197645	193690	1839	2117		5643
贵　州	244022	237777	602	3776	213	3251
云　南	1787615	1647817	2474	137324	3642	24524
西　藏						
陕　西						
甘　肃	15047	14819	4	225	268	527
青　海						
宁　夏	41031	36340	72	4619	58	1177
新　疆	207191	198768	822	6843	1338	5697

单位：万元

管理费用	财务费用	营业利润	利润总额	应交所得税	劳动、失业保险费	住房公积金和住房补贴
541813	**128447**	**490063**	**821087**	**167414**	**4404**	**12744**
61088	6305	43667	55187	14191	316	1412
17333	4639	44290	75997	9845	128	769
1678	208	7493	645	162	22	22
7841	245	9167	8963	1381	64	176
1597	19	8692	3504	2063	4	
4698	547	-6184	6801	1421	52	101
1						4
17194	879	65584	26497	7537	85	551
185077	3886	211279	235308	57540	1284	4361
52264	17269	87735	103854	13574	1033	472
17821	17109	-62997	16161	4283	172	327
7134	6397	-45863	3801	1006	63	87
24140	14951	14779	18526	3478	144	453
2517	1969	-35871	4854	692	19	51
22214	8768	15083	65644	6729	84	175
2962	1220	-1369	1475	279	73	39
7058	1829	3832	4322	1327	52	107
9783	437	8910	12599	936	290	107
54546	37162	50372	64106	12262	346	1492
2472	114	680	1484	239	11	45
970	166	-10197	-9155	46	10	2
2837	650	516	7511	526	24	117
4109	2032	-9668	11186	1099	5	37
1341	807	458	2232	114	5	69
28824	-1537	89155	93682	25492	101	1651
15	5	-55	-75		1	2
1178	1122	1199	918	577	1	5
3122	1248	-622	5062	617	19	111

3-6 大中型批发业企业分行业工资、福利及增值税

单位：万元

地区	批发业			农畜产品批发		
	本年应付工资总额	本年应付福利费总额	本年应交增值税	本年应付工资总额	本年应付福利费总额	本年应交增值税
全　国	**13590697**	**1158077**	**21377925**	**260586**	**20529**	**100185**
北　京	2193845	185113	2466657	48107	3275	-30154
天　津	266582	15153	1331437	1506	107	689
河　北	222852	14613	336627	5450	179	902
山　西	297657	37932	657670	1452		1403
内蒙古	128006	14530	450937	5179	152	12759
辽　宁	263609	21859	384950	4664	611	3394
吉　林	123173	11409	215378	16453	956	2222
黑龙江	161554	17030	750130	8748	440	23864
上　海	1881102	132187	2297764	7835	563	1710
江　苏	985962	109740	1661416	14871	960	4557
浙　江	924283	62175	756952	6557	566	906
安　徽	290499	31080	576234	7123	386	3614
福　建	423956	36432	543568	4412	670	2108
江　西	135137	14488	278873	3424	114	587
山　东	729171	58762	1279839	16481	1480	12288
河　南	333800	24116	396059	16661	1515	3147
湖　北	349940	41189	992175	11144	712	5866
湖　南	297624	35884	451255	9265	2802	22689
广　东	1629211	121441	2203220	18169	1634	8381
广　西	159563	16295	266842	1398	64	2557
海　南	58187	2846	98235	71	29	
重　庆	320311	31096	485459	3071	304	1147
四　川	307426	25466	465797	3669	129	1099
贵　州	207116	18493	329659	169	24	27
云　南	342032	24684	511989	9768	753	4636
西　藏	10182	262	20723	109	34	1
陕　西	237619	18939	546748	914	44	204
甘　肃	74375	14298	168159	594		72
青　海	24598	2446	29013			
宁　夏	30429	2243	48743			
新　疆	180895	15876	375417	33323	2026	9510

3-6 续表 1

单位：万元

地区	食品、饮料及烟草制品批发			纺织、服装及日用品批发		
	本年应付工资总额	本年应付福利费总额	本年应交增值税	本年应付工资总额	本年应付福利费总额	本年应交增值税
全　国	**3660038**	**353939**	**5031457**	**1484357**	**92270**	**1820732**
北　京	166032	11101	136491	94331	3993	63640
天　津	47155	3461	52860	19835	216	26177
河　北	83065	4055	114229	5969	103	1791
山　西	58056	16047	107123	1950	126	2779
内蒙古	57788	6976	75114	6504	268	203
辽　宁	82674	5563	106883	13670	679	3588
吉　林	46526	3176	54696	424	29	927
黑龙江	57002	5581	109566	6838	837	33086
上　海	193318	17059	266751	427180	22737	508706
江　苏	162358	14454	306968	236545	22949	379975
浙　江	273315	25505	351550	189764	8835	113262
安　徽	94714	9550	161948	65411	8896	73393
福　建	129902	19407	175299	71356	3761	86114
江　西	69622	8794	120385	848	26	1529
山　东	286495	31952	463493	66007	2752	63454
河　南	189935	14078	169727	4623	132	5382
湖　北	145547	19889	275048	6250	348	5014
湖　南	171911	17523	228962	8387	348	16921
广　东	325799	24662	400796	203104	12225	407865
广　西	86018	10259	82837	2350	132	1761
海　南	21302	1480	28206	741	6	620
重　庆	142817	15575	123549	7531	25	6786
四　川	169365	17172	276020	12973	662	10715
贵　州	167021	15674	281962	513	36	302
云　南	230622	16967	313992	536		137
西　藏	4658	187	12361			
陕　西	103655	7998	81233	25628	2011	4911
甘　肃	37478	4418	103353	1302	89	440
青　海	8618	1243	14859	169		
宁　夏	13086	603	15909	76	9	50
新　疆	34185	3530	19288	3544	41	1204

3-6 续表 2

单位：万元

地区	文化、体育用品及器材批发			医药及医疗器材批发		
	本年应付工资总额	本年应付福利费总额	本年应交增值税	本年应付工资总额	本年应付福利费总额	本年应交增值税
全国	**315262**	**34471**	**369835**	**1054425**	**74757**	**1011196**
北京	86821	5430	120684	155550	10216	115552
天津	5104	121	4907	19431	2414	23235
河北	1826	22	519	18585	1051	11232
山西	744	78	1574	11338	1089	5903
内蒙古	1034	7	8894	3949	81	9875
辽宁	2296	262	1190	17965	1002	34351
吉林	1618	274	1401	4800	109	7864
黑龙江	913	55	22087	10734	615	43388
上海	35739	1133	45981	161373	14342	105465
江苏	33480	1547	12498	157994	16396	123169
浙江	17145	1156	9384	69891	4052	59048
安徽	2816	289	3580	19668	1442	28163
福建	4492	146	955	16574	957	21398
江西	70	6	151	25269	2244	20983
山东	17618	1155	16139	38038	1971	35419
河南	2797	206	2744	17854	887	31673
湖北	5222	436	1289	23258	1253	26965
湖南	8396	603	9881	18127	1467	29819
广东	57253	19831	89503	141500	7575	110514
广西	2036	388	1145	6385	461	7416
海南	1236	95	419	14445	384	41289
重庆	13568	369	3375	23472	858	12832
四川	372	19	267	34448	1152	43950
贵州	1794	224	1530	6576	259	7028
云南	2138	98	4913	18380	1582	33065
西藏	159	9	103	4194	14	8209
陕西	1564	38	319	7486	429	8925
甘肃	1597	63	473	2842	123	2186
青海	2030	90	301	119	10	93
宁夏	635	74	92	447	54	147
新疆	2752	246	3540	3734	270	2042

3-6 续表 3

单位：万元

地区	矿产品、建材及化工产品批发			机械设备、五金交电及电子产品批发		
	本年应付工资总额	本年应付福利费总额	本年应交增值税	本年应付工资总额	本年应付福利费总额	本年应交增值税
全　国	**3267031**	**309861**	**6584067**	**3033826**	**236270**	**4547048**
北　京	411603	35097	326100	1116315	110048	1591312
天　津	89716	3709	362080	62721	3710	777629
河　北	75986	7267	180221	30992	1846	27480
山　西	215815	20373	532073	5093	143	3693
内蒙古	48069	5673	323949	5316	1268	18852
辽　宁	106304	11163	163866	33571	2486	42869
吉　林	46725	6133	100875	6585	733	47336
黑龙江	59418	7954	431295	8802	485	61856
上　海	309612	25881	527154	577632	41545	591593
江　苏	185842	37701	414330	168879	12496	139659
浙　江	205620	13454	-169164	151555	8114	103912
安　徽	64990	8520	200695	31779	1785	23951
福　建	114330	6518	176058	57072	3871	38672
江　西	23077	2460	65563	10680	669	10101
山　东	173214	13282	394492	113975	4945	197757
河　南	70231	6031	151676	29261	1190	25313
湖　北	111812	11391	304598	30159	1842	48621
湖　南	40417	6292	78434	34785	5575	52850
广　东	422953	30226	578736	398172	21850	502584
广　西	42324	4245	149425	17795	677	19406
海　南	13937	647	7370	6050	168	17944
重　庆	84783	8175	226195	40900	5684	97035
四　川	56641	4865	71364	28762	1424	40611
贵　州	23400	1911	27941	6355	320	9877
云　南	45165	2630	108729	25134	1445	18015
西　藏	604	19	34	459		16
陕　西	82575	7587	437328	15701	831	13815
甘　肃	26205	9442	51257	4151	162	10355
青　海	12177	954	13497	1485	149	263
宁　夏	12763	1350	30318	2830	109	1806
新　疆	90725	8913	317580	10861	700	11868

3-6 续表 4

单位：万元

地 区	贸易经纪与代理			其他批发		
	本年应付工资总额	本年应付福利费总额	本年应交增值税	本年应付工资总额	本年应付福利费总额	本年应交增值税
全 国	**253268**	**17040**	**410320**	**261904**	**18941**	**1503084**
北 京	91923	4921	118435	23163	1033	24597
天 津	6100	76	3063	15014	1338	80796
河 北	293	13	13	686	79	241
山 西	563		45	2647	76	3077
内 蒙 古				167	106	1293
辽 宁	642	41	939	1824	52	27870
吉 林				42		58
黑 龙 江	268	19	2444	8831	1046	22546
上 海	86017	2697	105916	82398	6231	144489
江 苏	6687	1269	54841	19307	1967	225418
浙 江	1356	76	16	9081	415	288039
安 徽				3999	213	80890
福 建	8254	400	6623	17564	701	36342
江 西				2149	175	59575
山 东	7855	585	2251	9487	640	94546
河 南	46		2	2391	76	6396
湖 北	14447	5150	49051	2102	169	275723
湖 南	2201	693	2525	4137	582	9174
广 东	24887	1035	63644	37375	2403	41198
广 西	159		35	1099	69	2259
海 南				405	38	2389
重 庆				4170	107	14539
四 川	403	9	232	794	35	21539
贵 州				1288	46	992
云 南	1039	48	31	9249	1161	28471
西 藏						
陕 西	96		13			
甘 肃				206		25
青 海						
宁 夏				592	45	421
新 疆	34	11	202	1737	139	10183

3-7 大中型批发业企业分行业经济效益分析指标

农畜产品批发

地区	负债比率(%)	主营业务毛利率(%)	人均营业收入(万元)	流动资产周转次数(次)	费用率(%)
全国	**76.1**	**9.4**	**299.7**	**1.3**	**6.0**
北京	66.4	5.5	1340.5	1.0	7.3
天津	51.9	-5.4	329.3	0.5	9.8
河北	81.4	6.1	311.9	2.1	5.0
山西	78.7	8.1	110.1	1.3	6.1
内蒙古	76.0	66.4	487.4	4.9	2.6
辽宁	86.8	6.0	515.1	1.4	7.0
吉林	77.1	4.5	117.1	1.7	5.4
黑龙江	79.1	9.1	209.2	1.7	8.6
上海	60.5	2.1	727.4	1.1	7.1
江苏	80.1	7.8	195.5	1.7	6.5
浙江	79.2	5.9	396.1	1.5	7.4
安徽	60.7	10.2	126.9	1.7	8.5
福建	78.1	6.5	610.0	1.7	6.6
江西	86.8	4.5	41.9	0.8	8.3
山东	78.4	11.4	245.8	1.7	5.8
河南	86.6	5.9	210.1	0.9	6.1
湖北	82.6	6.6	224.5	1.2	5.0
湖南	75.8	21.2	192.8	1.5	15.2
广东	79.4	5.2	226.3	2.3	6.5
广西	81.5	1.6	124.5	2.4	3.5
海南	19.6	30.6	560.6	0.7	15.4
重庆	40.6	11.7	163.4	7.0	3.4
四川	77.0	4.9	208.6	2.6	5.1
贵州	94.7	-1.2	86.2	2.1	7.7
云南	93.4	2.9	1655.2	1.0	2.9
西藏	41.7	17.0	166.6	1.9	12.5
陕西	99.7	5.1	187.9	0.9	5.6
甘肃	91.2	7.0	280.4	1.1	5.1
青海					
宁夏					
新疆	85.9	7.1	291.2	1.1	4.9

注：费用率等于营业费用、管理费用、财务费用三项之和除以营业收入合计(下表同)。

3-7 续表 1

食品、饮料及烟草制品批发

地区	负债比率 (%)	主营业务毛利率 (%)	人均营业收入 (万元)	流动资产周转次数 (次)	费用率 (%)
全国	**47.1**	**20.5**	**241.1**	**2.6**	**8.5**
北京	76.1	11.8	386.9	1.4	8.6
天津	56.2	10.1	540.8	3.5	3.9
河北	26.5	25.2	229.5	3.1	8.9
山西	23.0	23.6	243.4	4.0	6.7
内蒙古	37.3	25.0	194.4	3.8	8.3
辽宁	27.0	21.9	192.3	2.4	7.6
吉林	27.6	23.2	270.9	4.6	6.0
黑龙江	50.2	21.6	209.2	2.3	8.4
上海	64.0	15.1	369.4	2.4	10.9
江苏	37.6	21.9	258.6	1.9	7.7
浙江	45.1	18.3	290.0	2.4	6.4
安徽	40.1	20.1	199.5	2.5	7.0
福建	38.1	13.7	318.4	2.8	5.9
江西	32.2	26.3	174.2	3.2	7.7
山东	47.5	23.2	210.2	4.1	9.0
河南	44.8	22.2	164.4	3.3	10.7
湖北	51.5	22.6	206.3	2.9	10.2
湖南	36.4	24.1	229.0	3.3	11.2
广东	50.7	19.0	251.3	3.5	7.8
广西	60.1	20.2	219.1	2.2	8.9
海南	26.1	14.4	575.1	4.2	4.4
重庆	44.8	20.4	207.0	3.5	8.3
四川	35.7	24.2	211.8	2.7	10.0
贵州	43.7	38.6	169.2	1.9	11.0
云南	37.7	26.1	197.0	1.6	11.0
西藏	11.2	18.6	297.3	6.7	8.9
陕西	26.9	25.8	165.6	4.5	9.2
甘肃	20.8	27.4	207.8	2.7	8.9
青海	13.1	14.2	443.1	3.1	4.3
宁夏	22.5	26.4	207.8	2.0	7.4
新疆	65.6	14.7	251.6	2.7	7.9

3-7 续表 2

纺织、服装及日用品批发

地区	负债比率(%)	主营业务毛利率(%)	人均营业收入(万元)	流动资产周转次数(次)	费用率(%)
全国	**70.6**	**13.0**	**280.2**	**2.7**	**9.5**
北京	64.1	14.0	169.8	2.2	11.7
天津	66.4	10.8	458.2	3.5	6.2
河北	72.6	7.3	87.3	4.2	6.6
山西	40.2	17.7	135.2	2.4	10.3
内蒙古	76.0	24.4	58.8	8.7	9.6
辽宁	27.5	8.2	313.2	2.1	7.7
吉林	80.8	12.6	225.5	2.3	12.3
黑龙江	76.6	14.4	839.3	11.0	5.3
上海	63.1	25.2	262.2	2.5	19.6
江苏	72.4	13.5	413.5	2.3	8.5
浙江	77.2	7.3	417.2	2.9	5.9
安徽	93.7	24.7	308.1	3.0	25.7
福建	66.6	9.8	385.5	2.5	5.7
江西	81.8	3.1	409.2	3.0	3.2
山东	71.2	12.0	97.8	3.7	5.8
河南	80.1	7.5	283.5	2.8	5.9
湖北	81.7	7.8	167.6	2.0	7.7
湖南	57.6	19.3	165.5	2.9	10.4
广东	77.8	8.4	322.9	3.0	6.4
广西	45.5	16.7	137.3	1.9	6.6
海南	84.8	3.1	339.4	6.1	3.0
重庆	77.1	-11.8	83.8	6.0	6.3
四川	72.1	7.8	203.5	4.4	5.4
贵州	92.9	4.8	145.1	2.6	5.3
云南	100.0	5.4	104.6	2.1	9.7
西藏					
陕西	81.2	17.8	38.5	8.1	6.8
甘肃	61.5	12.2	86.4	3.6	8.4
青海	21.1	20.3	208.4	0.3	-0.8
宁夏	79.1	7.0	990.3	0.7	5.2
新疆	83.5	11.3	63.9	2.5	9.8

3-7 续表 3

文化、体育用品及器材批发

地　区	负债比率(%)	主营业务毛利率(%)	人均营业收入(万元)	流动资产周转次数(次)	费用率(%)
全　国	**65.1**	**9.8**	**281.4**	**2.1**	**6.8**
北　京	63.7	13.1	351.1	2.3	9.4
天　津	80.1	14.1	158.0	3.1	13.7
河　北	34.9	9.7	254.1	1.4	8.3
山　西	74.3	10.6	274.5	1.5	9.0
内蒙古	74.3	18.9	213.9	1.3	6.6
辽　宁	67.2	9.4	115.7	1.4	9.7
吉　林	44.1	17.3	87.3	1.4	14.8
黑龙江	79.7	35.3	224.6	2.9	5.6
上　海	72.0	7.0	644.6	2.6	4.8
江　苏	52.9	11.4	246.9	2.2	7.2
浙　江	68.6	5.5	478.7	2.2	4.1
安　徽	53.6	10.5	304.2	0.5	5.9
福　建	54.5	8.4	151.5	3.1	8.2
江　西	63.6	4.8	655.3	12.3	4.4
山　东	61.2	7.0	207.2	3.2	4.4
河　南	63.6	6.7	482.1	2.7	5.4
湖　北	78.6	10.2	236.3	2.1	7.7
湖　南	42.2	16.0	213.5	1.6	9.4
广　东	74.8	9.3	195.7	1.9	6.3
广　西	51.9	12.3	131.5	2.1	8.2
海　南	40.1	8.9	81.0	2.9	10.3
重　庆	82.2	17.2	67.3	1.9	11.4
四　川	90.8	3.9	670.5	2.0	2.9
贵　州	92.9	9.9	261.6	0.4	6.8
云　南	58.9	10.2	333.9	1.6	8.3
西　藏	63.6	12.0	88.8	1.7	10.2
陕　西	44.8	7.4	328.8	2.1	6.7
甘　肃	62.8	9.6	187.1	2.7	8.7
青　海	75.7	31.1	18.4	1.0	33.4
宁　夏	59.4	16.0	74.4	1.7	14.0
新　疆	56.7	11.1	165.4	1.7	9.2

3-7 续表 4

医药及医疗器材批发

地　区	负债比率 (%)	主营业务毛利率 (%)	人均营业收入 (万元)	流动资产周转次数 (次)	费用率 (%)
全　国	**73.2**	**9.2**	**257.6**	**2.4**	**7.1**
北　京	71.4	11.5	300.0	2.0	9.9
天　津	78.1	6.5	415.6	2.4	4.8
河　北	87.8	3.8	326.8	3.9	3.1
山　西	80.9	10.1	99.2	2.6	6.8
内蒙古	70.9	13.6	76.6	3.0	6.8
辽　宁	79.2	9.7	362.2	2.4	5.8
吉　林	97.9	12.4	206.6	1.9	7.6
黑龙江	80.9	9.6	200.6	3.5	8.3
上　海	59.0	11.7	332.5	2.1	9.0
江　苏	80.9	16.5	190.8	2.4	13.5
浙　江	78.6	8.2	350.9	2.6	6.6
安　徽	85.6	3.2	354.8	3.5	2.5
福　建	68.8	4.9	271.5	2.2	3.9
江　西	72.6	13.4	119.7	2.6	10.0
山　东	88.1	8.3	264.7	2.4	6.2
河　南	79.7	3.9	257.8	2.9	2.7
湖　北	62.3	6.9	242.6	1.7	5.4
湖　南	77.0	8.4	207.3	2.7	6.3
广　东	69.1	10.3	278.9	2.3	8.0
广　西	73.1	10.4	164.4	2.4	5.3
海　南	43.0	18.1	184.1	1.7	10.6
重　庆	67.1	5.7	233.8	2.5	4.2
四　川	84.1	5.0	219.6	2.4	4.4
贵　州	74.0	7.9	150.3	1.9	5.4
云　南	68.4	11.7	198.3	2.3	7.8
西　藏	75.7	47.9	150.0	2.3	47.1
陕　西	91.8	8.8	208.5	2.8	5.8
甘　肃	86.8	4.2	171.3	2.3	3.9
青　海	79.6	4.7	141.9	2.1	4.6
宁　夏	94.0	5.6	181.4	2.9	4.1
新　疆	55.5	7.5	139.9	1.5	5.8

3-7 续表 5

矿产品、建材及化工产品批发

地 区	负债比率 (%)	主营业务毛利率 (%)	人均营业收入 (万元)	流动资产周转次数 (次)	费用率 (%)
全 国	**73.0**	**4.4**	**1077.9**	**4.0**	**2.6**
北 京	66.2	2.3	3172.7	2.9	1.7
天 津	78.3	2.0	3782.2	4.9	1.1
河 北	67.0	4.8	570.1	2.9	3.6
山 西	84.2	7.2	573.8	2.7	4.5
内蒙古	77.0	9.8	604.9	6.5	3.3
辽 宁	80.5	3.2	1787.4	5.4	2.8
吉 林	85.3	5.8	508.8	7.6	3.5
黑龙江	90.4	9.1	503.8	2.2	4.9
上 海	70.6	3.0	2647.9	5.1	1.8
江 苏	74.4	4.9	887.0	4.4	2.5
浙 江	77.9	3.3	1534.2	3.2	2.8
安 徽	73.6	5.5	433.1	3.0	3.9
福 建	69.5	4.6	945.2	2.7	3.0
江 西	61.8	7.2	434.8	8.3	2.7
山 东	66.8	7.1	655.2	4.2	3.5
河 南	67.4	4.0	534.9	7.4	3.0
湖 北	78.1	5.4	621.8	6.5	2.5
湖 南	63.8	7.0	620.8	4.4	4.7
广 东	76.9	3.9	1219.7	3.9	2.5
广 西	72.3	5.4	466.0	5.5	4.0
海 南	53.3	4.8	721.4	3.3	3.3
重 庆	73.8	7.9	386.9	5.0	4.9
四 川	78.8	5.3	690.7	3.2	4.3
贵 州	74.2	9.2	497.8	3.4	5.3
云 南	78.6	5.6	582.4	3.1	3.7
西 藏	60.3	-47.3	65.4	0.3	40.4
陕 西	68.5	15.8	989.2	6.0	2.6
甘 肃	49.4	4.5	1784.7	5.6	4.5
青 海	63.8	7.5	321.8	4.1	3.5
宁 夏	80.5	4.6	558.3	6.2	3.0
新 疆	77.3	3.9	887.3	7.4	2.8

3-7 续表 6

机械设备、五金交电及电子产品批发

地 区	负债比率(%)	主营业务毛利率(%)	人均营业收入(万元)	流动资产周转次数(次)	费用率(%)
全 国	**73.8**	**9.3**	**587.5**	**2.5**	**6.6**
北 京	61.5	14.3	777.9	2.1	9.0
天 津	85.5	8.4	795.7	2.3	6.6
河 北	82.5	4.8	462.0	2.5	4.3
山 西	93.0	5.2	139.1	3.8	6.3
内蒙古	88.2	19.5	198.7	1.8	5.2
辽 宁	84.2	7.1	545.4	1.7	5.2
吉 林	65.8	7.4	2011.2	16.5	5.5
黑龙江	85.0	7.5	371.8	3.6	8.5
上 海	75.0	8.6	1014.6	3.4	6.6
江 苏	82.3	6.7	595.6	2.3	4.6
浙 江	77.7	5.9	516.2	2.6	4.9
安 徽	87.8	5.3	375.1	2.9	4.8
福 建	77.2	8.2	279.6	2.1	5.8
江 西	86.0	5.8	332.1	2.8	3.3
山 东	86.0	7.7	416.8	2.7	5.0
河 南	90.0	4.4	418.4	3.1	5.2
湖 北	85.9	4.9	414.6	4.0	3.9
湖 南	87.8	15.1	237.3	2.6	10.9
广 东	79.8	6.9	399.8	2.1	5.5
广 西	85.5	8.2	215.7	1.7	5.5
海 南	82.1	7.8	676.8	3.7	7.4
重 庆	90.7	8.1	604.6	4.0	6.1
四 川	85.2	7.1	292.5	3.2	5.0
贵 州	83.6	6.4	390.6	3.7	11.8
云 南	79.7	7.4	277.0	1.7	6.4
西 藏	74.1	9.7	318.7	4.6	8.2
陕 西	93.9	4.9	364.9	2.5	4.0
甘 肃	84.2	5.5	566.6	1.2	2.7
青 海	89.4	6.4	246.4	2.6	5.9
宁 夏	86.7	6.1	263.0	2.5	6.6
新 疆	75.0	5.7	529.1	3.3	3.1

3-7 续表 7

贸易经纪与代理

地 区	负债比率 (%)	主营业务毛利率 (%)	人均营业收入 (万元)	流动资产周转次数 (次)	费用率 (%)
全 国	**83.7**	**6.8**	**958.2**	**1.0**	**4.9**
北 京	83.7	13.3	1092.8	0.3	8.1
天 津	69.3	6.7	697.1	1.8	5.5
河 北	91.5	7.3	298.9	4.2	8.0
山 西	75.5	13.5	1764.3	1.9	5.8
内蒙古					
辽 宁	47.5	5.3	82.4	1.4	8.7
吉 林					
黑龙江	50.9	6.8	436.8	2.4	5.5
上 海	81.4	8.8	650.3	2.7	7.8
江 苏	77.3	9.5	843.4	3.9	3.9
浙 江	80.2	12.1	582.8	2.0	6.0
安 徽					
福 建	73.6	6.5	593.1	2.4	4.5
江 西					
山 东	77.8	16.4	383.4	1.7	6.0
河 南	33.8	7.2	190.9	22.8	2.3
湖 北	86.6	0.8	3387.9	3.3	0.6
湖 南	41.4	23.1	77.4	19.3	13.3
广 东	88.5	3.8	1081.9	1.9	3.6
广 西	80.5	8.4	248.7	2.2	8.3
海 南					
重 庆					
四 川	39.3	5.9	207.9	1.1	8.6
贵 州					
云 南	95.6	8.4	3693.0	1.0	6.8
西 藏					
陕 西	93.8	10.7	1217.8	2.4	10.9
甘 肃					
青 海					
宁 夏					
新 疆	70.5	2.4	926.0	6.1	2.1

3-7 续表 8

其他批发

地　区	负债比率 (%)	主营业务毛利率 (%)	人均营业收入 (万元)	流动资产周转次数 (次)	费用率 (%)
全　国	**75.2**	**5.9**	**622.6**	**2.9**	**4.2**
北　京	72.1	14.0	620.9	0.9	11.8
天　津	71.9	7.5	506.1	3.0	4.5
河　北	69.8	21.4	249.3	2.5	6.7
山　西	84.3	7.6	223.3	3.4	5.0
内蒙古	16.1	25.9	666.0	4.9	6.0
辽　宁	81.6	4.2	228.7	4.3	3.2
吉　林	51.8	3.7	1005.5	7.4	1.4
黑龙江	64.5	20.5	322.7	3.0	8.4
上　海	74.4	10.3	737.8	2.3	7.4
江　苏	76.2	4.8	604.1	5.1	2.4
浙　江	80.9	0.6	782.9	4.7	2.1
安　徽	92.5	-0.6	959.5	4.4	1.3
福　建	73.9	3.1	909.5	3.5	2.9
江　西	94.2	-1.4	735.4	4.1	1.1
山　东	65.4	5.9	447.2	4.2	3.9
河　南	76.7	8.4	226.5	4.5	4.7
湖　北	75.5	11.7	184.6	3.6	8.4
湖　南	51.9	16.0	208.8	6.8	9.5
广　东	89.4	4.1	610.4	2.3	3.4
广　西	82.5	4.4	549.9	4.1	4.0
海　南	57.9	0.4	3691.0	26.9	0.2
重　庆	68.5	8.0	221.8	9.4	2.1
四　川	78.2	2.0	617.6	3.5	6.0
贵　州	58.0	2.6	620.1	7.4	2.2
云　南	46.5	7.8	1422.4	2.2	2.9
西　藏					
陕　西					
甘　肃	70.2	1.5	79.4	6.0	3.6
青　海					
宁　夏	63.4	11.4	351.2	1.2	8.5
新　疆	63.7	4.1	535.4	4.5	4.8

3-8 大中型零售业企业分行业基本情况

地区	零售业		综合零售		食品、饮料及烟草制品专门零售	
	法人单位数(个)	年末从业人数(人)	法人单位数(个)	年末从业人数(人)	法人单位数(个)	年末从业人数(人)
全　国	**19097**	**4295119**	**6562**	**2283786**	**765**	**133124**
北　京	946	260064	174	121646	45	12104
天　津	284	79847	77	40285	18	4179
河　北	676	148294	268	97416	8	741
山　西	577	121669	188	57246	30	3982
内蒙古	318	74831	83	25831	9	1055
辽　宁	619	176889	220	110302	12	2181
吉　林	298	54276	109	27040	7	1234
黑龙江	305	91841	119	55892	6	696
上　海	709	235948	180	130690	45	8105
江　苏	1555	355508	522	213688	77	11810
浙　江	1211	232460	312	116159	32	6994
安　徽	648	137641	326	87868	19	6341
福　建	647	123016	232	60562	30	8574
江　西	311	59480	142	33802	6	545
山　东	2111	441927	798	270849	84	11695
河　南	1523	232426	687	122891	71	9600
湖　北	799	213089	300	125701	77	14208
湖　南	682	145809	298	83648	15	1765
广　东	1747	425573	416	164681	51	7540
广　西	368	61801	129	30861	10	3799
海　南	106	19040	34	6428	4	817
重　庆	385	102841	90	57605	26	3350
四　川	692	176825	270	90579	22	3754
贵　州	193	31918	60	10559	4	562
云　南	372	76233	118	26587	23	2332
西　藏	24	3626	6	1265	3	277
陕　西	489	117782	233	68812	15	3109
甘　肃	184	38356	78	21923	12	1187
青　海	43	8550	10	3825		
宁　夏	96	15077	27	6438	3	535
新　疆	179	32482	56	12707	1	53

3-8 续表 1

地区	纺织、服装及日用品专门零售		文化、体育用品及器材专门零售		医药及医疗器材专门零售	
	法人单位数（个）	年末从业人数（人）	法人单位数（个）	年末从业人数（人）	法人单位数（个）	年末从业人数（人）
全国	**1177**	**266849**	**890**	**143414**	**1451**	**287703**
北京	109	26290	67	11393	61	10239
天津	24	4611	12	2414	12	2267
河北	32	7660	24	2779	43	7039
山西	47	10061	17	2631	31	5491
内蒙古	25	6465	8	617	25	2857
辽宁	52	7254	35	6087	55	17806
吉林	37	6655	17	2022	18	5217
黑龙江	23	5950	15	2213	33	9479
上海	84	27134	41	10463	51	11583
江苏	60	7821	91	9422	135	24005
浙江	53	12141	65	7044	107	16764
安徽	27	3985	25	3134	47	7770
福建	33	5469	16	5475	39	5134
江西	8	1582	6	3561	24	5954
山东	112	19594	86	9302	147	22790
河南	106	14196	110	12115	132	21914
湖北	55	13557	33	5416	62	9277
湖南	19	5022	30	3047	55	13605
广东	127	46788	72	14742	102	28618
广西	7	1015	22	2182	37	7396
海南	5	655	5	403	3	1084
重庆	27	5422	9	3294	50	7989
四川	40	8268	10	8457	34	7594
贵州	10	1550	7	1058	20	3482
云南	4	1460	22	8129	30	13740
西藏						
陕西	28	11376	19	2746	34	6633
甘肃	4	556	9	937	21	4491
青海	3	1360	1	152	8	1179
宁夏	4	953	2	266	13	1725
新疆	12	1999	14	1913	22	4581

3-8 续表 2

地区	汽车、摩托车、燃料及零配件专门零售		家用电器及电子产品专门零售	
	法人单位数(个)	年末从业人数(人)	法人单位数(个)	年末从业人数(人)
全国	**5854**	**719610**	**1493**	**308741**
北京	332	40751	73	21389
天津	117	20278	14	4453
河北	221	20928	60	9377
山西	183	29483	38	5020
内蒙古	132	27233	23	3707
辽宁	175	21736	43	7352
吉林	81	8299	27	3663
黑龙江	62	8550	33	7293
上海	229	23189	32	14381
江苏	496	45984	109	36604
浙江	526	53205	92	17632
安徽	140	18225	56	8375
福建	215	22889	53	10570
江西	74	6448	42	5409
山东	525	52593	180	24832
河南	275	32109	90	12940
湖北	192	26319	49	13941
湖南	182	26885	57	6769
广东	722	101267	156	47768
广西	113	10496	40	4090
海南	41	7422	12	2108
重庆	119	13017	32	6697
四川	225	40428	68	12644
贵州	67	10306	18	3726
云南	134	17947	31	4537
西藏	12	1850	3	234
陕西	110	13458	26	7004
甘肃	46	6978	9	1794
青海	15	1394	4	446
宁夏	32	3158	12	1618
新疆	61	6785	11	2368

3-8 续表 3

地区	五金、家具及室内装修材料专门零售		无店铺及其他零售	
	法人单位数（个）	年末从业人数（人）	法人单位数（个）	年末从业人数（人）
全国	**535**	**94459**	**370**	**57433**
北京	42	8551	43	7701
天津	4	938	6	422
河北	14	1205	6	1149
山西	29	4140	14	3615
内蒙古	9	6497	4	569
辽宁	14	2689	13	1482
吉林	1	88	1	58
黑龙江	8	1206	6	562
上海	24	5377	23	5026
江苏	44	4104	21	2070
浙江	11	800	13	1721
安徽	8	1943		
福建	12	1893	17	2450
江西	8	1973	1	206
山东	125	23504	54	6768
河南	41	4677	11	1984
湖北	24	3067	7	1603
湖南	12	1909	14	3159
广东	37	5071	64	9098
广西			10	1962
海南	1	62	1	61
重庆	25	4817	7	650
四川	13	2880	10	2221
贵州	1	59	6	616
云南	4	903	6	598
西藏				
陕西	19	3656	5	988
甘肃	3	374	2	116
青海			2	194
宁夏	1	96	2	288
新疆	1	1980	1	96

3-9 大中型零售业企业分行业商品购、销、存情况

综合零售　　　　单位：万元

地　区	商品购进额	进　口	商品销售额	出　口	期末商品库存额
全　国	**124244580**	**393383**	**152841916**	**63168**	**13976566**
北　京	10956767	126317	13107638		1053092
天　津	2291165		2871270	1434	202476
河　北	4493805		5332370		495926
山　西	1316847	907	1580709		159255
内蒙古	1081890		1132465		346383
辽　宁	4763333	31514	7172662	5698	495317
吉　林	1131253	2	3137069		247183
黑龙江	1461885	21	2783762		175472
上　海	13109970	22927	15280303		1541774
江　苏	12293304	678	16959960	9296	1238652
浙　江	7725830	23709	8939502	43419	764316
安　徽	4069471	224	4434753		722718
福　建	2886816	648	3343418	1260	375368
江　西	1367387		1638419		110556
山　东	14541953	40253	16840845		1314385
河　南	3977250		4280093		514571
湖　北	7391109	12	8348749		844123
湖　南	3148381		3653777		270550
广　东	10645356	120079	12936352	84	1265810
广　西	1464334	3603	1730171	121	201224
海　南	356188	2047	398052		52663
重　庆	3459575	47	4151870		240004
四　川	3769623	7836	4925666	1856	322573
贵　州	566601	7	603949		45810
云　南	1257690	868	1495973		217642
西　藏	22965		22976		6522
陕　西	3058254	9990	3335039		493176
甘　肃	531363		767362		84110
青　海	167393		218105		25065
宁　夏	458120	1147	495502		43143
新　疆	478703	548	923138		106705

3-9 续表 1

食品、饮料及烟草制品专门零售　　单位：万元

地　区	商品购进额	进　口	商品销售额	出　口	期末商品库存额
全　国	**5099587**	**126832**	**6169027**	**90718**	**783122**
北　京	291941	1623	425676		57020
天　津	122007		143166		9928
河　北	30160		29955		9329
山　西	91606		163991		15413
内蒙古	34451		35020		6245
辽　宁	53529		67701		3287
吉　林	47851		54405		11620
黑龙江	11867		15718		1974
上　海	285682		349479		37944
江　苏	507668	1021	638109		74623
浙　江	271012		328246		33346
安　徽	144373		162986		17637
福　建	508052		525742		89583
江　西	19126		18586		1753
山　东	647366		709629	7550	51715
河　南	272734		290353		24840
湖　北	722609		833532	600	49864
湖　南	73889		75736		6117
广　东	357189	118639	538892		65622
广　西	32569		52450		2512
海　南	9201	628	6521		2651
重　庆	129456		138681		12871
四　川	91095		117124		24987
贵　州	9217		12515		1907
云　南	120613	4922	137755		52761
西　藏	69171		42735		32242
陕　西	54277		143601	82448	57607
甘　肃	77816		93939	120	20704
青　海					
宁　夏	13059		12099		3077
新　疆			4691		3947

3-9 续表 2

纺织、服装及日用品专门零售　　　　单位：万元

地　区	商品购进额	进　口	商品销售额	出　口	期末商品库存额
全　国	**11063091**	**537647**	**14706262**	**7261**	**2432291**
北　京	1131171	75313	1852491	1145	317625
天　津	114981		153762		55459
河　北	193923		222814		29462
山　西	271891		351444		78728
内蒙古	214967		221968		19470
辽　宁	403524	12502	538710		74114
吉　林	179302		222668		25880
黑龙江	125454		178033		25920
上　海	1770906	327914	2565466	1268	523257
江　苏	362323	2648	504394		54511
浙　江	706850	32498	879316		178196
安　徽	98575	23	107461		36981
福　建	213247		274137		69220
江　西	39568		47875		12268
山　东	1158549	1656	1257001	4134	58994
河　南	350140		380123		59338
湖　北	325144	8546	381600		95135
湖　南	218841		261299		36371
广　东	1751331	71670	2529298	714	443332
广　西	31420		36570		13677
海　南	16760	4373	12776		8061
重　庆	157699		173216		24284
四　川	301947	504	420026		83854
贵　州	108944		122855		11480
云　南	65581		124865		29830
西　藏					
陕　西	637822		687036		51165
甘　肃	2991		3304		566
青　海	3122		23472		1605
宁　夏	26385		28697		5175
新　疆	79733		143585		8334

3-9 续表 3

文化、体育用品及器材专门零售　　　　单位：万元

地区	商品购进额	进口	商品销售额	出口	期末商品库存额
全国	**7902644**	**302191**	**9117821**	**9714**	**2253096**
北京	755376	184871	877327	5681	254651
天津	82874		88237		31557
河北	82873		83904		27879
山西	254513		279068		33712
内蒙古	17057		15341		4720
辽宁	234479		257719		70797
吉林	63305		61231		22819
黑龙江	200057		178464		53912
上海	818836	96889	1544835	4034	355904
江苏	693402		735861		230571
浙江	564853		557311		188727
安徽	203949		199606		33556
福建	399919	123	418695		69337
江西	445754		440268		27769
山东	466525	20017	500243		128021
河南	266186		274341		50713
湖北	146089		174288		51466
湖南	147757		157839		25149
广东	450241	292	625246		170439
广西	89803		91512		25770
海南	10084		12602		2208
重庆	386886		377755		34302
四川	476418		455643		136395
贵州	33878		38752		13287
云南	283395		328016		107004
西藏					
陕西	161233		171412		52337
甘肃	29172		28484		7656
青海	1522		1996		218
宁夏	9135		8987		5653
新疆	127074		132840		36566

3-9 续表 4

医药及医疗器材专门零售　　单位：万元

地　区	商品购进额	进　口	商品销售额	出　口	期末商品库存额
全　国	**17640144**	**56386**	**19607623**	**548**	**2352911**
北　京	1750124	52445	1834796	547	197043
天　津	211898		247457		22535
河　北	212900		257126		55633
山　西	282392		321406		43066
内 蒙 古	84192	191	89451		11740
辽　宁	451774		539872		63664
吉　林	119775		110707		47285
黑 龙 江	698814		788131		103334
上　海	505802		623827		99058
江　苏	2963175	311	3157525		300236
浙　江	1326487	11	1412935		168202
安　徽	804230		842786		184323
福　建	368956		418577		38561
江　西	319018		348004		32837
山　东	1353071		1570620		129157
河　南	660638	583	710993		90252
湖　北	296876		369655		45050
湖　南	839568	12	924706		58668
广　东	1088599	2784	1302098		235325
广　西	633730		674892		67103
海　南	23168		19539		8465
重　庆	1029085	41	1145812		69651
四　川	145730		183680		29294
贵　州	87840		98055		15858
云　南	299298		409761		57121
西　藏					
陕　西	147990		192309		24325
甘　肃	83084	5	87295		10107
青　海	32643		36660		5867
宁　夏	167754		180191		25037
新　疆	651532		708760		114118

3-9 续表 5

汽车、摩托车、燃料及零配件专门零售　　单位：万元

地　区	商品购进额	进　口	商品销售额	出　口	期末商品库存额
全　国	**185016086**	**7950469**	**214168183**	**151196**	**14206137**
北　京	20165864	265802	20778455		1154692
天　津	7180656	277190	7594159	8804	410613
河　北	4185509	118393	4741923	25321	396833
山　西	5099894	51521	7014230		480817
内蒙古	5100682	50689	6170471		305643
辽　宁	7355469	834363	8076495	10289	624999
吉　林	2016127	120909	2196850		188583
黑龙江	2150275	25932	2408831		206435
上　海	6913936	385083	7047318		1314994
江　苏	13057000	536703	14443684		859337
浙　江	18737564	1415304	21203542	26622	1380541
安　徽	4038741	68990	4513529		219651
福　建	5382072	200885	5492935		433633
江　西	1539995	42725	1631582		103631
山　东	10734507	364906	12579798	7922	801743
河　南	6752022	299556	7412280		477499
湖　北	5479912	138491	6557928	214	318624
湖　南	4215116	142327	8939848		340711
广　东	22638899	1567391	28934412	58252	1777145
广　西	2187659	51903	2262606		179642
海　南	1916525	56218	2167871		118737
重　庆	3454579	70319	3783872		304508
四　川	9766604	331181	11112403		558453
贵　州	2235715	10451	2762753	447	180168
云　南	4083422	165717	5063811		311725
西　藏	316319		346066		60626
陕　西	3717035	206361	4087860		258620
甘　肃	1910857	7575	2002499		203039
青　海	235044	15885	287769		17960
宁　夏	645706	26114	608595		107279
新　疆	1802384	101587	1943807	13326	109259

3-9 续表 6

家用电器及电子产品专门零售

单位：万元

地　区	商品购进额	进　口	商品销售额	出　口	期末商品库存额
全　国	**31952344**	**106329**	**34690215**	**402**	**3698663**
北　京	3397409	16527	3418031		329004
天　津	544012		788883		74807
河　北	707591	742	721065		91691
山　西	426026		420835		61945
内蒙古	397103	45989	399258	97	28177
辽　宁	863593	7041	885839		107318
吉　林	386859		385105		35549
黑龙江	559565	5792	627719		74290
上　海	2574114	614	2736505		229849
江　苏	4248376		4535140		365390
浙　江	1852963	1003	2030144		197538
安　徽	946909		1105815		142672
福　建	1109389		1210624		227766
江　西	334580		353187		44143
山　东	2003364		2301063		228958
河　南	1018172		1062092		117613
湖　北	1250979		1293287		162237
湖　南	462077		666976		33080
广　东	4052207	23368	4169995		607373
广　西	361854		381302	305	30701
海　南	141503	4650	186078		21797
重　庆	997625	162	1067176		93661
四　川	1237982		1400025		181410
贵　州	265169	442	266007		34426
云　南	323841		484022		29049
西　藏	17473		17568		2822
陕　西	892897		1134549		60876
甘　肃	110178		120666		12744
青　海	58186		62632		9049
宁　夏	209390		231747		42147
新　疆	200958		226880		20583

3-9 续表 7

五金、家具及室内装修材料专门零售　　　　单位：万元

地　区	商品购进额	进　口	商品销售额	出　口	期末商品库存额
全　国	**6489135**	**52728**	**7899094**	**14233**	**839989**
北　京	698007	17603	955089	14233	92019
天　津	55209		67019		5852
河　北	49329		50469		8961
山　西	139871		168117		35824
内蒙古	218320		295952		16969
辽　宁	105389		115125		12898
吉　林	1852		1938		121
黑龙江	25173		50874		8214
上　海	359141	1097	613032		41648
江　苏	470789	21416	557557		35955
浙　江	32379	2020	43845		6028
安　徽	76472		65802		20624
福　建	331408		312087		76081
江　西	74504		83371		2604
山　东	1302400		1512171		268938
河　南	144936	213	165068		18144
湖　北	189870		244890		21776
湖　南	70819		80022		9018
广　东	320529	10162	431107		44460
广　西					
海　南	437		589		650
重　庆	1018048		1033958		41312
四　川	133944		158465		15936
贵　州	12874		13428		4635
云　南	38563		38674		4414
西　藏					
陕　西	535249	217	639502		14967
甘　肃	27223		25371		5279
青　海					
宁　夏	2318		3289		155
新　疆	54087		172285		26509

3-9 续表 8

无店铺及其他零售　　　　单位：万元

地 区	商品购进额	进 口	商品销售额	出 口	期末商品库存额
全 国	**5449001**	**168731**	**6114250**	**24836**	**523669**
北 京	1641560	28304	1860539	217	226819
天 津	41596	2813	25085	365	25528
河 北	37706		44797		3929
山 西	76733		130766		23739
内蒙古	27162		26690		2277
辽 宁	133146		166850		5800
吉 林	9603		8627		976
黑龙江	30543		33951		7183
上 海	515760	3161	546372	14	27451
江 苏	198341	1541	230020		5056
浙 江	340189		366672		5059
安 徽					
福 建	229007	29905	252105	24027	22694
江 西	7955		8703		553
山 东	453731		495698	213	34092
河 南	35984		41942		1352
湖 北	355245		361040		798
湖 南	175145		249509		2836
广 东	601770	103006	686381		31412
广 西	199463		217751		28153
海 南	1886		1652		561
重 庆	27295		28208		2117
四 川	100271		108459		16559
贵 州	78269		81626		19820
云 南	50478		61043		2554
西 藏					
陕 西	45181		40418		10233
甘 肃	6212		6386		242
青 海	20706		21629		15777
宁 夏	4888		6488		101
新 疆	3178		4845		

3-10 大中型零售业企业分行业年末资产负债

综合零售 单位：万元

地区	流动资产合计	固定资产原价	累计折旧	资产总计	负债合计	所有者权益合计
全国	**50317034**	**25211504**	**8052252**	**83304018**	**62134061**	**21169957**
北京	6628089	1668761	652099	9485774	7143926	2341848
天津	862894	631730	215008	1552914	1244323	308591
河北	1433901	942524	271080	2471609	1975287	496322
山西	602075	352539	117460	1184630	1007817	176814
内蒙古	504585	253365	49829	891668	656723	234945
辽宁	2397473	1583557	483314	4732775	3354073	1378702
吉林	673528	812160	209486	1620858	1199062	421795
黑龙江	760370	669868	228318	1521022	1213996	307026
上海	4793193	2161951	877193	7690983	5361344	2329639
江苏	4937300	2783163	906621	8454756	6448781	2005974
浙江	4151940	1743453	509940	6424088	5071607	1352481
安徽	1441900	728035	228111	2266082	1720015	546068
福建	1138487	431410	105486	1795830	1370457	425373
江西	491724	296959	77087	862153	607136	255017
山东	4959049	2795272	802157	8440995	6468245	1972750
河南	1155587	688442	189430	2003230	1632635	370595
湖北	1831188	1275565	416654	3493875	2513081	980795
湖南	1115766	782985	232808	2023377	1303470	719907
广东	4467818	1679824	581292	6558489	4834417	1724071
广西	529183	264526	85167	849216	617755	231461
海南	154651	122585	32279	259992	200257	59735
重庆	939038	322836	102684	1421393	1024696	396697
四川	1481221	617813	157390	2449821	1718228	731593
贵州	181205	100337	28734	289226	247250	41976
云南	682971	288014	71458	1049178	771564	277614
西藏	14510	3957	1447	19032	12351	6682
陕西	1124656	674484	226195	1968133	1400350	567783
甘肃	291661	148792	48396	540851	368079	172772
青海	77441	50031	18177	114439	86884	27555
宁夏	157779	112697	28812	308370	177048	131323
新疆	335854	223871	98141	559263	383206	176057

3-10 续表 1

食品、饮料及烟草制品专门零售　　单位：万元

地　区	流动资产合计	固定资产原价	累计折旧	资产总计	负债合计	所有者权益合计
全　国	**2198921**	**1053518**	**279743**	**3470726**	**2009076**	**1461649**
北　京	231148	140555	36804	372264	165920	206345
天　津	41928	26266	7915	80895	32067	48828
河　北	16967	2955	1016	22715	19838	2877
山　西	44239	28438	7956	74996	52624	22372
内 蒙 古	24038	14406	5198	49203	31583	17620
辽　宁	9929	20209	4708	28652	10466	18187
吉　林	28172	12581	2567	41867	36892	4974
黑 龙 江	3505	9245	2705	11395	6449	4946
上　海	134062	44421	18589	176740	144484	32256
江　苏	183842	59100	18837	245279	145077	100202
浙　江	119670	47687	14620	185494	104077	81417
安　徽	45011	22103	7301	67031	48439	18593
福　建	172453	43097	10285	235118	117502	117616
江　西	4630	3429	910	7881	1437	6443
山　东	211011	145999	30496	357812	238490	119322
河　南	54716	43489	11193	105220	75085	30136
湖　北	201773	129810	30539	358560	188120	170440
湖　南	21838	17009	1966	50082	23964	26118
广　东	312445	34877	14302	423029	181761	241269
广　西	9233	2502	1327	15086	10144	4943
海　南	2497	2917	194	6552	3158	3393
重　庆	46195	35828	7696	84186	45114	39072
四　川	33965	14213	2728	54979	31090	23889
贵　州	5132	5448	2461	9451	6691	2761
云　南	55725	24599	8867	86679	53321	33358
西　藏	6446	5632	2157	13358	6943	6416
陕　西	133227	100342	21821	233403	173675	59728
甘　肃	30975	10006	2414	52066	38077	13989
青　海						
宁　夏	8824	5117	1779	14559	9261	5298
新　疆	5325	1242	394	6172	7329	-1157

3-10 续表 2

纺织、服装及日用品专门零售 单位：万元

地区	流动资产合计	固定资产原价	累计折旧	资产总计	负债合计	所有者权益合计
全国	**5556395**	**1765681**	**450403**	**7969832**	**6003658**	**1966174**
北京	659986	127130	43220	852296	745404	106892
天津	108027	21451	6878	138279	106119	32159
河北	63064	95272	23378	171547	127611	43937
山西	124419	42482	9267	183088	165698	17389
内蒙古	47475	55547	18660	113221	71015	42206
辽宁	236164	92597	31515	352363	238936	113427
吉林	43728	67461	16574	113169	122231	-9062
黑龙江	54497	62611	9116	112508	77195	35314
上海	965757	323874	116615	1360460	1022288	338171
江苏	187400	78977	13607	306660	204916	101744
浙江	456848	147631	20187	636022	543958	92064
安徽	59136	12058	2928	81275	67351	13924
福建	112231	8973	3215	132749	90044	42705
江西	18934	4545	1641	30752	23850	6902
山东	134681	93162	22989	240160	157111	83049
河南	101685	30610	8880	148485	135900	12584
湖北	166968	38970	10516	221294	172064	49230
湖南	65526	9591	2624	82352	62794	19558
广东	1226068	85916	32447	1456218	893578	562640
广西	17971	2136	1144	20642	18836	1806
海南	29189	3823	717	39318	10909	28409
重庆	64737	10615	4133	85738	65515	20223
四川	166030	29340	9522	212928	149626	63302
贵州	40334	20282	4338	58187	45637	12549
云南	52555	4677	1144	59067	19969	39098
西藏						
陕西	257430	247964	21026	614530	549643	64887
甘肃	3450	2333	277	6317	2236	4081
青海	10702	11865	1275	23792	20265	3528
宁夏	11744	11996	4718	19199	11636	7563
新疆	69660	21794	7850	97219	81324	15896

3-10 续表 3

文化、体育用品及器材专门零售 单位：万元

地 区	流动资产合计	固定资产原价	累计折旧	资产总计	负债合计	所有者权益合计
全 国	**4730327**	**2358445**	**758407**	**7685691**	**4247697**	**3437994**
北 京	565006	146428	49335	827141	526085	301056
天 津	71210	29578	7842	97502	56011	41490
河 北	137826	45434	12169	217589	80189	137400
山 西	87791	32138	11560	133561	82636	50925
内蒙古	7763	18314	5555	30900	29074	1826
辽 宁	131515	65887	21472	201764	161114	40650
吉 林	28322	17606	6174	45897	29085	16812
黑龙江	93372	23440	8819	109384	96595	12789
上 海	529854	166893	60821	724441	479218	245224
江 苏	369078	146356	72189	507036	316254	190782
浙 江	345750	203898	40328	625401	371702	253699
安 徽	101298	48333	19198	155722	49454	106268
福 建	159026	100755	44422	306855	110187	196668
江 西	160168	104486	13245	346908	112054	234854
山 东	234885	183872	55203	419684	265177	154507
河 南	127379	115044	31296	233128	106540	126587
湖 北	93946	66153	16708	164084	105743	58341
湖 南	68876	43083	12171	130027	56684	73343
广 东	353801	211744	76917	570494	329178	241316
广 西	45366	51438	15122	101111	59453	41658
海 南	11540	13962	3610	31846	19299	12547
重 庆	160190	133041	47593	280038	192116	87922
四 川	438256	140374	39474	785323	279014	506310
贵 州	22334	6874	2863	38724	29039	9685
云 南	182718	125704	47552	283903	133918	149985
西 藏						
陕 西	104434	36683	10763	139065	85508	53558
甘 肃	16744	19151	5026	33210	21190	12019
青 海	2509	3651	2476	4337	3144	1194
宁 夏	5675	7701	1928	11960	6956	5004
新 疆	73696	50426	16577	128657	55080	73578

3-10 续表 4

医药及医疗器材专门零售

单位：万元

地 区	流动资产合计	固定资产原价	累计折旧	资产总计	负债合计	所有者权益合计
全 国	**7491417**	**1146935**	**414735**	**9409553**	**7140540**	**2269013**
北 京	848703	73073	28268	1050416	746971	303445
天 津	154099	11965	2780	179976	127833	52143
河 北	116511	16758	5913	163378	130788	32590
山 西	125328	12243	5908	145028	120784	24244
内蒙古	36456	10407	3349	46449	35868	10580
辽 宁	196171	33178	10489	241816	184216	57600
吉 林	102673	17244	4888	128469	110118	18351
黑龙江	266319	62514	14340	332165	271410	60755
上 海	173324	51480	20365	254684	135848	118836
江 苏	1107982	120808	44759	1283534	1016191	267343
浙 江	476490	80265	28686	564004	440812	123192
安 徽	318777	34933	10408	360593	307466	53128
福 建	129624	32353	9512	177962	119663	58299
江 西	127104	39349	9228	169619	142803	26816
山 东	603141	137613	74324	823172	640342	182831
河 南	224760	57078	13758	284458	222755	61703
湖 北	275045	48272	19018	357051	249214	107837
湖 南	371788	44849	13995	498626	379690	118936
广 东	515440	52412	20931	612838	469140	143698
广 西	275366	24018	10918	312509	244576	67933
海 南	5077	818	223	6130	1901	4228
重 庆	283555	65230	20773	478912	354694	124218
四 川	66078	15422	5395	87920	70098	17822
贵 州	45187	6336	2276	51089	44833	6256
云 南	164973	30042	13580	220372	137851	82521
西 藏						
陕 西	81719	13927	5077	101730	88604	13126
甘 肃	30155	11900	3681	44799	40519	4280
青 海	29670	2747	1033	32048	18652	13396
宁 夏	69491	14175	2733	89190	69152	20038
新 疆	270414	25526	8128	310618	217748	92870

3-10 续表 5

汽车、摩托车、燃料及零配件专门零售　　单位：万元

地　区	流动资产合计	固定资产原价	累计折旧	资产总计	负债合计	所有者权益合计
全　国	**44741350**	**13107612**	**3905320**	**65858243**	**47174539**	**18664245**
北　京	3934064	1065048	346254	5237105	3889522	1347583
天　津	1189480	475018	165287	1938097	1234424	703673
河　北	1533597	247934	72091	1982112	1655047	327065
山　西	1518491	548191	155973	2125964	1471660	654305
内蒙古	1123310	399331	118192	1845858	1407539	438319
辽　宁	1685613	543238	162216	2533805	1769645	744701
吉　林	467472	123064	40327	663991	462490	201501
黑龙江	720216	149774	55561	868813	693314	175500
上　海	1448779	252668	84387	1840412	1281059	559353
江　苏	2959933	796334	210999	4227289	3208446	1018843
浙　江	4602035	936185	275583	5954124	4556935	1397188
安　徽	1422621	356806	106526	1920259	1430476	489783
福　建	1560831	409186	115658	2486476	1592704	893772
江　西	324160	85594	20196	504492	357099	147394
山　东	3294918	729543	219132	4718191	3698174	1020017
河　南	1642729	418135	109633	2262417	1787260	475157
湖　北	1082831	590795	170339	1816029	1340495	475534
湖　南	1317507	771512	227103	2381392	1513949	867443
广　东	5856957	1916570	593916	9644282	5982574	3661709
广　西	545038	99044	28790	796094	569228	226866
海　南	313637	222545	82397	534439	273762	260677
重　庆	872796	216548	47001	1262998	888554	374443
四　川	1800495	710654	205040	3069630	2261185	808444
贵　州	463117	240824	71019	980797	779839	200958
云　南	1362327	360167	87187	1918189	1249415	668774
西　藏	26827	55862	19553	85971	32205	53766
陕　西	835185	153254	40654	1080507	816148	264359
甘　肃	275309	44059	16004	346104	269117	76987
青　海	71772	17328	3981	106242	66369	39873
宁　夏	184435	33010	9826	240854	192608	48247
新　疆	304869	139393	44495	485313	443300	42013

3-10 续表 6

家用电器及电子产品专门零售　　　　　　单位：万元

地　区	流动资产合计	固定资产原价	累计折旧	资产总计	负债合计	所有者权益合计
全　国	**15613939**	**1568185**	**380361**	**19213815**	**15040903**	**4172912**
北　京	3478158	40829	18123	3722550	3420594	301956
天　津	316669	34921	6759	353962	266505	87457
河　北	246212	29425	5671	290685	235011	55674
山　西	222791	14076	4533	254458	232451	22007
内蒙古	196210	39427	18785	304194	204058	100136
辽　宁	420123	61788	5837	548173	437439	110734
吉　林	118576	21789	3656	161994	132211	29782
黑龙江	233907	38012	6792	285913	236147	49766
上　海	1021844	122495	23355	1262032	992582	269450
江　苏	1998553	221551	58651	3215394	2068654	1146741
浙　江	818015	81975	23808	957749	743844	213905
安　徽	326966	33312	11349	390193	286517	103677
福　建	528871	22519	6157	593618	466355	127262
江　西	152047	24327	3537	185348	144003	41345
山　东	745769	287032	81024	1058285	798264	260021
河　南	438327	40438	9826	521593	448254	73339
湖　北	471177	105331	14159	613705	488763	124942
湖　南	160223	31346	6958	259483	154713	104770
广　东	1714285	76700	31024	1887361	1541582	345779
广　西	148739	8343	2229	179441	134191	45251
海　南	62454	5831	1350	70700	57274	13426
重　庆	354243	56298	7935	418397	318049	100349
四　川	525848	65026	12857	626759	482334	144425
贵　州	195234	3199	1066	201824	182547	19277
云　南	145858	32885	2378	187880	129622	58258
西　藏	5689	156	43	5837	3782	2056
陕　西	300483	55173	7890	362215	207107	155107
甘　肃	55409	1192	552	58453	50587	7866
青　海	17141	3484	633	25826	15337	10488
宁　夏	108952	5661	1626	117131	98113	19018
新　疆	85169	3645	1799	92663	64014	28649

3-10 续表 7

五金、家具及室内装修材料专门零售　　　　单位：万元

地　区	流动资产合计	固定资产原价	累计折旧	资产总计	负债合计	所有者权益合计
全　国	**2463343**	**1453066**	**374411**	**4395694**	**2678584**	**1717109**
北　京	467944	161608	54315	645716	514883	130833
天　津	31442	10401	7586	39189	41589	-2401
河　北	21274	18134	4360	38694	28348	10346
山　西	77883	30022	7536	141446	73071	68375
内蒙古	120886	40593	14920	160964	27357	133607
辽　宁	23955	104969	12404	158081	143584	14497
吉　林	619	650	338	944	2198	-1254
黑龙江	28880	10771	2166	37974	10819	27155
上　海	155687	121465	23827	320331	220247	100083
江　苏	184921	120325	31766	326816	230192	96623
浙　江	24049	21624	5606	45285	33906	11379
安　徽	17125	9598	1279	30988	16398	14591
福　建	48435	21359	7391	70563	52872	17691
江　西	10331	9334	1860	21817	13259	8559
山　东	465131	263309	66118	758456	353054	405402
河　南	40265	56602	6960	113231	53993	59238
湖　北	101357	55157	13016	149690	105206	44484
湖　南	36933	23337	4016	89340	30201	59139
广　东	146254	126872	36729	429842	319644	110198
广　西						
海　南	794	5	1	797	877	-80
重　庆	149002	146278	42253	352423	143183	209241
四　川	33398	29070	8687	84426	70385	14041
贵　州	17759	28	4	17783	16825	958
云　南	12731	8692	3496	18848	8437	10412
西　藏						
陕　西	89077	32880	12039	134244	74784	59460
甘　肃	16115	10148	1327	29651	22918	6733
青　海						
宁　夏	2376	1770	631	3729	3775	-47
新　疆	138722	18066	3779	174427	66581	107846

3-10 续表 8

无店铺及其他零售　　　　单位：万元

地　区	流动资产合计	固定资产原价	累计折旧	资产总计	负债合计	所有者权益合计
全　国	**2412233**	**887819**	**270292**	**3685469**	**2679476**	**1005993**
北　京	990981	70103	28927	1102140	1081023	21116
天　津	24697	11873	4935	34754	19891	14863
河　北	17023	18105	7834	27960	10596	17364
山　西	91997	47616	7257	152970	130361	22609
内蒙古	4418	3205	896	11736	6957	4779
辽　宁	31002	11503	4619	58513	44993	13520
吉　林	1525	1323	137	2889		2889
黑龙江	9957	1708	244	15358	7476	7882
上　海	168584	133675	27622	322114	240170	81944
江　苏	72217	39393	10611	117870	86002	31869
浙　江	46840	34248	12555	95877	59432	36446
安　徽						
福　建	120009	95117	22169	280144	127870	152274
江　西	9991	441	47	13306	4099	9208
山　东	204654	110998	31179	352253	228690	123562
河　南	26535	26446	7301	71953	58293	13660
湖　北	11774	75223	12758	171851	46378	125473
湖　南	87217	17022	8317	113620	55818	57802
广　东	178590	108183	56443	316604	190978	125627
广　西	117807	18298	5868	145135	105234	39902
海　南	1775	72	64	1834	680	1154
重　庆	6351	5903	1437	12342	4995	7348
四　川	79182	14323	5165	99941	64047	35894
贵　州	51565	1551	599	55174	50122	5052
云　南	22000	15059	3821	46040	24128	21912
西　藏						
陕　西	15766	4547	1616	19483	12842	6640
甘　肃	1071	2559	805	6318	3791	2527
青　海	10645	5597	1692	19474	7236	12239
宁　夏	2721	5587	2599	6642	3215	3427
新　疆	5338	8143	2779	11174	4161	7013

3-11 大中型零售业企业分行业实收资本及构成

综合零售 单位：万元

地区	实收资本	国家资本	集体资本	法人资本	个人资本	港澳台资本	外商资本
全国	**12933764**	**1224491**	**879574**	**3961543**	**2703977**	**1704402**	**2459778**
北京	1121858	88648	32967	492127	112322	93655	302140
天津	346547	16756	23497	120367	60669	28584	96674
河北	329638	43794	61304	107669	111104	5	5762
山西	137717	8324	8987	71523	48783		100
内蒙古	150089	13148	35601	62180	39160		
辽宁	891772	47177	41473	233201	111571	369346	89005
吉林	175849	20402	25875	34716	87257	2961	4638
黑龙江	269506	32641	16011	120464	53991	30472	15928
上海	1316660	271071	10203	306322	91968	191140	445957
江苏	1250551	50090	39325	369987	342074	138256	310819
浙江	865017	29466	53051	293379	219426	92475	177220
安徽	348393	71091	22789	84174	129543	21803	18993
福建	359488	18239	6429	167359	90543	10096	66822
江西	167592	445	12512	76898	70111	2867	4758
山东	1002129	90512	176100	309393	237410	41495	147219
河南	437814	19474	53130	99131	107394	146341	12344
湖北	524891	56392	94404	114168	159973	50128	49827
湖南	358612	38963	39692	49825	128241	27489	74403
广东	1198499	109655	24581	213969	114553	285880	449862
广西	136265	11580	10148	54348	55117	4662	410
海南	47680	850		15135	11504	1776	18415
重庆	195356	67203	1550	37988	28066	26530	34020
四川	434720	20090	13718	144450	96129	91854	68480
贵州	38878	2318	253	15017	15212	878	5200
云南	125847	2731	12220	36128	42517	4000	28251
西藏	7413		450	3100	3863		
陕西	420729	44216	16309	213834	89758	36711	19902
甘肃	110580	14416	32688	38332	21734		3411
青海	23204	2450	5912	6620	8223		
宁夏	51640		240	48616	2784		
新疆	88831	32350	8159	21123	12980	5000	9221

3-11 续表 1

食品、饮料及烟草制品专门零售　　单位：万元

地区	实收资本	国家资本	集体资本	法人资本	个人资本	港澳台资本	外商资本
全　国	**957295**	**202647**	**41588**	**507114**	**155720**	**31848**	**18379**
北　京	96206	3046	56	61447	20605	2016	9036
天　津	23172	14679	3761	8	4724		
河　北	2819	671	118	1679	350		
山　西	13015	4230	5422	384	2979		
内蒙古	2592	239		1361	993		
辽　宁	12288	3631	50	50	8557		
吉　林	11533	6570		4463	500		
黑龙江	1776	845			931		
上　海	27058	5940	1688	5441	11335	413	2241
江　苏	50366	832	5857	5220	30082	4220	4156
浙　江	27298	10781	635	8401	6975	506	
安　徽	14338	4076	68	7638	2056	500	
福　建	36412	8265		6911	10793	9847	596
江　西	6955	60		4395	2500		
山　东	365407	7445	5730	339087	11573		1571
河　南	22202	6648	874	7986	6694		
湖　北	82826	41188	8887	17372	9299	5700	380
湖　南	8967	2314	4483		2070		100
广　东	62206	44034	500	3487	6043	8141	
广　西	2702	1476		30	1196		
海　南	867	667			200		
重　庆	15786	4433	1210	5915	4028		200
四　川	10244	1087	320	4560	4162	115	
贵　州	2796	648		1431	716		
云　南	20451	12400	1376	3846	2340	389	100
西　藏	6537	6537					
陕　西	20226	4978	345	12183	2720		
甘　肃	6030	1704	207	3819	300		
青　海							
宁　夏	3494	2494			1000		
新　疆	731	731					

3-11 续表 2

纺织、服装及日用品专门零售　　　　单位：万元

地　区	实收资本	国家资本	集体资本	法人资本	个人资本	港澳台资本	外商资本
全　国	**1724275**	**110335**	**41327**	**475137**	**371463**	**370655**	**355358**
北　京	186659	430	1214	30381	19126	37728	97780
天　津	27736	1548	323	5127	4636	500	15603
河　北	37077		1900	16379	17749		1050
山　西	48207	6966	568	31639	8434	600	
内蒙古	20254		2100	12245	5909		
辽　宁	110010	1074	2542	31271	15600	37945	21579
吉　林	15472	200	132	7338	6869	933	
黑龙江	22216	58	1013	8438	7708	5000	
上　海	316702	12861	180	32258	15792	82958	172654
江　苏	108415	7206	5284	22101	37772	35453	600
浙　江	99910	80	600	55305	28590	15335	
安　徽	12998	125	700	5730	6414		30
福　建	24938	131		5045	19722	40	
江　西	7314	16		1600	5599	100	
山　东	69060	2228	6938	11849	46945	1000	100
河　南	31552	1287	4451	13559	12135	120	
湖　北	55830	2293	1138	15612	8976	27224	588
湖　南	9507	229	2000	375	4523	2380	
广　东	270510	35015	7670	77576	58507	58743	32999
广　西	3307	576		1200	480		1051
海　南	33463	30055		2800	608		
重　庆	14037		500	6122	3352	4064	
四　川	48865		1893	9724	2705	26470	8074
贵　州	12953			9287	1396	1020	1250
云　南	34043			1450	550	32043	
西　藏							
陕　西	47314	40	182	36340	10552	200	
甘　肃	3200	500		2600	100		
青　海	25050			18050	7000		
宁　夏	6598	4617		981	1000		
新　疆	21076	2800		2757	12719	800	2000

3-11 续表 3

文化、体育用品及器材专门零售　　　　单位：万元

地区	实收资本	国家资本	集体资本	法人资本	个人资本	港澳台资本	外商资本
全国	**1605911**	**788811**	**12078**	**318923**	**253530**	**144928**	**87641**
北京	167129	9106	638	88477	45472	959	22477
天津	17273	14015		258	3000		
河北	22631	16438	425	200	5568		
山西	24243	2579	515	7468	13682		
内蒙古	2724	1295		420	1009		
辽宁	32345	14720	298	1350	11034		4943
吉林	7850	6502		849	500		
黑龙江	9108	2649	2344	3746	370		
上海	173743	34493		49010	9935	54275	26030
江苏	52709	16965	210	4950	25585		5000
浙江	76463	15670		43783	17009		
安徽	40126	36902	50	2250	925		
福建	148972	125204	570	9000	14198		
江西	178228	168250		2627	7352		
山东	59500	12999	1414	22337	22693		58
河南	49141	43319		5140	682		
湖北	49066	34143	82	13273	1570		
湖南	87942	59098		1359	27485		
广东	138004	63234	614	6195	17488	37900	12573
广西	23074	13704		7560	1810		
海南	8278			4788	3490		
重庆	15790		1278	13000	1002	510	
四川	120195	64822	1367	8094	1719	44194	
贵州	14260	7014	56		100	7090	
云南	34844	9256	1715	7603	14628		1643
西藏							
陕西	25431	4720	503	2220	3069		14918
甘肃	2554	1704			850		
青海	1100			1078	22		
宁夏	4106			4106			
新疆	19082	10013		7785	1284		

3-11 续表 4

医药及医疗器材专门零售 单位：万元

地　区	实收资本	国家资本	集体资本	法人资本	个人资本	港澳台资本	外商资本
全　国	**1639587**	**316077**	**52847**	**718541**	**523027**	**17829**	**11267**
北　京	126196	4757	255	103529	17322		333
天　津	47381	500		9588	36047	1246	
河　北	31761	2170	969	18898	9724		
山　西	24700	12632	1000	4909	6160		
内蒙古	6172	100	332	3046	2694		
辽　宁	45560	21835	2883	6816	14027		
吉　林	11570		624	7637	3310		
黑龙江	260847	20070	3228	219939	17610		
上　海	61974	24352	966	15636	21020		
江　苏	151920	56018	2398	29863	63642		
浙　江	74504	14494	7389	27581	25039		
安　徽	47802	15242	1869	11871	18820		
福　建	41386	15695		8578	15528	1586	
江　西	28774	20491	1231	3974	3078		
山　东	90263	8621	5306	34006	42331		
河　南	61855	13520	6340	22849	19145		
湖　北	83392	3275	9193	27876	32397	229	10423
湖　南	86821	20275	833	17004	45183	3526	
广　东	88615	15154	4644	33952	34864		
广　西	31048	10637	1280	6303	7486	5342	
海　南	4480			800	3680		
重　庆	64702	8156	239	24422	31885		
四　川	15606	268	1036	5181	9122		
贵　州	6849	1550	300	3410	1079		510
云　南	55274	4000	173	18591	26610	5900	
西　藏							
陕　西	25914	2276	100	18892	4646		
甘　肃	12208	459		9532	2218		
青　海	5282		160	4480	642		
宁　夏	18169	8180	100	7781	2107		
新　疆	28563	11350		11598	5615		

3-11 续表 5

汽车、摩托车、燃料及零配件专门零售　　　　单位：万元

地　区	实收资本	国家资本	集体资本	法人资本	个人资本	港澳台资本	外商资本
全　国	**11916884**	**3328089**	**240919**	**4081528**	**3576563**	**349049**	**340736**
北　京	1012644	14070	3816	739076	187008	23429	45245
天　津	622257	153588	5690	404090	32705	5122	21062
河　北	213484	4057	7968	104090	93407		3962
山　西	799455	81445	8891	90919	616801	1400	
内蒙古	332746	77918	12746	198673	43409		
辽　宁	444873	168865	13939	87276	101227	43968	29599
吉　林	96076	9429	154	30609	51667	2250	1967
黑龙江	158117	87383	505	26325	43814	90	
上　海	354840	59851	36590	119104	93496	25069	20730
江　苏	743598	74288	16494	151537	426602	17440	57238
浙　江	879289	178832	16105	305757	300595	45106	32895
安　徽	228538	78141	2000	85239	63158		
福　建	757455	413686	900	223851	110751	6918	1350
江　西	96677	11313	3483	43708	33721		4451
山　东	603265	42192	48096	225233	248212	30543	8989
河　南	401690	71507	6652	162409	152081	1200	7842
湖　北	329456	127510	4302	120548	67978	1556	7563
湖　南	707314	558169	6639	23396	117808	1302	
广　东	1210940	340998	17673	343876	378765	84691	44937
广　西	133103	20800	3500	80176	20732	5430	2464
海　南	47683			27243	18753	1688	
重　庆	254341	88323	4100	89325	64783	3000	4811
四　川	429454	196055	5560	117929	71977	18212	19721
贵　州	219006	149845	80	46854	21716	510	
云　南	372165	210909	4186	59015	74112	22543	1400
西　藏	54496	48478		940	5078		
陕　西	210271	24889	8573	66769	85863	4284	19893
甘　肃	75478	29555	1080	35265	9578		
青　海	11780	955	1200	6890	2735		
宁　夏	31733	300		15400	14485		1548
新　疆	84663	4737		50008	23549	3300	3070

3-11 续表 6

家用电器及电子产品专门零售　　　　单位：万元

地　区	实收资本	国家资本	集体资本	法人资本	个人资本	港澳台资本	外商资本
全　国	**2857075**	**38274**	**93138**	**1784610**	**589407**	**120099**	**231547**
北　京	249052	1174	1100	144102	40423		62253
天　津	24058	1112		14166	5768	3012	
河　北	35362	800	430	20669	12963		500
山　西	68323	1905		61091	5327		
内蒙古	25811	1000	1634	21133	2044		
辽　宁	69361	90		33532	13174		22566
吉　林	21892			5414	16478		
黑龙江	27498	100	460	12096	12799	2043	
上　海	232391	2800		136245	17356	37289	38702
江　苏	973132	2008	3091	736191	68096	68691	95055
浙　江	144484	26	1250	93173	47303	2731	
安　徽	48455	9565	500	21506	15688		1195
福　建	97323	3000	39	63253	27182	50	3799
江　西	32287	700	636	20520	8432	2000	
山　东	193503	4508	4653	101283	83061		
河　南	53418	4491	7560	29853	10515		1000
湖　北	61466	595	1137	48226	10740	258	510
湖　南	89300	500	54808	11102	22091	800	
广　东	174972	899	7838	85638	75129	1681	3787
广　西	21307		986	14136	6186		
海　南	11435			9995	1440		
重　庆	17249	745	60	9657	6607		180
四　川	59236	45	500	39906	18785		
贵　州	12267			5930	6337		
云　南	20897	2000		7933	7420	1545	2000
西　藏	2000		700	500	800		
陕　西	47600		5758	9524	32318		
甘　肃	8312			7721	591		
青　海	4364			460	3904		
宁　夏	13187			11273	1914		
新　疆	17135	211		8385	8540		

3-11 续表 7

五金、家具及室内装修材料专门零售　　　　单位：万元

地　区	实收资本	国家资本	集体资本	法人资本	个人资本	港澳台资本	外商资本
全　国	**1092537**	**60908**	**53007**	**414450**	**279901**	**15554**	**268717**
北　京	151972	1600		45744	18902	205	85521
天　津	5330			30	200		5100
河　北	5085	50	2977	2020	38		
山　西	36579	1808	2073	14470	18229		
内蒙古	46106		210	4900	40996		
辽　宁	52861	648		3900	5360		42953
吉　林	6000		6000				
黑龙江	17460			1880	15580		
上　海	88568	35101	49	24487	9135	9684	10113
江　苏	78233	87	845	13093	28566		35642
浙　江	21859		818	830	4552	937	14721
安　徽	11588	1000		3058	7530		
福　建	22621			4242	11703		6676
江　西	6938			800	6138		
山　东	122823	14539	20703	37607	43518	1728	4729
河　南	43175	3049	232	16486	23409		
湖　北	56411	427	14947	25533	11982		3522
湖　南	18460			6355	11605	500	
广　东	97449		50	47619	6299	2500	40982
广　西							
海　南	50				50		
重　庆	55749	2100	614	46609	6426		
四　川	17843		50	344	3326		14124
贵　州	1000			500	500		
云　南	7134				3000		4134
西　藏							
陕　西	22738	500	3436	17245	1057		500
甘　肃	5505		5	3700	1800		
青　海							
宁　夏	500			500			
新　疆	92500			92500			

3-11 续表 8

无店铺及其他零售

单位：万元

地区	实收资本	国家资本	集体资本	法人资本	个人资本	港澳台资本	外商资本
全　国	**965492**	**313659**	**36830**	**151608**	**142884**	**109153**	**211359**
北　京	206766	500	15658	16867	19625		154116
天　津	10264	574		6500	482		2708
河　北	20978	12678	1000	7300			
山　西	20028	8779	552	1770	5627	3300	
内蒙古	3345		65	1197	2083		
辽　宁	13534	1042		7738	4434		319
吉　林	200				200		
黑龙江	1784	120		551	1113		
上　海	56250	14563	3692	4916	16324	9879	6877
江　苏	21192	7325	500	2315	8184	500	2368
浙　江	33905	10482	1323	13970	5630	2500	
安　徽							
福　建	129495	52738		7439	18872	49544	904
江　西	10204	5204		5000			
山　东	96544	20340	9405	13359	20685	25569	7186
河　南	29720	22038	299	791	210		6383
湖　北	123970	119750		1878	842		1500
湖　南	25403	11243		5870	7660	630	
广　东	90098	6863	2416	26009	14155	13881	26773
广　西	11538	8073	120	100	1541		1704
海　南	1000				1000		
重　庆	5839			375	5464		
四　川	24559			19242	5217		100
贵　州	2775	237		1005	1113		420
云　南	8874	2661	1800	100	963	3350	
西　藏							
陕　西	4620	3160		1000	460		
甘　肃	652	600		52			
青　海	2000			1000	1000		
宁　夏	4690	4690					
新　疆	5266			5266			

3-12 大中型零售业企业分行业损益及分配

综合零售 单位：万元

地 区	主营业务收入	主营业务成本	主营业务税金及附加	主营业务利润
全 国	**131920367**	**112897306**	**862108**	**17290465**
北 京	11131848	9432473	62048	1637327
天 津	2392567	2047057	11815	333695
河 北	4074350	3626366	23223	405431
山 西	1465512	1267665	15301	162566
内蒙古	1234808	988293	10157	231398
辽 宁	6114656	5157214	60658	633523
吉 林	2750657	2472729	19337	148838
黑龙江	2292524	2024227	46585	334992
上 海	13198055	11415032	49875	1733149
江 苏	14516251	12564388	79585	1784464
浙 江	7805565	6797055	46984	961526
安 徽	3910438	3455085	19018	415734
福 建	3015529	2535518	25168	436669
江 西	1474877	1209008	8875	232045
山 东	15237030	13247634	79982	1850052
河 南	3697083	3180508	52734	463840
湖 北	5729088	4843291	42794	775170
湖 南	3470100	2850158	27702	357344
广 东	11460143	9663947	62967	1732653
广 西	1509028	1254031	9301	214966
海 南	347522	282729	2166	60956
重 庆	3579856	3100084	21822	469850
四 川	4472737	3702881	26528	743329
贵 州	525174	436079	4182	81575
云 南	1309628	1089533	4555	215642
西 藏	23810	17626	174	6010
陕 西	3017554	2424998	25887	549126
甘 肃	783762	668212	11241	107584
青 海	208041	170857	1044	34503
宁 夏	399540	326278	3683	66088
新 疆	772636	646351	6720	110424

3-12 续表 1

综合零售

地　区	其他业务利润	营业费用	管理费用	财务费用
全　国	**4677354**	**11227047**	**6156259**	**703469**
北　京	618836	1239964	637490	47318
天　津	149775	304758	136833	10209
河　北	136108	291401	188702	22801
山　西	52257	101930	69176	18774
内蒙古	33801	36781	56404	9863
辽　宁	128397	385264	432023	47423
吉　林	47976	75409	121998	17614
黑龙江	91568	180344	135469	19332
上　海	646368	1320631	627028	37984
江　苏	535577	1101874	689148	66039
浙　江	355336	766558	339280	58033
安　徽	74161	261173	165309	22433
福　建	67898	289945	89562	20054
江　西	25624	107785	41812	14552
山　东	290059	831990	654364	117655
河　南	135918	235129	188969	21376
湖　北	180416	496209	275380	31928
湖　南	76861	282516	176268	17827
广　东	516607	1334080	412065	22996
广　西	47698	144694	69723	6632
海　南	17088	42156	18521	4400
重　庆	90284	355743	115472	9922
四　川	104518	439016	152780	19875
贵　州	24788	63314	31676	3816
云　南	25437	109193	65133	8100
西　藏	673	2823	3006	302
陕　西	124530	260439	148002	12272
甘　肃	14808	59585	31771	6192
青　海	11237	14650	11112	990
宁　夏	23482	32299	14675	2140
新　疆	29269	59395	57107	4619

单位：万元

营业利润	利润总额	应交所得税	劳动、失业保险费	住房公积金和住房补贴
4802080	**4761086**	**1072136**	**137919**	**150404**
391954	403462	127305	8631	25947
31670	33850	13511	2052	7202
53794	59860	19611	9164	3422
36550	31894	7438	592	235
164990	121481	7423	1129	392
177514	172657	39337	14686	10561
63701	60915	18206	1259	1622
138590	98457	31499	1790	4062
393873	495570	129505	10559	13391
495972	523240	120078	17635	20546
155750	202840	63183	10335	10747
72580	92017	18867	3029	3024
103236	87310	23936	1665	3781
103767	48024	8063	397	409
568344	460832	91674	11261	10462
154284	139012	31647	5053	2827
171780	169927	46155	4120	4631
176079	152928	29898	3827	2684
504341	616203	129402	6441	9978
58318	62768	13848	3129	2429
13612	22237	3200	125	203
99863	97214	16405	2261	2694
236176	178163	25747	14461	3287
13597	22820	4216	259	246
59090	60512	11988	549	1223
552	1073	34	85	
250272	239573	20408	1950	2520
25978	29340	9052	317	341
20849	10064	827	582	142
39626	41767	4448	147	471
25379	25078	5223	428	925

3-12 续表 2

食品、饮料及烟草制品专门零售

地区	主营业务收入	主营业务成本	主营业务税金及附加	主营业务利润	其他业务利润	营业费用
全国	**5866259**	**4743935**	**60547**	**1019919**	**68620**	**477656**
北京	433094	303691	2948	126454	11841	77341
天津	130044	98071	731	31243	1473	11537
河北	26919	24105	76	2092	396	1762
山西	163536	142649	1048	13720	1129	6680
内蒙古	34151	30001	120	2238	98	2133
辽宁	59605	48629	604	9984	975	3509
吉林	52802	40800	224	11626	182	4197
黑龙江	14350	11837	267	2354	87	977
上海	315027	251053	2049	61925	12348	43970
江苏	561730	457017	2850	101685	3161	50906
浙江	282839	234656	656	47527	7918	32276
安徽	151153	124857	1795	24501	533	13479
福建	481381	382591	8187	90602	1089	39691
江西	18417	15637	59	2615	532	1173
山东	690807	612807	6338	69920	2564	22992
河南	275397	239614	3367	32417	1674	14244
湖北	829159	673822	12654	130519	1682	45707
湖南	74460	56191	759	6544	574	8079
广东	517588	371649	3228	140711	15630	44149
广西	53248	33350	417	16995	273	12988
海南	5987	6236	50	-298		472
重庆	142673	117876	708	20864	1107	6913
四川	119739	101280	7157	11303	209	6025
贵州	12379	10577	126	1675	296	657
云南	127869	109219	193	18457	2258	9691
西藏	42735	35862	1880	4992		1073
陕西	145247	119202	1817	24228	49	9600
甘肃	87891	77231	216	10444	510	4170
青海						
宁夏	11344	9173	24	2147	35	1069
新疆	4691	4255		435		197

单位：万元

管理费用	财务费用	营业利润	利润总额	应交所得税	劳动、失业保险费	住房公积金和住房补贴
254186	**32559**	**347587**	**367014**	**77074**	**7219**	**10087**
29080	110	31786	32942	10062	803	1174
12237	-33	8975	11615	2305	293	584
870	364	-37	188	33	12	4
5881	1043	2596	2761	343	38	231
1596	848	-419	-107	130	9	
4697	453	3064	2633	652	69	159
5325	106	2125	1909	357	307	132
1719	168	595	96	15	10	69
26528	1244	2531	8648	1783	1053	1120
20843	2869	30435	33355	8704	891	1034
13106	1918	8144	16522	4517	191	458
7622	1571	1996	2638	383	160	127
13329	2438	36084	35924	7344	136	253
568	81	1474	1477	45	3	15
17282	5414	25722	27721	3898	799	525
8009	1390	10447	12884	1642	367	167
21439	2133	65629	58030	12007	384	787
5465	774	3192	2085	382	972	175
27569	-1546	90245	92184	18967	237	2257
2205	73	2130	497	232	38	133
602	64	-36	-259	24	9	8
5335	2359	7073	6179	500	49	120
4444	1106	-63	3054	235	13	23
698	89	527	461	3	5	21
4855	1061	5102	6599	1358	75	119
3152	47	719	892	138	9	271
5154	5366	5042	4077	112	169	78
3620	827	2337	1685	900	106	29
764	82	267	301	5	8	14
193	142	-97	28		3	

3-12 续表 3

纺织、服装及日用品专门零售

地 区	主营业务收入	主营业务成本	主营业务税金及附加	主营业务利润	其他业务利润	营业费用
全 国	**13040628**	**9508896**	**85176**	**3421674**	**153624**	**1898802**
北 京	1556057	1052238	4600	499219	27733	365696
天 津	135946	94232	552	41162	2425	30388
河 北	196939	166188	1880	29683	3896	14230
山 西	323782	281305	9584	28179	11939	22057
内蒙古	218228	175959	3142	38526	862	5553
辽 宁	468858	392899	2076	72840	5641	44306
吉 林	220920	179258	3052	36808	1533	7323
黑龙江	139556	111672	2541	22839	6932	6397
上 海	2276847	1324898	8899	943050	27537	493575
江 苏	442327	353147	2020	86185	15599	52385
浙 江	729631	571865	4217	153549	10391	96938
安 徽	92749	73475	847	18534	282	10771
福 建	238920	183568	1725	53628	3079	27983
江 西	45752	38852	314	6866	23	7476
山 东	1218172	1046838	11645	158975	3348	47478
河 南	332291	281046	3413	47831	5676	27127
湖 北	345784	285809	2279	63032	1442	43349
湖 南	237069	184575	1852	39124	1877	22036
广 东	2218988	1525033	6736	684590	3942	395350
广 西	32557	24558	100	5937	59	6979
海 南	10334	8031	14	2289	523	5019
重 庆	159850	121388	1724	35426	956	16975
四 川	382819	302986	1764	78069	3591	52839
贵 州	107028	87650	579	19194	3030	14238
云 南	106722	73442	84	33196	57	17643
西 藏						
陕 西	631832	428611	8245	194976	3830	44125
甘 肃	3304	2668	48	588		171
青 海	20688	17387	89	3211	1603	2051
宁 夏	24391	20515	271	3606	588	2411
新 疆	122288	98806	885	20561	5232	15934

单位：万元

管理费用	财务费用	营业利润	利润总额	应交所得税	劳动、失业保险费	住房公积金和住房补贴
954764	**97909**	**648526**	**756328**	**179989**	**10528**	**17830**
130121	7306	24723	24322	17710	2212	3958
10013	1642	1543	1147	1261	384	755
15255	3916	478	603	363	117	153
17715	2546	465	1868	940	69	48
7418	1177	19574	17649	965	356	13
26721	2755	5157	6152	2046	509	760
25074	4557	-23	75600	21887	35	214
13073	2054	10866	9179	899	195	18
276348	11501	189162	231927	52332	1135	4085
24057	4639	24042	15869	4066	542	630
44689	14583	6179	6870	5926	455	584
5145	427	2479	1199	474	174	72
16200	1871	10641	11106	2833	118	133
1757	147	-2565	-291	45	74	31
28266	10217	73715	66009	3355	579	280
19613	1701	5066	-938	2032	259	136
15946	2956	2377	2810	1977	212	211
11637	867	18224	10138	1189	158	86
159681	12678	130679	156119	33853	1892	4152
1446	184	-616	-543	23	14	45
2193	19	-4418	-4441		46	15
12787	886	6595	5731	1153	106	1011
18765	2641	7414	3846	2416	147	177
3062	977	4011	4216	906	69	50
1545	496	13570	13406	867	38	11
53238	2851	98591	94589	19318	149	66
482	48	-114	-130	7	2	1
3806	187	-1230	-1252	33	431	45
1087	225	472	539	163	9	34
7628	1860	1468	3029	950	41	56

3-12 续表 4

文化、体育用品及器材专门零售

地区	主营业务收入	主营业务成本	主营业务税金及附加	主营业务利润	其他业务利润	营业费用
全国	**8139877**	**6258667**	**71273**	**1774824**	**130136**	**821077**
北京	813226	613635	4071	195520	12969	99978
天津	79300	58340	1708	19252	3860	13286
河北	70277	54119	373	15436	1440	5161
山西	272215	252524	2875	16976	745	10597
内蒙古	14994	11729	220	3045	834	747
辽宁	221964	183588	2811	35407	5275	12518
吉林	56449	39537	65	12005	475	5358
黑龙江	168564	142574	3354	24596	2499	13308
上海	1415469	1181912	14184	219373	22264	170965
江苏	646398	481611	6380	148924	8613	66818
浙江	477854	377442	6156	94257	7842	48542
安徽	173853	129334	959	43579	2050	19618
福建	309605	252392	2353	54350	4033	25763
江西	406980	314719	2155	88992	3240	22407
山东	421091	330666	3631	86199	6223	29442
河南	250906	189371	2951	58584	5966	22858
湖北	154316	109204	2113	35383	1533	22982
湖南	150187	110132	2150	22856	591	12743
广东	595144	410655	3776	181037	17596	65232
广西	80699	59815	1080	19278	3192	8217
海南	11152	7743	72	7890	423	2020
重庆	263871	207036	798	55865	2632	21236
四川	440134	285144	3073	151916	6355	61007
贵州	27247	22878	121	4248	773	3174
云南	304225	201074	2518	100633	4048	28502
西藏						
陕西	155681	117174	187	37029	1594	11128
甘肃	27984	20891	428	6665	730	1905
青海	1996	1522	28	447	303	224
宁夏	7313	4933	55	2325	232	1194
新疆	120783	86974	631	32759	1809	14148

单位：万元

管理费用	财务费用	营业利润	利润总额	应交所得税	劳动、失业保险费	住房公积金和住房补贴
676371	**35356**	**410910**	**391965**	**46923**	**18922**	**33318**
72471	1392	34070	38574	8516	1529	4512
7676	132	2018	2653	1037	793	710
10672	123	934	1231	38	868	417
5851	1376	2456	3619	892	159	326
1798	92	1120	1211	64	77	116
16541	1661	11297	4782	909	547	933
6309	242	1546	1505	291	116	174
11344	668	5006	4406	1460	938	230
54738	2232	13702	15616	4945	3344	4208
50271	297	40768	35375	4310	930	2891
36641	6977	9621	11555	1442	914	1650
13045	-520	13549	12579	40	323	1080
21505	1089	11902	11399	942	1951	1401
40618	1173	29149	33052	1110	260	923
43658	2440	17606	16658	4773	1076	3065
29661	839	11177	9365	1175	1549	1201
15526	1770	10690	7932	868	325	572
16647	709	9224	8276	246	182	673
64706	1943	70626	71314	3406	1161	1776
12406	320	1517	1931	173	638	766
1335	1224	-818	-1340	45	9	40
14753	2885	19806	8056	598	149	884
61028	-566	36803	44063	466	473	2356
3522	46	-1720	-1724	49	19	263
34758	5733	35688	35455	5363	106	675
14685	1105	11869	2946	566	196	586
3935	35	1520	225	3	52	203
233	8	285	281	57		
1267	43	54	166	54	8	78
8774	-110	9444	10807	3085	231	611

3-12 续表 5

医药及医疗器材专门零售

地区	主营业务收入	主营业务成本	主营业务税金及附加	主营业务利润	其他业务利润	营业费用
全国	**17146709**	**14940021**	**63307**	**2026404**	**94005**	**1102241**
北京	1574484	1421265	3204	150014	12982	76217
天津	212629	195035	384	17210	1012	5553
河北	237418	202840	390	33214	193	17620
山西	267185	237657	651	28808	854	16161
内蒙古	89680	70358	963	18213	204	6253
辽宁	466934	372323	3444	89640	1525	58942
吉林	100751	78031	395	21175	5816	9056
黑龙江	602720	517435	10601	82210	930	16958
上海	549113	445070	1769	102273	9821	62231
江苏	2726784	2487792	4385	223885	12417	108260
浙江	1226719	1085605	2779	138334	7520	70452
安徽	727740	681257	1109	45162	1090	22044
福建	370686	338287	656	31646	1729	17262
江西	300163	267926	783	30723	1198	17078
山东	1396935	1172890	8046	211737	1791	101243
河南	648298	576174	6103	66021	1063	33053
湖北	345992	282434	1230	44902	2020	26611
湖南	884355	753695	3237	52465	1856	64490
广东	1106485	875235	3515	227408	17609	164360
广西	595498	530818	1351	62128	1542	28169
海南	16793	12145	65	4583	67	3061
重庆	1015085	922026	2731	80845	2795	28257
四川	173141	131983	817	40341	801	24637
贵州	79731	62626	217	16450	591	10885
云南	372510	276557	1732	93574	3271	65639
西藏						
陕西	177005	147673	556	28776	778	14792
甘肃	87079	75246	290	11543	25	8359
青海	33289	27843	75	5371		2412
宁夏	154198	139793	235	14170	352	7081
新疆	607311	552002	1594	53584	2155	15109

单位：万元

管理费用	财务费用	营业利润	利润总额	应交所得税	劳动、失业保险费	住房公积金和住房补贴
590532	**90280**	**433038**	**412106**	**84991**	**16705**	**17607**
46595	11454	29133	31515	8195	677	2437
8018	1340	2977	4581	1844	76	254
14431	1031	634	822	217	506	85
10950	1824	1330	3280	591	125	161
4562	478	7268	1269	460	161	32
21409	1293	11212	8741	2369	938	827
6937	2154	6278	6364	1138	530	1104
39928	2773	25982	27272	4991	722	764
37624	1402	10836	14109	3514	1323	1485
64074	14990	52721	56570	11190	3212	3064
39632	6025	29692	31944	8286	1436	1765
14586	2067	8593	9204	1638	430	462
8283	2992	6558	6974	1179	172	345
10776	2500	3052	2760	216	917	157
54838	8957	50118	48717	7520	885	830
16308	2375	15347	13584	1762	663	263
16358	2365	4965	2155	985	430	253
29485	1937	33154	16586	3504	398	452
42834	4560	34072	34941	7527	635	642
17260	3212	20584	15284	4256	924	628
560	129	900	633	3	59	
22219	7889	24127	21892	3748	512	558
13471	717	2317	1271	884	84	79
5044	105	306	308	375	85	47
15053	1557	15257	15326	2937	266	405
7342	477	6416	3391	430	213	200
2556	375	278	-88	64	65	31
1806	33	1138	4069	466	13	15
4846	380	2215	2138	583	72	177
12750	2891	25576	26492	4121	176	88

3-12 续表 6

汽车、摩托车、燃料及零配件专门零售

地　区	主营业务收入	主营业务成本	主营业务税金及附加	主营业务利润	其他业务利润	营业费用
全　国	**195561930**	**180784475**	**439828**	**13429339**	**577626**	**5292800**
北　京	17998213	16981873	17240	999101	89089	490433
天　津	6558986	6167759	7710	383517	3729	194240
河　北	4547711	4305986	4372	234572	11474	102213
山　西	6675723	6218412	18440	368040	6845	189027
内蒙古	6092475	5464823	17560	595077	15009	187942
辽　宁	7185654	6645681	8431	497327	7356	194919
吉　林	2134983	2117429	3215	123765	4246	39390
黑龙江	2153779	1923249	35013	151447	1926	72082
上　海	6397981	6029037	5070	363874	27448	144160
江　苏	12905979	11942321	15261	870429	63695	323411
浙　江	18932196	17926045	19502	987591	64479	426499
安　徽	4035045	3765157	7266	251323	5170	105360
福　建	5136950	4807093	8455	331586	34379	145444
江　西	1466766	1371979	2789	81772	3713	31947
山　东	12117078	11216921	24597	800127	8935	302466
河　南	6549844	6175856	13028	360961	9782	167573
湖　北	6010230	5355463	12947	421481	4385	153885
湖　南	8332975	7585325	22950	466168	734	281698
广　东	26470804	23829004	48304	2507203	136880	757835
广　西	2087935	1917457	3721	143245	9769	57939
海　南	1983559	1854124	1902	127273	4314	55506
重　庆	3532427	3249152	4624	217796	7466	84416
四　川	10226758	9483194	37155	706409	23500	305571
贵　州	2495668	2281673	3552	203172	9014	75085
云　南	4880225	4535750	8687	313785	11470	134456
西　藏	346736	290043	724	55969	291	15643
陕　西	3791246	3117079	44324	579900	7727	139645
甘　肃	1969749	1847727	1972	120051	811	46281
青　海	293118	266850	37016	27808	86	5583
宁　夏	524827	491474	525	32828	1901	14094
新　疆	1726311	1620543	3478	105742	2005	48058

单位：万元

管理费用	财务费用	营业利润	利润总额	应交所得税	劳动、失业保险费	住房公积金和住房补贴
3109983	**934151**	**5123423**	**4491559**	**680170**	**51009**	**64873**
284843	59728	256766	273477	70143	7112	9036
82910	23210	86964	97583	19562	885	2923
65222	22761	60039	64688	15908	752	1381
81855	21530	91438	94994	7416	2247	1034
69778	21320	310161	264387	23369	1284	3001
127350	31345	189863	183050	32447	1923	4576
39562	8768	61587	31475	6371	1059	444
70107	8950	61767	38237	12472	221	1385
121579	28054	97529	106684	26089	1543	2565
232073	84751	293370	271409	49135	7259	2836
268392	100452	260741	264694	64873	3928	4357
48634	21334	95072	97172	16084	1451	894
89109	30745	91801	141424	18721	704	1360
22989	6883	30637	22699	4348	245	218
204070	66361	258902	188467	30196	1739	2000
92727	26764	83679	72715	19731	1180	1045
136164	26113	112032	122574	19177	2193	2117
163518	37789	236607	186413	32186	1555	2982
436177	124905	1342809	936990	79959	6673	6435
38067	9127	60796	59758	12929	500	1043
29616	2289	43620	44614	9159	314	998
48321	20116	83972	89698	13118	462	1271
109379	40639	274321	276622	34947	3164	7212
29685	9299	102266	97273	8417	255	372
64990	23741	101257	99015	15768	600	755
6654	433	33530	33588	776	88	655
96497	61720	290649	221126	19074	274	283
19067	4527	50987	50345	2356	474	798
5108	1068	8765	8596	1456	36	57
8194	3458	8984	8341	2078	97	16
17346	5974	42513	43455	11909	792	827

3-12 续表 7

家用电器及电子产品专门零售

地　区	主营业务收入	主营业务成本	主营业务税金及附加	主营业务利润	其他业务利润	营业费用
全　国	**30891804**	**27554923**	**117988**	**2998552**	**817479**	**2131577**
北　京	2938137	2622994	5907	309236	120590	230500
天　津	665321	610894	1275	53152	32729	44689
河　北	665825	604719	4000	58851	14348	38366
山　西	397377	344743	4430	34736	12401	21891
内蒙古	392350	332068	1224	50015	6584	14444
辽　宁	766370	676054	1914	77071	25374	56323
吉　林	365320	314639	1213	30967	7868	19582
黑龙江	546810	435002	7477	68533	23499	31777
上　海	2318584	2128324	11635	178625	65078	201913
江　苏	3936627	3497184	8417	378269	66947	241626
浙　江	1756641	1563832	4749	187894	54306	161028
安　徽	901379	793567	11017	95404	8415	48811
福　建	1081970	987914	1937	90489	21499	66128
江　西	332870	297573	1932	23326	6968	20236
山　东	2104245	1834912	15203	252696	39733	122830
河　南	960300	864477	3369	92454	23231	63494
湖　北	1138987	1028624	4349	102162	26149	62315
湖　南	608479	508507	2594	54231	10416	46448
广　东	4028502	3575810	9697	396400	128451	316446
广　西	373505	318888	1239	30886	8557	21523
海　南	157682	143859	312	13376	4072	10042
重　庆	897716	813330	3198	77659	21128	62989
四　川	1276713	1164823	4900	106991	31442	80266
贵　州	241227	221875	605	17745	8168	14730
云　南	423431	381471	1341	40619	11081	33313
西　藏	17568	16469	8	1091	345	396
陕　西	1029318	906691	2615	120013	23734	61138
甘　肃	121917	112750	268	8899	159	6616
青　海	58213	50609	196	7408	1385	4120
宁　夏	189422	164474	516	20071	4019	12943
新　疆	198999	178051	453	19285	8804	14655

单位：万元

管理费用	财务费用	营业利润	利润总额	应交所得税	劳动、失业保险费	住房公积金和住房补贴
817270	**81522**	**946934**	**830458**	**160351**	**20365**	**21872**
107452	6227	88283	98462	22063	1441	3348
16059	1485	23648	24189	5540	148	724
15849	3285	16895	11513	1801	522	400
12374	1732	9088	9748	1487	101	115
4079	1568	35878	36593	2029	594	164
22732	3517	31139	14269	2674	1971	1234
11401	1638	7235	4538	738	26	168
17072	1735	45436	14457	4178	593	87
50330	8632	-17230	21088	9558	514	1303
101177	-2766	133433	128545	27042	5999	4131
45331	6753	30222	33005	8561	824	1327
28453	2824	26211	27556	7350	214	2542
21144	3054	21457	13512	3330	237	556
7295	1035	12844	8905	1122	51	71
61115	11240	96020	74010	11158	759	727
20836	1853	29502	18432	3773	643	259
34118	2403	38500	35556	8892	292	865
30513	2454	25879	9406	1243	954	345
97888	12672	145261	132122	14784	1085	1011
8282	735	13416	11610	1012	563	319
4908	437	2197	2369	248	80	12
12557	1143	23767	12123	2358	417	680
25857	3678	28632	34162	3936	1805	679
5547	702	4579	4925	938	92	115
9513	615	8260	-19624	1661	84	145
1213	8	-181	-16	4		
28973	1201	52715	52946	10348	152	198
2434	140	-132	2805	482	38	45
1363	158	1695	1710	16	9	25
5161	969	5228	5199	883	20	27
6247	394	7060	6345	1145	140	251

3-12 续表 8

五金、家具及室内装修材料专门零售

地　区	主营业务收入	主营业务成本	主营业务税金及附加	主营业务利润	其他业务利润	营业费用
全　国	**6902765**	**5634137**	**118848**	**1211879**	**100220**	**560051**
北　京	629663	447151	5247	177265	29132	132061
天　津	57248	44203	59	12987	692	10728
河　北	52549	42619	448	9482	109	3924
山　西	165449	132670	4038	28675	2331	2895
内 蒙 古	296536	234286	3862	58389	780	4148
辽　宁	109137	83092	462	24041	2469	13547
吉　林	2173	1852		321	289	920
黑 龙 江	48897	28693	1747	18457	1118	2841
上　海	472430	338006	2629	131796	25586	85333
江　苏	489182	403216	3854	82112	7254	32117
浙　江	38668	30009	372	7541	2390	7128
安　徽	64412	48651	3970	11666	500	3442
福　建	275542	240011	1235	34295	790	14937
江　西	75092	53949	2641	18502		11555
山　东	1402992	1168236	27891	201467	3994	47279
河　南	159292	132655	2709	23928	2616	8477
湖　北	223408	191059	4001	19209	2029	13708
湖　南	77884	60296	1013	11101	250	7791
广　东	381138	284140	2760	94239	13807	65882
广　西						
海　南	504	366	1	137		120
重　庆	1016986	991659	39405	69893	772	20783
四　川	124329	97009	1690	25629	2428	15999
贵　州	11476	11189	19	269		155
云　南	38947	34844	317	3785	219	2445
西　藏						
陕　西	546355	453561	7622	85075	303	11566
甘　肃	25371	20774	126	4471	148	2974
青　海						
宁　夏	2812	1884	16	911		189
新　疆	114295	58057	714	56237	213	37106

单位：万元

管理费用	财务费用	营业利润	利润总额	应交所得税	劳动、失业保险费	住房公积金和住房补贴
301196	**77412**	**390115**	**364304**	**52473**	**6548**	**9654**
42813	8506	23218	24299	9988	1111	1685
6171	1109	-4329	-4910	6	995	281
2872	751	2044	2506	615	30	23
4541	2044	21826	17274	50	6	10
12893	1135	38589	36726	1699	681	
20817	4367	-13038	-13385	77	85	245
1	4	-314	-313			9
1679	151	15004	3164	209	3	6
34805	5895	31349	32887	3539	324	833
25850	6021	25555	25345	3015	362	679
3443	934	-1574	-1974	116	27	136
2860	591	7488	7328	513	54	53
9842	1181	9134	9272	1400	18	50
6272	785	-111	-256	256	0	
40542	14437	105292	90769	7920	773	430
6505	1063	10499	8192	1411	63	205
5078	301	2769	32	191	25	119
3246	870	5015	3384	141	41	35
24730	8109	9171	18376	1726	1594	377
69	1	-53	-54			
19534	6259	33508	36431	8383	65	3425
8313	8090	-4344	4852	64	28	133
39	44	31	25	6		
335	46	1178	1611	127	7	26
11450	2845	59611	49420	9028	160	124
1261	304	80	783	282	4	29
221	86	416	416		2	
5015	1485	12104	12104	1713	90	743

3-12 续表 9

无店铺及其他零售

地　区	主营业务收入	主营业务成本	主营业务税金及附加	主营业务利润	其他业务利润	营业费用
全　国	**5706475**	**4909484**	**28878**	**718571**	**58404**	**458289**
北　京	1630200	1489485	2666	138050	11196	142843
天　津	22651	16353	87	6211	1750	3073
河　北	42250	38178	117	3956	522	2870
山　西	135129	108902	4293	21954	208	15747
内蒙古	28994	24752	128	4114	57	1701
辽　宁	157889	138588	1186	17630	-161	13505
吉　林	8627	8008		619		268
黑龙江	33844	28309	570	4957	12	2671
上　海	540750	495725	1126	43899	19996	52344
江　苏	205215	173191	1340	27995	5660	19098
浙　江	321028	295892	499	24637	372	17331
安　徽						
福　建	273729	230701	488	42869	958	18232
江　西	7444	4840	67	-843		2992
山　东	512184	347790	3897	160230	6256	20358
河　南	40474	34873	584	5017	908	2651
湖　北	320217	301444	612	18011	688	16132
湖　南	242926	179662	5817	15266	73	33657
广　东	651093	546733	2060	102988	6139	59407
广　西	196612	164732	604	31276	264	11083
海　南	1412	1373	1	37	413	100
重　庆	27380	23109	409	3582	60	1694
四　川	102335	90352	352	11631	318	5610
贵　州	70673	59394	180	8075	189	5283
云　南	61448	50539	1197	9713	717	2231
西　藏						
陕　西	36230	28366	349	7516	1572	3787
甘　肃	6334	4849	31	1455	10	332
青　海	19375	15724	139	5398	-36	1747
宁　夏	5745	4810	15	920	94	1158
新　疆	4288	2812	66	1410	171	387

单位：万元

管理费用	财务费用	营业利润	利润总额	应交所得税	劳动、失业保险费	住房公积金和住房补贴
213394	**19707**	**149007**	**135769**	**30320**	**4728**	**7339**
46536	7813	-45937	-44092	3388	1375	2475
2876	405	1608	1954	514	17	89
2617	28	-1037	-17	143	29	169
10094	917	3835	3408	1203	29	94
2215	76	178	327	62	19	
9323	646	546	-8946	411	174	209
183		168	168			
967	117	1335	1334	30	7	
27397	-307	-15539	-17934	2533	423	722
7024	583	6950	8037	1752	179	260
5830	708	1729	2627	600	109	298
10499	1236	15268	15615	1559	197	224
462	-34	-843	-836		2	4
23240	3006	120180	119986	3665	576	540
2520	326	427	636	103	60	96
-2907	216	5446	5772	1401	23	87
9115	870	10537	10711	306	782	241
28076	2645	19338	11504	7216	499	678
8698	-721	12587	12585	3387	55	581
239	10	101	99	22	1	
1403	465	850	580	91	1	
6145	93	102	951	410	64	356
1850	-183	1600	1719	352	32	18
2582	279	5364	5227	810	10	75
4490	46	775	585	248	39	34
317	13	804	850	53	3	
705	39	2901	2876	21	14	30
497	80	-721	-413		8	55
404	335	456	456	43	4	2

3-13 大中型零售业企业分行业工资、福利及增值税

单位：万元

地区	零售业			综合零售		
	本年应付工资总额	本年应付福利费总额	本年应交增值税	本年应付工资总额	本年应付福利费总额	本年应交增值税
全 国	**9972453**	**635237**	**8746054**	**4504422**	**288284**	**3160888**
北 京	962310	55646	715504	394996	28069	336374
天 津	238802	7758	175188	126194	3116	54809
河 北	236862	13325	151394	137475	7005	68415
山 西	162955	8842	230407	51260	1397	38276
内蒙古	155853	13618	309922	44986	3898	33566
辽 宁	370335	23806	400627	204196	12704	153076
吉 林	97168	5146	73036	47654	2377	34860
黑龙江	210837	11746	372732	128305	6994	106296
上 海	804692	50057	776597	387117	24664	319374
江 苏	901586	67198	581938	480792	32199	349675
浙 江	633041	37227	513023	266382	13921	197368
安 徽	243227	16717	228608	125455	7996	122152
福 建	270972	17661	198778	110727	7795	68242
江 西	112375	7363	60183	43318	2107	26360
山 东	769085	48933	541190	414250	26988	233880
河 南	356361	15441	193026	167462	7047	77342
湖 北	384461	20145	326677	209611	10597	131756
湖 南	293892	38684	254128	121828	20498	61695
广 东	1301728	61424	1206085	462372	18754	294227
广 西	162771	12049	86202	81352	6228	34490
海 南	40143	2346	55760	12575	561	8913
重 庆	208503	10409	172959	96415	3157	49047
四 川	377470	26210	313474	142683	8009	131764
贵 州	65167	4439	92772	18263	2180	25417
云 南	173935	9676	141627	46224	2804	36198
西 藏	10296	286	9083	1780	27	470
陕 西	226266	20838	385838	107152	8289	96319
甘 肃	63968	3535	41114	30013	1318	21919
青 海	16866	16234	10030	7691	15793	4641
宁 夏	34249	2362	34809	10782	644	16056
新 疆	86278	6116	93344	25112	1152	27913

3-13 续表 1

单位：万元

地区	食品、饮料及烟草制品专门零售			纺织、服装及日用品专门零售		
	本年应付工资总额	本年应付福利费总额	本年应交增值税	本年应付工资总额	本年应付福利费总额	本年应交增值税
全国	**282986**	**12725**	**147554**	**747325**	**37175**	**506109**
北京	35711	1224	21421	96152	1623	61839
天津	12096	227	6915	12282	314	7454
河北	936	60	530	8192	429	4531
山西	4546	304	5971	11993	472	33082
内蒙古	1823	20	223	11799	577	3166
辽宁	4169	204	2969	16216	955	12304
吉林	2898	238	2807	8012	147	2634
黑龙江	1943	130	1892	8813	350	6208
上海	28055	1241	9659	147358	6883	134515
江苏	25515	1381	15973	21420	1347	11013
浙江	14365	771	5474	33048	1842	20612
安徽	9941	143	3421	6466	402	2446
福建	17468	671	12627	12447	335	6302
江西	925	98	171	3045	351	671
山东	20853	1553	15382	51027	1817	11290
河南	12544	380	2932	20639	325	7030
湖北	26961	848	17723	23737	590	9192
湖南	4525	740	1179	15065	1107	5729
广东	22720	933	7948	161951	6192	120526
广西	6127	122	2028	2302	27	1164
海南	1210	15	284	1124	116	302
重庆	4798	233	1682	9014	204	8606
四川	5296	140	1280	19234	5366	18056
贵州	783	63	231	2993	25	3181
云南	5078	234	1847	3141	64	722
西藏	1292	115	916			
陕西	5346	515	2434	31330	4991	9342
甘肃	4271	106	1591	406	19	89
青海				2002	185	252
宁夏	687	18	44	1811	12	471
新疆	107		1	4308	109	3381

3-13 续表 2

单位：万元

地区	文化、体育用品及器材专门零售			医药及医疗器材专门零售		
	本年应付工资总额	本年应付福利费总额	本年应交增值税	本年应付工资总额	本年应付福利费总额	本年应交增值税
全国	**499957**	**34456**	**332504**	**602509**	**36337**	**364346**
北京	58203	3546	16239	40937	2047	28592
天津	10120	217	1713	3713	125	3033
河北	5280	223	1639	11429	710	5795
山西	7166	635	4336	8019	454	11813
内蒙古	1245	266	225	4914	146	2109
辽宁	14902	869	3949	33124	1004	15643
吉林	4376	139	1408	5724	118	3203
黑龙江	5786	449	10834	23345	1194	36268
上海	44996	3383	174942	31464	2235	18156
江苏	38987	3173	12062	64584	5851	29805
浙江	25554	2520	7884	41770	2431	26120
安徽	11749	805	2798	13445	665	5179
福建	19735	806	3850	9262	625	4196
江西	21431	808	6400	11990	1188	5477
山东	31400	1978	12649	33549	1828	18186
河南	21157	1335	8533	26665	825	9844
湖北	12117	1314	3936	16728	521	5900
湖南	10803	1280	2995	27629	7759	30269
广东	52079	3149	18696	78642	2598	40808
广西	7062	638	3418	16719	799	12837
海南	775	169	1525	1320	103	1031
重庆	10857	1447	3831	17030	763	10385
四川	38745	980	11913	13119	312	5028
贵州	2769	262	1652	5106	73	2838
云南	23106	1674	7117	30709	268	13463
西藏						
陕西	8381	750	2394	9012	788	5015
甘肃	2306	191	877	5363	40	1240
青海	243		81	1800	9	914
宁夏	1139	168	257	6780	499	2412
新疆	7492	1281	4351	8619	363	8788

3-13 续表 3

单位：万元

地区	汽车、摩托车、燃料及零配件专门零售			家用电器及电子产品专门零售		
	本年应付工资总额	本年应付福利费总额	本年应交增值税	本年应付工资总额	本年应付福利费总额	本年应交增值税
全　国	**2216493**	**164482**	**3134274**	**726315**	**34216**	**775615**
北　京	180611	13524	151027	83552	2194	47229
天　津	57117	3486	85417	11935	203	12564
河　北	53034	4172	52436	15320	557	16627
山　西	58357	4099	84553	8893	342	40692
内蒙古	68407	6787	250860	7824	1164	7602
辽　宁	73967	6032	132336	14643	873	73494
吉　林	21584	1840	23626	6723	283	4479
黑龙江	24982	1803	179192	13637	614	28197
上　海	75858	4395	77667	48992	2506	22291
江　苏	156766	14290	96692	93791	7479	53273
浙　江	200478	13970	158104	44862	1268	92751
安　徽	46368	4871	64439	27197	1747	27385
福　建	68962	4914	87178	22101	1294	11920
江　西	18100	1905	14802	9328	375	3419
山　东	121202	8147	186436	43229	2755	39491
河　南	75135	4601	66506	22811	453	18582
湖　北	64275	4014	90211	21847	1480	14102
湖　南	85615	5316	111054	15259	1845	31474
广　东	360995	23974	608092	116002	3472	75933
广　西	34525	3166	24648	9326	238	5286
海　南	18534	1243	42019	4402	136	1671
重　庆	41983	3551	65427	19204	209	10121
四　川	128816	9968	113343	20974	870	27292
贵　州	28049	1452	56107	5466	319	2586
云　南	51770	3982	71410	10497	423	8151
西　藏	6809	142	7571	415	1	127
陕　西	39772	3943	159274	15136	691	90743
甘　肃	18002	1675	13905	2286	118	880
青　海	3640	186	2671	937	27	982
宁　夏	9083	776	12492	3050	142	2824
新　疆	23697	2259	44779	6677	141	3450

3-13 续表 4

单位：万元

地 区	五金、家具及室内装修材料专门零售			无店铺及其他零售		
	本年应付工资总额	本年应付福利费总额	本年应交增值税	本年应付工资总额	本年应付福利费总额	本年应交增值税
全 国	**213026**	**15864**	**158389**	**179421**	**11699**	**166376**
北 京	32537	2139	25182	39612	1282	27601
天 津	3666	30	2373	1678	40	910
河 北	2541	128	858	2656	40	562
山 西	4736	532	1463	7986	608	10223
内蒙古	14265	734	11676	591	25	495
辽 宁	4954	690	2929	4165	476	3927
吉 林	128	5	18	70		
黑龙江	3056	199	2449	969	14	1398
上 海	20890	2757	14998	19962	1994	4994
江 苏	11500	687	9454	8231	792	3992
浙 江	2311	149	1771	4270	356	2940
安 徽	2606	90	790			
福 建	3223	312	2417	7047	910	2046
江 西	3927	505	2269	311	26	613
山 东	37673	2841	14428	15902	1025	9449
河 南	6845	336	1822	3105	141	436
湖 北	4968	314	3463	4216	468	50394
湖 南	3850	34	1337	9318	105	8396
广 东	18303	1041	11437	28665	1312	28419
广 西				5358	831	2331
海 南	96		2	107	3	14
重 庆	7604	763	22736	1600	83	1124
四 川	3899	152	3830	4705	413	970
贵 州	91		67	1647	65	694
云 南	1707	137	601	1705	90	2118
西 藏						
陕 西	6511	435	18986	3627	437	1330
甘 肃	922	42	373	398	26	240
青 海				554	34	490
宁 夏	140		158	776	103	95
新 疆	10077	811	506	189		176

3-14 大中型零售业企业分行业经济效益分析指标

综合零售

地 区	负债比率 (%)	主营业务毛利率 (%)	人均营业收入 (万元)	流动资产周转次数 (次)	费用率 (%)
全 国	**74.6**	**14.4**	**61.1**	**2.7**	**13.2**
北 京	75.3	15.3	100.1	1.8	16.3
天 津	80.1	14.4	64.5	3.0	17.6
河 北	79.9	11.0	43.2	2.9	11.9
山 西	85.1	13.5	27.0	2.5	12.5
内蒙古	73.7	20.0	49.6	2.5	8.1
辽 宁	70.9	15.7	57.5	2.6	13.8
吉 林	74.0	10.1	113.1	4.5	7.0
黑龙江	79.8	11.7	43.2	3.2	14.0
上 海	69.7	13.5	101.8	2.9	14.3
江 苏	76.3	13.4	72.7	3.1	12.3
浙 江	78.9	12.9	72.1	2.0	14.2
安 徽	75.9	11.6	45.7	2.8	11.1
福 建	76.3	15.9	52.2	2.7	12.9
江 西	70.4	18.0	45.9	3.1	10.9
山 东	76.6	13.1	57.8	3.1	10.3
河 南	81.5	14.0	32.1	3.3	11.6
湖 北	71.9	15.5	47.9	3.2	13.5
湖 南	64.4	17.9	49.4	3.2	13.4
广 东	73.7	15.7	72.8	2.7	14.7
广 西	72.7	16.9	50.6	3.0	14.1
海 南	77.0	18.6	60.7	2.4	17.7
重 庆	72.1	13.4	64.1	3.9	13.0
四 川	70.1	17.2	52.5	3.1	13.3
贵 州	85.5	17.0	53.7	3.1	17.7
云 南	73.5	16.8	51.1	2.0	13.5
西 藏	64.9	26.0	21.3	1.7	25.0
陕 西	71.2	19.6	46.2	2.8	13.4
甘 肃	68.1	14.7	36.9	2.8	12.1
青 海	75.9	17.9	60.0	3.1	11.2
宁 夏	57.4	18.3	66.6	2.7	11.6
新 疆	68.5	16.3	64.7	2.4	15.0

注：费用率等于营业费用、管理费用、财务费用三项之和除以营业收入合计(下表同)。

3-14 续表 1

食品、饮料及烟草制品专门零售

地　区	负债比率 (%)	主营业务毛利率 (%)	人均营业收入 (万元)	流动资产周转次数 (次)	费用率 (%)
全　国	**57.9**	**19.1**	**45.4**	**2.7**	**12.8**
北　京	44.6	29.9	38.5	1.9	23.9
天　津	39.6	24.6	32.8	3.1	18.0
河　北	87.3	10.5	37.1	1.6	11.0
山　西	70.2	12.8	41.3	3.7	8.3
内蒙古	64.2	12.2	32.6	1.4	13.3
辽　宁	36.5	18.4	29.9	6.2	14.1
吉　林	88.1	22.7	43.4	1.9	18.2
黑龙江	56.6	17.5	20.8	4.1	19.8
上　海	81.7	20.3	40.7	2.5	21.8
江　苏	59.1	18.6	49.7	3.1	13.2
浙　江	56.1	17.0	41.8	2.4	16.1
安　徽	72.3	17.4	24.3	3.4	14.9
福　建	50.0	20.5	55.5	2.8	11.5
江　西	18.2	15.1	35.4	4.1	9.6
山　东	66.7	11.3	60.0	3.3	6.6
河　南	71.4	13.0	29.5	5.1	8.5
湖　北	52.5	18.7	59.2	4.1	8.3
湖　南	47.8	24.5	42.4	3.4	19.1
广　东	43.0	28.2	69.6	1.7	13.1
广　西	67.2	37.4	14.2	5.8	28.5
海　南	48.2	-4.1	7.3	2.4	19.0
重　庆	53.6	17.4	43.7	3.1	10.1
四　川	56.5	15.4	32.7	3.5	9.6
贵　州	70.8	14.6	24.3	2.6	10.9
云　南	61.5	14.6	57.5	2.4	11.7
西　藏	52.0	16.1	152.7	6.7	10.0
陕　西	74.4	17.9	49.9	1.1	13.8
甘　肃	73.1	12.1	73.7	2.9	9.7
青　海					
宁　夏	63.6	19.1	21.3	1.3	16.8
新　疆	118.7	9.3	88.5	0.9	11.3

3-14 续表 2

纺织、服装及日用品专门零售

地　区	负债比率(%)	主营业务毛利率(%)	人均营业收入(万元)	流动资产周转次数(次)	费用率(%)
全　国	**75.3**	**27.1**	**50.7**	**2.4**	**22.2**
北　京	87.5	32.4	61.1	2.4	31.6
天　津	76.7	30.7	30.1	1.3	30.3
河　北	74.4	15.6	26.2	3.2	16.6
山　西	90.5	13.1	34.3	2.7	12.5
内蒙古	62.7	19.4	35.7	4.6	6.4
辽　宁	67.8	16.2	66.7	2.0	15.5
吉　林	108.0	18.9	33.5	5.1	16.5
黑龙江	68.6	20.0	25.5	2.7	14.7
上　海	75.1	41.8	89.1	2.4	33.3
江　苏	66.8	20.2	61.1	2.5	17.5
浙　江	85.5	21.6	60.3	1.6	21.0
安　徽	82.9	20.8	23.9	1.6	17.6
福　建	67.8	23.2	44.8	2.2	19.0
江　西	77.6	15.1	29.6	2.4	20.3
山　东	65.4	14.1	62.7	9.1	7.0
河　南	91.5	15.4	24.2	3.3	14.3
湖　北	77.8	17.3	26.6	2.1	17.7
湖　南	76.3	22.1	47.5	3.7	14.4
广　东	61.4	31.3	49.4	1.8	25.3
广　西	91.3	24.6	31.1	1.8	26.4
海　南	27.7	22.3	17.8	0.4	66.4
重　庆	76.4	24.1	30.1	2.5	19.0
四　川	70.3	20.9	48.1	2.4	18.9
贵　州	78.4	18.1	76.1	2.8	16.3
云　南	33.8	31.2	75.4	2.0	18.4
西　藏					
陕　西	89.4	32.2	55.7	2.5	15.7
甘　肃	35.4	19.2	6.6	1.0	21.2
青　海	85.2	16.0	16.8	2.1	27.1
宁　夏	60.6	15.9	26.8	2.1	14.9
新　疆	83.6	19.2	62.5	1.9	19.7

3-14 续表 3

文化、体育用品及器材专门零售

地 区	负债比率 (%)	主营业务毛利率 (%)	人均营业收入 (万元)	流动资产周转次数 (次)	费用率 (%)
全 国	**55.3**	**23.1**	**58.8**	**1.8**	**18.4**
北 京	63.6	24.5	70.9	1.5	21.0
天 津	57.4	26.4	34.4	1.2	25.2
河 北	36.9	23.0	26.7	0.5	21.9
山 西	61.9	7.2	106.9	3.1	6.5
内蒙古	94.1	21.8	25.6	2.1	16.5
辽 宁	79.9	17.3	37.4	1.7	13.5
吉 林	63.4	30.0	28.5	2.0	20.7
黑龙江	88.3	15.4	77.4	1.8	14.8
上 海	66.1	16.5	137.6	2.7	15.6
江 苏	62.4	25.5	70.9	1.8	17.9
浙 江	59.4	21.0	68.6	1.4	18.9
安 徽	31.8	25.6	56.2	1.7	18.2
福 建	35.9	18.5	57.8	2.0	15.4
江 西	32.3	22.7	115.4	2.6	15.6
山 东	63.2	21.5	47.5	1.9	17.3
河 南	45.7	24.5	21.8	2.0	20.7
湖 北	64.4	29.2	29.4	1.7	25.3
湖 南	43.6	26.7	51.2	2.2	19.8
广 东	57.7	31.0	42.9	1.7	21.3
广 西	58.8	25.9	39.6	1.9	24.9
海 南	60.6	30.6	29.0	1.0	39.2
重 庆	68.6	21.5	92.4	1.7	14.5
四 川	35.5	35.2	57.5	1.1	25.6
贵 州	75.0	16.0	27.8	1.3	23.4
云 南	47.2	33.9	38.5	1.7	22.3
西 藏					
陕 西	61.5	24.7	57.3	1.5	17.1
甘 肃	63.8	25.3	30.5	1.7	20.4
青 海	72.5	23.8	14.9	0.9	20.2
宁 夏	58.2	32.5	28.4	1.3	33.1
新 疆	42.8	28.0	64.6	1.7	18.5

3-14 续表 4

医药及医疗器材专门零售

地　区	负债比率(%)	主营业务毛利率(%)	人均营业收入(万元)	流动资产周转次数(次)	费用率(%)
全　国	**75.9**	**12.9**	**60.9**	**2.3**	**10.3**
北　京	71.1	9.7	155.9	1.9	8.4
天　津	71.0	8.3	104.0	1.4	7.0
河　北	80.1	14.6	34.3	2.0	13.9
山　西	83.3	11.1	50.3	2.1	10.8
内蒙古	77.2	21.5	32.1	2.5	12.6
辽　宁	76.2	20.3	25.6	2.4	17.4
吉　林	85.7	22.6	23.4	1.0	17.0
黑龙江	81.7	14.1	62.7	2.3	9.9
上　海	53.3	18.9	49.7	3.3	17.9
江　苏	79.2	8.8	115.9	2.5	6.8
浙　江	78.2	11.5	75.0	2.6	9.4
安　徽	85.3	6.4	94.9	2.3	5.3
福　建	67.2	8.7	72.9	2.9	7.7
江　西	84.2	10.7	53.1	2.5	9.7
山　东	77.8	16.0	62.2	2.3	11.8
河　南	78.3	11.1	31.3	2.9	8.0
湖　北	69.8	18.4	37.9	1.3	13.0
湖　南	76.1	14.8	64.9	2.4	10.8
广　东	76.6	20.9	39.5	2.2	18.8
广　西	78.3	10.9	82.8	2.2	8.1
海　南	31.0	27.7	15.5	3.3	22.2
重　庆	74.1	9.2	130.1	3.6	5.7
四　川	79.7	23.8	23.5	2.6	22.3
贵　州	87.8	21.5	23.2	1.8	19.9
云　南	62.6	25.8	27.5	2.3	21.8
西　藏					
陕　西	87.1	16.6	27.3	2.2	12.7
甘　肃	90.4	13.6	19.6	2.9	13.0
青　海	58.2	16.4	28.1	1.1	12.8
宁　夏	77.5	9.3	91.2	2.2	8.0
新　疆	70.1	9.1	135.6	2.3	5.0

3-14 续表 5

汽车、摩托车、燃料及零配件专门零售

地区	负债比率(%)	主营业务毛利率(%)	人均营业收入(万元)	流动资产周转次数(次)	费用率(%)
全国	**71.6**	**7.6**	**272.1**	**4.4**	**4.7**
北京	74.3	5.6	391.4	4.6	4.6
天津	63.7	6.0	324.5	5.5	4.6
河北	83.5	5.3	220.4	3.0	4.2
山西	69.2	6.9	226.2	4.4	4.4
内蒙古	76.3	10.3	228.3	5.5	4.6
辽宁	69.8	7.5	327.9	4.3	4.9
吉林	69.7	0.8	257.8	4.6	4.1
黑龙江	79.8	10.7	254.0	3.0	7.0
上海	69.6	5.8	282.6	4.4	4.6
江苏	75.9	7.5	278.2	4.4	4.9
浙江	76.5	5.3	353.7	4.1	4.2
安徽	74.5	6.7	224.9	2.8	4.3
福建	64.1	6.4	230.4	3.3	5.1
江西	70.8	6.5	231.5	4.5	4.2
山东	78.4	7.4	234.6	3.7	4.7
河南	79.0	5.7	204.9	4.0	4.4
湖北	73.8	10.9	231.6	5.6	5.2
湖南	63.6	9.0	308.9	6.3	5.8
广东	62.0	10.0	261.6	4.6	4.9
广西	71.5	8.2	202.9	3.9	5.0
海南	51.2	6.5	275.4	6.4	4.4
重庆	70.4	8.0	276.5	4.1	4.3
四川	73.7	7.3	262.8	5.7	4.4
贵州	79.5	8.6	240.3	5.4	4.5
云南	65.1	7.1	275.6	3.6	4.5
西藏	37.5	16.4	195.2	12.9	6.5
陕西	75.5	17.8	283.5	4.6	7.8
甘肃	77.8	6.2	281.0	7.2	3.5
青海	62.5	9.0	213.4	4.1	4.0
宁夏	80.0	6.4	171.1	2.9	4.9
新疆	91.3	6.1	269.5	5.7	4.1

3-14 续表 6

家用电器及电子产品专门零售

地 区	负债比率 (%)	主营业务毛利率 (%)	人均营业收入 (万元)	流动资产周转次数 (次)	费用率 (%)
全 国	**78.3**	**10.8**	**106.3**	**2.0**	**9.5**
北 京	91.9	10.7	150.4	0.9	11.1
天 津	75.3	8.2	154.9	2.2	8.9
河 北	80.8	9.2	75.3	2.8	8.4
山 西	91.4	13.2	83.8	1.9	8.7
内蒙古	67.1	15.4	107.1	2.0	5.0
辽 宁	79.8	11.8	109.8	1.9	10.4
吉 林	81.6	13.9	107.3	3.2	8.7
黑龙江	82.6	20.4	78.6	2.4	8.8
上 海	78.6	8.2	168.5	2.3	10.9
江 苏	64.3	11.2	113.8	2.0	8.4
浙 江	77.7	11.0	104.0	2.2	11.7
安 徽	73.4	12.0	108.8	2.8	8.8
福 建	78.6	8.7	113.8	2.1	8.1
江 西	77.7	10.6	63.2	2.2	8.4
山 东	75.4	12.8	87.6	2.9	9.1
河 南	85.9	10.0	77.9	2.3	8.7
湖 北	79.6	9.7	86.2	2.5	8.5
湖 南	59.6	16.4	91.7	3.9	12.8
广 东	81.7	11.2	91.1	2.4	10.2
广 西	74.8	14.6	93.6	2.6	8.0
海 南	81.0	8.8	81.6	2.6	9.5
重 庆	76.0	9.4	140.2	2.6	8.3
四 川	77.0	8.8	114.8	2.5	8.3
贵 州	90.4	8.0	66.8	1.3	8.3
云 南	69.0	9.9	100.1	3.0	9.8
西 藏	64.8	6.3	77.9	3.1	9.0
陕 西	57.2	11.9	163.0	3.5	8.6
甘 肃	86.5	7.5	67.9	2.2	7.5
青 海	59.4	13.1	132.1	3.5	9.4
宁 夏	83.8	13.2	127.6	1.8	9.8
新 疆	69.1	10.5	89.9	2.5	10.0

3-14 续表 7

五金、家具及室内装修材料专门零售

地 区	负债比率 (%)	主营业务毛利率 (%)	人均营业收入 (万元)	流动资产周转次数 (次)	费用率 (%)
全 国	**60.9**	**18.4**	**75.2**	**2.9**	**13.3**
北 京	79.7	29.0	80.2	1.4	27.7
天 津	106.1	22.8	61.6	1.9	30.9
河 北	73.3	18.9	44.0	2.5	14.3
山 西	51.7	19.8	40.1	2.2	5.6
内蒙古	17.0	21.0	45.8	2.5	6.1
辽 宁	90.8	23.9	41.8	4.7	34.5
吉 林	232.8	14.8	28.2	4.0	37.3
黑龙江	28.5	41.3	42.8	1.7	9.3
上 海	68.8	28.5	94.4	3.3	24.7
江 苏	70.4	17.6	125.4	2.7	12.8
浙 江	74.9	22.4	49.2	1.7	27.6
安 徽	52.9	24.5	33.7	3.8	10.6
福 建	74.9	12.9	155.9	5.7	9.4
江 西	60.8	28.2	38.8	7.3	24.8
山 东	46.5	16.7	60.1	3.0	7.3
河 南	47.7	16.7	34.4	4.0	9.9
湖 北	70.3	14.5	74.5	2.2	8.5
湖 南	33.8	22.6	41.5	2.1	15.2
广 东	74.4	25.4	77.8	2.7	24.8
广 西					
海 南	110.1	27.3	8.4	0.6	37.7
重 庆	40.6	2.5	212.8	6.9	4.6
四 川	83.4	22.0	50.5	3.9	25.1
贵 州	94.6	2.5	204.9	0.6	2.1
云 南	44.8	10.5	42.8	3.1	7.2
西 藏					
陕 西	55.7	17.0	152.8	6.1	4.7
甘 肃	77.3	18.1	68.2	1.6	17.8
青 海					
宁 夏	101.2	33.0	29.3	1.2	17.6
新 疆	38.2	49.2	57.9	0.8	38.0

3-14 续表 8

无店铺及其他零售

地区	负债比率(%)	主营业务毛利率(%)	人均营业收入(万元)	流动资产周转次数(次)	费用率(%)
全国	**72.7**	**14.0**	**103.4**	**2.4**	**11.9**
北京	98.1	8.6	238.5	1.7	11.8
天津	57.2	27.8	58.4	1.0	25.0
河北	37.9	9.6	37.2	2.5	12.8
山西	85.2	19.4	37.6	1.5	19.8
内蒙古	59.3	14.6	51.1	6.6	13.7
辽宁	76.9	12.2	107.7	5.1	14.8
吉林		7.2	148.7	5.7	5.2
黑龙江	48.7	16.4	58.4	3.4	11.1
上海	74.6	8.3	117.5	3.4	13.7
江苏	73.0	15.6	104.0	3.0	12.3
浙江	62.0	7.8	194.3	6.9	7.4
安徽					
福建	45.6	15.7	112.1	2.3	10.9
江西	30.8	35.0	58.9	0.7	45.7
山东	64.9	32.1	77.7	2.6	8.9
河南	81.0	13.8	20.9	1.6	13.0
湖北	27.0	5.9	194.5	27.3	4.2
湖南	49.1	26.0	79.0	2.8	18.0
广东	60.3	16.0	72.4	3.7	13.6
广西	72.5	16.2	98.0	1.7	9.7
海南	37.1	2.7	51.1	1.6	12.6
重庆	40.5	15.6	40.3	4.3	12.9
四川	64.1	11.7	49.4	1.3	11.5
贵州	90.8	16.0	127.6	1.4	9.8
云南	52.4	17.8	102.0	2.8	8.2
西藏					
陕西	65.9	21.7	38.2	2.4	22.0
甘肃	60.0	23.5	55.0	6.0	10.4
青海	37.2	18.8	99.9	1.8	12.9
宁夏	48.4	16.3	20.3	2.1	29.7
新疆	37.2	34.4	61.4	1.0	21.8

3-15 大中型住宿业企业分行业基本情况

地　区	住宿业		旅游饭店	
	法人单位数(个)	年末从业人数(人)	法人单位数(个)	年末从业人数(人)
全　国	**3303**	**1132243**	**2980**	**1040855**
北　京	315	113057	277	101811
天　津	47	13244	34	9588
河　北	92	31945	79	26597
山　西	71	24696	60	21751
内蒙古	49	15935	41	13585
辽　宁	101	30600	100	30189
吉　林	31	10272	28	9645
黑龙江	31	9565	29	8878
上　海	212	66769	171	57004
江　苏	260	77091	248	74646
浙　江	341	106890	319	99400
安　徽	69	21080	62	19476
福　建	114	40776	104	38266
江　西	43	13452	38	11722
山　东	190	60475	170	55413
河　南	95	30795	78	26414
湖　北	76	25342	67	22896
湖　南	123	42669	112	40203
广　东	499	204821	460	191375
广　西	53	19116	51	18910
海　南	85	34456	85	34456
重　庆	66	21764	56	18383
四　川	99	33124	90	31000
贵　州	19	5966	16	5190
云　南	56	21524	52	20600
西　藏	5	1329	5	1329
陕　西	86	29643	75	26616
甘　肃	21	7359	21	7359
青　海	9	3444	9	3444
宁　夏	7	1942	6	1797
新　疆	38	13102	37	12912

3-15 续表

地区	一般旅馆		其他住宿服务	
	法人单位数(个)	年末从业人数（人）	法人单位数(个)	年末从业人数(人)
全国	**274**	**77439**	**49**	**13949**
北京	36	10701	2	545
天津	7	1728	6	1928
河北	10	3678	3	1670
山西	9	2477	2	468
内蒙古	8	2350		
辽宁			1	411
吉林			3	627
黑龙江	2	687		
上海	31	6896	10	2869
江苏	10	1951	2	494
浙江	21	7141	1	349
安徽	6	1356	1	248
福建	7	1805	3	705
江西	5	1730		
山东	19	4842	1	220
河南	17	4381		
湖北	8	2221	1	225
湖南	10	2282	1	184
广东	35	12442	4	1004
广西	2	206		
海南				
重庆	9	3181	1	200
四川	6	1499	3	625
贵州	2	470	1	306
云南	4	924		
西藏				
陕西	8	2156	3	871
甘肃				
青海				
宁夏	1	145		
新疆	1	190		

3-16 大中型住宿业企业分行业经营情况

旅游饭店 单位：万元

地区	营业额				
		客房收入	餐费收入	商品销售收入	其他收入
全国	**16970615**	**7280816**	**7387252**	**469035**	**1833512**
北京	2141280	930242	718821	64891	427327
天津	159586	65813	69570	6547	17656
河北	312132	118166	162124	5144	26698
山西	261149	101238	131702	9169	19040
内蒙古	191534	76892	91593	11349	11700
辽宁	496725	216764	223811	9084	47065
吉林	131452	55891	63758	2259	9544
黑龙江	136270	68942	56439	5048	5841
上海	1538722	806421	525451	19863	186988
江苏	1297677	485334	666819	54503	91022
浙江	1772080	654738	943370	30573	143400
安徽	271521	114632	120290	15084	21516
福建	584898	232562	283007	27118	42211
江西	146060	67580	58092	6534	13855
山东	858828	311177	437320	36030	74301
河南	333216	133025	140327	24330	35534
湖北	300384	158188	109255	5464	27477
湖南	582192	240536	279533	14437	47686
广东	2879781	1169134	1304759	55280	350608
广西	238833	102754	105399	13126	17554
海南	587989	367292	174472	4379	41846
重庆	269888	106835	127674	6676	28703
四川	500254	247043	192786	8492	51933
贵州	63148	30922	28246	2545	1435
云南	251959	128410	79755	11666	32129
西藏	12417	5677	4195	43	2502
陕西	348493	156754	154773	7439	29527
甘肃	78720	37075	30266	2300	9078
青海	33284	17358	12132	891	2904
宁夏	20551	9614	8050	945	1942
新疆	169592	63810	83465	7825	14492

3-16 续表 1

一般旅馆　　　　　　　　　　　　　　　　　　　　　　　　　　　　　单位：万元

地　区	营业额	客房收入	餐费收入	商品销售收入	其他收入
全　国	**1216002**	**652921**	**405572**	**29085**	**128424**
北　京	170460	105149	35516	5149	24645
天　津	23067	12830	8328	158	1752
河　北	42537	16109	19992	1062	5375
山　西	25292	11905	10791	1355	1242
内蒙古	25191	12116	11655	591	830
辽　宁					
吉　林					
黑龙江	7984	6207	1777		
上　海	175676	99679	45532	897	29568
江　苏	31415	17094	12020	64	2236
浙　江	108926	49452	52399	1462	5613
安　徽	22828	11371	8726	1206	1526
福　建	32120	12183	18290	281	1366
江　西	17154	10856	4479	980	840
山　东	77797	35746	30843	4509	6699
河　南	69547	35300	28005	1620	4623
湖　北	28178	12597	8288	2111	5183
湖　南	35039	16747	15318	844	2130
广　东	195195	130732	40202	3620	20641
广　西	4624	3627	936	18	43
海　南					
重　庆	56721	21850	22537	794	11540
四　川	19270	10484	6725	910	1151
贵　州	4640	2488	2005	28	120
云　南	10425	4773	4209	1287	157
西　藏					
陕　西	27063	11908	14347	143	665
甘　肃					
青　海					
宁　夏	2185	542	1643		
新　疆	2668	1178	1010		480

3-16 续表 2

其他住宿服务　　单位：万元

地　区	营业额	客房收入	餐费收入	商品销售收入	其他收入
全　国	**203787**	**99524**	**74453**	**6003**	**23807**
北　京	8349	2537	1743	657	3413
天　津	20619	6310	8480	43	5786
河　北	17744	4923	7945	1496	3381
山　西	4668	1662	2555	345	107
内蒙古					
辽　宁	3269	1920	1349		
吉　林	11655	5131	5748		777
黑龙江					
上　海	70698	47418	20194	1245	1840
江　苏	6079	3717	2104	83	175
浙　江	4467	2227	2216		24
安　徽	2327	1101	945	81	201
福　建	8184	3472	3451	21	1239
江　西					
山　东	2575	1055	1520		
河　南					
湖　北	2039	591	1396		52
湖　南	2047	970	1077		
广　东	11996	7425	3106	227	1239
广　西					
海　南					
重　庆	2506	863	1392	105	147
四　川	10947	3755	3167	949	3077
贵　州	2778	1243	1529		6
云　南					
西　藏					
陕　西	10841	3208	4537	752	2345
甘　肃					
青　海					
宁　夏					
新　疆					

3-17 大中型住宿业企业分行业年末资产负债

旅游饭店

单位：万元

地区	流动资产合计	固定资产原价	累计折旧	资产总计	负债合计	所有者权益合计
全国	**14842465**	**37057795**	**14219800**	**48563292**	**33374139**	**15189153**
北京	1887655	5818998	2610646	7079596	5147796	1931800
天津	191248	360016	119424	592243	450231	142012
河北	229680	810170	233434	1004321	735373	268949
山西	120605	427442	133612	534513	404322	130191
内蒙古	134427	426682	110361	513091	352614	160476
辽宁	397755	1335507	548066	1364443	907066	457376
吉林	87601	430875	165891	405652	241946	163707
黑龙江	74452	380425	139005	352354	236781	115574
上海	1042017	3331145	1365640	3973572	2110081	1863491
江苏	1095570	2959847	1054653	4055033	2680375	1374658
浙江	1837327	3213927	1180256	5083476	3619870	1463607
安徽	295464	531090	158403	874650	588714	285936
福建	452963	960964	299482	1443150	846394	596756
江西	83077	207324	58532	358118	234804	123314
山东	602891	1793491	636635	2080904	1330690	750215
河南	334708	600938	240908	794980	575625	219355
湖北	230213	697732	277576	886458	590973	295485
湖南	383538	1315639	431217	1738877	1229824	509053
广东	2704300	5369004	2230933	7443878	5506506	1937372
广西	174403	704187	268368	779859	507660	272199
海南	808177	925557	375139	1739822	1308983	430839
重庆	381667	544810	200919	887133	658629	228504
四川	586709	1245966	469998	1656653	1396548	260105
贵州	32229	146215	46015	151348	116501	34847
云南	274720	744386	290634	935823	433207	502616
西藏	14947	84417	32306	71540	20102	51438
陕西	185023	854143	298011	895959	684707	211252
甘肃	47522	203628	63382	245985	129913	116073
青海	20445	91903	18920	102215	33615	68600
宁夏	22175	110387	17227	50091	28363	21729
新疆	108960	430984	144209	467557	265928	201630

3-17 续表 1

一般旅店 单位：万元

地 区	流动资产合计	固定资产原价	累计折旧	资产总计	负债合计	所有者权益合计
全 国	**1045706**	**1656906**	**459129**	**3084283**	**2060442**	**1023842**
北 京	257594	288220	80144	716635	367296	349339
天 津	18367	53716	9241	69729	47248	22481
河 北	95477	68531	11469	175475	109465	66010
山 西	15508	28285	10621	38676	26557	12120
内蒙古	23181	61856	17567	77405	51463	25942
辽 宁						
吉 林						
黑龙江	2543	9281	133	11946	4537	7409
上 海	75329	167984	65074	370950	289694	81256
江 苏	39152	53752	10827	96405	77587	18819
浙 江	85331	209134	34700	320952	242270	78681
安 徽	11461	46702	9257	60160	41080	19081
福 建	15070	9767	4656	27656	20152	7503
江 西	43351	9132	1386	87477	58270	29207
山 东	38681	116679	32238	166067	124250	41817
河 南	40292	98758	20892	160116	123561	36555
湖 北	9805	30577	14244	42128	32016	10112
湖 南	9302	18978	5875	27119	18460	8659
广 东	199722	274816	97729	460686	291867	168819
广 西	1395	502	329	1773	790	983
海 南						
重 庆	28174	25063	10026	67827	55070	12757
四 川	16977	33138	9214	42365	33123	9242
贵 州	1273	3740	1297	4454	3978	476
云 南	5784	11390	2148	16719	15201	1519
西 藏						
陕 西	11024	34471	9135	39137	24539	14599
甘 肃						
青 海						
宁 夏	140	2176	837	1479	617	862
新 疆	774	259	89	949	1353	-404

3-17 续表 2

其他住宿服务　　单位：万元

地　区	流动资产合计	固定资产原价	累计折旧	资产总计	负债合计	所有者权益合计
全　国	**98208**	**271968**	**65667**	**411856**	**328539**	**83317**
北　京	6753	15724	4172	31816	33158	-1342
天　津	11479	46717	9901	60019	49727	10292
河　北	12866	86285	14938	93546	89330	4216
山　西	2533	4784	1987	5667	7092	-1425
内蒙古						
辽　宁	695	4716	516	6480	7402	-922
吉　林	2762	904	491	5526	6673	-1147
黑龙江						
上　海	30182	31063	4748	74494	43518	30976
江　苏	1858	391	185	10042	11272	-1230
浙　江	458	828	417	956	1214	-257
安　徽	455	10800	2193	9062	2177	6886
福　建	4933	19356	4460	25219	19677	5542
江　西						
山　东	596	459	449	607	1534	-927
河　南						
湖　北	1985	2747	718	4459	3446	1013
湖　南	43	725	246	1122	760	362
广　东	12707	24941	9809	42750	30081	12669
广　西						
海　南						
重　庆	795	405	115	1184	1180	4
四　川	2621	11355	6999	8244	3841	4403
贵　州	883	748	300	1331	558	773
云　南						
西　藏						
陕　西	3604	9022	3025	29332	15901	13431
甘　肃						
青　海						
宁　夏						
新　疆						

3-18 大中型住宿业企业分行业实收资本及构成

旅游饭店　　单位：万元

地　区	实收资本						
		国家资本	集体资本	法人资本	个人资本	港澳台资本	外商资本
全　国	**16196252**	**5944489**	**480036**	**4117941**	**1712141**	**2321055**	**1620590**
北　京	2246291	387160	23014	1173414	52114	447303	163287
天　津	223370	53687	3460	135145	11600	12555	6922
河　北	307539	210063	8744	48255	18815	21662	
山　西	187728	85274	1970	71203	18997	8325	1959
内蒙古	124951	39330	4427	17980	10075	33297	19842
辽　宁	489101	139892	24932	126007	34264	99650	64357
吉　林	140081	56044		9166	41299	1348	32225
黑龙江	156510	114172		7197	4200	13714	17227
上　海	1533737	936846	61760	150480	61907	152744	170000
江　苏	1466265	663700	34374	238556	241794	68385	219456
浙　江	1376328	339784	55028	498742	241063	184774	56938
安　徽	236692	62103	1524	38193	113418	19536	1918
福　建	513323	117059	13017	119103	38227	155238	70680
江　西	85628	28045	380	29945	23114		4143
山　东	536690	214571	48322	135446	43050	14511	80790
河　南	272697	103188	4241	68269	19246	76727	1026
湖　北	404924	225247	10920	97316	13360	58031	50
湖　南	569382	253015	29352	63936	140933	62308	19837
广　东	2320629	639161	69466	349423	309774	613455	339349
广　西	338009	134683	7500	46375	13480	121035	14936
海　南	652373	166272	59030	311865	34835	34154	46216
重　庆	248567	101298	1336	54844	28818	25664	36607
四　川	376425	111678	6079	138094	53509	21549	45516
贵　州	43726	25053	100	4700	6573	7300	
云　南	432090	260224	209	62210	57403	17518	34527
西　藏	43151	36433		6718			
陕　西	441762	135588	888	64332	63891	42607	134456
甘　肃	97059	50231	377	29434	3544	3200	10272
青　海	61916	22705	9288		8500		21424
宁　夏	28903	20272		1700	300		6632
新　疆	240406	211711	300	19893	4035	4466	

3-18 续表 1

一般旅店　　单位：万元

地　区	实收资本	国家资本	集体资本	法人资本	个人资本	港澳台资本	外商资本
全　国	**934573**	**155603**	**42822**	**362259**	**162132**	**110504**	**101252**
北　京	281465	15095	440	247269	7003	10637	1020
天　津	22992	9126		510	13356		
河　北	68708	4075	7857	4667	52108		
山　西	11030	1587		5650	3793		
内蒙古	15275	230	5701	4191	5153		
辽　宁							
吉　林							
黑龙江	7298	3125		4173			
上　海	71513	31645	3078	17225	2625	8866	8076
江　苏	20952	3208	4440	7710	5595		
浙　江	100358	50	2000	18547	15337	57926	6498
安　徽	10391	891		5500	3700	300	
福　建	3603	1066		300	952	100	1185
江　西	18638	13303		5103	232		
山　东	44814	22039	8907	50	13818		
河　南	33070	18327		1420	3750	9520	53
湖　北	17034	4037	7500	2050	500	2947	
湖　南	5682		700		4932	50	
广　东	162635	16944		17353	23760	20159	84420
广　西	550			550			
海　南							
重　庆	8443	3100	2000	2243	1100		
四　川	10670			9670	1000		
贵　州	436	136			300		
云　南	1752			584	1168		
西　藏							
陕　西	16626	7080	200	7395	1951		
甘　肃							
青　海							
宁　夏	540	540					
新　疆	100			100			

3-18 续表 2

其他住宿服务　　　　单位：万元

地 区	实收资本	国家资本	集体资本	法人资本	个人资本	港澳台资本	外商资本
全 国	**109141**	**22057**	**7998**	**36935**	**19140**	**9811**	**13201**
北 京	3800			2350	1450		
天 津	16563	12463	3400		100	600	
河 北	35695			17000	6500	500	11695
山 西	1200			1100	100		
内蒙古							
辽 宁	500				500		
吉 林	126	126					
黑龙江							
上 海	11550	1100	4050	3650	2750		
江 苏	1050		50		1000		
浙 江	500			500			
安 徽	500			500			
福 建	3790			535	900	2355	
江 西							
山 东	266						266
河 南							
湖 北	1000			1000			
湖 南	362	362					
广 东	13935			5100	1240	6356	1240
广 西							
海 南							
重 庆	80	80					
四 川	9849	6649		1000	2200		
贵 州	599	599					
云 南							
西 藏							
陕 西	7776	678	498	4200	2400		
甘 肃							
青 海							
宁 夏							
新 疆							

3-19 大中型住宿业企业分行业损益及分配

旅游饭店

单位：万元

地 区	主营业务收入	主营业务成本	主营业务税金及附加	主营业务利润
全 国	**17311805**	**5658175**	**913794**	**10339101**
北 京	2162142	576346	112760	1473037
天 津	158326	62929	8950	86447
河 北	312052	118110	17597	171389
山 西	260401	106817	19051	127976
内蒙古	196852	85885	9276	99412
辽 宁	495599	172701	24238	226454
吉 林	131635	42044	7548	82670
黑龙江	136090	35541	7131	91736
上 海	1520765	386714	80061	1053990
江 苏	1288240	468381	66343	734882
浙 江	2165747	901810	99311	1164604
安 徽	270586	96851	14625	156918
福 建	579853	193419	31210	354138
江 西	144059	62387	14311	72491
山 东	852714	318203	47144	486604
河 南	331941	125130	16953	189858
湖 北	298444	111238	14236	165995
湖 南	568975	194465	28327	136046
广 东	2867315	872618	158321	1838907
广 西	244289	72364	12385	146124
海 南	591214	112371	30786	392911
重 庆	262404	100242	12212	138687
四 川	500649	121689	27966	350995
贵 州	61658	14769	3468	43422
云 南	252849	61806	13285	177758
西 藏	12388	1965	670	9753
陕 西	343854	116714	19297	207754
甘 肃	78611	29864	4331	44416
青 海	33259	6808	1810	24643
宁 夏	20409	6434	615	13359
新 疆	168487	81564	9578	75727

3-19 续表 1

旅游饭店

地　区	其他业务利润	营业费用	管理费用	财务费用
全　国	**108313**	**4818459**	**4854987**	**738706**
北　京	7669	587620	774457	107414
天　津	2310	43724	45310	7053
河　北	1744	104176	82241	19837
山　西	1243	77021	57686	9571
内蒙古	288	46047	50948	1742
辽　宁	666	119098	173021	12747
吉　林	98	45113	36407	3865
黑龙江	252	29128	32787	1872
上　海	10263	417449	446526	71898
江　苏	6405	345775	379276	60955
浙　江	23137	521853	498991	114566
安　徽	1362	71200	64521	14163
福　建	6647	175617	139773	31378
江　西	617	32610	31203	5664
山　东	10191	226173	218301	27312
河　南	1897	94480	89141	13089
湖　北	2278	73877	85521	8508
湖　南	2037	106663	155997	34840
广　东	14326	951547	740484	110377
广　西	2415	79572	79104	10304
海　南	747	145797	171347	14477
重　庆	925	69887	68555	15582
四　川	3392	154388	155326	18376
贵　州	712	24824	16692	1625
云　南	3771	79032	84189	7588
西　藏	35	6182	1960	193
陕　西	1879	95881	101820	9973
甘　肃	339	21261	23180	997
青　海	175	13057	11800	488
宁　夏	146	10388	4204	781
新　疆	349	49023	34217	1471

单位：万元

营业利润	利润总额	应交所得税	劳动、失业保险费	住房公积金和住房补贴
469696	**520369**	**207039**	**57445**	**102983**
21063	28174	36489	9031	25073
-7330	-10533	571	382	1531
-28300	-27306	1337	1432	1715
-5027	-9503	13274	270	616
3532	3440	530	498	308
-2225	-3429	3261	2568	3936
-3533	-1417	1090	651	535
28102	23376	1138	129	782
128381	135622	26866	5592	12468
-25666	-8891	9846	4915	9316
57576	79965	29098	5743	8777
7586	12736	2869	1070	894
15494	20636	7235	1199	2332
5903	3433	1194	64	235
26455	27858	7897	2859	5627
-4955	-2339	2190	916	1409
4745	4143	2468	1484	1454
50174	15406	5696	2035	1851
63999	89327	30422	5519	11775
-5915	-9288	1616	914	1698
113119	107455	3284	3116	1109
-4648	-2663	3799	462	1122
26296	27838	6718	3846	1325
2485	2583	238	101	239
10719	14043	4180	373	1606
1454	1608	59	50	259
1952	1320	1922	1230	3572
-682	496	257	517	423
-528	-471	60	57	288
-1867	-1519	31	9	57
-8664	-1728	1409	414	649

3-19 续表 2

一般旅店

地　区	主营业务收入	主营业务成本	主营业务税金及附加	主营业务利润	其他业务利润	营业费用
全　国	**1212542**	**416633**	**62543**	**719885**	**19957**	**353476**
北　京	174843	52791	9284	112768	2536	55787
天　津	23060	3641	1255	18164	541	10991
河　北	42474	17983	2615	21877	166	11377
山　西	26693	13875	2429	8532	117	6357
内蒙古	25174	17616	1049	11388	105	8367
辽　宁						
吉　林						
黑龙江	8054	3596	310	4148		1770
上　海	175749	29162	9488	137099	510	51875
江　苏	31272	13309	1543	16419	125	9048
浙　江	108784	32579	5681	70527	930	32388
安　徽	21889	8463	1230	12196	70	4123
福　建	31906	8785	1671	21450	404	10288
江　西	16580	6878	705	8996		3668
山　东	77098	33118	3170	40309	18	17424
河　南	68607	29135	2684	36788	459	18597
湖　北	28287	11408	1255	13586		5950
湖　南	33174	15278	1577	9013	2650	10583
广　东	192111	68194	10672	113246	10764	61266
广　西	4624	837	260	3527	2	1772
海　南						
重　庆	54748	26215	2264	21158	86	10010
四　川	20511	5346	776	14389	6	8808
贵　州	4639	1157	290	3193	2	2376
云　南	10425	6089	551	3786	311	1669
西　藏						
陕　西	26988	9412	1502	16073	156	6711
甘　肃						
青　海						
宁　夏	2185	1218	120	847		717
新　疆	2668	550	164	406		1556

单位：万元

管理费用	财务费用	营业利润	利润总额	应交所得税	劳动、失业保险费	住房公积金和住房补贴
322158	**35669**	**49818**	**57033**	**14413**	**16539**	**5205**
56415	4206	2098	2137	1099	1175	1265
7488	221	5	141	230	69	399
9293	366	1062	461	2	127	126
3997	614	-397	-635	36	3	53
7600	209	-2896	-115	16	5	70
787	7	1585	1682	38	18	56
61716	6488	17530	22100	5504	576	654
4841	3346	-691	-527	387	40	117
39345	4013	-4291	-3958	984	216	237
4513	808	2822	3722	355	32	50
7472	393	3702	3737	788	118	83
3168	57	2023	2100	28	8	47
11935	1981	9418	8891	215	198	406
12023	2530	4097	4160	852	143	163
6723	911	3	73	56	22	172
2767	561	4949	810	214	67	64
50213	6209	6322	7088	2888	235	887
1357	43	357	451	164	2	2
13486	1341	1644	1558	388	40	224
4874	288	424	2103	74	13400	74
701	55	63	66	16	9	6
2524	126	-222	-169	40	9	
8450	863	206	1152	37	26	40
116	14				2	13
356	22	6	6	1		

3-19 续表 3

其他住宿服务

地 区	主营业务收入	主营业务成本	主营业务税金及附加	主营业务利润	其他业务利润	营业费用
全 国	**201625**	**62779**	**10834**	**126528**	**1120**	**53070**
北 京	8349	3309	466	4574	245	3490
天 津	20451	6705	1186	12560	315	6196
河 北	17744	6060	933	10751		2572
山 西	4217	1725	218	2274		2259
内蒙古						
辽 宁	3269	994	179	2095		1066
吉 林	10181	6649	315	3217		1517
黑龙江						
上 海	70569	13728	3809	53031	229	16358
江 苏	6042	2211	345	3486	110	1294
浙 江	4467	1011	245	3212		1906
安 徽	2327	1821	140	367	139	171
福 建	8052	3093	446	4513		1876
江 西						
山 东	2575	592	130	1853	4	1243
河 南						
湖 北	2039	717	112		77	798
湖 南	2047	1535	27	320		74
广 东	11996	2207	731	9058		4395
广 西						
海 南						
重 庆	2506	765	132	1609		632
四 川	11066	5669	649	4748		3516
贵 州	2778	493	158	2128		819
云 南						
西 藏						
陕 西	10951	3496	613	6732		2888
甘 肃						
青 海						
宁 夏						
新 疆						

单位：万元

管理费用	财务费用	营业利润	利润总额	应交所得税	劳动、失业保险费	住房公积金和住房补贴
72608	**1459**	**2041**	**10102**	**3626**	**241**	**615**
794	1404	-869	-784		3	
9545	322	-3188	-2197	1	13	281
8018	439	-182	-193	68	52	45
544	2	-531	-511			
1132	366	-469	-469		1	
1817	30	-146	-143	12	14	2
26821	-3463	13544	14189	3227	87	212
3202	121	-1021	-1187		2	4
1257	41	7	13		6	10
123	44	168	168			
1614	717	347	438	112	3	2
612	19	-16	-16		7	12
513	-11	-13	-87			15
64	27	320	188	3	25	28
4341	488	-167	-154	54	16	
690	7	280	280		3	
6374	296	-5438	918	149		
1675	13	-377	-376		9	1
3473	597	-209	25			2

3-20 大中型住宿业企业分行业工资及福利

单位：万元

地区	住宿业		旅游饭店	
	本年应付工资总额	本年应付福利费总额	本年应付工资总额	本年应付福利费总额
全国	**3038911**	**302502**	**2815356**	**286404**
北京	434369	33192	399941	31126
天津	39434	3518	30673	3158
河北	65322	3789	53709	3257
山西	45283	3351	41069	3145
内蒙古	37988	9285	34334	9224
辽宁	69649	13130	69119	13124
吉林	24256	3345	23136	3326
黑龙江	20822	1414	19237	1388
上海	250875	26225	219377	24490
江苏	216649	20036	211050	19784
浙江	292144	24366	274561	21932
安徽	46509	5336	43257	4914
福建	107156	9715	100096	9295
江西	26193	2563	23010	2020
山东	143157	11077	133300	10517
河南	60622	3211	52263	2809
湖北	59193	5900	53932	5647
湖南	95990	11325	91523	11042
广东	552817	62354	514677	59931
广西	41517	4402	40963	4365
海南	85080	13198	85080	13198
重庆	50728	4670	43629	3095
四川	77694	7445	72425	6748
贵州	13097	1211	11537	1029
云南	53364	4948	51447	4779
西藏	3274	49	3274	49
陕西	64737	8956	58372	8524
甘肃	16075	630	16075	630
青海	6708	468	6708	468
宁夏	4367	154	4057	154
新疆	33844	3238	33525	3238

3-20 续表

单位：万元

地区	一般旅店		其他住宿服务	
	本年应付工资总额	本年应付福利费总额	本年应付工资总额	本年应付福利费总额
全国	**193768**	**14588**	**29787**	**1510**
北京	32872	2063	1556	3
天津	4886	219	3875	140
河北	8187	500	3426	31
山西	3228	130	986	77
内蒙古	3654	62		
辽宁			530	7
吉林			1120	19
黑龙江	1585	27		
上海	24563	1262	6935	473
江苏	4694	236	906	17
浙江	16732	2334	851	100
安徽	2804	383	448	39
福建	5890	420	1170	
江西	3183	543		
山东	9327	560	530	
河南	8359	402		
湖北	4135	254	1125	
湖南	4170	242	298	42
广东	35908	2234	2231	189
广西	555	37		
海南				
重庆	6937	1562	162	14
四川	4341	626	928	71
贵州	896	89	665	93
云南	1917	169		
西藏				
陕西	4318	236	2047	195
甘肃				
青海				
宁夏	310			
新疆	319			

3-21 大中型住宿业企业分行业经济效益分析指标

旅游饭店

地 区	负债比率(%)	主营业务毛利率(%)	人均营业收入(万元)	流动资产周转次数(次)	费用率(%)
全 国	**68.7**	**67.3**	**17.0**	**1.2**	**59.1**
北 京	72.7	73.3	21.1	1.2	67.7
天 津	76.0	60.3	17.0	0.8	59.6
河 北	73.2	62.2	12.2	1.4	64.4
山 西	75.6	59.0	12.2	2.2	55.0
内蒙古	68.7	56.4	14.6	1.5	50.1
辽 宁	66.5	65.2	16.7	1.2	61.4
吉 林	59.6	68.1	13.9	1.5	64.7
黑龙江	67.2	73.9	15.8	1.8	46.8
上 海	53.1	74.6	26.9	1.5	60.9
江 苏	66.1	63.6	17.7	1.2	60.5
浙 江	71.2	58.4	22.4	1.2	51.7
安 徽	67.3	64.2	14.0	0.9	54.6
福 建	58.6	66.6	15.5	1.3	58.8
江 西	65.6	56.7	12.4	1.8	47.7
山 东	63.9	62.7	15.6	1.4	54.4
河 南	72.4	62.3	12.9	1.0	58.3
湖 北	66.7	62.7	13.2	1.3	55.6
湖 南	70.7	65.8	14.1	1.5	51.9
广 东	74.0	69.6	15.9	1.1	59.8
广 西	65.1	70.4	13.4	1.4	68.1
海 南	75.2	81.0	16.8	0.7	55.9
重 庆	74.2	61.8	14.4	0.7	58.1
四 川	84.3	75.7	16.2	0.9	64.9
贵 州	77.0	76.0	12.2	2.0	66.7
云 南	46.3	75.6	12.6	0.9	66.1
西 藏	28.1	84.1	9.3	0.8	66.3
陕 西	76.4	66.1	13.3	1.9	59.1
甘 肃	52.8	62.0	10.8	1.7	57.5
青 海	32.9	79.5	9.6	1.6	75.8
宁 夏	56.6	68.5	11.3	0.9	74.4
新 疆	56.9	51.6	13.4	1.6	49.8

注：费用率等于营业费用、管理费用、财务费用三项之和除以营业收入合计(下表同)。

3-21 续表 1

一般旅店

地　区	负债比率(%)	主营业务毛利率(%)	人均营业收入(万元)	流动资产周转次数(次)	费用率(%)
全　国	**66.8**	**65.6**	**15.8**	**1.2**	**57.1**
北　京	51.3	69.8	15.4	0.7	65.2
天　津	67.8	84.2	13.7	1.3	78.8
河　北	62.4	57.7	11.7	0.4	49.3
山　西	68.7	48.0	10.9	1.7	40.8
内蒙古	66.5	30.0	11.1	1.1	62.1
辽　宁					
吉　林					
黑龙江	38.0	55.4	11.7	3.2	31.8
上　海	78.1	83.4	24.6	2.3	68.0
江　苏	80.5	57.4	17.0	0.8	54.9
浙　江	75.5	70.1	15.4	1.3	68.9
安　徽	68.3	61.3	16.8	2.0	41.4
福　建	72.9	72.5	17.7	2.1	56.1
江　西	66.6	58.5	9.7	0.4	41.6
山　东	74.8	57.0	15.7	2.0	40.5
河　南	77.2	57.5	15.8	1.7	47.9
湖　北	76.0	59.7	12.5	2.9	48.0
湖　南	68.1	53.9	16.4	4.0	37.8
广　东	63.4	64.5	16.6	1.0	56.9
广　西	44.6	81.9	23.0	3.3	68.6
海　南					
重　庆	81.2	52.1	17.1	2.0	45.2
四　川	78.2	73.9	15.2	1.4	58.7
贵　州	89.3	75.1	9.4	3.6	67.5
云　南	90.9	41.6	11.8	1.9	39.8
西　藏					
陕　西	62.7	65.1	13.4	2.5	58.4
甘　肃					
青　海					
宁　夏	41.7	44.3	15.1	15.6	38.8
新　疆	142.6	79.4	18.3	3.4	72.5

3-21 续表 2

其他住宿服务

地 区	负债比率 (%)	主营业务毛利率 (%)	人均营业收入 (万元)	流动资产周转次数 (次)	费用率 (%)
全 国	**79.8**	**68.9**	**14.5**	**2.1**	**62.4**
北 京	104.2	60.4	15.7	1.3	66.2
天 津	82.9	67.2	10.0	1.8	76.9
河 北	95.5	65.8	9.6	1.4	62.2
山 西	125.1	59.1	10.2	1.8	60.1
内蒙古					
辽 宁	114.2	69.6	9.6	4.7	78.4
吉 林	120.8	34.7	16.7	3.7	33.0
黑龙江					
上 海	58.4	80.5	24.9	2.4	55.9
江 苏	112.2	63.4	12.7	3.3	75.1
浙 江	126.9	77.4	12.8	9.7	71.7
安 徽	24.0	21.8	11.3	5.6	13.2
福 建	78.0	61.6	13.1	1.7	51.4
江 西					
山 东	252.6	77.0	9.2	4.3	72.6
河 南					
湖 北	77.3	64.8	9.4	1.1	61.4
湖 南	67.7	25.0	10.9	47.6	8.1
广 东	70.4	81.6	12.5	0.9	76.9
广 西					
海 南					
重 庆	99.7	69.5	9.8	3.2	53.0
四 川	46.6	48.8	17.3	4.2	92.0
贵 州	41.9	82.3	9.1	3.1	90.2
云 南					
西 藏					
陕 西	54.2	68.1	14.0	3.0	63.5
甘 肃					
青 海					
宁 夏					
新 疆					

3-22 大中型餐饮业企业分行业基本情况

地区	餐饮业		正餐服务	
	法人单位数（个）	年末从业人数（人）	法人单位数（个）	年末从业人数（人）
全国	**2486**	**1077750**	**2221**	**682157**
北京	315	136149	274	93446
天津	56	34105	44	9635
河北	34	11289	34	11289
山西	70	25155	68	23982
内蒙古	33	8366	32	8216
辽宁	56	27224	46	11482
吉林	10	3983	10	3983
黑龙江	33	7617	31	6721
上海	281	135718	246	87403
江苏	200	90730	172	38948
浙江	169	80824	155	46473
安徽	40	13332	35	9608
福建	71	41296	62	28201
江西	27	7883	26	6425
山东	139	54293	128	37561
河南	42	16027	41	11948
湖北	78	38530	70	25937
湖南	63	21971	60	16765
广东	441	175219	388	100016
广西	13	6952	10	3357
海南	18	3618	17	3400
重庆	60	33450	53	25031
四川	86	46340	80	24975
贵州	10	2787	10	2787
云南	21	8383	17	5163
西藏				
陕西	85	34294	80	30489
甘肃	16	5629	15	3984
青海	4	1507	4	1507
宁夏	8	2258	8	2258
新疆	7	2821	5	1167

3-22 续表

地区	快餐服务		饮料及冷饮服务		其他餐饮服务	
	法人单位数(个)	年末从业人数(人)	法人单位数(个)	年末从业人数(人)	法人单位数(个)	年末从业人数(人)
全　国	**178**	**337473**	**14**	**8730**	**73**	**49390**
北　京	31	37330	4	1457	6	3916
天　津	8	23283			4	1187
河　北						
山　西	2	1173				
内蒙古			1	150		
辽　宁	8	15441			2	301
吉　林						
黑龙江	2	896				
上　海	16	35661	4	3712	15	8942
江　苏	15	39618	1	1600	12	10564
浙　江	8	32449	1	127	5	1775
安　徽	5	3724				
福　建	8	12764			1	331
江　西	1	1458				
山　东	10	16395			1	337
河　南	1	4079				
湖　北	4	11520			4	1073
湖　南	3	5206				
广　东	33	66191	2	1192	18	7820
广　西	3	3595				
海　南	1	218				
重　庆	5	7779			2	640
四　川	3	8774	1	492	2	12099
贵　州						
云　南	3	2815			1	405
西　藏						
陕　西	5	3805				
甘　肃	1	1645				
青　海						
宁　夏						
新　疆	2	1654				

3-23 大中型餐饮业企业分行业经营情况

正餐服务　　　　单位：万元

地　区	营业额				
		客房收入	餐费收入	商品销售收入	其他收入
全　国	**11346363**	**649537**	**10036137**	**375754**	**284935**
北　京	1844836	17659	1757082	20996	49099
天　津	186667	9284	166627	2492	8263
河　北	154181	12625	132003	6685	2868
山　西	318820	51373	248451	10676	8319
内蒙古	164934	16741	146639	899	655
辽　宁	209710	6932	192714	3089	6975
吉　林	53236	16042	31963	533	4698
黑龙江	111416	2624	94271	14405	117
上　海	1588189	21756	1537794	15535	13104
江　苏	667473	84039	545774	14967	22693
浙　江	942603	75725	820492	18413	27973
安　徽	131789	11832	103791	13515	2652
福　建	480039	27947	424017	22494	5582
江　西	81696	2388	68690	10033	584
山　东	578344	78804	418972	63905	16663
河　南	162774	14445	129455	9007	9867
湖　北	359506	30545	314000	7700	7261
湖　南	231538	25292	196587	4123	5536
广　东	1633981	63821	1481466	47444	41252
广　西	42059	752	38334	2125	848
海　南	52740	807	45282	895	5756
重　庆	356092	12792	326227	13031	4041
四　川	367426	19605	309925	19897	18000
贵　州	41426	654	38686	1987	100
云　南	71853	1493	62063	7165	1133
西　藏					
陕　西	401308	33446	309612	40116	18132
甘　肃	47899	1760	43290	2423	427
青　海	14010	883	12377		750
宁　夏	34116	7469	24057	1074	1516
新　疆	15702		15497	130	74

3-23 续表 1

快餐服务 单位：万元

地 区	营业额	客房收入	餐费收入	商品销售收入	其他收入
全 国	**5288714**	**1313**	**5255053**	**8876**	**23472**
北 京	784375		768735	4401	11239
天 津	315386		314231	1154	1
河 北					
山 西	60697	519	59890	212	77
内蒙古					
辽 宁	366052		366052		
吉 林					
黑龙江	14739		13819	920	
上 海	507762		507600		162
江 苏	524004		523945		59
浙 江	381762	64	380125		1573
安 徽	39329		39329		
福 建	192471		192471		
江 西	39856		39856		
山 东	223688	158	222623		907
河 南	43825		41599	2189	36
湖 北	165493		165492		1
湖 南	105569		105569		
广 东	1114182		1113291		891
广 西	49326		49326		
海 南	4475		4475		
重 庆	84587		84587		
四 川	122252		119546		2706
贵 州					
云 南	43652		42438		1214
西 藏					
陕 西	60538	573	55922		4043
甘 肃	20121		20121		
青 海					
宁 夏					
新 疆	24576		24014		562

3-23 续表 2

饮料及冷饮服务 单位：万元

地区	营业额	客房收入	餐费收入	商品销售收入	其他收入
全国	**249311**		**232678**	**13169**	**3464**
北京	46826		39298	5563	1964
天津					
河北					
山西					
内蒙古	3200		20	1680	1500
辽宁					
吉林					
黑龙江					
上海	126661		126661		
江苏	24530		24530		
浙江	2691		2691		
安徽					
福建					
江西					
山东					
河南					
湖北					
湖南					
广东	36610		30685	5926	
广西					
海南					
重庆					
四川	8794		8794		
贵州					
云南					
西藏					
陕西					
甘肃					
青海					
宁夏					
新疆					

3-23 续表 3

其他餐饮服务 单位：万元

地 区	营业额	客房收入	餐费收入	商品销售收入	其他收入
全 国	**729645**	**16537**	**680267**	**9385**	**23456**
北 京	43691		36627	257	6807
天 津	18979	1111	13957	348	3564
河 北					
山 西					
内蒙古					
辽 宁	7324		3428	489	3407
吉 林					
黑龙江					
上 海	200544	8284	188735		3525
江 苏	126160	1727	122786	1580	66
浙 江	27087	772	24671	744	899
安 徽					
福 建	6148		6148		
江 西					
山 东	3632		2857	776	
河 南					
湖 北	20955	4144	15216	1436	159
湖 南					
广 东	108089		104120	3398	571
广 西					
海 南					
重 庆	5304	498	1578	357	2870
四 川	154962		154962		
贵 州					
云 南	6771		5184		1587
西 藏					
陕 西					
甘 肃					
青 海					
宁 夏					
新 疆					

3-24 大中型餐饮业企业分行业年末资产负债

正餐服务　　　　单位：万元

地　区	流动资产合计	固定资产原价	累计折旧	资产总计	负债合计	所有者权益合计
全　国	**5212670**	**4661576**	**1507343**	**11267366**	**7621074**	**3646292**
北　京	886659	458292	174174	1634683	1137607	497076
天　津	171659	56274	15747	281738	199478	82259
河　北	49577	56730	21744	107184	80845	26340
山　西	191628	205292	50959	461907	335630	126277
内蒙古	100644	121403	19769	258182	140084	118098
辽　宁	93804	225910	54328	330213	197542	132672
吉　林	26405	115315	21410	160767	53745	107022
黑龙江	28059	19408	5833	52597	19277	33320
上　海	650997	443205	127874	1242825	786980	455846
江　苏	322938	340218	107021	732481	534321	198160
浙　江	558352	433334	113970	1094251	820996	273255
安　徽	78689	68878	20474	188137	130485	57652
福　建	125090	136951	49300	261144	146630	114514
江　西	25812	31043	6065	70487	36104	34383
山　东	326944	387187	125491	816368	563954	252414
河　南	129977	95018	31508	230463	186077	44386
湖　北	111853	164803	62870	324320	241160	83160
湖　南	73511	63276	25583	235735	117187	118547
广　东	582033	579524	248071	1159481	820175	339306
广　西	16357	10815	1843	32717	23823	8894
海　南	23357	30106	11183	47855	38968	8887
重　庆	98309	84817	24610	249969	145448	104520
四　川	210025	212153	72381	559132	381068	178064
贵　州	25986	16200	7160	46466	32402	14065
云　南	42728	37021	14527	97358	71771	25588
西　藏						
陕　西	190249	203817	74601	451395	266332	185063
甘　肃	16250	9630	5098	34969	24434	10536
青　海	14052	14228	3176	25309	16171	9139
宁　夏	33150	33841	8120	64602	55897	8705
新　疆	7576	6888	2453	14632	16486	-1854

3-24 续表 1

快餐服务 单位：万元

地区	流动资产合计	固定资产原价	累计折旧	资产总计	负债合计	所有者权益合计
全国	**772630**	**1114649**	**522453**	**2273227**	**1412569**	**860658**
北京	144076	158636	81785	358063	195228	162835
天津	17494	33020	16222	56527	34187	22339
河北						
山西	10392	24643	12253	40332	11621	28710
内蒙古						
辽宁	43877	67808	34073	112172	88558	23614
吉林						
黑龙江	828	3631	1665	5159	4210	950
上海	79874	95960	52191	184557	183105	1452
江苏	76649	95969	46097	214951	150495	64456
浙江	42324	71075	34328	137057	96650	40407
安徽	11069	8266	4169	22576	18221	4355
福建	20572	45205	21823	84376	60824	23552
江西	2841	7979	3604	12332	5051	7281
山东	24045	57700	22705	113695	75529	38167
河南	1788	10437	3335	19343	11690	7654
湖北	6158	40024	17479	67893	45637	22256
湖南	7125	31329	10282	39559	27718	11841
广东	215859	259988	118942	592946	287827	305119
广西	6367	10743	5186	22470	11975	10495
海南	2024			2446	1277	1169
重庆	7982	16767	4458	33787	21328	12459
四川	14347	34997	13064	59509	44381	15128
贵州						
云南	3629	9285	3589	17350	8815	8535
西藏						
陕西	24806	22718	11436	55895	21695	34201
甘肃	2534	3056	1675	7152	1846	5307
青海						
宁夏						
新疆	5972	5416	2093	13081	4704	8377

3-24 续表 2

饮料及冷饮服务 单位：万元

地 区	流动资产合计	固定资产原价	累计折旧	资产总计	负债合计	所有者权益合计
全 国	**52601**	**66477**	**25319**	**133373**	**57290**	**76083**
北 京	15832	17402	10370	23794	10123	13671
天 津						
河 北						
山 西						
内蒙古	170	2100		2270		2270
辽 宁						
吉 林						
黑龙江						
上 海	22237	22455	6336	67773	45498	22275
江 苏	3095	12964	2347	17723	-8472	26195
浙 江	742	460	346	865	281	585
安 徽						
福 建						
江 西						
山 东						
河 南						
湖 北						
湖 南						
广 东	9086	6964	4252	16611	6568	10043
广 西						
海 南						
重 庆						
四 川	1439	4132	1670	4337	3292	1044
贵 州						
云 南						
西 藏						
陕 西						
甘 肃						
青 海						
宁 夏						
新 疆						

3-24 续表 3

其他餐饮服务

单位：万元

地　区	流动资产合计	固定资产原价	累计折旧	资产总计	负债合计	所有者权益合计
全　国	**253371**	**186179**	**78780**	**463506**	**221842**	**241665**
北　京	8552	6311	3476	13121	14944	-1824
天　津	12570	11531	5087	22008	14822	7186
河　北						
山　西						
内蒙古						
辽　宁	5235	4215	2124	8923	2562	6361
吉　林						
黑龙江						
上　海	69758	67478	32577	126321	68492	57829
江　苏	37359	22631	10295	62054	33077	28978
浙　江	12392	8248	3318	19430	10031	9399
安　徽						
福　建	3038	3428	1132	8095	3144	4951
江　西						
山　东	617	108	34	783	270	513
河　南						
湖　北	13773	11551	3297	31686	6815	24871
湖　南						
广　东	55461	19748	9462	75773	35125	40648
广　西						
海　南						
重　庆	480	903	429	17360	9722	7639
四　川	26006	28348	6420	68949	20407	48541
贵　州						
云　南	8130	1680	1131	9002	2430	6572
西　藏						
陕　西						
甘　肃						
青　海						
宁　夏						
新　疆						

3-25 大中型餐饮业企业分行业实收资本及构成

正餐服务

单位：万元

地区	实收资本	国家资本	集体资本	法人资本	个人资本	港澳台资本	外商资本
全国	**2646997**	**200826**	**74575**	**924674**	**956333**	**311999**	**178590**
北京	311387	3724	2946	143607	91877	41899	27336
天津	43807	884	200	16689	26022		12
河北	27229	1893		2725	22612		
山西	88999	6796	565	40188	40212	250	989
内蒙古	55794	6536	338	29900	19020		
辽宁	30887	4089		8424	17524	153	698
吉林	42293	19751		18342	4200		
黑龙江	16964	50		1940	11243	3162	569
上海	264306	23444	23182	53180	38745	47089	78666
江苏	202780	25724	15970	35237	57682	65131	3036
浙江	181843	14152	6397	66694	86607	6836	1157
安徽	41988			11321	30667		
福建	86584	3669	2589	28479	24306	23374	4167
江西	26639			10458	13510	2072	600
山东	346137	39124	6210	117822	159450	12433	11097
河南	50866	32	2467	9542	16406	19687	2732
湖北	85132	7634	1316	24261	48453	3300	168
湖南	39604	1675	2674	3046	30479	1430	300
广东	275741	28526	3735	71870	72786	78065	20759
广西	6764			4534	2230		
海南	9885		2146	1630	3309	2800	
重庆	34939	501	150	10160	16261		7866
四川	114230	1311	1331	78238	32300	950	100
贵州	6824	1076	72	750	4925		
云南	27715	255		18445	7644	1371	
西藏							
陕西	196104	7811	2251	109665	56450	1950	17976
甘肃	4420	100		3520	800		
青海	8194			562	7582	50	
宁夏	13727	2000		3399	7966		362
新疆	5217	70	35	45	5067		

3-25 续表 1

快餐服务　　　　单位：万元

地　区	实收资本	国家资本	集体资本	法人资本	个人资本	港澳台资本	外商资本
全　国	**556549**	**8992**	**4742**	**70140**	**44391**	**115506**	**312778**
北　京	77054	206	1080	14337	5910	20877	34644
天　津	13006		615	410	40	315	11626
河　北							
山　西	6788		3047		2003		1739
内蒙古							
辽　宁	26713			1597		1570	23545
吉　林							
黑龙江	804				100		704
上　海	87971	5150		2874	698	20776	58473
江　苏	35614			3741	4908	1745	25220
浙　江	23014	100		9408	1404		12102
安　徽	4176				778	2732	666
福　建	26724				2751	15918	8056
江　西	2109						2109
山　东	17698	3536		590	460	1516	11596
河　南	1738						1738
湖　北	17898						17898
湖　南	13203			90	210		12903
广　东	147219			34474	19421	21672	71651
广　西	5215					2981	2235
海　南	337					337	
重　庆	12218			2150		2068	8001
四　川	5602					2490	3112
贵　州							
云　南	4311				2075	1657	579
西　藏							
陕　西	22086			200	881	18853	2152
甘　肃	1410						1410
青　海							
宁　夏							
新　疆	3640			267	2752		621

3-25 续表 2

饮料及冷饮服务　　　　单位：万元

地区	实收资本	国家资本	集体资本	法人资本	个人资本	港澳台资本	外商资本
全国	**51821**	**245**		**2150**	**2270**	**27736**	**19421**
北京	10125			950		9175	
天津							
河北							
山西							
内蒙古	2270				2270		
辽宁							
吉林							
黑龙江							
上海	15071			1200		4450	9421
江苏	10000						10000
浙江	245	245					
安徽							
福建							
江西							
山东							
河南							
湖北							
湖南							
广东	11818					11818	
广西							
海南							
重庆							
四川	2292					2292	
贵州							
云南							
西藏							
陕西							
甘肃							
青海							
宁夏							
新疆							

3-25 续表 3

其他餐饮服务　　　　单位：万元

地区	实收资本	国家资本	集体资本	法人资本	个人资本	港澳台资本	外商资本
全国	**175147**	**32473**	**676**	**43140**	**26191**	**48318**	**24348**
北京	7716	90		409	1362		5855
天津	6390	1355		4935	100		
河北							
山西							
内蒙古							
辽宁	4326	3000	676			650	
吉林							
黑龙江							
上海	87005	16448		18648	1788	40284	9837
江苏	13522			575	11458	1365	124
浙江	3500	21		2719	761		
安徽							
福建	1211			618		593	
江西							
山东	500				500		
河南							
湖北	12667	9137		3500	30		
湖南							
广东	19244	984		5336	1444	3426	8055
广西							
海南							
重庆	4550			50	2500	2000	
四川	12600			6350	6250		
贵州							
云南	1917	1440					477
西藏							
陕西							
甘肃							
青海							
宁夏							
新疆							

3-26 大中型餐饮业企业分行业损益及分配

正餐服务　　　　单位：万元

地　区	主营业务收入	主营业务成本	主营业务税金及附加	主营业务利润
全　国	**11332936**	**5426086**	**593929**	**5184030**
北　京	1874550	799533	99585	975432
天　津	181301	88776	10337	82188
河　北	154176	85477	8883	60031
山　西	317506	148228	17559	131844
内蒙古	172361	88170	6976	78508
辽　宁	208011	108394	10238	75863
吉　林	54435	24516	2835	26448
黑龙江	111416	57231	9867	45578
上　海	1582324	668154	81831	832340
江　苏	664619	325789	35970	282595
浙　江	939073	515795	51272	372006
安　徽	131061	62106	7276	58591
福　建	477908	228269	25816	223824
江　西	81726	53998	3759	23968
山　东	575467	276943	28987	268936
河　南	158224	72798	7983	77443
湖　北	355567	183006	18964	152149
湖　南	229319	116556	10200	64730
广　东	1631504	794375	85615	736799
广　西	40547	22572	2468	14682
海　南	52842	26735	3396	21108
重　庆	350507	216612	10025	110142
四　川	364726	169088	18606	177032
贵　州	41394	21963	2203	17228
云　南	71726	38951	3010	29765
西　藏				
陕　西	398382	175840	23570	197156
甘　肃	50224	26080	3448	20696
青　海	12379	6811	677	4891
宁　夏	34111	14359	1844	17907
新　疆	15555	8962	733	4149

3-26 续表 1

正餐服务

地 区	其他业务利润	营业费用	管理费用	财务费用
全 国	**51535**	**3246210**	**1310021**	**191929**
北 京	5179	662162	214390	20332
天 津	3726	50866	17549	4521
河 北	44	44557	11044	2196
山 西	1897	76628	75304	8400
内蒙古	960	24311	17736	4472
辽 宁	285	46043	25800	5944
吉 林	101	8348	14829	1379
黑龙江	219	9969	7634	552
上 海	11402	577929	174471	20488
江 苏	1700	173305	98133	14084
浙 江	3860	229822	103243	20310
安 徽	991	38871	13203	3207
福 建	1776	102563	91713	6388
江 西	12	11940	3010	1777
山 东	3649	140380	75967	16212
河 南	3725	48121	21812	3936
湖 北	520	103456	34085	10715
湖 南	812	40824	25966	5337
广 东	5317	491170	149059	21946
广 西	798	10708	3364	463
海 南	46	14963	6034	640
重 庆	686	46299	16155	2023
四 川	2358	102951	38816	7102
贵 州	22	11122	4681	1039
云 南	837	18969	9302	908
西 藏				
陕 西	148	126412	44898	4613
甘 肃	116	14035	2480	535
青 海		3305	1347	223
宁 夏	185	10426	6974	1900
新 疆	165	5755	1021	289

单位：万元

营业利润	利润总额	应交所得税	劳动、失业保险费	住房公积金和住房补贴
632686	**667801**	**160681**	**22452**	**20835**
99580	104672	32085	4417	6176
12977	11653	2722	182	247
2110	2140	1050	425	140
15669	12378	2963	15	40
32981	20970	1885	688	1181
13841	8136	2758	461	544
3914	5744	702	112	147
27717	24413	632	32	145
70854	104242	20206	5524	2256
13390	15316	5585	1660	1124
23309	44175	9501	1979	770
8267	8666	2237	178	10
29237	28314	8974	499	2165
7068	6902	525	12	1
39612	42490	20904	518	1951
7300	3390	2708	701	241
5451	8064	4202	352	453
30525	17474	2240	534	410
86454	87983	22540	2497	1837
1730	1966	557	43	23
1329	978	658	90	27
42777	44778	3369	126	87
30523	31213	5439	744	308
567	658	328	30	149
1422	1213	814	386	75
22554	30391	4604	222	303
3762	1633	170	3	4
16	70	3	1	6
-1208	-1212	230	12	16
-1041	-1007	92	10	3

3-26 续表 2

快餐服务

地　区	主营业务收入	主营业务成本	主营业务税金及附加	主营业务利润	其他业务利润	营业费用
全　国	**5277148**	**1926305**	**268910**	**3252582**	**15124**	**2241701**
北　京	775050	274062	39508	461480	6602	343496
天　津	314451	106237	15847	192368	302	121008
河　北						
山　西	60697	18437	3099	19195	-362	22105
内蒙古						
辽　宁	366052	129172	19389	226038	-502	154972
吉　林						
黑龙江	14739	6197	999	7542		1922
上　海	507600	195674	25078	286848	-364	231946
江　苏	523066	180314	26400	316351	-705	210951
浙　江	379060	128537	19956	230567	1493	175870
安　徽	39329	16807	2104	20419	183	15469
福　建	189882	68476	9278	82027	-258	83242
江　西	39856	13158	2021	246177	-495	15482
山　东	223225	80168	10959	132098	258	89719
河　南	43789	14317	2231	27241	14	18743
湖　北	162427	52482	8243	101703	460	74484
湖　南	105633	36814	5221	26099	1185	43463
广　东	1128841	445141	58079	655890	-727	497463
广　西	49263	16591	2518	30154	-71	21505
海　南	4475	1596	226	2653		785
重　庆	86539	50832	4337	29271	1765	13677
四　川	119546	40040	6116	73390	2435	47669
贵　州						
云　南	42438	14241	2083	26115	773	16898
西　藏						
陕　西	56495	21937	2885	31673	3078	24689
甘　肃	20121	6595	1034	12491		7545
青　海						
宁　夏						
新　疆	24576	8482	1301	14793	58	8598

单位：万元

管理费用	财务费用	营业利润	利润总额	应交所得税	劳动、失业保险费	住房公积金和住房补贴
367058	**19236**	**524333**	**519922**	**131303**	**13837**	**37221**
60678	804	63880	69152	18445	2793	4288
23075	419	48167	46735	10918	337	2977
5054	123	11518	11538	2685	2	215
31020	987	50010	49993	12716	5680	6629
729	193	4698	4698	185		46
25937	3488	25113	24909	8474	690	2202
42893	2888	58915	60243	15738	885	4306
10460	1860	43544	42123	11686	810	5606
1748	518	2867	2487	564	50	133
14477	1318	12847	12838	3305	620	1666
2529	126	6045	5701	1610	140	78
17149	1061	24426	25446	6756	209	1635
3696	415	4402	4310	1162	34	236
13743	1296	12642	11582	3482	401	785
6092	906	13138	11753	434	51	162
76314	1564	85562	82488	21358	710	3624
3382	112	5084	5086	1322	65	474
1232	15	621	623	137	5	11
4747	-62	14753	11919	1961	81	1144
10643	891	16622	16463	3641	131	354
3305	90	6595	6611	1688	24	321
4359	123	5581	5690	1334	101	234
1690	3	3254	3186	796		
2104	98	4050	4351	909	19	98

3-26 续表 3

饮料及冷饮服务

地区	主营业务收入	主营业务成本	主营业务税金及附加	主营业务利润	其他业务利润	营业费用
全国	**243515**	**63438**	**12308**	**167769**	**209**	**126474**
北京	46823	12046	2104	32674	31	22021
天津						
河北						
山西						
内蒙古	3200	1920	960	320		29
辽宁						
吉林						
黑龙江						
上海	126661	32078	6001	88582	178	68452
江苏	24530	5948	1241	17342		14989
浙江	2769	778	150	1841		1035
安徽						
福建						
江西						
山东						
河南						
湖北						
湖南						
广东	31759	8545	1494	21721		16081
广西						
海南						
重庆						
四川	7772	2123	359	5290		3866
贵州						
云南						
西藏						
陕西						
甘肃						
青海						
宁夏						
新疆						

单位：万元

管理费用	财务费用	营业利润	利润总额	应交所得税	劳动、失业保险费	住房公积金和住房补贴
16423	**882**	**24186**	**23587**	**5596**	**275**	**954**
4657	52	5962	5098	1898	159	457
15	4	272			4	
8084	604	11620	12297	3187	97	298
	80	2273	2383			
622	26	158	149	39	8	43
2249	63	3328	3133	472	8	155
796	54	574	527			

3-26 续表 4

其他餐饮服务

地区	主营业务收入	主营业务成本	主营业务税金及附加	主营业务利润	其他业务利润	营业费用
全国	**726309**	**324126**	**39257**	**361165**	**4252**	**209703**
北京	41935	28161	1721	12054	162	8288
天津	18972	11802	646	6524	127	3804
河北						
山西						
内蒙古						
辽宁	7324	4472	100	991		
吉林						
黑龙江						
上海	199751	76620	10194	112938	2847	65755
江苏	126069	58317	6138	61614	240	43309
浙江	26238	15334	1338	9566	849	3871
安徽						
福建	6148	2729	49	3369		2115
江西						
山东	3632	3255	161	216		
河南						
湖北	20946	11305	996	8645	9	4500
湖南						
广东	108321	53515	8991	45814	19	21962
广西						
海南						
重庆	5304	4592	200	512		189
四川	154962	49232	8611	97118		55747
贵州						
云南	6708	4793	113	1803		163
西藏						
陕西						
甘肃						
青海						
宁夏						
新疆						

单位：万元

管理费用	财务费用	营业利润	利润总额	应交所得税	劳动、失业保险费	住房公积金和住房补贴
91470	**13051**	**52875**	**61803**	**17509**	**2302**	**2432**
6803	156	-3117	-3578	1	156	413
2538	174	135	633	258	18	99
1491		1262	1261	292	13	152
33804	1058	15168	16653	5123	1531	933
7580	1053	9912	10147	2828	182	293
3178	93	3273	3732	993	135	124
709	-28	573	587	110	7	42
206		10	10		5	91
1668	71	2415	153	120	95	22
16232	402	7235	7814	1938	148	122
665	17	-352	-199			
14773	10256	16343	24528	5793		
1822	-201	18	62	53	13	141

3-27 大中型餐饮业企业分行业工资及福利

单位：万元

地区	餐饮业		正餐服务	
	本年应付工资总额	本年应付福利费总额	本年应付工资总额	本年应付福利费总额
全国	**2308596**	**176771**	**1535815**	**84965**
北京	415158	22650	291079	15266
天津	59104	6065	24246	1252
河北	22116	611	22116	611
山西	42886	1572	40392	1565
内蒙古	20533	2954	20173	2939
辽宁	59082	13391	24966	2014
吉林	9197	544	9197	544
黑龙江	17335	3091	16097	2421
上海	296990	22650	195153	5711
江苏	176825	15763	94807	7658
浙江	148638	6367	102770	4366
安徽	22405	841	18410	687
福建	77630	3527	57441	1734
江西	11458	1263	8268	816
山东	99348	10666	74378	5380
河南	27081	1745	22352	1433
湖北	71114	5422	48761	3878
湖南	37185	4059	31535	3225
广东	414236	33731	234195	13937
广西	10399	2045	5843	256
海南	6177	815	5755	794
重庆	59240	1645	45669	879
四川	93705	7088	48894	2181
贵州	6041	223	6041	223
云南	16097	1771	10325	212
西藏				
陕西	67581	4722	60099	4274
甘肃	7720	320	5850	73
青海	2338	8	2338	8
宁夏	6125	573	6125	573
新疆	4853	649	2543	55

3-27 续表

单位：万元

地区	快餐服务		饮料及冷饮服务		其他餐饮服务	
	本年应付工资总额	本年应付福利费总额	本年应付工资总额	本年应付福利费总额	本年应付工资总额	本年应付福利费总额
全国	**622505**	**83451**	**31439**	**975**	**118838**	**7380**
北京	106093	7174	6300	43	11687	167
天津	31526	4776			3333	37
河北						
山西	2494	7				
内蒙古			360	15		
辽宁	33256	11333			860	44
吉林						
黑龙江	1238	671				
上海	58514	14412	13629	819	29695	1709
江苏	60997	6680	5858		15163	1425
浙江	41480	1730	670	98	3719	173
安徽	3995	154				
福建	18937	1755			1252	37
江西	3191	447				
山东	24443	5285			528	
河南	4729	313				
湖北	19496	1348			2858	197
湖南	5649	834				
广东	157818	19104	3638		18585	690
广西	4556	1789				
海南	422	21				
重庆	12572	675			998	91
四川	15113	2228	984		28714	2680
贵州						
云南	4325	1429			1447	130
西藏						
陕西	7483	447				
甘肃	1870	247				
青海						
宁夏						
新疆	2310	594				

3-28 大中型餐饮业企业分行业经济效益分析指标

正餐服务

地 区	负债比率 (%)	主营业务毛利率 (%)	人均营业收入 (万元)	流动资产周转次数 (次)	费用率 (%)
全 国	**67.6**	**52.1**	**16.9**	**2.2**	**41.6**
北 京	69.6	57.3	19.9	2.1	47.7
天 津	70.8	51.0	18.7	1.1	39.1
河 北	75.4	44.6	13.8	3.1	37.5
山 西	72.7	53.3	13.4	1.7	50.2
内蒙古	54.3	48.8	21.6	1.7	26.4
辽 宁	59.8	47.9	18.4	2.2	37.2
吉 林	33.4	55.0	13.4	2.1	45.0
黑龙江	36.7	48.6	16.6	4.0	16.3
上 海	63.3	57.8	18.4	2.5	48.5
江 苏	72.9	51.0	17.4	2.1	42.8
浙 江	75.0	45.1	20.9	1.7	37.5
安 徽	69.4	52.6	14.0	1.7	41.2
福 建	56.1	52.2	17.5	3.9	41.5
江 西	51.2	33.9	13.0	3.2	20.5
山 东	69.1	51.9	15.5	1.8	40.1
河 南	80.7	54.0	14.0	1.3	45.3
湖 北	74.4	48.5	14.0	3.2	41.5
湖 南	49.7	49.2	13.8	3.1	31.3
广 东	70.7	51.3	16.6	2.8	40.3
广 西	72.8	44.3	13.0	2.6	34.1
海 南	81.4	49.4	15.8	2.3	40.7
重 庆	58.2	38.2	14.5	3.6	18.2
四 川	68.2	53.6	15.0	1.8	40.4
贵 州	69.7	46.9	15.0	1.6	40.7
云 南	73.7	45.7	15.0	1.7	40.2
西 藏					
陕 西	59.0	55.9	12.8	2.1	44.0
甘 肃	69.9	48.1	12.9	3.1	33.8
青 海	63.9	45.0	8.8	0.9	39.2
宁 夏	86.5	57.9	15.4	1.0	56.3
新 疆	112.7	42.4	13.6	2.1	44.8

注：费用率等于营业费用、管理费用、财务费用三项之和除以营业收入合计(下表同)。

3-28　续表 1

快餐服务

地　区	负债比率(%)	主营业务毛利率(%)	人均营业收入(万元)	流动资产周转次数(次)	费用率(%)
全　国	**62.1**	**63.5**	**16.1**	**6.9**	**49.5**
北　京	54.5	64.6	21.0	5.5	51.4
天　津	60.5	66.2	14.1	18.1	45.6
河　北					
山　西	28.8	69.6	61.2	5.8	44.9
内蒙古					
辽　宁	78.9	64.7	23.5	8.4	51.0
吉　林					
黑龙江	81.6	58.0	16.4	17.8	19.3
上　海	99.2	61.5	14.2	6.4	51.5
江　苏	70.0	65.5	13.2	6.8	49.0
浙　江	70.5	66.1	11.8	9.0	49.3
安　徽	80.7	57.3	11.9	3.6	44.9
福　建	72.1	63.9	17.5	9.2	52.2
江　西	41.0	67.0	27.9	14.0	45.5
山　东	66.4	64.1	13.6	9.3	48.2
河　南	60.4	67.3	10.7	24.5	52.1
湖　北	67.2	67.7	17.3	26.5	55.0
湖　南	70.1	65.1	21.1	15.0	47.2
广　东	48.5	60.6	17.5	5.2	50.9
广　西	53.3	66.3	13.7	7.8	50.5
海　南	52.2	64.3	24.2	2.2	45.4
重　庆	63.1	41.3	11.6	11.3	20.4
四　川	74.6	66.5	14.9	8.5	48.4
贵　州					
云　南	50.8	66.4	15.4	12.0	46.5
西　藏					
陕　西	38.8	61.2	15.8	2.4	48.2
甘　肃	25.8	67.2	12.2	7.9	45.9
青　海					
宁　夏					
新　疆	36.0	65.5	14.7	4.2	43.5

3-28 续表 2

饮料及冷饮服务

地　区	负债比率 (%)	主营业务毛利率 (%)	人均营业收入 (万元)	流动资产周转次数 (次)	费用率 (%)
全　国	**43.0**	**73.9**	**27.4**	**4.6**	**59.0**
北　京	42.5	74.3	36.3	3.0	57.0
天　津					
河　北					
山　西					
内蒙古		40.0	21.3	18.8	1.5
辽　宁					
吉　林					
黑龙江					
上　海	67.1	74.7	30.5	5.7	60.8
江　苏	-47.8	75.8	15.3	7.9	61.4
浙　江	32.4	71.9	23.1	3.7	60.8
安　徽					
福　建					
江　西					
山　东					
河　南					
湖　北					
湖　南					
广　东	39.5	73.1	29.7	3.5	57.9
广　西					
海　南					
重　庆					
四　川	75.9	72.7	15.8	5.4	60.7
贵　州					
云　南					
西　藏					
陕　西					
甘　肃					
青　海					
宁　夏					
新　疆					

3-28 续表 3

其他餐饮服务

地区	负债比率(%)	主营业务毛利率(%)	人均营业收入(万元)	流动资产周转次数(次)	费用率(%)
全国	**47.9**	**55.4**	**15.3**	**2.9**	**43.0**
北京	113.9	32.8	11.1	4.9	36.2
天津	67.3	37.8	16.3	1.5	34.1
河北					
山西					
内蒙古					
辽宁	28.7	38.9	23.9	1.4	20.4
吉林					
黑龙江					
上海	54.2	61.6	22.7	2.9	49.6
江苏	53.3	53.7	12.3	3.4	41.1
浙江	51.6	41.6	15.4	2.2	26.4
安徽					
福建	38.8	55.6	21.0	2.0	45.5
江西					
山东	34.5	10.4	10.8	5.9	5.7
河南					
湖北	21.5	46.0	18.8	1.5	29.8
湖南					
广东	46.4	50.6	13.3	2.0	35.6
广西					
海南					
重庆	56.0	13.4	8.3	11.1	16.4
四川	29.6	68.2	14.4	6.0	52.1
贵州					
云南	27.0	28.6	16.7	0.8	26.4
西藏					
陕西					
甘肃					
青海					
宁夏					
新疆					

企业篇

简要说明:

一、本篇提供了大型批发业、零售业、住宿业和餐饮业企业名称、所属行业和所在地区等信息。

二、本篇资料来源于2010年批发和零售业、住宿和餐饮业企业上报的统计年报。

4-1 大型批发业企业名单

企业名称	所属行业	企业所在地
中国石化销售有限公司华北分公司	石油及制品批发	天津市南开区
中国石油天然气股份有限公司东北销售分公司	石油及制品批发	辽宁省沈阳市
中国石化销售有限公司华东分公司	石油及制品批发	上海市长宁区
中国石化销售有限公司华南分公司	石油及制品批发	广东省广州市
中国神华能源股份有限公司煤炭销售中心	煤炭及制品批发	北京市海淀区
中国石化销售有限公司华中分公司	石油及制品批发	湖北省武汉市
上海上汽大众汽车销售有限公司	汽车、摩托车及零配件批发	上海市嘉定区
一汽丰田汽车销售有限公司	汽车、摩托车及零配件批发	北京市海淀区
梅赛德斯-奔驰(中国)汽车销售有限公司	汽车、摩托车及零配件批发	北京市朝阳区
宝马(中国)汽车贸易有限公司	汽车、摩托车及零配件批发	北京市朝阳区
中国石油天然气股份有限公司西北销售新疆分公司	石油及制品批发	新疆维吾尔自治区乌鲁木齐市
中国石油化工股份有限公司江苏石油分公司	石油及制品批发	江苏省南京市
厦门建发股份有限公司	金属及金属矿批发	福建省厦门市
苏宁电器股份有限公司南京采购中心	家用电器批发	江苏省南京市
中国矿产有限责任公司	金属及金属矿批发	北京市海淀区
武钢集团国际经济贸易总公司	贸易经纪与代理	湖北省武汉市
中钢钢铁有限公司	金属及金属矿批发	北京市海淀区
五矿钢铁有限责任公司	金属及金属矿批发	北京市海淀区
诺基亚(中国)投资有限公司	通讯及广播电视设备批发	北京市大兴区
中国石油化工股份化工销售华南分公司	其他化工产品批发	广东省广州市
上海三星半导体有限公司	家用电器批发	上海市长宁区
中国石油天然气股份有限公司华南销售分公司	石油及制品批发	广东省广州市
中国航空油料有限责任公司	石油及制品批发	北京市海淀区
鞍钢集团国际经济贸易公司	金属及金属矿批发	辽宁省鞍山市
索尼(中国)有限公司	家用电器批发	北京市朝阳区
上海物资贸易股份有限公司	金属及金属矿批发	上海市黄浦区
中国中煤能源股份有限公司	煤炭及制品批发	北京市朝阳区
中国石油化工股份有限公司上海石油分公司	石油及制品批发	上海市黄浦区
丰田汽车(中国)投资有限公司	汽车、摩托车及零配件批发	北京市朝阳区
浙江物产金属集团有限公司	金属及金属矿批发	浙江省杭州市
中国石油化工股份有限公司湖北石油分公司	石油及制品批发	湖北省武汉市
山西煤炭进出口集团有限公司	煤炭及制品批发	山西省太原市
青岛海尔零部件采购有限公司	金属及金属矿批发	山东省青岛市
重庆海尔家电销售有限公司	家用电器批发	重庆市江北区
佳能(中国)有限公司	家用电器批发	北京市东城区
中国首钢国际贸易工程公司	金属及金属矿批发	北京市海淀区
广东省石油企业集团南方石油化工有限公司	石油及制品批发	广东省广州市
中国石油天然气股份有限公司江苏销售分公司	石油及制品批发	江苏省南京市
中国石油化工股份有限公司安徽石油分公司	石油及制品批发	安徽省合肥市
中国铁路物资总公司	金属及金属矿批发	北京市西城区
松下电器(中国)有限公司	家用电器批发	北京市朝阳区
中国石油天然气股份有限公司东北化工销售分公司	石油及制品批发	辽宁省沈阳市
安徽省徽商金属股份有限公司	金属及金属矿批发	安徽省合肥市
中化化肥有限公司	化肥批发	北京市西城区
中国石油天然气股份有限公司东北销售大庆分公司	石油及制品批发	黑龙江省大庆市
比亚迪汽车销售有限公司	汽车、摩托车及零配件批发	广东省深圳市
江苏苏美达集团公司	其他机械设备及电子产品批发	江苏省南京市
中国石油化工股份有限公司广东石油分公司	石油及制品批发	广东省广州市
深圳市天音通信发展有限公司	通讯及广播电视设备批发	广东省深圳市
一汽马自达汽车销售有限公司	汽车、摩托车及零配件批发	吉林省长春市
宝钢资源有限公司	金属及金属矿批发	上海市浦东新区

4-1 续表 1

企业名称	所属行业	企业所在地
南京华能南方实业开发股份有限公司	金属及金属矿批发	江苏省南京市
中化国际(控股)股份有限公司	其他化工产品批发	上海市浦东新区
中石油昆仑燃气有限公司	石油及制品批发	北京市朝阳区
浙江吉利控股集团汽车销售有限公司	汽车、摩托车及零配件批发	浙江省杭州市
中国石油天然气股份有限公司华中销售分公司	石油及制品批发	湖北省武汉市
中邮普泰通信服务股份有限公司	通讯及广播电视设备批发	北京市西城区
中国烟草总公司重庆市公司	烟草制品批发	重庆市江北区
中国铁路物资北京有限公司	金属及金属矿批发	北京市西城区
西门子(中国)有限公司	其他机械设备及电子产品批发	北京市朝阳区
厦门国贸集团股份有限公司	金属及金属矿批发	福建省厦门市
杭州宏盛食品饮料营销有限公司	饮料及茶叶批发	浙江省杭州市
中国铁路物资沈阳有限公司	金属及金属矿批发	辽宁省沈阳市
保定长城汽车销售有限公司	汽车、摩托车及零配件批发	河北省保定市
福建中烟工业公司	烟草制品批发	福建省厦门市
浙江物产国际贸易有限公司	金属及金属矿批发	浙江省杭州市
远大物产集团有限公司	石油及制品批发	浙江省宁波市
中国石油天然气股份有限公司北京销售分公司	石油及制品批发	北京市朝阳区
小松(中国)投资有限公司	其他机械设备及电子产品批发	上海市浦东新区
中国铁路物资上海有限公司	金属及金属矿批发	上海市闸北区
云南红塔烟叶物资有限责任公司	其他农畜产品批发	云南省玉溪市
南方建材股份有限公司	建材批发	湖南省长沙市
中国石油化工股份有限公司深圳石油分公司	石油及制品批发	广东省深圳市
乐金电子(中国)有限公司	家用电器批发	北京市朝阳区
施耐德电气(中国)投资有限公司	其他机械设备及电子产品批发	北京市朝阳区
国药控股股份有限公司	西药批发	上海市黄浦区
攀钢集团国际经济贸易有限公司	金属及金属矿批发	四川省成都市
江苏国泰国际集团有限公司	服装批发	江苏省苏州市
华硕电脑(上海)有限公司	计算机、软件及辅助设备批发	上海市闵行区
中国铁路物资武汉公司	贸易经纪与代理	湖北省武汉市
佳通轮胎(中国)投资有限公司	汽车、摩托车及零配件批发	上海市长宁区
中国石油天然气股份有限公司重庆销售分公司	石油及制品批发	重庆市渝中区
中国铁路物资天津公司	金属及金属矿批发	天津市河东区
山西省国新能源发展集团有限公司	煤炭及制品批发	山西省太原市
上海浦东国际机场航空油料有限责任公司	石油及制品批发	上海市浦东新区
中国石油天然气股份有限公司安徽销售分公司	石油及制品批发	安徽省合肥市
中国石油天然气股份有限公司上海销售分公司	石油及制品批发	上海市浦东新区
中粮食品营销有限公司	米、面制品及食用油批发	北京市东城区
中国机械设备进出口总公司	其他机械设备及电子产品批发	北京市西城区
英迈(中国)投资有限公司	计算机、软件及辅助设备批发	上海市徐汇区
中化物产股份有限公司	其他化工产品批发	北京市东城区
中国石油化工股份有限公司浙江杭州石油分公司	石油及制品批发	浙江省杭州市
丰立集团有限公司	金属及金属矿批发	江苏省苏州市
云南省烟草公司昆明市公司	烟草制品批发	云南省昆明市
松下电器机电(中国)有限公司	其他机械设备及电子产品批发	上海市浦东新区
现代汽车(中国)投资有限公司	汽车、摩托车及零配件批发	北京市朝阳区
浙江前程石化有限公司	其他化工产品批发	浙江省宁波市
中石化长江燃料有限公司	石油及制品批发	湖北省武汉市
贵州茅台酒销售有限公司	饮料及茶叶批发	贵州省遵义市
耐克体育(中国)有限公司	鞋帽批发	江苏省苏州市
日立建机(上海)有限公司	其他机械设备及电子产品批发	上海市浦东新区
惠州TCL电器销售有限公司	家用电器批发	广东省惠州市
四川省烟草公司成都市公司	烟草制品批发	四川省成都市

4-1 续表 2

企业名称	所属行业	企业所在地
翰林汇信息产业股份有限公司	计算机、软件及辅助设备批发	北京市海淀区
浙江省烟草公司杭州市公司(杭州市烟草专卖局)	烟草制品批发	浙江省杭州市
中国石油化工股份有限公司浙江宁波石油分公司	石油及制品批发	浙江省宁波市
中国烟草总公司北京市公司	烟草制品批发	北京市通州区
中国石油天然气股份有限公司大连销售分公司	石油及制品批发	辽宁省大连市
庞大汽贸集团股份有限公司	汽车、摩托车及零配件批发	河北省唐山市
江苏省海外企业集团有限公司	其他机械设备及电子产品批发	江苏省南京市
中国石油化工股份有限公司浙江石油分公司	石油及制品批发	浙江省杭州市
联合利华服务(合肥)有限公司	化妆品及卫生用品批发	安徽省合肥市
广州医药有限公司	西药批发	广东省广州市
安徽华源医药股份有限公司	西药批发	安徽省阜阳市
中国石油化工股份有限公司广东佛山石油分公司	石油及制品批发	广东省佛山市
欧尚(中国)投资有限公司	其他未列明的批发	上海市杨浦区
山西焦煤集团国际发展有限公司	煤炭及制品批发	山西省太原市
云南中烟物资(集团)有限责任公司	其他未列明的批发	云南省昆明市
北京普天太力通信科技有限公司	通讯及广播电视设备批发	北京市海淀区
夏普商贸(中国)有限公司	其他机械设备及电子产品批发	上海市黄浦区
博西家用电器(中国)有限公司	家用电器批发	江苏省南京市
中石化中海船舶燃料供应有限公司	石油及制品批发	广东省广州市
中国铁路物资西安公司	石油及制品批发	陕西省西安市
欧莱雅(中国)有限公司	化妆品及卫生用品批发	上海市静安区
厦门象屿股份有限公司	其他未列明的批发	福建省厦门市
浙江省烟草公司宁波市公司	烟草制品批发	浙江省宁波市
联通华盛通信有限公司	贸易经纪与代理	北京市东城区
杭州娃哈哈食品饮料营销有限公司	饮料及茶叶批发	浙江省杭州市
上海电力燃料有限公司	煤炭及制品批发	上海市卢湾区
中国石油化工股份有限公司云南昆明石油分公司	石油及制品批发	云南省昆明市
中国石化化工销售有限公司	其他化工产品批发	北京市朝阳区
中国铁路物资成都有限公司	金属及金属矿批发	四川省成都市
上海伊藤忠商事有限公司	其他化工产品批发	上海市浦东新区
大金(中国)投资有限公司	家用电器批发	北京市东城区
中国烟草总公司天津市公司	烟草制品批发	天津市和平区
郑州日产汽车销售有限公司	其他机械设备及电子产品批发	河南省郑州市
中基宁波集团股份有限公司	金属及金属矿批发	浙江省宁波市
日产(中国)投资有限公司	汽车、摩托车及零配件批发	北京市朝阳区
广东省丝绸纺织集团有限公司	纺织品、针织品及原料批发	广东省广州市
中国烟草总公司深圳市公司	烟草制品批发	广东省深圳市
天津一汽汽车销售有限公司	汽车、摩托车及零配件批发	天津市河西区
云南省烟草公司曲靖市公司	烟草制品批发	云南省曲靖市
上海神州数码有限公司	计算机、软件及辅助设备批发	上海市长宁区
宏碁电脑(上海)有限公司	计算机、软件及辅助设备批发	上海市黄浦区
中国铁路物资哈尔滨公司	石油及制品批发	黑龙江省哈尔滨市
青岛海尔电器销售有限公司	家用电器批发	山东省青岛市
联想(深圳)电子有限公司	计算机、软件及辅助设备批发	广东省深圳市
广州立白企业集团有限公司	厨房、卫生间用具及日用杂货批发	广东省广州市
广东烟草广州市有限公司	烟草制品批发	广东省广州市
河北省烟草公司石家庄市公司	烟草制品批发	河北省石家庄市
浙江省烟草公司温州分公司	烟草制品批发	浙江省温州市
四川省农业生产资料总公司(集团公司)	化肥批发	四川省成都市
中国石油化工股份有限公司河南郑州石油分公司	石油及制品批发	河南省郑州市
中国石油技术开发公司	其他机械设备及电子产品批发	北京市西城区
诺基亚西门子通信技术(北京)有限公司	通讯及广播电视设备批发	北京市东城区

4-1 续表 3

企业名称	所属行业	企业所在地
江苏大明金属制品有限公司	金属及金属矿批发	江苏省无锡市
完美(中国)日用品有限公司生产经营部	其他食品批发	广东省中山市
上海苏食肉品配送有限公司	肉、禽、蛋及水产品批发	上海市宝山区
中国石油化工股份有限公司山东潍坊分公司	石油及制品批发	山东省潍坊市
山西建邦集团有限公司	金属及金属矿批发	山西省临汾市
湖北省烟草公司武汉市公司	烟草制品批发	湖北省武汉市
三菱商事(上海)有限公司	其他化工产品批发	上海市浦东新区
中国石油化工股份有限公司浙江金华分公司	石油及制品批发	浙江省金华市
江苏省南京市烟草专卖局公司	烟草制品批发	江苏省南京市
扬子江药业集团江苏扬子江医药经营有限公司	中药材及中成药批发	江苏省泰州市
东方国际集团上海市对外贸易有限公司	其他未列明的批发	上海市长宁区
丰田通商(天津)有限公司	汽车、摩托车及零配件批发	天津市和平区
上海老庙黄金连锁经营有限公司	首饰、工艺品及收藏品批发	上海市黄浦区
郑州煤电物资供销有限公司	建材批发	河南省郑州市
中国石油化工股份有限公司陕西石油分公司	石油及制品批发	陕西省西安市
纳爱斯丽水销售有限公司	化妆品及卫生用品批发	浙江省丽水市
中国石油天然气股份有限公司陕西西安销售分公司	石油及制品批发	陕西省西安市
榆林神华能源有限责任公司	煤炭及制品批发	陕西省榆林市
黑龙江倍丰农业生产资料集团有限公司	化肥批发	黑龙江省哈尔滨市
华东医药股份有限公司	西药批发	浙江省杭州市
国药控股广州有限公司	西药批发	广东省广州市
中国石油化工股份有限公司广西南宁石油分公司	石油及制品批发	广西壮族自治区南宁市
重庆东风渝安汽车销售有限公司	汽车、摩托车及零配件批发	重庆市沙坪坝区
青岛海尔国际贸易有限公司	其他机械设备及电子产品批发	山东省青岛市
深圳市北方投资有限公司	建材批发	广东省深圳市
江苏省燃料总公司	煤炭及制品批发	江苏省南京市
中石化山东青岛石油分公司	石油及制品批发	山东省青岛市
中国石油化工股份有限公司河北唐山分公司	石油及制品批发	河北省唐山市
深圳市爱施德股份有限公司	通讯及广播电视设备批发	广东省深圳市
卡特彼勒(中国)投资有限公司	其他机械设备及电子产品批发	北京市朝阳区
天翼电信终端有限公司	通讯及广播电视设备批发	北京市西城区
中国石油物资公司	金属及金属矿批发	北京市西城区
中国石油化工股份有限公司河北石家庄石油分公司	石油及制品批发	河北省石家庄市
瑞表企业管理(上海)有限公司	其他日用品批发	上海市徐汇区
武汉白沙洲冷链物流有限责任公司	肉、禽、蛋及水产品批发	湖北省武汉市
江苏省烟草公司苏州市公司	烟草制品批发	江苏省苏州市
国药控股天津有限公司	西药批发	天津市和平区
深圳中电投资股份有限公司	其他机械设备及电子产品批发	广东省深圳市
上海海烟物流发展有限公司	烟草制品批发	上海市静安区
中化塑料有限公司	其他化工产品批发	北京市西城区
山东济宁烟草有限公司	烟草制品批发	山东省济宁市
北京红牛饮料销售有限公司	饮料及茶叶批发	北京市朝阳区
三井物产(上海)贸易有限公司	其他化工产品批发	上海市浦东新区
中国石油天然气股份有限公司吉林长春分公司	石油及制品批发	吉林省长春市
李宁(中国)体育用品有限公司	体育用品批发	北京市通州区
广州珠江电力燃料有限公司	煤炭及制品批发	广东省广州市
中国石油化工股份有限公司浙江嘉兴石油分公司	石油及制品批发	浙江省嘉兴市
乐仁堂医药集团股份有限公司	西药批发	河北省石家庄市
阿迪达斯体育(中国)有限公司	服装批发	江苏省苏州市
山东淄川服装城商贸公司	服装批发	山东省淄博市
浙江英特药业有限责任公司	西药批发	浙江省杭州市
中国石化销售有限公司西北新疆分公司	石油及制品批发	新疆维吾尔自治区乌鲁木齐市

4-1 续表 4

企业名称	所属行业	企业所在地
阿斯利康(无锡)贸易有限公司	西药批发	江苏省无锡市
上海永裕医药有限公司	西药批发	上海市松江区
云南省医药有限公司	西药批发	云南省昆明市
湖南省烟草公司长沙市公司	烟草制品批发	湖南省长沙市
北京科园信海医药经营有限公司	中药材及中成药批发	北京市丰台区
海信科龙电器股份有限公司青岛分公司	家用电器批发	山东省青岛市
昆山润华商业有限公司广州黄埔分公司	服装批发	广东省广州市
福建省烟草公司泉州分公司	烟草制品批发	福建省泉州市
重庆力帆实业集团销售有限公司	汽车、摩托车及零配件批发	重庆市沙坪坝区
武汉艾德蒙科技股份有限公司	计算机、软件及辅助设备批发	湖北省武汉市
河南省烟草公司郑州市公司	烟草制品批发	河南省郑州市
广东省纺织品进出口股份有限公司	纺织品、针织品及原料批发	广东省广州市
浙江省烟草公司台州市公司	烟草制品批发	浙江省台州市
国药集团药业股份有限公司	西药批发	北京市东城区
中国植物油公司	米、面制品及食用油批发	北京市西城区
保乐力加(中国)贸易有限公司	饮料及茶叶批发	上海市卢湾区
中国石油化工股份有限公司重庆石油分公司	石油及制品批发	重庆市渝中区
广州钢铁企业集团有限公司	金属及金属矿批发	广东省广州市
厦门信达股份有限公司	其他未列明的批发	福建省厦门市
贵州省烟草公司遵义市公司	烟草制品批发	贵州省遵义市
北京龙禹石油化工有限公司	石油及制品批发	北京市平谷区
中国石油化工股份有限公司山东济南石油分公司	石油及制品批发	山东省济南市
陕西省烟草公司西安分公司	烟草制品批发	陕西省西安市
淄川服装城	服装批发	山东省淄博市
上海韩泰轮胎销售有限公司	汽车、摩托车及零配件批发	上海市徐汇区
江苏省烟草公司无锡市公司	烟草制品批发	江苏省无锡市
中山市物资集团有限公司	金属及金属矿批发	广东省中山市
诸城福田汽车科技开发有限公司	汽车、摩托车及零配件批发	山东省潍坊市
中石化股份有限公司安徽合肥石油分公司	石油及制品批发	安徽省合肥市
尼康映像仪器销售(中国)有限公司	其他未列明的批发	上海市黄浦区
埃克森美孚(中国)投资有限公司	石油及制品批发	上海市徐汇区
四川省烟草公司凉山州公司	烟草制品批发	四川省凉山州
中国石油天然气股份有限公司陕西榆林销售分公司	石油及制品批发	陕西省榆林市
浙江省烟草公司金华市公司	烟草制品批发	浙江省金华市
贵州省烟草公司毕节地区分公司	烟草制品批发	贵州省毕节市
中国石油化工股份有限公司山东烟台石油分公司	石油及制品批发	山东省烟台市
东风裕隆汽车销售有限公司	汽车、摩托车及零配件批发	湖北省武汉市
江苏开元股份有限公司	纺织品、针织品及原料批发	江苏省南京市
浙江省烟草公司嘉兴市公司	烟草制品批发	浙江省嘉兴市
浙江省烟草公司绍兴市分公司	烟草制品批发	浙江省绍兴市
辽宁省烟草公司沈阳市公司	烟草制品批发	辽宁省沈阳市
中国烟草总公司大连市公司	烟草制品批发	辽宁省大连市
广东烟草东莞市有限公司	烟草制品批发	广东省东莞市
江苏苏豪国际集团股份有限公司	纺织品、针织品及原料批发	江苏省南京市
联想(上海)有限公司	计算机、软件及辅助设备批发	上海市浦东新区
青岛烟草有限公司	烟草制品批发	山东省青岛市
李宁(北京)体育用品商业有限公司	体育用品批发	北京市通州区
山东临沂烟草有限公司	烟草制品批发	山东省临沂市
安徽江淮汽车贸易有限公司多功能车营销中心	汽车、摩托车及零配件批发	安徽省合肥市
山东烟台烟草有限公司	烟草制品批发	山东省烟台市
山西煤炭运销集团阳泉盂县有限公司	煤炭及制品批发	山西省阳泉市
上海博世力士乐液压及自动化有限公司	其他未列明的批发	上海市浦东新区

4-1 续表 5

企业名称	所属行业	企业所在地
中国石油化工股份有限公司江西赣州石油分公司	石油及制品批发	江西省赣州市
中铁物资集团西南有限公司	金属及金属矿批发	四川省成都市
中粮国际(北京)有限公司	米、面制品及食用油批发	北京市东城区
山东省农业生产资料有限责任公司	化肥批发	山东省济南市
山西省煤炭运销集团吕梁柳林有限公司	煤炭及制品批发	山西省吕梁市
江苏弘业国际集团有限公司	纺织品、针织品及原料批发	江苏省南京市
湖南大唐燃料开发有限责任公司	煤炭及制品批发	湖南省长沙市
道恩集团有限公司	其他化工产品批发	山东省烟台市
中国联合石油有限责任公司	石油及制品批发	北京市西城区
福建省烟草公司福州市公司	烟草制品批发	福建省福州市
山东济南烟草有限公司	烟草制品批发	山东省济南市
厦门安踏贸易有限公司	鞋帽批发	福建省厦门市
广州万力轮胎商贸有限公司	其他化工产品批发	广东省广州市
江苏高速公路石油发展有限公司	石油及制品批发	江苏省南京市
中国石油天然气股份有限公司陕西宝鸡销售分公司	石油及制品批发	陕西省宝鸡市
河南省烟草公司南阳市公司	烟草制品批发	河南省南阳市
江苏省烟草公司南通市公司	烟草制品批发	江苏省南通市
南京纺织品进出口股份有限公司	纺织品、针织品及原料批发	江苏省南京市
云南省烟草公司玉溪市公司	烟草制品批发	云南省玉溪市
强生(上海)医疗器材有限公司	其他机械设备及电子产品批发	上海市徐汇区
广州白马服装贸易有限公司	服装批发	广东省广州市
黑龙江省烟草公司哈尔滨市公司	烟草制品批发	黑龙江省哈尔滨市
安徽省烟草公司合肥市公司	烟草制品批发	安徽省合肥市
中油黑龙江农垦石油有限公司	石油及制品批发	黑龙江省哈尔滨市
宁波市慈溪进出口股份有限公司	其他机械设备及电子产品批发	浙江省宁波市
广东烟草佛山市有限公司责任公司	烟草制品批发	广东省佛山市
古冶区滦通商贸有限公司	煤炭及制品批发	河北省唐山市
中国石油化工股份有限公司浙江舟山石油分公司	石油及制品批发	浙江省舟山市
云南省烟草公司红河州公司	烟草制品批发	云南省红河州
新汶矿业集团物资供销有限责任公司	其他机械设备及电子产品批发	山东省泰安市
贵州省烟草公司贵阳市公司	烟草制品批发	贵州省贵阳市
华润雪花啤酒(中国)有限公司	饮料及茶叶批发	北京市东城区
中国石油化工股份有限公司润滑油分公司	石油及制品批发	北京市海淀区
中国石油化工股份有限公司山东淄博石油公司	石油及制品批发	山东省淄博市
洛阳长兴农业机械有限公司	农业机械批发	河南省洛阳市
中航技进出口有限责任公司	其他机械设备及电子产品批发	北京市大兴区
成都西部医药经营有限公司	西药批发	四川省成都市
中国石油化工股份有限公司广西柳州石油分公司	石油及制品批发	广西壮族自治区柳州市
临清市泰润轴承有限公司	其他机械设备及电子产品批发	山东省聊城市
山东潍坊烟草有限公司	烟草制品批发	山东省潍坊市
松下电器机电(深圳)有限公司	其他机械设备及电子产品批发	广东省深圳市
北京金隅水泥经贸有限公司	建材批发	北京市房山区
山东鲁花集团商贸有限公司	米、面制品及食用油批发	山东省烟台市
中国石油化工股份有限公司江西南昌石油分公司	石油及制品批发	江西省南昌市
天津正弘顺工贸科技有限公司	金属及金属矿批发	天津市东丽区
中国石油天然气股份有限公司辽宁营口销售分公司	石油及制品批发	辽宁省营口市
中铁物资集团东北有限公司	金属及金属矿批发	辽宁省沈阳市
江苏金翔石油化工有限公司	石油及制品批发	江苏省南京市
联想(成都)有限公司	计算机、软件及辅助设备批发	四川省成都市
酩悦轩尼诗帝亚吉欧洋酒(上海)有限公司	饮料及茶叶批发	上海市静安区
九州通医药集团股份有限公司	西药批发	湖北省武汉市
山西煤炭集团长治襄垣有限公司	煤炭及制品批发	山西省长治市

4-1 续表 6

企业名称	所属行业	企业所在地
中国石油天然气股份有限公司黑龙江大庆销售分公司	石油及制品批发	黑龙江省大庆市
宝钢金属有限公司	金属及金属矿批发	上海市宝山区
贵州前进轮胎销售有限公司	汽车、摩托车及零配件批发	贵州省贵阳市
上海卡帕体育用品有限公司	服装批发	上海市浦东新区
山西煤炭运销集团吕梁有限公司	煤炭及制品批发	山西省吕梁市
陕西东大石油化工有限公司	石油及制品批发	陕西省西安市
云南省烟草公司大理州公司	烟草制品批发	云南省大理州
迁安市九江煤炭储运有限公司	煤炭及制品批发	河北省唐山市
中国石油化工股份有限公司广西梧州石油分公司	石油及制品批发	广西壮族自治区梧州市
上海五金矿产进出口公司	金属及金属矿批发	上海市闸北区
ABB(中国)有限公司上海分公司	其他机械设备及电子产品批发	上海市黄浦区
江苏苏酒实业股份有限公司	其他食品批发	江苏省宿迁市
重庆华轻商业公司	家用电器批发	重庆市渝中区
中国石油天然气股份有限公司辽宁鞍山销售分公司	石油及制品批发	辽宁省鞍山市
中钢设备有限公司	其他机械设备及电子产品批发	北京市海淀区
中国石油化工股份有限公司云南曲靖石油分公司	石油及制品批发	云南省曲靖市
舍弗勒贸易(上海)有限公司	其他未列明的批发	上海市嘉定区
吉林省烟草公司长春市公司	烟草制品批发	吉林省长春市
中国石化国际事业有限公司	贸易经纪与代理	北京市朝阳区
云南省烟草公司昭通市分公司	烟草制品批发	云南省昭通市
新疆生产建设兵团石油有限公司	石油及制品批发	新疆维吾尔自治区乌鲁木齐市
杭叉集团股份有限公司	其他机械设备及电子产品批发	浙江省杭州市
浙江中大集团股份有限公司	纺织品、针织品及原料批发	浙江省杭州市
烟台张裕葡萄酿酒公司销售有限公司	饮料及茶叶批发	山东省烟台市
云南省烟草公司楚雄分公司	烟草制品批发	云南省楚雄州
中国石油天然气股份有限公司内蒙古赤峰销售分公司	石油及制品批发	内蒙赤峰市
江苏苏农农资连锁集团股份有限公司	化肥批发	江苏省南京市
泰科电子(上海)有限公司	其他机械设备及电子产品批发	上海市外高桥保税区
江苏波司登营销有限公司	服装批发	江苏省苏州市
湖南省烟草公司郴州市公司	烟草制品批发	湖南省郴州市
中国石油化工股份有限公司河南南阳石油分公司	石油及制品批发	河南省南阳市
福建省烟草公司漳州分公司	烟草制品批发	福建省漳州市
国药控股沈阳有限公司	西药批发	辽宁省沈阳市
江苏汇鸿国际集团土产进出口股份有限公司	建材批发	江苏省南京市
中国石油化工股份有限公司广东韶关石油分公司	石油及制品批发	广东省韶关市
米其林(中国)投资有限公司	汽车、摩托车及零配件批发	上海市长宁区
中国石油化工股份有限公司广东清远石油分公司	石油及制品批发	广东省清远市
安徽省技术进出口股份有限公司	其他机械设备及电子产品批发	安徽省合肥市
中国石油公司呼和浩特分公司	石油及制品批发	内蒙古自治区呼和浩特市
山西煤炭运销集团晋城高平有限公司	煤炭及制品批发	山西省晋城市
河南省烟草公司洛阳分公司	烟草制品批发	河南省洛阳市
中建材国际贸易有限公司	建材批发	北京市海淀区
上海亚一金店有限公司	首饰、工艺品及收藏品批发	上海市黄浦区
中国石油天然气股份有限公司山东青岛销售分公司	石油及制品批发	山东省青岛市
江苏省烟草公司常州分公司	烟草制品批发	江苏省常州市
中国石油天然气股份有限公司西北销售兰州分公司	石油及制品批发	甘肃省兰州市
苏州国信集团	纺织品、针织品及原料批发	江苏省苏州市
中国石油天然气股份有限公司陕西延安销售分公司	石油及制品批发	陕西省延安市
山西煤炭运销集团长治市长治县有限公司	煤炭及制品批发	山西省长治市
江苏省烟草公司盐城分公司	烟草制品批发	江苏省盐城市
松下电工(中国)有限公司	五金、交电批发	北京市朝阳区
中国石油化工股份有限公司山东济宁石油分公司	石油及制品批发	山东省济宁市

4-1 续表 7

企业名称	所属行业	企业所在地
扶余县三井子农工商有限责任公司	谷物、豆及薯类批发	吉林省松原市
浙江省烟草公司湖州市公司	烟草制品批发	浙江省湖州市
江苏省烟草公司徐州公司	烟草制品批发	江苏省徐州市
山西省烟草公司太原市公司	烟草制品批发	山西省太原市
浙江新大集团有限公司	服装批发	浙江省杭州市
湖南省烟草公司常德市公司	烟草制品批发	湖南省常德市
中国石油化工股份有限公司广西桂林石油分公司	石油及制品批发	广西壮族自治区桂林市
资生堂(中国)投资有限公司	化妆品及卫生用品批发	上海市浦东新区
中国北方工业公司	其他未列明的批发	北京市西城区
中国石油天然气股份有限公司河南郑州销售分公司	石油及制品批发	河南省郑州市
山西煤炭运销集团晋中灵石有限公司	煤炭及制品批发	山西省晋中市
湖南省烟草公司衡阳市公司	烟草制品批发	湖南省衡阳市
上海雅马哈建设摩托车销售有限公司	汽车、摩托车及零配件批发	上海市徐汇区
锦湖(中国)轮胎销售有限公司	汽车、摩托车及零配件批发	上海市嘉定区
广东省农业生产资料总公司	化肥批发	广东省广州市
中国石油化工股份有限公司贵州贵阳分公司	石油及制品批发	贵州省贵阳市
天津兴天地实业发展有限公司	金属及金属矿批发	天津市东丽区
浙江高速石油发展有限公司	石油及制品批发	浙江省杭州市
中国石油化工股份有限公司大理分公司	石油及制品批发	云南省大理州
江苏省烟草公司扬州市公司	烟草制品批发	江苏省扬州市
四川科伦医药贸易有限公司	西药批发	四川省成都市
广西壮族自治区烟草公司南宁市公司	烟草制品批发	广西壮族自治区南宁市
山西省煤炭运销集团朔州有限公司	煤炭及制品批发	山西省朔州市
河北省烟草公司唐山公司	烟草制品批发	河北省唐山市
莫仕商贸(上海)有限公司	其他机械设备及电子产品批发	上海市浦东新区
中国石油化工股份有限公司河北保定石油分公司	石油及制品批发	河北省保定市
中国石油化工股份有限公司河北邯郸石油分公司	石油及制品批发	河北省邯郸市
河北省烟草公司保定市公司	烟草制品批发	河北省保定市
明尼苏达矿业制造(上海)国际贸易有限公司	其他化工产品批发	上海市长宁区
福州闽台茶业有限公司	饮料及茶叶批发	福建省福州市
中化化肥有限公司山东烟台市分公司	化肥批发	山东省烟台市
威斯特(北京)机械设备有限公司	其他机械设备及电子产品批发	北京市大兴区
中国石油天然气股份有限公司吉林省吉林市销售分公司	石油及制品批发	吉林省吉林市
江苏省烟草公司泰州市公司	烟草制品批发	江苏省泰州市
中国石油化工股份有限公司山东菏泽石油分公司	石油及制品批发	山东省菏泽市
中国再生资源开发有限公司	再生物资回收与批发	北京市西城区
江阴市长江钢管有限公司	金属及金属矿批发	江苏省无锡市
中国石油化工股份有限公司山东石油分公司	石油及制品批发	山东省济南市
安徽新兴格力空调销售有限公司	家用电器批发	安徽省合肥市
福建省烟草公司三明市公司	烟草制品批发	福建省三明市
中国石油天然气股份有限公司辽宁抚顺销售分公司	石油及制品批发	辽宁省抚顺市
湖南省烟草公司岳阳市公司	烟草制品批发	湖南省岳阳市
深圳市青岛啤酒华南营销有限公司	饮料及茶叶批发	广东省深圳市
江西省烟草公司南昌市公司	烟草制品批发	江西省南昌市
中国重汽山东进出口有限公司	汽车、摩托车及零配件批发	山东省济南市
湖南省烟草公司邵阳市公司	烟草制品批发	湖南省邵阳市
济南中信医药有限公司	西药批发	山东省济南市
农夫山泉股份有限公司	饮料及茶叶批发	浙江省杭州市
江西煤炭销售运输有限责任公司	煤炭及制品批发	江西省南昌市
本田技研工业(中国)投资有限公司	贸易经纪与代理	北京市朝阳区
山西省国新能源发展集团宏达煤炭有限公司	煤炭及制品批发	山西省忻州市
中捷通信有限公司	通讯及广播电视设备批发	广东省广州市

4-1 续表 8

企业名称	所属行业	企业所在地
中国石化山东泰山石油股份有限公司	石油及制品批发	山东省泰安市
浙江省粮油食品进出口股份有限公司	米、面制品及食用油批发	浙江省杭州市
郑州海永蓝工贸有限公司	家用电器批发	河南省郑州市
河南省烟草公司商丘市公司	烟草制品批发	河南省商丘市
江苏恒瑞医药销售有限公司	西药批发	江苏省连云港市
华北制药股份有限公司销售分公司	西药批发	河北省石家庄市
广东省机械进出口股份有限公司	其他机械设备及电子产品批发	广东省广州市
山东格力电器市场营销有限公司	家用电器批发	山东省济南市
南京蓝燕石化储运实业有限公司	石油及制品批发	江苏省南京市
山东省机械进出口集团公司	其他机械设备及电子产品批发	山东省青岛市
中国石油化工股份有限公司河北沧州石油分公司	石油及制品批发	河北省沧州市
湖北省烟草公司恩施州公司	烟草制品批发	湖北省恩施市
浙江省医药保健品进出口有限责任公司	西药批发	浙江省杭州市
中石化湖北宜昌石油分公司	石油及制品批发	湖北省宜昌市
上海浦东海澜之家服饰有限公司	服装批发	上海市浦东新区
中国航空工业供销有限公司	金属及金属矿批发	北京市东城区
中国石化股份有限公司河北邢台石油分公司	石油及制品批发	河北省邢台市
山东菏泽烟草有限公司	烟草制品批发	山东省菏泽市
九禾股份有限公司	化肥批发	重庆市杨家坪区
陕西省汽车工业贸易总公司	汽车、摩托车及零配件批发	陕西省西安市
福建省烟草公司厦门烟草分公司	烟草制品批发	福建省厦门市
云南省烟草公司保山市公司	烟草制品批发	云南省保山市
四川陆地石油销售有限责任公司	石油及制品批发	四川省德阳市
浙江福士达集团有限公司	饮料及茶叶批发	浙江省杭州市
汕头市众业达电器有限公司	其他机械设备及电子产品批发	广东省汕头市
天津医药集团太平医药有限公司	西药批发	天津市和平区
湖北新兴格力电器销售有限公司	家用电器批发	湖北省武汉市
索尼爱立信移动通信产品(中国)有限公司	通讯及广播电视设备批发	北京市朝阳区
利星行机械(昆山)有限公司	其他机械设备及电子产品批发	江苏省苏州市
海南省烟草公司海口公司	烟草制品批发	海南省海口市
中国石油化工股份公司江西吉安分公司	石油及制品批发	江西省吉安市
福建省烟草公司南平市公司	烟草制品批发	福建省南平市
河北省烟草公司邯郸市公司	烟草制品批发	河北省邯郸市
福建闽侯永辉商业有限公司	贸易经纪与代理	福建省福州市
江苏省新华书店集团有限公司	图书批发	江苏省南京市
中国石油天然气股份有限公司渭南销售分公司	石油及制品批发	陕西省渭南市
中国石油天然气股份有限公司黑龙江齐齐哈尔销售分公司	石油及制品批发	黑龙江省齐齐哈尔市
河南省烟草公司周口市公司	烟草制品批发	河南省周口市
湖南省新华书店有限责任公司	图书批发	湖南省长沙市
广东烟草湛江市有限公司	烟草制品批发	广东省湛江市
陕西省煤炭运销(集团)有限责任公司	煤炭及制品批发	陕西省西安市
江西省烟草公司赣州市公司	烟草制品批发	江西省赣州市
北京九州通医药有限公司	西药批发	北京市大兴区
江苏开元国际集团轻工业品进出口股份有限公司	纺织品、针织品及原料批发	江苏省南京市
黑龙江华宇工贸(集团)有限责任公司	纺织品、针织品及原料批发	黑龙江省牡丹江市
河南省烟草公司驻马店市公司	烟草制品批发	河南省驻马店市
江苏省烟草公司镇江市公司	烟草制品批发	江苏省镇江市
山东东方誉源现代农业集团有限责任公司	化肥批发	山东省潍坊市
广州纺织品进出口集团有限公司	服装批发	广东省广州市
福建省龙岩烟草分公司	烟草制品批发	福建省龙岩市
深圳市三九医药贸易有限公司	中药材及中成药批发	广东省深圳市
山西省烟草公司运城市公司	烟草制品批发	山西省运城市

4-1 续表 9

企业名称	所属行业	企业所在地
中国石油化工股份有限公司河南三门峡石油分公司	石油及制品批发	河南省三门峡市
中国石油化工股份有限公司江西宜春石油分公司	石油及制品批发	江西省宜春市
河南省烟草公司许昌分公司	烟草制品批发	河南省许昌市
宁夏灵武宝塔大古储运有限公司	石油及制品批发	宁夏回族自治区银川市
郑州煤炭工业(集团)正运煤炭销售有限公司	煤炭及制品批发	河南省郑州市
广东烟草惠州市有限公司	烟草制品批发	广东省惠州市
河南省烟草公司平顶山分公司	烟草制品批发	河南省平顶山市
上海新宇钟表集团有限公司	其他日用品批发	上海市卢湾区
中国石油化工股份有限公司广西百色石油分公司	石油及制品批发	广西壮族自治区百色市
中国石油天然气股份有限公司新疆库尔勒销售分公司	石油及制品批发	新疆维吾尔自治区巴州市
通用美康医药有限公司	中药材及中成药批发	北京市东城区
北京旭阳宏业化工有限公司	煤炭及制品批发	北京市丰台区
广州神州数码有限公司	计算机、软件及辅助设备批发	广东省广州市
中国石油化工股份有限公司湖北襄樊石油分公司	石油及制品批发	湖北省襄樊市
江苏苏美达五金工具有限公司	其他机械设备及电子产品批发	江苏省南京市
湖北省烟草公司黄冈市公司	烟草制品批发	湖北省黄州市
山东瑞康医药股份有限公司	西药批发	山东省烟台市
山西省烟草公司临汾市公司	烟草制品批发	山西省临汾市
浙江省土产畜产进出口集团有限公司	服装批发	浙江省杭州市
黑龙江省农业机械有限责任公司	农业机械批发	黑龙江省哈尔滨市
斯凯孚(中国)销售有限公司	其他机械设备及电子产品批发	上海市黄浦区
安徽烟草公司阜阳市公司	烟草制品批发	安徽省阜阳市
中国石油天然气股份有限公司广西南宁销售分公司	石油及制品批发	广西壮族自治区南宁市
中国石油化工股份有限公司山东聊城石油分公司	石油及制品批发	山东省聊城市
中国石油天然气股份有限公司宁夏银川销售公司	石油及制品批发	宁夏回族自治区银川市
上海丝绸集团股份有限公司	服装批发	上海市徐汇区
安徽省烟草公司六安市公司	烟草制品批发	安徽省六安市
内盟古铁鑫煤化有限公司	煤炭及制品批发	内蒙古自治区包头市
中铁二局集团物资有限公司	建材批发	四川省成都市
广东烟草梅州市有限公司	烟草制品批发	广东省梅州市
中国石化销售有限公司西北宁夏分公司	石油及制品批发	宁夏回族自治区银川市
山东泰安烟草有限公司	烟草制品批发	山东省泰安市
中国石油天然气股份有限公司贵州贵阳销售分公司	石油及制品批发	贵州省贵阳市
山西煤炭运销集团临汾蒲县有限公司	煤炭及制品批发	山西省临汾市
山东晨鸣纸业销售有限公司	文具用品批发	山东省潍坊市
格兰仕空调(中山)销售公司	家用电器批发	广东省中山市
四川省烟草公司绵阳市公司	烟草制品批发	四川省绵阳市
广东省中山食品水产进出口集团有限公司	肉、禽、蛋及水产品批发	广东省中山市
广西壮族自治区烟草公司桂林市公司	烟草制品批发	广西壮族自治区桂林市
中国石油化工股份有限公司浙江衢州石油分公司	石油及制品批发	浙江省衢州市
中石化股份公司湖北黄冈石油分公司	石油及制品批发	湖北省黄冈市
中国石油天然气股份有限公司新疆阿克苏销售分公司	石油及制品批发	新疆维吾尔自治区阿克苏地区
湖南省烟草公司益阳分公司	烟草制品批发	湖南省益阳市
中国石油天然气股份有限公司山东烟台销售分公司	石油及制品批发	山东省烟台市
上海老庙黄金有限公司	首饰、工艺品及收藏品批发	上海市黄浦区
中国石油化工股份有限公司九江石油分公司	石油及制品批发	江西省九江市
中国石油化工股份有限公司河北廊坊石油分公司	石油及制品批发	河北省廊坊市
广东省外贸开发公司	贸易经纪与代理	广东省广州市
内蒙古自治区烟草公司呼和浩特市分公司	烟草制品批发	内蒙古自治区呼和浩特市
中国石油化工山东日照石油公司	石油及制品批发	山东省日照市
江西省烟草公司上饶分公司	烟草制品批发	江西省上饶市
云南省烟草公司文山州公司	烟草制品批发	云南省文山市

4-1　续表 10

企业名称	所属行业	企业所在地
上海良友(集团)有限公司	谷物、豆及薯类批发	上海市浦东新区
河北省烟草公司沧州市公司	烟草制品批发	河北省沧州市
湖北省烟草公司荆州市公司	烟草制品批发	湖北省荆州市
云南省烟草公司普洱分公司	烟草制品批发	云南省普洱市
超威半导体产品(中国)有限公司	通讯及广播电视设备批发	北京市海淀区
广东九州通医药有限公司	西药批发	广东省中山市
贵州贵铁物流有限公司	煤炭及制品批发	贵州省贵阳市
中国石油天然气股份有限公司辽宁辽阳销售分公司	石油及制品批发	辽宁省辽阳市
唐山市冀东物贸集团有限责任公司	汽车、摩托车及零配件批发	河北省唐山市
广东烟草韶关市有限公司	烟草制品批发	广东省韶关市
河南九州通医药有限公司	西药批发	河南省郑州市
长沙双鹤医药有限责任公司	中药材及中成药批发	湖南省长沙市
湖南省烟草公司株洲分公司	烟草制品批发	湖南省株洲市
中国石油化工股份有限公司云南玉溪石油分公司	石油及制品批发	云南省玉溪市
北京酷人通讯科技有限公司	通讯及广播电视设备批发	北京市朝阳区
中油股份陕西咸阳销售分公司	石油及制品批发	陕西省咸阳市
安徽省烟草公司安庆市公司	烟草制品批发	安徽省安庆市
江西省烟草公司九江分公司	烟草制品批发	江西省九江市
湖南省烟草公司永州市公司	烟草制品批发	湖南省永州市
江苏舜天国际集团机械进出口股份有限公司	其他机械设备及电子产品批发	江苏省南京市
江西中石化股份有限公司抚州分公司	石油及制品批发	江西省抚州市
浙江省五金矿产进出口公司	金属及金属矿批发	浙江省杭州市
内蒙古自治区烟草公司包头市公司	烟草制品批发	内蒙古自治区包头市
河南省烟草公司信阳分公司	烟草制品批发	河南省信阳市
山东德州烟草有限公司	烟草制品批发	山东省德州市
湖北劲牌保健酒业有限公司	饮料及茶叶批发	湖北省黄石市
中国石油天然气股份有限公司辽宁盘锦销售分公司	石油及制品批发	辽宁省盘锦市
广东烟草揭阳市有限公司	烟草制品批发	广东省揭阳市
山东聊城烟草有限公司	烟草制品批发	山东省聊城市
山西煤炭运销集团晋中寿阳有限公司	煤炭及制品批发	山西省晋中市
四川省烟草公司泸州市公司	烟草制品批发	四川省泸州市
丹佛斯(上海)自动控制有限公司	其他机械设备及电子产品批发	上海市徐汇区
中国石油天然气股份有限公司河北保定销售分公司	石油及制品批发	河北省保定市
北京市糖业烟酒公司	饮料及茶叶批发	北京市东城区
三星中国投资有限公司广州分公司	家用电器批发	广东省广州市
安徽徽商农家福有限公司	化肥批发	安徽省合肥市
中国石油化工股份有限公司陕西西安石油分公司	石油及制品批发	陕西省西安市
新疆亚欧大陆桥铁运物流运销有限责任公司	金属及金属矿批发	新疆维吾尔自治区乌鲁木齐市
华润水泥投资有限公司	建材批发	广东省深圳市
诸城雷沃科技有限公司	汽车、摩托车及零配件批发	山东省潍坊市
山东枣庄烟草有限公司	烟草制品批发	山东省枣庄市
广东省轻工进出口股份有限公司	其他未列明的批发	广东省广州市
古驰(中国)贸易有限公司	服装批发	上海市静安区
中国石油天然气股份有限公司辽宁葫芦岛销售分公司	石油及制品批发	辽宁省葫芦岛市
江西省烟草公司宜春市公司(江西省宜春市烟草专卖局)	烟草制品批发	江西省宜春市
贵州省烟草公司黔南州公司	烟草制品批发	贵州省黔南州
苏州恒润进出口有限公司	服装批发	江苏省苏州市
衢州市烟草专卖局	烟草制品批发	浙江省衢州市
浙江省新华书店集团有限公司	图书批发	浙江省杭州市
永恩投资(集团)有限公司	服装批发	福建省莆田市
中域电讯连锁集团股份有限公司	通讯及广播电视设备批发	广东省东莞市
山东鲁南蔬菜产业有限公司	果品、蔬菜批发	山东省临沂市

4-1 续表 11

企业名称	所属行业	企业所在地
中油吉林松原销售分公司	石油及制品批发	吉林省松原市
中国石油化工股份有限公司河南平顶山石油分公司	石油及制品批发	河南省平顶山市
南京医药股份有限公司	西药批发	江苏省南京市
贵州省黔西南州烟草公司	烟草制品批发	贵州省黔西南州
联强国际贸易(中国)有限公司	计算机、软件及辅助设备批发	上海市长宁区
中国石油化工股份有限公司云南楚雄石油分公司	石油及制品批发	云南省楚雄州
中铁大桥局集团武汉物资有限责任公司	金属及金属矿批发	湖北省武汉市
中国石油天然气股份有限公司辽宁朝阳销售分公司	石油及制品批发	辽宁省朝阳市
中国石油化工股份有限公司广西河池石油分公司	石油及制品批发	广西壮族自治区河池市
陕西省烟草公司榆林市公司	烟草制品批发	陕西省榆林市
中国医药对外贸易公司	西药批发	北京市海淀区
中国石油天然气股份有限公司吉林四平销售分公司	石油及制品批发	吉林省四平市
施耐德电气(中国)投资有限公司广州分公司	五金、交电批发	广东省广州市
四川省烟草公司宜宾市公司	烟草制品批发	四川省宜宾市
广东烟草江门市有限公司	烟草制品批发	广东省江门市
新疆维吾尔自治区烟草公司乌鲁木齐分公司	烟草制品批发	新疆维吾尔自治区乌鲁木齐市
东陶(中国)有限公司	厨房、卫生间用具及日用杂货批发	北京市朝阳区
中石化股份有限公司湖北荆州石油分公司	石油及制品批发	湖北省荆州市
湖北省烟草公司襄樊分公司	烟草制品批发	湖北省襄樊市
四川省医药股份有限公司	西药批发	四川省成都市
临沂青汽车辆制造有限公司	汽车、摩托车及零配件批发	山东省临沂市
中国石油化工股份有限公司河北承德石油分公司	石油及制品批发	河北省承德市
中国石油化工股份有限公司河北张家口石油分公司	石油及制品批发	河北省张家口市
真维斯服饰(中国)有限公司	服装批发	广东省惠州市
湖南省烟草公司湘西自治州公司	饮料及茶叶批发	湖南省湘西土家族苗族自治州
中国石油天然股份有限公司新疆喀什销售分公司	石油及制品批发	新疆维吾尔自治区喀什地区
福建省福农农资集团有限公司	化肥批发	福建省福州市
中国石油化工股份有限公司河北衡水石油分公司	石油及制品批发	河北省衡水市
河南省烟草公司安阳市公司	烟草制品批发	河南省安阳市
湖北省烟草公司孝感市公司	烟草制品批发	湖北省孝感市
陕西省烟草公司宝鸡市分公司	烟草制品批发	陕西省宝鸡市
北京恒通华泰汽车销售有限公司	汽车、摩托车及零配件批发	北京市朝阳区
中国石油天然气股份有限公司甘肃酒泉销售分公司	石油及制品批发	甘肃省酒泉市
中国石油天燃气股份有限公司吉林白城分公司	石油及制品批发	吉林省白城市
中国石油股份有限公司内蒙古巴彦淖尔分公司	石油及制品批发	内蒙古自治区巴彦淖尔市
陕西省烟草公司咸阳市公司	烟草制品批发	陕西省咸阳市
云南鑫盛物流有限公司	金属及金属矿批发	云南省昆明市
浙江省烟草公司丽水市公司	烟草制品批发	浙江省丽水市
中国石油化工股份有限公司广东阳江分公司	石油及制品批发	广东省阳江市
陕西省烟草公司渭南市公司	烟草制品批发	陕西省渭南市
上海雷允上药业有限公司(商业)	中药材及中成药批发	上海市黄浦区
安徽省烟草公司滁州市公司	烟草制品批发	安徽省滁州市
中国有色金属建设股份有限公司	金属及金属矿批发	北京市朝阳区
新疆生产建设兵团棉麻公司	棉、麻批发	新疆维吾尔自治区乌鲁木齐市
洽洽食品股份有限公司	其他食品批发	安徽省合肥市
湖北银丰实业集团	棉、麻批发	湖北省武汉市
四川省烟草公司南充市公司	烟草制品批发	四川省南充市
山东淄博烟草有限公司	烟草制品批发	山东省淄博市
甘肃省烟草公司兰州市公司	烟草制品批发	甘肃省兰州市
中粮集团有限公司	谷物、豆及薯类批发	北京市东城区
联强国际贸易(中国)有限公司广州分公司	计算机、软件及辅助设备批发	广东省广州市
福建省烟草公司莆田市公司	烟草制品批发	福建省莆田市

4-1 续表 12

企业名称	所属行业	企业所在地
深圳市中金岭南有色金属股份有限公司	金属及金属矿批发	广东省深圳市
中国石油化工股份有限公司河南许昌石油分公司	石油及制品批发	河南省许昌市
中国石油天然气股份有限公司浙江宁波销售分公司	石油及制品批发	浙江省宁波市
科勒(中国)投资有限公司	厨房、卫生间用具及日用杂货批发	上海市闸北区
上海浦星贸易有限公司	其他食品批发	上海市松江区
河南省烟草公司新乡市公司	烟草制品批发	河南省新乡市
东北制药集团公司供销公司	西药批发	辽宁省沈阳市
河北省烟草公司邢台市公司	烟草制品批发	河北省邢台市
四川省烟草公司德阳市公司	烟草制品批发	四川省德阳市
秦皇岛中油华奥销售有限公司	石油及制品批发	河北省秦皇岛市
中国石油天燃气股份有限公司内蒙古乌兰察布销售公司	石油及制品批发	内蒙古自治区乌兰察布市
湖南省烟草公司娄底市公司	烟草制品批发	湖南省娄底市
新疆农资(集团)有限责任公司	化肥批发	新疆维吾尔自治区乌鲁木齐市
贵州省烟草公司铜仁分公司	烟草制品批发	贵州省铜仁市
中国石油化工股份有限公司山西朔州石油分公司	石油及制品批发	山西省朔州市
湖北省烟草公司宜昌市公司	烟草制品批发	湖北省宜昌市
烟台市农业生产资料总公司	化肥批发	山东省烟台市
中国石油天然气股份有限公司辽宁阜新销售分公司	石油及制品批发	辽宁省阜新市
中国石油化工股份有限公司广西贵港石油分公司	石油及制品批发	广西壮族自治区贵港市
山西省烟草公司晋中市公司	烟草制品批发	山西省晋中市
中国石油天然气股份有限公司新疆昌吉销售分公司	石油及制品批发	新疆维吾尔自治区昌吉市
山西省烟草公司吕梁市公司	烟草制品批发	山西省吕梁市
江西省烟草公司抚州分公司	烟草制品批发	江西省抚州市
福建省烟草公司宁德分公司	烟草制品批发	福建省宁德市
中国石油化工股份有限公司河南焦作石油分公司	石油及制品批发	河南省焦作市
中国石油化工股份有限公司河南安阳石油分公司	石油及制品批发	河南省安阳市
江苏省食品集团有限公司	肉、禽、蛋及水产品批发	江苏省南京市
湖南省烟草公司湘潭市公司	烟草制品批发	湖南省湘潭市
河南省烟草公司三门峡市公司	烟草制品批发	河南省三门峡市
中国机械进出口(集团)有限公司	其他机械设备及电子产品批发	北京市西城区
中国石油化工股份有限公司安徽蚌埠石油公司	石油及制品批发	安徽省蚌埠市
中国石油天然气股份有限公司吉林延边销售分公司	石油及制品批发	吉林省延边市
江苏省烟草公司淮安市公司	烟草制品批发	江苏省淮安市
北大荒营销股份有限公司	米、面制品及食用油批发	黑龙江省哈尔滨市
中国石油天然气股份有限公司鸡西销售分公司	石油及制品批发	黑龙江省鸡西市
上海宝钢工贸有限公司	金属及金属矿批发	上海市宝山区
五寨县国新能源煤炭运销公司	煤炭及制品批发	山西省忻州市
周村胜利家居城	其他未列明的批发	山东省淄博市
三星爱商(天津)国际物流有限公司	贸易经纪与代理	天津市滨海新区
中石化四川销售有限公司	石油及制品批发	四川省成都市
中国石油化工股份有限公司广西玉林石油分公司	石油及制品批发	广西壮族自治区玉林市
奥康鞋业销售有限公司	鞋帽批发	浙江省温州市
重庆桐君阁股份有限公司	中药材及中成药批发	重庆市渝中区
中国石油化工股份有限公司驻马店分公司	石油及制品批发	河南省驻马店市
山西煤炭运销集团晋中昔阳有限公司	煤炭及制品批发	山西省晋中市
山东九州通医药有限公司	西药批发	山东省济南市
广州中邮普泰移动通信设备有限责任公司	通讯及广播电视设备批发	广东省广州市
吉林省烟草公司吉林市公司	烟草制品批发	吉林省吉林市
上海三凯进出口有限公司	其他未列明的批发	上海市浦东新区
天津老板娘水产食品物流有限公司	其他食品批发	天津市北辰区
广东烟草茂名市有限责任公司	烟草制品批发	广东省茂名市
江苏金一文化发展有限公司	首饰、工艺品及收藏品批发	江苏省无锡市

4-1 续表 13

企业名称	所属行业	企业所在地
中油中泰燃气有限公司	石油及制品批发	广东省珠海市
昆明船舶设备集团有限公司	其他机械设备及电子产品批发	云南省昆明市
青岛福兴祥商品配送有限公司	米、面制品及食用油批发	山东省青岛市
安徽省烟草公司巢湖市公司	烟草制品批发	安徽省巢湖市
中国石油天然气股份有限公司山东菏泽销售分公司	石油及制品批发	山东省菏泽市
广东烟草清远市有限公司	烟草制品批发	广东省清远市
贵州省烟草公司六盘水市公司	烟草制品批发	贵州省六盘水市
山西煤炭运销集团晋中和顺有限公司	煤炭及制品批发	山西省晋中市
新时代健康产业(集团)有限公司	其他食品批发	北京市朝阳区
涟水今世缘酒业销售有限公司	饮料及茶叶批发	江苏省淮安市
长治市明华煤业有限公司	煤炭及制品批发	山西省长治市
四川省烟草公司达州市公司	烟草制品批发	四川省达州市
中国石油化工股份有限公司上饶分公司	石油及制品批发	江西省上饶市
上海九州通医药有限公司	中药材及中成药批发	上海市普陀区
中国石油天然气股份有限公司新疆伊犁销售分公司	石油及制品批发	新疆维吾尔自治区伊犁州
中国电子器材总公司	其他机械设备及电子产品批发	北京市海淀区
北京周大福珠宝金行有限公司	首饰、工艺品及收藏品批发	北京市东城区
金佰利(中国)有限公司	其他日用品批发	上海市黄浦区
温州金州集团有限公司	鞋帽批发	浙江省温州市
河南省烟草公司开封市公司	烟草制品批发	河南省开封市
上海市机械设备成套(集团)有限公司	其他机械设备及电子产品批发	上海市普陀区
上海和氏璧化工有限公司	其他化工产品批发	上海市卢湾区
中国石油天然气股份有限公司新疆哈密销售分公司	石油及制品批发	新疆维吾尔自治区哈密地区
山西省烟草公司长治市公司	烟草制品批发	山西省长治市
湖南省烟草公司怀化市公司	烟草制品批发	湖南省怀化市
山西省烟草公司大同市公司	烟草制品批发	山西省大同市
中建材国际装备有限公司	建材批发	北京市海淀区
中国石油化工股份有限公司安徽阜阳石油分公司	石油及制品批发	安徽省阜阳市
国药控股北京华鸿有限公司	西药批发	北京市东城区
深圳市华孚进出口有限公司	纺织品、针织品及原料批发	广东省深圳市
广东烟草肇庆市有限责任公司	烟草制品批发	广东省肇庆市
中国石油天然气股份有限公司黑龙江佳木斯销售分公司	石油及制品批发	黑龙江省佳木斯市
贵州省烟草公司黔东南分公司	烟草制品批发	贵州省黔东南州
北京朝批商贸有限公司	米、面制品及食用油批发	北京市朝阳区
中国免税品(集团)有限责任公司	烟草制品批发	北京市东城区
美敦力(上海)管理有限公司	医疗用品及器材批发	上海市浦东新区
厦门七匹狼服装营销有限公司	服装批发	福建省厦门市
中国石油天然气股份有限公司四川宜宾销售分公司	石油及制品批发	四川省宜宾市
广西壮族自治区烟草公司柳州市公司	烟草制品批发	广西壮族自治区柳州市
山东滨州烟草有限公司	烟草制品批发	山东省滨州市
明基电通有限公司	计算机、软件及辅助设备批发	上海市长宁区
中国石油天然气股份有限公司吉林通化销售分公司	石油及制品批发	吉林省通化市
中国石油化工股份有限公司安徽滁州石油分公司	石油及制品批发	安徽省滁州市
湖南省茶业有限公司	饮料及茶叶批发	湖南省长沙市
中国石油化工股份有限公司广西钦州石油分公司	石油及制品批发	广西壮族自治区钦州市
常熟市交电家电有限责任公司	五金、交电批发	江苏省苏州市
哈药集团三精医药商贸有限公司	西药批发	黑龙江省哈尔滨市
松下电器(中国)有限公司广州分公司	家用电器批发	广东省广州市
深圳一致药业股份有限公司	西药批发	广东省深圳市
富士施乐实业发展(上海)有限公司	其他机械设备及电子产品批发	上海市浦东新区
北京同仁堂健康药品经营有限公司	中药材及中成药批发	北京市朝阳区

4-1 续表 14

企业名称	所属行业	企业所在地
中国石油化工股份有限公司湖北荆门石油分公司	石油及制品批发	湖北省荆门市
中国石油天然气股份有限公司河北石家庄销售分公司	石油及制品批发	河北省石家庄市
南京华东医药有限责任公司	西药批发	江苏省南京市
陕西新兴格力电器销售有限公司	家用电器批发	陕西省西安市
中国石油化工股份有限公司安徽淮南石油分公司	石油及制品批发	安徽省淮南市
广东烟草中山市有限责任公司	烟草制品批发	广东省中山市
山西省烟草公司忻州市分公司	烟草制品批发	山西省忻州市
周大福珠宝金行(苏州)有限公司	首饰、工艺品及收藏品批发	江苏省苏州市
中国石油天然气股份有限公司四川广元销售分公司	石油及制品批发	四川省广元市
雅诗兰黛(上海)商贸有限公司	化妆品及卫生用品批发	上海市徐汇区
云南烟草公司临沧市公司	烟草制品批发	云南省临沧市
山东齐鲁万和医药营销有限公司	医疗用品及器材批发	山东省济南市
江西省烟草公司吉安市公司	烟草制品批发	江西省吉安市
北京中邮普泰移动通信设备有限责任公司	通讯及广播电视设备批发	北京市丰台区
厦门夏商农产品集团有限公司	果品、蔬菜批发	福建省厦门市
新龙药业集团有限公司	西药批发	湖北省武汉市
内蒙古鄂尔多斯烟草分公司	烟草制品批发	内蒙古自治区鄂尔多斯市
中移鼎讯通信股份有限公司	通讯及广播电视设备批发	北京市西城区
路威酩轩香水化妆品(上海)有限公司	贸易经纪与代理	上海市浦东新区
香奈儿(中国)贸易有限公司	化妆品及卫生用品批发	上海市浦东新区
安徽烟草公司宿州分公司	烟草制品批发	安徽省宿州市
北京市京新龙医药销售有限公司	西药批发	北京市朝阳区
河北省新华书店	图书批发	河北省石家庄市
广西壮族自治区烟草公司百色市公司	烟草制品批发	广西壮族自治区百色市
连云港中油石油销售有限公司	石油及制品批发	江苏省连云港市
中国石油天然气股份有限公司云南大理销售分公司	石油及制品批发	云南省大理州
山东新华书店集团有限公司	图书批发	山东省济南市
河南省新华书店	图书批发	河南省郑州市
上海罗捷斯迪电子有限公司	通讯及广播电视设备批发	上海市浦东新区
中油宁夏石嘴山销售分公司	石油及制品批发	宁夏回族自治区石嘴山市
中国石油天然气股份有限公司山东潍坊销售分公司	石油及制品批发	山东省潍坊市
山西省煤炭运销集团吕梁孝义有限公司	煤炭及制品批发	山西省吕梁市
广东烟草河源市有限责任公司	烟草制品批发	广东省河源市
杭州市轻工工艺纺织品进出口有限公司	服装批发	浙江省杭州市
晋城市阳城公路煤炭销售有限公司	煤炭及制品批发	山西省晋城市
江苏省烟草公司连云港市公司	烟草制品批发	江苏省连云港市
福建图图儿童用品有限责任公司	鞋帽批发	福建省泉州市
河北省烟草公司廊坊市公司	烟草制品批发	河北省廊坊市
江西江中医贸有限责任公司	中药材及中成药批发	江西省南昌市
中国石油天然气股份有限甘肃平凉销售分公司	石油及制品批发	甘肃省平凉市
沈阳铁道金属物资有限公司	金属及金属矿批发	辽宁省沈阳市
周生生中国商业有限公司	首饰、工艺品及收藏品批发	广东省广州市
中国石油化工股份有限公司贵州黔南石油分公司	石油及制品批发	贵州省黔南州
山东瑞中医药有限公司	西药批发	山东省济宁市
中国石油天然气股份有限公司河北唐山销售分公司	石油及制品批发	河北省唐山市
中国石油化工股份有限公司湖北咸宁石油分公司	石油及制品批发	湖北省咸宁市
东宁县吉信工贸集团有限责任分公司	鞋帽批发	黑龙江省牡丹江市
浙江凯喜雅国际股份有限公司	纺织品、针织品及原料批发	浙江省杭州市
陕西西凤酒营销有限公司	饮料及茶叶批发	陕西省宝鸡市
江苏先声药业有限公司	西药批发	江苏省南京市
山东威海烟草有限公司	烟草制品批发	山东省威海市

4-1 续表 15

企业名称	所属行业	企业所在地
青岛益佳国际贸易集团有限公司	服装批发	山东省青岛市
山东日照烟草有限公司	烟草制品批发	山东省日照市
安徽百大电器连锁有限公司	家用电器批发	安徽省合肥市
安徽轻工国际贸易有限公司	其他日用品批发	安徽省合肥市
三里岗香菇贸易公司	其他农畜产品批发	湖北省随州市
熠晖冶金集团有限责任公司	金属及金属矿批发	四川省成都市
中国石油化工股份有限公司周口分公司	石油及制品批发	河南省周口市
辽宁省烟草公司鞍山市公司	烟草制品批发	辽宁省鞍山市
杭州巨星科技股份有限公司	五金、交电批发	浙江省杭州市
绮丽集团有限责任公司	服装批发	山东省青岛市
黑龙江省烟草公司大庆分公司	烟草制品批发	黑龙江省大庆市
中国石油天燃气股份有限公司广东湛江销售分公司	石油及制品批发	广东省湛江市
中国石油化工股份有限公司黔东南石油分公司	石油及制品批发	贵州省黔东南州
西藏自治区烟草公司	烟草制品批发	西藏自治区拉萨市
日立高新技术(上海)国际贸易有限公司	其他机械设备及电子产品批发	上海市浦东新区
新疆同益投资有限公司	石油及制品批发	新疆维吾尔自治区克拉玛依市
中国石油化工股份有限公司安徽巢湖石油分公司	石油及制品批发	安徽省巢湖市
国药控股湖北有限公司	西药批发	湖北省武汉市
山东瑞中医药销售公司	中药材及中成药批发	山东省济宁市
江西汇仁集团医药科研营销有限公司	中药材及中成药批发	江西省南昌市
四川省烟草公司乐山分公司	烟草制品批发	四川省乐山市
广西格力空调销售有限责任公司	其他机械设备及电子产品批发	广西壮族自治区南宁市
北京骏马机械有限公司	其他机械设备及电子产品批发	北京市海淀区
广东省烟草汕尾市有限公司	烟草制品批发	广东省汕尾市
重庆市油脂公司	米、面制品及食用油批发	重庆市渝中区
安徽省烟草公司芜湖市公司	烟草制品批发	安徽省芜湖市
江阴海澜之家供应链管理有限公司	纺织品、针织品及原料批发	江苏省无锡市
奥林巴斯(北京)销售服务有限公司	医疗用品及器材批发	北京市朝阳区
海南天然橡胶产业集团金橡有限公司	其他化工产品批发	海南省海口市
成都神州数码有限公司	计算机、软件及辅助设备批发	四川省成都市
河北德泽龙医药有限公司	西药批发	河北省石家庄市
中国石油化工股份有限公司十堰分公司	石油及制品批发	湖北省十堰市
云南金六福酒业有限公司	饮料及茶叶批发	云南省迪庆市
中石化安徽宣城石油分公司	石油及制品批发	安徽省宣城市
中国航空技术进出口北京公司	其他机械设备及电子产品批发	北京市朝阳区
中国石油天然气股份有限公司湖北黄冈销售分公司	石油及制品批发	湖北省黄冈市
陕西省烟草公司汉中市公司	烟草制品批发	陕西省汉中市
重庆鼎豪商贸有限公司	煤炭及制品批发	重庆市万州区
浙江省邮电器材公司	通讯及广播电视设备批发	浙江省杭州市
内蒙古明华能源集团有限公司	煤炭及制品批发	内蒙古自治区包头市
江苏省苏盐连锁有限公司	盐及调味品批发	江苏省南京市
中国石油天然气股份有限公司甘肃庆阳销售分公司	石油及制品批发	甘肃省庆阳市
温州市生物药械供应有限公司	西药批发	浙江省温州市
中国石油化工股份有限公司云南临沧石油分公司	石油及制品批发	云南省临沧市
安徽省烟草公司蚌埠市公司	烟草制品批发	安徽省蚌埠市
福州华闽进出口有限公司	贸易经纪与代理	福建省福州市
江苏九州通医药有限公司	西药批发	江苏省南京市
浙江中捷环洲供应链集团股份有限公司	金属及金属矿批发	浙江省台州市
浙江五洲车辆有限公司	汽车、摩托车及零配件批发	浙江省温州市
广东烟草珠海市有限公司	烟草制品批发	广东省珠海市
中国航油集团云南石油有限公司	石油及制品批发	云南省昆明市

4-1 续表 16

企业名称	所属行业	企业所在地
中国石油天然气股份有限公司安徽合肥销售分公司	石油及制品批发	安徽省合肥市
兄弟(中国)商业有限公司	其他机械设备及电子产品批发	上海市长宁区
中国石油天然气股份有限公司新疆吐鲁番销售分公司	石油及制品批发	新疆维吾尔自治区吐鲁番地区
广州广钢集团金兴物资供应有限公司	再生物资回收与批发	广东省广州市
广州采芝林药业有限公司	中药材及中成药批发	广东省广州市
河北省烟草公司承德市公司	烟草制品批发	河北省承德市
中国石油化工股份有限公司广东粤东石油公司	石油及制品批发	广东省汕头市
北京双鹤药业经营有限责任公司	西药批发	北京市东城区
黑龙江省烟草公司齐齐哈尔分公司	烟草制品批发	黑龙江省齐齐哈尔市
安徽省烟草公司淮南市公司	烟草制品批发	安徽省淮南市
山东康惠医药有限公司	西药批发	山东省潍坊市
青岛传承国际商贸有限公司	鞋帽批发	山东省青岛市
上海华普汽车销售有限公司	其他机械设备及电子产品批发	上海市金山区
济南药业集团有限责任公司	中药材及中成药批发	山东省济南市
广东粤宏石油化工有限公司	石油及制品批发	广东省中山市
安徽省烟草公司宣城市公司	烟草制品批发	安徽省宣城市
中国石油天然气股份有限公司黑龙江牡丹江销售分公司	石油及制品批发	黑龙江省牡丹江市
沾化王尔庄海产品有限公司	肉、禽、蛋及水产品批发	山东省滨州市
渤海石油物资供应有限责任公司	其他未列明的批发	天津市滨海新区
贵州省烟草公司安顺分公司	烟草制品批发	贵州省安顺市
江西四特酒营销有限责任公司	其他食品批发	江西省宜春市
保定银祥棉业有限公司	棉、麻批发	河北省保定市
广东烟草普宁市有限责任公司	烟草制品批发	广东省揭阳市
广东省食品进出口集团公司	肉、禽、蛋及水产品批发	广东省广州市
湖南省轻工盐业集团有限责任公司	盐及调味品批发	湖南省长沙市
山东赛菲尔珠宝首饰有限公司	首饰、工艺品及收藏品批发	山东省潍坊市
河南省爱生医药物流有限公司	医疗用品及器材批发	河南省郑州市
温州人本机电城有限公司	其他机械设备及电子产品批发	浙江省温州市
中国石油化工股份有限公司江西景德镇石油分公司	石油及制品批发	江西省景德镇市
中国石油化工股份有限公司河南开封石油分公司	石油及制品批发	河南省开封市
上海烟草集团浦东烟草糖酒有限公司	烟草制品批发	上海市浦东新区
维维乳业有限公司销售分公司	饮料及茶叶批发	江苏省徐州市
湖南省烟草公司张家界市公司	烟草制品批发	湖南省张家界市
中国石油天然气股份有限公司绥化分公司	石油及制品批发	黑龙江省绥化市
江苏省烟草公司宿迁市公司	烟草制品批发	江苏省宿迁市
上海中燃船舶燃料有限公司	石油及制品批发	上海市虹口区
中国石油天然气股份有限公司陕西汉中销售分公司	石油及制品批发	陕西省汉中市
广州市金宝服饰有限公司	服装批发	广东省广州市
中国石油天然气股份有限公司黑龙江尚志销售分公司	石油及制品批发	黑龙江省哈尔滨市
国药控股山东有限公司	中药材及中成药批发	山东省济南市
徐州医药股份有限公司淮海分公司	西药批发	江苏省徐州市
京瓷(天津)商贸有限公司	其他机械设备及电子产品批发	天津市滨海新区
深圳市怡化电脑有限公司	计算机、软件及辅助设备批发	广东省深圳市
黑河市石油天然气股份有限公司黑河分公司	石油及制品批发	黑龙江省黑河市
山西煤炭运销集团阳泉郊区有限公司	煤炭及制品批发	山西省阳泉市
陕西省烟草公司安康市公司	烟草制品批发	陕西省安康市
广西辉煌交通石化有限公司	石油及制品批发	广西壮族自治区南宁市
中国石油天然气股份有限公司陕西安康销售分公司	石油及制品批发	陕西省安康市
伊藤忠纤维贸易(中国)有限公司	纺织品、针织品及原料批发	上海市长宁区
江苏舜天股份有限公司	服装批发	江苏省南京市
厦门森那美信昌机器工程有限公司	其他机械设备及电子产品批发	福建省厦门市

4-1 续表 17

企业名称	所属行业	企业所在地
北京首创轮胎有限责任公司	汽车、摩托车及零配件批发	北京市海淀区
中国石油化工股份有限公司湖北恩施石油分公司	石油及制品批发	湖北省恩施市
陕西省烟草公司延安市公司	烟草制品批发	陕西省延安市
四川省烟草公司资阳分公司	烟草制品批发	四川省资阳市
河北省烟草公司衡水市公司	烟草制品批发	河北省衡水市
中国石油天然气股份有限公司福建销售分公司	石油及制品批发	福建省福州市
中国仪器进出口(集团)公司	贸易经纪与代理	北京市西城区
中国石油天然气股份有限公司上海销售嘉兴分公司	石油及制品批发	浙江省嘉兴市
中国船舶燃料青岛有限公司	石油及制品批发	山东省青岛市
中国石油天然气股份有限公司甘肃武威销售分公司	石油及制品批发	甘肃省武威市
内蒙古伊利实业集团股份有限公司天津分公司	其他食品批发	天津市河东区
内蒙古自治区烟草公司赤峰市公司	烟草制品批发	内蒙古自治区赤峰市
临沂梅开置业有限公司	再生物资回收与批发	山东省临沂市
四川省烟草公司广元市公司	烟草制品批发	四川省广元市
甘肃省烟草公司天水分公司	烟草制品批发	甘肃省天水市
重庆九州通医药有限公司	西药批发	重庆市南岸区
邯郸交通运输集团汽车贸易服务有限公司	汽车、摩托车及零配件批发	河北省邯郸市
联新能源发展有限公司	石油及制品批发	广东省广州市
包头市航茂物流有限责任公司	金属及金属矿批发	内蒙古自治区包头市
中国石油天然气股份有限公司河南开封销售分公司	石油及制品批发	河南省开封市
中国石油化工股份有限公司江西新余石油分公司	石油及制品批发	江西省新余市
辽宁恒力工程机械有限公司	汽车、摩托车及零配件批发	辽宁省沈阳市
广东烟草潮阳有限责任公司潮阳分公司	烟草制品批发	广东省汕头市
厦门青岛啤酒东南营销有限公司	饮料及茶叶批发	福建省厦门市
遂溪县供销合作联社	化肥批发	广东省湛江市
中国石油天然气股份有限公司河北沧州销售分公司	石油及制品批发	河北省沧州市
辽宁成大方圆医药有限公司	西药批发	辽宁省沈阳市
中国石油化工股份有限公司江西萍乡石油分公司	石油及制品批发	江西省萍乡市
江苏苏食肉品有限公司	肉、禽、蛋及水产品批发	江苏省南京市
卡西欧电子(深圳)有限公司	其他机械设备及电子产品批发	广东省深圳市
上海黄金搭档生物科技有限公司	其他食品批发	上海市卢湾区
中国石油天然气股份有限公司新疆阿勒泰销售分公司	石油及制品批发	新疆维吾尔自治区阿勒泰市
上海烟草集团黄浦烟草糖酒有限公司	烟草制品批发	上海市黄浦区
重庆美的空调销售有限公司	家用电器批发	重庆市渝中区
潍坊市钢联金属材料有限公司	金属及金属矿批发	山东省潍坊市
辽宁省烟草公司锦州市公司	烟草制品批发	辽宁省锦州市
上海兰生股份有限公司	其他机械设备及电子产品批发	上海市虹口区
中国石油化工股份公司安徽池州石油分公司	石油及制品批发	安徽省池州市
滔搏体育(上海)有限公司	鞋帽批发	上海市虹口区
厦门特步投资有限公司	服装批发	福建省厦门市
湖北省新华书店	图书批发	湖北省武汉市
西双版纳中化安联橡胶有限公司	其他化工产品批发	云南省西双版纳州
宁夏回族自治区烟草公司银川市公司	烟草制品批发	宁夏回族自治区银川市
中国石油天然气股份有限公司甘肃张掖销售分公司	石油及制品批发	甘肃省张掖市
台州上药医药有限公司	西药批发	浙江省台州市
格兰富水泵(上海)有限公司	其他机械设备及电子产品批发	上海市浦东新区
晋城市泽州公路煤炭销售有限公司	煤炭及制品批发	山西省晋城市
广西壮族自治区烟草公司河池分公司	烟草制品批发	广西壮族自治区河池市
北京中油公交石油销售有限公司	石油及制品批发	北京市通州区
河南省烟草公司焦作市公司	烟草制品批发	河南省焦作市
重庆市盐业总公司	盐及调味品批发	重庆市渝中区

4-1　续表 18

企业名称	所属行业	企业所在地
四川省烟草公司内江分公司	烟草制品批发	四川省内江市
中国石油青海海西德令哈销售分公司	石油及制品批发	青海省海西市
茂名市天源商贸发展有限公司	石油及制品批发	广东省茂名市
重庆中钢物资有限公司	非金属矿及制品批发	重庆市长寿区
广东省肇庆土产进出口公司	米、面制品及食用油批发	广东省肇庆市
广州人和新天地贸易有限公司	服装批发	广东省广州市
北京讯宜创新电子有限公司	计算机、软件及辅助设备批发	北京市海淀区
海阳市胶东水产品批发市场	其他食品批发	山东省烟台市
四川领跑体育用品有限公司	服装批发	四川省成都市
四川省烟草公司眉山市公司	烟草制品批发	四川省眉山市
柯尼卡美能达办公系统(中国)有限公司	其他机械设备及电子产品批发	上海市卢湾区
中国石油天然气股份有限公司广西桂林销售分公司	石油及制品批发	广西壮族自治区桂林市
安徽省服装进出口股份有限公司	服装批发	安徽省合肥市
上海百红商业贸易有限公司	化妆品及卫生用品批发	上海市闸北区
中国石油天然气股份有限公司山东枣庄销售分公司	石油及制品批发	山东省枣庄市
中国石油化工股份有限公司普洱分公司	石油及制品批发	云南省普洱市
海南省烟草公司三亚公司	烟草制品批发	海南省三亚市
广州市长晟实业发展有限公司	服装批发	广东省广州市
北京伊藤忠华糖综合加工有限公司	其他食品批发	北京市东城区
中国电子进出口总公司	贸易经纪与代理	北京市海淀区
江苏华晓医药物流有限公司	西药批发	江苏省盐城市
山东东营烟草有限公司	烟草制品批发	山东省东营市
国药控股(郑州)九瑞股份有限公司	中药材及中成药批发	河南省郑州市
山特维克工具商贸(上海)有限公司	贸易经纪与代理	上海市闵行区
中国石油天然气股份有限公司吉林白山销售分公司	石油及制品批发	吉林省白山市
浙江嘉信医药股份有限公司	中药材及中成药批发	浙江省嘉兴市
中化石油有限公司	石油及制品批发	北京市西城区
中国石油天然气股份有限公司黑龙江双鸭山销售分公司	石油及制品批发	黑龙江省双鸭山市
黑龙江省烟草公司绥化市公司	烟草制品批发	黑龙江省绥化市
深圳市金立通信设备有限公司	通讯及广播电视设备批发	广东省深圳市
山特维克矿山工程机械贸易(上海)有限公司	其他机械设备及电子产品批发	上海市闸北区
中国石油天然气股份有限公司广西柳州销售分公司	石油及制品批发	广西壮族自治区柳州市
上海太太乐食品有限公司	其他食品批发	上海市嘉定区
北京福田国际贸易有限公司	汽车、摩托车及零配件批发	北京市昌平区
德利多富信息系统(上海)有限公司	计算机、软件及辅助设备批发	上海市浦东新区
重机(中国)投资有限公司	其他机械设备及电子产品批发	上海市嘉定区
云南省烟草公司丽江市公司	烟草制品批发	云南省丽江市
湖北省烟草公司咸宁市分公司	烟草制品批发	湖北省咸宁市
中国石油天然气股份有限公司广西玉林销售分公司	石油及制品批发	广西壮族自治区玉林市
大金(中国)投资有限公司广州分公司	其他机械设备及电子产品批发	广东省广州市
农夫山泉(淳安坪山)有限公司	饮料及茶叶批发	浙江省杭州市
中国石油天然气股份有限公司河北廊坊销售分公司	石油及制品批发	河北省廊坊市
中国石油天然气股份有限公司黑龙江七台河销售分公司	石油及制品批发	黑龙江省七台河市
四川省烟草公司遂宁分公司	烟草制品批发	四川省遂宁市
吉粮集团公主岭金玉收储有限责任公司	谷物、豆及薯类批发	吉林省四平市
珠海格力电器销售有限公司	家用电器批发	广东省珠海市
安徽省阜阳市康泰药业有限责任公司	西药批发	安徽省阜阳市
辽宁省烟草公司铁岭市公司	烟草制品批发	辽宁省铁岭市
中国石油化工股份有限公司重庆三峡石油分公司	石油及制品批发	重庆市万州区
中国石油山东济南销售分公司	石油及制品批发	山东省济南市
北京中石化燃气有限公司	石油及制品批发	北京市房山区

4-1 续表 19

企业名称	所属行业	企业所在地
中国石油天然股份有限公司淄博销售公司	石油及制品批发	山东省淄博市
上海市粮食储运公司	谷物、豆及薯类批发	上海市浦东新区
中国石油化工股份有限公司山东莱芜石油分公司	石油及制品批发	山东省莱芜市
重庆龙禹石油有限公司	石油及制品批发	重庆市渝北区
东北制药集团销售有限公司	西药批发	辽宁省沈阳市
上海南浦食品公司浦东分公司	其他食品批发	上海市松江区
湖北省烟草公司黄石市公司	烟草制品批发	湖北省黄石市
陕西省烟草公司商洛市公司	烟草制品批发	陕西省商洛市
山西省烟草公司晋城市公司	烟草制品批发	山西省晋城市
河南省烟草公司濮阳市公司	烟草制品批发	河南省濮阳市
广州市振戎燃气连锁经营有限公司	石油及制品批发	广东省广州市
广西壮族自治区烟草公司玉林市公司	烟草制品批发	广西壮族自治区玉林市
修正药业集团营销有限公司	中药材及中成药批发	吉林省通化市
福建格力电器销售有限公司	家用电器批发	福建省福州市
新疆生产建设兵团农业生产资料供应公司	化肥批发	新疆维吾尔自治区乌鲁木齐市
河北省烟草公司秦皇岛市公司	烟草制品批发	河北省秦皇岛市
北京首钢钢材配送有限公司	建材批发	北京市丰台区
辽宁省烟草公司营口市分公司	烟草制品批发	辽宁省营口市
中国石油化工股份有限公司广西北海石油分公司	石油及制品批发	广西壮族自治区北海市
中油北京销售有限公司	石油及制品批发	北京市房山区
南通开发区炜赋对外贸易有限公司	服装批发	江苏省南通市
内蒙古伊利实业集团股份有限公司武汉分公司	其他食品批发	湖北省武汉市
烟台市供销石油公司	石油及制品批发	山东省烟台市
广西壮族自治区烟草公司贵港市公司	烟草制品批发	广西壮族自治区贵港市
上海东索贸易有限公司	其他食品批发	上海市嘉定区
广东烟草阳江市有限责任公司	烟草制品批发	广东省阳江市
中国海外经济合作总公司	贸易经纪与代理	北京市西城区
吉林省烟草公司延边州公司	烟草制品批发	吉林省延边市
山西煤炭运销集团阳泉平定有限公司	煤炭及制品批发	山西省阳泉市
重庆鼎尚物流有限公司	其他化工产品批发	重庆市万州区
山西煤炭运销集团晋中左权有限公司	煤炭及制品批发	山西省晋中市
佛山市顺德区越大化工贸易有限公司	其他化工产品批发	广东省佛山市
海南省烟草琼海公司	烟草制品批发	海南省琼海市
中国药材公司	中药材及中成药批发	北京市海淀区
四川省烟草公司攀枝花市公司	烟草制品批发	四川省攀枝花市
中国石油天然气股份有限公司陕西商洛销售分公司	石油及制品批发	陕西省商洛市
礼来国际贸易(上海)有限公司	贸易经纪与代理	上海市卢湾区
枝江吉星商贸有限公司	其他食品批发	湖北省宜昌市
山东福田雷沃重工国际贸易有限公司	农业机械批发	山东省潍坊市
南阳市烟草公司内乡县分公司	烟草制品批发	河南省南阳市
内蒙古河套酒业集团销售有限责任公司	饮料及茶叶批发	内蒙古自治区巴彦淖尔市
湖南大旺食品有限公司长沙分公司	其他食品批发	湖南省长沙市
新疆新鑫矿业股份有限公司	金属及金属矿批发	新疆维吾尔自治区乌鲁木齐市
和记黄浦(中国)商贸有限公司	石油及制品批发	广东省广州市
浙江美的制冷产品销售有限公司	家用电器批发	浙江省杭州市
广东周大福珠宝金行有限公司	首饰、工艺品及收藏品批发	广东省广州市
中国集邮总公司	首饰、工艺品及收藏品批发	北京市东城区
国药控股福建有限公司	西药批发	福建省厦门市
淄博市兴鲁化工有限公司	其他化工产品批发	山东省淄博市
浙江话机世界数码连锁集团股份有限公司	通讯及广播电视设备批发	浙江省杭州市
上海烟草集团虹口烟草糖酒有限公司	烟草制品批发	上海市虹口区

4-1 续表 20

企业名称	所属行业	企业所在地
宁波三江食品加工配送有限公司	其他食品批发	浙江省宁波市
辽宁省医药实业有限公司	西药批发	辽宁省沈阳市
中国烟草总公司辽宁葫芦岛分公司	烟草制品批发	辽宁省葫芦岛市
北京美的空调销售有限公司	家用电器批发	北京市门头沟区
鸿星尔克(厦门)投资管理有限公司	纺织品、针织品及原料批发	福建省厦门市
宁波博洋服饰有限公司	服装批发	浙江省宁波市
广州市金属回收公司	再生物资回收与批发	广东省广州市
山西新华书店集团有限公司	图书批发	山西省太原市
山东永弘机械销售有限公司	其他机械设备及电子产品批发	山东省烟台市
昆山利通天然气有限公司	石油及制品批发	江苏省苏州市
葵花药业集团药业有限公司	中药材及中成药批发	黑龙江省哈尔滨市
中国石油化工股份有限公司马鞍山市石油分公司	石油及制品批发	安徽省马鞍山市
深圳市齐普生信息科技有限公司	计算机、软件及辅助设备批发	广东省深圳市
深圳市华成峰实业有限公司	其他机械设备及电子产品批发	广东省深圳市
重庆科渝药品经营有限公司	西药批发	重庆市南岸区
河南省烟草公司漯河市公司	烟草制品批发	河南省漯河市
重庆市长安跨越车辆营销有限公司	汽车、摩托车及零配件批发	重庆市江北区
辽宁省烟草公司朝阳市公司	烟草制品批发	辽宁省朝阳市
新疆亚欧大陆桥农产品运销有限责任公司	棉、麻批发	新疆维吾尔自治区乌鲁木齐市
成都泰立电信商场连锁有限公司	通讯及广播电视设备批发	四川省成都市
山东新华医药贸易有限公司	西药批发	山东省淄博市
国药集团西北医药有限公司	西药批发	陕西省西安市
昌吉回族自治州粮油购销(集团)有限责任公司	谷物、豆及薯类批发	新疆维吾尔自治区昌吉市
中国石油天然气股份有限公司安徽滁州销售分公司	石油及制品批发	安徽省滁州市
重庆市再生资源物流有限公司	再生物资回收与批发	重庆市渝中区
裕程(昆山)体育用品有限公司	鞋帽批发	江苏省苏州市
先正达(中国)投资有限公司	农药批发	北京市东城区
海南四环医药有限公司	西药批发	海南省儋州市
日照维恩仓储物流有限公司碑廓分公司	建材批发	山东省日照市
中国石油天然气股份有限公司广东惠州销售分公司	石油及制品批发	广东省惠州市
郑州经济技术开发区自备车运输贸易有限公司	煤炭及制品批发	河南省郑州市
黑龙江省烟草公司佳木斯分公司	烟草制品批发	黑龙江省佳木斯市
中国石油天然气股份有限公司四川雅安销售分公司	石油及制品批发	四川省雅安市
辽宁省烟草公司丹东市公司	烟草制品批发	辽宁省丹东市
天津市正泰实业总公司	家用电器批发	天津市滨海新区
甘肃仕通汽车销售有限公司	汽车、摩托车及零配件批发	甘肃省兰州市
吉林省烟草公司通化公司	烟草制品批发	吉林省通化市
汕头市创美药业有限公司	中药材及中成药批发	广东省汕头市
山东省万事达物资有限公司	金属及金属矿批发	山东省滨州市
北京明珠新兴格力空调销售有限公司	家用电器批发	北京市朝阳区
山西统配煤矿综合经营总公司	煤炭及制品批发	山西省太原市
四川省烟草公司广安分公司	烟草制品批发	四川省广安市
新泰市青龙路市场服务有限公司	其他农畜产品批发	山东省泰安市
福建九州通医药有限公司	西药批发	福建省福州市
安徽省烟草公司马鞍山市公司	烟草制品批发	安徽省马鞍山市
四川省烟草公司自贡市公司	烟草制品批发	四川省自贡市
晋城市沁水县公路煤炭销售有限公司	煤炭及制品批发	山西省晋城市
荆门市烟草专卖局	烟草制品批发	湖北省荆门市
内蒙古自治区烟草公司通辽分公司	烟草制品批发	内蒙古自治区通辽市
中国石油天然气股份有限公司四川甘孜销售分公司	石油及制品批发	四川省甘孜州市
中国船舶燃料广州有限公司	石油及制品批发	广东省广州市

4-1 续表 21

企业名称	所属行业	企业所在地
上海汽车工业销售有限公司	汽车、摩托车及零配件批发	上海市徐汇区
上海蒙牛乳业有限公司	其他食品批发	上海市卢湾区
中国石油天然气股份有限公司河北秦皇岛销售分公司	石油及制品批发	河北省秦皇岛市
吉林省烟草公司松原市分公司	烟草制品批发	吉林省松原市
新世纪控股集团有限公司	五金、交电批发	浙江省台州市
景德镇市烟草公司	烟草制品批发	江西省景德镇市
广东华农温氏畜牧股份有限公司	肉、禽、蛋及水产品批发	广东省云浮市
内蒙古自治区乌兰察布市烟草专卖局乌兰察布市公司	烟草制品批发	内蒙古自治区乌兰察布市
新疆维吾尔自治区新华书店	图书批发	新疆维吾尔自治区乌鲁木齐市
芜湖奇瑞汽车备件有限公司	汽车、摩托车及零配件批发	安徽省芜湖市
甘肃省烟草公司陇南分公司	烟草制品批发	甘肃省陇南市
安徽商之都股份有限公司	服装批发	安徽省合肥市
江苏众诚鸭业有限公司	肉、禽、蛋及水产品批发	江苏省苏州市
北京中科三环高技术股份有限公司	金属及金属矿批发	北京市海淀区
中国石油天然气股份有限公司青海销售公司格尔木分公司	石油及制品批发	青海省海西市
中国石油天然气股份有限公司广西河池销售分公司	石油及制品批发	广西壮族自治区河池市
云南小松工程机械有限公司	其他机械设备及电子产品批发	云南省昆明市
南京东沛国际贸易集团有限公司	五金、交电批发	江苏省南京市
黑龙江省烟草公司牡丹江分公司	烟草制品批发	黑龙江省牡丹江市
东莞市糖酒集团美宜佳便利店有限公司	糕点、糖果及糖批发	广东省东莞市
深圳市光汇石油化工股份有限公司	石油及制品批发	广东省深圳市
安徽省烟草公司池州市公司	烟草制品批发	安徽省池州市
肇庆市盛林再生资源有限公司	再生物资回收与批发	广东省肇庆市
江西省烟草公司萍乡市公司	烟草制品批发	江西省萍乡市
深圳健安医药有限公司	西药批发	广东省深圳市
上海金枫酒业股份有限公司	其他食品批发	上海市浦东新区
浙江震元股份有限公司	中药材及中成药批发	浙江省绍兴市
广西壮族自治区烟草公司梧州分公司	烟草制品批发	广西壮族自治区梧州市
苏州市联益废旧物资回收有限公司	再生物资回收与批发	江苏省苏州市
中国石油化工股份有限公司广东揭阳石油分公司	石油及制品批发	广东省揭阳市
新疆兵团农四师供销合作联合社	化肥批发	新疆维吾尔自治区伊犁州
湖北省烟草公司随州市公司	烟草制品批发	湖北省随州市
中国石化西北公司内蒙古分公司	石油及制品批发	内蒙古自治区呼和浩特市
江苏亚邦医药物流中心有限公司	西药批发	江苏省常州市
中国石油天然气股份有限公司河南周口销售分公司	石油及制品批发	河南省周口市
四川省烟草公司巴中分公司	烟草制品批发	四川省巴中市
阿法拉伐(上海)技术有限公司	其他机械设备及电子产品批发	上海市卢湾区
中国石油化工股份有限公司安徽淮北石油分公司	石油及制品批发	安徽省淮北市
广西壮族自治区烟草公司钦州市公司	烟草制品批发	广西壮族自治区钦州市
山西煤炭运销集团临汾尧都有限公司	煤炭及制品批发	山西省临汾市
北京蒙牛宏达乳制品有限责任公司	其他食品批发	北京市丰台区
中国航空技术国际控股有限公司	其他机械设备及电子产品批发	北京市朝阳区
江苏文峰电器有限公司	家用电器批发	江苏省南通市
中国石油天然气股份有限公司宁夏固原销售分公司	石油及制品批发	宁夏回族自治区固原市
安徽省烟草公司黄山市公司	烟草制品批发	安徽省黄山市
山东银座配送有限公司	米、面制品及食用油批发	山东省济南市
中国石油天然气股份有限公司新疆和田销售公司	石油及制品批发	新疆维吾尔自治区和田市
中国石油天然气股份有限公司河北邯郸销售分公司	石油及制品批发	河北省邯郸市
郑州铁路华东实业总公司	煤炭及制品批发	河南省郑州市
中国石油天然气股份有限公司广西钦州销售分公司	石油及制品批发	广西壮族自治区钦州市
中国石化销售有限公司西北宝鸡分公司	石油及制品批发	陕西省宝鸡市

4-1 续表 22

企业名称	所属行业	企业所在地
深圳创维RGB电子有限公司江苏分公司	家用电器批发	江苏省南京市
内蒙古烟草公司巴彦淖尔市分公司	烟草制品批发	内蒙古自治区巴彦淖尔市
广东烟草云浮市有限责任公司	烟草制品批发	广东省云浮市
中国石油天然股份有限公司宁夏高速公路销售分公司	石油及制品批发	宁夏回族自治区银川市
南京医药(淮安)天颐有限公司	中药材及中成药批发	江苏省淮安市
中国石油化工股份有限公司河南鹤壁石油分公司	石油及制品批发	河南省鹤壁市
江西仁和药业有限公司	中药材及中成药批发	江西省宜春市
云南省烟草烟叶公司	其他未列明的批发	云南省昆明市
江西九州通药业有限公司	西药批发	江西省南昌市
广西新华书店集团有限公司	图书批发	广西壮族自治区南宁市
湖北省烟草公司十堰市公司	烟草制品批发	湖北省十堰市
厦门信和达电子有限公司	再生物资回收与批发	福建省厦门市
中国石油天然气股份有限公司浙江舟山销售分公司	石油及制品批发	浙江省舟山市
山西煤炭运销集团临汾乡宁有限公司	煤炭及制品批发	山西省临汾市
上海烟草集团嘉定烟草糖酒有限公司	烟草制品批发	上海市嘉定区
山东南菜园蔬菜食品有限公司	果品、蔬菜批发	山东省临沂市
中国石油天然气股份有限公司河北衡水销售分公司	石油及制品批发	河北省衡水市
浙江珍诚医药在线股份有限公司	西药批发	浙江省杭州市
黑龙江省烟草公司牡丹江烟叶公司	其他未列明的批发	黑龙江省牡丹江市
中国石油天然气股份有限公司陕西铜川销售分公司	石油及制品批发	陕西省铜川市
合肥旺旺食品有限公司合肥分公司	其他食品批发	安徽省合肥市
贵州省新华书店	图书批发	贵州省贵阳市
宁夏驰创贸易有限责任公司	煤炭及制品批发	宁夏回族自治区银川市
浙江吉奥汽车销售有限公司	汽车、摩托车及零配件批发	浙江省台州市
中国石油天然气股份有限公司浙江杭州销售分公司	石油及制品批发	浙江省杭州市
云南易初明通工程机械维修有限公司	其他机械设备及电子产品批发	云南省昆明市
东莞市东糖集团有限公司	糕点、糖果及糖批发	广东省东莞市
广州市粮食集团有限责任公司	米、面制品及食用油批发	广东省广州市
新疆兵团农七师供销合作总公司	棉、麻批发	新疆维吾尔自治区伊犁州
威海联桥进出口有限公司	贸易经纪与代理	山东省威海市
费列罗贸易(上海)有限公司	糕点、糖果及糖批发	上海市浦东新区
九牧王股份有限公司厦门分公司	服装批发	福建省厦门市
广州市鲲跃体育用品有限公司	服装批发	广东省广州市
上海恩德斯豪斯自动化设备有限公司	其他未列明的批发	上海市闵行区
南京TCL电器销售有限公司	家用电器批发	江苏省南京市
重庆和平药房连锁有限责任公司	西药批发	重庆市渝中区
天津港物资供应有限责任公司	建材批发	天津市塘沽区
广西小松工程机械设备有限责任公司	其他机械设备及电子产品批发	广西壮族自治区南宁市
中国石油天然气股份有限公司河北张家口销售分公司	石油及制品批发	河北省张家口市
云南白药集团医药电子商务有限公司	中药材及中成药批发	云南省昆明市
上海森联木业发展有限公司	建材批发	上海市黄浦区
四川本草堂药业有限公司	西药批发	四川省成都市
广州大参林药业有限公司	中药材及中成药批发	广东省广州市
浙江经发实业集团有限公司	纺织品、针织品及原料批发	浙江省绍兴市
西安大明宫建材家居有限公司	建材批发	陕西省西安市
呼市金峰商贸有限责任公司	糕点、糖果及糖批发	内蒙古自治区呼和浩特市
呼伦贝尔烟草公司	烟草制品批发	内蒙古自治区呼伦贝尔市
江苏春兰电子商务有限公司	家用电器批发	江苏省泰州市
广州天马国际时装贸易有限公司	服装批发	广东省广州市
甘肃省烟草公司庆阳市公司	烟草制品批发	甘肃省庆阳市
上海烟草集团闵行烟草糖酒有限公司	烟草制品批发	上海市闵行区

4-1　续表 23

企业名称	所属行业	企业所在地
中化上海有限公司	其他化工产品批发	上海市黄浦区
广西壮族自治区烟草公司北海市公司	烟草制品批发	广西壮族自治区北海市
黑龙江省烟草公司哈尔滨烟叶公司	饮料及茶叶批发	黑龙江省哈尔滨市
安富利电子(上海)有限公司	其他机械设备及电子产品批发	上海市浦东新区
济南TCL电器销售有限公司	家用电器批发	山东省济南市
广西烟草公司贺州市公司	烟草制品批发	广西壮族自治区贺州市
陕西丹尼尔市场股份有限公司	服装批发	陕西省西安市
杜尔伯特县伊利乳业有限公司奶粉销售分公司	其他农畜产品批发	黑龙江省大庆市
辽宁省烟草公司阜新市公司	烟草制品批发	辽宁省阜新市
深圳创维-RGB电子有限公司广州分公司	家用电器批发	广东省广州市
中国石油天然气股份有限公司巢湖销售分公司	石油及制品批发	安徽省巢湖市
辽宁省烟草公司辽阳市公司	烟草制品批发	辽宁省辽阳市
健良(上海)贸易有限公司	其他机械设备及电子产品批发	上海市浦东新区
武汉中南工程机械设备有限责任公司	其他机械设备及电子产品批发	湖北省武汉市
东莞市大地通讯连锁服务有限公司	通讯及广播电视设备批发	广东省东莞市
青岛百洋医药科技有限公司	医疗用品及器材批发	山东省青岛市
中国石油天然气股份有限公司黑龙江肇东销售分公司	石油及制品批发	黑龙江省绥化市
中国石油天然气股份有限公司山东聊城销售分公司	石油及制品批发	山东省聊城市
江苏开元畜产嘉羽贸易有限公司	服装批发	江苏省南京市
安徽省烟草公司淮北市公司	烟草制品批发	安徽省淮北市
安徽小松工程机械有限公司	其他机械设备及电子产品批发	安徽省合肥市
天津空港国际汽车园发展有限公司	汽车、摩托车及零配件批发	天津市东丽区
上海青岛啤酒华东销售有限公司	其他食品批发	上海市宝山区
中石油天然气股份有限公司黑龙江鹤岗分公司	石油及制品批发	黑龙江省鹤岗市
上海动力燃料有限公司	煤炭及制品批发	上海市黄浦区
金利来(中国)有限公司广州分公司	服装批发	广东省广州市
云南东骏药业有限公司	西药批发	云南省昆明市
亚什兰(中国)投资有限公司	其他化工产品批发	上海市闵行区
宁波浙东美的空调销售有限公司	家用电器批发	浙江省宁波市
绵阳市酒鑫鑫商贸有限公司	饮料及茶叶批发	四川省绵阳市
宁乡县联发商贸有限公司	糕点、糖果及糖批发	湖南省长沙市
中国烟草总公司黑龙江省鸡西分公司	烟草制品批发	黑龙江省鸡西市
重庆德佳食品(集团)有限公司	牲畜批发	重庆市合川区
湖南双舟医药有限责任公司	西药批发	湖南省长沙市
TCL家用电器(惠州)有限公司	家用电器批发	广东省惠州市
中国石油天然气股份有限公司河南许昌销售分公司	石油及制品批发	河南省许昌市
昆明铁路磷业工贸有限公司	化肥批发	云南省昆明市
合肥湘元工程机械有限公司	其他机械设备及电子产品批发	安徽省合肥市
温州外贸工业品有限公司	鞋帽批发	浙江省温州市
上海肯纳飞硕金属有限公司	贸易经纪与代理	上海市浦东新区
石家庄天远建设机械有限公司	其他机械设备及电子产品批发	河北省石家庄市
甘肃省烟草公司定西分公司	烟草制品批发	甘肃省定西市
广州TCL电器销售有限公司	家用电器批发	广东省广州市
山西煤炭运销集团晋中平遥有限公司	其他未列明的批发	山西省晋中市
蒂业技凯中国投资有限公司	其他机械设备及电子产品批发	辽宁省大连市
山东龙大商贸有限公司	米、面制品及食用油批发	山东省聊城市
大同煤矿集团朔州市矿业公司南窑出口煤站	煤炭及制品批发	山西省朔州市
保定市保北医药药材有限责任公司	西药批发	河北省保定市
大同煤矿集团朔州矿业公司金沙滩煤炭集运站	煤炭及制品批发	山西省朔州市
陕西丹尼尔康复路大卖场有限公司	服装批发	陕西省西安市
中储发展股份有限公司衡阳分公司	金属及金属矿批发	湖南省衡阳市

4-1 续表 24

企业名称	所属行业	企业所在地
山西省烟草公司朔州市公司	烟草制品批发	山西省朔州市
南京新华海科技产业集团有限公司	计算机、软件及辅助设备批发	江苏省南京市
广东新华发行集团股份有限公司	图书批发	广东省广州市
海南省烟草公司儋州公司	烟草制品批发	海南省儋州市
苏州美的空调销售有限公司	家用电器批发	江苏省苏州市
杭州杭丝时装进出口有限公司	服装批发	浙江省杭州市
江苏阳光东升进出口有限公司	服装批发	江苏省南京市
中国船舶燃料大连有限公司	石油及制品批发	辽宁省大连市
广东烟草汕尾市有限公司陆丰分公司	烟草制品批发	广东省汕尾市
爱茉莉太平洋贸易有限公司	化妆品及卫生用品批发	上海市嘉定区
圣犹达医疗用品(上海)有限公司	医疗用品及器材批发	上海市徐汇区
山东翔龙实业集团有限公司	农业机械批发	山东省临沂市
广东省中山食品进出口有限公司	肉、禽、蛋及水产品批发	广东省中山市
广西壮族自治区烟草公司崇左市公司	烟草制品批发	广西壮族自治区崇左市
四川华星天然气有限责任公司	石油及制品批发	四川省成都市
贝克曼库尔特商贸(中国)有限公司	医疗用品及器材批发	上海市浦东新区
江苏金太阳纺织科技有限公司	纺织品、针织品及原料批发	江苏省南通市
中国石化股份有限公司湖北随州石油分公司	石油及制品批发	湖北省随州市
湖北省盐业总公司	盐及调味品批发	湖北省武汉市
广东新明珠陶瓷集团有限公司	建材批发	广东省佛山市
上海江隆进出口有限公司	纺织品、针织品及原料批发	上海市虹口区
北京曲美馨家商业有限公司	其他日用品批发	北京市顺义区
合肥太古可口可乐饮料有限公司	饮料及茶叶批发	安徽省合肥市
北京鑫方盛五金交电有限公司	五金、交电批发	北京市大兴区
武汉市南浦食品有限责任公司	其他食品批发	湖北省武汉市
广州市煤建公司	煤炭及制品批发	广东省广州市
江苏省苏南盐业有限公司	盐及调味品批发	江苏省苏州市
中化天津有限公司	其他化工产品批发	天津市河西区
哈森商贸(中国)有限公司	鞋帽批发	江苏省苏州市
浙江仙居制药销售有限公司	西药批发	浙江省台州市
陕县锦盛矿业有限公司	金属及金属矿批发	河南省三门峡市
上海烟草集团青浦烟草糖酒有限公司	烟草制品批发	上海市青浦区
中国石油天然气股份有限公司广西百色销售分公司	石油及制品批发	广西壮族自治区百色市
阿尔派电子(中国)有限公司	汽车、摩托车及零配件批发	北京市朝阳区
宜宾市智溢酒业有限公司	饮料及茶叶批发	四川省宜宾市
呼和浩特市福利达糖酒副食批发市场	糕点、糖果及糖批发	内蒙古自治区呼和浩特市
贵州茅台酒厂集团习酒有限责任公司	饮料及茶叶批发	贵州省遵义市
广东烟草汕头市有限责任公司	烟草制品批发	广东省汕头市
山西省烟草公司阳泉市公司	烟草制品批发	山西省阳泉市
中山榄菊销售有限公司	其他日用品批发	广东省中山市
深圳市休明盛世商贸有限责任公司	其他农畜产品批发	广东省深圳市
北京碧生源商贸有限公司	其他食品批发	北京市房山区
明一世代(福建)贸易有限公司	米、面制品及食用油批发	福建省福州市
深圳创维-RGB有限公司山东分公司	家用电器批发	山东省济南市
嘉顿食品贸易(中国)有限公司	糕点、糖果及糖批发	广东省东莞市
新疆维吾尔自治区巴音郭楞蒙古自治州烟草公司	烟草制品批发	新疆维吾尔自治区巴州市
广东烟草南雄市有限公司	烟草制品批发	广东省韶关市
上海烟草集团杨浦烟草糖酒有限公司	烟草制品批发	上海市杨浦区
珠海市燃气集团有限公司	石油及制品批发	广东省珠海市
上海烟草集团南汇烟草糖酒有限公司	烟草制品批发	上海市浦东新区
广州大旺食品有限公司广州分公司	糕点、糖果及糖批发	广东省广州市

4-1 续表 25

企业名称	所属行业	企业所在地
山西亚宝医药经销有限公司	中药材及中成药批发	山西省运城市
江苏润东医药有限公司	西药批发	江苏省徐州市
辽宁美的制冷产品销售有限公司	家用电器批发	辽宁省沈阳市
北京新华书店首都发行所有限公司	图书批发	北京市通州区
广东骏捷汽车贸易有限公司	汽车、摩托车及零配件批发	广东省广州市
辽宁烟草公司本溪分公司	烟草制品批发	辽宁省本溪市
安徽阜阳医药集团有限公司	西药批发	安徽省阜阳市
福达(中国)投资有限公司	盐及调味品批发	广东省广州市
四川宏华国际贸易有限公司	其他机械设备及电子产品批发	四川省成都市
利惠商业(上海)有限公司	服装批发	上海市静安区
深圳酷动数码有限公司	计算机、软件及辅助设备批发	广东省深圳市
中油吉林辽源销售分公司	石油及制品批发	吉林省辽源市
深圳市康哲药业有限公司	西药批发	广东省深圳市
上海复星药业有限公司	中药材及中成药批发	上海市普陀区
深圳市鑫荣懋实业发展有限公司	果品、蔬菜批发	广东省深圳市
广州红牛维他命饮料有限公司	饮料及茶叶批发	广东省广州市
厦门三峡国际贸易有限公司	家用电器批发	福建省厦门市
广东格兰仕电器销售有限公司	家用电器批发	广东省中山市
山东永弘工程设备有限公司	其他机械设备及电子产品批发	山东省烟台市
山东莱芜烟草有限公司	烟草制品批发	山东省莱芜市
重庆长圣医药有限公司	西药批发	重庆市南岸区
吉林省烟草公司白城市分公司	烟草制品批发	吉林省白城市
中国石油天然气股份有限公司甘肃临夏销售分公司	石油及制品批发	甘肃省临夏市
杭州梯西爱尔TCL电器销售有限公司	家用电器批发	浙江省杭州市
大昌洋行(上海)有限公司	西药批发	上海市浦东新区
大昌华嘉商业(中国)有限公司	西药批发	上海市浦东新区
上海森马服饰有限公司	服装批发	上海市闵行区
新疆维吾尔自治区昌吉回族自治州烟草公司	烟草制品批发	新疆维吾尔自治区昌吉市
山东银座电器有限责任公司	家用电器批发	山东省济南市
四川金利医药贸易有限公司	西药批发	四川省成都市
江苏万邦医药营销有限公司	中药材及中成药批发	江苏省徐州市
中国船舶燃料供应秦皇岛公司	石油及制品批发	河北省秦皇岛市
贵州康心药业有限公司	西药批发	贵州省贵阳市
天津罗升企业有限公司	其他机械设备及电子产品批发	天津市东丽区
上海烟草集团崇明烟草糖酒有限公司	烟草制品批发	上海市崇明区
哈森集团世一堂百川医药商贸有限公司	西药批发	河南省商丘市
上海三枪(集团)有限公司	纺织品、针织品及原料批发	上海市卢湾区
青州市黄楼弘秀花卉发展有限公司	其他农畜产品批发	山东省潍坊市
绍兴县华通医药有限公司	西药批发	浙江省绍兴市
北京一商美洁商业有限公司	化妆品及卫生用品批发	北京市丰台区
乌鲁木齐铁路局实业开发总公司	石油及制品批发	新疆维吾尔自治区乌鲁木齐市
乐金生活健康贸易(上海)有限公司	化妆品及卫生用品批发	上海市徐汇区
黑龙江省烟草公司双鸭山市公司	烟草制品批发	黑龙江省双鸭山市
上海克瑞特服饰有限公司	服装批发	上海市浦东新区
德华兔宝宝销售有限公司	建材批发	浙江省湖州市
李锦记中国销售有限公司	盐及调味品批发	广东省广州市
四川同创工程机械有限公司	其他机械设备及电子产品批发	四川省成都市
三星电子(北京)技术服务有限公司	家用电器批发	北京市朝阳区
辽宁九州通医药有限公司	西药批发	辽宁省沈阳市
浙江温岭医药药材有限公司	西药批发	浙江省台州市
山西煤销集团晋中榆次有限公司	煤炭及制品批发	山西省晋中市

4-1　续表 26

企业名称	所属行业	企业所在地
武汉千里马工程机械有限公司	其他机械设备及电子产品批发	湖北省武汉市
深圳世强电讯有限公司	其他机械设备及电子产品批发	广东省深圳市
中国石油天然气股份有限公司楚雄销售分公司	石油及制品批发	云南省楚雄州
常熟市波司登进出口有限公司	服装批发	江苏省苏州市
上海烟草集团松江区烟草糖酒有限公司	烟草制品批发	上海市松江区
湖北立旺食品有限公司武汉分公司	其他食品批发	湖北省武汉市
哈尔滨珍宝医药贸易有限公司	中药材及中成药批发	黑龙江省哈尔滨市
新疆烟草公司伊犁州分公司	烟草制品批发	新疆维吾尔自治区伊犁州
山东荣庆物流有限公司	果品、蔬菜批发	山东省临沂市
浙江省诸暨市对外经济贸易有限公司	服装批发	浙江省绍兴市
湖北省烟草公司仙桃市公司	烟草制品批发	湖北省仙桃市
江西省烟草公司新余市公司	烟草制品批发	江西省新余市
四川省烟草公司雅安市公司	烟草制品批发	四川省雅安市
中国烟草总公司重庆市公司武隆分公司	烟草制品批发	重庆市武隆区
山东科瑞石油装备有限公司	其他机械设备及电子产品批发	山东省东营市
浙江香蕉实业有限公司	服装批发	浙江省杭州市
广西壮族自治区烟草公司来宾市公司	烟草制品批发	广西壮族自治区来宾市
上海烟草(集团)奉贤烟草糖酒有限公司	烟草制品批发	上海市奉贤区
达能益力贸易(深圳)有限公司	饮料及茶叶批发	广东省深圳市
大西电子(上海)有限公司	其他机械设备及电子产品批发	上海市浦东新区
内蒙古食全食美股份有限公司	果品、蔬菜批发	内蒙古自治区呼和浩特市
浙江万达食品商贸有限公司	米、面制品及食用油批发	浙江省金华市
怀仁南窑煤业有限责任公司	煤炭及制品批发	山西省朔州市
上海信谊联合医药药材有限公司	中药材及中成药批发	上海市闸北区
史泰博商贸有限公司	文具用品批发	上海市长宁区
济南金田小商品市场发展有限公司	化妆品及卫生用品批发	山东省济南市
青岛海信电器股份有限公司合肥经营分公司	家用电器批发	安徽省合肥市
银基贸易发展(深圳)有限公司	饮料及茶叶批发	广东省深圳市
青岛黄海制药经营有限公司	西药批发	山东省青岛市
新疆维吾尔自治区喀什地区烟草公司	烟草制品批发	新疆维吾尔自治区喀什地区
中国石油天然气股份有限公司河南三门峡销售分公司	石油及制品批发	河南省三门峡市
美克美家家具连锁有限公司天津配送中心	其他日用品批发	天津市滨海新区
万州烟草分公司	烟草制品批发	重庆市万州区
东莞喜威液化石油气有限公司	石油及制品批发	广东省东莞市
江苏通灵翠钻有限公司	首饰、工艺品及收藏品批发	江苏省南京市
内蒙古天孚服装商贸有限公司	服装批发	内蒙古自治区呼和浩特市
湖南时代阳光医药有限公司	西药批发	湖南省长沙市
翰博嘉业(北京)贸易有限公司	服装批发	北京市东城区
安徽中联医药有限公司	西药批发	安徽省阜阳市
吉林省北方医药有限责任公司	西药批发	吉林省长春市
微优商贸(深圳)有限公司	计算机、软件及辅助设备批发	广东省深圳市
北京紫竹医药经营有限公司	西药批发	北京市海淀区
云南讯捷通讯有限公司	通讯及广播电视设备批发	云南省昆明市
广东温氏食品集团有限公司勒竹分公司	肉、禽、蛋及水产品批发	广东省云浮市
国运集团有限公司	汽车、摩托车及零配件批发	山东省青岛市
爱步贸易(上海)有限公司	鞋帽批发	上海市浦东新区
湖南省印刷物资有限责任公司	其他机械设备及电子产品批发	湖南省长沙市
兰州强生医药有限责任公司	西药批发	甘肃省兰州市
米思米(中国)精密机械贸易有限公司	五金、交电批发	上海市奉贤区
温州美特斯邦威服饰有限公司	服装批发	浙江省温州市
东莞美的制冷设备销售有限公司	家用电器批发	广东省东莞市

4-1 续表 27

企业名称	所属行业	企业所在地
河南千里马工程机械有限公司	其他机械设备及电子产品批发	河南省郑州市
上海汇丰医药药材有限责任公司	西药批发	上海市徐汇区
宁夏回族自治区烟草公司吴忠市公司	烟草制品批发	宁夏回族自治区吴忠市
四川省古蔺县仙潭销售公司	饮料及茶叶批发	四川省泸州市
友讯电子设备(上海)有限公司	计算机、软件及辅助设备批发	上海市长宁区
中国石油天然气股份有限公司河南平顶山销售分公司	石油及制品批发	河南省平顶山市
甘肃省烟草公司白银市公司	烟草制品批发	甘肃省白银市
四会市大地资源再生有限公司	再生物资回收与批发	广东省肇庆市
上海烟草集团普陀烟草糖酒有限公司	烟草制品批发	上海市普陀区
仪征怡华商贸发展有限公司	其他化工产品批发	江苏省扬州市
泰科医疗器材国际贸易(上海)有限公司	医疗用品及器材批发	上海市徐汇区
北京明诚技术开发有限公司	其他机械设备及电子产品批发	北京市石景山区
四川省绵阳药业集团公司	西药批发	四川省绵阳市
上海童涵春堂药业股份有限公司	中药材及中成药批发	上海市黄浦区
湖南达嘉维康医药有限公司	西药批发	湖南省长沙市
西安新西北双鹤医药有限责任公司	中药材及中成药批发	陕西省西安市
云南省烟草公司德宏州公司	烟草制品批发	云南省德宏州
新疆维吾尔自治区阿克苏地区烟草公司	烟草制品批发	新疆维吾尔自治区阿克苏地区
甘肃省烟草公司武威市公司	烟草制品批发	甘肃省武威市
爱国者电子科技有限公司	计算机、软件及辅助设备批发	北京市海淀区
河南省烟草公司鹤壁市公司	烟草制品批发	河南省鹤壁市
六安市裕园义乌小商品市场服务有限公司	服装批发	安徽省六安市
上海三联集团钟表眼镜照相器材批发中心	其他日用品批发	上海市黄浦区
云南云燃燃料有限公司	煤炭及制品批发	云南省昆明市
中国石油天然气股份有限公司四川阿坝销售分公司	石油及制品批发	四川省阿坝市
健康元药业集团股份有限公司	西药批发	广东省深圳市
辽宁省烟草公司抚顺市公司	烟草制品批发	辽宁省抚顺市
青岛巴龙集团有限公司	纺织品、针织品及原料批发	山东省青岛市
贵州省医药(集团)有限责任公司	西药批发	贵州省贵阳市
周大福珠宝金行(重庆)有限公司	首饰、工艺品及收藏品批发	重庆市涪陵区
包头市远大蔬菜瓜果副食市场有限公司	果品、蔬菜批发	内蒙古包头市
常德美的制冷产品销售有限公司	家用电器批发	湖南省常德市
湖南天士力民生药业有限公司	中药材及中成药批发	湖南省湘潭市
茂名市实业发展集团公司	其他化工产品批发	广东省茂名市
内蒙古西蒙科工贸集团有限责任公司	煤炭及制品批发	内蒙古自治区呼和浩特市
苏州市苏创集团有限公司	石油及制品批发	江苏省苏州市
库柏电气(上海)有限公司	贸易经纪与代理	上海市浦东新区
潮州市中凯华丰能源连锁配送有限公司	石油及制品批发	广东省潮州市
高州市食品企业集团公司	肉、禽、蛋及水产品批发	广东省茂名市
湖南金霞粮食产业有限公司	米、面制品及食用油批发	湖南省长沙市
广西太华医药有限公司	西药批发	广西壮族自治区南宁市
北京恒信玺利珠宝股份有限公司	首饰、工艺品及收藏品批发	北京市朝阳区
北京法雅商贸有限责任公司	服装批发	北京市西城区
山东八戒食品有限公司	肉、禽、蛋及水产品批发	山东省肥城市
湛江纺织企业集团公司	棉、麻批发	广东省湛江市
贵州美的空调销售有限公司	家用电器批发	贵州省贵阳市
中国石油天然气股份有限公司湖北恩施销售分公司	石油及制品批发	湖北省恩施市
北京赛科昌盛医药有限责任公司	西药批发	北京市朝阳区
上海六和勤强食品有限公司	肉、禽、蛋及水产品批发	上海市长宁区
浙江荣盛控股集团有限公司	其他化工产品批发	浙江省杭州市
甘肃省烟草公司平凉市公司	烟草制品批发	甘肃省平凉市

4-1 续表 28

企业名称	所属行业	企业所在地
呼和浩特市商城房地产开发有限总公司恒昌商城	服装批发	内蒙古自治区呼和浩特市
江苏大众医药连锁有限公司	西药批发	江苏省无锡市
浙江龙华农业开发有限公司	果品、蔬菜批发	浙江省丽水市
湖北省金属材料总公司	金属及金属矿批发	湖北省武汉市
山东登海先锋种业有限公司	种子、饲料批发	山东省烟台市
滁州市金达石油有限公司	石油及制品批发	安徽省滁州市
广州市盛世长运商贸连锁有限公司	服装批发	广东省广州市
上海睿盈贸易有限公司	鞋帽批发	上海市卢湾区
江西省烟草公司鹰潭市公司	烟草制品批发	江西省鹰潭市
新疆中石化基钰化工销售有限公司	石油及制品批发	新疆维吾尔自治区乌鲁木齐市
新疆维吾尔自治区塔城地区烟草公司	烟草制品批发	新疆维吾尔自治区塔城地区
上海烟草集团宝山烟草糖酒有限公司	烟草制品批发	上海市宝山区
广西平安堂药业有限责任公司	西药批发	广西壮族自治区玉林市
重庆海尔家电销售有限公司济宁分公司	家用电器批发	山东省济宁市
北京华源仁济医药有限公司	中药材及中成药批发	北京市密云县
中国石油天然气股份有限公司河南南阳销售分公司	石油及制品批发	河南省南阳市
广东东鹏陶瓷股份有限公司	建材批发	广东省佛山市
广州市鼎尚股份有限公司	服装批发	广东省广州市
天津裕华经济贸易总公司	其他化工产品批发	天津市和平区
中国石油天然气股份有限公司河南新乡销售分公司	石油及制品批发	河南省新乡市
合肥TCL电器销售有限公司	家用电器批发	安徽省合肥市
湖南中旺工程机械设备有限公司	其他机械设备及电子产品批发	湖南省长沙市
深圳美的制冷产品销售有限公司	家用电器批发	广东省深圳市
广西壮族自治区烟草公司防城港市公司	烟草制品批发	广西壮族自治区防城港市
洛阳铁路运通集团实业发展公司	煤炭及制品批发	河南省洛阳市
河南省烟草公司邓州市公司	烟草制品批发	河南省南阳市
广东一力医药有限公司	中药材及中成药批发	广东省肇庆市
天津市美的制冷产品销售有限公司	家用电器批发	天津市红桥区
上海烟草集团金山烟草糖酒有限公司	烟草制品批发	上海市金山区
广州九州通医药有限公司	中药材及中成药批发	广东省广州市
东营金田小商品市场发展有限公司	纺织品、针织品及原料批发	山东省东营市
中国石油天然气股份有限公司河北承德销售分公司	石油及制品批发	河北省承德市
四川省烟草公司阿坝州公司	烟草制品批发	四川省阿坝州市
崇仁县万和废旧物资回收有限公司	再生物资回收与批发	江西省抚州市
信宜市粤信肉类食品有限公司	肉、禽、蛋及水产品批发	广东省茂名市
北京市西南郊食品冷冻厂	肉、禽、蛋及水产品批发	北京市丰台区
中国烟草总公司重庆市公司涪陵分公司	烟草制品批发	重庆市涪陵区
浙江国商实业股份有限公司	家用电器批发	浙江省台州市
长沙TCL电器销售有限公司	家用电器批发	湖南省长沙市
巴楚县金谷棉业有限公司	棉、麻批发	新疆维吾尔自治区喀什地区
江苏明珠家用设备集成有限公司	家用电器批发	江苏省苏州市
山东潍坊烟草有限公司诸城分公司	烟草制品批发	山东省潍坊市
浙江新大商贸有限公司	五金、交电批发	浙江省杭州市
辽宁省烟草公司盘锦市公司(专卖局)	烟草制品批发	辽宁省盘锦市
宁波广博文具商贸有限公司	文具用品批发	浙江省宁波市
承德聚鑫贸易有限责任公司	饮料及茶叶批发	河北省承德市
河南新世纪亚飞汽车贸易有限公司	汽车、摩托车及零配件批发	河南省郑州市
广州食品企业集团有限公司	肉、禽、蛋及水产品批发	广东省广州市
中国石油天然气股份有限公司新疆塔城销售公司	石油及制品批发	新疆维吾尔自治区塔城地区
杭州五丰联合肉类有限公司	肉、禽、蛋及水产品批发	浙江省杭州市
常州老三集团进出口有限公司	服装批发	江苏省常州市

4-1 续表 29

企业名称	所属行业	企业所在地
中国石油天然气股份有限公司河北销售瑞州分公司	石油及制品批发	辽宁省葫芦岛市
镇江九泰投资咨询有限责任公司	其他未列明的批发	江苏省镇江市
武汉蒙牛乳业有限公司	饮料及茶叶批发	湖北省武汉市
喜来健医疗器械(北京)有限公司	医疗用品及器材批发	北京市朝阳区
新乡美的制冷产品销售有限公司	家用电器批发	河南省新乡市
江苏省农垦米业有限公司	谷物、豆及薯类批发	江苏省南京市
西藏泰达厚生医药有限公司	西药批发	西藏自治区拉萨市
内蒙古自治区烟草公司兴安盟公司	烟草制品批发	内蒙古自治区兴安盟
新疆星沃机械工程有限公司	汽车、摩托车及零配件批发	新疆维吾尔自治区乌鲁木齐市
东芝医疗系统(中国)有限公司	医疗用品及器材批发	北京市朝阳区
成都龙翔通讯有限责任公司	通讯及广播电视设备批发	四川省成都市
东莞市荣兴纸业有限公司	其他未列明的批发	广东省东莞市
上海雨润肉食品有限公司	肉、禽、蛋及水产品批发	上海市普陀区
青岛瑞尚贸易发展有限公司	服装批发	山东省青岛市
杭州红牛饮料有限公司	饮料及茶叶批发	浙江省杭州市
重庆市万州区华西实业有限责任公司	服装批发	重庆市万州区
西宁中油燃气有限责任公司	石油及制品批发	青海省西宁市
浙江康恩贝医药销售有限公司	中药材及中成药批发	浙江省杭州市
浙江金冠实业发展有限公司	服装批发	浙江省杭州市
江西九州医药有限公司	西药批发	江西省宜春市
郑州铁路煤炭运销有限公司	煤炭及制品批发	河南省郑州市
无锡赫尔施商贸有限公司	其他食品批发	江苏省无锡市
吉林省烟草公司白山市公司	烟草制品批发	吉林省白山市
太古资源(上海)商贸有限公司	服装批发	上海市徐汇区
中国石油天然气股份有限公司新疆博尔塔拉自治州销售分公司	石油及制品批发	新疆维吾尔自治区博尔塔拉市
深圳创维-RGB电子有限公司江西分公司	家用电器批发	江西省宜春市
海南神威药业有限公司	中药材及中成药批发	海南省儋州市
浙江不老神食品有限公司	肉、禽、蛋及水产品批发	浙江省衢州市
温州市南亚粮油食品有限公司	米、面制品及食用油批发	浙江省温州市
四川省烟草公司甘孜分公司	烟草制品批发	四川省甘孜市
江西仁翔药业有限公司	西药批发	江西省宜春市
阿瓦提县棉麻公司	棉、麻批发	新疆维吾尔自治区阿克苏地区
上海烟草集团长宁烟草糖酒有限公司	烟草制品批发	上海市长宁区
中山市万荣营销有限公司	化妆品及卫生用品批发	广东省中山市
成都天味商贸有限公司	其他食品批发	四川省成都市
上海五天实业有限公司	厨房、卫生间用具及日用杂货批发	上海市青浦区
南阳美的空调销售有限公司	家用电器批发	河南省南阳市
中国石油化工股份有限公司广东潮州石油分公司	石油及制品批发	广东省潮州市
华东医药宁波有限公司	中药材及中成药批发	浙江省宁波市
上海雷允上药业西区有限公司	西药批发	上海市静安区
南阳市盐业公司	盐及调味品批发	河南省南阳市
福建美的制冷产品销售有限公司	家用电器批发	福建省福州市
广东温氏食品集团有限公司车岗分公司	肉、禽、蛋及水产品批发	广东省云浮市
中国石油化工股份有限公司云南丽江分公司	石油及制品批发	云南省丽江市
上海烟草集团卢湾烟草糖酒有限公司	烟草制品批发	上海市卢湾区
上海烟草集团徐汇烟草糖酒有限公司	烟草制品批发	上海市徐汇区
上海天成企业发展有限公司	饮料及茶叶批发	上海市松江区
广西壮族自治区盐业公司	盐及调味品批发	广西壮族自治区南宁市
湖北天下明药业有限公司	西药批发	湖北省武汉市
奥林巴斯(上海)映像销售有限公司	家用电器批发	上海市徐汇区
左云县小京庄煤炭运销有限公司	煤炭及制品批发	山西省大同市

4-1 续表 30

企业名称	所属行业	企业所在地
珠海市华海鹏城酒业有限公司	饮料及茶叶批发	广东省珠海市
长沙旺旺食品有限公司南昌分公司	饮料及茶叶批发	江西省南昌市
北京恒城实业发展公司	化妆品及卫生用品批发	北京市朝阳区
北京青岛啤酒北方销售有限公司	饮料及茶叶批发	北京市密云县
成都金松营销有限公司	家用电器批发	四川省成都市
内蒙古自治区烟草公司锡林郭勒公司	烟草制品批发	内蒙古自治区锡林郭勒盟
标致雪铁龙(中国)汽车贸易有限公司	汽车、摩托车及零配件批发	北京市朝阳区
滕州市中浩伟业实业有限公司	盐及调味品批发	山东省枣庄市
高丝化妆品销售(中国)有限公司	化妆品及卫生用品批发	上海市卢湾区
浙江省建设机械集团有限公司	其他机械设备及电子产品批发	浙江省杭州市
重庆市烟草公司奉节分公司	烟草制品批发	重庆市奉节县
广西松宇机电设备有限公司	其他机械设备及电子产品批发	广西壮族自治区南宁市
山东家家悦生鲜配送有限公司	肉、禽、蛋及水产品批发	山东省威海市
河北恒祥医药集团有限公司	西药批发	河北省邢台市
山东康诺盛世医药有限公司	西药批发	山东省烟台市
辽宁成大股份有限公司	纺织品、针织品及原料批发	辽宁省大连市
梦田服装(上海)有限公司	服装批发	上海市浦东新区
广州市运通四方实业有限公司	汽车、摩托车及零配件批发	广东省广州市
上海仁达药品经营有限公司	中药材及中成药批发	上海市徐汇区
黑河市烟草公司	烟草制品批发	黑龙江省黑河市
新秀丽国际贸易(宁波)有限公司	其他日用品批发	浙江省宁波市
青岛啤酒(徐州)淮海营销有限公司	饮料及茶叶批发	江苏省徐州市
深圳市红牛实业有限公司	饮料及茶叶批发	广东省深圳市
重庆明辉格力电器销售有限公司	家用电器批发	重庆市九龙坡区
广东温氏食品集团有限公司稔村分公司	肉、禽、蛋及水产品批发	广东省云浮市
上海洋帆实业有限公司	其他未列明的批发	上海市闵行区
南宁市王者通讯股份有限公司	通讯及广播电视设备批发	广西壮族自治区南宁市
中国石油天然气股份有限公司湖北荆门销售分公司	石油及制品批发	湖北省荆门市
爱尔康(中国)眼科产品有限公司	医疗用品及器材批发	北京市朝阳区
芜湖华立工程机械有限责任公司	其他机械设备及电子产品批发	安徽省芜湖市
内蒙古伊利实业股份有限公司广州分公司	饮料及茶叶批发	广东省广州市
天津TCL电器销售有限公司	五金、交电批发	天津市河西区
江苏省大华种业集团有限公司	种子、饲料批发	江苏省南京市
花王(上海)产品服务有限公司	其他日用品批发	上海市黄浦区
广西顶佳计算机信息有限公司	计算机、软件及辅助设备批发	广西壮族自治区南宁市
北京同仁堂商业投资发展有限责任公司	中药材及中成药批发	北京市西城区
绍兴美的空调销售有限公司	家用电器批发	浙江省绍兴市
重庆市凯福珠宝金行有限公司	首饰、工艺品及收藏品批发	重庆市涪陵区
上海烟草集团闸北烟草糖酒有限公司	烟草制品批发	上海市闸北区
武汉友谊副食品商业有限责任公司	其他农畜产品批发	湖北省武汉市
大兴安岭兴安林区石油总经销有限公司	石油及制品批发	黑龙江省加格达奇市
合肥丰乐种业股份有限公司	种子、饲料批发	安徽省合肥市
泉州市七匹狼体育用品有限公司	服装批发	福建省泉州市
陕西百嘉贸易服务有限公司	化妆品及卫生用品批发	陕西省西安市
山东新方集团股份有限公司	煤炭及制品批发	山东省潍坊市
江苏澳洋医药物流有限公司	中药材及中成药批发	江苏省苏州市
中国石油天然气山东日照销售分公司	石油及制品批发	山东省日照市
石家庄力源工程机械有限公司	其他机械设备及电子产品批发	河北省石家庄市
东莞市东孚商贸有限公司	化妆品及卫生用品批发	广东省东莞市
成都德仁堂药业有限公司	中药材及中成药批发	四川省成都市
朔州市跃胜实业公司	石油及制品批发	山西省朔州市

4-1 续表 31

企业名称	所属行业	企业所在地
马克华菲(上海)商业有限公司	服装批发	上海市徐汇区
合肥统一企业有限公司	饮料及茶叶批发	安徽省合肥市
杭州奥普电器有限公司	家用电器批发	浙江省杭州市
新疆小松工程机械有限公司	汽车、摩托车及零配件批发	新疆维吾尔自治区乌鲁木齐市
滕州市嘉誉商贸有限公司	肉、禽、蛋及水产品批发	山东省枣庄市
浙江台州元通汽车有限公司	汽车、摩托车及零配件批发	浙江省台州市
精河县精棉棉业有限责任公司	棉、麻批发	新疆维吾尔自治区博尔塔拉市
北京二商集团有限责任公司	肉、禽、蛋及水产品批发	北京市西城区
温州市南湖商业集团有限公司	饮料及茶叶批发	浙江省温州市
山东潍坊烟草有限公司青州分公司	烟草制品批发	山东省潍坊市
中国石油化工股份有限公司云南德宏石油分公司	石油及制品批发	云南省德宏州
深圳市金活医药有限公司	中药材及中成药批发	广东省深圳市
中国烟草总公司重庆市公司黔江分公司	烟草制品批发	重庆市黔江区
武汉TCL电器销售有限公司	家用电器批发	湖北省武汉市
池州市星鑫再生资源有限公司	再生物资回收与批发	安徽省池州市
山东大陆企业集团有限公司	金属及金属矿批发	山东省临沂市
山东滨州鲁滨首饰有限公司	首饰、工艺品及收藏品批发	山东省滨州市
湖南康尔佳医药有限公司	西药批发	湖南省长沙市
上海信谊医药有限公司	中药材及中成药批发	上海市闸北区
青岛天合医药股份有限公司	西药批发	山东省青岛市
上海雷允上北区药业股份有限公司	中药材及中成药批发	上海市虹口区
傲胜(中国)商业有限公司	家用电器批发	上海市浦东新区
诸城金顺粮油购销有限公司	米、面制品及食用油批发	山东省潍坊市
沈阳TCL电器销售有限公司	家用电器批发	辽宁省沈阳市
江苏柯菲平医药有限公司	中药材及中成药批发	江苏省南京市
中国石油化工股份有限公司河南中原分公司	石油及制品批发	河南省濮阳市
海南快克药业有限公司	西药批发	海南省海口市
上海乐扣乐扣贸易有限公司	厨房、卫生间用具及日用杂货批发	上海市闵行区
喜利得(中国)商贸有限公司	五金、交电批发	上海市徐汇区
成都泰格时代数码通讯有限公司	计算机、软件及辅助设备批发	四川省成都市
德州银龙集团有限公司	棉、麻批发	山东省德州市
河南沃通建筑设备有限公司	其他机械设备及电子产品批发	河南省郑州市
青海省烟草公司海东地区公司	烟草制品批发	青海省海东市
广东紫云轩药业有限公司	中药材及中成药批发	广东省茂名市
大同煤矿集团煤炭运销忻州阳方口集运站有限公司	煤炭及制品批发	山西省忻州市
江苏新晨医药有限公司	西药批发	江苏省连云港市
江苏三得利不锈钢集团有限公司	金属及金属矿批发	江苏省无锡市
安徽省宣城市医药有限公司	西药批发	安徽省宣城市
沧州天元医药有限公司	西药批发	河北省沧州市
中国石油天然气股份有限公司安徽蚌埠销售分公司	石油及制品批发	安徽省蚌埠市
广州市广新电器有限公司	家用电器批发	广东省广州市
广西洁宝纸业有限公司	化妆品及卫生用品批发	广西壮族自治区柳州市
上海友钢部件加工有限公司	金属及金属矿批发	上海市宝山区
厦门宏仁医药有限公司	西药批发	福建省厦门市
深圳市联诚医药有限公司	西药批发	广东省深圳市
深圳市金永励实业发展有限公司	化妆品及卫生用品批发	广东省深圳市
利邦(上海)服装贸易有限公司	服装批发	上海市闵行区
重庆海尔家电销售有限公司南昌公司	家用电器批发	江西省南昌市
温岭市食品总公司	肉、禽、蛋及水产品批发	浙江省台州市
甘肃省烟草公司酒泉市公司	烟草制品批发	甘肃省酒泉市
北京大恒创新技术有限公司	计算机、软件及辅助设备批发	北京市海淀区

4-1 续表 32

企业名称	所属行业	企业所在地
中国石油山东莱芜销售分公司	石油及制品批发	山东省莱芜市
山西煤炭运销集团太原古交有限公司	煤炭及制品批发	山西省太原市
新兴县温氏食品联营有限公司	肉、禽、蛋及水产品批发	广东省云浮市
重庆东银壳牌石化有限公司	石油及制品批发	重庆市渝北区
中国烟草总公司重庆市公司巫山分公司	烟草制品批发	重庆市巫山区
黑龙江烟草公司鹤岗市公司	烟草制品批发	黑龙江省鹤岗市
美津浓(中国)体育用品有限公司	服装批发	上海市静安区
深圳市安新源贸易有限公司	化妆品及卫生用品批发	广东省深圳市
深圳市金帝营销有限公司	糕点、糖果及糖批发	广东省深圳市
漯河市烟草公司临颍县分公司	烟草制品批发	河南省漯河市
大连金嘉物资回收有限公司	再生物资回收与批发	辽宁省大连市
福州民天实业有限公司	果品、蔬菜批发	福建省福州市
烟台福利莱商贸有限公司	饮料及茶叶批发	山东省烟台市
东南融通(中国)系统工程有限公司	计算机、软件及辅助设备批发	福建省厦门市
厦门市四美达科技发展有限公司	计算机、软件及辅助设备批发	福建省厦门市
杭州祖名食品有限公司	其他食品批发	浙江省杭州市
深圳市源兴果品有限公司	果品、蔬菜批发	广东省深圳市
重庆市铜梁县粮油购销总公司	谷物、豆及薯类批发	重庆市铜梁县
南阳市烟草公司方城县分公司	烟草制品批发	河南省南阳市
深圳市江波龙电子有限公司	计算机、软件及辅助设备批发	广东省深圳市
衡水和平国储粮库有限责任公司	谷物、豆及薯类批发	河北省衡水市
甘肃省烟草公司张掖分公司	烟草制品批发	甘肃省张掖市
威海金蚂蚁集团有限公司	五金、交电批发	山东省威海市
甘肃省烟草公司临夏回族自治州公司	烟草制品批发	甘肃省临夏市
成都宏川酒业有限公司	饮料及茶叶批发	四川省成都市
贵州宁铁南昆物流有限责任公司安龙分公司	煤炭及制品批发	贵州省黔西南州
中国石油天然气股份有限公司广东阳江销售分公司	石油及制品批发	广东省阳江市
深圳创维-RGB电子有限公司山西分公司	家用电器批发	山西省太原市
潍坊美的制冷产品销售有限公司	家用电器批发	山东省潍坊市
山西先行贸易有限公司	煤炭及制品批发	山西省太原市
深圳荷花商贸有限公司	服装批发	广东省深圳市
渠县人民市场开发服务有限公司	肉、禽、蛋及水产品批发	四川省达州市
韶关市宜达燃料开发有限公司	煤炭及制品批发	广东省韶关市
唐山海永商贸有限公司	家用电器批发	河北省唐山市
恒源祥(集团)有限公司	纺织品、针织品及原料批发	上海市黄浦区
深圳创维—RGB电子有限公司云南分公司	家用电器批发	云南省昆明市
南阳市烟草公司唐河县分公司	烟草制品批发	河南省南阳市
淄博高新技术创业服务中心	贸易经纪与代理	山东省淄博市
中石化湖南石油分公司	石油及制品批发	湖南省长沙市
成都市荣贸食品有限公司	其他食品批发	四川省成都市
吉林省东良粮食集团有限公司	谷物、豆及薯类批发	吉林省四平市
佛山市南海大洋实业有限公司	鞋帽批发	广东省佛山市
厦门福闽源服装贸易有限公司	服装批发	福建省厦门市
土默特右旗供销合作社	种子、饲料批发	内蒙古自治区包头市
中铁四局集团物资工贸有限公司	建材批发	安徽省合肥市
安徽皖南烟叶有限责任公司	烟草制品批发	安徽省宣城市
台山市长江食品有限公司	肉、禽、蛋及水产品批发	广东省江门市
上海合力叉车有限公司	其他机械设备及电子产品批发	上海市虹口区
安徽省百川商贸发展有限公司	饮料及茶叶批发	安徽省合肥市
安丘市永安实业总公司	建材批发	山东省潍坊市
中国石油重庆销售江南分公司巴南公司	石油及制品批发	重庆市巴南区

4-1 续表 33

企业名称	所属行业	企业所在地
黑龙江省光明优幼营养品有限公司	饮料及茶叶批发	黑龙江省齐齐哈尔市
山西煤炭运销集团临汾洪洞有限公司	其他未列明的批发	山西省临汾市
巴楚县光大棉业有限责任公司	棉、麻批发	新疆维吾尔自治区喀什地区
成都沃特工程矿山机械有限责任公司	农业机械批发	四川省成都市
山东金田小商品市场发展有限公司	厨房、卫生间用具及日用杂货批发	山东省威海市
宝鸡天健医药有限公司	中药材及中成药批发	陕西省宝鸡市
东芝家用电器销售(南海)有限公司	家用电器批发	广东省佛山市
内蒙古伊利实业集团股份有限公司福州分公司	饮料及茶叶批发	福建省福州市
泰华施贸易(上海)有限公司	其他化工产品批发	上海市浦东新区
深圳市TCL电器销售有限公司	其他机械设备及电子产品批发	广东省深圳市
广东雄峰特殊钢有限公司	金属及金属矿批发	广东省佛山市
江西康力药品物流有限公司	西药批发	江西省宜春市
广东省盐业运销(企业)集团公司	盐及调味品批发	广东省广州市
东海县粮食供销公司	谷物、豆及薯类批发	江苏省连云港市
湖南常德鼎城德源医药有限公司	西药批发	湖南省常德市
中国石油天然气股份有限公司广东清远销售分公司	石油及制品批发	广东省清远市
河北龙隆医药有限公司	西药批发	河北省保定市
保定通达医药药材经营有限责任公司	西药批发	河北省保定市
湖北银海棉业有限责任公司	棉、麻批发	湖北省潜江市
重庆TCL电器销售有限公司	家用电器批发	重庆市九龙坡区
百隆纺织(深圳)有限公司	纺织品、针织品及原料批发	广东省深圳市
山东景芝酒厂销售总公司	饮料及茶叶批发	山东省潍坊市
泰戈特(北京)工程技术有限公司	其他机械设备及电子产品批发	北京市朝阳区
河南郑柳工程机械有限公司	汽车、摩托车及零配件批发	河南省郑州市
山西百圆裤业连锁经营股份有限公司	服装批发	山西省太原市
深圳市赛威特实业有限公司	计算机、软件及辅助设备批发	广东省深圳市
重庆八达电子工程有限公司	计算机、软件及辅助设备批发	重庆市九龙坡区
上海农夫山泉饮用水有限公司	饮料及茶叶批发	上海市浦东新区
巴丽(上海)商业有限公司	服装批发	上海市徐汇区
山东德州扒鸡贸易总公司	肉、禽、蛋及水产品批发	山东省德州市
深圳市深南燃气有限公司	石油及制品批发	广东省深圳市
苍山县北方物流有限公司	果品、蔬菜批发	山东省临沂市
蓝带啤酒销售有限公司	其他食品批发	广东省肇庆市
宁波萌恒进出口有限公司	化妆品及卫生用品批发	浙江省宁波市
陕西省烟草公司铜川市公司	烟草制品批发	陕西省铜川市
云南大唐红河电力燃料有限公司	煤炭及制品批发	云南省红河州
广东省广弘食品集团有限公司	肉、禽、蛋及水产品批发	广东省广州市
重庆诗仙太白酒类销售有限公司	其他食品批发	重庆市万州区
重庆智飞生物制品有限公司	医疗用品及器材批发	重庆市江北区
安东石油技术(集团)有限公司	其他机械设备及电子产品批发	北京市朝阳区
蔡司光学仪器(上海)国际贸易有限公司	医疗用品及器材批发	上海市浦东新区
晋城市陵川公路煤炭销售有限公司	煤炭及制品批发	山西省晋城市
中铁信息计算机工程有限责任公司	计算机、软件及辅助设备批发	北京市海淀区
丰田纺织(中国)有限公司	汽车、摩托车及零配件批发	上海市浦东新区
无锡天鹏集团有限公司	肉、禽、蛋及水产品批发	江苏省无锡市
山西省盐业公司	盐及调味品批发	山西省太原市
浙江新安物流有限公司	煤炭及制品批发	浙江省杭州市
福建五丰大商场有限公司	其他日用品批发	福建省福州市
湖南省中移鼎讯通信有限公司	通讯及广播电视设备批发	湖南省长沙市
中石化森美(福建)石油有限公司	石油及制品批发	福建省福州市
中国精密机械进出口总公司	贸易经纪与代理	北京市海淀区

4-2 大型零售业企业名单

企业名称	所属行业	企业所在地
中国石油化工股份有限公司北京石油分公司	机动车燃料零售	北京市朝阳区
中国石油化工股份有限公司天津石油分公司	机动车燃料零售	天津市南开区
上海大润发有限公司	超级市场零售	上海市闸北区
武汉中百集团股份有限公司	超级市场零售	湖北省武汉市
中国石油化工股份有限公司广东广州石油分公司	机动车燃料零售	广东省广州市
武汉武商集团股份有限公司	百货零售	湖北省武汉市
苏果超市有限公司	超级市场零售	江苏省南京市
长春欧亚集团股份有限公司	百货零售	吉林省长春市
昆山润华商业有限公司	超级市场零售	江苏省苏州市
农工商超市(集团)有限公司	超级市场零售	上海市普陀区
北国商城股份有限公司	百货零售	河北省石家庄市
江苏乐天玛特商业有限公司	超级市场零售	江苏省南通市
中国石油天然气股份有限公司天津销售分公司	机动车燃料零售	天津市河东区
重庆商社新世纪百货有限公司	百货零售	重庆市江北区
广东物资集团汽车贸易公司	汽车零售	广东省广州市
中国石油化工股份有限公司四川石油分公司	机动车燃料零售	四川省成都市
上海世纪联华超市发展有限公司	超级市场零售	上海市普陀区
淄博商厦股份有限公司	百货零售	山东省淄博市
山东银座商城股份有限公司	百货零售	山东省济南市
华润万家有限公司	超级市场零售	广东省深圳市
山东潍坊百货集团股份有限公司	百货零售	山东省潍坊市
中国石油天然气股份有限公司辽宁沈阳销售分公司	机动车燃料零售	辽宁省沈阳市
武汉中商集团股份有限公司	百货零售	湖北省武汉市
重庆百货大楼股份有限公司	百货零售	重庆市渝中区
中国石油化工股份有限公司湖北武汉分公司	机动车燃料零售	湖北省武汉市
中国石油化工股份有限公司浙江台州石油分公司	机动车燃料零售	浙江省台州市
北京医药股份有限公司	药品零售	北京市东城区
陕西西部国际车城有限公司	汽车零售	陕西省西安市
江苏五星电器有限公司	家用电器零售	江苏省南京市
中国石油化工股份有限公司海南石油分公司	机动车燃料零售	海南省海口市
中石化壳牌(江苏)石油销售有限公司	机动车燃料零售	江苏省苏州市
天虹商场股份有限公司	百货零售	广东省深圳市
重庆医药股份有限公司	药品零售	重庆市渝中区
北京京东世纪贸易有限公司	邮购及电子销售	北京市海淀区
山东家家悦集团有限公司	超级市场零售	山东省威海市
杭州联华华商集团有限公司	超级市场零售	浙江省杭州市
中国石油化工有限公司广东东莞石油分公司	机动车燃料零售	广东省东莞市
上海苏宁电器有限公司	家用电器零售	上海市长宁区
大商股份有限公司	百货零售	辽宁省大连市
江苏无锡商业大厦集团有限公司	百货零售	江苏省无锡市
北京苏宁电器有限公司	家用电器零售	北京市通州区
中国石油化工股份有限公司浙江温州石油分公司	机动车燃料零售	浙江省温州市
北京华联综合超市股份有限公司	超级市场零售	北京市西城区
北京市大中家用电器连锁销售有限公司	家用电器零售	北京市石景山区
北京菜市口百货股份有限公司	百货零售	北京市西城区
中国石油化工股份有限公司辽宁石油分公司	机动车燃料零售	辽宁省沈阳市
上海联家超市有限公司	超级市场零售	上海市普陀区
国美电器有限公司北京分公司	家用电器零售	北京市朝阳区
中国石油天然气股份有限公司黑龙江哈尔滨销售分公司	机动车燃料零售	黑龙江省哈尔滨市
中国石油天然气股份有限公司四川成都销售分公司	机动车燃料零售	四川省成都市

4-2　续表 1

企业名称	所属行业	企业所在地
哈药集团医药有限公司	药品零售	黑龙江省哈尔滨市
北京燕莎友谊商城有限公司	百货零售	北京市朝阳区
中国石油天然气股份有限公司内蒙古鄂尔多斯分公司	机动车燃料零售	内蒙古自治区鄂尔多斯市
中国石油天然气股份有限公司云南昆明销售分公司	机动车燃料零售	云南省昆明市
中国石油化工股份有限公司广东惠州石油分公司	机动车燃料零售	广东省惠州市
北京家乐福商业有限公司	超级市场零售	北京市丰台区
上海易初莲花连锁超市有限公司	超级市场零售	上海市浦东新区
沃尔玛深国投百货有限公司	百货零售	广东省深圳市
济南人民大润发商业有限公司	超级市场零售	山东省济南市
中油碧辟石油有限公司广州分公司	机动车燃料零售	广东省广州市
中国石油化工股份有限公司湖南长沙石油分公司	机动车燃料零售	湖南省长沙市
武汉工贸有限公司	家用电器零售	湖北省武汉市
中国石油化工股份有限公司山东临沂石油分公司	机动车燃料零售	山东省临沂市
中石化碧辟(浙江)石油有限公司宁波分公司	机动车燃料零售	浙江省宁波市
路易威登(中国)商业销售有限公司	其他日用品零售	上海市静安区
山东远通汽车贸易集团有限公司	汽车零售	山东省临沂市
淄博金彩沙发城有限责任公司	家具零售	山东省淄博市
苏宁电器连锁集团股份有限公司	家用电器零售	江苏省南京市
永乐(中国)电器销售有限公司	家用电器零售	上海市普陀区
广州屈臣氏个人用品商店有限公司	超级市场零售	广东省广州市
重庆铠恩国际家居名都经营有限公司	家具零售	重庆市巴南区
永辉超市股份有限公司福建福州鼓楼分公司	超级市场零售	福建省福州市
重庆永辉超市有限公司	超级市场零售	重庆市江北区
三江购物俱乐部股份有限公司	超级市场零售	浙江省宁波市
唐山百货大楼集团有限责任公司	百货零售	河北省唐山市
山东新星集团有限公司	百货零售	山东省淄博市
山东海王银河医药有限公司	药品零售	山东省潍坊市
上海国美电器有限公司	其他综合零售	上海市普陀区
郑州丹尼斯百货有限公司	百货零售	河南省郑州市
安徽亚夏实业股份有限公司	汽车零售	安徽省宣城市
中国石油天然气股份有限公司四川销售成品油分公司	机动车燃料零售	四川省成都市
中国石油化工股份有限公司广东茂名石油分公司	机动车燃料零售	广东省茂名市
北京京客隆商业集团股份有限公司	超级市场零售	北京市朝阳区
山西大昌汽车集团有限公司	汽车零售	山西省太原市
济南华联商厦集团股份有限公司	百货零售	山东省济南市
中国石油化工股份有限公司广东江门石油分公司	机动车燃料零售	广东省江门市
陕西西北轻工批发市场经营管理有限公司	家用电器零售	陕西省西安市
淄川服装城商厦有限公司	服装零售	山东省淄博市
中国石油化工股份有限公司山西太原石油分公司	机动车燃料零售	山西省太原市
联华超市股份有限公司	超级市场零售	上海市普陀区
成都红旗连锁股份有限公司	超级市场零售	四川省成都市
中国石油天然气股份有限公司新疆乌鲁木齐销售公司	机动车燃料零售	新疆维吾尔自治区乌鲁木齐市
北京物美商业集团股份有限公司	超级市场零售	北京市石景山区
深圳茂业商厦有限公司	百货零售	广东省深圳市
百盛商业发展有限公司	百货零售	北京市西城区
广州市国美电器有限公司	家用电器零售	广东省广州市
中国石油化工股份有限公司湛江石油分公司	机动车燃料零售	广东省湛江市
广州市广百股份有限公司	百货零售	广东省广州市
中国石油化工股份有限公司广东中山石油分公司	机动车燃料零售	广东省中山市
湖南友谊阿波罗商业股份有限公司	百货零售	湖南省长沙市
中国石油化工股份有限公司福建石油分公司	机动车燃料零售	福建省福州市

4-2　续表 2

企业名称	所属行业	企业所在地
华联新光百货(北京)有限公司	百货零售	北京市朝阳区
中石化工股份有限公司广东肇庆石油分公司	机动车燃料零售	广东省肇庆市
天津一商友谊股份有限公司	百货零售	天津市河西区
中国石油化工股份有限公司湖南株洲石油公司	机动车燃料零售	湖南省株洲市
广州友谊集团股份有限公司	百货零售	广东省广州市
中海油销售深圳有限公司	机动车燃料零售	广东省深圳市
中国石油化工股份有限公司河南洛阳石油分公司	机动车燃料零售	河南省洛阳市
中国石油天然气股份有限公司内蒙古包头销售分公司	机动车燃料零售	内蒙古自治区包头市
深圳市国美电器有限公司	家用电器零售	广东省深圳市
中国石油化工股份有限公司山西临汾石油分公司	机动车燃料零售	山西省临汾市
北京美廉美连锁商业有限公司	超级市场零售	北京市海淀区
四川新华文轩连锁股份有限公司	图书零售	四川省成都市
江西新华发行集团有限公司	图书零售	江西省南昌市
北京翠微大厦股份有限公司	百货零售	北京市海淀区
广东新协力集团有限公司	汽车零售	广东省佛山市
中国石油天然气股份内蒙古通辽销售分公司	机动车燃料零售	内蒙古自治区通辽市
三环集团公司	汽车零售	湖北省武汉市
中国石油天然气股份有限公司锡林郭勒分公司	机动车燃料零售	内蒙古自治区锡林郭勒盟
四川苏宁电器有限公司	家用电器零售	四川省成都市
中国石油天然气股份有限公司甘肃兰州销售分公司	机动车燃料零售	甘肃省兰州市
华联吉买盛	超级市场零售	上海市闸北区
天津国美电器有限公司	家用电器零售	天津市南开区
成都伊藤洋华堂有限公司	百货零售	四川省成都市
中国天然气股份有限公司呼伦贝尔销售分公司	机动车燃料零售	内蒙古自治区呼伦贝尔市
中国石油化工股份有限公司山西吕梁石油分公司	机动车燃料零售	山西省吕梁市
山东德州百货大楼(集团)有限责任公司	百货零售	山东省德州市
上海永乐通讯设备有限公司	家用电器零售	上海市普陀区
北京世纪卓越信息技术有限公司	邮购及电子销售	北京市朝阳区
中国石油天然气股份有限公司辽宁锦州销售分公司	机动车燃料零售	辽宁省锦州市
湖南申湘汽车星沙商务广场有限公司	汽车零售	湖南省长沙市
上海第一八佰伴有限公司	百货零售	上海市浦东新区
中国石油化工股份有限公司湖南岳阳石油分公司	机动车燃料零售	湖南省岳阳市
华联超市股份有限公司	超级市场零售	上海市杨浦区
重庆新华书店集团公司	文具用品零售	重庆市渝中区
金鹰国际商贸集团(中国)有限公司	百货零售	江苏省南京市
南京医药合肥天星有限公司	药品零售	安徽省合肥市
北京沃尔玛百货有限公司	超级市场零售	北京市石景山区
深圳市苏宁电器有限公司	家用电器零售	广东省深圳市
中国石油天然气股份有限公司湖南长沙销售分公司	机动车燃料零售	湖南省长沙市
中国石油天然气股份有限公司武汉零售分公司	生活用燃料零售	湖北省武汉市
国药集团新疆新特药业有限公司	药品零售	新疆维吾尔自治区乌鲁木齐市
长沙通程实业(集团)有限公司	百货零售	湖南省长沙市
深圳市人人乐商业有限公司	超级市场零售	广东省深圳市
广州友谊班尼路服饰有限公司	服装零售	广东省广州市
华润万家生活超市(广州)有限公司	超级市场零售	广东省广州市
合肥百货大楼集团股份有限公司	百货零售	安徽省合肥市
中国石油化工股份有限公司贵州遵义石油分公司	机动车燃料零售	贵州省遵义市
中国石油化工股份有限公司湖南郴州石油分公司	机动车燃料零售	湖南省郴州市
中国石油化工股份有限公司山西晋中石油分公司	机动车燃料零售	山西省晋中市
南京宏图三胞企业发展有限公司	计算机、软件及辅助设备零售	江苏省南京市
广东苏宁电器有限公司	家用电器零售	广东省广州市

4-2 续表 3

企业名称	所属行业	企业所在地
浙江康达汽车工贸有限公司	汽车零售	浙江省杭州市
北京物美综合超市有限公司	超级市场零售	北京市大兴区
江苏明都汽车集团有限公司	汽车零售	江苏省常州市
成都国美电器有限公司	家用电器零售	四川省成都市
成都王府井百货有限公司	百货零售	四川省成都市
重庆渝宁苏宁电器有限公司	家用电器零售	重庆市渝中区
中国石油化工股份有限公司河南新乡石油分公司	机动车燃料零售	河南省新乡市
中国石油天然气股份公司海南销售分公司	机动车燃料零售	海南省海口市
福建新华发行(集团)有限公司	图书零售	福建省福州市
上海圆迈贸易有限公司	邮购及电子销售	上海市嘉定区
广州易初莲花连锁超市有限公司	超级市场零售	广东省广州市
上海百联集团股份有限公司	百货零售	上海市黄浦区
中国石油化工股份有限公司山东滨州石油分公司	机动车燃料零售	山东省滨州市
中国石油化工股份有限公司广东梅州石油分公司	机动车燃料零售	广东省梅州市
中国石化湖南衡阳分公司	机动车燃料零售	湖南省衡阳市
天津华润万家生活超市有限公司	超级市场零售	天津市东丽区
新疆友好集团股份有限公司	百货零售	新疆维吾尔自治区乌鲁木齐市
山东全福元商业集团有限责任公司	百货零售	山东省潍坊市
中国石油化工股份有限公司六盘水石油分公司	机动车燃料零售	贵州省六盘水市
中国石油化工股份有限公司广东河源石油分公司	机动车燃料零售	广东省河源市
润华集团股份有限公司	汽车零售	山东省济南市
湖北高路油站经营有限责任公司	机动车燃料零售	湖北省武汉市
重庆商社电器有限公司	家用电器零售	重庆市渝中区
天津天宁苏宁电器有限公司	家用电器零售	天津市和平区
中兴-沈阳商业大厦(集团)股份有限公司	百货零售	辽宁省沈阳市
南京中央商场股份有限公司	百货零售	江苏省南京市
天津壳牌石油有限公司	机动车燃料零售	天津市武清区
陕西华润万家生活超市有限公司	超级市场零售	陕西省西安市
西安开元商城有限公司	百货零售	陕西省西安市
沈阳兴隆大家庭购物中心有限公司	百货零售	辽宁省沈阳市
中国石油天然气股份有限公司广东广州销售分公司	机动车燃料零售	广东省广州市
中国石油化工股份有限公司山西运城石油分公司	机动车燃料零售	山西省运城市
黑龙江省远大购物中心有限责任公司	百货零售	黑龙江省哈尔滨市
西安大明宫购物广场有限责任公司	家具零售	陕西省西安市
华糖洋华堂商业有限公司	百货零售	北京市朝阳区
中国石油天然气股份有限公司浙江台州销售分公司	机动车燃料零售	浙江省台州市
中国石油化工股份有限公司河南信阳石油分公司	机动车燃料零售	河南省信阳市
中国石油化工股份有限公司湖南怀化石油分公司	机动车燃料零售	湖南省怀化市
中国石油化工股份有限公司珠海石油分公司	机动车燃料零售	广东省珠海市
浙江银泰百货有限公司	百货零售	浙江省杭州市
广州百佳超级市场有限公司	超级市场零售	广东省广州市
徐州医药股份有限公司	药品零售	江苏省徐州市
银川新华百货商店股份有限公司	百货零售	宁夏回族自治区银川市
中国石油化工股份有限公司忻州石油分公司	机动车燃料零售	山西省忻州市
中国石油天然气股份有限公司辽宁本溪分公司	机动车燃料零售	辽宁省本溪市
中国石油化工股份有限公司山东威海石油分公司	机动车燃料零售	山东省威海市
中国石油天然气股份有限公司辽宁丹东销售分公司	机动车燃料零售	辽宁省丹东市
河北保百集团有限公司	百货零售	河北省保定市
中国石油化工股份有限公司永州石油分公司	机动车燃料零售	湖南省永州市
包头宁鹿石油有限公司	机动车燃料零售	内蒙古自治区包头市
中国石油化工股份有限公司安徽安庆石油分公司	机动车燃料零售	安徽省安庆市

4-2 续表 4

企业名称	所属行业	企业所在地
西安市国美电器有限公司	家用电器零售	陕西省西安市
广州天河城百货有限公司	服装零售	广东省广州市
沈阳家乐福商业有限公司	超级市场零售	辽宁省沈阳市
青岛永旺东泰商业有限公司	百货零售	山东省青岛市
中国石油天然气股份有限公司四川岷江销售分公司	机动车燃料零售	四川省成都市
中油辽宁铁岭销售分公司	机动车燃料零售	辽宁省铁岭市
中石化宿州分公司	机动车燃料零售	安徽省宿州市
中国石油天然气股份有限公司甘肃天水销售分公司	机动车燃料零售	甘肃省天水市
云南沃尔玛百货有限公司	超级市场零售	云南省昆明市
成都万友经济开发总公司	汽车零售	四川省成都市
重庆国美电器有限公司	家用电器零售	重庆市沙坪坝区
西安市人人乐超市有限公司	超级市场零售	陕西省西安市
临沂罗欣医药集团有限公司	药品零售	山东省临沂市
中国石油石化股份有限公司山西长治石油分公司	机动车燃料零售	山西省长治市
上海新世界股份有限公司	百货零售	上海市黄浦区
浙江海越股份有限公司	机动车燃料零售	浙江省绍兴市
北京超市发连锁股份有限公司	超级市场零售	北京市海淀区
上海家得利超市有限公司	超级市场零售	上海市徐汇区
南通文峰大世界连锁发展股份有限公司	百货零售	江苏省南通市
中国石油天然气股份有限公司四川乐山销售分公司	机动车燃料零售	四川省乐山市
山西诺维兰集团有限公司	汽车零售	山西省运城市
广西柳州医药有限责任公司	药品零售	广西壮族自治区柳州市
辽宁卓展时代广场百货有限公司	百货零售	辽宁省沈阳市
大连国际商贸大厦有限公司	百货零售	辽宁省大连市
中山市壹加壹商业连锁有限公司	百货零售	广东省中山市
中化道达尔燃油有限公司	机动车燃料零售	北京市海淀区
天津物美未来商贸发展有限公司	超级市场零售	天津市南开区
长春卓展时代广场百货有限公司	百货零售	吉林省长春市
苏州人民商场股份有限公司	百货零售	江苏省苏州市
浙江国美电器有限公司	家用电器零售	浙江省杭州市
中国石油化工股份有限公司湖南常德石油分公司	机动车燃料零售	湖南省常德市
北京王府井百货(集团)股份有限公司	百货零售	北京市东城区
青岛维客集团股份有限公司	百货零售	山东省青岛市
浙江华润慈客隆超市有限公司	超级市场零售	浙江省宁波市
中国石油化工股份有限公司山西大同分公司	机动车燃料零售	山西省大同市
北京德奥达汽车销售有限公司	汽车零售	北京市朝阳区
中海石油炼化惠州销售有限责任公司	机动车燃料零售	广东省惠州市
芜湖亚夏汽车股份有限公司	汽车零售	安徽省芜湖市
湖南平和堂实业有限公司	百货零售	湖南省长沙市
上海久光百货有限公司	百货零售	上海市静安区
山西双鹤药业有限公司	药品零售	山西省太原市
沈阳国美电器有限公司	家用电器零售	辽宁省沈阳市
内蒙古民族商场有限责任公司	百货零售	内蒙古自治区呼和浩特市
南昌百货大楼股份有限公司	百货零售	江西省南昌市
中国石油天然汽股份有限公司四川绵阳销售分公司	机动车燃料零售	四川省绵阳市
中国石油化工股份有限公司河南商丘分公司	机动车燃料零售	河南省商丘市
宝商集团宝鸡商业经营管理有限责任公司	超级市场零售	陕西省宝鸡市
中国石油化工股份有限公司贵州黔西南州石油分公司	机动车燃料零售	贵州省黔西南州
北京国泰平安百货有限公司	百货零售	北京市顺义区
中国石油天然气股份有限公司四川德阳销售分公司	机动车燃料零售	四川省德阳市
浙江万国汽车有限公司	汽车零售	浙江省杭州市

4-2 续表 5

企业名称	所属行业	企业所在地
杭州解百集团股份有限公司	百货零售	浙江省杭州市
上海老凤祥银楼有限公司	珠宝首饰零售	上海市黄浦区
深圳市顺电连锁股份有限公司	家用电器零售	广东省深圳市
成商集团股份有限公司	百货零售	四川省成都市
苏州欧尚超市有限公司	超级市场零售	江苏省苏州市
北京中友百货有限责任公司	百货零售	北京市西城区
北京易喜新世界百货有限公司	百货零售	北京市东城区
中国石油天然气股份有限公司内蒙古乌海销售分公司	机动车燃料零售	内蒙古自治区乌海市
中国石油化工股份有限责任公司云南红河石油分公司	机动车燃料零售	云南省红河市
ＢＨＧ(北京)百货有限公司	其他日用品零售	北京市西城区
江西南华医药有限公司	药品零售	江西省南昌市
中国石油化工股份有限公司湖南娄底石油分公司	机动车燃料零售	湖南省娄底市
青岛北方国贸大厦集团股份有限公司	百货零售	山东省青岛市
南宁百货大楼股份有限公司	百货零售	广西壮族自治区南宁市
大商集团郑州新玛特购物广场有限公司	百货零售	河南省郑州市
中国石油天然气股份有限公司四川攀枝花销售分公司	机动车燃料零售	四川省攀枝花市
中国石油天然气股份有限公司四川南充销售分公司	机动车燃料零售	四川省南充市
上海太平洋百货有限公司	百货零售	上海市徐汇区
北京当当网信息技术有限公司	邮购及电子销售	北京市东城区
上海易买得超市有限公司	超级市场零售	上海市宝山区
南京新街口百货商店股份有限公司	百货零售	江苏省南京市
中国石油化工股份有限公司山西晋城石油分公司	机动车燃料零售	山西省晋城市
国药控股江苏有限公司	药品零售	江苏省扬州市
中国石油化工股份有限公司湖南湘潭石油分公司	机动车燃料零售	湖南省湘潭市
上海可的便利店有限公司	其他综合零售	上海市普陀区
中国石油天然气股份有限公司山西销售大同分公司	机动车燃料零售	山西省大同市
深圳市燃气集团股份有限公司	机动车燃料零售	广东省深圳市
云南鸿翔一心堂药业(集团)股份有限公司	药品零售	云南省昆明市
福州国美电器有限公司	家用电器零售	福建省福州市
温州华能汽车集团有限公司	汽车零售	浙江省温州市
北京欧尚超市有限公司	超级市场零售	北京市海淀区
山西美特好连锁超市股份有限公司	超级市场零售	山西省太原市
中石化黄石石油分公司	机动车燃料零售	湖北省黄石市
中国石油化工股份有限云南文山石油分公司	机动车燃料零售	云南省文山市
肥城银宝食品销售公司	肉、禽、蛋及水产品零售	山东省泰安市
中国石油天然气股份有限公司四川凉山销售分公司	机动车燃料零售	四川省凉山州
广东龙粤通信设备集团有限公司	通信设备零售	广东省广州市
浙江人本超市有限公司	超级市场零售	浙江省温州市
无锡悦家商业有限公司	超级市场零售	江苏省无锡市
亳州市烟草公司	家用电器零售	安徽省亳州市
迅销(中国)商贸有限公司	服装零售	上海市徐汇区
长春华阳汽贸有限公司	汽车零售	吉林省长春市
黑龙江黑天鹅家电有限公司	家用电器零售	黑龙江省哈尔滨市
中国石油天然气股份有限公司四川达州销售分公司	机动车燃料零售	四川省达州市
中国石油化工股份有限公司贵州毕节石油分公司	机动车燃料零售	贵州省毕节市
大连大商投资管理有限公司	百货零售	辽宁省大连市
广东吉之岛天贸百货有限公司	百货零售	广东省广州市
中国石油天然气股份有限公司河南商丘销售分公司	机动车燃料零售	河南省商丘市
飒拉商业(北京)有限公司	服装零售	北京市朝阳区
雅芳(中国)有限公司	化妆品及卫生用品零售	广东省广州市
哈尔滨中央红集团股份有限公司	百货零售	黑龙江省哈尔滨市

4-2 续表 6

企业名称	所属行业	企业所在地
延长壳牌(四川)石油有限公司	机动车燃料零售	四川省成都市
内蒙古自治区润宇装饰有限公司	家具零售	内蒙古自治区呼和浩特市
中国石油天然气股份有限公司泸州销售分公司	机动车燃料零售	四川省泸州市
乐天超市有限公司	超级市场零售	北京市朝阳区
昆山商厦股份有限公司	百货零售	江苏省苏州市
华润万家生活超市(浙江)有限公司	超级市场零售	浙江省杭州市
青岛国美电器有限公司	家用电器零售	山东省青岛市
中国石油天然气股份有限公司内蒙古兴安销售分公司	机动车燃料零售	内蒙古自治区兴安盟
北京物美大卖场商业管理有限公司	超级市场零售	北京市大兴区
烟台市振华百货集团股份有限公司振华商厦	百货零售	山东省烟台市
北京庄胜崇光百货商场	百货零售	北京市西城区
福建同春药业股份有限公司	药品零售	福建省福州市
上海好德便利有限公司	其他综合零售	上海市普陀区
上海欧尚超市有限公司	超级市场零售	上海市杨浦区
快乐购物有限责任公司	邮购及电子销售	湖南省长沙市
天津金元宝商厦集团有限公司	百货零售	天津市滨海新区
步步高商业连锁股份有限公司	超级市场零售	湖南省湘潭市
泉州新华都购物广场有限公司	其他综合零售	福建省泉州市
东方商厦有限公司	百货零售	上海市徐汇区
美克美家家具连锁有限公司	家具零售	新疆维吾尔自治区乌鲁木齐市
浙江江铃汽车销售服务有限公司	汽车零售	浙江省杭州市
新疆九州通医药有限公司	药品零售	新疆维吾尔自治区乌鲁木齐市
沃尔玛深国投百货有限公司福州山姆会员商店	超级市场零售	福建省福州市
日上免税行(中国)有限公司	百货零售	北京市顺义区
中国石油天然气股份有限公司湖北宜昌销售分公司	机动车燃料零售	湖北省宜昌市
中国石油天然气股份有限公司河南洛阳销售分公司	机动车燃料零售	河南省洛阳市
中国石油天然气股份有限公司甘肃定西销售分公司	机动车燃料零售	甘肃省定西市
北京赛特百货有限公司	百货零售	北京市朝阳区
徐州金鹰国际实业有限公司	百货零售	江苏省徐州市
安徽国生电器有限责任公司	家用电器零售	安徽省合肥市
枣庄贵诚集团购物中心有限公司	百货零售	山东省枣庄市
中国石油甘肃白银销售分公司	机动车燃料零售	甘肃省白银市
大商集团大庆百货大楼有限公司	百货零售	黑龙江大庆市
扬州金鹰国际实业有限公司	百货零售	江苏省扬州市
中化道达尔油品有限公司	机动车燃料零售	上海市浦东新区
中国石油重庆销售涪陵分公司	机动车燃料零售	重庆市涪陵区
中国石油天然气有限公司甘肃陇南销售分公司	机动车燃料零售	甘肃省陇南市
合肥悦家商业有限公司	超级市场零售	安徽省合肥市
中国石油天然气股份有限公司山东德州销售分公司	机动车燃料零售	山东省德州市
大商集团抚顺百货大楼有限公司	百货零售	辽宁省抚顺市
芜湖中油石油有限公司	机动车燃料零售	安徽省芜湖市
捷成(中国)贸易有限公司	汽车零售	北京市东城区
中国石油天然气股份有限公司太原销售分公司	机动车燃料零售	山西省太原市
苏州函数集团有限责任公司	百货零售	江苏省苏州市
佛山市顺德区乐从供销集团有限公司	超级市场零售	广东省佛山市
合肥百大合家福连锁超市有限责任公司	超级市场零售	安徽省合肥市
新一佳超市有限公司	百货零售	广东省深圳市
北京王府井百货集团双安商场有限责任公司	百货零售	北京市海淀区
中国石油化工股份有限公司贵州安顺石油分公司	机动车燃料零售	贵州省安顺市
济南国美电器有限公司	家用电器零售	山东省济南市
群光实业(武汉)有限公司	百货零售	湖北省武汉市

4-2 续表 7

企业名称	所属行业	企业所在地
中国石油天然气股份有限公司浙江绍兴销售分公司	机动车燃料零售	浙江省绍兴市
成都家乐福超市有限公司	超级市场零售	四川省成都市
青岛利客来商贸集团股份有限公司	百货零售	山东省青岛市
广州市好又多百货商业广场有限公司	百货零售	广东省广州市
无锡市新纪元汽车贸易集团有限公司	汽车零售	江苏省无锡市
中石化湖南益阳石油分公司	机动车燃料零售	湖南省益阳市
北京易初莲花连锁超市有限公司	超级市场零售	北京市朝阳区
雄风集团有限公司	百货零售	浙江省绍兴市
宜兴新苏南商厦有限责任公司	百货零售	江苏省无锡市
烟台市家家悦超市有限公司	超级市场零售	山东省烟台市
陕西苏宁电器有限责任公司	家用电器零售	陕西省西安市
中国石油化工股份有限公司山西阳泉石油分公司	机动车燃料零售	山西省阳泉市
中国石油天然气股份有限公司山西销售侯马分公司	机动车燃料零售	山西省临汾市
利群集团青岛利群商厦有限公司	百货零售	山东省青岛市
浙江宏图三胞科技发展有限公司	计算机、软件及辅助设备零售	浙江省杭州市
武汉汉福超市有限公司	超级市场零售	湖北省武汉市
北京当代商城有限责任公司	百货零售	北京市海淀区
深圳市百佳华百货有限公司	百货零售	广东省深圳市
中国石油天然气股份有限公司广东肇庆分公司	机动车燃料零售	广东省肇庆市
长春伊通河石油经销有限公司	机动车燃料零售	吉林省长春市
中国石油化工股份有限公司绵阳石化销售有限公司	机动车燃料零售	四川省绵阳市
江阴市全顺汽车有限公司	汽车零售	江苏省无锡市
株洲百货股份有限公司	百货零售	湖南省株洲市
湖州市浙北大厦有限责任公司	百货零售	浙江省湖州市
广州家广超市有限公司	超级市场零售	广东省广州市
沈阳商业城股份有限公司	百货零售	辽宁省沈阳市
浙江世纪联华超市有限公司	超级市场零售	浙江省杭州市
浙江华联商厦有限公司	百货零售	浙江省宁波市
浙江苏宁电器有限公司	家用电器零售	浙江省杭州市
北京城乡贸易中心股份有限公司	百货零售	北京市海淀区
无锡八佰伴商贸中心有限公司	百货零售	江苏省无锡市
国兴汽车服务中心	汽车零售	北京市西城区
上海橡果网络技术发展有限公司	百货零售	上海市徐汇区
中国石油化工股份有限公司河南濮阳石油分公司	机动车燃料零售	河南省濮阳市
陕西省军区军人服务社	百货零售	陕西省西安市
华润万家(苏州)超市有限公司	超级市场零售	江苏省苏州市
广西玉柴机器专卖发展有限公司	其他未列明的零售	广西壮族自治区玉林市
武汉国美电器有限公司	家用电器零售	湖北省武汉市
北京屈臣氏个人用品连锁商店有限公司	超级市场零售	北京市朝阳区
江苏鹏润国美电器有限公司	家用电器零售	江苏省南京市
常州百货大楼股份有限公司	百货零售	江苏省常州市
中国石化销售有限责任公司西北鄂尔多斯分公司	机动车燃料零售	内蒙古自治区鄂尔多斯市
西安爱家超市有限公司	超级市场零售	陕西省西安市
武汉苏宁电器有限公司	家用电器零售	湖北省武汉市
昆明家乐福超市有限公司	超级市场零售	云南省昆明市
北京鑫海韵通商业大楼	百货零售	北京市顺义区
北京市西单商场股份有限公司	百货零售	北京市西城区
好美家装潢建材有限公司	其他室内装修材料零售	上海市黄浦区
昆明云顺和商业发展有限公司	百货零售	云南省昆明市
百思买商业(上海)有限公司	家用电器零售	上海市徐汇区
辽宁兴隆百货集团有限公司	百货零售	辽宁省盘锦市

4-2 续表 8

企业名称	所属行业	企业所在地
上海宏图三胞电脑发展有限公司	计算机、软件及辅助设备零售	上海市杨浦区
中国石油天然气股份有限公司山东泰安销售分公司	机动车燃料零售	山东省泰安市
西安民生集团股份有限公司	百货零售	陕西省西安市
东方家园家居建材商业有限公司	其他室内装修材料零售	北京市丰台区
浙江三江购物有限公司	超级市场零售	浙江省杭州市
山西华宇商业发展股份有限公司	百货零售	山西省太原市
大连友谊(集团)股份有限公司	百货零售	辽宁省大连市
世纪金花股份有限公司	百货零售	陕西省西安市
北京宜家家居有限公司	家具零售	北京市朝阳区
深圳岁宝百货有限公司	百货零售	广东省深圳市
上海伍缘现代杂货有限公司	超级市场零售	上海市普陀区
烟台振华量贩超市有限公司	百货零售	山东省烟台市
中国石油天然气股份有限公司湖北襄樊销售分公司	机动车燃料零售	湖北省襄樊市
中国石油天然气股份有限公司四川内江销售分公司	机动车燃料零售	四川省内江市
大商集团哈尔滨新一百购物广场有限公司	百货零售	黑龙江省哈尔滨市
深圳市恒波商业连锁股份有限公司	通信设备零售	广东省深圳市
大商集团阜新新玛特购物广场有限公司	百货零售	辽宁省阜新市
苏州市石路国际商城有限责任公司	百货零售	江苏省苏州市
山东九州商业集团有限公司	百货零售	山东省临沂市
大连国美电器有限公司	家用电器零售	辽宁省大连市
中国石油化工股份有限公司广东云浮石油分公司	机动车燃料零售	广东省云浮市
宁波市北仑加贝购物俱乐部	超级市场零售	浙江省宁波市
绍兴大通商城股份有限公司	百货零售	浙江省绍兴市
荆门市东方百货大厦	超级市场零售	湖北省荆门市
四会市东城街道经济实业发展总公司	珠宝首饰零售	广东省肇庆市
普拉达时装(上海)商业有限公司	服装零售	上海市静安区
合肥鼓楼商厦有限责任公司	百货零售	安徽省合肥市
中石化碧辟(浙江)石油有限公司杭州分公司	机动车燃料零售	浙江省杭州市
河北保定时代商厦有限公司	百货零售	河北省保定市
湖南家润多超市有限公司	超级市场零售	湖南省长沙市
天津市津工超市有限责任公司	超级市场零售	天津市东丽区
中国石油天然气股份有限公司四川资阳销售分公司	机动车燃料零售	四川省资阳市
深圳市国有免税商品(集团)有限公司	烟草制品零售	广东省深圳市
大商集团沈阳新玛特购物休闲广场有限公司	百货零售	辽宁省沈阳市
中国石油天然气股份有限公司河北邢台销售分公司	机动车燃料零售	河北省邢台市
永旺华南商业有限公司	百货零售	广东省深圳市
中国石油化工股份有限公司贵州铜仁分公司	机动车燃料零售	贵州省铜仁市
南昌洪城大厦股份有限公司	百货零售	江西省南昌市
湖南新一佳商业投资有限公司	超级市场零售	湖南省长沙市
江西洪客隆百货投资有限公司	百货零售	江西省南昌市
南京药业股份有限公司	药品零售	江苏省南京市
石家庄人民商场股份有限公司	百货零售	河北省石家庄市
中国石油天然气股份有限公司安徽六安销售分公司	机动车燃料零售	安徽省六安市
百大集团股份有限公司	百货零售	浙江省杭州市
河南永乐生活电器有限公司	家用电器零售	河南省郑州市
飒拉商业(上海)有限公司	服装零售	上海市长宁区
上海联华快客便利有限公司	其他综合零售	上海市虹口区
河南省国美电器有限公司	家用电器零售	河南省郑州市
南京福中信息产业集团有限公司	计算机、软件及辅助设备零售	江苏省南京市
辽宁成大方圆医药连锁有限公司	药品零售	辽宁省沈阳市
哈尔滨家乐福超市有限公司	超级市场零售	黑龙江省哈尔滨市

4-2 续表 9

企业名称	所属行业	企业所在地
重庆重客隆超市连锁有限责任公司	超级市场零售	重庆市渝中区
北京君太太平洋百货有限公司	百货零售	北京市西城区
深圳市亨吉利世界名表中心有限公司	钟表、眼镜零售	广东省深圳市
成都市人人乐商业有限公司	百货零售	四川省成都市
中国石油天然气股份有限公司山东威海销售分公司	机动车燃料零售	山东省威海市
广州市国美电器有限公司佛山分公司	家用电器零售	广东省佛山市
上海新华传媒连锁有限公司	图书零售	上海市黄浦区
中国石油天然气股份有限公司云南红河销售分公司	机动车燃料零售	云南省红河市
广西南宁梦之岛百货有限公司	百货零售	广西壮族自治区南宁市
浙江上百贸易有限公司	超级市场零售	浙江省绍兴市
苏州悦家超市有限公司	超级市场零售	江苏省苏州市
上海宜家家居有限公司	家具零售	上海市徐汇区
上海申瑞家具有限公司	家具零售	上海市徐汇区
北京三元石油有限公司	机动车燃料零售	北京市大兴区
厦门永乐思文家电有限公司	家用电器零售	福建省厦门市
江苏新合作常客隆连锁超市有限公司	超级市场零售	江苏省苏州市
秦皇岛渤海物流控股股份有限公司	百货零售	河北省秦皇岛市
大庆市庆客隆连锁商贸有限公司	超级市场零售	黑龙江大庆市
沈阳苏宁电器有限公司	家用电器零售	辽宁省沈阳市
昆明国美电器有限公司	家用电器零售	云南省昆明市
江阴华地百货有限公司	百货零售	江苏省无锡市
大商集团大庆新玛特购物休闲广场有限公司	百货零售	黑龙江省大庆市
珠海市免税企业集团有限公司	百货零售	广东省珠海市
大连沃尔玛百货有限公司	超级市场零售	辽宁省大连市
廊坊市商业明珠大厦	百货零售	河北省廊坊市
深圳市海王星辰医药有限公司	药品零售	广东省深圳市
中国石油天然气股份有限公司山西销售忻州分公司	机动车燃料零售	山西省忻州市
新疆国美电器有限公司	家用电器零售	新疆维吾尔自治区乌鲁木齐市
北京市上品商业发展有限责任公司	服装零售	北京市东城区
宝盛道吉(北京)贸易有限公司	服装零售	北京市东城区
北京华冠商贸有限公司	超级市场零售	北京市房山区
石家庄东方城市广场有限公司	百货零售	河北省石家庄市
安利(中国)日用品有限公司北京分公司	其他综合零售	北京市东城区
哈尔滨申格体育连锁有限公司	体育用品零售	黑龙江省哈尔滨市
海恩斯莫里斯(上海)商业有限公司	服装零售	上海市卢湾区
江阴市盛达汽车销售服务有限公司	汽车零售	江苏省无锡市
上海屈臣氏日用品有限公司	超级市场零售	上海市徐汇区
中国石油天然气股份有限公司四川广安销售分公司	机动车燃料零售	四川省广安市
山东苏宁电器有限公司	家用电器零售	山东省济南市
永州商业城有限责任公司	百货零售	湖南省永州市
延吉百货大楼股份有限公司	百货零售	吉林延边市
黄冈市黄商贸易股份有限公司	百货零售	湖北省黄冈市
重庆安福汽车营销有限公司	汽车零售	重庆市渝北区
中国石油天然气股份有限公司四川眉山销售分公司	机动车燃料零售	四川省眉山市
山东统一银座商业有限公司	超级市场零售	山东省济南市
内蒙古紫维汽车(集团)有限公司	汽车零售	内蒙古自治区呼和浩特市
深圳家乐福商业有限公司	超级市场零售	广东省深圳市
中石化长江燃料有限公司武汉分公司	机动车燃料零售	湖北省武汉市
苏州苏宁电器有限公司	家用电器零售	江苏省苏州市
银川新华百货东桥电器有限公司	家用电器零售	宁夏回族自治区银川市
长沙王府井百货有限公司	百货零售	湖南省长沙市

4-2 续表 10

企业名称	所属行业	企业所在地
广州市宏丽黄埔百货有限公司	超级市场零售	广东省广州市
中油碧辟石油有限公司江门分公司	机动车燃料零售	广东省江门市
中国石油天然气股份有限公司黑龙江实华销售公司	机动车燃料零售	黑龙江省哈尔滨市
中国图书进出口(集团)总公司	报刊零售	北京市朝阳区
深圳虎威制衣有限公司广州分公司	服装零售	广东省广州市
北京迪信通电子通信技术有限公司	通信设备零售	北京市海淀区
陕西凯达投资集团有限责任公司	服装零售	陕西省西安市
深圳岁宝连锁商业发展有限公司	百货零售	广东省深圳市
江苏宏信商贸股份有限公司	百货零售	江苏省扬州市
江苏好享购物有限公司	邮购及电子销售	江苏省南京市
兰州国芳百盛购物广场有限责任公司	百货零售	甘肃省兰州市
中国石油天然气股份有限公司广东江门销售分公司	机动车燃料零售	广东省江门市
青岛海信东海商贸有限公司	百货零售	山东省青岛市
天津市人人乐商业有限公司	超级市场零售	天津市南开区
上海易迅电子商务发展有限公司	百货零售	上海市宝山区
百朗商贸(深圳)有限公司	鞋帽零售	广东省深圳市
东莞市嘉荣超市有限公司	超级市场零售	广东省东莞市
北京贵友大厦有限公司	百货零售	北京市朝阳区
福建东百集团股份有限公司	百货零售	福建省福州市
上海古今内衣有限公司	服装零售	上海市卢湾区
昆山双鹤医药有限责任公司	药品零售	江苏省苏州市
珠海市国泉贸易有限公司	服装零售	广东省珠海市
临沂医药集团有限公司	药品零售	山东省临沂市
邯郸新世纪商业广场股份有限公司	服装零售	河北省邯郸市
云南强林石化有限公司	机动车燃料零售	云南省昆明市
中油碧辟石油有限公司中山分公司	机动车燃料零售	广东省中山市
山东龙口市博商购物广场	百货零售	山东省烟台市
成都青羊区仁和春天百货有限公司	百货零售	四川省成都市
华润万家生活超市(珠海)有限公司	百货零售	广东省珠海市
江苏苏盛商贸有限公司	烟草制品零售	江苏省南京市
北京崇德商贸有限公司	鞋帽零售	北京市西城区
银川市新华百货连锁超市有限公司	超级市场零售	宁夏回族自治区银川市
哈工大首创科技股份有限公司	百货零售	浙江省宁波市
福州麦多万嘉超市有限公司	粮油零售	福建省福州市
北京市顺义国泰商业大厦	百货零售	北京市顺义区
上海虹桥药业有限公司	药品零售	上海市闵行区
中国石油天然气股份有限公司云南文山销售分公司	机动车燃料零售	云南省文山市
麦凯乐(青岛)百货总店有限公司	百货零售	山东省青岛市
中油碧辟石油有限公司惠州分公司	机动车燃料零售	广东省惠州市
苏州鹏润国美电器有限公司	家用电器零售	江苏省苏州市
上海文峰购物广场有限公司	百货零售	上海市浦东新区
福建苏宁电器有限公司	家用电器零售	福建省福州市
常州市五星电器有限公司	家用电器零售	江苏省常州市
中国石油股份有限公司遵义销售分公司	机动车燃料零售	贵州省遵义市
中国石油天然气股份有限公司湖南销售常德分公司	机动车燃料零售	湖南省常德市
沃尔玛华东百货有限公司	超级市场零售	上海市浦东新区
北京首都机场商贸有限公司	超级市场零售	北京市顺义区
山东省聊城市百货大楼有限责任公司	百货零售	山东省聊城市
重庆家乐福商业有限公司	百货零售	重庆市渝中区
东莞市时尚电器有限公司	家用电器零售	广东省东莞市
山西国美电器有限公司	家用电器零售	山西省太原市

4-2 续表 11

企业名称	所属行业	企业所在地
中国石油天燃气股份有限公司西藏销售分公司拉萨公司	机动车燃料零售	西藏自治区拉萨市
桂林市微笑堂实业发展有限公司	百货零售	广西壮族自治区桂林市
中国石油天然气股份有限公司云南销售分公司玉溪零售部	机动车燃料零售	云南省玉溪市
上海汇金百货有限公司	百货零售	上海市徐汇区
福建新华都综合百货有限公司	百货零售	福建省福州市
北京市亨得利瑞士钟表有限责任公司	钟表、眼镜零售	北京市东城区
安徽五星电器有限公司	家用电器零售	安徽省合肥市
无锡市苏宁电器有限公司	家用电器零售	江苏省无锡市
上海良友金伴便利连锁有限公司	其他综合零售	上海市徐汇区
大连沈大苏宁电器有限公司	家用电器零售	辽宁省大连市
江苏中央新亚百货股份有限公司	百货零售	江苏省淮安市
宿州华夏集团	百货零售	安徽省宿州市
中国石油化工股份有限公司湖南湘西分公司	机动车燃料零售	湖南省湘西土家族苗族自治州
宁波欧尚超市有限公司	超级市场零售	浙江省宁波市
哈尔滨市联强商业发展有限公司	超级市场零售	黑龙江省哈尔滨市
宁波浙国美电器有限公司	家用电器零售	浙江省宁波市
佛山市苏宁电器有限公司	家用电器零售	广东省佛山市
河南世纪联华超市有限公司	超级市场零售	河南省郑州市
泰安银座商城有限公司	百货零售	山东省泰安市
浙江星普五星电器有限公司	家用电器零售	浙江省杭州市
东莞市天虹商场有限公司	百货零售	广东省东莞市
中国石油化工股份有限公司云南保山石油分公司	机动车燃料零售	云南省保山市
中国石油天然气股份有限公司山东济宁销售分公司	机动车燃料零售	山东省济宁市
迪卡侬(上海)体育用品有限公司	体育用品零售	上海市浦东新区
浙江易川体育用品连锁有限公司	服装零售	浙江省金华市
湖南国美电器有限公司	家用电器零售	湖南省长沙市
山东省东营市百货大楼	百货零售	山东省东营市
宜昌国贸大厦集团有限公司	百货零售	湖北省宜昌市
江苏华润万家超市有限公司	超级市场零售	江苏省苏州市
中国石化股份有限公司广东汕尾石油分公司	机动车燃料零售	广东省汕尾市
中国石油天然气股份有限公司湖南销售郴州分公司	机动车燃料零售	湖南省郴州市
上海迪亚零售有限公司	其他综合零售	上海市浦东新区
沈阳新世界百货有限公司	百货零售	辽宁省沈阳市
中石油湖南益阳销售分公司	机动车燃料零售	湖南省益阳市
深圳市领跑体育用品有限公司	服装零售	广东省深圳市
内蒙古维多利商厦有限公司	百货零售	内蒙古自治区呼和浩特市
深圳市利联太阳百货有限公司	百货零售	广东省深圳市
淄博东泰集团有限公司	百货零售	山东省淄博市
常州金太阳至尊家电有限公司	家用电器零售	江苏省常州市
北京卜蜂莲花连锁超市有限公司	超级市场零售	北京市朝阳区
湖南苏宁电器有限公司	家用电器零售	湖南省长沙市
贵阳星力百货集团有限公司	百货零售	贵州省贵阳市
厦门市天虹商场有限公司	百货零售	福建省厦门市
北京中复电讯设备有限责任公司	通信设备零售	北京市朝阳区
三联商社股份有限公司	家用电器零售	山东省济南市
南京悦家超市有限公司	超级市场零售	江苏省南京市
上海福满家便利有限公司	其他综合零售	上海市静安区
东营银座商城有限公司	百货零售	山东省东营市
南通苏宁电器有限公司	家用电器零售	江苏省南通市
重庆市新大兴实业(集团)有限公司	超级市场零售	重庆市涪陵区
长春百货大楼集团股份有限公司	百货零售	吉林省长春市

4-2 续表 12

企业名称	所属行业	企业所在地
天津海信广场有限公司	百货零售	天津市和平区
湖北富迪实业有限公司	超级市场零售	湖北省仙桃市
中国石油天然气股份有限公司四川巴中销售分公司	机动车燃料零售	四川省巴中市
葫芦岛市百货大楼	百货零售	辽宁省葫芦岛市
内蒙古利丰集团有限公司	汽车零售	内蒙古自治区呼和浩特市
广东赛壹便利店有限公司	超级市场零售	广东省广州市
宁波甬宁苏宁电器有限公司	家用电器零售	浙江省宁波市
泉州鹏润国美电器有限公司	家用电器零售	福建省泉州市
武汉市汉商集团股份有限公司	百货零售	湖北省武汉市
青岛鲁宁苏宁电器有限公司	家用电器零售	山东省青岛市
深圳市国美电器有限公司东莞市分公司	家用电器零售	广东省东莞市
万宝龙商业(中国)有限公司	文具用品零售	上海市静安区
杭州银西百货有限公司	百货零售	浙江省杭州市
湖北省十堰市人民商场股份有限公司	百货零售	湖北省十堰市
大商集团锦州百货大楼有限公司	百货零售	辽宁省锦州市
烟台振华购物中心有限公司	百货零售	山东省烟台市
中国石油天然气股份有限公司四川自贡销售分公司	机动车燃料零售	四川省自贡市
湖南邵阳中油销售有限公司	机动车燃料零售	湖南省邵阳市
中油碧辟石油有限公司深圳分公司	其他未列明的零售	广东省深圳市
云南苏宁电器有限公司	家用电器零售	云南省昆明市
北京东南得利卡汽车贸易有限公司	汽车零售	北京市丰台区
沈阳市领跑体育用品有限公司	服装零售	辽宁省沈阳市
北京蓝岛大厦有限责任公司	百货零售	北京市朝阳区
淄博银座商城有限公司	百货零售	山东省淄博市
好易购家庭购物有限公司	邮购及电子销售	浙江省杭州市
天津伊势丹有限公司	百货零售	天津市和平区
徐州中央百大股份有限公司	百货零售	江苏省徐州市
山东奥德隆集团有限公司	百货零售	山东省淄博市
西安航天龙腾丰田汽车销售服务有限公司	汽车零售	陕西省西安市
安徽省阜阳商厦股份有限公司	百货零售	安徽省阜阳市
徐州苏宁电器有限公司	家用电器零售	江苏省徐州市
湖北省十堰市寿康永乐有限公司	超级市场零售	湖北省十堰市
宜兴市华地百货有限公司	百货零售	江苏省无锡市
芜湖华亿国际购物中心有限责任公司	百货零售	安徽省芜湖市
重庆远东百货有限公司	百货零售	重庆市江北区
成都仁和春天百货有限公司	百货零售	四川省成都市
沃尔玛深国投百货有限公司厦门世贸分店	百货零售	福建省厦门市
上海三联(集团)有限公司	钟表、眼镜零售	上海市黄浦区
平顶山市普生药业有限公司	药品零售	河南省平顶山市
保定商场股份有限公司	百货零售	河北省保定市
淮北市新惠康商贸有限公司	超级市场零售	安徽省淮北市
陕西延长壳牌石油有限公司	机动车燃料零售	陕西省西安市
厦门富山诚达百货商业广场有限公司	超级市场零售	福建省厦门市
沃尔玛(江苏)商业零售有限公司	超级市场零售	江苏省南京市
天津泰达易买得超市有限公司	超级市场零售	天津市滨海新区
深圳市深燃石油气有限公司	其他未列明的零售	广东省深圳市
安徽省徽商红府连锁超市有限责任公司	超级市场零售	安徽省合肥市
兰州民百(集团)股份有限公司	百货零售	甘肃省兰州市
联盛商业连锁股份有限公司	百货零售	江西省九江市
胜利油田胜大超市	超级市场零售	山东省东营市
太原王府井百货有限公司	百货零售	山西省太原市

4-2 续表 13

企业名称	所属行业	企业所在地
江阴市广吉汽车经销有限公司	汽车零售	江苏省无锡市
厦门福厦苏宁电器有限公司	家用电器零售	福建省厦门市
浙江帅康营销有限公司	家用电器零售	浙江省宁波市
上海美承高科技有限公司	计算机、软件及辅助设备零售	上海市徐汇区
绍兴市国商大厦有限责任公司	百货零售	浙江省绍兴市
陕西通达果汁集团股份有限公司	饮料及茶叶零售	陕西省西安市
昆明七彩云南实业股份有限公司	珠宝首饰零售	云南省昆明市
天津华润超级市场有限公司	超级市场零售	天津市和平区
大商集团鸡西新玛特购物广场有限公司	百货零售	黑龙江鸡西市
广州王府井百货大楼有限责任公司	百货零售	广东省广州市
河北国美电器有限公司	家用电器零售	河北省石家庄市
东莞沃尔玛百货有限公司	超级市场零售	广东省东莞市
四川省互惠商业责任有限公司	超级市场零售	四川省成都市
北京王府井百货集团长安商场有限责任公司	百货零售	北京市西城区
广东大参林连锁药店有限公司	药品零售	广东省广州市
济宁九龙家电有限公司	家用电器零售	山东省济宁市
浙江东兴商厦股份有限公司	超级市场零售	浙江省嘉兴市
中国石油天然气股份有限公司云南保山销售分公司	机动车燃料零售	云南省保山市
临沂佳轮汽车销售服务有限公司	汽车零售	山东省临沂市
威海长江糖酒有限公司	超级市场零售	山东省威海市
湖北金城大厦集团实业公司	百货零售	湖北省荆门市
天津劝业场(集团)股份有限公司	百货零售	天津市和平区
山东金宇商贸有限公司	其他室内装修材料零售	山东省济宁市
南京欧尚超市有限公司	超级市场零售	江苏省南京市
上海汇姿百货有限公司	百货零售	上海市杨浦区
内蒙古维多利商业管理有限公司	百货零售	内蒙古自治区呼和浩特市
成都商厦太平洋百货有限公司	百货零售	四川省成都市
成都美美力诚百货有限公司	服装零售	四川省成都市
青岛利群百货股份有限公司	百货零售	山东省青岛市
南昌市天虹商场有限公司	百货零售	江西省南昌市
中国石油天然气股份有限公司重庆渝中销售分公司	机动车燃料零售	重庆市九龙坡区
昆明百货大楼(集团)珠宝经营有限公司	珠宝首饰零售	云南省昆明市
新疆友好百盛商业发展有限公司	百货零售	新疆维吾尔自治区乌鲁木齐市
泰州第一百货商店股份有限公司	百货零售	江苏省泰州市
淄博通乾商务策划运营有限公司	纺织品及针织品零售	山东省淄博市
北京金象复星医药股份有限公司	药品零售	北京市西城区
北京永辉超市有限公司	超级市场零售	北京市石景山区
广西南宁梦之岛水晶城百货有限公司	百货零售	广西壮族自治区南宁市
北京物美京北大世界商贸有限公司	百货零售	北京市怀柔区
茂名市明湖百货有限公司	超级市场零售	广东省茂名市
东营市商业大厦有限责任公司	百货零售	山东省东营市
上海拉夏贝尔服饰有限公司	服装零售	上海市徐汇区
北京宏图三胞科技发展有限公司	计算机、软件及辅助设备零售	北京市西城区
盐城商业大厦有限公司	百货零售	江苏省盐城市
安庆华联购物广场有限责任公司	百货零售	安徽省安庆市
泸州汇通百货股份有限公司	百货零售	四川省泸州市
中国石油湖南销售衡阳分公司	机动车燃料零售	湖南省衡阳市
昆明金美百货有限公司	百货零售	云南省昆明市
江西鹏润国美电器有限公司	家用电器零售	江西省南昌市
温州苏宁电器有限公司	家用电器零售	浙江省温州市
常州新世纪商城有限公司	百货零售	江苏省常州市

4-2 续表 14

企业名称	所属行业	企业所在地
北京天超仓储超市有限责任公司	超级市场零售	北京市东城区
广州市宏丽有限公司	超级市场零售	广东省广州市
中国石油天然气股份有限公司湖南岳阳销售分公司	机动车燃料零售	湖南省岳阳市
大连家乐福商业有限公司	超级市场零售	辽宁省大连市
中山市创世纪汽车有限公司	汽车零售	广东省中山市
青岛家乐福商业有限公司	超级市场零售	山东省青岛市
嘉兴市戴梦得购物中心有限公司	百货零售	浙江省嘉兴市
安徽华亿超市连锁有限公司	超级市场零售	安徽省芜湖市
广州摩登百货股份有限公司	百货零售	广东省广州市
福建华夏汽车城发展有限公司	汽车零售	福建省福州市
常熟市新合作常客隆购物广场有限公司	超级市场零售	江苏省苏州市
江苏盐阜人民商场有限公司	百货零售	江苏省盐城市
日照日百商业有限公司	百货零售	山东省日照市
南京商厦股份有限公司	百货零售	江苏省南京市
沈阳荟华楼黄金珠宝首饰有限公司	珠宝首饰零售	辽宁省沈阳市
江苏百润商品配送中心有限公司	超级市场零售	江苏省苏州市
中原百货集团股份有限公司	百货零售	天津市和平区
唐山华盛超市有限公司	超级市场零售	河北省唐山市
常州苏宁电器有限公司	家用电器零售	江苏省常州市
无锡欧尚超市有限公司	超级市场零售	江苏省无锡市
海宁市华联大厦有限公司	百货零售	浙江省嘉兴市
新疆汇嘉时代百货股份有限公司	百货零售	新疆维吾尔自治区乌鲁木齐市
丹阳市华帝百货有限公司	百货零售	江苏省镇江市
中国石油天然气股份有限公司贵州毕节销售分公司	机动车燃料零售	贵州省毕节市
铁岭兴隆百货有限公司	百货零售	辽宁省铁岭市
东莞市励骏实业有限公司	鞋帽零售	广东省东莞市
镇江百盛商城有限公司	百货零售	江苏省镇江市
河南大张实业有限公司	超级市场零售	河南省洛阳市
无锡国美电器有限公司	家用电器零售	江苏省无锡市
华润超级市场有限公司	超级市场零售	北京市朝阳区
中国石油天然气股份有限公司山西长治销售分公司	机动车燃料零售	山西省长治市
湖南时代阳光养天和大药房连锁有限公司	药品零售	湖南省长沙市
广西南城百货股份有限公司	超级市场零售	广西壮族自治区南宁市
中国石油天然气股份有限公司湖北孝感分公司	机动车燃料零售	湖北省孝感市
洛阳王府井百货有限责任公司	百货零售	河南省洛阳市
北京京北美廉美超市有限公司	超级市场零售	北京市昌平区
永安百货有限公司	百货零售	上海市黄浦区
珠海市泰锋电业有限公司	家用电器零售	广东省珠海市
北京首航国力商贸有限公司	超级市场零售	北京市丰台区
许昌市胖东来商贸集团有限公司	百货零售	河南省许昌市
中国石油天然气股份有限公司山西晋中销售分公司	机动车燃料零售	山西省晋中市
新泰银座商城有限公司	百货零售	山东省泰安市
长沙东之杰运动产业发展有限公司	服装零售	湖南省长沙市
东莞市苏宁电器有限公司	家用电器零售	广东省东莞市
无锡三阳百盛广场有限公司	百货零售	江苏省无锡市
海南大润发商业有限公司	超级市场零售	海南省海口市
晋城市华洋亚飞汽车连锁销售有限公司	汽车零售	山西省晋城市
沃尔玛深国投百货有限公司哈尔滨中山路分店	超级市场零售	黑龙江省哈尔滨市
青岛第一百盛有限公司	百货零售	山东省青岛市
安徽苏宁电器有限公司	家用电器零售	安徽省合肥市
上海捷强烟草糖酒(集团)连锁有限公司	超级市场零售	上海市虹口区

4-2 续表 15

企业名称	所属行业	企业所在地
贵阳通源丰田汽车销售服务有限公司	汽车零售	贵州省贵阳市
西宁王府井百货有限公司	超级市场零售	青海省西宁市
天津劝业家乐福超市有限公司	超级市场零售	天津市南开区
贵州国美电器有限公司	家用电器零售	贵州省贵阳市
成都好又多百货商业广场有限公司	超级市场零售	四川省成都市
中国石油天然气股份有限公司山西销售晋城分公司	机动车燃料零售	山西省晋城市
浙江江南大厦股份有限公司	百货零售	浙江省嘉兴市
新泰青云购物中心有限公司	百货零售	山东省泰安市
芜湖南京新百大厦有限公司	百货零售	安徽省芜湖市
浙江供销超市有限公司	超级市场零售	浙江省绍兴市
武穴市食品公司	肉、禽、蛋及水产品零售	湖北省黄冈市
华润万家生活超市(中山)有限公司	超级市场零售	广东省中山市
山东省东营市日用工业品公司	百货零售	山东省东营市
安徽宏图三胞科技发展有限公司	计算机、软件及辅助设备零售	安徽省合肥市
赤壁商城	果品、蔬菜零售	湖北省咸宁市
广西联华超市股份有限公司	超级市场零售	广西壮族自治区柳州市
苏州润瑞商业有限公司	超级市场零售	江苏省苏州市
沧州市华北商厦有限公司	百货零售	河北省沧州市
临沂银座商城有限公司	百货零售	山东省临沂市
常熟市百润发超市有限责任公司	超级市场零售	江苏省苏州市
欧亚集团沈阳联营有限公司	百货零售	辽宁省沈阳市
上海新欧尚超市有限公司嘉定店	超级市场零售	上海市嘉定区
赣州国光实业有限公司	超级市场零售	江西省赣州市
湖北新世纪购物中心股份有限公司	百货零售	湖北省随州市
昆山润华商业有限公司上海松江分公司	超级市场零售	上海市松江区
杭州联华华商集团拱墅世纪联华超市有限公司	超级市场零售	浙江省杭州市
云南奥龙世博经贸有限公司	服装零售	云南省昆明市
宁波家乐福商业有限公司	超级市场零售	浙江省宁波市
昆山润华商业有限公司镇江分公司	超级市场零售	江苏省镇江市
北京同仁堂连锁药店有限责任公司	药品零售	北京市西城区
浙江汇德隆实业集团有限公司	家用电器零售	浙江省杭州市
厦门国美电器有限公司	家用电器零售	福建省厦门市
北京旺市百利商业有限公司	超级市场零售	北京市朝阳区
日照凌云工贸有限公司	家用电器零售	山东省日照市
辽中商业大厦有限公司	百货零售	辽宁省沈阳市
山东省苍山县供销社合作社联合社	其他综合零售	山东省临沂市
杭州欧尚超市有限公司	超级市场零售	浙江省杭州市
河北华北石油商业有限公司	百货零售	河北省沧州市
中国汽车贸易西南公司	汽车零售	四川省成都市
沃尔玛深国投百货有限公司武汉中山大道分店	超级市场零售	湖北省武汉市
中山市信和商业连锁有限公司	超级市场零售	广东省中山市
北京华普联合商业投资有限公司	超级市场零售	北京市朝阳区
河南苏宁电器有限公司	家用电器零售	河南省郑州市
新百丽鞋业(深圳)有限公司西安分公司	鞋帽零售	陕西省西安市
大庆油田昆仑集团商贸有限公司	百货零售	黑龙江大庆市
滨州银座商城有限公司	百货零售	山东省滨州市
哈尔滨秋林集团股份有限公司	百货零售	黑龙江省哈尔滨市
上虞市医药有限责任公司	药品零售	浙江省绍兴市
成都讯捷通讯连锁有限公司	通信设备零售	四川省成都市
大商集团佳木斯百货大楼	百货零售	黑龙江省佳木斯市
福州家乐福商业有限公司	超级市场零售	福建省福州市

4-2 续表 16

企业名称	所属行业	企业所在地
广东益华百货有限公司	百货零售	广东省中山市
邯郸市阳光三联电器有限公司	家用电器零售	河北省邯郸市
深圳市国美电器有限公司中山分公司	家用电器零售	广东省中山市
深圳市国美电器有限公司惠州分公司	家用电器零售	广东省惠州市
丝芙兰(北京)化妆品销售有限公司	化妆品及卫生用品零售	北京市朝阳区
山西省太原唐久超市有限公司	其他综合零售	山西省太原市
贵阳东方苏宁电器有限公司	家用电器零售	贵州省贵阳市
北京甘家口大厦	百货零售	北京市海淀区
新疆好家乡超市有限公司	超级市场零售	新疆维吾尔自治区乌鲁木齐市
乐山市大众汽车贸易有限公司	汽车零售	四川省乐山市
上海益实多电子商务有限公司	邮购及电子销售	上海市浦东区
心连心集团有限公司	超级市场零售	湖南省湘潭市
武汉滔博商贸江汉有限公司	服装零售	湖北省武汉市
上海七宝乐购购物中心有限公司	超级市场零售	上海市闵行区
沈阳市鹏宇体育用品有限公司	鞋帽零售	辽宁省沈阳市
广州市新大新有限公司	百货零售	广东省广州市
江苏雅家乐集团有限公司	超级市场零售	江苏省盐城市
洛阳丹尼斯量贩有限公司	超级市场零售	河南省洛阳市
广州沃尔玛百货有限公司	超级市场零售	广东省广州市
哈尔滨苏宁电器有限公司	家用电器零售	黑龙江省哈尔滨市
上海第一医药股份有限公司(母公司)	药品零售	上海市黄浦区
本溪华联商厦有限公司	百货零售	辽宁省本溪市
深圳百安居装饰建材有限公司	其他室内装修材料零售	广东省深圳市
北京丽家丽婴婴童用品有限公司	其他综合零售	北京市大兴区
西安双鹤医药股份有限公司	药品零售	陕西省西安市
咸阳世纪金花商贸有限公司	超级市场零售	陕西省咸阳市
宁波新江厦连锁超市有限公司	超级市场零售	浙江省宁波市
中国石油天然气股份有限公司浙江销售湖州零售分公司	机动车燃料零售	浙江省湖州市
北京创益佳家乐福商业有限公司	超级市场零售	北京市朝阳区
龙口市第一百货商店有限责任公司	百货零售	山东省烟台市
上海松江燃气有限公司	生活用燃料零售	上海市松江区
陕西民生家乐商业连锁有限责任公司	超级市场零售	陕西省西安市
菏泽牡丹医药有限责任公司	药品零售	山东省菏泽市
沃尔玛深国投百货有限公司岳阳巴陵中路分店	超级市场零售	湖南省岳阳市
山西苏宁电器有限公司	家用电器零售	山西省太原市
阿尔弗雷德登喜路(上海)贸易有限公司	服装零售	上海市卢湾区
深圳乐荣超市有限公司	超级市场零售	广东省深圳市
深圳市昊天林实业有限公司	其他电子产品零售	广东省深圳市
珠海众大利物资车业有限公司	汽车零售	广东省珠海市
江苏国美永乐家用电器有限公司	家用电器零售	江苏省无锡市
兖州市广场商厦	百货零售	山东省济宁市
柳州工贸大厦股份有限公司	百货零售	广西壮族自治区柳州市
金华市第一百货商店股份有限公司	百货零售	浙江省金华市
安徽省庐江安德利贸易中心有限公司	超级市场零售	安徽省巢湖市
成都舞东风连锁超市有限责任公司	超级市场零售	四川省成都市
北京稻香村食品有限责任公司	糕点、面包零售	北京市东城区
常州九洲超市有限公司	超级市场零售	江苏省常州市
青岛阳光百货股份有限公司	百货零售	山东省青岛市
吉林大药房药业股份有限公司	药品零售	吉林省长春市
广西苏宁电器有限公司	家用电器零售	广西壮族自治区南宁市
内蒙古海亮商贸有限公司	服装零售	内蒙古自治区呼和浩特市

4-2 续表 17

企业名称	所属行业	企业所在地
十堰市新合作鑫城超市有限公司	超级市场零售	湖北省十堰市
河南华联商厦有限公司	百货零售	河南省郑州市
唐山市金客隆超市有限公司	超级市场零售	河北省唐山市
蚌埠市华运超市有限责任公司	超级市场零售	安徽省蚌埠市
成都京东世纪贸易有限公司	邮购及电子销售	四川省成都市
无锡天润发超市有限公司	超级市场零售	江苏省无锡市
安徽华联商厦有限责任公司	百货零售	安徽省淮南市
南通通润发超市有限公司	超级市场零售	江苏省南通市
上海市浦东商场股份有限公司	百货零售	上海市浦东新区
长沙家乐福超市有限责任公司	超级市场零售	湖南省长沙市
邹城市百货大楼有限责任公司	百货零售	山东省济宁市
宁波新江厦股份有限公司	百货零售	浙江省宁波市
扬州润良商业有限公司	超级市场零售	江苏省扬州市
西安兴正元购物中心有限公司	百货零售	陕西省西安市
哈尔滨新世界百货商场有限公司	百货零售	黑龙江省哈尔滨市
大商集团抚顺商业城有限公司	百货零售	辽宁省抚顺市
柳州市百货股份有限公司	百货零售	广西壮族自治区柳州市
南宁市人人乐商业有限公司	超级市场零售	广西壮族自治区南宁市
济南人民商场集团有限公司	百货零售	山东省济南市
沃尔玛深国投百货有限公司南昌八一广场分店	超级市场零售	江西省南昌市
大连国际商贸大厦有限公司哈尔滨麦凯乐百货总店	百货零售	黑龙江省哈尔滨市
北京迪亚商业有限公司	超级市场零售	北京市朝阳区
无锡天惠超市股份有限公司	超级市场零售	江苏省无锡市
北京顺天府商贸有限公司	超级市场零售	北京市丰台区
信阳亚兴集团有限责任公司	超级市场零售	河南省信阳市
赤峰利丰汽车行有限公司	汽车零售	内蒙古自治区赤峰市
昆山润华商业有限公司上海闵行分公司	超级市场零售	上海市闵行区
大商集团沈阳新玛特有限公司千盛百货购物中心	百货零售	辽宁省沈阳市
杭州物美大卖场商业有限公司	超级市场零售	浙江省杭州市
大商集团沈阳铁西新玛特购物休闲广场有限公司	百货零售	辽宁省沈阳市
吉林省华之诚汽车销售服务有限公司	汽车零售	吉林省长春市
万源市爱家购物广场	超级市场零售	四川省达州市
信阳市西亚商业有限公司	超级市场零售	河南省信阳市
上海百安居超市有限公司	超级市场零售	上海市浦东新区
家得宝(天津)商业有限公司	其他室内装修材料零售	天津市滨海新区
山东宏图三胞科技发展有限公司	计算机、软件及辅助设备零售	山东省济南市
广州安骅汽车贸易有限公司	汽车零售	广东省广州市
重庆中百仓储超市有限公司	超级市场零售	重庆市九龙坡区
盐城金鹰国际购物中心有限公司	百货零售	江苏省盐城市
苏州润德商业有限公司	超级市场零售	江苏省苏州市
泰州苏宁电器有限公司	家用电器零售	江苏省泰州市
特易购商业(广东)有限公司	百货零售	广东省广州市
衢州东方商厦有限公司	百货零售	浙江省衢州市
嘉兴苏宁电器有限公司	家用电器零售	浙江省嘉兴市
沈阳乐购超市有限公司	超级市场零售	辽宁省沈阳市
甘肃国美电器有限公司	家用电器零售	甘肃省兰州市
江苏中亚糖酒有限公司	烟草制品零售	江苏省扬州市
朝阳兴隆大家庭购物中心有限公司	百货零售	辽宁省朝阳市
安徽燕之坊食品有限公司	粮油零售	安徽省合肥市
兰州西太华工贸集团股份有限公司	百货零售	甘肃省兰州市
上海市大药房有限公司	药品零售	上海市虹口区

4-2 续表 18

企业名称	所属行业	企业所在地
辽宁华润万家生活超市有限公司	超级市场零售	辽宁省沈阳市
深圳出版发行集团公司	图书零售	广东省深圳市
中国石油化工股份有限公司湖北高速公路油站管理分公司	机动车燃料零售	湖北省武汉市
北京图书大厦有限责任公司	图书零售	北京市西城区
甘肃国芳综合超市有限公司	百货零售	甘肃省兰州市
秦皇岛市广缘商厦有限公司	超级市场零售	河北省秦皇岛市
北京华联综合超市股份有限公司呼和浩特分公司	超级市场零售	内蒙古自治区呼和浩特市
海南民生百货商场有限公司	百货零售	海南省海口市
大石桥市兴隆百货有限公司	百货零售	辽宁省营口市
思创数码科技股份有限公司	计算机、软件及辅助设备零售	江西省南昌市
合肥百货大楼集团蚌埠百货大楼有限责任公司	百货零售	安徽省蚌埠市
柒一拾壹(北京)有限公司	其他综合零售	北京市东城区
佛山市顺德区大润发商业有限公司	超级市场零售	广东省佛山市
上海好孩子儿童服饰有限公司	服装零售	上海市黄浦区
东营振华百货发展有限公司	百货零售	山东省东营市
嵊州市国商大厦有限公司	百货零售	浙江省绍兴市
贵州星力百货购物广场有限公司	百货零售	贵州省贵阳市
武汉鲁巷广场购物中心	百货零售	湖北省武汉市
深圳市龙浩天地商贸发展有限公司	鞋帽零售	广东省深圳市
大连大商集团有限公司大庆让胡路商场	百货零售	黑龙江大庆市
温州崇高百货有限公司	服装零售	浙江省温州市
广州市国美电器有限公司海南分公司	家用电器零售	海南省海口市
甘肃苏宁电器有限公司	家用电器零售	甘肃省兰州市
沃尔玛(广东)商业零售有限公司	超级市场零售	广东省广州市
大商集团铁岭新玛特有限公司	百货零售	辽宁省铁岭市
上海铂利德钻石有限公司	珠宝首饰零售	上海市闸北区
长春苏宁电器有限公司	家用电器零售	吉林省长春市
北京新世界利莹百货有限公司	百货零售	北京市朝阳区
上海和雍贸易有限公司	计算机、软件及辅助设备零售	上海市徐汇区
甘肃华润万家生活超市有限公司	百货零售	甘肃省兰州市
淄博新世界市场发展有限公司	其他室内装修材料零售	山东省淄博市
老百姓大药房连锁有限公司	药品零售	湖南省长沙市
青岛新华书店有限责任公司	图书零售	山东省青岛市
上海九百购物中心有限公司	百货零售	上海市宝山区
苍山县百货公司	百货零售	山东省临沂市
盘锦兴隆大厦二百有限公司	百货零售	辽宁省盘锦市
北京探路者户外用品股份有限公司	体育用品零售	北京市昌平区
东莞家乐福商业有限公司	超级市场零售	广东省东莞市
北京市复兴商业城有限公司	百货零售	北京市西城区
南京中央金城仓储超市有限责任公司	超级市场零售	江苏省南京市
海球(广州)商业有限公司	服装零售	广东省广州市
广派商业(上海)有限公司	服装零售	上海市浦东新区
浙江雄城商贸股份有限公司	超级市场零售	浙江省绍兴市
海口家乐福商业有限公司	超级市场零售	海南省海口市
东莞市国贸超级市场有限公司	超级市场零售	广东省东莞市
上海长江口商城股份有限公司	百货零售	上海市宝山区
大商集团七台河新玛特购物广场有限公司	百货零售	黑龙江七台河市
沃尔玛浙江商贸有限公司	超级市场零售	浙江省杭州市
成都欧尚超市有限公司	超级市场零售	四川省成都市
吉林国美电器有限公司	家用电器零售	吉林省长春市
上海麦考林国际邮购有限公司	服装零售	上海市徐汇区

4-2 续表 19

企业名称	所属行业	企业所在地
厦门银祥食品有限公司	肉、禽、蛋及水产品零售	福建省厦门市
杭州联华生鲜超市有限公司	超级市场零售	浙江省杭州市
陕西伊势威贸易有限责任公司	汽车零售	陕西省西安市
新疆家乐福超市有限公司	超级市场零售	新疆维吾尔自治区乌鲁木齐市
沈阳大东兴隆百货有限公司	百货零售	辽宁省沈阳市
北京翠微家园超市连锁经营有限责任公司	超级市场零售	北京市海淀区
上海锐力运动用品有限公司	体育用品零售	上海市黄浦区
沈阳沃尔玛百货有限公司	超级市场零售	辽宁省沈阳市
昆山润华商业有限公司上海南汇分公司	百货零售	上海市浦东新区
浙江福泰隆连锁超市有限公司	粮油零售	浙江省金华市
佳木斯新玛特购物广场	百货零售	黑龙江省佳木斯市
重庆嘉茂沙坪坝商业咨询管理有限公司	百货零售	重庆市沙坪坝区
大商集团锦州百货大楼有限公司千盛购物广场	百货零售	辽宁省锦州市
银座集团股份有限公司菏泽银座商城	百货零售	山东省菏泽市
杭州家乐福超市有限公司	超级市场零售	浙江省杭州市
厦门永辉商业有限公司	超级市场零售	福建省厦门市
云南健之佳连锁健康药房有限公司	药品零售	云南省昆明市
包头百货大楼股份有限公司	百货零售	内蒙古自治区包头市
大商集团抚顺新玛特有限公司	超级市场零售	辽宁省抚顺市
大商集团(郑州)商贸有限公司	服装零售	河南省郑州市
江苏大统华购物中心有限公司	超级市场零售	江苏省无锡市
河北国讯汇方通讯器材有限公司	通信设备零售	河北省石家庄市
沈阳大润发商业有限公司	超级市场零售	辽宁省沈阳市
上海金瑶贸易发展有限公司	服装零售	上海市黄浦区
上海梅林正广和便利连锁有限公司	其他综合零售	上海市杨浦区
耀达集团有限公司	百货零售	浙江省台州市
南昌喜盈门实业有限公司	家具零售	江西省南昌市
南宁国美电器有限公司	家用电器零售	广西壮族自治区南宁市
泉州市中闽百汇购物有限公司	超级市场零售	福建省泉州市
靖江供销社(集团)总公司	其他综合零售	江苏省泰州市
中国石油天然气股份有限公司咸宁销售分公司	机动车燃料零售	湖北省咸宁市
焦作新亚商厦有限责任公司	百货零售	河南省焦作市
上海浦东好又多超市有限公司	超级市场零售	上海市浦东新区
厦门新华都购物广场有限公司	超级市场零售	福建省厦门市
香溢融通控股集团股份有限公司	百货零售	浙江省宁波市
无锡商业大厦集团东方电器有限公司	百货零售	江苏省无锡市
南京中商金润发龙江超市有限公司	超级市场零售	江苏省南京市
河南思达连锁商业有限公司	超级市场零售	河南省郑州市
北京味多美食品有限责任公司	糕点、面包零售	北京市西城区
山东五星电器有限公司	家用电器零售	山东省青岛市
嘉兴市嘉润商业有限责任公司	超级市场零售	浙江省嘉兴市
呼伦贝尔友谊有限责任公司	百货零售	内蒙古自治区呼伦贝尔市
漯河双汇商业连锁有限公司	肉、禽、蛋及水产品零售	河南省漯河市
吴江市润泰商业有限公司	超级市场零售	江苏省苏州市
营口经济技术开发区商业大厦有限公司	百货零售	辽宁省营口市
中山苏宁电器有限公司	家用电器零售	广东省中山市
大商集团本溪商业大厦有限公司	百货零售	辽宁省本溪市
徐州悦家商业有限公司	超级市场零售	江苏省徐州市
大连好又多百货商业广场有限公司	超级市场零售	辽宁省大连市
苏果超市(淮南)有限公司	超级市场零售	安徽省淮南市
嘉兴市永乐家电有限公司	家用电器零售	浙江省嘉兴市

4-2 续表 20

企业名称	所属行业	企业所在地
秦皇岛天洋电器有限公司	家用电器零售	河北省秦皇岛市
邯郸市阳光超市有限公司	超级市场零售	河北省邯郸市
成都屈臣经济发展有限公司	超级市场零售	四川省成都市
昆山润福商贸有限公司广州花都分公司	百货零售	广东省广州市
广州百佳超级市场有限公司深圳分公司	超级市场零售	广东省深圳市
章丘市供销社	百货零售	山东省济南市
盐城苏宁电器有限公司	家用电器零售	江苏省盐城市
郑州悦家商业有限公司北环店	超级市场零售	河南省郑州市
昆山润华商业有限公司海口国兴大道分公司	超级市场零售	海南省海口市
北京百安居装饰建材有限公司	家具零售	北京市朝阳区
徐州市华美商厦有限公司	百货零售	江苏省徐州市
台州市三和连锁超市有限公司	超级市场零售	浙江省台州市
四川省达州商业集团有限公司	百货零售	四川省达州市
扬州苏宁电器有限公司	家用电器零售	江苏省扬州市
河南张仲景大药房股份有限公司	药品零售	河南省郑州市
六安市家园大市场服务有限公司	其他室内装修材料零售	安徽省六安市
苏果超市马鞍山有限公司	超级市场零售	安徽省马鞍山市
厦门润瑞商业有限公司	超级市场零售	福建省厦门市
赤峰海达电器有限责任公司	家用电器零售	内蒙古自治区赤峰市
合肥百货大楼集团铜陵合百商厦有限责任公司	百货零售	安徽省铜陵市
扬州丰祥商业有限公司(万家福商城)	百货零售	江苏省扬州市
上海五菱汽车销售有限公司	汽车零售	上海市浦东新区
成都大商投资有限公司	百货零售	四川省成都市
无锡爱莲连锁超市有限公司	超级市场零售	江苏省无锡市
成都伊斯丹百货有限公司	百货零售	四川省成都市
天津家福商业有限公司	超级市场零售	天津市南开区
深圳市鹏峰汽车有限公司	汽车零售	广东省深圳市
山东省桓台县供销合作社联合社	百货零售	山东省淄博市
广东万宁连锁商业有限公司	其他综合零售	广东省广州市
重庆天助水泥销售有限公司	其他室内装修材料零售	重庆市江津区
云南玉溪百信商贸集团有限公司	超级市场零售	云南省玉溪市
山东莱州市百货大楼有限公司	超级市场零售	山东省烟台市
大商集团股份有限公司大庆新东风购物广场	百货零售	黑龙江大庆市
广州城建开发宏城连锁超级市场有限公司	超级市场零售	广东省广州市
安徽省台客隆连锁超市有限责任公司	超级市场零售	安徽省宣城市
北海大润发商业有限公司	超级市场零售	广西壮族自治区北海市
蕲春县食品公司	肉、禽、蛋及水产品零售	湖北省黄冈市
北京乐友达康科技有限公司	邮购及电子销售	北京市朝阳区
广东骏和通信设备连锁销售有限公司	通信设备零售	广东省广州市
龙口市城关供销合作社	百货零售	山东省烟台市
延安百货大楼(集团)有限公司	百货零售	陕西省延安市
山西吉隆斯商贸股份有限公司	超级市场零售	山西省晋中市
怀化步步高商业连锁有限责任公司	超级市场零售	湖南省怀化市
北京兴宇班尼路服装服饰有限公司	服装零售	北京市东城区
青岛润泰事业有限公司马鞍山分公司	超级市场零售	安徽省马鞍山市
吉林省威宝恒客隆仓储百货有限公司	超级市场零售	吉林省长春市
惠州市天虹商场有限公司	百货零售	广东省惠州市
郑州市易初莲花连锁超市有限公司	超级市场零售	河南省郑州市
绵阳市家福来电器有限公司	家用电器零售	四川省绵阳市
平湖大润发商业有限公司	超级市场零售	浙江省嘉兴市
湖南益丰大药房医药连锁有限公司(总部)	药品零售	湖南省常德市

4-2 续表 21

企业名称	所属行业	企业所在地
佛山市顺德区乐从供销集团顺客隆商场有限公司	超级市场零售	广东省佛山市
山西山姆士超市有限公司	超级市场零售	山西省太原市
青岛润泰事业有限公司烟台分公司	百货零售	山东省烟台市
惠州市人人乐商业有限公司	百货零售	广东省惠州市
重庆市龙水五金产业投资有限公司	五金零售	重庆市大足县
营口兴隆百货有限公司	超级市场零售	辽宁省营口市
天津滨江商厦有限公司	百货零售	天津市和平区
江阴华联商厦有限公司	百货零售	江苏省无锡市
兰州良志实业集团有限责任公司	汽车零售	甘肃省兰州市
北京西单太平洋百货有限公司	百货零售	北京市朝阳区
福州好又多百货有限公司	超级市场零售	福建省福州市
王一实业集团衡阳香江百货有限公司	百货零售	湖南省衡阳市
张家港市第一人民商场有限责任公司	百货零售	江苏省苏州市
陕西华东置业发展有限公司	服装零售	陕西省西安市
舟山市民生商厦有限责任公司	超级市场零售	浙江省舟山市
湖北省东安工贸有限公司	汽车零售	湖北省武汉市
南京中商金润发鼓楼购物中心有限公司	超级市场零售	江苏省南京市
山东威海百货大楼集团股份有限公司	百货零售	山东省威海市
泉州市理想茶叶有限公司	饮料及茶叶零售	福建省泉州市
潍坊广潍汽车销售服务有限公司	汽车零售	山东省潍坊市
陕西五环胜道运动产业开发有限公司	服装零售	陕西省西安市
久光百货(苏州)有限公司	百货零售	江苏省苏州市
陕西渭南燕兴实业有限公司	汽车零售	陕西省渭南市
徐州市国美家用电器有限公司	家用电器零售	江苏省徐州市
北海和安贸易有限责任公司	百货零售	广西壮族自治区北海市
沃尔玛深国投百货有限公司天津和平路分店	超级市场零售	天津市和平区
抚顺中兴时代广场商业有限公司	百货零售	辽宁省抚顺市
黑龙江泰华医药有限公司	药品零售	黑龙江绥化市
徐州国美电器有限公司	家用电器零售	江苏省徐州市
天津市大港滨城商贸有限公司	超级市场零售	天津市滨海新区
沈阳于洪乐购生活购物有限公司	超级市场零售	辽宁省沈阳市
上海奉贤大润发商贸有限公司	超级市场零售	上海市奉贤区
唐山润良商贸有限公司	超级市场零售	河北省唐山市
中国石油天然气股份有限公司四川遂宁销售分公司	机动车燃料零售	四川省遂宁市
浙北大厦超市有限公司	超级市场零售	浙江省湖州市
包头王府井百货有限责任公司	百货零售	内蒙古自治区包头市
世纪联华发展有限公司	超级市场零售	安徽省芜湖市
湖北孝武电器集团有限公司	家用电器零售	湖北省孝感市
张家口市帝达购物广场有限公司	百货零售	河北省张家口市
新疆苏宁电器有限公司	家用电器零售	新疆维吾尔自治区乌鲁木齐市
国美电器内蒙古有限公司	家用电器零售	内蒙古自治区呼和浩特市
武汉王府井百货有限责任公司	百货零售	湖北省武汉市
淄博建桥开发有限公司	服装零售	山东省淄博市
宝鸡人民商场股份有限公司	百货零售	陕西省宝鸡市
广州宝元贸易有限公司	服装零售	广东省广州市
保定市惠友万家福超级市场有限公司	超级市场零售	河北省保定市
昆山润华商业有限公司中山小榄分公司	百货零售	广东省中山市
河南万宝股份有限公司	家用电器零售	河南省开封市
吉林国贸商业流通集团有限公司	百货零售	吉林省吉林市
邳州市工贸大厦	超级市场零售	江苏省徐州市
北京市昌平新世纪商城	百货零售	北京市昌平区

4-2 续表 22

企业名称	所属行业	企业所在地
新乡市胖东来百货有限公司	百货零售	河南省新乡市
云南立锐体育用品有限公司	服装零售	云南省昆明市
西雅衣家(中国)商业有限公司	服装零售	上海市长宁区
达州市天成实业有限公司	百货零售	四川省达州市
青岛润泰事业有限公司	超级市场零售	山东省青岛市
武汉大润发江汉超市发展有限公司	超级市场零售	湖北省武汉市
西安易初莲花连锁超市有限公司	超级市场零售	陕西省西安市
张家港市新百信超市连锁经营有限公司	超级市场零售	江苏省苏州市
阜阳华联超市有限公司	超级市场零售	安徽省阜阳市
湖北银泰仙桃商城大厦有限公司	百货零售	湖北省仙桃市
北京金象大药房医药连锁有限责任公司	药品零售	北京市西城区
呼和浩特市王府井百货有限公司	百货零售	内蒙古自治区呼和浩特市
西安迅捷通讯有限公司	通信设备零售	陕西省西安市
成都九龙贸易有限责任公司	超级市场零售	四川省成都市
贵州一树连锁药业有限公司	药品零售	贵州省贵阳市
广州市番禺沙园集团有限公司	家用电器零售	广东省广州市
诸暨市一百超市有限公司	百货零售	浙江省绍兴市
上海嘉定乐购生活购物有限公司	超级市场零售	上海市嘉定区
深圳市卡尔丹顿服饰有限公司	服装零售	广东省深圳市
南京新华书店有限责任公司	图书零售	江苏省南京市
宁波乐购生活购物有限公司	超级市场零售	浙江省宁波市
南京锐创体育用品有限公司	体育用品零售	江苏省南京市
北京首联超市有限公司	超级市场零售	北京市石景山区
西安市新华书店	图书零售	陕西省西安市
山东省潍坊市密水商场	其他综合零售	山东省潍坊市
巢湖安德利购物中心有限公司	百货零售	安徽省巢湖市
浙江老百姓大药房连锁有限公司	药品零售	浙江省杭州市
河南九头崖集团平顶山商业连锁有限公司	超级市场零售	河南省平顶山市
秦皇岛市家惠商贸有限公司	超级市场零售	河北省秦皇岛市
湖北雅斯连锁商业有限公司	超级市场零售	湖北省宜昌市
内蒙古诚信数码大厦有限责任公司	计算机、软件及辅助设备零售	内蒙古自治区呼和浩特市
福建诺奇股份有限公司	服装零售	福建省泉州市
江苏明都超市有限公司	超级市场零售	江苏省常州市
阜阳市国贸商城投资股份有限公司	百货零售	安徽省阜阳市
南平永辉超市有限公司	超级市场零售	福建省南平市
大同市华林有限责任公司	百货零售	山西省大同市
统杰法宝(北京)超市有限公司	超级市场零售	北京市朝阳区
襄樊鼓楼商场股份有限公司	百货零售	湖北省襄樊市
山东金都百货股份有限公司	超级市场零售	山东省烟台市
济南漱玉平民大药房有限公司	药品零售	山东省济南市
泰兴润泰商业有限公司	超级市场零售	江苏省泰州市
浙江曼卡龙珠宝股份有限公司	珠宝首饰零售	浙江省杭州市
镇江市恺源商贸有限责任公司	超级市场零售	江苏省镇江市
南通通州润泰商业有限公司	超级市场零售	江苏省南通市
山西省临汾万佳福仓储超市有限公司	超级市场零售	山西省临汾市
中山市华润万家便利超市有限公司	超级市场零售	广东省中山市
唐山家万佳超市有限公司	超级市场零售	河北省唐山市
浙江凯虹集团有限公司	百货零售	浙江省舟山市
吉林省白山方大商贸有限公司	超级市场零售	吉林省白山市
成都市滔博商贸有限公司	鞋帽零售	四川省成都市
宁波太平洋百货集团有限公司	百货零售	浙江省宁波市

4-2 续表 23

企业名称	所属行业	企业所在地
合肥百大集团蚌埠合家福百大超市有限责任公司	超级市场零售	安徽省蚌埠市
漳州新华都百货有限责任公司	超级市场零售	福建省漳州市
石家庄苏宁电器有限公司	家用电器零售	河北省石家庄市
南通八佰伴商贸股份有限公司	百货零售	江苏省南通市
玉林金城商厦有限责任公司	超级市场零售	广西壮族自治区玉林市
大同市华林新天地商贸有限责任公司	服装零售	山西省大同市
沈阳润泰商业有限公司	超级市场零售	辽宁省沈阳市
阜新兴隆百货有限公司	百货零售	辽宁省阜新市
江西青龙集团商厦有限公司	超级市场零售	江西省宜春市
台州华联超市有限公司	超级市场零售	浙江省台州市
湖南崇盛商贸有限公司荣盛晶珠百货	服装零售	湖南省衡阳市
重庆市欧亚汽车销售有限公司	汽车零售	重庆市九龙坡区
成都市好来屋量贩家居百货有限公司	百货零售	四川省成都市
慈溪大润发商贸有限公司	超级市场零售	浙江省宁波市
上海友谊百货有限公司	百货零售	上海市黄浦区
大商集团牡丹江新玛特购物广场有限公司	百货零售	黑龙江牡丹江市
厦门市中博贸易有限公司	通信设备零售	福建省厦门市
泰安凌云经贸有限公司	百货零售	山东省泰安市
鄂尔多斯市飞龙汽车城有限责任公司	汽车零售	内蒙古自治区鄂尔多斯市
内蒙古森工集团兴安石油有限责任公司	机动车燃料零售	内蒙古自治区呼伦贝尔市
富锦市东方新天地商厦有限公司	服装零售	黑龙江省佳木斯市
东莞市天和商贸有限公司	百货零售	广东省东莞市
吉林市国美电器有限公司	家用电器零售	吉林省吉林市
陵县粮食购销中心	粮油零售	山东省德州市
平原县龙跃装饰有限公司	其他室内装修材料零售	山东省德州市
深圳市一致医药连锁有限公司	药品零售	广东省深圳市
内蒙古维多利超市连锁有限公司	超级市场零售	内蒙古自治区呼和浩特市
成都市青羊区红旗连锁有限公司	超级市场零售	四川省成都市
福建省米兰春天量贩有限公司	超级市场零售	福建省龙岩市
成都欧尚超市有限公司高新店	超级市场零售	四川省成都市
焦作市百货大楼有限责任公司	百货零售	河南省焦作市
肇庆市大润发商业发展有限公司	超级市场零售	广东省肇庆市
永旺商业有限公司	百货零售	北京市昌平区
广西利客隆超市有限公司	超级市场零售	广西壮族自治区南宁市
山东金孚隆股份有限公司	超级市场零售	山东省潍坊市
山东省德州泰康药业有限公司	药品零售	山东省德州市
温州锐力体育用品有限公司	服装零售	浙江省温州市
延边国际贸易大厦有限责任公司	百货零售	吉林延边市
宁波联合联华超市有限公司	超级市场零售	浙江省宁波市
三明新华都购物广场有限公司	超级市场零售	福建省三明市
湖南佳惠百货有限责任公司	超级市场零售	湖南省怀化市
绍兴市千客隆超市有限公司	超级市场零售	浙江省绍兴市
江西黄庆仁栈华氏大药房有限公司	药品零售	江西省南昌市
北京华润万家生活超市有限公司	超级市场零售	北京市丰台区
青岛润泰实业有限公司东莞大朗分公司	超级市场零售	广东省东莞市
包头市永盛成百货有限公司	超级市场零售	内蒙古自治区包头市
广东吉之岛天贸百货有限公司珠海扬名广场分公司	百货零售	广东省珠海市
天津滨江购物中心	百货零售	天津市和平区
山东省淄博市糖酒站股份有限公司	百货零售	山东省淄博市
福州市天虹百货有限公司	百货零售	福建省福州市
张家界梅尼商贸有限公司	百货零售	湖南省张家界市

4-2 续表 24

企业名称	所属行业	企业所在地
十堰市新合作京华超市有限公司	超级市场零售	湖北省十堰市
河南华润万家生活超市有限公司	超级市场零售	河南省郑州市
淮安金鹰国际购物中心有限公司	百货零售	江苏省淮安市
博马如瓦服饰商贸(上海)有限公司	服装零售	上海市长宁区
长沙步步高商业连锁有限责任公司	超级市场零售	湖南省长沙市
抚顺市东洲商业中心	百货零售	辽宁省抚顺市
房县供销合作联合社	百货零售	湖北省十堰市
如东文峰大世界有限公司	百货零售	江苏省南通市
溧阳大统华购物中心有限公司	超级市场零售	江苏省常州市
济宁银座商城有限公司	百货零售	山东省济宁市
郑州正道花园百货股份有限公司	百货零售	河南省郑州市
江门市益华百货有限公司	百货零售	广东省江门市
龙岩新华都辉业购物广场有限公司	超级市场零售	福建省龙岩市
包头市金荣装饰建材城有限责任公司	其他室内装修材料零售	内蒙古自治区包头市
苏果超市(淮安)有限公司	超级市场零售	江苏省淮安市
成都美特斯邦威服饰有限责任公司	服装零售	四川省成都市
山东圣豪商业有限公司	超级市场零售	山东省滨州市
真维斯服饰(广东)有限公司	服装零售	广东省惠州市
绵阳兴达好又多商贸有限公司	超级市场零售	四川省绵阳市
青岛海信营销有限公司临沂分公司	家用电器零售	山东省临沂市
辽宁中百商厦集团有限公司	百货零售	辽宁省锦州市
黄骅信誉楼百货集团有限公司黄骅信誉楼商厦	超级市场零售	河北省沧州市
河北惠友商业连锁发展有限公司	超级市场零售	河北省保定市
连云港家得福商贸有限公司	超级市场零售	江苏省连云港市
天津市新中国现代文化用品有限责任公司	珠宝首饰零售	天津市和平区
山东乐拍商业有限公司	邮购及电子销售	山东省济南市
吉安市国光实业有限公司	其他综合零售	江西省吉安市
吉林市大润发超市有限公司	超级市场零售	吉林省吉林市
广州市好又多新港百货商业有限公司	超级市场零售	广东省广州市
淮南大润发商业有限公司	超级市场零售	安徽省淮南市
齐齐哈尔市齐润发超市有限公司(大福源)	超级市场零售	黑龙江省齐齐哈尔市
四川真维斯服饰有限公司	服装零售	四川省成都市
沈阳兴隆大天地购物中心有限公司	百货零售	辽宁省沈阳市
昆明新华书店连锁有限公司	图书零售	云南省昆明市
锦州大润发商业有限公司	其他日用品零售	辽宁省锦州市
桂林南城百货有限公司	超级市场零售	广西壮族自治区桂林市
盘锦兴隆大厦三百有限公司	百货零售	辽宁省盘锦市
宿迁润良商业有限公司	超级市场零售	江苏省宿迁市
上海美特斯邦威服饰销售有限公司	服装零售	上海市黄浦区
武汉新华书店股份有限公司	图书零售	湖北省武汉市
桂林市西麦营销有限公司	饮料及茶叶零售	广西壮族自治区桂林市
深圳臻乔时装有限公司	服装零售	广东省深圳市
浙江越王珠宝有限公司	珠宝首饰零售	浙江省绍兴市
晋城市长江实业有限公司	汽车零售	山西省晋城市
大连大福珠宝经营有限公司	珠宝首饰零售	辽宁省大连市
常州市信特超市有限公司	超级市场零售	江苏省常州市
浙江超锐实业有限公司	服装零售	浙江省杭州市
深圳市曼妮芬针织品有限公司	服装零售	广东省深圳市
西宁大十字百货商店有限公司	百货零售	青海省西宁市
河南新亚通讯器材有限公司	通信设备零售	河南省郑州市
成都市锦江区红旗连锁有限公司	超级市场零售	四川省成都市

4-2 续表 25

企业名称	所属行业	企业所在地
河北家乐园大洋百货有限责任公司	超级市场零售	河北省邢台市
大连海王星辰医药有限公司	药品零售	辽宁省大连市
如皋市大润发商业有限公司	超级市场零售	江苏省南通市
盐城世纪联华超市有限公司	超级市场零售	江苏省盐城市
上海新光光学仪器有限公司	家用电器零售	上海市卢湾区
广州市国美电器有限公司茂名分公司	家用电器零售	广东省茂名市
永城市煤电控股集团先帅百货有限责任公司	百货零售	河南省商丘市
杭州外海家友超市有限公司	超级市场零售	浙江省杭州市
上海国大药房连锁有限公司	药品零售	上海市闸北区
昆山润华商业有限公司潮州分公司	百货零售	广东省潮州市
天津劝宝超市有限责任公司	超级市场零售	天津市宝坻区
北京立思辰新技术有限公司	其他文化用品零售	北京市海淀区
青岛润泰佳木斯大润发超市	超级市场零售	黑龙江省佳木斯市
南京苏宁房地产开发有限公司苏宁环球购物中心	百货零售	江苏省南京市
乐购特易购商业(北京)有限公司	百货零售	北京市顺义区
贵州新讯捷通讯有限公司	通信设备零售	贵州省贵阳市
购宝乐商业(湖南)有限公司	超级市场零售	湖南省长沙市
北京吴裕泰茶业股份有限公司	饮料及茶叶零售	北京市东城区
大商集团佳木斯华联商厦有限公司	百货零售	黑龙江省佳木斯市
昆山润华商业有限公司溧阳分公司	超级市场零售	江苏省常州市
内蒙古金旺角服装批发市场	服装零售	内蒙古自治区呼和浩特市
上海康仁乐购超市贸易有限公司	超级市场零售	上海市普陀区
上海复美益星大药房连锁有限公司	药品零售	上海市普陀区
广州市好又多芳村百货商业有限公司	百货零售	广东省广州市
重庆好又多百货商业有限公司	超级市场零售	重庆市南岸区
四川哦哦超市连锁管理有限公司	超级市场零售	四川省成都市
北京华联综合超市股份有限公司青海第一分公司	超级市场零售	青海省西宁市
衡水百货大楼(集团)股份有限公司	百货零售	河北省衡水市
福州心艺企业管理有限公司	其他日用品零售	福建省福州市
青岛海丽达购物中心有限公司	超级市场零售	山东省青岛市
辽宁亿家商业集团有限公司	超级市场零售	辽宁省鞍山市
唐山唐宁苏宁电器有限公司	家用电器零售	河北省唐山市
昆山润华商业有限公司吉林市分公司	超级市场零售	吉林省吉林市
上海嘉定大润发商贸有限公司	超级市场零售	上海市嘉定区
深圳市大润发商业有限公司	超级市场零售	广东省深圳市
驻马店市乐山商场实业有限公司	百货零售	河南省驻马店市
安徽国美电器有限公司	家用电器零售	安徽省合肥市
佛山市南海区华南通商贸发展有限公司	百货零售	广东省佛山市
启东文峰大世界有限公司	百货零售	江苏省南通市
常熟华联商厦有限责任公司	百货零售	江苏省苏州市
杭州庆春乐购购物有限公司	超级市场零售	浙江省杭州市
利群集团莱州购物广场有限公司	超级市场零售	山东省烟台市
淄博大润发商业有限公司	超级市场零售	山东省淄博市
常州市武进乐购生活购物有限公司	超级市场零售	江苏省常州市
韶关市大润发商业有限公司	超级市场零售	广东省韶关市
沃尔玛深国投百货有限公司泉州江滨北路分店	百货零售	福建省泉州市
上海闵行大润发商贸有限公司	超级市场零售	上海市闵行区
吉林市润泰商业有限公司	超级市场零售	吉林省吉林市
江苏海王星辰健康药房连锁有限公司	药品零售	江苏省苏州市
合肥新华书店有限公司	图书零售	安徽省合肥市
汕头市易初莲花有限公司	超级市场零售	广东省汕头市

4-2 续表 26

企业名称	所属行业	企业所在地
上海格兰仕电器销售有限公司	家用电器零售	上海市普陀区
佛山市南海润良商业有限公司	超级市场零售	广东省佛山市
黄骅信誉楼百货集团有限公司泊头信誉楼商厦	百货零售	河北省沧州市
特易购商业(安徽)有限公司	超级市场零售	安徽省合肥市
陕西乐家电视购物有限责任公司	邮购及电子销售	陕西省西安市
昆明王府井百货有限责任公司	百货零售	云南省昆明市
建湖县大润发有限公司	超级市场零售	江苏省盐城市
辽宁百盛新药特药连锁有限公司	药品零售	辽宁省沈阳市
中石化广东公司普宁分公司	机动车燃料零售	广东省揭阳市
深圳市有荣配销有限公司	超级市场零售	广东省深圳市
焦作市三维商业广场有限公司	百货零售	河南省焦作市
上海闵行华漕大润发商贸有限公司	超级市场零售	上海市闵行区
安徽省蚌埠市绿十字医药连锁有限公司	药品零售	安徽省蚌埠市
昆山泰莲超市有限公司	超级市场零售	江苏省苏州市
黑龙江好又多百货商业广场有限公司	百货零售	黑龙江省哈尔滨市
湖北东方超市有限公司	超级市场零售	湖北省宜昌市
常州怀德大润发商业有限公司	超级市场零售	江苏省常州市
成都人民商场集团南充川北有限公司	百货零售	四川省南充市
济南市新华书店	图书零售	山东省济南市
深圳市好又多量贩百货有限公司	超级市场零售	广东省深圳市
邯郸市康德超级市场有限公司	百货零售	河北省邯郸市
中国石油化工股份有限公司吉林市石油分公司	机动车燃料零售	吉林省吉林市
安徽天洋新世纪购物中心(集团)有限公司	百货零售	安徽省蚌埠市
北京京房美廉美超市有限公司	超级市场零售	北京市房山区
广西老百姓大药房连锁有限责任公司	药品零售	广西壮族自治区南宁市
大连乐购生活购物有限公司	超级市场零售	辽宁省大连市
江阴国际购物中心有限公司	百货零售	江苏省无锡市
庆云县信誉楼商厦有限公司	百货零售	山东省德州市
青岛润泰事业有限公司临沂分公司	超级市场零售	山东省临沂市
广州市润平商业有限公司	百货零售	广东省广州市
北京诚信达汽车销售有限公司	汽车零售	北京市丰台区
蕲春富春工贸城有限责任公司	其他综合零售	湖北省黄冈市
昆山润福商贸有限公司济南天桥分公司	超级市场零售	山东省济南市
苏州天虹商场有限公司	百货零售	江苏省苏州市
西安美特斯邦威服饰有限责任公司	服装零售	陕西省西安市
上海雷允上药品连锁经营有限公司	药品零售	上海市虹口区
天津市桂发祥十八街麻花总店有限公司	其他食品零售	天津市河西区
云南美好家园商贸有限公司	百货零售	云南省昆明市
惠州市丽日购物广场有限公司	百货零售	广东省惠州市
郧西县供销合作社联合社	百货零售	湖北省十堰市
武汉中邮时代电讯科技有限公司	通信设备零售	湖北省武汉市
吉林省中东新天地购物公园有限公司	服装零售	吉林长春市
大商集团开封千盛购物广场有限公司	超级市场零售	河南省开封市
唐山华润万家生活超市有限公司	超级市场零售	河北省唐山市
银座集团股份有限公司莱芜银座商城	超级市场零售	山东省莱芜市
镇江家世界万方连锁超市有限责任公司	超级市场零售	江苏省镇江市
辽宁省大连市旅顺供销大厦有限公司	百货零售	辽宁省大连市
云南白药大药房有限公司	药品零售	云南省昆明市
昆山润华商业有限公司牡丹江分公司	超级市场零售	黑龙江牡丹江市
利信达商业(中国)有限公司	服装零售	广东省广州市
广州市国美电器有限公司江门分公司	家用电器零售	广东省江门市

4-2 续表 27

企业名称	所属行业	企业所在地
日照银座购物广场有限公司	百货零售	山东省日照市
大商集团吉林百货大楼有限公司	百货零售	吉林省吉林市
苏果超市(仪征)有限公司	超级市场零售	江苏省扬州市
杭州世纪联华超市富阳百大连锁有限公司	超级市场零售	浙江省杭州市
青岛春阳大润发商业有限公司	百货零售	山东省青岛市
浙江久加久食品饮料连锁有限公司	饮料及茶叶零售	浙江省杭州市
南通国美电器有限公司	家用电器零售	江苏省南通市
太原轻型汽车总厂	汽车零售	山西省太原市
湖州老大房超市有限公司	超级市场零售	浙江省湖州市
苏果超市(姜堰)有限公司	超级市场零售	江苏省泰州市
南阳市万德隆商贸有限责任公司	百货零售	河南省南阳市
苏果超市(滁州)有限公司	超级市场零售	安徽省滁州市
成都市成华区红旗连锁有限公司	超级市场零售	四川省成都市
哈尔滨润富商业有限公司	百货零售	黑龙江省哈尔滨市
高台县景隆市场建设服务有限责任公司	百货零售	甘肃省张掖市
湖南步步高连锁超市益阳有限公司	超级市场零售	湖南省益阳市
北京天虹商业管理有限公司	百货零售	北京市西城区
苏果超市(溧水)有限公司	超级市场零售	江苏省南京市
苏果超市(合肥)有限公司	超级市场零售	安徽省合肥市
广州市海王星辰医药连锁有限公司	药品零售	广东省广州市
浙江杭州市新华书店有限公司	图书零售	浙江省杭州市
天津港保税区惠驰汽车贸易有限公司	汽车零售	天津市东丽区
河北衡水爱特购物中心有限责任公司	百货零售	河北省衡水市
青岛屈臣氏个人用品商店有限公司	超级市场零售	山东省青岛市
常德大润发商业有限公司	超级市场零售	湖南省常德市
江苏沃尔玛百货有限公司	超级市场零售	江苏省南京市
河南富豪表行有限公司	钟表、眼镜零售	河南省郑州市
上海光大通信终端产品销售有限公司	通信设备零售	上海市普陀区
黑龙江比优特商贸有限责任公司	超级市场零售	黑龙江鹤岗市
广州康诚商业有限公司	超级市场零售	广东省广州市
山西博源超市有限公司	超级市场零售	山西省长治市
连云港润良商贸有限公司	超级市场零售	江苏省连云港市
黄骅信誉楼百货集团有限公司青县信誉楼商厦	百货零售	河北省沧州市
重庆桐君阁大药房连锁有限责任公司	药品零售	重庆市渝中区
衡水吉美超市有限责任公司	超级市场零售	河北省衡水市
辽宁兴隆超市连锁有限公司	超级市场零售	辽宁省沈阳市
上海捷强烟草糖酒(集团)有限公司(昆山)配销中心	超级市场零售	江苏省苏州市
嘉兴欧尚超市有限公司南湖店	超级市场零售	浙江省嘉兴市
苏果超市(扬州)有限公司	超级市场零售	江苏省扬州市
金坛大统华购物中心有限公司	超级市场零售	江苏省常州市
自贡市家和超市有限责任公司	超级市场零售	四川省自贡市
长兴县第一百货商店有限责任公司	百货零售	浙江省湖州市
重庆美特斯邦威服饰有限责任公司	服装零售	重庆市渝中区
宁波市家家乐食品有限责任公司	超级市场零售	浙江省宁波市
武汉南洋大华商贸中心	烟草制品零售	湖北省武汉市
山西省田森超市集团有限公司	超级市场零售	山西省榆次区
桐庐大润发商业有限公司	超级市场零售	浙江省杭州市
绍兴好又多百货有限公司	超级市场零售	浙江省绍兴市
北京京客隆(廊坊)有限公司	超级市场零售	河北省廊坊市
广州购书中心有限公司	图书零售	广东省广州市
新疆宏景通讯有限公司	通信设备零售	新疆维吾尔自治区乌鲁木齐市

4-2 续表 28

企业名称	所属行业	企业所在地
大连联华快客中山便利商业有限公司	其他综合零售	辽宁省大连市
新民兴隆百货有限公司	百货零售	辽宁省沈阳市
河北家乐园购物广场有限责任公司	百货零售	河北省邢台市
广州市人人乐商业有限公司	超级市场零售	广东省广州市
新百丽鞋业(深圳)有限公司	鞋帽零售	湖北省武汉市
宜昌北山商业连锁有限责任公司	超级市场零售	湖北省宜昌市
汕头苏宁电器有限公司	家用电器零售	广东省汕头市
上海华德美居超市有限公司	其他室内装修材料零售	上海市浦东新区
广州卡奴迪路服饰股份有限公司	服装零售	广东省广州市
凌海电力商城有限责任公司	百货零售	辽宁省锦州市
厦门华润燃气有限公司	生活用燃料零售	福建省厦门市
重庆名豪实业集团百货有限公司	百货零售	重庆市永川区
沃尔玛陕西百货有限公司	超级市场零售	陕西省西安市
福建泉州市华远电讯有限公司	通信设备零售	福建省泉州市
广西华联综合超市有限公司	超级市场零售	广西壮族自治区南宁市
上海喜士多便利连锁有限公司	其他综合零售	上海市闸北区
泰州文峰千家惠购物中心有限公司	百货零售	江苏省泰州市
温州好又多百货有限公司	超级市场零售	浙江省温州市
常州欧尚超市有限公司五星店	超级市场零售	江苏省常州市
上海海文班尼路服饰有限公司	服装零售	上海市闸北区
宁波市锐达体育用品有限公司	服装零售	浙江省宁波市
合肥迪信通通信技术有限公司	通信设备零售	安徽省合肥市
苏果超市(高邮)有限公司	超级市场零售	江苏省扬州市
奉化大润发商业有限公司	超级市场零售	浙江省宁波市
苏州浒关润华商业有限公司	超级市场零售	江苏省苏州市
江苏先声连锁店有限公司	药品零售	江苏省南京市
台州市中盛百货有限公司	百货零售	浙江省台州市
淄川东大小商品城	鞋帽零售	山东省淄博市
北京奥士凯物美商业有限公司	其他食品零售	北京市东城区
上海广亚百货商业有限公司(好又多)	超级市场零售	上海市宝山区
滕州银座商城有限公司	百货零售	山东省枣庄市
大庆市乘风商场有限责任公司	百货零售	黑龙江省大庆市
广州市好又多黄花岗百货有限公司	百货零售	广东省广州市
唐山鹏润国美电器有限公司	家用电器零售	河北省唐山市
南昌西湖大润发商业有限公司	超级市场零售	江西省南昌市
诸暨大润发商业有限公司	超级市场零售	浙江省绍兴市
四川省汇星实业(集团)有限公司	百货零售	四川省绵阳市
沃尔玛深国投百货有限公司娄底春园分店	百货零售	湖南省娄底市
上海米源饮料有限公司	饮料及茶叶零售	上海市浦东新区
山西省芮城县供销合作联合社	其他综合零售	山西省运城市
安徽永辉超市有限公司	超级市场零售	安徽省合肥市
昆明新知图书城有限责任公司	图书零售	云南省昆明市
鄂州市新合供销有限责任公司	百货零售	湖北省鄂州市
吉林亚泰超市有限公司	超级市场零售	吉林省长春市
山东济南人民商场五星百货有限公司聊城分公司	百货零售	山东省聊城市
南京四方建设实业有限公司	百货零售	江苏省南京市
广东胜佳超市有限公司	百货零售	广东省广州市
湖南真维斯服饰有限公司	服装零售	湖南省长沙市
东台苏中大厦股份有限公司	百货零售	江苏省盐城市
广州健民医药连锁有限公司	药品零售	广东省广州市
广州市新华书店集团有限公司	图书零售	广东省广州市

4-2 续表 29

企业名称	所属行业	企业所在地
沃尔玛深国投百货有限公司廊坊朝阳分店	超级市场零售	河北省廊坊市
沈阳国大天益堂药房连锁有限公司	药品零售	辽宁省沈阳市
合肥清溪大润发商业有限公司	超级市场零售	安徽省合肥市
北京港佳好邻居连锁便利店有限责任公司	其他综合零售	北京市西城区
北京物美鼓楼商贸有限责任公司	超级市场零售	北京市密云县
上海恭汇贸易有限公司	其他综合零售	上海市卢湾区
大庆市香榭丽购物中心	百货零售	黑龙江大庆市
甘肃众友医药连锁有限公司	药品零售	甘肃省兰州市
敢创国际商贸(深圳)有限公司	计算机、软件及辅助设备零售	广东省深圳市
江苏苏捷商贸有限公司	烟草制品零售	江苏省南京市
鄂尔多斯市蒙凯汽车销售有限责任公司	汽车零售	内蒙古自治区鄂尔多斯市
山东真维斯服饰有限公司	服装零售	山东省青岛市
滁州新华书店有限公司	图书零售	安徽省滁州市
温州鹏润国美电器有限公司	家用电器零售	浙江省温州市
深圳市国惠康实业发展有限公司	超级市场零售	广东省深圳市
青岛润泰事业有限公司保定大润发分公司	超级市场零售	河北省保定市
咸阳华润万家生活超市有限公司	超级市场零售	陕西省咸阳市
广东肇福珠宝金行有限公司	珠宝首饰零售	广东省肇庆市
广东大参林连锁药店有限公司	药品零售	广东省茂名市
朝阳商业城有限公司	百货零售	辽宁省朝阳市
东莞市嘉祥通讯有限公司	通信设备零售	广东省东莞市
佛山市顺德区金百惠贸易有限公司	超级市场零售	广东省佛山市
东台市国贸大厦有限公司	百货零售	江苏省盐城市
永康市华联商厦	百货零售	浙江省金华市
莆田市新华都万家惠购物广场有限公司	超级市场零售	福建省莆田市
郑州丹尼斯生活广场有限公司济源分公司	百货零售	河南省济源市
上海城市超市有限公司	超级市场零售	上海市静安区
苏果超市(句容)有限公司	超级市场零售	江苏省镇江市
运城市蒲津工贸有限公司永济分公司	其他室内装修材料零售	山西省运城市
台州欧尚超市有限公司	超级市场零售	浙江省台州市
常州长虹大润发商业有限公司	超级市场零售	江苏省常州市
江西渝州腾达电器有限公司	家用电器零售	江西省新余市
济阳方正家具市场	家具零售	山东省济南市
上海三林大润发商贸有限公司	超级市场零售	上海市浦东新区
四川宜宾叙府旅游开发有限公司	百货零售	四川省宜宾市
山东泰山新合作商贸连锁有限公司	百货零售	山东省肥城市
上海闸北南区大润发商贸有限公司	超级市场零售	上海市闸北区
北京益生康健电子商务有限公司	邮购及电子销售	北京市海淀区
邹城兰星石油产品销售有限公司	机动车燃料零售	山东省济宁市
荆州大润发商业有限公司	超级市场零售	湖北省荆州市
苏果超市(连云港)有限公司	超级市场零售	江苏省连云港市
汉中桃心岛商贸有限责任公司	超级市场零售	陕西省汉中市
潍坊百货大楼股份有限公司	百货零售	山东省潍坊市
郑州迪信通电子通信技术有限公司	通信设备零售	河南省郑州市
宁波联华超市有限公司	超级市场零售	浙江省宁波市
三门峡百联商贸有限公司	百货零售	河南省三门峡市
苏州可的便利店有限公司	其他食品零售	江苏省苏州市
承德宽广超市集团有限公司	超级市场零售	河北省承德市
安庆市世纪华联超市有限公司	超级市场零售	安徽省安庆市
河南省新华书店郑州市店	图书零售	河南省郑州市

4-2 续表 30

企业名称	所属行业	企业所在地
盖州市兴隆大家庭购物中心有限公司	超级市场零售	辽宁省营口市
温州诚宏百货有限公司	超级市场零售	浙江省温州市
陕西老百姓大药房连锁有限公司	药品零售	陕西省西安市
广东赛壹便利店有限公司深圳分公司	其他综合零售	广东省深圳市
广西宁铁生活服务总公司	生活用燃料零售	广西壮族自治区柳州市
洪客隆投资发展新余有限公司	百货零售	江西省新余市
安徽海鑫中药饮片有限公司	百货零售	安徽省亳州市
河南中植汽车销售服务有限公司	汽车零售	河南省郑州市
大连友嘉购物有限公司	超级市场零售	辽宁省大连市
普罗旺斯欧舒丹贸易(上海)有限公司	化妆品及卫生用品零售	上海市静安区
正定城关供销合作社	百货零售	河北省石家庄市
洪客隆投资发展(抚州)有限公司	超级市场零售	江西省抚州市
菲仕乐贸易(上海)有限公司	其他日用品零售	上海市徐汇区
湖北孝商股份有限公司	超级市场零售	湖北省孝感市
四川雅安博娟超市连锁有限公司	超级市场零售	四川省雅安市
北京乐语金飞鸿通讯设备有限公司	通信设备零售	北京市海淀区
包头苏宁电器有限公司	家用电器零售	内蒙古自治区包头市
天津市津南区华润万家超级市场有限公司	超级市场零售	天津市和平区
四川卓尔百货有限公司购物中心	超级市场零售	四川省内江市
兰州惠仁堂药业有限公司	药品零售	甘肃省兰州市
山东世纪金榜书业有限公司	文具用品零售	山东省济南市
佳木斯广江同源家居有限公司	家用电器零售	黑龙江省佳木斯市
新百丽鞋业(深圳)有限公司长沙分公司	鞋帽零售	湖南省长沙市
北京华联精品超市有限公司	超级市场零售	北京市西城区
重庆市万州区福意百货有限公司	百货零售	重庆市万州区
上海余天成药业连锁有限公司	药品零售	上海市松江区
淄博广电天网视讯有限公司	通信设备零售	山东省淄博市
杭州顶仁乐购超市有限公司	超级市场零售	浙江省杭州市
山东十八乐超市有限公司莱芜店	超级市场零售	山东省莱芜市
无锡宝原体育用品商贸有限公司	体育用品零售	江苏省无锡市
山东世纪泰华集团有限公司	百货零售	山东省潍坊市
益阳步步高商业连锁有限责任公司	超级市场零售	湖南省益阳市
兴安盟利丰恒泰汽车销售有限责任公司	汽车零售	内蒙古自治区兴安盟
湖北鑫园商贸有限公司	百货零售	湖北省潜江市
威海润华商业有限公司	百货零售	山东省威海市
九江市派拉蒙百货有限公司	超级市场零售	江西省九江市
广东东明股份有限公司	超级市场零售	广东省韶关市
湖南飞鸿通信科技有限公司	通信设备零售	湖南省长沙市
苏果超市(宿迁)有限公司	超级市场零售	江苏省宿迁市
镇江欧尚超市有限公司	超级市场零售	江苏省镇江市
大连经济技术开发区昌临旺客隆连锁有限公司	超级市场零售	辽宁省大连市
山东临朐华兴商场有限公司	百货零售	山东省潍坊市
深圳市岁孚服装有限公司	服装零售	广东省深圳市
无锡易买得购物中心有限公司	超级市场零售	江苏省无锡市
青岛即墨振华大润发商业有限公司	超级市场零售	山东省青岛市
新乡市平原商场有限公司	百货零售	河南省新乡市
新乡市胖东来生活广场有限公司	超级市场零售	河南省新乡市
济南家乐福商业有限公司	超级市场零售	山东省济南市
安徽欧尚超市有限公司	超级市场零售	安徽省芜湖市
郑州丹尼斯百货有限公司商丘新建分公司	超级市场零售	河南省商丘市

4-2 续表 31

企业名称	所属行业	企业所在地
海亮百货有限公司	百货零售	内蒙古自治区呼和浩特市
湖北联海食品集团有限公司	肉、禽、蛋及水产品零售	湖北省黄石市
北京七彩云南商贸有限公司	珠宝首饰零售	北京市西城区
海盐大润发商业有限公司	超级市场零售	浙江省嘉兴市
唐山荣川实业集团有限公司	汽车零售	河北省唐山市
安徽百姓缘大药房连锁有限公司	药品零售	安徽省合肥市
长沙路口物资供销有限公司	百货零售	湖南省长沙市
深圳市中联大药房有限公司	药品零售	广东省深圳市
重庆商社新世纪百货连锁经营有限公司南充商都	超级市场零售	四川省南充市
上海真北乐购生活购物有限公司	超级市场零售	上海市普陀区
广西通用商贸有限公司	超级市场零售	广西壮族自治区玉林市
新泰齐云商场有限公司	百货零售	山东省泰安市
苍山县天运发展总公司	服装零售	山东省临沂市
山东省桓台县联华超市有限公司	超级市场零售	山东省淄博市
衡阳步步高商业连锁有限责任公司	超级市场零售	湖南省衡阳市
扬州欧尚超市有限公司	超级市场零售	江苏省扬州市
重庆百货大楼股份有限公司泸州商场	百货零售	四川省泸州市
陕西家得宝家居建材超市有限公司	其他室内装修材料零售	陕西省西安市
重庆市黔江区武陵山家居市场有限责任公司	家具零售	重庆市黔江区
师宗县供销合作联合社	百货零售	云南省曲靖市
西安百福乐好又多商贸公司	超级市场零售	陕西省西安市
福州大洋百货有限公司	百货零售	福建省福州市
上海震旦办公自动化销售有限公司	其他文化用品零售	上海市浦东新区
邵阳市步步高连锁超市有限责任公司	百货零售	湖南省邵阳市
黑龙江国美电器有限公司	家用电器零售	黑龙江省大庆市
长春家乐福商业有限公司	超级市场零售	吉林省长春市
天津一商联华超市有限公司	超级市场零售	天津市滨海新区
四川海王星辰健康药房有限公司	药品零售	四川省成都市
潍坊世纪泰华福乐多超市有限公司	百货零售	山东省潍坊市
湖南新农合医药连锁有限公司	药品零售	湖南省长沙市
湖南千金金沙大药房零售连锁有限公司	药品零售	湖南省长沙市
汉中世纪阳光商厦有限公司	家用电器零售	陕西省汉中市
湖北医药集团有限公司	药品零售	湖北省武汉市
青海百货股份有限公司	超级市场零售	青海省西宁市
河北美食林商贸集团有限公司	超级市场零售	河北省邯郸市
长沙润良商业有限公司	超级市场零售	湖南省长沙市
永旺中国商业有限公司顺德分公司	超级市场零售	广东省佛山市
济宁华润燃气有限公司	生活用燃料零售	山东省济宁市
张家港大润发商业有限公司	超级市场零售	江苏省苏州市
南京海尔曼斯集团蚕丝羊绒制品有限公司	服装零售	江苏省南京市
柳州五菱新事业发展有限责任公司	汽车零售	广西壮族自治区柳州市
深圳市方太厨具有限公司	家用电器零售	广东省深圳市
烟台佳世客商业有限公司	百货零售	山东省烟台市
湖北真维斯服饰有限公司	服装零售	湖北省武汉市
湖北顺泰商贸有限公司	百货零售	湖北省随州市
福建捷龙商业有限公司	超级市场零售	福建省泉州市
上海诚鼎百货商业有限公司	超级市场零售	上海市黄浦区
上海诚宏百货商业有限公司	超级市场零售	上海市闵行区
上海汇众汽车销售服务有限公司	汽车零配件零售	上海市浦东新区
天津易初莲花连锁超市有限公司	超级市场零售	天津市南开区

4-3 大型住宿业企业名单

企业名称	所属行业	企业所在地
上海浦东新区香格里拉酒店有限公司	旅游饭店	上海市浦东新区
中国国际贸易中心有限公司	旅游饭店	北京市朝阳区
广州花园酒店	旅游饭店	广东省广州市
北京九华山庄集团股份有限公司	旅游饭店	北京市昌平区
七天酒店深圳有限公司	一般旅馆	广东省广州市
王府饭店有限公司	旅游饭店	北京市东城区
金陵饭店股份有限公司	旅游饭店	江苏省南京市
北京燕莎中心有限公司	旅游饭店	北京市朝阳区
广州市长隆酒店有限公司	旅游饭店	广东省广州市
香格里拉大酒店(广州琶洲)有限公司	旅游饭店	广东省广州市
金茂三亚丽思卡尔顿酒店	旅游饭店	海南省三亚市
北京香格里拉饭店有限公司	旅游饭店	北京市海淀区
上海王宝和大酒店有限公司	旅游饭店	上海市黄浦区
北京昆仑饭店有限公司	旅游饭店	北京市朝阳区
静安希尔顿饭店(上海)	旅游饭店	上海市静安区
香格里拉大酒店(成都)有限公司	旅游饭店	四川省成都市
白天鹅宾馆	旅游饭店	广东省广州市
中国大酒店	旅游饭店	广东省广州市
厦门磐基大酒店有限公司	旅游饭店	福建省厦门市
上海明天广场有限公司金威万豪酒店	旅游饭店	上海市黄浦区
花园饭店(上海)	旅游饭店	上海市卢湾区
佛山宾馆有限公司	旅游饭店	广东省佛山市
杭州华溥实业有限公司	旅游饭店	浙江省杭州市
港中旅(珠海)海洋温泉有限公司	旅游饭店	广东省珠海市
深圳华侨城大酒店有限公司	旅游饭店	广东省深圳市
广州富力恒盛置业发展有限公司富力丽思卡尔顿酒店分公司	旅游饭店	广东省广州市
北京世纪金源大饭店有限责任公司	旅游饭店	北京市海淀区
北京市北京饭店	旅游饭店	北京市东城区
上海国际会议中心有限公司	旅游饭店	上海市浦东新区
青岛香格里拉大饭店	旅游饭店	山东省青岛市
北京富华金宝中心有限公司	旅游饭店	北京市东城区
北京友谊宾馆	旅游饭店	北京市海淀区
三亚天域度假酒店	旅游饭店	海南省三亚市
三亚希尔顿大酒店	旅游饭店	海南省三亚市
城市名人酒店管理(中国)有限公司	旅游饭店	四川省成都市
北京温都水城旅游饭店管理有限公司	旅游饭店	北京市昌平区
三亚盈湾酒店有限公司	旅游饭店	海南省三亚市
香格里拉大酒店(深圳福田)有限公司	旅游饭店	广东省深圳市
北京国际饭店	旅游饭店	北京市东城区
大连香格里拉酒店有限公司	旅游饭店	辽宁省大连市
浙江开元酒店投资管理集团有限公司杭州开元名都大酒店	旅游饭店	浙江省杭州市
上海太平洋大饭店有限公司	旅游饭店	上海市长宁区
广州市城建天誉房地产开发有限公司威斯汀酒店	旅游饭店	广东省广州市
中国职工之家	旅游饭店	北京市西城区
锦江之星旅馆有限公司	一般旅馆	上海市闵行区
上海上实南洋大酒店有限公司	旅游饭店	上海市静安区
上海西郊宾馆	旅游饭店	上海市长宁区
北京嘉里中心大酒店有限公司	旅游饭店	北京市朝阳区

4-3 续表 1

企业名称	所属行业	企业所在地
湖南运达酒店管理有限公司	旅游饭店	湖南省长沙市
上海东锦江大酒店有限公司	旅游饭店	上海市浦东新区
福州香格里拉酒店有限公司	旅游饭店	福建省福州市
山东大厦	旅游饭店	山东省济南市
上海锦江饭店有限公司	旅游饭店	上海市卢湾区
北京亮马河大厦有限公司	旅游饭店	北京市朝阳区
上海长峰酒店管理有限公司	旅游饭店	上海市长宁区
广州市东方宾馆股份有限公司	旅游饭店	广东省广州市
华润(深圳)有限公司君悦酒店	旅游饭店	广东省深圳市
香格里拉大酒店(西安)有限公司	旅游饭店	陕西省西安市
成都世纪城新国际会展中心有限公司世纪天堂洲际大饭店	旅游饭店	四川省成都市
上海光大会展中心有限公司	旅游饭店	上海市徐汇区
四川锦江宾馆有限责任公司	旅游饭店	四川省成都市
成都市向阳凯宾斯基饭店有限公司	旅游饭店	四川省成都市
宁波东港波特曼大酒店有限公司	旅游饭店	浙江省宁波市
大连富丽华大酒店	旅游饭店	辽宁省大连市
北京国际俱乐部有限公司	旅游饭店	北京市朝阳区
华天酒店集团股份有限公司	旅游饭店	湖南省长沙市
湖南华雅国际大酒店有限公司	旅游饭店	湖南省长沙市
三亚红树林旅业有限公司	旅游饭店	海南省三亚市
三亚家化万豪度假酒店	旅游饭店	海南省三亚市
东莞市塘厦三正半山酒店有限酒店	旅游饭店	广东省东莞市
香格里拉大酒店(温州)有限公司	旅游饭店	浙江省温州市
江门市逸豪酒店有限公司	旅游饭店	广东省江门市
宁波华侨饭店有限公司	旅游饭店	浙江省宁波市
广州富力鼎盛置业发展有限公司富力君悦大酒店分公司	旅游饭店	广东省广州市
浙江世贸君澜大饭店	旅游饭店	浙江省杭州市
上海华亭宾馆有限公司	旅游饭店	上海市徐汇区
丽都饭店有限公司	旅游饭店	北京市朝阳区
北京市蟹岛绿色生态农庄有限公司	旅游饭店	北京市朝阳区
七天快捷酒店管理(北京)有限公司	一般旅馆	北京市东城区
东莞市会展国际大酒店	旅游饭店	广东省东莞市
上海扬子江大酒店有限公司	旅游饭店	上海市长宁区
龙口市南山宾馆	旅游饭店	山东省烟台市
香格里拉大酒店(宁波)有限公司	一般旅馆	浙江省宁波市
宁波南苑集团股份有限公司	旅游饭店	浙江省宁波市
上海新世界丽笙大酒店有限公司	其他住宿服务	上海市黄浦区
陕西人民大厦有限公司	旅游饭店	陕西省西安市
上海锦江汤臣大酒店有限公司	旅游饭店	上海市浦东新区
苏州工业园区金鸡湖大酒店有限公司	旅游饭店	江苏省苏州市
星河实业(深圳)有限公司星河丽思卡尔顿酒店	旅游饭店	广东省深圳市
济南舜耕山庄	旅游饭店	山东省济南市
北京市西苑饭店	旅游饭店	北京市海淀区
惠州市康帝国际酒店有限公司	旅游饭店	广东省惠州市
上海锦沧文华大酒店有限公司	旅游饭店	上海市静安区
温州市王朝大酒店	旅游饭店	浙江省温州市
青岛海天大酒店有限公司	旅游饭店	山东省青岛市
杭州香格里拉饭店有限公司	旅游饭店	浙江省杭州市
深圳香格里拉大酒店有限公司	旅游饭店	广东省深圳市

4-3　续表 2

企业名称	所属行业	企业所在地
昆明世纪金源大饭店有限公司	旅游饭店	云南省昆明市
哈尔滨香格里拉大饭店有限公司	旅游饭店	黑龙江省哈尔滨市
上海市上海宾馆有限公司	旅游饭店	上海市静安区
四川九寨天堂国际会议度假中心有限公司	旅游饭店	四川省阿坝州
深圳维也纳酒店有限公司	旅游饭店	广东省深圳市
深圳威尼斯酒店	旅游饭店	广东省深圳市
上海斯格威大酒店有限公司	旅游饭店	上海市卢湾区
长春香格里拉大酒店有限公司	旅游饭店	吉林省长春市
上虞国际大酒店有限公司	旅游饭店	浙江省绍兴市
东方艺术大厦有限公司	旅游饭店	北京市朝阳区
广东新白云宾馆有限公司	旅游饭店	广东省广州市
深圳市大中华喜来登酒店有限公司	旅游饭店	广东省深圳市
北京新世纪饭店有限公司	旅游饭店	北京市海淀区
广东亚洲国际大酒店	旅游饭店	广东省广州市
无锡湖滨饭店有限公司	旅游饭店	江苏省无锡市
常州富都大酒店有限公司	旅游饭店	江苏省常州市
上海海仑宾馆有限公司	旅游饭店	上海市黄浦区
北京首都旅游国际酒店集团有限公司	一般旅馆	北京市东城区
中山市京华世纪酒店有限公司	旅游饭店	广东省中山市
重庆世纪金源时代大饭店有限公司	旅游饭店	重庆市江北区
东莞市龙泉国际大酒店	旅游饭店	广东省东莞市
三亚国光豪生度假酒店有限公司	旅游饭店	海南省三亚市
无锡汉爵投资有限公司	旅游饭店	江苏省无锡市
上海宝隆宾馆有限公司	旅游饭店	上海市虹口区
上海虹桥迎宾馆	旅游饭店	上海市长宁区
湖南国际金融大厦有限公司(潇湘华天大酒店)	旅游饭店	湖南省长沙市
北京市长富宫中心有限责任公司	旅游饭店	北京市朝阳区
新疆银都酒店有限责任公司	旅游饭店	新疆维吾尔自治区乌鲁木齐市
上海南新雅大酒店有限公司	旅游饭店	上海市黄浦区
安徽元一大酒店有限公司	旅游饭店	安徽省合肥市
上海紫泰酒店管理有限公司	旅游饭店	上海市长宁区
湖南芙蓉国酒店管理有限公司长沙芙蓉国豪廷大酒店	旅游饭店	湖南省长沙市
厦门国际大酒店有限公司	旅游饭店	福建省厦门市
北京香港马会会所有限公司	旅游饭店	北京市东城区
温州万和豪生大酒店管理有限公司	旅游饭店	浙江省温州市
上海虹桥宾馆有限公司	旅游饭店	上海市长宁区
沈阳丽都商务有限公司沈阳丽都喜来登饭店	旅游饭店	辽宁省沈阳市
深圳恒丰海悦国际酒店有限公司	旅游饭店	广东省深圳市
厦门和平里酒店有限公司	旅游饭店	福建省厦门市
重庆市金科大酒店有限公司	旅游饭店	重庆市渝北区
长沙市通程国际广场置业发展有限公司	旅游饭店	湖南省长沙市
如家和美酒店管理(北京)有限公司	一般旅馆	北京市西城区
上海建国宾馆有限公司	旅游饭店	上海市徐汇区
江苏省会议中心有限公司(钟山宾馆)	旅游饭店	江苏省南京市
赛特集团有限公司	旅游饭店	北京市朝阳区
北京市长城饭店公司	旅游饭店	北京市朝阳区
北京春晖园文化娱乐有限责任公司	旅游饭店	北京市顺义区
杭州望湖宾馆有限责任公司	旅游饭店	浙江省杭州市
郑州裕达国贸酒店有限公司	旅游饭店	河南省郑州市

4-3 续表 3

企业名称	所属行业	企业所在地
上海国际贵都大饭店有限公司	旅游饭店	上海市静安区
新疆鸿福大饭店有限责任公司	旅游饭店	新疆维吾尔自治区乌鲁木齐市
浙江金马饭店有限公司	旅游饭店	浙江省杭州市
北京汉华国际饭店有限公司	旅游饭店	北京市东城区
上海紫金山大酒店	旅游饭店	上海市浦东新区
南京国际大酒店有限公司所属南京维景国际大酒店	旅游饭店	江苏省南京市
重庆朝天门商贸有限责任公司	一般旅馆	重庆市黔江区
海南新佳和实业有限公司	旅游饭店	海南省三亚市
东莞市蒂豪花园酒店有限公司	旅游饭店	广东省东莞市
上海银河宾馆有限公司	旅游饭店	上海市长宁区
北京金融街国际酒店有限公司	旅游饭店	北京市西城区
港澳中心有限公司	旅游饭店	北京市东城区
东莞市松山湖酒店有限公司凯悦酒店分公司	旅游饭店	广东省东莞市
北京金隅凤山温泉度假村有限公司	旅游饭店	北京市昌平区
梅地亚电视中心有限公司	旅游饭店	北京市海淀区
温州华侨饭店	旅游饭店	浙江省温州市
青岛府新大厦	旅游饭店	山东省青岛市
苏州新城花园酒店有限公司	旅游饭店	江苏省苏州市
上海松江开元名都大酒店有限公司	其他住宿服务	上海市松江区
河北世纪大饭店有限公司	旅游饭店	河北省石家庄市
东莞市嘉华酒店有限公司	旅游饭店	广东省东莞市
广州华侨大厦企业有限公司	旅游饭店	广东省广州市
三亚君澜度假酒店	旅游饭店	海南省三亚市
厦门海悦山庄酒店有限公司	旅游饭店	福建省厦门市
三亚蜈支洲岛度假中心	旅游饭店	海南省三亚市
内蒙古东达锦江大酒店	旅游饭店	内蒙古自治区呼和浩特市
桔子酒店管理(中国)有限公司	旅游饭店	北京市海淀区
深圳市华侨城城市客栈有限公司	一般旅馆	广东省深圳市
湛江康益广场娱乐有限公司	旅游饭店	广东省湛江市
苏州中茵皇冠假日酒店有限公司	旅游饭店	江苏省苏州市
佛山市恒安瑞士酒店管理有限公司	旅游饭店	广东省佛山市
上海国际网球中心酒店管理有限公司	旅游饭店	上海市徐汇区
上海兴国宾馆	旅游饭店	上海市长宁区
上海银星宾馆有限公司	旅游饭店	上海市长宁区
重庆君豪大饭店有限责任公司	旅游饭店	重庆市江北区
内蒙古饭店有限责任公司	旅游饭店	内蒙古自治区呼和浩特市
浙江西子宾馆	旅游饭店	浙江省杭州市
香格里拉国际饭店管理有限公司	旅游饭店	湖北省武汉市
杭钢(厦门)酒店有限公司	旅游饭店	福建省厦门市
深圳圣廷苑酒店有限公司	旅游饭店	广东省深圳市
首都大酒店	旅游饭店	北京市东城区
北京龙熙温泉度假酒店有限公司	旅游饭店	北京市大兴区
宝钢集团宝山宾馆	旅游饭店	上海市宝山区
山西国际贸易中心有限公司国贸大饭店	旅游饭店	山西省太原市
江门市名冠金凯悦大酒店有限公司	一般旅馆	广东省江门市
香格里拉大酒店	旅游饭店	内蒙古自治区呼和浩特市
泉州酒店	旅游饭店	福建省泉州市
贵阳世纪金源大饭店管理有限责任公司	旅游饭店	贵州省贵阳市
南京玄武饭店有限责任公司	旅游饭店	江苏省南京市

4-3 续表 4

企业名称	所属行业	企业所在地
沈阳北方航空扬子实业有限公司	旅游饭店	辽宁省沈阳市
重庆天来酒店有限公司	旅游饭店	重庆市渝北区
长江轮船海外旅游总公司(武汉)	旅游饭店	湖北省武汉市
金茂深圳酒店投资有限公司金茂深圳万豪酒店	旅游饭店	广东省深圳市
广州大厦有限公司	一般旅馆	广东省广州市
上海新发展圣淘沙大酒店有限公司	旅游饭店	上海市奉贤区
上海天禧嘉福璞缇客酒店有限公司	一般旅馆	上海市闵行区
宁波太平洋大酒店有限公司	旅游饭店	浙江省宁波市
北京市京伦饭店有限责任公司	旅游饭店	北京市朝阳区
天津滨海泰达酒店开发有限公司	旅游饭店	天津市滨海新区
山西迎泽宾馆	旅游饭店	山西省太原市
成都世纪城新国际会展中心有限公司假日酒店	旅游饭店	四川省成都市
珠海度假村酒店有限公司	旅游饭店	广东省珠海市
上海新亚广场长城酒店有限公司	旅游饭店	上海市闸北区
河北宾馆有限公司	旅游饭店	河北省石家庄市
泉州悦华酒店有限公司	旅游饭店	福建省泉州市
上海古象大酒店有限公司	旅游饭店	上海市黄浦区
上海世茂庄园置业有限公司世茂佘山艾美酒店	旅游饭店	上海市松江区
慈溪市杭州湾大酒店有限公司	旅游饭店	浙江省宁波市
青岛奥海投资发展有限公司海尔洲际酒店	旅游饭店	山东省青岛市
青岛海景花园大酒店	旅游饭店	山东省青岛市
北京华侨大厦有限公司	旅游饭店	北京市东城区
中国妇女活动中心	旅游饭店	北京市东城区
北京燕京饭店有限责任公司	旅游饭店	北京市西城区
徐州开元名都大酒店有限公司	旅游饭店	江苏省徐州市
浙江萧山宾馆股份有限公司	旅游饭店	浙江省杭州市
厦门京闽中心酒店	旅游饭店	福建省厦门市
北京贵宾楼饭店有限公司	旅游饭店	北京市东城区
深圳好日子酒店有限公司	旅游饭店	广东省深圳市
广信江湾新城大酒店	旅游饭店	广东省广州市
广州凯旋华美达大酒店	旅游饭店	广东省广州市
雷迪森旅业集团有限公司	旅游饭店	浙江省杭州市
芜湖汉爵阳明大酒店有限公司	旅游饭店	安徽省芜湖市
北京凯瑞大酒店	旅游饭店	北京市海淀区
杭州之江饭店	旅游饭店	浙江省杭州市
广州市星河湾酒店有限公司	旅游饭店	广东省广州市
南京中心大酒店有限公司	旅游饭店	江苏省南京市
北京市建国饭店公司	旅游饭店	北京市朝阳区
杭州黄龙饭店有限公司	旅游饭店	浙江省杭州市
肇庆市奥威斯酒店有限公司	旅游饭店	广东省肇庆市
青岛颐中国际大酒店	旅游饭店	山东省青岛市
北京亚洲大酒店有限公司	旅游饭店	北京市东城区
宁波开元名都大酒店有限公司	旅游饭店	浙江省宁波市
广东省机场管理集团公司白云机场铂尔曼大酒店	旅游饭店	广东省广州市
厦门悦华酒店	旅游饭店	福建省厦门市
上海悦华大酒店	旅游饭店	上海市奉贤区
北京新侨饭店有限公司	旅游饭店	北京市东城区
三亚湘投银泰度假酒店	旅游饭店	海南省三亚市
北京光明饭店有限公司	旅游饭店	北京市朝阳区

4-3 续表 5

企业名称	所属行业	企业所在地
福州西湖大酒店	旅游饭店	福建省福州市
绍兴咸亨大酒店有限公司	旅游饭店	浙江省绍兴市
河南中州旅游股份有限公司	旅游饭店	河南省郑州市
株洲市华天大酒店有限责任公司	旅游饭店	湖南省株洲市
长沙神农大酒店有限公司	旅游饭店	湖南省长沙市
辽宁大厦	旅游饭店	辽宁省沈阳市
上海大厦	旅游饭店	上海市虹口区
沈阳商贸饭店有限公司	旅游饭店	辽宁省沈阳市
保利大厦有限公司	旅游饭店	北京市东城区
北京天伦饭店有限公司	旅游饭店	北京市东城区
广州流花宾馆集团股份有限公司	旅游饭店	广东省广州市
佛山金城大酒店有限公司	旅游饭店	广东省佛山市
三亚华宇皇冠假日酒店	旅游饭店	海南省三亚市
大同市云冈宾馆有限责任公司	旅游饭店	山西省大同市
河北建投能源投资股份有限公司国际大厦酒店	旅游饭店	河北省石家庄市
漓江大瀑布饭店	旅游饭店	广西自治区桂林市
东莞市长安国际酒店有限公司	旅游饭店	广东省东莞市
哈尔滨万达商业投资有限公司万达索菲特大酒店	旅游饭店	黑龙江省哈尔滨市
北京云南大厦酒店有限公司	旅游饭店	北京市朝阳区
中山香格里拉大酒店有限公司	旅游饭店	广东省中山市
台州耀达国际酒店有限公司	旅游饭店	浙江省台州市
宁波市海城投资开发有限公司宁波万豪酒店	旅游饭店	浙江省宁波市
昆明翠湖宾馆有限公司	旅游饭店	云南省昆明市
济南海尔绿城置业有限公司喜来登大酒店	旅游饭店	山东省济南市
三亚海韵度假酒店有限公司	旅游饭店	海南省三亚市
北京中奥马哥孛罗大酒店有限公司	旅游饭店	北京市朝阳区
广西南宁饭店	旅游饭店	广西自治区南宁市
石家庄世贸广场酒店有限公司	旅游饭店	河北省石家庄市
上海中福世福汇大酒店有限公司	旅游饭店	上海市黄浦区
华能海南实业有限公司海口喜来登温泉度假酒店	旅游饭店	海南省海南市
江西嘉莱特和平国际酒店有限公司	旅游饭店	江西省南昌市
河南大河锦江饭店有限责任公司	旅游饭店	河南省郑州市
加福投资(深圳)有限公司福朋喜来登酒店	旅游饭店	广东省深圳市
广东大厦	旅游饭店	广东省广州市
深圳阳光酒店	旅游饭店	广东省深圳市
武汉华美达光谷大酒店	旅游饭店	湖北省武汉市
北京欣燕都酒店连锁有限公司	旅游饭店	北京市西城区
三亚亚龙湾仙人掌度假酒店	旅游饭店	海南省三亚市
杭州第一世界大酒店有限公司	旅游饭店	浙江省杭州市
上海珀丽酒店投资管理有限公司	一般旅馆	上海市浦东新区
河南雅高国际饭店有限公司	旅游饭店	河南省郑州市
广西红林大酒店有限公司	旅游饭店	广西自治区南宁市
宁波开元大酒店有限公司	旅游饭店	浙江省宁波市
南京银河房地产开发有限公司索非特银河大酒店	旅游饭店	江苏省南京市
杭州太虚湖假日酒店有限公司	旅游饭店	浙江省杭州市
北京歌华开元大酒店有限公司	旅游饭店	北京市朝阳区
余姚宾馆有限责任公司	旅游饭店	浙江省宁波市
上虞雷迪森万锦大酒店有限公司	旅游饭店	浙江省绍兴市
广西沃顿国际大酒店有限公司	旅游饭店	广西自治区南宁市

4-3 续表 6

企业名称	所属行业	企业所在地
江阴国际大酒店有限公司	旅游饭店	江苏省无锡市
北京和平宾馆有限公司	旅游饭店	北京市东城区
格林豪泰酒店(中国)有限公司	一般旅馆	上海市普陀区
东莞市昌明实业有限公司喜来登酒店	旅游饭店	广东省东莞市
南京国际会议大酒店	旅游饭店	江苏省南京市
广东迎宾馆	旅游饭店	广东省广州市
云南红河投资有限公司	旅游饭店	云南省红河市
柳州饭店	旅游饭店	广西自治区柳州市
山东银座旅游集团有限公司	旅游饭店	山东省济南市
内蒙古新城宾馆旅游业集团有限责任公司	旅游饭店	内蒙古自治区呼和浩特市
福清融侨大酒店	旅游饭店	福建省福州市
东新(佛冈)温泉开发有限公司	旅游饭店	广东省清远市
厦门东方酒店有限公司	旅游饭店	福建省厦门市
东莞市宏远酒店有限公司	旅游饭店	广东省东莞市
哈尔滨华旗饭店有限公司	旅游饭店	黑龙江省哈尔滨市
新疆机场集团天缘酒店管理有限责任公司	旅游饭店	新疆维吾尔自治区乌鲁木齐市
江苏天目湖宾馆有限公司	旅游饭店	江苏省常州市
成都建工集团旅游有限公司青城国际酒店	旅游饭店	四川省成都市
余彭年管理(深圳)有限公司	旅游饭店	广东省深圳市
大连长江广场有限公司日航饭店	旅游饭店	辽宁省大连市
上海市衡山(集团)公司衡山宾馆	旅游饭店	上海市徐汇区
重庆洲际酒店投资有限公司	旅游饭店	重庆市渝中区
北京西郊宾馆有限责任公司	旅游饭店	北京市海淀区
浙江开元酒店管理有限公司诸暨耀江开元名都大酒店	一般旅馆	浙江省绍兴市
南京黄马实业有限公司	旅游饭店	江苏省南京市
甘肃宁卧庄宾馆	旅游饭店	甘肃省兰州市
南宁明园饭店	旅游饭店	广西自治区南宁市
上海锦江国际饭店有限公司	旅游饭店	上海市黄浦区
上海外高桥保宏大酒店有限公司	旅游饭店	上海市浦东新区
东莞宾馆有限公司	旅游饭店	广东省东莞市
上海延安饭店	旅游饭店	上海市静安区
青岛黄岛蓝海大饭店有限公司	旅游饭店	山东省青岛市
河南省黄河迎宾馆	旅游饭店	河南省郑州市
浙江宾馆有限责任公司	旅游饭店	浙江省杭州市
厦门国际会展酒店有限公司	一般旅馆	福建省厦门市
济南贵和皇冠假日酒店有限责任公司	旅游饭店	山东省济南市
舟山市新华侨饭店有限责任公司	旅游饭店	浙江省舟山市
京都信苑饭店	旅游饭店	北京市海淀区
重庆皇石大酒店有限公司	旅游饭店	重庆市渝中区
宁波市凯洲实业有限公司	旅游饭店	浙江省宁波市
增城市碧桂园凤凰城酒店有限公司	旅游饭店	广东省广州市
东莞市太子酒店有限公司	旅游饭店	广东省东莞市
广州华威达商务大酒店有限公司	旅游饭店	广东省广州市
沅江广通大酒店有限公司	一般旅馆	湖南省益阳市
陕西宾馆	旅游饭店	陕西省西安市
东莞海悦花园大酒店有限公司	旅游饭店	广东省东莞市
包头海德酒店有限公司	旅游饭店	内蒙古自治区包头市
杭州大厦有限公司	旅游饭店	浙江省杭州市

4-4 大型餐饮业企业名单

企业名称	所属行业	企业所在地
杭州肯德基有限公司	快餐服务	浙江省杭州市
百胜餐饮广东有限公司	快餐服务	广东省广州市
上海肯德基有限公司	快餐服务	上海市徐汇区
北京肯德基有限公司	快餐服务	北京市东城区
百胜餐饮(沈阳)有限公司	快餐服务	辽宁省沈阳市
天津肯德基有限公司	快餐服务	天津市南开区
福州曼伯罗食品有限公司	正餐服务	福建省福州市
上海必胜客有限公司	正餐服务	上海市徐汇区
广东三元麦当劳食品有限公司	快餐服务	广东省广州市
南京肯德基有限公司	快餐服务	江苏省南京市
北京麦当劳食品有限公司	快餐服务	北京市东城区
浙江凯旋门澳门豆捞控股集团有限公司	正餐服务	浙江省杭州市
百胜餐饮(深圳)有限公司	快餐服务	广东省深圳市
青岛肯德基有限公司	快餐服务	山东省青岛市
四川海底捞餐饮股份有限公司	其他餐饮服务	四川省资阳市
北京必胜客比萨饼有限公司	正餐服务	北京市东城区
苏州肯德基有限公司	快餐服务	江苏省苏州市
百胜餐饮(武汉)有限公司	快餐服务	湖北省武汉市
上海麦当劳食品有限公司	快餐服务	上海市徐汇区
麦当劳餐厅(深圳)有限公司	快餐服务	广东省深圳市
山东蓝海股份有限公司	正餐服务	山东省东营市
北京吉野家快餐有限公司	快餐服务	北京市东城区
百胜餐饮成都有限公司	快餐服务	四川省成都市
上海统一星巴克咖啡有限公司	饮料及冷饮服务	上海市徐汇区
无锡肯德基有限公司	快餐服务	江苏省无锡市
大娘水饺餐饮集团股份有限公司	其他餐饮服务	江苏省常州市
长沙肯德基有限公司	快餐服务	湖南省长沙市
中国全聚德(集团)股份有限公司	正餐服务	北京市宣武区
俏江南股份有限公司	正餐服务	北京市朝阳区
上海领先餐饮管理有限公司	正餐服务	上海市卢湾区
呷哺呷哺餐饮管理有限公司	快餐服务	北京市大兴区
天津麦当劳食品有限公司	快餐服务	天津市河西区
上海老城隍庙餐饮(集团)有限公司	其他餐饮服务	上海市黄浦区
广州真功夫快餐连锁管理有限公司	快餐服务	广东省广州市
顺峰饮食酒店管理股份有限公司	正餐服务	北京市朝阳区
太原肯德基有限公司	快餐服务	山西省太原市
厦门肯德基有限公司	快餐服务	福建省厦门市
北京首都机场餐饮发展有限公司	正餐服务	北京市顺义区
重庆陶然居饮食文化(集团)股份有限公司	正餐服务	重庆市九龙坡区
重庆兴红得聪餐饮管理有限公司	快餐服务	重庆市渝中区
津味(上海)餐饮管理有限公司	其他餐饮服务	上海市长宁区
上海一茶一坐餐饮有限公司	正餐服务	上海市虹口区
百胜餐饮(西安)有限公司	正餐服务	陕西省西安市
百胜餐饮(福州)有限公司	快餐服务	福建省福州市
郑州肯德基有限公司	快餐服务	河南省郑州市

4-4　续表 1

企业名称	所属行业	企业所在地
大连肯德基有限公司	快餐服务	辽宁省大连市
西安饮食股份有限公司	正餐服务	陕西省西安市
武汉麦当劳餐饮食品有限公司	快餐服务	湖北省武汉市
上海杏花楼(集团)有限公司	正餐服务	上海市黄浦区
南京市麦当劳餐饮食品有限公司	快餐服务	江苏省南京市
南昌肯德基有限公司	快餐服务	江西省南昌市
北京星巴克咖啡有限公司	饮料及冷饮服务	北京市朝阳区
重庆骑龙饮食文化有限公司	正餐服务	重庆市北碚区
北京郭林家常菜食品有限责任公司	正餐服务	北京市西城区
深圳面点王饮食连锁有限公司	快餐服务	广东省深圳市
东莞肯德基有限公司	快餐服务	广东省东莞市
上海适达餐饮管理有限公司	饮料及冷饮服务	上海市静安区
武汉市亢龙太子酒轩有限责任公司	正餐服务	湖北省武汉市
南宁肯德基有限公司	快餐服务	广西壮族自治区南宁市
四川麦当劳餐厅食品有限公司	快餐服务	四川省锦江区
浙江麦当劳餐厅食品有限公司	快餐服务	浙江省杭州市
广州酒家集团股份有限公司	正餐服务	广东省广州市
绍兴市咸亨酒店有限公司	正餐服务	浙江省绍兴市
陕西松茂食品餐饮有限公司	快餐服务	陕西省西安市
昆明肯德基有限公司	快餐服务	云南省昆明市
西安真爱服务产业有限公司	正餐服务	陕西省西安市
成都巴国布衣餐饮发展有限公司	正餐服务	四川省成都市
重庆佳永小天鹅餐饮有限公司	正餐服务	重庆市江北区
上海永和大王餐饮有限公司	快餐服务	上海市闵行区
北京大董烤鸭店有限责任公司	正餐服务	北京市朝阳区
聚德华天控股有限公司	正餐服务	北京市西城区
上海金萌苏浙汇餐饮有限公司	正餐服务	上海市徐汇区
武汉市小蓝鲸健康美食酒店管理有限公司	正餐服务	湖北省武汉市
杭州饮食服务集团有限公司	正餐服务	浙江省杭州市
北京湘鄂情股份有限公司	正餐服务	北京市海淀区
上海棒约翰餐饮管理有限公司	正餐服务	上海市静安区
常州丽华快餐集团有限公司	快餐服务	江苏省常州市
深圳真功夫餐饮管理有限公司	快餐服务	广东省深圳市
北京眉州酒店管理有限公司	正餐服务	北京市朝阳区
真功夫餐饮管理有限公司	快餐服务	广东省东莞市
上海避风塘美食有限公司	正餐服务	上海市卢湾区
厦门麦当劳食品发展有限公司	快餐服务	福建省厦门市
武汉艳阳天商贸发展有限公司	正餐服务	湖北省武汉市
浙江两岸食品连锁有限公司	正餐服务	浙江省杭州市
湖南麦当劳(餐厅食品)有限公司	快餐服务	湖南省长沙市
迪欧餐饮管理有限公司	饮料及冷饮服务	江苏省苏州市
北京永和大王餐饮有限公司	快餐服务	北京市东城区
福州麦当劳餐厅食品有限公司	快餐服务	福建省福州市
重庆和之吉饮食文化有限公司	正餐服务	重庆市渝中区
北京嘉和一品企业管理有限公司	正餐服务	北京市顺义区
北京市新宏状元餐饮管理有限公司	正餐服务	北京市海淀区

4-4 续表 2

企业名称	所属行业	企业所在地
福州德克士食品有限公司	快餐服务	福建省福州市
嘉兴市金悦大酒楼有限公司	正餐服务	浙江省嘉兴市
沈阳麦当劳(餐厅食品)有限公司	快餐服务	辽宁省沈阳市
广州渔民新村饮食有限公司	正餐服务	广东省广州市
广州市绿茵阁饮食连锁有限公司	正餐服务	广东省广州市
无锡市麦当劳餐厅食品有限公司	快餐服务	江苏省无锡市
美心星巴克咖啡餐饮(深圳)有限公司	饮料及冷饮服务	广东省深圳市
南京味千餐饮管理有限公司	快餐服务	江苏省南京市
上海怡乐食食品科技服务有限公司	快餐服务	上海市徐汇区
上海避风塘美食餐饮有限公司	正餐服务	上海市虹口区
上海金钱豹宴会餐饮管理有限公司	正餐服务	上海市闵行区
浙江老娘舅餐饮有限公司	快餐服务	浙江省湖州市
大连麦当劳餐厅食品有限公司	快餐服务	辽宁省大连市
兰州肯德基有限公司	快餐服务	甘肃省兰州市
上海宝莱纳餐饮有限公司	正餐服务	上海市徐汇区
东莞麦华食品有限公司	快餐服务	广东省东莞市
山东麦当劳餐厅食品有限公司	快餐服务	山东省济南市
北京金鼎轩酒楼有限责任公司	正餐服务	北京市东城区
北京索迪斯服务有限公司	其他餐饮服务	北京市朝阳区
上海港丽餐饮管理有限公司	正餐服务	上海市黄浦区
浙江外婆家餐饮有限公司	正餐服务	浙江省杭州市
新疆肯德基有限公司	快餐服务	新疆维吾尔自治区乌鲁木齐市
河南麦当劳(餐厅食品)有限公司	正餐服务	河南省郑州市
北京真功夫快餐连锁管理有限公司	快餐服务	北京市朝阳区
北京好伦哥餐饮有限公司	快餐服务	北京市海淀区
安徽麦当劳(餐厅)食品有限公司	快餐服务	安徽省合肥市
重庆肯德基有限公司	快餐服务	重庆市渝中区
福州世纪金源大饭店有限公司	正餐服务	福建省福州市
南海渔村有限公司	正餐服务	广东省广州市
杭州楼外楼实业有限公司	正餐服务	浙江省杭州市
唐山凤凰园美食城	正餐服务	河北省唐山市
上海新旺餐饮管理有限公司	正餐服务	上海市黄浦区
上海新亚大家乐餐饮有限公司	快餐服务	上海市虹口区
北京万龙洲饮食有限责任公司	正餐服务	北京市东城区
四川省成都市饮食公司	正餐服务	四川省成都市
汕头市高新区新梅园大酒楼有限公司	正餐服务	广东省汕头市
北京和合谷餐饮管理有限公司	快餐服务	北京市西城区
大连亚惠快餐有限公司	快餐服务	辽宁省大连市
上海广成餐饮有限公司	正餐服务	上海市长宁区
江苏天水雅居餐饮管理有限公司	正餐服务	江苏省无锡市
深圳市嘉旺餐饮连锁有限公司	快餐服务	广东省深圳市
贵州雅园饮食娱乐有限责任公司	正餐服务	贵州省贵阳市
山西丽华大酒店有限责任公司	正餐服务	山西省太原市
天津小古林餐饮管理有限公司	正餐服务	天津市滨海新区
东莞麦长食品有限公司	快餐服务	广东省东莞市
美心星巴克咖啡餐饮(广东)有限公司	饮料及冷饮服务	广东省广州市

4-4 续表 3

企业名称	所属行业	企业所在地
北京金悦航天桥餐饮有限公司	正餐服务	北京市海淀区
北京金钱豹餐饮有限公司	正餐服务	北京市东城区
安徽同庆楼餐饮发展有限公司	正餐服务	安徽省合肥市
上海常州大娘水饺餐饮有限公司	其他餐饮服务	上海市黄浦区
大连万宝海鲜舫	正餐服务	辽宁省大连市
中山麦当劳食品有限公司	快餐服务	广东省中山市
济南市环山鱼翅皇宫大酒店	正餐服务	山东省济南市
沈阳顺峰饮食有限公司	正餐服务	辽宁省沈阳市
上海博海餐饮有限公司	正餐服务	上海市金山区
安徽金满楼餐饮股份有限公司	正餐服务	安徽省合肥市
深圳永和大王餐饮有限公司	快餐服务	广东省深圳市
北京便宜坊烤鸭集团有限公司	正餐服务	北京市东城区
上海大富贵酒楼	正餐服务	上海市黄浦区
乐清市金鼎大酒店有限公司	正餐服务	浙江省温州市
山西海外海酒店投资管理有限公司	正餐服务	山西省太原市
北京金白领餐饮有限公司	正餐服务	北京市海淀区
上海银湖酒店有限公司	正餐服务	上海市松江区
上海禾绿饮食有限公司	正餐服务	上海市长宁区
山东天河酒店集团有限公司	正餐服务	山东省东营市
深圳航空食品有限公司	其他餐饮服务	广东省深圳市
北京市西单麻辣诱惑餐饮有限公司	正餐服务	北京市西城区
北京金钱豹餐饮管理有限公司	正餐服务	北京市朝阳区
温州云天楼实业有限公司	正餐服务	浙江省温州市
上海红子鸡美食总汇有限公司	正餐服务	上海市普陀区
广州市番禺中国旅行社	正餐服务	广东省广州市
深圳市小肥羊餐饮连锁有限公司	正餐服务	广东省深圳市
上海海逸海鲜酒家有限公司	正餐服务	上海市长宁区
西安福迎门大香港鲍翅酒楼有限公司	正餐服务	陕西省西安市
北京无名居美食有限公司	正餐服务	北京市海淀区
春满园饮食管理服务(深圳)有限公司	正餐服务	广东省深圳市
上海新区小南国餐饮管理有限公司	正餐服务	上海市浦东新区
东莞旗峰山酒店有限公司	正餐服务	广东省东莞市
北京眉州东坡酒楼	正餐服务	北京市朝阳区
广州黄埔华苑大酒店	正餐服务	广东省广州市
江门麦当劳(餐厅食品)有限公司	快餐服务	广东省江门市
长春吉安房地产开发有限公司华天大酒店	正餐服务	吉林省长春市
深圳领鲜稻香饮食有限公司	正餐服务	广东省深圳市
武汉湖锦娱乐发展有限公司江汉分公司	正餐服务	湖北省武汉市
浙江向阳渔港集团股份有限公司	正餐服务	浙江省宁波市
上海葡京餐饮管理有限公司	正餐服务	上海市长宁区
北京东来顺集团有限责任公司	正餐服务	北京市东城区
北京味千餐饮管理有限公司	快餐服务	北京市朝阳区
西安百姓厨房大馄饨餐饮有限责任公司	正餐服务	陕西省西安市
广州泛亚饮食有限公司	快餐服务	广东省广州市
北京小南国餐饮管理有限公司	正餐服务	北京市东城区
深圳大快活快餐有限公司	快餐服务	广东省深圳市

4-4 续表 4

企业名称	所属行业	企业所在地
杏花楼餐饮食品有限公司	正餐服务	上海市黄浦区
湖北巴山夜雨酒店管理有限公司	正餐服务	湖北省武汉市
上海外滩三号饮食文化有限公司	其他餐饮服务	上海市黄浦区
太原滨河一号餐饮有限公司	正餐服务	山西省太原市
成都银杏金阁餐饮股份有限公司	正餐服务	四川省成都市
湖北三五酒店有限公司	正餐服务	湖北省武汉市
广州陶陶居饮食有限公司	正餐服务	广东省广州市
广西麦当劳餐厅食品有限公司	快餐服务	广西壮族自治区南宁市
南通市文峰饭店有限公司	正餐服务	江苏省南通市
广州市越秀区艺都燕窝鱼翅酒家	正餐服务	广东省广州市
上海虹梅小南国餐饮有限公司	正餐服务	上海市闵行区
安徽蜀王美心快餐管理有限责任公司	快餐服务	安徽省合肥市
深圳市迈志豪餐饮实业有限公司	其他餐饮服务	广东省深圳市
大连天天渔港餐饮有限公司	正餐服务	辽宁省大连市
汉堡王(上海)餐饮有限公司	其他餐饮服务	上海市黄浦区
深圳市海珠城美食会有限公司	正餐服务	广东省深圳市
广州市番禺区南村四海一家美食城	正餐服务	广东省广州市
康帕斯配餐服务(中国)有限公司	快餐服务	上海市闵行区
北京倪氏海泰餐饮有限公司	正餐服务	北京市海淀区
上海东方海港餐饮有限公司	正餐服务	上海市浦东新区
北京德克士食品有限公司	快餐服务	北京市东城区
山西唐都生态园餐饮有限公司	正餐服务	山西省太原市
上海展圆餐饮管理有限公司	正餐服务	上海市徐汇区
大连合兴快餐有限公司	快餐服务	辽宁省大连市
南京梅山生活服务发展有限公司	正餐服务	江苏省南京市
青岛良友金都美食城有限公司	正餐服务	山东省青岛市
深圳市誉兴饮食管理有限公司	其他餐饮服务	广东省深圳市
上海机场(集团)有限公司浦东华美达大酒店	其他餐饮服务	上海市浦东新区
中山市海港商务酒店有限公司	正餐服务	广东省中山市
南京狮王府美食(休闲)有限公司	正餐服务	江苏省南京市
保定唐人美食山	正餐服务	河北省保定市
北京金钱豹国际美食有限公司	快餐服务	北京市朝阳区
上海沃歌斯餐饮有限公司	快餐服务	上海市静安区
杭州味千餐饮管理有限公司	正餐服务	浙江省杭州市
湛江市赤坎大天然海鲜居有限公司	正餐服务	广东省湛江市
深圳市百岁村餐饮连锁有限公司	正餐服务	广东省深圳市
北京西宫湘鄂情餐饮有限公司	正餐服务	北京市西城区
成都红杏酒家有限责任公司	正餐服务	四川省成都市
杭州知味观杨公堤湖畔酒家有限公司	正餐服务	浙江省杭州市
青岛麦当劳(餐厅食品)有限公司	快餐服务	山东省青岛市
上海吉野家快餐有限公司	快餐服务	上海市黄浦区
重庆申基房地产开发有限公司申基索菲特大酒店	正餐服务	重庆市九龙坡区
成都国际会议展览中心	正餐服务	四川省成都市
北京翔达投资管理有限公司	正餐服务	北京市西城区
北京航天华盛科贸发展有限公司	正餐服务	北京市丰台区

4-5 分地区大型批发零售和住宿餐饮业企业名单

企业名称	所属行业	企业所在地
北京市		
中国神华能源股份有限公司煤炭销售中心	煤炭及制品批发	北京市海淀区
一汽丰田汽车销售有限公司	汽车、摩托车及零配件批发	北京市海淀区
梅赛德斯－奔驰（中国）汽车销售有限公司	汽车、摩托车及零配件批发	北京市朝阳区
宝马（中国）汽车贸易有限公司	汽车、摩托车及零配件批发	北京市朝阳区
中国矿产有限责任公司	金属及金属矿批发	北京市海淀区
中钢钢铁有限公司	金属及金属矿批发	北京市海淀区
五矿钢铁有限责任公司	金属及金属矿批发	北京市海淀区
诺基亚（中国）投资有限公司	通讯及广播电视设备批发	北京市大兴区
中国航空油料有限责任公司	石油及制品批发	北京市海淀区
索尼(中国)有限公司	家用电器批发	北京市朝阳区
中国中煤能源股份有限公司	煤炭及制品批发	北京市朝阳区
中国石油化工股份有限公司北京石油分公司	机动车燃料零售	北京市朝阳区
丰田汽车(中国)投资有限公司	汽车、摩托车及零配件批发	北京市朝阳区
佳能（中国）有限公司	家用电器批发	北京市东城区
中国首钢国际贸易工程公司	金属及金属矿批发	北京市海淀区
中国铁路物资总公司	金属及金属矿批发	北京市西城区
松下电器（中国）有限公司	家用电器批发	北京市朝阳区
中化化肥有限公司	化肥批发	北京市西城区
中石油昆仑燃气有限公司	石油及制品批发	北京市朝阳区
中邮普泰通信服务股份有限公司	通讯及广播电视设备批发	北京市西城区
中国铁路物资北京有限公司	金属及金属矿批发	北京市西城区
西门子（中国）有限公司	其他机械设备及电子产品批发	北京市朝阳区
中国石油天然气股份有限公司北京销售分公司	石油及制品批发	北京市朝阳区
乐金电子（中国）有限公司	家用电器批发	北京市朝阳区
施耐德电气（中国）投资有限公司	其他机械设备及电子产品批发	北京市朝阳区
中粮食品营销有限公司	米、面制品及食用油批发	北京市东城区
中国机械设备进出口总公司	其他机械设备及电子产品批发	北京市西城区
中化物产股份有限公司	其他化工产品批发	北京市东城区
现代汽车（中国）投资有限公司	汽车、摩托车及零配件批发	北京市朝阳区
翰林汇信息产业股份有限公司	计算机、软件及辅助设备批发	北京市海淀区
中国烟草总公司北京市公司	烟草制品批发	北京市通州区
北京普天太力通信科技有限公司	通讯及广播电视设备批发	北京市海淀区
联通华盛通信有限公司	贸易经纪与代理	北京市东城区
中国石化化工销售有限公司	其他化工产品批发	北京市朝阳区
大金（中国）投资有限公司	家用电器批发	北京市东城区
日产（中国）投资有限公司	汽车、摩托车及零配件批发	北京市朝阳区
中国石油技术开发公司	其他机械设备及电子产品批发	北京市西城区
诺基亚西门子通信技术（北京）有限公司	通讯及广播电视设备批发	北京市东城区
北京医药股份有限公司	药品零售	北京市东城区
北京京东世纪贸易有限公司	邮购及电子销售	北京市海淀区
卡特彼勒（中国）投资有限公司	其他机械设备及电子产品批发	北京市朝阳区
天翼电信终端有限公司	通讯及广播电视设备批发	北京市西城区
中国石油物资公司	金属及金属矿批发	北京市西城区
北京苏宁电器有限公司	家用电器零售	北京市通州区
中化塑料有限公司	其他化工产品批发	北京市西城区
北京红牛饮料销售有限公司	饮料及茶叶批发	北京市朝阳区
北京华联综合超市股份有限公司	超级市场零售	北京市西城区
北京市大中家用电器连锁销售有限公司	家用电器零售	北京市石景山区
李宁（中国）体育用品有限公司	体育用品批发	北京市通州区
北京菜市口百货股份有限公司	百货零售	北京市西城区
北京科园信海医药经营有限公司	中药材及中成药批发	北京市丰台区

4-5 续表 1

企业名称	所属行业	企业所在地
国药集团药业股份有限公司	西药批发	北京市东城区
中国植物油公司	米、面制品及食用油批发	北京市西城区
北京龙禹石油化工有限公司	石油及制品批发	北京市平谷区
国美电器有限公司	家用电器零售	北京市朝阳区
北京燕莎友谊商城有限公司	百货零售	北京市朝阳区
北京家乐福商业有限公司	超级市场零售	北京市丰台区
李宁（北京）体育用品商业有限公司	体育用品批发	北京市通州区
中粮国际（北京）有限公司	米、面制品及食用油批发	北京市东城区
中国联合石油有限责任公司	石油及制品批发	北京市西城区
华润雪花啤酒（中国）有限公司	饮料及茶叶批发	北京市东城区
中国石油化工股份有限公司润滑油分公司	石油及制品批发	北京市海淀区
中航技进出口有限责任公司	其他机械设备及电子产品批发	北京市大兴区
北京金隅水泥经贸有限公司	建材批发	北京市房山区
北京京客隆商业集团股份有限公司	超级市场零售	北京市朝阳区
中钢设备有限公司	其他机械设备及电子产品批发	北京市海淀区
中国石化国际事业有限公司	贸易经纪与代理	北京市朝阳区
北京物美商业集团股份有限公司	超级市场零售	北京市石景山区
百盛商业发展有限公司	百货零售	北京市西城区
中建材国际贸易有限公司	建材批发	北京市海淀区
松下电工（中国）有限公司	五金、交电批发	北京市朝阳区
华联新光百货(北京)有限公司	百货零售	北京市朝阳区
中国北方工业公司	其他未列明的批发	北京市西城区
北京美廉美连锁商业有限公司	超级市场零售	北京市海淀区
北京翠微大厦股份有限公司	百货零售	北京市海淀区
威斯特（北京）机械设备有限公司	其他机械设备及电子产品批发	北京市经济技术开发区
中国再生资源开发有限公司	再生物资回收与批发	北京市西城区
本田技研工业(中国)投资有限公司	贸易经纪与代理	北京市朝阳区
北京世纪卓越信息技术有限公司	邮购及电子销售	北京市朝阳区
中国航空工业供销有限公司	金属及金属矿批发	北京市东城区
索尼爱立信移动通信产品（中国）有限公司	通讯及广播电视设备批发	北京市朝阳区
北京沃尔玛百货有限公司	超级市场零售	北京市石景山区
北京九州通医药有限公司	西药批发	北京市大兴区
北京物美综合超市有限公司	超级市场零售	北京市大兴区
通用美康医药有限公司	中药材及中成药批发	北京市东城区
北京旭阳宏业化工有限公司	煤炭及制品批发	北京市丰台区
超威半导体产品（中国）有限公司	通讯及广播电视设备批发	北京市海淀区
北京酷人通讯科技有限公司	通讯及广播电视设备批发	北京市朝阳区
北京市糖业烟酒公司	饮料及茶叶批发	北京市东城区
华糖洋华堂商业有限公司	百货零售	北京市朝阳区
中国医药对外贸易公司	西药批发	北京市海淀区
东陶（中国）有限公司	厨房、卫生间用具及日用杂货批发	北京市朝阳区
北京恒通华泰汽车销售有限公司	汽车、摩托车及零配件批发	北京市朝阳区
北京肯德基有限公司	快餐服务	北京市东城区
中国有色金属建设股份有限公司	金属及金属矿批发	北京市朝阳区
中粮集团有限公司	谷物、豆及薯类批发	北京市东城区
中国机械进出口(集团)有限公司	其他机械设备及电子产品批发	北京市西城区
北京超市发连锁股份有限公司	超级市场零售	北京市海淀区
中化道达尔燃油有限公司	机动车燃料零售	北京市海淀区
新时代健康产业（集团）有限公司	其他食品批发	北京市朝阳区
中国电子器材总公司	其他机械设备及电子产品批发	北京市海淀区
北京周大福珠宝金行有限公司	首饰、工艺品及收藏品批发	北京市东城区
北京王府井百货(集团)股份有限公司	百货零售	北京市东城区

4-5 续表 2

企业名称	所属行业	企业所在地
中建材国际装备有限公司	建材批发	北京市海淀区
北京德奥达汽车销售有限公司	汽车零售	北京市朝阳区
国药控股北京华鸿有限公司	西药批发	北京市东城区
北京朝批商贸有限公司	米、面制品及食用油批发	北京市朝阳区
中国免税品（集团）有限责任公司	烟草制品批发	北京市东城区
北京国泰平安百货有限公司	百货零售	北京市顺义区
北京同仁堂健康药品经营有限公司	中药材及中成药批发	北京市朝阳区
北京中友百货有限责任公司	百货零售	北京市西城区
北京易喜新世界百货有限公司	百货零售	北京市东城区
ＢＨＧ（北京）百货有限公司	其他日用品零售	北京市西城区
北京中邮普泰移动通信设备有限责任公司	通讯及广播电视设备批发	北京市丰台区
中移鼎讯通信股份有限公司	通讯及广播电视设备批发	北京市西城区
北京市京新龙医药销售有限公司	西药批发	北京市朝阳区
北京当当网信息技术有限公司	邮购及电子销售	北京市东城区
北京欧尚超市有限公司	超级市场零售	北京市海淀区
飒拉商业（北京）有限公司	服装零售	北京市朝阳区
北京骏马机械有限公司	其他机械设备及电子产品批发	北京市海淀区
奥林巴斯（北京）销售服务有限公司	医疗用品及器材批发	北京市朝阳区
乐天超市有限公司	超级市场零售	北京市朝阳区
北京麦当劳食品有限公司	快餐服务	北京市东城区
中国航空技术进出口北京公司	其他机械设备及电子产品批发	北京市朝阳区
北京物美大卖场商业管理有限公司	超级市场零售	北京市大兴区
北京庄胜崇光百货商场	百货零售	北京市西城区
北京双鹤药业经营有限责任公司	西药批发	北京市东城区
日上免税行（中国）有限公司	百货零售	北京市顺义区
北京赛特百货有限公司	百货零售	北京市朝阳区
捷成（中国）贸易有限公司	汽车零售	北京市东城区
北京王府井百货集团双安商场有限责任公司	百货零售	北京市海淀区
北京易初莲花连锁超市有限公司	超级市场零售	北京市朝阳区
北京首创轮胎有限责任公司	汽车、摩托车及零配件批发	北京市海淀区
中国仪器进出口(集团)公司	贸易经纪与代理	北京市西城区
北京当代商城有限责任公司	百货零售	北京市海淀区
北京城乡贸易中心股份有限公司	百货零售	北京市海淀区
国兴汽车服务中心	汽车零售	北京市西城区
北京屈臣氏个人用品连锁商店有限公司	超级市场零售	北京市朝阳区
北京中油公交石油销售有限公司	石油及制品批发	北京市通州区
北京鑫海韵通商业大楼	百货零售	北京市顺义区
北京讯宜创新电子有限公司	计算机、软件及辅助设备批发	北京市海淀区
北京市西单商场股份有限公司	百货零售	北京市西城区
北京必胜客比萨饼有限公司	正餐服务	北京市东城区
北京伊藤忠华糖综合加工有限公司	其他食品批发	北京市东城区
中国电子进出口总公司	贸易经纪与代理	北京市海淀区
东方家园家居建材商业有限公司	其他室内装修材料零售	北京市丰台区
中化石油有限公司	石油及制品批发	北京市西城区
北京宜家家居有限公司	家具零售	北京市朝阳区
北京福田国际贸易有限公司	汽车、摩托车及零配件批发	北京市昌平区
北京中石化燃气有限公司	石油及制品批发	北京市房山区
北京首钢钢材配送有限公司	建材批发	北京市丰台区
中油北京销售有限公司	石油及制品批发	北京市房山区
中国海外经济合作总公司	贸易经纪与代理	北京市西城区
北京君太太平洋百货有限公司	百货零售	北京市西城区
中国药材公司	中药材及中成药批发	北京市海淀区
中国集邮总公司	首饰、工艺品及收藏品批发	北京市东城区

4-5 续表 3

企业名称	所属行业	企业所在地
北京三元石油有限公司	机动车燃料零售	北京市大兴区
北京美的空调销售有限公司	家用电器批发	北京市门头沟区
先正达（中国）投资有限公司	农药批发	北京市东城区
北京市上品商业发展有限责任公司	服装零售	北京市东城区
宝盛道吉(北京)贸易有限公司	服装零售	北京市东城区
北京华冠商贸有限公司	超级市场零售	北京市房山区
北京明珠新兴格力空调销售有限公司	家用电器批发	北京市朝阳区
安利（中国）日用品有限公司北京分公司	其他综合零售	北京市东城区
北京中科三环高技术股份有限公司	金属及金属矿批发	北京市海淀区
中国图书进出口（集团）总公司	报刊零售	北京市朝阳区
北京迪信通电子通信技术有限公司	通信设备零售	北京市海淀区
北京贵友大厦有限公司	百货零售	北京市朝阳区
北京蒙牛宏达乳制品有限责任公司	其他食品批发	北京市丰台区
中国航空技术国际控股有限公司	其他机械设备及电子产品批发	北京市朝阳区
北京崇德商贸有限公司	鞋帽零售	北京市西城区
北京市顺义国泰商业大厦	百货零售	北京市顺义区
北京首都机场商贸有限公司	超级市场零售	北京市顺义区
北京市亨得利瑞士钟表有限责任公司	钟表、眼镜零售	北京市东城区
北京卜蜂莲花连锁超市有限公司	超级市场零售	北京市朝阳区
北京中复电讯设备有限责任公司	通信设备零售	北京市朝阳区
北京东南得利卡汽车贸易有限公司	汽车零售	北京市丰台区
北京蓝岛大厦有限责任公司	百货零售	北京市朝阳区
北京曲美馨家商业有限公司	其他日用品批发	北京市顺义区
北京鑫方盛五金交电有限公司	五金、交电批发	北京市大兴区
阿尔派电子（中国）有限公司	汽车、摩托车及零配件批发	北京市朝阳区
北京碧生源商贸有限公司	其他食品批发	北京市房山区
北京吉野家快餐有限公司	快餐服务	北京市东城区
北京新华书店首都发行所有限公司	图书批发	北京市通州区
北京王府井百货集团长安商场有限责任公司	百货零售	北京市西城区
中国国际贸易中心有限公司	旅游饭店	北京市朝阳区
北京一商美洁商业有限公司	化妆品及卫生用品批发	北京市丰台区
中国全聚德（集团）股份有限公司	正餐服务	北京市宣武区
北京金象复星医药股份有限公司	药品零售	北京市西城区
北京永辉超市有限公司	超级市场零售	北京市石景山区
三星电子（北京）技术服务有限公司	家用电器批发	北京市朝阳区
北京物美京北大世界商贸有限公司	百货零售	北京市怀柔区
北京宏图三胞科技发展有限公司	计算机、软件及辅助设备零售	北京市西城区
北京天超仓储超市有限责任公司	超级市场零售	北京市东城区
翰博嘉业(北京)贸易有限公司	服装批发	北京市东城区
华润超级市场有限公司	超级市场零售	北京市朝阳区
北京紫竹医药经营有限公司	西药批发	北京市海淀区
北京京北美廉美超市有限公司	超级市场零售	北京市昌平区
北京首航国力商贸有限公司	超级市场零售	北京市丰台区
北京明诚技术开发有限公司	其他机械设备及电子产品批发	北京市石景山区
爱国者电子科技有限公司	计算机、软件及辅助设备批发	北京市海淀区
俏江南股份有限公司	正餐服务	北京市朝阳区
北京恒信玺利珠宝股份有限公司	首饰、工艺品及收藏品批发	北京市朝阳区
北京法雅商贸有限责任公司	服装批发	北京市西城区
北京赛科昌盛医药有限责任公司	西药批发	北京市朝阳区
北京同仁堂连锁药店有限责任公司	药品零售	北京市西城区
北京旺市百利商业有限公司	超级市场零售	北京市朝阳区

4-5 续表 4

企业名称	所属行业	企业所在地
北京华源仁济医药有限公司	中药材及中成药批发	北京市密云县
呷哺呷哺餐饮管理有限公司	快餐服务	北京市大兴区
北京华普联合商业投资有限公司	超级市场零售	北京市朝阳区
北京市西南郊食品冷冻厂	肉、禽、蛋及水产品批发	北京市丰台区
丝芙兰(北京)化妆品销售有限公司	化妆品及卫生用品零售	北京市朝阳区
北京甘家口大厦	百货零售	北京市海淀区
喜来健医疗器械(北京)有限公司	医疗用品及器材批发	北京市朝阳区
东芝医疗系统（中国）有限公司	医疗用品及器材批发	北京市朝阳区
北京丽家丽婴婴童用品有限公司	其他综合零售	北京市大兴区
北京创益佳家乐福商业有限公司	超级市场零售	北京市朝阳区
北京稻香村食品有限责任公司	糕点、面包零售	北京市东城区
北京恒城实业发展公司	化妆品及卫生用品批发	北京市朝阳区
北京青岛啤酒北方销售有限公司	饮料及茶叶批发	北京市密云县
标致雪铁龙（中国）汽车贸易有限公司	汽车、摩托车及零配件批发	北京市朝阳区
顺峰饮食酒店管理股份有限公司	正餐服务	北京市朝阳区
北京九华山庄集团股份有限公司	旅游饭店	北京市昌平区
北京迪亚商业有限公司	超级市场零售	北京市朝阳区
北京顺天府商贸有限公司	超级市场零售	北京市丰台区
爱尔康(中国)眼科产品有限公司	医疗用品及器材批发	北京市朝阳区
北京同仁堂商业投资发展有限责任公司	中药材及中成药批发	北京市西城区
北京首都机场餐饮发展有限公司	正餐服务	北京市顺义区
北京图书大厦有限责任公司	图书零售	北京市西城区
柒一拾壹（北京）有限公司	其他综合零售	北京市东城区
王府饭店有限公司	旅游饭店	北京市东城区
北京二商集团有限责任公司	肉、禽、蛋及水产品批发	北京市西城区
北京新世界利莹百货有限公司	百货零售	北京市朝阳区
北京燕莎中心有限公司	旅游饭店	北京市朝阳区
北京探路者户外用品股份有限公司	体育用品零售	北京市昌平区
北京市复兴商业城有限公司	百货零售	北京市西城区
北京翠微家园超市连锁经营有限责任公司	超级市场零售	北京市海淀区
北京大恒创新技术有限公司	计算机、软件及辅助设备批发	北京市海淀区
北京味多美食品有限责任公司	糕点、面包零售	北京市西城区
北京百安居装饰建材有限公司	家具零售	北京市朝阳区
北京乐友达康科技有限公司	邮购及电子销售	北京市朝阳区
北京兴宇班尼路服装服饰有限公司	服装零售	北京市东城区
北京西单太平洋百货有限公司	百货零售	北京市朝阳区
泰戈特（北京）工程技术有限公司	其他机械设备及电子产品批发	北京市朝阳区
北京香格里拉饭店有限公司	旅游饭店	北京市海淀区
北京市昌平新世纪商城	百货零售	北京市昌平区
北京星巴克咖啡有限公司	饮料及冷饮服务	北京市朝阳区
北京昆仑饭店有限公司	旅游饭店	北京市朝阳区
北京金象大药房医药连锁有限责任公司	药品零售	北京市西城区
北京首联超市有限公司	超级市场零售	北京市石景山区
统杰法宝（北京）超市有限公司	超级市场零售	北京市朝阳区
北京郭林家常菜食品有限责任公司	正餐服务	北京市西城区
安东石油技术（集团）有限公司	其他机械设备及电子产品批发	北京市朝阳区
永旺商业有限公司	百货零售	北京市昌平区
北京华润万家生活超市有限公司	超级市场零售	北京市丰台区
中铁信息计算机工程有限责任公司	计算机、软件及辅助设备批发	北京市海淀区
北京立思辰新技术有限公司	其他文化用品零售	北京市海淀区
乐购特易购商业（北京）有限公司	百货零售	北京市顺义区

4-5 续表 5

企业名称	所属行业	企业所在地
北京吴裕泰茶业股份有限公司	饮料及茶叶零售	北京市东城区
北京世纪金源大饭店有限责任公司	旅游饭店	北京市海淀区
北京市北京饭店	旅游饭店	北京市东城区
北京富华金宝中心有限公司	旅游饭店	北京市东城区
北京友谊宾馆	旅游饭店	北京市海淀区
北京京房美廉美超市有限公司	超级市场零售	北京市房山区
北京诚信达汽车销售有限公司	汽车零售	北京市丰台区
北京大董烤鸭店有限责任公司	正餐服务	北京市朝阳区
聚德华天控股有限公司	正餐服务	北京市西城区
北京天虹商业管理有限公司	百货零售	北京市西城区
北京温都水城旅游饭店管理有限公司	旅游饭店	北京市昌平区
北京湘鄂情股份有限公司	正餐服务	北京市海淀区
北京国际饭店	旅游饭店	北京市东城区
中国职工之家	旅游饭店	北京市西城区
北京奥士凯物美商业有限公司	其他食品零售	北京市东城区
北京嘉里中心大酒店有限公司	旅游饭店	北京市朝阳区
北京港佳好邻居连锁便利店有限责任公司	其他综合零售	北京市西城区
北京物美鼓楼商贸有限责任公司	超级市场零售	北京市密云县
北京眉州酒店管理有限公司	正餐服务	北京市朝阳区
北京亮马河大厦有限公司	旅游饭店	北京市朝阳区
北京永和大王餐饮有限公司	快餐服务	北京市东城区
北京益生康健电子商务有限公司	邮购及电子销售	北京市海淀区
北京国际俱乐部有限公司	旅游饭店	北京市朝阳区
北京嘉和一品企业管理有限公司	正餐服务	北京市顺义区
北京市新宏状元餐饮管理有限公司	正餐服务	北京市海淀区
北京乐语金飞鸿通讯设备有限公司	通信设备零售	北京市海淀区
北京华联精品超市有限公司	超级市场零售	北京市西城区
北京七彩云南商贸有限公司	珠宝首饰零售	北京市西城区
丽都饭店有限公司	旅游饭店	北京市朝阳区
北京市蟹岛绿色生态农庄有限公司	旅游饭店	北京市朝阳区
七天快捷酒店管理（北京）有限公司	一般旅馆	北京市东城区
北京市西苑饭店	旅游饭店	北京市海淀区
北京金鼎轩酒楼有限责任公司	正餐服务	北京市东城区
北京索迪斯服务有限公司	其他餐饮服务	北京市朝阳区
东方艺术大厦有限公司	旅游饭店	北京市朝阳区
北京新世纪饭店有限公司	旅游饭店	北京市海淀区
北京真功夫快餐连锁管理有限公司	快餐服务	北京市朝阳区
北京好伦哥餐饮有限公司	快餐服务	北京市海淀区
北京首都旅游国际酒店集团有限公司	一般旅馆	北京市东城区
北京市长富宫中心有限责任公司	旅游饭店	北京市朝阳区
北京万龙洲饮食有限责任公司	正餐服务	北京市东城区
北京和合谷餐饮管理有限公司	快餐服务	北京市西城区
北京香港马会会所有限公司	旅游饭店	北京市东城区
如家和美酒店管理（北京）有限公司	一般旅馆	北京市西城区
赛特集团有限公司	旅游饭店	北京市朝阳区
北京市长城饭店公司	旅游饭店	北京市朝阳区
北京春晖园文化娱乐有限责任公司	旅游饭店	北京市顺义区
北京汉华国际饭店有限公司	旅游饭店	北京市东城区
北京金悦航天桥餐饮有限公司	正餐服务	北京市海淀区
北京金融街国际酒店有限公司	旅游饭店	北京市西城区
港澳中心有限公司	旅游饭店	北京市东城区

4-5　续表 6

企业名称	所属行业	企业所在地
北京金钱豹餐饮有限公司	正餐服务	北京市东城区
北京金隅凤山温泉度假村有限公司	旅游饭店	北京市昌平区
梅地亚电视中心有限公司	旅游饭店	北京市海淀区
桔子酒店管理（中国）有限公司	旅游饭店	北京市海淀区
北京便宜坊烤鸭集团有限公司	正餐服务	北京市东城区
北京金白领餐饮有限公司	正餐服务	北京市海淀区
首都大酒店	旅游饭店	北京市东城区
北京龙熙温泉度假酒店有限公司	旅游饭店	北京市大兴区
北京市西单麻辣诱惑餐饮有限公司	正餐服务	北京市西城区
北京金钱豹餐饮管理有限公司	正餐服务	北京市朝阳区
北京市京伦饭店有限责任公司	旅游饭店	北京市朝阳区
北京华侨大厦有限公司	旅游饭店	北京市东城区
中国妇女活动中心	旅游饭店	北京市东城区
北京燕京饭店有限责任公司	旅游饭店	北京市西城区
北京无名居美食有限公司	正餐服务	北京市海淀区
北京贵宾楼饭店有限公司	旅游饭店	北京市东城区
北京眉州东坡酒楼	正餐服务	北京市朝阳区
北京凯瑞大酒店	旅游饭店	北京市海淀区
北京市建国饭店公司	旅游饭店	北京市朝阳区
北京亚洲大酒店有限公司	旅游饭店	北京市东城区
北京新侨饭店有限公司	旅游饭店	北京市东城区
北京东来顺集团有限责任公司	正餐服务	北京市东城区
北京味千餐饮管理有限公司	快餐服务	北京市朝阳区
北京光明饭店有限公司	旅游饭店	北京市朝阳区
北京小南国餐饮管理有限公司	正餐服务	北京市东城区
保利大厦有限公司	旅游饭店	北京市东城区
北京天伦饭店有限公司	旅游饭店	北京市东城区
北京云南大厦酒店有限公司	旅游饭店	北京市朝阳区
北京中奥马哥孛罗大酒店有限公司	旅游饭店	北京市朝阳区
北京欣燕都酒店连锁有限公司	旅游饭店	北京市西城区
北京倪氏海泰餐饮有限公司	正餐服务	北京市海淀区
北京德克士食品有限公司	快餐服务	北京市东城区
北京歌华开元大酒店有限公司	旅游饭店	北京市朝阳区
北京和平宾馆有限公司	旅游饭店	北京市东城区
北京金钱豹国际美食有限公司	快餐服务	北京市朝阳区
北京西宫湘鄂情餐饮有限公司	正餐服务	北京市西城区
北京西郊宾馆有限责任公司	旅游饭店	北京市海淀区
北京翔达投资管理有限公司	正餐服务	北京市西城区
京都信苑饭店	旅游饭店	北京市海淀区
北京航天华盛科贸发展有限公司	正餐服务	北京市丰台区
中国精密机械进出口总公司	贸易经纪与代理	北京市海淀区
天津市		
中国石化销售有限公司华北分公司	石油及制品批发	天津市南开区
中国石油化工股份有限公司天津石油分公司	机动车燃料零售	天津市南开区
中国铁路物资天津公司	金属及金属矿批发	天津市河东区
中国石油天然气股份有限公司天津销售分公司	机动车燃料零售	天津市河东区
中国烟草总公司天津市公司	烟草制品批发	天津市和平区
天津一汽汽车销售有限公司	汽车、摩托车及零配件批发	天津市河西区
丰田通商(天津)有限公司	汽车、摩托车及零配件批发	天津市和平区
国药控股天津有限公司	西药批发	天津市和平区
天津正弘顺工贸科技有限公司	金属及金属矿批发	天津市东丽区
天津一商友谊股份有限公司	百货零售	天津市河西区

4-5 续表 7

企业名称	所属行业	企业所在地
天津兴天地实业发展有限公司	金属及金属矿批发	天津市东丽区
天津国美电器有限公司	家用电器零售	天津市南开区
天津医药集团太平医药有限公司	西药批发	天津市和平区
天津华润万家生活超市有限公司	超级市场零售	天津市东丽区
天津天宁苏宁电器有限公司	家用电器零售	天津市和平区
天津壳牌石油有限公司	机动车燃料零售	天津市武清开发区
三星爱商(天津)国际物流有限公司	贸易经纪与代理	天津市滨海新区
天津老板娘水产食品物流有限公司	其他食品批发	天津市北辰区
天津物美未来商贸发展有限公司	超级市场零售	天津市南开区
天津肯德基有限公司	快餐服务	天津市南开区
天津金元宝商厦集团有限公司	百货零售	天津市滨海新区
渤海石油物资供应有限责任公司	其他未列明的批发	天津市滨海新区
京瓷(天津)商贸有限公司	其他机械设备及电子产品批发	天津市滨海新区
内蒙古伊利实业集团股份有限公司天津分公司	其他食品批发	天津市河东区
天津市津工超市有限责任公司	超级市场零售	天津市东丽区
天津市正泰实业总公司	家用电器批发	天津市滨海新区
天津市人人乐商业有限公司	超级市场零售	天津市南开区
天津港物资供应有限责任公司	建材批发	天津市塘沽区
天津空港国际汽车园发展有限公司	汽车、摩托车及零配件批发	天津市东丽区
天津海信广场有限公司	百货零售	天津市和平区
天津伊势丹有限公司	百货零售	天津市和平区
中化天津有限公司	其他化工产品批发	天津市河西区
天津泰达易买得超市有限公司	超级市场零售	天津市滨海新区
天津华润超级市场有限公司	超级市场零售	天津市和平区
天津罗升企业有限公司	其他机械设备及电子产品批发	天津市东丽区
天津劝业场（集团）股份有限公司	百货零售	天津市和平区
中原百货集团股份有限公司	百货零售	天津市和平区
美克美家家具连锁有限公司天津配送中心	其他日用品批发	天津市滨海新区
天津劝业家乐福超市有限公司	超级市场零售	天津市南开区
天津裕华经济贸易总公司	其他化工产品批发	天津市和平区
天津市美的制冷产品销售有限公司	家用电器批发	天津市红桥区
天津麦当劳食品有限公司	快餐服务	天津市河西区
家得宝（天津）商业有限公司	其他室内装修材料零售	天津市滨海新区
天津TCL电器销售有限公司	五金、交电批发	天津市河西区
天津家福商业有限公司	超级市场零售	天津市南开区
天津滨江商厦有限公司	百货零售	天津市和平区
沃尔玛深国投百货有限公司天津和平路分店	超级市场零售	天津市和平区
天津市大港滨城商贸有限有公司	超级市场零售	天津市滨海新区
天津滨江购物中心	百货零售	天津市和平区
天津市新中国现代文化用品有限责任公司	珠宝首饰零售	天津市和平区
天津劝宝超市有限责任公司	超级市场零售	天津市宝坻区
天津市桂发祥十八街麻花总店有限公司	其他食品零售	天津市河西区
天津港保税区惠驰汽车贸易有限公司	汽车零售	天津市东丽区
天津市津南区华润万家超级市场有限公司	超级市场零售	天津市和平区
天津一商联华超市有限公司	超级市场零售	天津市滨海新区
天津小古林餐饮管理有限公司	正餐服务	天津市滨海新区
天津滨海泰达酒店开发有限公司	旅游饭店	天津市滨海新区
天津易初莲花连锁超市有限公司	超级市场零售	天津市南开区
河北省		
保定长城汽车销售有限公司	汽车、摩托车及零配件批发	河北省保定市
北国商城股份有限公司	百货零售	河北省石家庄市

4-5　续表 8

企业名称	所属行业	企业所在地
庞大汽贸集团股份有限公司	汽车、摩托车及零配件批发	河北省唐山市
河北省烟草公司石家庄市公司	烟草制品批发	河北省石家庄市
中国石油化工股份有限公司河北唐山分公司	石油及制品批发	河北省唐山市
中国石油化工股份有限公司河北石家庄石油分公司	石油及制品批发	河北省石家庄市
乐仁堂医药集团股份有限公司	西药批发	河北省石家庄市
古冶区滦通商贸有限公司	煤炭及制品批发	河北省唐山市
唐山百货大楼集团有限责任公司	百货零售	河北省唐山市
迁安市九江煤炭储运有限公司	煤炭及制品批发	河北省唐山市
河北省烟草公司唐山公司	烟草制品批发	河北省唐山市
中国石油化工股份有限公司河北保定石油分公司	石油及制品批发	河北省保定市
中国石油化工股份有限公司河北邯郸石油分公司	石油及制品批发	河北省邯郸市
河北省烟草公司保定市公司	烟草制品批发	河北省保定市
华北制药股份有限公司销售分公司	西药批发	河北省石家庄市
中国石油化工股份有限公司河北沧州石油分公司	石油及制品批发	河北省沧州市
中国石化股份有限公司河北邢台石油分公司	石油及制品批发	河北省邢台市
河北省烟草公司邯郸市公司	烟草制品批发	河北省邯郸市
中国石油化工股份有限公司河北廊坊石油分公司	石油及制品批发	河北省廊坊市
河北省烟草公司沧州市公司	烟草制品批发	河北省沧州市
唐山市冀东物贸集团有限责任公司	汽车、摩托车及零配件批发	河北省唐山市
中国石油天然气股份有限公司河北保定销售分公司	石油及制品批发	河北省保定市
中国石油化工股份有限公司河北承德石油分公司	石油及制品批发	河北省承德市
中国石油化工股份有限公司河北张家口石油分公司	石油及制品批发	河北省张家口市
中国石油化工股份有限公司河北衡水石油分公司	石油及制品批发	河北省衡水市
河北保百集团有限公司	百货零售	河北省保定市
河北省烟草公司邢台市公司	烟草制品批发	河北省邢台市
秦皇岛中油华奥销售有限公司	石油及制品批发	河北省秦皇岛市
中国石油天然气股份有限公司河北石家庄销售分公司	石油及制品批发	河北省石家庄市
河北省新华书店	图书批发	河北省石家庄市
河北省烟草公司廊坊市公司	烟草制品批发	河北省廊坊市
中国石油天然气股份有限公司河北唐山销售分公司	石油及制品批发	河北省唐山市
河北德泽龙医药有限公司	西药批发	河北省石家庄市
河北省烟草公司承德市公司	烟草制品批发	河北省承德市
保定银祥棉业有限公司	棉、麻批发	河北省保定市
河北省烟草公司衡水市公司	烟草制品批发	河北省衡水市
邯郸交通运输集团汽车贸易服务有限公司	汽车、摩托车及零配件批发	河北省邯郸市
中国石油天然气股份有限公司河北沧州销售分公司	石油及制品批发	河北省沧州市
中国石油天然气股份有限公司河北廊坊销售分公司	石油及制品批发	河北省廊坊市
河北保定时代商厦有限公司	百货零售	河北省保定市
中国石油天然气股份有限公司河北邢台销售分公司	机动车燃料零售	河北省邢台市
河北省烟草公司秦皇岛市公司	烟草制品批发	河北省秦皇岛市
石家庄人民商场股份有限公司	百货零售	河北省石家庄市
秦皇岛渤海物流控股股份有限公司	百货零售	河北省秦皇岛市
廊坊市商业明珠大厦	百货零售	河北省廊坊市
石家庄东方城市广场有限公司	百货零售	河北省石家庄市
中国石油天然气股份有限公司河北秦皇岛销售分公司	石油及制品批发	河北省秦皇岛市
邯郸新世纪商业广场股份有限公司	服装零售	河北省邯郸市
中国石油天然气股份有限公司河北邯郸销售分公司	石油及制品批发	河北省邯郸市
中国石油天然气股份有限公司河北衡水销售分公司	石油及制品批发	河北省衡水市
中国石油天然气股份有限公司河北张家口销售分公司	石油及制品批发	河北省张家口市

4-5 续表 9

企业名称	所属行业	企业所在地
石家庄天远建设机械有限公司	其他机械设备及电子产品批发	河北省石家庄市
保定市保北医药药材有限责任公司	西药批发	河北省保定市
保定商场股份有限公司	百货零售	河北省保定市
河北国美电器有限公司	家用电器零售	河北省石家庄市
中国船舶燃料供应秦皇岛公司	石油及制品批发	河北省秦皇岛市
唐山华盛超市有限公司	超级市场零售	河北省唐山市
沧州市华北商厦有限公司	百货零售	河北省沧州市
河北华北石油商业有限公司	百货零售	河北省沧州市
中国石油天然气股份有限公司河北承德销售分公司	石油及制品批发	河北省承德市
邯郸市阳光三联电器有限公司	家用电器零售	河北省邯郸市
承德聚鑫贸易有限责任公司	饮料及茶叶批发	河北省承德市
唐山市金客隆超市有限公司	超级市场零售	河北省唐山市
河北恒祥医药集团有限公司	西药批发	河北省邢台市
石家庄力源工程机械有限公司	其他机械设备及电子产品批发	河北省石家庄市
秦皇岛市广缘商厦有限公司	超级市场零售	河北省秦皇岛市
沧州天元医药有限公司	西药批发	河北省沧州市
河北国讯汇方通讯器材有限公司	通信设备零售	河北省石家庄市
衡水和平国储粮库有限责任公司	谷物、豆及薯类批发	河北省衡水市
秦皇岛天洋电器有限公司	家用电器零售	河北省秦皇岛市
邯郸市阳光超市有限公司	超级市场零售	河北省邯郸市
唐山海永商贸有限公司	家用电器批发	河北省唐山市
河北龙隆医药有限公司	西药批发	河北省保定市
保定通达医药药材经营有限责任公司	西药批发	河北省保定市
唐山润良商贸有限公司	超级市场零售	河北省唐山市
张家口市帝达购物广场有限公司	百货零售	河北省张家口市
保定市惠友万家福超级市场有限公司	超级市场零售	河北省保定市
秦皇岛市家惠商贸有限公司	超级市场零售	河北省秦皇岛市
唐山家万佳超市有限公司	超级市场零售	河北省唐山市
石家庄苏宁电器有限公司	家用电器零售	河北省石家庄市
黄骅信誉楼百货集团有限公司黄骅信誉楼商厦	超级市场零售	河北省沧州市
河北惠友商业连锁发展有限公司	超级市场零售	河北省保定市
河北家乐园大洋百货有限责任公司	超级市场零售	河北省邢台市
衡水百货大楼（集团）股份有限公司	百货零售	河北省衡水市
唐山唐宁苏宁电器有限公司	家用电器零售	河北省唐山市
黄骅信誉楼百货集团有限公司泊头信誉楼商厦	百货零售	河北省沧州市
邯郸市康德超级市场有限公司	百货零售	河北省邯郸市
唐山华润万家生活超市有限公司	超级市场零售	河北省唐山市
河北衡水爱特购物中心有限责任公司	百货零售	河北省衡水市
黄骅信誉楼百货集团有限公司青县信誉楼商厦	百货零售	河北省沧州市
衡水吉美超市有限责任公司	超级市场零售	河北省衡水市
北京京客隆（廊坊）有限公司	超级市场零售	河北省廊坊市
河北家乐园购物广场有限责任公司	百货零售	河北省邢台市
唐山鹏润国美电器有限公司	家用电器零售	河北省唐山市
沃尔玛深国投百货有限公司廊坊朝阳分店	超级市场零售	河北省廊坊市
青岛润泰事业有限公司保定大润发分公司	超级市场零售	河北省保定市
承德宽广超市集团有限公司	超级市场零售	河北省承德市

4-5　续表 10

企业名称	所属行业	企业所在地
正定城关供销合作社	百货零售	河北省石家庄市
唐山荣川实业集团有限公司	汽车零售	河北省唐山市
河北美食林商贸集团有限公司	超级市场零售	河北省邯郸市
唐山凤凰园美食城	正餐服务	河北省唐山市
河北世纪大饭店有限公司	旅游饭店	河北省石家庄市
河北宾馆有限公司	旅游饭店	河北省石家庄市
河北建投能源投资股份有限公司国际大厦酒店	旅游饭店	河北省石家庄市
石家庄世贸广场酒店有限公司	旅游饭店	河北省石家庄市
保定唐人美食山	正餐服务	河北省保定市
山西省		
山西煤炭进出口公司	煤炭及制品批发	山西省太原市
山西省国新能源发展集团有限公司	煤炭及制品批发	山西省太原市
山西焦煤集团国际发展有限公司	煤炭及制品批发	山西省太原市
山西建帮集团有限公司	金属及金属矿批发	山西省临汾市
山西煤炭运销集团阳泉盂县有限公司	煤炭及制品批发	山西省阳泉市
山西省煤炭运销集团吕梁柳林有限公司	煤炭及制品批发	山西省吕梁市
山西煤炭集团长治襄垣有限公司	煤炭及制品批发	山西省长治市
山西煤炭运销集团吕梁有限公司	煤炭及制品批发	山西省吕梁市
山西大昌汽车集团有限公司	汽车零售	山西省太原市
中国石油化工股份有限公司山西太原石油分公司	机动车燃料零售	山西省太原市
山西煤炭运销集团晋城高平有限公司	煤炭及制品批发	山西省晋城市
山西煤炭运销集团长治市长治县有限公司	煤炭及制品批发	山西省长治市
山西省烟草公司太原市公司	烟草制品批发	山西省太原市
山西煤炭运销集团晋中灵石有限公司	煤炭及制品批发	山西省晋中市
中国石油化工股份有限公司山西临汾石油分公司	机动车燃料零售	山西省临汾市
山西省煤炭运销集团朔州有限公司	煤炭及制品批发	山西省朔州市
中国石油化工股份有限公司山西吕梁石油分公司	机动车燃料零售	山西省吕梁市
山西省国新能源发展集团宏达煤炭有限公司	煤炭及制品批发	山西省忻州市
中国石油化工股份有限公司山西晋中石油分公司	机动车燃料零售	山西省晋中市
山西省烟草公司运城市公司	烟草制品批发	山西省运城市
山西省烟草公司临汾市公司	烟草制品批发	山西省临汾市
山西煤炭运销集团临汾蒲县有限公司	煤炭及制品批发	山西省临汾市
山西煤炭运销集团晋中寿阳有限公司	煤炭及制品批发	山西省晋中市
中国石油化工股份有限公司山西运城石油分公司	机动车燃料零售	山西省运城市
中国石油化工股份有限公司忻州石油分公司	机动车燃料零售	山西省忻州市
中国石油化工股份有限公司山西朔州石油分公司	石油及制品批发	山西省朔州市
山西省烟草公司晋中市公司	烟草制品批发	山西省晋中市
山西省烟草公司吕梁市公司	烟草制品批发	山西省吕梁市
中国石油石化股份有限公司山西长治石油分公司	机动车燃料零售	山西省长治市
五寨县国新能源煤炭运销公司	煤炭及制品批发	山西省忻州市
山西煤炭运销集团晋中昔阳有限公司	煤炭及制品批发	山西省晋中市
山西诺维兰集团有限公司	汽车零售	山西省运城市
山西煤炭运销集团晋中和顺有限公司	煤炭及制品批发	山西省晋中市
长治市明华煤业有限公司	煤炭及制品批发	山西省长治市
山西省烟草公司长治市公司	烟草制品批发	山西省长治市
山西省烟草公司大同市公司	烟草制品批发	山西省大同市
中国石油化工股份有限公司山西大同分公司	机动车燃料零售	山西省大同市
山西双鹤药业有限公司	药品零售	山西省太原市
山西省烟草公司忻州市分公司	烟草制品批发	山西省忻州市
中国石油化工股份有限公司山西晋城石油分公司	机动车燃料零售	山西省晋城市
山西省煤炭运销集团吕梁孝义有限公司	煤炭及制品批发	山西省吕梁市
晋城市阳城公路煤炭销售有限公司	煤炭及制品批发	山西省晋城市

4-5 续表 11

企业名称	所属行业	企业所在地
中国石油天然气股份有限公司山西销售大同分公司	机动车燃料零售	山西省大同市
山西美特好连锁超市股份有限公司	超级市场零售	山西省太原市
中石油太原销售分公司	机动车燃料零售	山西省太原市
山西煤炭运销集团阳泉郊区有限公司	煤炭及制品批发	山西省阳泉市
中国石油化工股份有限公司山西阳泉石油分公司	机动车燃料零售	山西省阳泉市
中国石油天然气股份有限公司山西销售侯马分公司	机动车燃料零售	山西省临汾市
晋城市泽州公路煤炭销售有限公司	煤炭及制品批发	山西省晋城市
山西华宇商业发展股份有限公司	百货零售	山西省太原市
山西省烟草公司晋城市公司	烟草制品批发	山西省晋城市
山西煤炭运销集团阳泉平定有限公司	煤炭及制品批发	山西省阳泉市
山西煤炭运销集团晋中左权有限公司	煤炭及制品批发	山西省晋中市
山西新华书店集团有限公司	图书批发	山西省太原市
中国石油天然气股份有限公司山西销售忻州分公司	机动车燃料零售	山西省忻州市
山西统配煤矿综合经营总公司	煤炭及制品批发	山西省太原市
晋城市沁水县公路煤炭销售有限公司	煤炭及制品批发	山西省晋城市
山西煤炭运销集团临汾尧都有限公司	煤炭及制品批发	山西省临汾市
山西煤炭运销集团临汾乡宁有限公司	煤炭及制品批发	山西省临汾市
山西国美电器有限公司	家用电器零售	山西省太原市
山西煤炭运销集团晋中平遥有限公司	其他未列明的批发	山西省晋中市
大同煤矿集团朔州市矿业公司南窑出口煤站	煤炭及制品批发	山西省朔州市
大同煤矿集团朔州矿业公司金沙滩煤炭集运站	煤炭及制品批发	山西省朔州市
山西省烟草公司朔州市公司	烟草制品批发	山西省朔州市
山西省烟草公司阳泉市公司	烟草制品批发	山西省阳泉市
山西亚宝医药经销有限公司	中药材及中成药批发	山西省运城市
太原王府井百货有限公司	百货零售	山西省太原市
山西煤销集团晋中榆次有限公司	煤炭及制品批发	山西省晋中市
怀仁南窑煤业有限责任公司	煤炭及制品批发	山西省朔州市
中国石油天然气股份有限公司山西长治销售分公司	机动车燃料零售	山西省长治市
中国石油天然气股份有限公司山西晋中销售分公司	机动车燃料零售	山西省晋中市
晋城市华洋亚飞汽车连锁销售有限公司	汽车零售	山西省晋城市
中国石油天然气股份有限公司山西销售晋城分公司	机动车燃料零售	山西省晋城市
山西省太原唐久超市有限公司	其他综合零售	山西省太原市
山西苏宁电器有限公司	家用电器零售	山西省太原市
左云县小京庄煤炭运销有限公司	煤炭及制品批发	山西省大同市
太原肯德基有限公司	快餐服务	山西省太原市
朔州市跃胜实业公司	石油及制品批发	山西省朔州市
大同煤矿集团煤炭运销忻州阳方口集运站有限公司	煤炭及制品批发	山西省忻州市
山西煤炭运销集团太原古交有限公司	煤炭及制品批发	山西省太原市
深圳创维-RGB电子有限公司山西分公司	家用电器批发	山西省太原市
山西先行贸易有限公司	煤炭及制品批发	山西省太原市
山西吉隆斯商贸股份有限公司	超级市场零售	山西省晋中市
山西山姆士超市有限公司	超级市场零售	山西省太原市
山西煤炭运销集团临汾洪洞有限公司	其他未列明的批发	山西省临汾市
山西百圆裤业连锁经营股份有限公司	服装批发	山西省太原市
大同市华林有限责任公司	百货零售	山西省大同市
山西省临汾万佳福仓储超市有限公司	超级市场零售	山西省临汾市
大同市华林新天地商贸有限责任公司	服装零售	山西省大同市
晋城市陵川公路煤炭销售有限公司	煤炭及制品批发	山西省晋城市
晋城市长江实业有限公司	汽车零售	山西省晋城市
山西省盐业公司	盐及调味品批发	山西省太原市

4-5 续表 12

企业名称	所属行业	企业所在地
太原轻型汽车总厂	汽车零售	山西省太原市
山西博源超市有限公司	超级市场零售	山西省长治市
山西省田森超市集团有限公司	超级市场零售	山西省榆次区
山西省芮城县供销合作联合社	其他综合零售	山西省运城市
运城市蒲津工贸有限公司永济分公司	其他室内装修材料零售	山西省运城市
山西丽华大酒店有限责任公司	正餐服务	山西省太原市
山西海外海酒店投资管理有限公司	正餐服务	山西省太原市
山西国际贸易中心有限公司国贸大饭店	旅游饭店	山西省太原市
山西迎泽宾馆	旅游饭店	山西省太原市
太原滨河一号餐饮有限公司	正餐服务	山西省太原市
大同市云冈宾馆有限责任公司	旅游饭店	山西省大同市
山西唐都生态园餐饮有限公司	正餐服务	山西省太原市
内蒙古自治区		
中国石油天然气股份有限公司内蒙古鄂尔多斯分公司	机动车燃料零售	内蒙古自治区鄂尔多斯市
中国石油天然气股份有限公司内蒙古赤峰销售分公司	石油及制品批发	内蒙古自治区赤峰市
中国石油公司呼和浩特分公司	石油及制品批发	内蒙古自治区呼和浩特市
中国石油天然气股份有限公司内蒙古包头销售分公司	机动车燃料零售	内蒙古自治区包头市
中国石油天然气股份内蒙古通辽销售分公司	机动车燃料零售	内蒙古自治区通辽市
中国石油锡林郭勒分公司	机动车燃料零售	内蒙古自治区锡林郭勒盟
中国天然气股份有限公司呼伦贝尔销售分公司	机动车燃料零售	内蒙古自治区呼伦贝尔市
内盟古铁鑫煤化有限公司	煤炭及制品批发	内蒙古自治区包头市
内蒙古自治区烟草公司呼和浩特市分公司	烟草制品批发	内蒙古自治区呼和浩特市
内蒙古自治区烟草公司包头市公司	烟草制品批发	内蒙古自治区包头市
中国石油股份有限公司内蒙古巴彦淖尔分公司	石油及制品批发	内蒙古自治区巴彦淖尔市
包头宁鹿石油有限公司	机动车燃料零售	内蒙古自治区包头市
中国石油天燃气股份有限公司内蒙古乌兰察布销售公司	石油及制品批发	内蒙古自治区乌兰察布市
内蒙古民族商场有限责任公司	百货零售	内蒙古自治区呼和浩特市
中国石油天然气股份有限公司内蒙古乌海销售分公司	机动车燃料零售	内蒙古自治区乌海市
内蒙古鄂尔多斯烟草分公司	烟草制品批发	内蒙古自治区鄂尔多斯市
内蒙古自治区润宇装饰有限公司	家具零售	内蒙古自治区呼和浩特市
中国石油天然气股份有限公司内蒙古兴安销售分公司	机动车燃料零售	内蒙古自治区兴安盟
内蒙古明华能源集团有限公司	煤炭及制品批发	内蒙古自治区包头市
内蒙古自治区烟草公司赤峰市公司	烟草制品批发	内蒙古自治区赤峰市
包头市航茂物流有限责任公司	金属及金属矿批发	内蒙古自治区包头市
中国石化销售有限责任公司西北鄂尔多斯分公司	机动车燃料零售	内蒙古自治区鄂尔多斯市
内蒙古河套酒业集团销售有限责任公司	饮料及茶叶批发	内蒙古自治区巴彦淖尔市
内蒙古自治区烟草公司通辽分公司	烟草制品批发	内蒙古自治区通辽市
内蒙古自治区乌兰察布市烟草专卖局内蒙古自治区烟草公司乌兰察布市公司	烟草制品批发	内蒙古自治区乌兰察布市
内蒙古紫维汽车（集团）有限公司	汽车零售	内蒙古自治区呼和浩特市
中国石化西北公司内蒙古分公司	石油及制品批发	内蒙古自治区呼和浩特市
内蒙古烟草公司巴彦淖尔市分公司	烟草制品批发	内蒙古自治区巴彦淖尔市
呼市金峰商贸有限责任公司	糕点、糖果及糖批发	内蒙古自治区呼和浩特市
呼伦贝尔烟草公司	烟草制品批发	内蒙古自治区呼伦贝尔市
内蒙古维多利商厦有限公司	百货零售	内蒙古自治区呼和浩特市
内蒙古利丰集团有限公司	汽车零售	内蒙古自治区呼和浩特市
呼和浩特市福利达糖酒副食批发市场	糕点、糖果及糖批发	内蒙古自治区呼和浩特市
内蒙古维多利商业管理有限公司	百货零售	内蒙古自治区呼和浩特市
内蒙古食全食美股份有限公司	果品、蔬菜批发	内蒙古自治区呼和浩特市
内蒙古天孚服装商贸有限公司	服装批发	内蒙古自治区呼和浩特市

4-5 续表 13

企业名称	所属行业	企业所在地
包头市远大蔬菜瓜果副食市场有限公司	果品、蔬菜批发	内蒙古自治区包头市
内蒙古西蒙科工贸集团有限责任公司	煤炭及制品批发	内蒙古自治区呼和浩特市
呼和浩特市商城房地产开发有限总公司恒昌商城	服装批发	内蒙古自治区呼和浩特市
内蒙古自治区烟草公司兴安盟公司	烟草制品批发	内蒙古自治区兴安盟
内蒙古海亮商贸有限公司	服装零售	内蒙古自治区呼和浩特市
内蒙古自治区烟草公司锡林郭勒公司	烟草制品批发	内蒙古自治区锡林郭勒盟
赤峰利丰汽车行有限公司	汽车零售	内蒙古自治区赤峰市
北京华联综合超市股份有限公司呼和浩特分公司	超级市场零售	内蒙古自治区呼和浩特市
包头百货大楼股份有限公司	百货零售	内蒙古自治区包头市
呼伦贝尔友谊有限责任公司	百货零售	内蒙古自治区呼伦贝尔市
赤峰海达电器有限责任公司	家用电器零售	内蒙古自治区赤峰市
土默特右旗供销合作社	种子、饲料批发	内蒙古自治区包头市
包头王府井百货有限责任公司	百货零售	内蒙古自治区包头市
国美电器内蒙古有限公司	家用电器零售	内蒙古自治区呼和浩特市
呼和浩特市王府井百货有限公司	百货零售	内蒙古自治区呼和浩特市
内蒙古诚信数码大厦有限责任公司	计算机、软件及辅助设备零售	内蒙古自治区呼和浩特市
鄂尔多斯市飞龙汽车城有限责任公司	汽车零售	内蒙古自治区鄂尔多斯
内蒙古森工集团兴安石油有限责任公司	机动车燃料零售	内蒙古自治区呼伦贝尔市
内蒙古维多利超市连锁有限公司	超级市场零售	内蒙古自治区呼和浩特市
包头市永盛成百货有限公司	超级市场零售	内蒙古自治区包头市
包头市金荣装饰建材城有限责任公司	其他室内装修材料零售	内蒙古自治区包头市
内蒙古金旺角服装批发市场	服装零售	内蒙古自治区呼和浩特市
鄂尔多斯市蒙凯汽车销售有限责任公司	汽车零售	内蒙古自治区鄂尔多斯市
包头苏宁电器有限公司	家用电器零售	内蒙古自治区包头市
兴安盟利丰恒泰汽车销售有限责任公司	汽车零售	内蒙古自治区兴安盟
海亮百货有限公司	百货零售	内蒙古自治区呼和浩特市
内蒙古东达锦江大酒店	旅游饭店	内蒙古自治区呼和浩特市
内蒙古饭店有限责任公司	旅游饭店	内蒙古自治区呼和浩特市
香格里拉大酒店	旅游饭店	内蒙古自治区呼和浩特市
内蒙古新城宾馆旅游业集团有限责任公司	旅游饭店	内蒙古自治区呼和浩特市
包头海德酒店有限公司	旅游饭店	内蒙古自治区包头市
辽宁省		
中国石油天然气股份有限公司东北销售分公司	石油及制品批发	辽宁省沈阳市
鞍钢集团国际经济贸易公司	金属及金属矿批发	辽宁省鞍山市
中国石油天然气股份有限公司东北化工销售分公司	石油及制品批发	辽宁省沈阳市
中国铁路物资沈阳有限公司	金属及金属矿批发	辽宁省沈阳市
中国石油天然气股份有限公司大连销售分公司	石油及制品批发	辽宁省大连市
中国石油天然气股份有限公司辽宁沈阳销售分公司	机动车燃料零售	辽宁省沈阳市
大商股份有限公司	百货零售	辽宁省大连市
中国石油化工股份有限公司辽宁石油分公司	机动车燃料零售	辽宁省沈阳市
辽宁省烟草公司沈阳市公司	烟草制品批发	辽宁省沈阳市
中国烟草总公司大连市公司	烟草制品批发	辽宁省大连市
中国石油天然气股份有限公司辽宁营口销售分公司	石油及制品批发	辽宁省营口市
中铁物资集团东北有限公司	金属及金属矿批发	辽宁省沈阳市
中国石油天然气股份有限公司辽宁鞍山销售分公司	石油及制品批发	辽宁省鞍山市
国药控股沈阳有限公司	西药批发	辽宁省沈阳市
中国石油天然气股份有限公司辽宁抚顺销售分公司	石油及制品批发	辽宁省抚顺市
中国石油天然气股份有限公司辽宁锦州销售分公司	机动车燃料零售	辽宁省锦州市

4-5 续表 14

企业名称	所属行业	企业所在地
中国石油天然气股份有限公司辽宁辽阳销售分公司	石油及制品批发	辽宁省辽阳市
中兴-沈阳商业大厦（集团）股份有限公司	百货零售	辽宁省沈阳市
中国石油天然气股份有限公司辽宁盘锦销售分公司	石油及制品批发	辽宁省盘锦市
沈阳兴隆大家庭购物中心有限公司	百货零售	辽宁省沈阳市
中国石油天然气股份有限公司辽宁葫芦岛销售分公司	石油及制品批发	辽宁省葫芦岛市
中国石油天然气股份有限公司辽宁朝阳销售分公司	石油及制品批发	辽宁省朝阳市
中国石油天然气股份有限公司辽宁本溪分公司	机动车燃料零售	辽宁省本溪市
中国石油天然气股份有限公司辽宁丹东销售分公司	机动车燃料零售	辽宁省丹东市
沈阳家乐福商业有限公司	超级市场零售	辽宁省沈阳市
中油辽宁铁岭销售分公司	机动车燃料零售	辽宁省铁岭市
东北制药集团公司供销公司	西药批发	辽宁省沈阳市
中国石油天然气股份有限公司辽宁阜新销售分公司	石油及制品批发	辽宁省阜新市
百胜餐饮（沈阳）有限公司	快餐服务	辽宁省沈阳市
辽宁卓展时代广场百货有限公司	百货零售	辽宁省沈阳市
大连国际商贸大厦有限公司	百货零售	辽宁省大连市
沈阳国美电器有限公司	家用电器零售	辽宁省沈阳市
沈阳铁道金属物资有限公司	金属及金属矿批发	辽宁省沈阳市
辽宁省烟草公司鞍山市公司	烟草制品批发	辽宁省鞍山市
大连大商投资管理有限公司	百货零售	辽宁省大连市
大商集团抚顺百货大楼有限公司	百货零售	辽宁省抚顺市
辽宁恒力工程机械有限公司	汽车、摩托车及零配件批发	辽宁省沈阳市
辽宁成大方圆医药有限公司	西药批发	辽宁省沈阳市
沈阳商业城股份有限公司	百货零售	辽宁省沈阳市
辽宁省烟草公司锦州市公司	烟草制品批发	辽宁省锦州市
辽宁兴隆百货集团有限公司	百货零售	辽宁省盘锦市
大连友谊（集团）股份有限公司	百货零售	辽宁省大连市
大商集团阜新新玛特购物广场有限公司	百货零售	辽宁省阜新市
大连国美电器有限公司	家用电器零售	辽宁省大连市
辽宁省烟草公司铁岭市公司	烟草制品批发	辽宁省铁岭市
东北制药集团销售有限公司	西药批发	辽宁省沈阳市
大商集团沈阳新玛特购物休闲广场有限公司	百货零售	辽宁省沈阳市
辽宁省烟草公司营口市分公司	烟草制品批发	辽宁省营口市
辽宁成大方圆医药连锁有限公司	药品零售	辽宁省沈阳市
辽宁省医药实业有限公司	西药批发	辽宁省沈阳市
中国烟草总公司辽宁葫芦岛分公司	烟草制品批发	辽宁省葫芦岛市
沈阳苏宁电器有限公司	家用电器零售	辽宁省沈阳市
大连沃尔玛百货有限公司	超级市场零售	辽宁省大连市
辽宁省烟草公司朝阳市公司	烟草制品批发	辽宁省朝阳市
辽宁省烟草公司丹东市公司	烟草制品批发	辽宁省丹东市
大连沈大苏宁电器有限公司	家用电器零售	辽宁省大连市
沈阳新世界百货有限公司	百货零售	辽宁省沈阳市
辽宁省烟草公司阜新市公司	烟草制品批发	辽宁省阜新市
辽宁省烟草公司辽阳市公司	烟草制品批发	辽宁省辽阳市
葫芦岛市百货大楼	百货零售	辽宁省葫芦岛市
蒂业技凯中国投资有限公司	其他机械设备及电子产品批发	辽宁省大连市
大商集团锦州百货大楼有限公司	百货零售	辽宁省锦州市
中国船舶燃料大连有限公司	石油及制品批发	辽宁省大连市
沈阳市领跑体育用品有限公司	服装零售	辽宁省沈阳市
辽宁美的制冷产品销售有限公司	家用电器批发	辽宁省沈阳市
辽宁烟草公司本溪分公司	烟草制品批发	辽宁省本溪市
辽宁九州通医药有限公司	西药批发	辽宁省沈阳市

4-5 续表 15

企业名称	所属行业	企业所在地
大连家乐福商业有限公司	超级市场零售	辽宁省大连市
沈阳荟华楼黄金珠宝首饰有限公司	珠宝首饰零售	辽宁省沈阳市
铁岭兴隆百货有限公司	百货零售	辽宁省铁岭市
辽宁省烟草公司抚顺市公司	烟草制品批发	辽宁省抚顺市
欧亚集团沈阳联营有限公司	百货零售	辽宁省沈阳市
辽中商业大厦有限公司	百货零售	辽宁省沈阳市
辽宁省烟草公司盘锦市公司（专卖局）	烟草制品批发	辽宁省盘锦市
中国石油天然气股份有限公司河北销售瑞州分公司	石油及制品批发	辽宁省葫芦岛市
沈阳市鹏宇体育用品有限公司	鞋帽零售	辽宁省沈阳市
本溪华联商厦有限公司	百货零售	辽宁省本溪市
大商集团抚顺商业城有限公司	百货零售	辽宁省抚顺市
辽宁成大股份有限公司	纺织品、针织品及原料批发	辽宁省大连市
大商集团沈阳新玛特购物休闲广场有限公司千盛百货购物中心	百货零售	辽宁省沈阳市
大商集团沈阳铁西新玛特购物休闲广场有限公司	百货零售	辽宁省沈阳市
沈阳乐购超市有限公司	超级市场零售	辽宁省沈阳市
朝阳兴隆大家庭购物中心有限公司	百货零售	辽宁省朝阳市
辽宁华润万家生活超市有限公司	超级市场零售	辽宁省沈阳市
大石桥市兴隆百货有限公司	百货零售	辽宁省营口市
大商集团铁岭新玛特有限公司	百货零售	辽宁省铁岭市
盘锦兴隆大厦二百有限公司	百货零售	辽宁省盘锦市
沈阳TCL电器销售有限公司	家用电器批发	辽宁省沈阳市
沈阳大东兴隆百货有限公司	百货零售	辽宁省沈阳市
沈阳沃尔玛百货有限公司	超级市场零售	辽宁省沈阳市
大商集团锦州百货大楼有限公司千盛购物广场	百货零售	辽宁省锦州市
大商集团抚顺新玛特有限公司	超级市场零售	辽宁省抚顺市
沈阳大润发商业有限公司	超级市场零售	辽宁省沈阳市
大连金嘉物资回收有限公司	再生物资回收与批发	辽宁省大连市
营口经济技术开发区商业大厦有限公司	百货零售	辽宁省营口市
大商集团本溪商业大厦有限公司	百货零售	辽宁省本溪市
大连好又多百货商业广场有限公司	超级市场零售	辽宁省大连市
大连肯德基有限公司	快餐服务	辽宁省大连市
营口兴隆百货有限公司	超级市场零售	辽宁省营口市
抚顺中兴时代广场商业有限公司	百货零售	辽宁省抚顺市
沈阳于洪乐购生活购物有限公司	超级市场零售	辽宁省沈阳市
沈阳润泰商业有限公司	超级市场零售	辽宁省沈阳市
阜新兴隆百货有限公司	百货零售	辽宁省阜新市
抚顺市东洲商业中心	百货零售	辽宁省抚顺市
辽宁中百商厦集团有限公司	百货零售	辽宁省锦州市
沈阳兴隆大天地购物中心有限公司	百货零售	辽宁省沈阳市
锦州大润发商业有限公司	其他日用品零售	辽宁省锦州市
盘锦兴隆大厦三百有限公司	百货零售	辽宁省盘锦市
大连大福珠宝经营有限公司	珠宝首饰零售	辽宁省大连市
大连海王星辰医药有限公司	药品零售	辽宁省大连市
辽宁亿家商业集团有限公司	超级市场零售	辽宁省鞍山市
辽宁百盛新药特药连锁有限公司	药品零售	辽宁省沈阳市
大连乐购生活购物有限公司	超级市场零售	辽宁省大连市
辽宁省大连市旅顺供销大厦有限公司	百货零售	辽宁省大连市
辽宁兴隆超市连锁有限公司	超级市场零售	辽宁省沈阳市
大连联华快客中山便利商业有限公司	其他综合零售	辽宁省大连市
新民兴隆百货有限公司	百货零售	辽宁省沈阳市
大连香格里拉酒店有限公司	旅游饭店	辽宁省大连市

4-5 续表 16

企业名称	所属行业	企业所在地
凌海电力商城有限责任公司	百货零售	辽宁省锦州市
沈阳国大天益堂药房连锁有限公司	药品零售	辽宁省沈阳市
朝阳商业城有限公司	百货零售	辽宁省朝阳市
盖州市兴隆大家庭购物中心有限公司	超级市场零售	辽宁省营口市
大连富丽华大酒店	旅游饭店	辽宁省大连市
大连友嘉购物有限公司	超级市场零售	辽宁省大连市
沈阳麦当劳（餐厅食品）有限公司	快餐服务	辽宁省沈阳市
大连经济技术开发区昌临旺客隆连锁有限公司	超级市场零售	辽宁省大连市
大连麦当劳餐厅食品有限公司	快餐服务	辽宁省大连市
大连亚惠快餐有限公司	快餐服务	辽宁省大连市
沈阳丽都商务有限公司沈阳丽都喜来登饭店	旅游饭店	辽宁省沈阳市
大连万宝海鲜舫	正餐服务	辽宁省大连市
沈阳顺峰饮食有限公司	正餐服务	辽宁省沈阳市
沈阳北方航空扬子实业有限公司	旅游饭店	辽宁省沈阳市
辽宁大厦	旅游饭店	辽宁省沈阳市
沈阳商贸饭店有限公司	旅游饭店	辽宁省沈阳市
大连天天渔港餐饮有限公司	正餐服务	辽宁省大连市
大连合兴快餐有限公司	快餐服务	辽宁省大连市
大连长江广场有限公司日航饭店	旅游饭店	辽宁省大连市
吉林省		
一汽马自达汽车销售有限公司	汽车、摩托车及零配件批发	吉林省长春市
长春欧亚集团股份有限公司	百货零售	吉林省长春市
中国石油天然气股份有限公司吉林长春分公司	石油及制品批发	吉林省长春市
吉林省烟草公司长春市公司	烟草制品批发	吉林省长春市
扶余县三井子农工商有限责任公司	谷物、豆及薯类批发	吉林省松原市
中国石油天然气股份有限公司吉林省吉林市销售分公司	石油及制品批发	吉林省吉林市
中油吉林松原销售分公司	石油及制品批发	吉林省松原市
中国石油天然气股份有限公司吉林四平销售分公司	石油及制品批发	吉林省四平市
中国石油天燃气股份有限公司吉林白城分公司	石油及制品批发	吉林省白城市
中国石油天然气股份有限公司吉林延边销售分公司	石油及制品批发	吉林省延边市
吉林省烟草公司吉林市公司	烟草制品批发	吉林省吉林市
长春卓展时代广场百货有限公司	百货零售	吉林省长春市
中国石油天然气股份有限公司吉林通化销售分公司	石油及制品批发	吉林省通化市
长春华阳汽贸有限公司	汽车零售	吉林省长春市
长春伊通河石油经销有限公司	机动车燃料零售	吉林省长春市
中国石油天然气股份有限公司吉林白山销售分公司	石油及制品批发	吉林省白山市
吉粮集团公主岭金玉收储有限责任公司	谷物、豆及薯类批发	吉林省四平市
修正药业集团营销有限公司	中药材及中成药批发	吉林省通化市
吉林省烟草公司延边州公司	烟草制品批发	吉林省延边市
吉林省烟草公司通化公司	烟草制品批发	吉林省通化市
延吉百货大楼股份有限公司	百货零售	吉林省延边市
吉林省烟草公司松原市分公司	烟草制品批发	吉林省松原市
长春百货大楼集团股份有限公司	百货零售	吉林省长春市
中油吉林辽源销售分公司	石油及制品批发	吉林省辽源市
吉林省烟草公司白城市分公司	烟草制品批发	吉林省白城市
吉林省北方医药有限责任公司	西药批发	吉林省长春市
吉林省烟草公司白山市公司	烟草制品批发	吉林省白山市
吉林大药房药业股份有限公司	药品零售	吉林省长春市
吉林省华之诚汽车销售服务有限公司	汽车零售	吉林省长春市
长春苏宁电器有限公司	家用电器零售	吉林省长春市
吉林国美电器有限公司	家用电器零售	吉林省长春市

4-5 续表 17

企业名称	所属行业	企业所在地
吉林省东良粮食集团有限公司	谷物、豆及薯类批发	吉林省四平市
吉林省威宝恒客隆仓储百货有限公司	超级市场零售	吉林省长春市
吉林国贸商业流通集团有限公司	百货零售	吉林省吉林市
吉林省白山方大商贸有限公司	超级市场零售	吉林省白山市
吉林市国美电器有限公司	家用电器零售	吉林省吉林市
延边国际贸易大厦有限责任公司	百货零售	吉林省延边市
吉林市大润发超市有限公司	超级市场零售	吉林省吉林市
昆山润华商业有限公司吉林市分公司	超级市场零售	吉林省吉林市
吉林市润泰商业有限公司	超级市场零售	吉林省吉林市
中国石油化工股份有限公司吉林市石油分公司	机动车燃料零售	吉林省吉林市
吉林省中东新天地购物公园有限公司	服装零售	吉林省长春市
大商集团吉林百货大楼有限公司	百货零售	吉林省吉林市
吉林亚泰超市有限公司	超级市场零售	吉林省长春市
长春家乐福商业有限公司	超级市场零售	吉林省长春市
长春香格里拉大酒店有限公司	旅游饭店	吉林省长春市
长春吉安房地产开发有限公司华天大酒店	正餐服务	吉林省长春市
黑龙江省		
中国石油天然气股份有限公司东北销售大庆分公司	石油及制品批发	黑龙江省大庆市
中国铁路物资哈尔滨公司	石油及制品批发	黑龙江省哈尔滨市
黑龙江倍丰农业生产资料集团有限公司	化肥批发	黑龙江省哈尔滨市
中国石油天然气股份有限公司黑龙江哈尔滨销售分公司	机动车燃料零售	黑龙江省哈尔滨市
哈药集团医药有限公司	药品零售	黑龙江省哈尔滨市
黑龙江省烟草公司哈尔滨市公司	烟草制品批发	黑龙江省哈尔滨市
中油黑龙江农垦石油有限公司	石油及制品批发	黑龙江省哈尔滨市
中国石油天然气股份有限公司黑龙江大庆销售分公司	石油及制品批发	黑龙江省大庆市
中国石油天燃汽股份有限公司黑龙江齐齐哈尔销售分公司	石油及制品批发	黑龙江省齐齐哈尔市
黑龙江华宇工贸（集团）有限责任公司	纺织品、针织品及原料批发	黑龙江省牡丹江市
黑龙江省农业机械有限责任公司	农业机械批发	黑龙江省哈尔滨市
黑龙江省远大购物中心有限责任公司	百货零售	黑龙江省哈尔滨市
北大荒营销股份有限公司	米、面制品及食用油批发	黑龙江省哈尔滨市
中国石油天然气股份有限公司鸡西销售分公司	石油及制品批发	黑龙江省鸡西市
中国石油天然气股份有限公司黑龙江佳木斯销售分公司	石油及制品批发	黑龙江省佳木斯市
哈药集团三精医药商贸有限公司	西药批发	黑龙江省哈尔滨市
东宁县吉信工贸集团有限责任分公司	鞋帽批发	黑龙江省牡丹江市
黑龙江省烟草公司大庆分公司	烟草制品批发	黑龙江省大庆市
黑龙江黑天鹅家电有限公司	家用电器零售	黑龙江省哈尔滨市
哈尔滨中央红集团股份有限公司	百货零售	黑龙江省哈尔滨市
黑龙江省烟草公司齐齐哈尔分公司	烟草制品批发	黑龙江省齐齐哈尔市
中国石油天然气股份有限公司黑龙江牡丹江销售分公司	石油及制品批发	黑龙江省牡丹江市
大商集团大庆百货大楼有限公司	百货零售	黑龙江省大庆市
中国石油天然气股份有限公司绥化分公司	石油及制品批发	黑龙江省绥化市
中国石油天然气股份有限公司黑龙江尚志销售分公司	石油及制品批发	黑龙江省哈尔滨市
黑河市石油天然气股份有限公司黑河分公司	石油及制品批发	黑龙江省黑河市
中国石油天然气股份有限公司黑龙江双鸭山销售分公司	石油及制品批发	黑龙江省双鸭山市
黑龙江省烟草公司绥化市公司	烟草制品批发	黑龙江省绥化市
大商集团哈尔滨新一百购物广场有限公司	百货零售	黑龙江省哈尔滨市
中国石油天然气股份有限公司黑龙江七台河销售分公司	石油及制品批发	黑龙江省七台河市
哈尔滨家乐福超市有限公司	超级市场零售	黑龙江省哈尔滨市
大庆市庆客隆连锁商贸有限公司	超级市场零售	黑龙江省大庆市
葵花药业集团药业有限公司	中药材及中成药批发	黑龙江省哈尔滨市
大商集团大庆新玛特购物休闲广场有限公司	百货零售	黑龙江省大庆市
黑龙江省烟草公司佳木斯分公司	烟草制品批发	黑龙江省佳木斯市

4-5 续表 18

企业名称	所属行业	企业所在地
哈尔滨申格体育连锁有限公司	体育用品零售	黑龙江省哈尔滨市
黑龙江省烟草公司牡丹江分公司	烟草制品批发	黑龙江省牡丹江市
中国石油天然气股份有限公司黑龙江实华销售公司	机动车燃料零售	黑龙江省哈尔滨市
黑龙江省烟草公司牡丹江烟叶公司	其他未列明的批发	黑龙江省牡丹江市
哈尔滨市联强商业发展有限公司	超级市场零售	黑龙江省哈尔滨市
黑龙江省烟草公司哈尔滨烟叶公司	饮料及茶叶批发	黑龙江省哈尔滨市
杜尔伯特县伊利乳业有限公司奶粉销售分公司	其他农畜产品批发	黑龙江省大庆市
中国石油天然气股份有限公司黑龙江肇东销售分公司	石油及制品批发	黑龙江省绥化市
中石油天然气股份有限公司黑龙江鹤岗分公司	石油及制品批发	黑龙江省鹤岗市
中国烟草总公司黑龙江省鸡西分公司	烟草制品批发	黑龙江省鸡西市
大商集团鸡西新玛特购物广场有限公司	百货零售	黑龙江省鸡西市
黑龙江省烟草公司双鸭山市公司	烟草制品批发	黑龙江省双鸭山市
哈尔滨珍宝医药贸易有限公司	中药材及中成药批发	黑龙江省哈尔滨市
沃尔玛深国投百货有限公司哈尔滨中山路分店	超级市场零售	黑龙江省哈尔滨市
大庆油田昆仑集团商贸有限公司	百货零售	黑龙江省大庆市
哈尔滨秋林集团股份有限公司	百货零售	黑龙江省哈尔滨市
大商集团佳木斯百货大楼	百货零售	黑龙江省佳木斯市
哈尔滨苏宁电器有限公司	家用电器零售	黑龙江省哈尔滨市
哈尔滨新世界百货商场有限公司	百货零售	黑龙江省哈尔滨市
大连国际商贸大厦有限公司哈尔滨麦凯乐百货总店	百货零售	黑龙江省哈尔滨市
黑河市烟草公司	烟草制品批发	黑龙江省黑河市
大兴安岭兴安林区石油总经销有限公司	石油及制品批发	黑龙江省加格达奇市
大连大商集团有限公司大庆让胡路商场	百货零售	黑龙江省大庆市
大商集团七台河新玛特购物广场有限公司	百货零售	黑龙江省七台河市
佳木斯新玛特购物广场	百货零售	黑龙江省佳木斯市
黑龙江烟草公司鹤岗市公司	烟草制品批发	黑龙江省鹤岗市
大商集团股份有限公司大庆新东风购物广场	百货零售	黑龙江省大庆市
黑龙江省光明优幼营养品有限公司	饮料及茶叶批发	黑龙江省齐齐哈尔市
黑龙江泰华医药有限公司	药品零售	黑龙江省绥化市
大商集团牡丹江新玛特购物广场有限公司	百货零售	黑龙江省牡丹江市
富锦市东方新天地商厦有限公司	服装零售	黑龙江省佳木斯市
齐齐哈尔市齐润发超市有限公司（大福源）	超级市场零售	黑龙江省齐齐哈尔市
青岛润泰佳木斯大润发超市	超级市场零售	黑龙江省佳木斯市
大商集团佳木斯华联商厦有限公司	百货零售	黑龙江省佳木斯市
黑龙江好又多百货商业广场有限公司	百货零售	黑龙江省哈尔滨市
昆山润华商业有限公司牡丹江分公司	超级市场零售	黑龙江省牡丹江市
哈尔滨润富商业有限公司	百货零售	黑龙江省哈尔滨市
黑龙江比优特商贸有限责任公司	超级市场零售	黑龙江省鹤岗市
大庆市乘风商场有限责任公司	百货零售	黑龙江省大庆市
大庆市香榭丽购物中心	百货零售	黑龙江省大庆市
佳木斯广江同源家居有限公司	家用电器零售	黑龙江省佳木斯市
黑龙江国美电器有限公司	家用电器零售	黑龙江省大庆市
哈尔滨香格里拉大饭店有限公司	旅游饭店	黑龙江省哈尔滨市
哈尔滨万达商业投资有限公司万达索菲特大酒店	旅游饭店	黑龙江省哈尔滨市
哈尔滨华旗饭店有限公司	旅游饭店	黑龙江省哈尔滨市
上海市		
中国石化销售有限公司华东分公司	石油及制品批发	上海市长宁区
上海上汽大众汽车销售有限公司	汽车、摩托车及零配件批发	上海市嘉定区
上海三星半导体有限公司	家用电器批发	上海市长宁区
上海物资贸易股份有限公司	金属及金属矿批发	上海市黄浦区
中国石油化工股份有限公司上海石油分公司	石油及制品批发	上海市黄浦区

4-5 续表 19

企业名称	所属行业	企业所在地
上海大润发有限公司	超级市场零售	上海市闸北区
宝钢资源有限公司	金属及金属矿批发	上海市浦东新区
中化国际（控股）股份有限公司	其他化工产品批发	上海市浦东新区
小松(中国)投资有限公司	其他机械设备及电子产品批发	上海市浦东新区
中国铁路物资上海有限公司	金属及金属矿批发	上海市闸北区
国药控股股份有限公司	西药批发	上海市黄浦区
华硕电脑（上海）有限公司	计算机、软件及辅助设备批发	上海市闵行区
佳通轮胎(中国)投资有限公司	汽车、摩托车及零配件批发	上海市长宁区
上海浦东国际机场航空油料有限责任公司	石油及制品批发	上海市浦东新区
中国石油天然气股份有限公司上海销售分公司	石油及制品批发	上海市浦东新区
英迈（中国）投资有限公司	计算机、软件及辅助设备批发	上海市徐汇区
松下电器机电(中国)有限公司	其他机械设备及电子产品批发	上海市浦东新区
农工商超市（集团）有限公司	超级市场零售	上海市普陀区
日立建机(上海)有限公司	其他机械设备及电子产品批发	上海市浦东新区
欧尚（中国）投资有限公司	其他未列明的批发	上海市杨浦区
上海世纪联华超市发展有限公司	超级市场零售	上海市普陀区
夏普商贸（中国）有限公司	其他机械设备及电子产品批发	上海市黄浦区
欧莱雅（中国）有限公司	化妆品及卫生用品批发	上海市静安区
上海电力燃料有限公司	煤炭及制品批发	上海市卢湾区
上海伊藤忠商事有限公司	其他化工产品批发	上海市浦东新区
上海神州数码有限公司	计算机、软件及辅助设备批发	上海市长宁区
宏碁电脑（上海）有限公司	计算机、软件及辅助设备批发	上海市黄浦区
上海苏食肉品配送有限公司	肉、禽、蛋及水产品批发	上海市宝山区
三菱商事(上海)有限公司	其他化工产品批发	上海市浦东新区
东方国际集团上海市对外贸易有限公司	其他未列明的批发	上海市长宁区
上海老庙黄金连锁经营有限公司	首饰、工艺品及收藏品批发	上海市黄浦区
上海苏宁电器有限公司	家用电器零售	上海市长宁区
瑞表企业管理（上海）有限公司	其他日用品批发	上海市徐汇区
上海海烟物流发展有限公司	烟草制品批发	上海市静安区
三井物产（上海）贸易有限公司	其他化工产品批发	上海市浦东新区
上海永裕医药有限公司	西药批发	上海市松江区
上海联家超市有限公司	超级市场零售	上海市普陀区
保乐力加（中国）贸易有限公司	饮料及茶叶批发	上海市卢湾区
上海韩泰轮胎销售有限公司	汽车、摩托车及零配件批发	上海市徐汇区
尼康映像仪器销售（中国）有限公司	其他未列明的批发	上海市黄浦区
埃克森美孚（中国）投资有限公司	石油及制品批发	上海市徐汇区
上海易初莲花连锁超市有限公司	超级市场零售	上海市浦东新区
联想(上海)有限公司	计算机、软件及辅助设备批发	上海市浦东新区
上海博世力士乐液压及自动化有限公司	其他未列明的批发	上海市浦东新区
路易威登（中国）商业销售有限公司	其他日用品零售	上海市静安区
永乐（中国）电器销售有限公司	家用电器零售	上海市普陀区
强生（上海）医疗器材有限公司	其他机械设备及电子产品批发	上海市徐汇区
上海国美电器有限公司	其他综合零售	上海市普陀区
酩悦轩尼诗帝亚吉欧洋酒（上海）有限公司	饮料及茶叶批发	上海市静安区
宝钢金属有限公司	金属及金属矿批发	上海市宝山区
上海卡帕体育用品有限公司	服装批发	上海市浦东新区
上海五金矿产进出口公司	金属及金属矿批发	上海市闸北区
ABB(中国)有限公司上海分公司	其他机械设备及电子产品批发	上海市黄浦区
舍弗勒贸易（上海）有限公司	其他未列明的批发	上海市嘉定区
联华超市股份有限公司	超级市场零售	上海市普陀区
泰科电子(上海)有限公司	其他机械设备及电子产品批发	上海市外高桥保税区

4-5　续表 20

企业名称	所属行业	企业所在地
米其林(中国)投资有限公司	汽车、摩托车及零配件批发	上海市长宁区
上海亚一金店有限公司	首饰、工艺品及收藏品批发	上海市黄浦区
资生堂(中国)投资有限公司	化妆品及卫生用品批发	上海市浦东新区
上海雅马哈建设摩托车销售有限公司	汽车、摩托车及零配件批发	上海市徐汇区
锦湖(中国)轮胎销售有限公司	汽车、摩托车及零配件批发	上海市嘉定区
莫仕商贸（上海）有限公司	其他机械设备及电子产品批发	上海市浦东新区
明尼苏达矿业制造（上海）国际贸易有限公司	其他化工产品批发	上海市长宁区
华联吉买盛有限公司	超级市场零售	上海市闸北区
上海永乐通讯设备有限公司	家用电器零售	上海市普陀区
上海浦东海澜之家服饰有限公司	服装批发	上海市浦东新区
上海第一八佰伴有限公司	百货零售	上海市浦东新区
华联超市股份有限公司	超级市场零售	上海市杨浦区
上海新宇钟表集团有限公司	其他日用品批发	上海市卢湾区
斯凯孚（中国）销售有限公司	其他机械设备及电子产品批发	上海市黄浦区
上海圆迈贸易有限公司	邮购及电子销售	上海市嘉定区
上海丝绸集团股份有限公司	服装批发	上海市徐汇区
上海百联集团股份有限公司	百货零售	上海市黄浦区
上海老庙黄金有限公司	首饰、工艺品及收藏品批发	上海市黄浦区
上海良友(集团)有限公司	谷物、豆及薯类批发	上海市浦东新区
丹佛斯（上海）自动控制有限公司	其他机械设备及电子产品批发	上海市徐汇区
上海肯德基有限公司	快餐服务	上海市徐汇区
古驰（中国）贸易有限公司	服装批发	上海市静安区
联强国际贸易(中国)有限公司	计算机、软件及辅助设备批发	上海市长宁区
上海雷允上药业有限公司（商业）	中药材及中成药批发	上海市黄浦区
科勒（中国）投资有限公司	厨房、卫生间用具及日用杂货批发	上海市闸北区
上海浦星贸易有限公司	其他食品批发	上海市松江区
上海新世界股份有限公司	百货零售	上海市黄浦区
上海家得利超市有限公司	超级市场零售	上海市徐汇区
上海宝钢工贸有限公司	金属及金属矿批发	上海市宝山区
上海三凯进出口有限公司	其他未列明的批发	上海市浦东新区
上海九州通医药有限公司	中药材及中成药批发	上海市普陀区
金佰利（中国）有限公司	其他日用品批发	上海市黄浦区
上海市机械设备成套（集团）有限公司	其他机械设备及电子产品批发	上海市普陀区
上海和氏璧化工有限公司	其他化工产品批发	上海市卢湾区
上海久光百货有限公司	百货零售	上海市静安区
美敦力（上海）管理有限公司	医疗用品及器材批发	上海市浦东新区
明基电通有限公司	计算机、软件及辅助设备批发	上海市长宁区
上海老凤祥银楼有限公司	珠宝首饰零售	上海市黄浦区
富士施乐实业发展(上海)有限公司	其他机械设备及电子产品批发	上海市浦东新区
雅诗兰黛（上海）商贸有限公司	化妆品及卫生用品批发	上海市徐汇区
路威酩轩香水化妆品（上海）有限公司	贸易经纪与代理	上海市浦东新区
香奈儿（中国）贸易有限公司	化妆品及卫生用品批发	上海市浦东新区
上海太平洋百货有限公司	百货零售	上海市徐汇区
上海易买得超市有限公司	超级市场零售	上海市宝山区
上海罗捷斯迪电子有限公司	通讯及广播电视设备批发	上海市浦东新区
上海必胜客有限公司	正餐服务	上海市徐汇区
上海可的便利店有限公司	其他综合零售	上海市普陀区
迅销（中国）商贸有限公司	服装零售	上海市徐汇区
日立高新技术（上海）国际贸易有限公司	其他机械设备及电子产品批发	上海市浦东新区
上海好德便利有限公司	其他综合零售	上海市普陀区
上海欧尚超市有限公司	超级市场零售	上海市杨浦区
东方商厦有限公司	百货零售	上海市徐汇区

4-5 续表 21

企业名称	所属行业	企业所在地
兄弟(中国)商业有限公司	其他机械设备及电子产品批发	上海市长宁区
上海华普汽车销售有限公司	其他机械设备及电子产品批发	上海市金山区
中化道达尔油品有限公司	机动车燃料零售	上海市浦东新区
上海烟草集团浦东烟草糖酒有限公司	烟草制品批发	上海市浦东新区
上海中燃船舶燃料有限公司	石油及制品批发	上海市虹口区
伊藤忠纤维贸易（中国）有限公司	纺织品、针织品及原料批发	上海市长宁区
上海黄金搭档生物科技有限公司	其他食品批发	上海市卢湾区
上海烟草集团黄浦烟草糖酒有限公司	烟草制品批发	上海市黄浦区
上海兰生股份有限公司	其他机械设备及电子产品批发	上海市虹口区
滔搏体育（上海）有限公司	鞋帽批发	上海市虹桥区
上海橡果网络技术发展有限公司	百货零售	上海市徐汇区
格兰富水泵(上海)有限公司	其他机械设备及电子产品批发	上海市浦东新区
柯尼卡美能达办公系统（中国）有限公司	其他机械设备及电子产品批发	上海市卢湾区
好美家装潢建材有限公司	其他室内装修材料零售	上海市黄浦区
上海百红商业贸易有限公司	化妆品及卫生用品批发	上海市闸北区
百思买商业(上海)有限公司	家用电器零售	上海市徐汇区
上海宏图三胞电脑发展有限公司	计算机、软件及辅助设备零售	上海市杨浦区
山特维克工具商贸（上海）有限公司	贸易经纪与代理	上海市闵行区
山特维克矿山工程机械贸易(上海)有限公司	其他机械设备及电子产品批发	上海市闸北区
上海伍缘现代杂货有限公司	超级市场零售	上海市普陀区
上海太太乐食品有限公司	其他食品批发	上海市嘉定区
德利多富信息系统（上海）有限公司	计算机、软件及辅助设备批发	上海市浦东新区
重机(中国)投资有限公司	其他机械设备及电子产品批发	上海市嘉定区
上海市粮食储运公司	谷物、豆及薯类批发	上海市浦东新区
上海南浦食品公司浦东分公司	其他食品批发	上海市松江区
普拉达时装（上海）商业有限公司	服装零售	上海市静安区
飒拉商业(上海)有限公司	服装零售	上海市长宁区
上海联华快客便利有限公司	其他综合零售	上海市虹口区
上海东索贸易有限公司	其他食品批发	上海市嘉定区
礼来国际贸易（上海）有限公司	贸易经纪与代理	上海市卢湾区
上海新华传媒连锁有限公司	图书零售	上海市黄浦区
上海宜家家居有限公司	家具零售	上海市徐汇区
上海申瑞家具有限公司	家具零售	上海市徐汇区
上海烟草集团虹口烟草糖酒有限公司	烟草制品批发	上海市虹口区
海恩斯莫里斯(上海)商业有限公司	服装零售	上海市卢湾区
上海屈臣氏日用品有限公司	超级市场零售	上海市徐汇区
上海汽车工业销售有限公司	汽车、摩托车及零配件批发	上海市徐汇区
上海蒙牛乳业有限公司	其他食品批发	上海市卢湾区
上海金枫酒业股份有限公司	其他食品批发	上海市浦东新区
上海易迅电子商务发展有限公司	百货零售	上海市宝山区
阿法拉伐（上海）技术有限公司	其他机械设备及电子产品批发	上海市卢湾区
上海古今内衣有限公司	服装零售	上海市卢湾区
上海虹桥药业有限公司	药品零售	上海市闵行区
上海文峰购物广场有限公司	百货零售	上海市浦东新区
上海烟草集团嘉定烟草糖酒有限公司	烟草制品批发	上海市嘉定区
沃尔玛华东百货有限公司	超级市场零售	上海市浦东新区
上海汇金百货有限公司	百货零售	上海市徐汇区
上海麦当劳食品有限公司	快餐服务	上海市徐汇区
上海良友金伴便利连锁有限公司	其他综合零售	上海市徐汇区
费列罗贸易（上海）有限公司	糕点、糖果及糖批发	上海市浦东新区
上海恩德斯豪斯自动化设备有限公司	其他未列明的批发	上海市闵行区
上海森联木业发展有限公司	建材批发	上海市黄浦区
上海烟草集团闵行烟草糖酒有限公司	烟草制品批发	上海市闵行区

4-5 续表 22

企业名称	所属行业	企业所在地
中化上海有限公司	其他化工产品批发	上海市黄浦区
迪卡侬（上海）体育用品有限公司	体育用品零售	上海市浦东新区
安富利电子（上海）有限公司	其他机械设备及电子产品批发	上海市浦东新区
上海迪亚零售有限公司	其他综合零售	上海市浦东新区
健良（上海）贸易有限公司	其他机械设备及电子产品批发	上海市浦东新区
上海浦东新区香格里拉酒店有限公司	旅游饭店	上海市浦东新区
上海青岛啤酒华东销售有限公司	其他食品批发	上海市宝山区
上海动力燃料有限公司	煤炭及制品批发	上海市黄浦区
上海福满家便利有限公司	其他综合零售	上海市静安区
亚什兰(中国)投资有限公司	其他化工产品批发	上海市闵行区
上海肯纳飞硕金属有限公司	贸易经纪与代理	上海市浦东新区
万宝龙商业（中国）有限公司	文具用品零售	上海市静安区
爱茉莉太平洋贸易有限公司	化妆品及卫生用品批发	上海市嘉定区
圣犹达医疗用品(上海)有限公司	医疗用品及器材批发	上海市徐汇区
贝克曼库尔特商贸(中国)有限公司	医疗用品及器材批发	上海市浦东新区
上海江隆进出口有限公司	纺织品、针织品及原料批发	上海市虹口区
上海烟草集团青浦烟草糖酒有限公司	烟草制品批发	上海市青浦区
上海三联(集团)有限公司	钟表、眼镜零售	上海市黄浦区
上海烟草集团杨浦烟草糖酒有限公司	烟草制品批发	上海市杨浦区
上海烟草集团南汇烟草糖酒有限公司	烟草制品批发	上海市浦东新区
利惠商业（上海）有限公司	服装批发	上海市静安区
上海美承高科技有限公司	计算机、软件及辅助设备零售	上海市徐汇区
上海复星药业有限公司	中药材及中成药批发	上海市普陀区
大昌洋行(上海)有限公司	西药批发	上海市浦东新区
大昌华嘉商业(中国)有限公司	西药批发	上海市浦东新区
上海森马服饰有限公司	服装批发	上海市闵行区
上海烟草集团崇明烟草糖酒有限公司	烟草制品批发	上海市崇明区
上海统一星巴克咖啡有限公司	饮料及冷饮服务	上海市徐汇区
上海三枪(集团)有限公司	纺织品、针织品及原料批发	上海市卢湾区
乐金生活健康贸易（上海）有限公司	化妆品及卫生用品批发	上海市徐汇区
上海汇姿百货有限公司	百货零售	上海市杨浦区
上海克瑞特服饰有限公司	服装批发	上海市浦东新区
上海拉夏贝尔服饰有限公司	服装零售	上海市徐汇区
上海烟草集团松江区烟草糖酒有限公司	烟草制品批发	上海市松江区
上海烟草(集团)奉贤烟草糖酒有限公司	烟草制品批发	上海市奉贤区
大西电子(上海)有限公司	其他机械设备及电子产品批发	上海市浦东新区
上海信谊联合医药药材有限公司	中药材及中成药批发	上海市闸北区
史泰博商贸有限公司	文具用品批发	上海市长宁区
永安百货有限公司	百货零售	上海市黄浦区
爱步贸易(上海)有限公司	鞋帽批发	上海市浦东新区
米思米（中国）精密机械贸易有限公司	五金、交电批发	上海市奉贤区
上海汇丰医药药材有限责任公司	西药批发	上海市徐汇区
友讯电子设备（上海）有限公司	计算机、软件及辅助设备批发	上海市长宁区
上海烟草集团普陀烟草糖酒有限公司	烟草制品批发	上海市普陀区
泰科医疗器材国际贸易（上海）有限公司	医疗用品及器材批发	上海市徐汇区
上海捷强烟草糖酒（集团）连锁有限公司	超级市场零售	上海市虹口区
上海童涵春堂药业股份有限公司	中药材及中成药批发	上海市黄浦区
上海三联集团钟表眼镜照相器材批发中心	其他日用品批发	上海市黄浦区
库柏电气（上海）有限公司	贸易经纪与代理	上海市浦东新区
上海新欧尚超市有限公司嘉定店	超级市场零售	上海市嘉定区
上海六和勤强食品有限公司	肉、禽、蛋及水产品批发	上海市长宁区
昆山润华商业有限公司上海松江分公司	超级市场零售	上海市松江区

4-5 续表 23

企业名称	所属行业	企业所在地
上海睿盈贸易有限公司	鞋帽批发	上海市卢湾区
上海烟草集团宝山烟草糖酒有限公司	烟草制品批发	上海市宝山区
上海领先餐饮管理有限公司	正餐服务	上海市卢湾区
上海烟草集团金山烟草糖酒有限公司	烟草制品批发	上海市金山区
上海老城隍庙餐饮（集团）有限公司	其他餐饮服务	上海市黄浦区
上海益实多电子商务有限公司	邮购及电子销售	上海市浦东区
上海七宝乐购购物中心有限公司	超级市场零售	上海市闵行区
上海雨润肉食品有限公司	肉、禽、蛋及水产品批发	上海市普陀区
上海第一医药股份有限公司(母公司)	药品零售	上海市黄浦区
太古资源（上海）商贸有限公司	服装批发	上海市徐汇区
上海烟草集团长宁烟草糖酒有限公司	烟草制品批发	上海市长宁区
上海松江燃气有限公司	生活用燃料零售	上海市松江区
上海五天实业有限公司	厨房、卫生间用具及日用杂货批发	上海市青浦区
阿尔弗雷德登喜路(上海)贸易有限公司	服装零售	上海市卢湾区
上海雷允上药业西区有限公司	西药批发	上海市静安区
上海烟草集团卢湾烟草糖酒有限公司	烟草制品批发	上海市卢湾区
上海烟草集团徐汇烟草糖酒有限公司	烟草制品批发	上海市徐汇区
上海天成企业发展有限公司	饮料及茶叶批发	上海市松江区
奥林巴斯（上海）映像销售有限公司	家用电器批发	上海市徐汇区
上海市浦东商场股份有限公司	百货零售	上海市浦东新区
高丝化妆品销售（中国)有限公司	化妆品及卫生用品批发	上海市卢湾区
梦田服装(上海)有限公司	服装批发	上海市浦东新区
上海仁达药品经营有限公司	中药材及中成药批发	上海市徐汇区
昆山润华商业有限公司上海闵行分公司	超级市场零售	上海市闵行区
上海洋帆实业有限公司	其他未列明的批发	上海市闵行区
上海百安居超市有限公司	超级市场零售	上海市浦东新区
花王(上海)产品服务有限公司	其他日用品批发	上海市黄浦区
上海烟草集团闸北烟草糖酒有限公司	烟草制品批发	上海市闸北区
上海市大药房有限公司	药品零售	上海市虹口区
马克华菲(上海)商业有限公司	服装批发	上海市徐汇区
上海好孩子儿童服饰有限公司	服装零售	上海市黄浦区
上海铂利德钻石有限公司	珠宝首饰零售	上海市闸北区
上海和雍贸易有限公司	计算机、软件及辅助设备零售	上海市徐汇区
上海信谊医药有限公司	中药材及中成药批发	上海市闸北区
上海九百购物中心有限公司	百货零售	上海市宝山区
上海雷允上北区药业股份有限公司	中药材及中成药批发	上海市虹口区
傲胜(中国)商业有限公司	家用电器批发	上海市浦东新区
上海乐扣乐扣贸易有限公司	厨房、卫生间用具及日用杂货批发	上海市闵行区
喜利得（中国）商贸有限公司	五金、交电批发	上海市徐汇区
广派商业(上海)有限公司	服装零售	上海市浦东新区
上海长江口商城股份有限公司	百货零售	上海市宝山区
津味（上海）餐饮管理有限公司	其他餐饮服务	上海市长宁区
上海一茶一坐餐饮有限公司	正餐服务	上海市虹口区
上海麦考林国际邮购有限公司	服装零售	上海市徐汇区
上海友钢部件加工有限公司	金属及金属矿批发	上海市宝山区
利邦（上海）服装贸易有限公司	服装批发	上海市闵行区
上海锐力运动用品有限公司	体育用品零售	上海市黄浦区
昆山润华商业有限公司上海南汇分公司	百货零售	上海市浦东新区
美津浓(中国)体育用品有限公司	服装批发	上海市静安区
上海金瑶贸易发展有限公司	服装零售	上海市黄浦区
上海梅林正广和便利连锁有限公司	其他综合零售	上海市杨浦区

4-5 续表 24

企业名称	所属行业	企业所在地
上海浦东好又多超市有限公司	超级市场零售	上海市浦东新区
恒源祥（集团）有限公司	纺织品、针织品及原料批发	上海市黄浦区
上海五菱汽车销售有限公司	汽车零售	上海市浦东新区
上海合力叉车有限公司	其他机械设备及电子产品批发	上海市虹口区
泰华施贸易(上海)有限公司	其他化工产品批发	上海市浦东新区
上海杏花楼（集团）有限公司	正餐服务	上海市黄浦区
上海奉贤大润发商贸有限公司	超级市场零售	上海市奉贤区
上海农夫山泉饮用水有限公司	饮料及茶叶批发	上海市浦东新区
巴丽(上海)商业有限公司	服装批发	上海市徐汇区
西雅衣家(中国)商业有限公司	服装零售	上海市长宁区
上海王宝和大酒店有限公司	旅游饭店	上海市黄浦区
上海嘉定乐购生活购物有限公司	超级市场零售	上海市嘉定区
静安希尔顿饭店（上海）	旅游饭店	上海市静安区
上海友谊百货有限公司	百货零售	上海市黄浦区
上海适达餐饮管理有限公司	饮料及冷饮服务	上海市静安区
蔡司光学仪器（上海）国际贸易有限公司	医疗用品及器材批发	上海市浦东新区
博马如瓦服饰商贸(上海)有限公司	服装零售	上海市长宁区
上海明天广场有限公司金威万豪酒店	旅游饭店	上海市黄浦区
花园饭店（上海）	旅游饭店	上海市卢湾区
上海美特斯邦威服饰销售有限公司	服装零售	上海市黄浦区
丰田纺织(中国)有限公司	汽车、摩托车及零配件批发	上海市浦东新区
上海新光光学仪器有限公司	家用电器零售	上海市卢湾区
上海国大药房连锁有限公司	药品零售	上海市闸北区
上海康仁乐购超市贸易有限公司	超级市场零售	上海市普陀区
上海复美益星大药房连锁有限公司	药品零售	上海市普陀区
上海嘉定大润发商贸有限公司	超级市场零售	上海市嘉定区
上海国际会议中心有限公司	旅游饭店	上海市浦东新区
上海闵行大润发商贸有限公司	超级市场零售	上海市闵行区
上海永和大王餐饮有限公司	快餐服务	上海市闵行区
上海格兰仕电器销售有限公司	家用电器零售	上海市普陀区
上海闵行华漕大润发商贸有限公司	超级市场零售	上海市闵行区
上海雷允上药品连锁经营有限公司	药品零售	上海市虹口区
上海金萌苏浙汇餐饮有限公司	正餐服务	上海市徐汇区
上海光大通信终端产品销售有限公司	通信设备零售	上海市普陀区
上海华德美居超市有限公司	其他室内装修材料零售	上海市浦东新区
上海棒约翰餐饮管理有限公司	正餐服务	上海市静安区
上海太平洋大饭店有限公司	旅游饭店	上海市长宁区
上海喜士多便利连锁有限公司	其他综合零售	上海市闸北区
锦江之星旅馆有限公司	一般旅馆	上海市闵行区
上海上实南洋大酒店有限公司	旅游饭店	上海市静安区
上海海文班尼路服饰有限公司	服装零售	上海市闸北区
上海西郊宾馆	旅游饭店	上海市长宁区
上海广亚百货商业有限公司（好又多）	超级市场零售	上海市宝山区
上海米源饮料有限公司	饮料及茶叶零售	上海市浦东新区
上海东锦江大酒店有限公司	旅游饭店	上海市浦东新区
上海恭汇贸易有限公司	其他综合零售	上海市卢湾区
上海避风塘美食有限公司	正餐服务	上海市卢湾区
上海锦江饭店有限公司	旅游饭店	上海市卢湾区
上海长峰酒店管理有限公司	旅游饭店	上海市长宁区
上海城市超市有限公司	超级市场零售	上海市静安区
上海光大会展中心有限公司	旅游饭店	上海市徐汇区
上海三林大润发商贸有限公司	超级市场零售	上海市浦东新区

4-5 续表 25

企业名称	所属行业	企业所在地
上海闸北南区大润发商贸有限公司	超级市场零售	上海市闸北区
普罗旺斯欧舒丹贸易(上海)有限公司	化妆品及卫生用品零售	上海市静安区
菲仕乐贸易(上海)有限公司	其他日用品零售	上海市徐汇区
上海余天成药业连锁有限公司	药品零售	上海市松江区
上海华亭宾馆有限公司	旅游饭店	上海市徐汇区
上海真北乐购生活购物有限公司	超级市场零售	上海市普陀区
上海扬子江大酒店有限公司	旅游饭店	上海市长宁区
上海震旦办公自动化销售有限公司	其他文化用品零售	上海市浦东新区
上海怡乐食食品科技服务有限公司	快餐服务	上海市徐汇区
上海新世界丽笙大酒店有限公司	其他住宿服务	上海市黄浦区
上海避风塘美食餐饮有限公司	正餐服务	上海市虹口区
上海金钱豹宴会餐饮管理有限公司	正餐服务	上海市闵行区
上海锦江汤臣大酒店有限公司	旅游饭店	上海市浦东新区
上海宝莱纳餐饮有限公司	正餐服务	上海市徐汇区
上海锦沧文华大酒店有限公司	旅游饭店	上海市静安区
上海市上海宾馆有限公司	旅游饭店	上海市静安区
上海斯格威大酒店有限公司	旅游饭店	上海市卢湾区
上海港丽餐饮管理有限公司	正餐服务	上海市黄浦区
上海海仑宾馆有限公司	旅游饭店	上海市黄浦区
上海宝隆宾馆有限公司	旅游饭店	上海市虹口区
上海虹桥迎宾馆	旅游饭店	上海市长宁区
上海新旺餐饮管理有限公司	正餐服务	上海市黄浦区
上海新亚大家乐餐饮有限公司	快餐服务	上海市虹口区
上海南新雅大酒店有限公司	旅游饭店	上海市黄浦区
上海紫泰酒店管理有限公司	旅游饭店	上海市长宁区
上海广成餐饮有限公司	正餐服务	上海市长宁区
上海虹桥宾馆有限公司	旅游饭店	上海市长宁区
上海建国宾馆有限公司	旅游饭店	上海市徐汇区
上海国际贵都大饭店有限公司	旅游饭店	上海市静安区
上海紫金山大酒店	旅游饭店	上海市浦东新区
上海银河宾馆有限公司	旅游饭店	上海市长宁区
上海常州大娘水饺餐饮有限公司	其他餐饮服务	上海市黄浦区
上海松江开元名都大酒店有限公司	其他住宿服务	上海市松江区
上海博海餐饮有限公司	正餐服务	上海市金山区
上海诚鼎百货商业有限公司	超级市场零售	上海市黄浦区
上海大富贵酒楼	正餐服务	上海市黄浦区
上海国际网球中心酒店管理有限公司	旅游饭店	上海市徐汇区
上海兴国宾馆	旅游饭店	上海市长宁区
上海银星宾馆有限公司	旅游饭店	上海市长宁区
宝钢集团宝山宾馆	旅游饭店	上海市宝山区
上海银湖酒店有限公司	正餐服务	上海市松江区
上海禾绿饮食有限公司	正餐服务	上海市长宁区
上海新发展圣淘沙大酒店有限公司	旅游饭店	上海市奉贤区
上海天禧嘉福璞缇客酒店有限公司	一般旅馆	上海市闵行区
上海红子鸡美食总汇有限公司	正餐服务	上海市普陀区
上海新亚广场长城酒店有限公司	旅游饭店	上海市闸北区
上海古象大酒店有限公司	旅游饭店	上海市黄浦区
上海世茂庄园置业有限公司世茂佘山艾美酒店	旅游饭店	上海市松江区
上海海逸海鲜酒家有限公司	正餐服务	上海市长宁区
上海新区小南国餐饮管理有限公司	正餐服务	上海市浦东新区
上海悦华大酒店	旅游饭店	上海市奉贤区
上海葡京餐饮管理有限公司	正餐服务	上海市长宁区

4-5　续表 26

企业名称	所属行业	企业所在地
杏花楼餐饮食品有限公司	正餐服务	上海市黄浦区
上海大厦	旅游饭店	上海市虹口区
上海外滩三号饮食文化有限公司	其他餐饮服务	上海市黄浦区
上海中福世福汇大酒店有限公司	旅游饭店	上海市黄浦区
上海虹梅小南国餐饮有限公司	正餐服务	上海市闵行区
汉堡王（上海）餐饮有限公司	其他餐饮服务	上海市黄浦区
康帕斯配餐服务（中国）有限公司	快餐服务	上海市闵行区
上海珀丽酒店投资管理有限公司	一般旅馆	上海市浦东新区
上海东方海港餐饮有限公司	正餐服务	上海市浦东新区
上海诚宏百货商业有限公司	超级市场零售	上海市闵行区
上海展圆餐饮管理有限公司	正餐服务	上海市徐汇区
格林豪泰酒店（中国）有限公司	一般旅馆	上海市普陀区
上海汇众汽车销售服务有限公司	汽车零配件零售	上海市浦东新区
上海机场(集团)有限公司浦东华美达大酒店	其他餐饮服务	上海市浦东新区
上海沃歌斯餐饮有限公司	快餐服务	上海市静安区
上海市衡山（集团）公司衡山宾馆	旅游饭店	上海市徐汇区
上海锦江国际饭店有限公司	旅游饭店	上海市黄浦区
上海外高桥保宏大酒店有限公司	旅游饭店	上海市浦东新区
上海吉野家快餐有限公司	快餐服务	上海市黄浦区
上海延安饭店	旅游饭店	上海市静安区
江苏省		
中国石油化工股份有限公司江苏石油分公司	石油及制品批发	江苏省南京市
苏宁电器股份有限公司南京采购中心	家用电器批发	江苏省南京市
中国石油天然气股份有限公司江苏销售分公司	石油及制品批发	江苏省南京市
江苏苏美达集团公司	其他机械设备及电子产品批发	江苏省南京市
南京华能南方实业开发股份有限公司	金属及金属矿批发	江苏省南京市
苏果超市有限公司	超级市场零售	江苏省南京市
江苏国泰国际集团有限公司	服装批发	江苏省苏州市
昆山润华商业有限公司	超级市场零售	江苏省苏州市
丰立集团有限公司	金属及金属矿批发	江苏省苏州市
江苏乐天玛特商业有限公司	超级市场零售	江苏省南通市
耐克体育（中国）有限公司	鞋帽批发	江苏省苏州市
江苏省海外企业集团有限公司	其他机械设备及电子产品批发	江苏省南京市
博西家用电器（中国）有限公司	家用电器批发	江苏省南京市
江苏大明金属制品有限公司	金属及金属矿批发	江苏省无锡市
江苏五星电器有限公司	家用电器零售	江苏省南京市
中石化壳牌（江苏）石油销售有限公司	机动车燃料零售	江苏省苏州市
江苏省南京市烟草专卖局公司	烟草制品批发	江苏省南京市
扬子江药业集团江苏扬子江医药经营有限公司	中药材及中成药批发	江苏省泰州市
江苏省燃料总公司	煤炭及制品批发	江苏省南京市
江苏无锡商业大厦集团有限公司	百货零售	江苏省无锡市
江苏省烟草公司苏州市公司	烟草制品批发	江苏省苏州市
阿迪达斯体育（中国）有限公司	服装批发	江苏省苏州市
阿斯利康（无锡）贸易有限公司	西药批发	江苏省无锡市
江苏省烟草公司无锡市公司	烟草制品批发	江苏省无锡市
江苏开元股份有限公司	纺织品、针织品及原料批发	江苏省南京市
江苏苏豪国际集团股份有限公司	纺织品、针织品及原料批发	江苏省南京市
江苏弘业国际集团有限公司	纺织品、针织品及原料批发	江苏省南京市
江苏高速公路石油发展有限公司	石油及制品批发	江苏省南京市
苏宁电器连锁集团股份有限公司	家用电器零售	江苏省南京市
江苏省烟草公司南通市公司	烟草制品批发	江苏省南通市

4-5 续表 27

企业名称	所属行业	企业所在地
南京纺织品进出口股份有限公司	纺织品、针织品及原料批发	江苏省南京市
江苏金翔石油化工有限公司	石油及制品批发	江苏省南京市
江苏苏酒实业股份有限公司	其他食品批发	江苏省宿迁市
江苏苏农农资连锁集团股份有限公司	化肥批发	江苏省南京市
江苏波司登营销有限公司	服装批发	江苏省苏州市
江苏汇鸿国际集团土产进出口股份有限公司	建材批发	江苏省南京市
江苏省烟草公司常州分公司	烟草制品批发	江苏省常州市
苏州国信集团	纺织品、针织品及原料批发	江苏省苏州市
江苏省烟草公司盐城分公司	烟草制品批发	江苏省盐城市
江苏省烟草公司徐州公司	烟草制品批发	江苏省徐州市
江苏省烟草公司扬州市公司	烟草制品批发	江苏省扬州市
江苏省烟草公司泰州市公司	烟草制品批发	江苏省泰州市
江阴市长江钢管有限公司	金属及金属矿批发	江苏省无锡市
江苏恒瑞医药销售有限公司	西药批发	江苏省连云港市
南京蓝燕石化储运实业有限公司	石油及制品批发	江苏省南京市
金鹰国际商贸集团（中国）有限公司	百货零售	江苏省南京市
利星行机械（昆山）有限公司	其他机械设备及电子产品批发	江苏省苏州市
江苏省新华书店集团有限公司	图书批发	江苏省南京市
江苏开元国际集团轻工业品进出口股份有限公司	纺织品、针织品及原料批发	江苏省南京市
江苏省烟草公司镇江市公司	烟草制品批发	江苏省镇江市
南京宏图三胞企业发展有限公司	计算机、软件及辅助设备零售	江苏省南京市
江苏明都汽车集团有限公司	汽车零售	江苏省常州市
江苏苏美达五金工具有限公司	其他机械设备及电子产品批发	江苏省南京市
南京中央商场股份有限公司	百货零售	江苏省南京市
江苏舜天国际集团机械进出口股份有限公司	其他机械设备及电子产品批发	江苏省南京市
苏州恒润进出口有限公司	服装批发	江苏省苏州市
南京医药股份有限公司	西药批发	江苏省南京市
徐州医药股份有限公司	药品零售	江苏省徐州市
江苏省食品集团有限公司	肉、禽、蛋及水产品批发	江苏省南京市
江苏省烟草公司淮安市公司	烟草制品批发	江苏省淮安市
南通文峰大世界连锁发展股份有限公司	百货零售	江苏省南通市
江苏金一文化发展有限公司	首饰、工艺品及收藏品批发	江苏省无锡市
苏州人民商场股份有限公司	百货零售	江苏省苏州市
涟水今世缘酒业销售有限公司	饮料及茶叶批发	江苏省淮安市
常熟市交电家电有限责任公司	五金、交电批发	江苏省苏州市
苏州欧尚超市有限公司	超级市场零售	江苏省苏州市
南京华东医药有限责任公司	西药批发	江苏省南京市
周大福珠宝金行（苏州）有限公司	首饰、工艺品及收藏品批发	江苏省苏州市
连云港中油石油销售有限公司	石油及制品批发	江苏省连云港市
南京新街口百货商店股份有限公司	百货零售	江苏省南京市
江苏省烟草公司连云港市公司	烟草制品批发	江苏省连云港市
国药控股江苏有限公司	药品零售	江苏省扬州市
江苏先声药业有限公司	西药批发	江苏省南京市
南京肯德基有限公司	快餐服务	江苏省南京市
无锡悦家商业有限公司	超级市场零售	江苏省无锡市
江阴海澜之家供应链管理有限公司	纺织品、针织品及原料批发	江苏省无锡市
昆山商厦股份有限公司	百货零售	江苏省苏州市
江苏省苏盐连锁有限公司	盐及调味品批发	江苏省南京市
江苏九州通医药有限公司	西药批发	江苏省南京市
徐州金鹰国际实业有限公司	百货零售	江苏省徐州市
扬州金鹰国际实业有限公司	百货零售	江苏省扬州市
维维乳业有限公司销售分公司	饮料及茶叶批发	江苏省徐州市

4-5 续表 28

企业名称	所属行业	企业所在地
苏州函数集团有限责任公司	百货零售	江苏省苏州市
江苏省烟草公司宿迁市公司	烟草制品批发	江苏省宿迁市
徐州医药股份有限公司淮海分公司	西药批发	江苏省徐州市
无锡市新纪元汽车贸易集团有限公司	汽车零售	江苏省无锡市
江苏舜天股份有限公司	服装批发	江苏省南京市
宜兴新苏南商厦有限责任公司	百货零售	江苏省无锡市
江苏苏食肉品有限公司	肉、禽、蛋及水产品批发	江苏省南京市
江阴市全顺汽车有限公司	汽车零售	江苏省无锡市
无锡八佰伴商贸中心有限公司	百货零售	江苏省无锡市
华润万家（苏州）超市有限公司	超级市场零售	江苏省苏州市
江苏鹏润国美电器有限公司	家用电器零售	江苏省南京市
常州百货大楼股份有限公司	百货零售	江苏省常州市
江苏华晓医药物流有限公司	西药批发	江苏省盐城市
苏州市石路国际商城有限责任公司	百货零售	江苏省苏州市
南京药业股份有限公司	药品零售	江苏省南京市
南通开发区炜赋对外贸易有限公司	服装批发	江苏省南通市
南京福中信息产业集团有限公司	计算机、软件及辅助设备零售	江苏省南京市
苏州悦家超市有限公司	超级市场零售	江苏省苏州市
江苏新合作常客隆连锁超市有限公司	超级市场零售	江苏省苏州市
昆山利通天然气有限公司	石油及制品批发	江苏省苏州市
江阴华地百货有限公司	百货零售	江苏省无锡市
裕程（昆山）体育用品有限公司	鞋帽批发	江苏省苏州市
江阴市盛达汽车销售服务有限公司	汽车零售	江苏省无锡市
苏州肯德基有限公司	快餐服务	江苏省苏州市
苏州苏宁电器有限公司	家用电器零售	江苏省苏州市
江苏众诚鸭业有限公司	肉、禽、蛋及水产品批发	江苏省苏州市
南京东沛国际贸易集团有限公司	五金、交电批发	江苏省南京市
江苏宏信商贸股份有限公司	百货零售	江苏省扬州市
江苏好享购物有限公司	邮购及电子销售	江苏省南京市
苏州市联益废旧物资回收有限公司	再生物资回收与批发	江苏省苏州市
江苏亚邦医药物流中心有限公司	西药批发	江苏省常州市
江苏文峰电器有限公司	家用电器批发	江苏省南通市
昆山双鹤医药有限责任公司	药品零售	江苏省苏州市
深圳创维RGB电子有限公司江苏分公司	家用电器批发	江苏省南京市
江苏苏盛商贸有限公司	烟草制品零售	江苏省南京市
南京医药（淮安）天颐有限公司	中药材及中成药批发	江苏省淮安市
苏州鹏润国美电器有限公司	家用电器零售	江苏省苏州市
常州市五星电器有限公司	家用电器零售	江苏省常州市
无锡市苏宁电器有限公司	家用电器零售	江苏省无锡市
江苏中央新亚百货股份有限公司	百货零售	江苏省淮安市
南京TCL电器销售有限公司	家用电器批发	江苏省南京市
江苏春兰电子商务有限公司	家用电器批发	江苏省泰州市
江苏华润万家超市有限公司	超级市场零售	江苏省苏州市
常州金太阳至尊家电有限公司	家用电器零售	江苏省常州市
江苏开元畜产嘉羽贸易有限公司	服装批发	江苏省南京市
南京悦家超市有限公司	超级市场零售	江苏省南京市
南通苏宁电器有限公司	家用电器零售	江苏省南通市
南京新华海科技产业集团有限公司	计算机、软件及辅助设备批发	江苏省南京市
苏州美的空调销售有限公司	家用电器批发	江苏省苏州市
江苏阳光东升进出口有限公司	服装批发	江苏省南京市
江苏金太阳纺织科技有限公司	纺织品、针织品及原料批发	江苏省南通市

4-5 续表 29

企业名称	所属行业	企业所在地
徐州中央百大股份有限公司	百货零售	江苏省徐州市
江苏省苏南盐业有限公司	盐及调味品批发	江苏省苏州市
徐州苏宁电器有限公司	家用电器零售	江苏省徐州市
哈森商贸（中国）有限公司	鞋帽批发	江苏省苏州市
宜兴市华地百货有限公司	百货零售	江苏省无锡市
沃尔玛（江苏）商业零售有限公司	超级市场零售	江苏省南京市
江苏润东医药有限公司	西药批发	江苏省徐州市
江阴市广吉汽车经销有限公司	汽车零售	江苏省无锡市
江苏万邦医药营销有限公司	中药材及中成药批发	江苏省徐州市
无锡肯德基有限公司	快餐服务	江苏省无锡市
大娘水饺餐饮集团股份有限公司	其他餐饮服务	江苏省常州市
南京欧尚超市有限公司	超级市场零售	江苏省南京市
泰州第一百货商店股份有限公司	百货零售	江苏省泰州市
常熟市波司登进出口有限公司	服装批发	江苏省苏州市
盐城商业大厦有限公司	百货零售	江苏省盐城市
常州新世纪商城有限公司	百货零售	江苏省常州市
常熟市新合作常客隆购物广场有限公司	超级市场零售	江苏省苏州市
江苏盐阜人民商场有限公司	百货零售	江苏省盐城市
南京商厦股份有限公司	百货零售	江苏省南京市
江苏百润商品配送中心有限公司	超级市场零售	江苏省苏州市
常州苏宁电器有限公司	家用电器零售	江苏省常州市
无锡欧尚超市有限公司	超级市场零售	江苏省无锡市
丹阳市华帝百货有限公司	百货零售	江苏省镇江市
镇江百盛商城有限公司	百货零售	江苏省镇江市
江苏通灵翠钻有限公司	首饰、工艺品及收藏品批发	江苏省南京市
无锡国美电器有限公司	家用电器零售	江苏省无锡市
无锡三阳百盛广场有限公司	百货零售	江苏省无锡市
仪征怡华商贸发展有限公司	其他化工产品批发	江苏省扬州市
苏州市苏创集团有限公司	石油及制品批发	江苏省苏州市
苏州润瑞商业有限公司	超级市场零售	江苏省苏州市
常熟市百润发超市有限责任公司	超级市场零售	江苏省苏州市
江苏大众医药连锁有限公司	西药批发	江苏省无锡市
昆山润华商业有限公司镇江分公司	超级市场零售	江苏省镇江市
江苏明珠家用设备集成有限公司	家用电器批发	江苏省苏州市
常州老三集团进出口有限公司	服装批发	江苏省常州市
镇江九泰投资咨询有限责任公司	其他未列明的批发	江苏省镇江市
江苏省农垦米业有限公司	谷物、豆及薯类批发	江苏省南京市
江苏雅家乐集团有限公司	超级市场零售	江苏省盐城市
无锡赫尔施商贸有限公司	其他食品批发	江苏省无锡市
江苏国美永乐家用电器有限公司	家用电器零售	江苏省无锡市
常州九洲超市有限公司	超级市场零售	江苏省常州市
无锡天润发超市有限公司	超级市场零售	江苏省无锡市
南通通润发超市有限公司	超级市场零售	江苏省南通市
扬州润良商业有限公司	超级市场零售	江苏省扬州市
无锡天惠超市股份有限公司	超级市场零售	江苏省无锡市
青岛啤酒（徐州）淮海营销有限公司	饮料及茶叶批发	江苏省徐州市
盐城金鹰国际购物中心有限公司	百货零售	江苏省盐城市
苏州润德商业有限公司	超级市场零售	江苏省苏州市
泰州苏宁电器有限公司	家用电器零售	江苏省泰州市
江苏省大华种业集团有限公司	种子、饲料批发	江苏省南京市

4-5　续表 30

企业名称	所属行业	企业所在地
江苏中亚糖酒有限公司	烟草制品零售	江苏省扬州市
江苏澳洋医药物流有限公司	中药材及中成药批发	江苏省苏州市
金陵饭店股份有限公司	旅游饭店	江苏省南京市
江苏柯菲平医药有限公司	中药材及中成药批发	江苏省南京市
南京中央金城仓储超市有限责任公司	超级市场零售	江苏省南京市
江苏新晨医药有限公司	西药批发	江苏省连云港市
江苏三得利不锈钢集团有限公司	金属及金属矿批发	江苏省无锡市
江苏大统华购物中心有限公司	超级市场零售	江苏省无锡市
靖江供销社（集团）总公司	其他综合零售	江苏省泰州市
无锡商业大厦集团东方电器有限公司	百货零售	江苏省无锡市
南京中商金润发龙江超市有限公司	超级市场零售	江苏省南京市
吴江市润泰商业有限公司	超级市场零售	江苏省苏州市
徐州悦家商业有限公司	超级市场零售	江苏省徐州市
盐城苏宁电器有限公司	家用电器零售	江苏省盐城市
徐州市华美商厦有限公司	百货零售	江苏省徐州市
扬州苏宁电器有限公司	家用电器零售	江苏省扬州市
扬州丰祥商业有限公司（万家福商城）	百货零售	江苏省扬州市
无锡爱莲连锁超市有限公司	超级市场零售	江苏省无锡市
江阴华联商厦有限公司	百货零售	江苏省无锡市
张家港市第一人民商场有限责任公司	百货零售	江苏省苏州市
南京中商金润发鼓楼购物中心有限公司	超级市场零售	江苏省南京市
久光百货（苏州）有限公司	百货零售	江苏省苏州市
徐州市国美家用电器有限公司	家用电器零售	江苏省徐州市
东海县粮食供销公司	谷物、豆及薯类批发	江苏省连云港市
南京市麦当劳餐饮食品有限公司	快餐服务	江苏省南京市
徐州国美电器有限公司	家用电器零售	江苏省徐州市
邳州市工贸大厦	超级市场零售	江苏省徐州市
张家港市新百信超市连锁经营有限公司	超级市场零售	江苏省苏州市
南京新华书店有限责任公司	图书零售	江苏省南京市
南京锐创体育用品有限公司	体育用品零售	江苏省南京市
江苏明都超市有限公司	超级市场零售	江苏省常州市
泰兴润泰商业有限公司	超级市场零售	江苏省泰州市
镇江市恺源商贸有限责任公司	超级市场零售	江苏省镇江市
南通通州润泰商业有限公司	超级市场零售	江苏省南通市
南通八佰伴商贸股份有限公司	百货零售	江苏省南通市
淮安金鹰国际购物中心有限公司	百货零售	江苏省淮安市
如东文峰大世界有限公司	百货零售	江苏省南通市
溧阳大统华购物中心有限公司	超级市场零售	江苏省常州市
苏果超市（淮安）有限公司	超级市场零售	江苏省淮安市
连云港家得福商贸有限公司	超级市场零售	江苏省连云港市
宿迁润良商业有限公司	超级市场零售	江苏省宿迁市
常州市信特超市有限公司	超级市场零售	江苏省常州市
无锡天鹏集团有限公司	肉、禽、蛋及水产品批发	江苏省无锡市
如皋市大润发商业有限公司	超级市场零售	江苏省南通市
盐城世纪联华超市有限公司	超级市场零售	江苏省盐城市
南京苏宁房地产开发有限公司苏宁环球购物中心	百货零售	江苏省南京市
昆山润华商业有限公司溧阳分公司	超级市场零售	江苏省常州市
启东文峰大世界有限公司	百货零售	江苏省南通市
常熟华联商厦有限责任公司	百货零售	江苏省苏州市
常州市武进乐购生活购物有限公司	超级市场零售	江苏省常州市

4-5　续表 31

企业名称	所属行业	企业所在地
江苏海王星辰健康药房连锁有限公司	药品零售	江苏省苏州市
建湖县大润发有限公司	超级市场零售	江苏省盐城市
昆山泰莲超市有限公司	超级市场零售	江苏省苏州市
常州怀德大润发商业有限公司	超级市场零售	江苏省常州市
江阴国际购物中心有限公司	百货零售	江苏省无锡市
苏州天虹商场有限公司	百货零售	江苏省苏州市
镇江家世界万方连锁超市有限责任公司	超级市场零售	江苏省镇江市
苏果超市（仪征）有限公司	超级市场零售	江苏省扬州市
南通国美电器有限公司	家用电器零售	江苏省南通市
苏果超市（姜堰）有限公司	超级市场零售	江苏省泰州市
苏果超市（溧水）有限公司	超级市场零售	江苏省南京市
江苏沃尔玛百货有限公司	超级市场零售	江苏省南京市
连云港润良商贸有限公司	超级市场零售	江苏省连云港市
上海捷强烟草糖酒（集团）有限公司（昆山）配销中心	超级市场零售	江苏省苏州市
苏果超市（扬州）有限公司	超级市场零售	江苏省扬州市
金坛大统华购物中心有限公司	超级市场零售	江苏省常州市
泰州文峰千家惠购物中心有限公司	百货零售	江苏省泰州市
常州丽华快餐集团有限公司	快餐服务	江苏省常州市
常州欧尚超市有限公司五星店	超级市场零售	江苏省常州市
苏果超市（高邮）有限公司	超级市场零售	江苏省扬州市
苏州浒关润华商业有限公司	超级市场零售	江苏省苏州市
江苏先声连锁店有限公司	药品零售	江苏省南京市
南京四方建设实业有限公司	百货零售	江苏省南京市
东台苏中大厦股份有限公司	百货零售	江苏省盐城市
江苏苏捷商贸有限公司	烟草制品零售	江苏省南京市
迪欧餐饮管理有限公司	饮料及冷饮服务	江苏省苏州市
东台市国贸大厦有限公司	百货零售	江苏省盐城市
苏果超市（句容）有限公司	超级市场零售	江苏省镇江市
常州长虹大润发商业有限公司	超级市场零售	江苏省常州市
苏果超市（连云港）有限公司	超级市场零售	江苏省连云港市
苏州可的便利店有限公司	其他食品零售	江苏省苏州市
无锡宝原体育用品商贸有限公司	体育用品零售	江苏省无锡市
苏果超市（宿迁）有限公司	超级市场零售	江苏省宿迁市
镇江欧尚超市有限公司	超级市场零售	江苏省镇江市
无锡易买得购物中心有限公司	超级市场零售	江苏省无锡市
扬州欧尚超市有限公司	超级市场零售	江苏省扬州市
无锡市麦当劳餐厅食品有限公司	快餐服务	江苏省无锡市
南京味千餐饮管理有限公司	快餐服务	江苏省南京市
苏州工业园区金鸡湖大酒店有限公司	旅游饭店	江苏省苏州市
无锡湖滨饭店有限公司	旅游饭店	江苏省无锡市
张家港大润发商业有限公司	超级市场零售	江苏省苏州市
常州富都大酒店有限公司	旅游饭店	江苏省常州市
南京海尔曼斯集团蚕丝羊绒制品有限公司	服装零售	江苏省南京市
无锡汉爵投资有限公司	旅游饭店	江苏省无锡市
江苏天水雅居餐饮管理有限公司	正餐服务	江苏省无锡市
江苏省会议中心有限公司（钟山宾馆）	旅游饭店	江苏省南京市
南京国际大酒店有限公司所属南京维景国际大酒店	旅游饭店	江苏省南京市
苏州新城花园酒店有限公司	旅游饭店	江苏省苏州市
苏州中茵皇冠假日酒店有限公司	旅游饭店	江苏省苏州市
南京玄武饭店有限责任公司	旅游饭店	江苏省南京市
徐州开元名都大酒店有限公司	旅游饭店	江苏省徐州市
南京中心大酒店有限公司	旅游饭店	江苏省南京市

4-5 续表 32

企业名称	所属行业	企业所在地
南通市文峰饭店有限公司	正餐服务	江苏省南通市
南京银河房地产开发有限公司索菲特银河大酒店	旅游饭店	江苏省南京市
江阴国际大酒店有限公司	旅游饭店	江苏省无锡市
南京梅山生活服务发展有限公司	正餐服务	江苏省南京市
南京国际会议大酒店	旅游饭店	江苏省南京市
江苏天目湖宾馆有限公司	旅游饭店	江苏省常州市
南京狮王府美食（休闲）有限公司	正餐服务	江苏省南京市
南京黄马实业有限公司	旅游饭店	江苏省南京市
浙江省		
浙江物产金属集团有限公司	金属及金属矿批发	浙江省杭州市
浙江吉利控股集团汽车销售有限公司	汽车、摩托车及零配件批发	浙江省杭州市
杭州宏盛食品饮料营销有限公司	饮料及茶叶批发	浙江省杭州市
浙江物产国际贸易有限公司	金属及金属矿批发	浙江省杭州市
远大物产集团有限公司	石油及制品批发	浙江省宁波市
中国石油化工股份有限公司浙江杭州石油分公司	石油及制品批发	浙江省杭州市
浙江前程石化有限公司	其他化工产品批发	浙江省宁波市
浙江省烟草公司杭州市公司(杭州市烟草专卖局)	烟草制品批发	浙江省杭州市
中国石油化工股份有限公司浙江宁波石油分公司	石油及制品批发	浙江省宁波市
中国石油化工股份有限公司浙江石油分公司	石油及制品批发	浙江省杭州市
浙江省烟草公司宁波市公司	烟草制品批发	浙江省宁波市
杭州娃哈哈食品饮料营销有限公司	饮料及茶叶批发	浙江省杭州市
中基宁波集团股份有限公司	金属及金属矿批发	浙江省宁波市
浙江省烟草公司温州分公司	烟草制品批发	浙江省温州市
中国石油化工股份有限公司浙江台州石油分公司	机动车燃料零售	浙江省台州市
中国石油化工股份有限公司浙江金华分公司	石油及制品批发	浙江省金华市
纳爱斯丽水销售有限公司	化妆品及卫生用品批发	浙江省丽水市
华东医药股份有限公司	西药批发	浙江省杭州市
杭州联华华商集团有限公司	超级市场零售	浙江省杭州市
中国石油化工股份有限公司浙江温州石油分公司	机动车燃料零售	浙江省温州市
中国石油化工股份有限公司浙江嘉兴石油分公司	石油及制品批发	浙江省嘉兴市
浙江英特药业有限责任公司	西药批发	浙江省杭州市
浙江省烟草公司台州市公司	烟草制品批发	浙江省台州市
浙江省烟草公司金华市公司	烟草制品批发	浙江省金华市
浙江省烟草公司嘉兴市公司	烟草制品批发	浙江省嘉兴市
浙江省烟草公司绍兴市分公司	烟草制品批发	浙江省绍兴市
中石化碧辟（浙江）石油有限公司宁波分公司	机动车燃料零售	浙江省宁波市
宁波市慈溪进出口股份有限公司	其他机械设备及电子产品批发	浙江省宁波市
三江购物俱乐部股份有限公司	超级市场零售	浙江省宁波市
中国石油化工股份有限公司浙江舟山石油分公司	石油及制品批发	浙江省舟山市
杭叉集团股份有限公司	其他机械设备及电子产品批发	浙江省杭州市
浙江中大集团股份有限公司	纺织品、针织品及原料批发	浙江省杭州市
浙江省烟草公司湖州市公司	烟草制品批发	浙江省湖州市
浙江新大集团有限公司	服装批发	浙江省杭州市
浙江高速石油发展有限公司	石油及制品批发	浙江省杭州市
农夫山泉股份有限公司	饮料及茶叶批发	浙江省杭州市
浙江省粮油食品进出口股份有限公司	米、面制品及食用油批发	浙江省杭州市
浙江省医药保健品进出口有限责任公司	西药批发	浙江省杭州市
浙江福士达集团有限公司	饮料及茶叶批发	浙江省杭州市
浙江康达汽车工贸有限公司	汽车零售	浙江省杭州市
杭州肯德基有限公司	快餐服务	浙江省杭州市
浙江省土产畜产进出口集团有限公司	服装批发	浙江省杭州市
中国石油化工股份有限公司浙江衢州石油分公司	石油及制品批发	浙江省衢州市

4-5 续表 33

企业名称	所属行业	企业所在地
浙江省五金矿产进出口公司	金属及金属矿批发	浙江省杭州市
中国石油天然气股份有限公司浙江台州销售分公司	机动车燃料零售	浙江省台州市
浙江银泰百货有限公司	百货零售	浙江省杭州市
衢州市烟草专卖局	烟草制品批发	浙江省衢州市
浙江省新华书店集团有限公司	图书批发	浙江省杭州市
浙江省烟草公司丽水市公司	烟草制品批发	浙江省丽水市
中国石油天然气股份有限公司浙江宁波销售分公司	石油及制品批发	浙江省宁波市
浙江海越股份有限公司	机动车燃料零售	浙江省绍兴市
奥康鞋业销售有限公司	鞋帽批发	浙江省温州市
浙江国美电器有限公司	家用电器零售	浙江省杭州市
温州金州集团有限公司	鞋帽批发	浙江省温州市
浙江华润慈客隆超市有限公司	超级市场零售	浙江省宁波市
浙江万国汽车有限公司	汽车零售	浙江省杭州市
杭州解百集团股份有限公司	百货零售	浙江省杭州市
杭州市轻工工艺纺织品进出口有限公司	服装批发	浙江省杭州市
温州华能汽车集团有限公司	汽车零售	浙江省温州市
浙江凯喜雅国际股份有限公司	纺织品、针织品及原料批发	浙江省杭州市
浙江人本超市有限公司	超级市场零售	浙江省温州市
杭州巨星科技股份有限公司	五金、交电批发	浙江省杭州市
华润万家生活超市（浙江）有限公司	超级市场零售	浙江省杭州市
浙江省邮电器材公司	通讯及广播电视设备批发	浙江省杭州市
温州市生物药械供应有限公司	西药批发	浙江省温州市
浙江中捷环洲供应链集团股份有限公司	金属及金属矿批发	浙江省台州市
浙江五洲车辆有限公司	汽车、摩托车及零配件批发	浙江省温州市
浙江江铃汽车销售服务有限公司	汽车零售	浙江省杭州市
温州人本机电城有限公司	其他机械设备及电子产品批发	浙江省温州市
浙江凯旋门澳门豆捞控股集团有限公司	正餐服务	浙江省杭州市
中国石油天然气股份有限公司浙江绍兴销售分公司	机动车燃料零售	浙江省绍兴市
雄风集团有限公司	百货零售	浙江省绍兴市
浙江宏图三胞科技发展有限公司	计算机、软件及辅助设备零售	浙江省杭州市
中国石油天然气股份有限公司上海销售嘉兴分公司	石油及制品批发	浙江省嘉兴市
湖州市浙北大厦有限责任公司	百货零售	浙江省湖州市
浙江世纪联华超市有限公司	超级市场零售	浙江省杭州市
浙江华联商厦有限公司	百货零售	浙江省宁波市
浙江苏宁电器有限公司	家用电器零售	浙江省杭州市
台州上药医药有限公司	西药批发	浙江省台州市
浙江嘉信医药股份有限公司	中药材及中成药批发	浙江省嘉兴市
浙江三江购物有限公司	超级市场零售	浙江省杭州市
农夫山泉（淳安坪山）有限公司	饮料及茶叶批发	浙江省杭州市
宁波市北仑加贝购物俱乐部	超级市场零售	浙江省宁波市
绍兴大通商城股份有限公司	百货零售	浙江省绍兴市
中石化碧辟(浙江)石油有限公司杭州分公司	机动车燃料零售	浙江省杭州市
百大集团股份有限公司	百货零售	浙江省杭州市
浙江上百贸易有限公司	超级市场零售	浙江省绍兴市
浙江美的制冷产品销售有限公司	家用电器批发	浙江省杭州市
浙江话机世界数码连锁集团股份有限公司	通讯及广播电视设备批发	浙江省杭州市
宁波三江食品加工配送有限公司	其他食品批发	浙江省宁波市
宁波博洋服饰有限公司	服装批发	浙江省宁波市
新世纪控股集团有限公司	五金、交电批发	浙江省台州市
浙江震元股份有限公司	中药材及中成药批发	浙江省绍兴市
哈工大首创科技股份有限公司	百货零售	浙江省宁波市
中国石油天然气股份有限公司浙江舟山销售分公司	石油及制品批发	浙江省舟山市

4-5 续表 34

企业名称	所属行业	企业所在地
浙江珍诚医药在线股份有限公司	西药批发	浙江省杭州市
浙江吉奥汽车销售有限公司	汽车、摩托车及零配件批发	浙江省台州市
中国石油天然气股份有限公司浙江杭州销售	石油及制品批发	浙江省杭州市
宁波欧尚超市有限公司	超级市场零售	浙江省宁波市
宁波浙国美电器有限公司	家用电器零售	浙江省宁波市
浙江星普五星电器有限公司	家用电器零售	浙江省杭州市
浙江经发实业集团有限公司	纺织品、针织品及原料批发	浙江省绍兴市
浙江易川体育用品连锁有限公司	服装零售	浙江省金华市
宁波浙东美的空调销售有限公司	家用电器批发	浙江省宁波市
温州外贸工业品有限公司	鞋帽批发	浙江省温州市
宁波甬宁苏宁电器有限公司	家用电器零售	浙江省宁波市
杭州杭丝时装进出口有限公司	服装批发	浙江省杭州市
杭州银西百货有限公司	百货零售	浙江省杭州市
好易购家庭购物有限公司	邮购及电子销售	浙江省杭州市
浙江仙居制药销售有限公司	西药批发	浙江省台州市
浙江帅康营销有限公司	家用电器零售	浙江省宁波市
绍兴市国商大厦有限责任公司	百货零售	浙江省绍兴市
杭州梯西爱尔TCL电器销售有限公司	家用电器批发	浙江省杭州市
浙江东兴商厦股份有限公司	超级市场零售	浙江省嘉兴市
绍兴县华通医药有限公司	西药批发	浙江省绍兴市
德华兔宝宝销售有限公司	建材批发	浙江省湖州市
浙江温岭医药药材有限公司	西药批发	浙江省台州市
浙江省诸暨市对外经济贸易有限公司	服装批发	浙江省绍兴市
温州苏宁电器有限公司	家用电器零售	浙江省温州市
浙江香蕉实业有限公司	服装批发	浙江省杭州市
嘉兴市戴梦得购物中心有限公司	百货零售	浙江省嘉兴市
浙江万达食品商贸有限公司	米、面制品及食用油批发	浙江省金华市
海宁市华联大厦有限公司	百货零售	浙江省嘉兴市
温州美特斯邦威服饰有限公司	服装批发	浙江省温州市
浙江江南大厦股份有限公司	百货零售	浙江省嘉兴市
浙江供销超市有限公司	超级市场零售	浙江省绍兴市
浙江荣盛控股集团有限公司	其他化工产品批发	浙江省杭州市
杭州联华华商集团拱墅世纪联华超市有限公司	超级市场零售	浙江省杭州市
宁波家乐福商业有限公司	超级市场零售	浙江省宁波市
浙江龙华农业开发有限公司	果品、蔬菜批发	浙江省丽水市
浙江汇德隆实业集团有限公司	家用电器零售	浙江省杭州市
杭州欧尚超市有限公司	超级市场零售	浙江省杭州市
上虞市医药有限责任公司	药品零售	浙江省绍兴市
浙江国商实业股份有限公司	家用电器批发	浙江省台州市
浙江新大商贸有限公司	五金、交电批发	浙江省杭州市
宁波广博文具商贸有限公司	文具用品批发	浙江省宁波市
杭州五丰联合肉类有限公司	肉、禽、蛋及水产品批发	浙江省杭州市
杭州红牛饮料有限公司	饮料及茶叶批发	浙江省杭州市
浙江康恩贝医药销售有限公司	中药材及中成药批发	浙江省杭州市
浙江金冠实业发展有限公司	服装批发	浙江省杭州市
宁波新江厦连锁超市有限公司	超级市场零售	浙江省宁波市
浙江不老神食品有限公司	肉、禽、蛋及水产品批发	浙江省衢州市
温州市南亚粮油食品有限公司	米、面制品及食用油批发	浙江省温州市
中国石油天然气股份有限公司浙江销售湖州零售分公司	机动车燃料零售	浙江省湖州市
华东医药宁波有限公司	中药材及中成药批发	浙江省宁波市
金华市第一百货商店股份有限公司	百货零售	浙江省金华市

4-5 续表 35

企业名称	所属行业	企业所在地
宁波新江厦股份有限公司	百货零售	浙江省宁波市
浙江省建设机械集团有限公司	其他机械设备及电子产品批发	浙江省杭州市
新秀丽国际贸易（宁波）有限公司	其他日用品批发	浙江省宁波市
杭州物美大卖场商业有限公司	超级市场零售	浙江省杭州市
衢州东方商厦有限公司	百货零售	浙江省衢州市
嘉兴苏宁电器有限公司	家用电器零售	浙江省嘉兴市
绍兴美的空调销售有限公司	家用电器批发	浙江省绍兴市
杭州奥普电器有限公司	家用电器批发	浙江省杭州市
浙江台州元通汽车有限公司	汽车、摩托车及零配件批发	浙江省台州市
嵊州市国商大厦有限公司	百货零售	浙江省绍兴市
温州崇高百货有限公司	服装零售	浙江省温州市
温州市南湖商业集团有限公司	饮料及茶叶批发	浙江省温州市
浙江雄城商贸股份有限公司	超级市场零售	浙江省绍兴市
沃尔玛浙江商贸有限公司	超级市场零售	浙江省杭州市
杭州联华生鲜超市有限公司	超级市场零售	浙江省杭州市
温岭市食品总公司	肉、禽、蛋及水产品批发	浙江省台州市
浙江福泰隆连锁超市有限公司	粮油零售	浙江省金华市
杭州家乐福超市有限公司	超级市场零售	浙江省杭州市
耀达集团有限公司	百货零售	浙江省台州市
杭州祖名食品有限公司	其他食品批发	浙江省杭州市
香溢融通控股集团股份有限公司	百货零售	浙江省宁波市
嘉兴市嘉润商业有限责任公司	超级市场零售	浙江省嘉兴市
嘉兴市永乐家电有限公司	家用电器零售	浙江省嘉兴市
台州市三和连锁超市有限公司	超级市场零售	浙江省台州市
平湖大润发商业有限公司	超级市场零售	浙江省嘉兴市
舟山市民生商厦有限责任公司	超级市场零售	浙江省舟山市
浙北大厦超市有限公司	超级市场零售	浙江省湖州市
宁波萌恒进出口有限公司	化妆品及卫生用品批发	浙江省宁波市
诸暨市一百超市有限公司	百货零售	浙江省绍兴市
宁波乐购生活购物有限公司	超级市场零售	浙江省宁波市
浙江老百姓大药房连锁有限公司	药品零售	浙江省杭州市
浙江曼卡龙珠宝股份有限公司	珠宝首饰零售	浙江省杭州市
浙江凯虹集团有限公司	百货零售	浙江省舟山市
宁波太平洋百货集团有限公司	百货零售	浙江省宁波市
台州华联超市有限公司	超级市场零售	浙江省台州市
慈溪大润发商贸有限公司	超级市场零售	浙江省宁波市
温州锐力体育用品有限公司	服装零售	浙江省温州市
宁波联合联华超市有限公司	超级市场零售	浙江省宁波市
绍兴市千客隆超市有限公司	超级市场零售	浙江省绍兴市
浙江麦当劳餐厅食品有限公司	快餐服务	浙江省杭州市
浙江越王珠宝有限公司	珠宝首饰零售	浙江省绍兴市
浙江超锐实业有限公司	服装零售	浙江省杭州市
杭州华溥实业有限公司	旅游饭店	浙江省杭州市
绍兴市咸亨酒店有限公司	正餐服务	浙江省绍兴市
杭州外海家友超市有限公司	超级市场零售	浙江省杭州市
杭州庆春乐购购物有限公司	超级市场零售	浙江省杭州市
浙江新安物流有限公司	煤炭及制品批发	浙江省杭州市
杭州世纪联华超市富阳百大连锁有限公司	超级市场零售	浙江省杭州市
浙江久加久食品饮料连锁有限公司	饮料及茶叶零售	浙江省杭州市
湖州老大房超市有限公司	超级市场零售	浙江省湖州市
浙江杭州市新华书店有限公司	图书零售	浙江省杭州市

4-5 续表 36

企业名称	所属行业	企业所在地
杭州饮食服务集团有限公司	正餐服务	浙江省杭州市
嘉兴欧尚超市有限公司南湖店	超级市场零售	浙江省嘉兴市
长兴县第一百货商店有限责任公司	百货零售	浙江省湖州市
宁波市家家乐食品有限责任公司	超级市场零售	浙江省宁波市
桐庐大润发商业有限公司	超级市场零售	浙江省杭州市
绍兴好又多百货有限公司	超级市场零售	浙江省绍兴市
浙江开元酒店投资管理集团有限公司杭州开元名都大酒店	旅游饭店	浙江省杭州市
温州好又多百货有限公司	超级市场零售	浙江省温州市
宁波市锐达体育用品有限公司	服装零售	浙江省宁波市
奉化大润发商业有限公司	超级市场零售	浙江省宁波市
台州市中盛百货有限公司	百货零售	浙江省台州市
诸暨大润发商业有限公司	超级市场零售	浙江省绍兴市
浙江两岸食品连锁有限公司	正餐服务	浙江省杭州市
温州鹏润国美电器有限公司	家用电器零售	浙江省温州市
永康市华联商厦	百货零售	浙江省金华市
台州欧尚超市有限公司	超级市场零售	浙江省台州市
宁波联华超市有限公司	超级市场零售	浙江省宁波市
宁波东港波特曼大酒店有限公司	旅游饭店	浙江省宁波市
温州诚宏百货有限公司	超级市场零售	浙江省温州市
杭州顶仁乐购超市有限公司	超级市场零售	浙江省杭州市
嘉兴市金悦大酒楼有限公司	正餐服务	浙江省嘉兴市
香格里拉大酒店(温州)有限公司	旅游饭店	浙江省温州市
宁波华侨饭店有限公司	旅游饭店	浙江省宁波市
浙江世贸君澜大饭店	旅游饭店	浙江省杭州市
海盐大润发商业有限公司	超级市场零售	浙江省嘉兴市
香格里拉大酒店(宁波)有限公司	一般旅馆	浙江省宁波市
宁波南苑集团股份有限公司	旅游饭店	浙江省宁波市
浙江老娘舅餐饮有限公司	快餐服务	浙江省湖州市
温州市王朝大酒店	旅游饭店	浙江省温州市
杭州香格里拉饭店有限公司	旅游饭店	浙江省杭州市
上虞国际大酒店有限公司	旅游饭店	浙江省绍兴市
浙江外婆家餐饮有限公司	正餐服务	浙江省杭州市
杭州楼外楼实业有限公司	正餐服务	浙江省杭州市
温州万和豪生大酒店管理有限公司	旅游饭店	浙江省温州市
杭州望湖宾馆有限责任公司	旅游饭店	浙江省杭州市
浙江金马饭店有限公司	旅游饭店	浙江省杭州市
温州华侨饭店	旅游饭店	浙江省温州市
乐清市金鼎大酒店有限公司	正餐服务	浙江省温州市
浙江西子宾馆	旅游饭店	浙江省杭州市
温州云天楼实业有限公司	正餐服务	浙江省温州市
宁波太平洋大酒店有限公司	旅游饭店	浙江省宁波市
慈溪市杭州湾大酒店有限公司	旅游饭店	浙江省宁波市
浙江萧山宾馆股份有限公司	旅游饭店	浙江省杭州市
雷迪森旅业集团有限公司	旅游饭店	浙江省杭州市
杭州之江饭店	旅游饭店	浙江省杭州市
杭州黄龙饭店有限公司	旅游饭店	浙江省杭州市
宁波开元名都大酒店有限公司	旅游饭店	浙江省宁波市
浙江向阳渔港集团股份有限公司	正餐服务	浙江省宁波市
绍兴咸亨大酒店有限公司	旅游饭店	浙江省绍兴市
台州耀达国际酒店有限公司	旅游饭店	浙江省台州市

4-5 续表 37

企业名称	所属行业	企业所在地
宁波市海城投资开发有限公司宁波万豪酒店	旅游饭店	浙江省宁波市
杭州第一世界大酒店有限公司	旅游饭店	浙江省杭州市
宁波开元大酒店有限公司	旅游饭店	浙江省宁波市
杭州太虚湖假日酒店有限公司	旅游饭店	浙江省杭州市
余姚宾馆有限责任公司	旅游饭店	浙江省宁波市
上虞雷迪森万锦大酒店有限公司	旅游饭店	浙江省绍兴市
杭州味千餐饮管理有限公司	正餐服务	浙江省杭州市
浙江开元酒店管理有限公司诸暨耀江开元名都大酒店	一般旅馆	浙江省绍兴市
杭州知味观杨公堤湖畔酒家有限公司	正餐服务	浙江省杭州市
浙江宾馆有限责任公司	旅游饭店	浙江省杭州市
舟山市新华侨饭店有限责任公司	旅游饭店	浙江省舟山市
宁波市凯洲实业有限公司	旅游饭店	浙江省宁波市
杭州大厦有限公司	旅游饭店	浙江省杭州市
安徽省		
中国石油化工股份有限公司安徽石油分公司	石油及制品批发	安徽省合肥市
安徽省徽商金属股份有限公司	金属及金属矿批发	安徽省合肥市
中国石油天然气股份有限公司安徽销售分公司	石油及制品批发	安徽省合肥市
联合利华服务（合肥）有限公司	化妆品及卫生用品批发	安徽省合肥市
安徽华源医药股份有限公司	西药批发	安徽省阜阳市
中石化股份有限公司安徽合肥石油分公司	石油及制品批发	安徽省合肥市
安徽江淮汽车贸易有限公司多功能车营销中心	汽车、摩托车及零配件批发	安徽省合肥市
安徽省烟草公司合肥市公司	烟草制品批发	安徽省合肥市
安徽亚夏实业股份有限公司	汽车零售	安徽省宣城市
安徽省技术进出口股份有限公司	其他机械设备及电子产品批发	安徽省合肥市
安徽新兴格力空调销售有限公司	家用电器批发	安徽省合肥市
南京医药合肥天星有限公司	药品零售	安徽省合肥市
合肥百货大楼集团股份有限公司	百货零售	安徽省合肥市
安徽烟草公司阜阳市公司	烟草制品批发	安徽省阜阳市
安徽省烟草公司六安市公司	烟草制品批发	安徽省六安市
安徽省烟草公司安庆市公司	烟草制品批发	安徽省安庆市
安徽徽商农家福有限公司	化肥批发	安徽省合肥市
中国石油化工股份有限公司安徽安庆石油分公司	机动车燃料零售	安徽省安庆市
安徽省烟草公司滁州市公司	烟草制品批发	安徽省滁州市
洽洽食品股份有限公司	其他食品批发	安徽省合肥市
中石化宿州分公司	机动车燃料零售	安徽省宿州市
中国石油化工股份有限公司安徽蚌埠石油公司	石油及制品批发	安徽省蚌埠市
安徽省烟草公司巢湖市公司	烟草制品批发	安徽省巢湖市
中国石油化工股份有限公司安徽阜阳石油分公司	石油及制品批发	安徽省阜阳市
芜湖亚夏汽车股份有限公司	汽车零售	安徽省芜湖市
中国石油化工股份有限公司安徽滁州石油分公司	石油及制品批发	安徽省滁州市
中国石油化工股份有限公司安徽淮南石油分公司	石油及制品批发	安徽省淮南市
安徽烟草公司宿州分公司	烟草制品批发	安徽省宿州市
安徽百大电器连锁有限公司	家用电器批发	安徽省合肥市
安徽轻工国际贸易有限公司	其他日用品批发	安徽省合肥市
亳州市烟草公司	家用电器零售	安徽省亳州市
中国石油化工股份有限公司安徽巢湖石油分公司	石油及制品批发	安徽省巢湖市
安徽省烟草公司芜湖市公司	烟草制品批发	安徽省芜湖市
中石化安徽宣城石油分公司	石油及制品批发	安徽省宣城市
安徽省烟草公司蚌埠市公司	烟草制品批发	安徽省蚌埠市
中国石油天然气股份有限公司安徽合肥销售分公司	石油及制品批发	安徽省合肥市
安徽省烟草公司淮南市公司	烟草制品批发	安徽省淮南市

4-5 续表 38

企业名称	所属行业	企业所在地
安徽省烟草公司宣城市公司	烟草制品批发	安徽省宣城市
安徽国生电器有限责任公司	家用电器零售	安徽省合肥市
合肥悦家商业有限公司	超级市场零售	安徽省合肥市
芜湖中油石油有限公司	机动车燃料零售	安徽省芜湖市
合肥百大合家福连锁超市有限责任公司	超级市场零售	安徽省合肥市
中国石油化工股份公司安徽池州石油分公司	石油及制品批发	安徽省池州市
安徽省服装进出口股份有限公司	服装批发	安徽省合肥市
安徽省阜阳市康泰药业有限责任公司	西药批发	安徽省阜阳市
合肥鼓楼商厦有限责任公司	百货零售	安徽省合肥市
中国石油天然气股份有限公司安徽六安销售分公司	机动车燃料零售	安徽省六安市
中国石油化工股份有限公司马鞍山市石油分公司	石油及制品批发	安徽省马鞍山市
中国石油天然气股份有限公司安徽滁州销售分公司	石油及制品批发	安徽省滁州市
安徽省烟草公司马鞍山市公司	烟草制品批发	安徽省马鞍山市
芜湖奇瑞汽车备件有限公司	汽车、摩托车及零配件批发	安徽省芜湖市
安徽商之都股份有限公司	服装批发	安徽省合肥市
安徽省烟草公司池州市公司	烟草制品批发	安徽省池州市
中国石油化工股份有限公司安徽淮北石油分公司	石油及制品批发	安徽省淮北市
安徽省烟草公司黄山市公司	烟草制品批发	安徽省黄山市
合肥旺旺食品有限公司合肥分公司	其他食品批发	安徽省合肥市
安徽五星电器有限公司	家用电器零售	安徽省合肥市
宿州华夏集团	百货零售	安徽省宿州市
中国石油天然气股份有限公司巢湖销售分公司	石油及制品批发	安徽省巢湖市
安徽省烟草公司淮北市公司	烟草制品批发	安徽省淮北市
安徽小松工程机械有限公司	其他机械设备及电子产品批发	安徽省合肥市
合肥湘元工程机械有限公司	其他机械设备及电子产品批发	安徽省合肥市
合肥太古可口可乐饮料有限公司	饮料及茶叶批发	安徽省合肥市
安徽省阜阳商厦股份有限公司	百货零售	安徽省阜阳市
芜湖华亿国际购物中心有限责任公司	百货零售	安徽省芜湖市
淮北市新惠康商贸有限公司	超级市场零售	安徽省淮北市
安徽省徽商红府连锁超市有限责任公司	超级市场零售	安徽省合肥市
安徽阜阳医药集团有限公司	西药批发	安徽省阜阳市
安庆华联购物广场有限责任公司	百货零售	安徽省安庆市
安徽华亿超市连锁有限公司	超级市场零售	安徽省芜湖市
青岛海信电器股份有限公司合肥经营分公司	家用电器批发	安徽省合肥市
安徽中联医药有限公司	西药批发	安徽省阜阳市
安徽苏宁电器有限公司	家用电器零售	安徽省合肥市
六安市裕园义乌小商品市场服务有限公司	服装批发	安徽省六安市
芜湖南京新百大厦有限公司	百货零售	安徽省芜湖市
安徽宏图三胞科技发展有限公司	计算机、软件及辅助设备零售	安徽省合肥市
滁州市金达石油有限公司	石油及制品批发	安徽省滁州市
合肥TCL电器销售有限公司	家用电器批发	安徽省合肥市
安徽省庐江安德利贸易中心有限公司	超级市场零售	安徽省巢湖市
蚌埠市华运超市有限责任公司	超级市场零售	安徽省蚌埠市
安徽华联商厦有限责任公司	百货零售	安徽省淮南市
芜湖华立工程机械有限责任公司	其他机械设备及电子产品批发	安徽省芜湖市
安徽燕之坊食品有限公司	粮油零售	安徽省合肥市
合肥丰乐种业股份有限公司	种子、饲料批发	安徽省合肥市
合肥统一企业有限公司	饮料及茶叶批发	安徽省合肥市
合肥百货大楼集团蚌埠百货大楼有限责任公司	百货零售	安徽省蚌埠市
池州市星鑫再生资源有限公司	再生物资回收与批发	安徽省池州市
安徽省宣城市医药有限公司	西药批发	安徽省宣城市

4-5 续表 39

企业名称	所属行业	企业所在地
中国石油天然气股份有限公司安徽蚌埠销售分公司	石油及制品批发	安徽省蚌埠市
苏果超市（淮南）有限公司	超级市场零售	安徽省淮南市
六安市家园大市场服务有限公司	其他室内装修材料零售	安徽省六安市
苏果超市马鞍山有限公司	超级市场零售	安徽省马鞍山市
合肥百货大楼集团铜陵合百商厦有限责任公司	百货零售	安徽省铜陵市
安徽省台客隆连锁超市有限责任公司	超级市场零售	安徽省宣城市
中铁四局集团物资工贸有限公司	建材批发	安徽省合肥市
安徽皖南烟叶有限责任公司	烟草制品批发	安徽省宣城市
安徽省百川商贸发展有限公司	饮料及茶叶批发	安徽省合肥市
青岛润泰事业有限公司马鞍山分公司	超级市场零售	安徽省马鞍山市
世纪联华发展有限公司	超级市场零售	安徽省芜湖市
阜阳华联超市有限公司	超级市场零售	安徽省阜阳市
巢湖安德利购物中心有限公司	百货零售	安徽省巢湖市
阜阳市国贸商城投资股份有限公司	百货零售	安徽省阜阳市
合肥百大集团蚌埠合家福百大超市有限责任公司	超级市场零售	安徽省蚌埠市
淮南大润发商业有限公司	超级市场零售	安徽省淮南市
安徽国美电器有限公司	家用电器零售	安徽省合肥市
合肥新华书店有限公司	图书零售	安徽省合肥市
特易购商业（安徽）有限公司	超级市场零售	安徽省合肥市
安徽省蚌埠市绿十字医药连锁有限公司	药品零售	安徽省蚌埠市
安徽天洋新世纪购物中心（集团）有限公司	百货零售	安徽省蚌埠市
苏果超市(滁州)有限公司	超级市场零售	安徽省滁州市
苏果超市（合肥）有限公司	超级市场零售	安徽省合肥市
合肥迪信通通信技术有限公司	通信设备零售	安徽省合肥市
安徽永辉超市有限公司	超级市场零售	安徽省合肥市
合肥清溪大润发商业有限公司	超级市场零售	安徽省合肥市
滁州新华书店有限公司	图书零售	安徽省滁州市
安庆市世纪华联超市有限公司	超级市场零售	安徽省安庆市
安徽海鑫中药饮片有限公司	百货零售	安徽省亳州市
安徽欧尚超市有限公司	超级市场零售	安徽省芜湖市
安徽百姓缘大药房连锁有限公司	药品零售	安徽省合肥市
安徽麦当劳(餐厅)食品有限公司	快餐服务	安徽省合肥市
安徽元一大酒店有限公司	旅游饭店	安徽省合肥市
安徽同庆楼餐饮发展有限公司	正餐服务	安徽省合肥市
安徽金满楼餐饮股份有限公司	正餐服务	安徽省合肥市
芜湖汉爵阳明大酒店有限公司	旅游饭店	安徽省芜湖市
安徽蜀王美心快餐管理有限责任公司	快餐服务	安徽省合肥市
福建省		
厦门建发股份有限公司	金属及金属矿批发	福建省厦门市
厦门国贸集团股份有限公司	金属及金属矿批发	福建省厦门市
福建中烟工业公司	烟草制品批发	福建省厦门市
厦门象屿股份有限公司	其他未列明的批发	福建省厦门市
福建省烟草公司泉州分公司	烟草制品批发	福建省泉州市
厦门信达股份有限公司	其他未列明的批发	福建省厦门市
福建省烟草公司福州市公司	烟草制品批发	福建省福州市
厦门安踏贸易有限公司	鞋帽批发	福建省厦门市
永辉超市股份有限公司福建福州鼓楼分公司	超级市场零售	福建省福州市
福建省烟草公司漳州分公司	烟草制品批发	福建省漳州市
中国石油化工股份有限公司福建石油分公司	机动车燃料零售	福建省福州市
福州闽台茶业有限公司	饮料及茶叶批发	福建省福州市

4-5 续表 40

企业名称	所属行业	企业所在地
福建省烟草公司三明市公司	烟草制品批发	福建省三明市
福建省烟草公司厦门烟草分公司	烟草制品批发	福建省厦门市
福建省烟草公司南平市公司	烟草制品批发	福建省南平市
福建闽侯永辉商业有限公司	贸易经纪与代理	福建省福州市
福建省龙岩烟草分公司	烟草制品批发	福建省龙岩市
福建新华发行（集团）有限公司	图书零售	福建省福州市
永恩投资（集团）有限公司	服装批发	福建省莆田市
福建省福农农资集团有限公司	化肥批发	福建省福州市
福建省烟草公司莆田市公司	烟草制品批发	福建省莆田市
福建省烟草公司宁德分公司	烟草制品批发	福建省宁德市
厦门七匹狼服装营销有限公司	服装批发	福建省厦门市
厦门夏商农产品集团有限公司	果品、蔬菜批发	福建省厦门市
福州曼伯罗食品有限公司	正餐服务	福建省福州市
福建图图儿童用品有限责任公司	鞋帽批发	福建省泉州市
福州国美电器有限公司	家用电器零售	福建省福州市
福建同春药业股份有限公司	药品零售	福建省福州市
福州华闽进出口有限公司	贸易经纪与代理	福建省福州市
泉州新华都购物广场有限公司	其他综合零售	福建省泉州市
沃尔玛深国投百货有限公司福州山姆会员商店	超级市场零售	福建省福州市
厦门森那美信昌机器工程有限公司	其他机械设备及电子产品批发	福建省厦门市
中国石油天然气股份有限公司福建销售分公司	石油及制品批发	福建省福州市
厦门青岛啤酒东南营销有限公司	饮料及茶叶批发	福建省厦门市
厦门特步投资有限公司	服装批发	福建省厦门市
福建格力电器销售有限公司	家用电器批发	福建省福州市
国药控股福建有限公司	西药批发	福建省厦门市
厦门永乐思文家电有限公司	家用电器零售	福建省厦门市
鸿星尔克（厦门）投资管理有限公司	纺织品、针织品及原料批发	福建省厦门市
福建九州通医药有限公司	西药批发	福建省福州市
福建东百集团股份有限公司	百货零售	福建省福州市
福州麦多万嘉超市有限公司	粮油零售	福建省福州市
厦门信和达电子有限公司	再生物资回收与批发	福建省厦门市
福建苏宁电器有限公司	家用电器零售	福建省福州市
福建新华都综合百货有限公司	百货零售	福建省福州市
九牧王股份有限公司厦门分公司	服装批发	福建省厦门市
厦门市天虹商场有限公司	百货零售	福建省厦门市
泉州鹏润国美电器有限公司	家用电器零售	福建省泉州市
沃尔玛深国投百货有限公司厦门世贸分店	百货零售	福建省厦门市
明一世代（福建）贸易有限公司	米、面制品及食用油批发	福建省福州市
厦门富山诚达百货商业广场有限公司	超级市场零售	福建省厦门市
厦门福厦苏宁电器有限公司	家用电器零售	福建省厦门市
厦门三峡国际贸易有限公司	家用电器批发	福建省厦门市
福建华夏汽车城发展有限公司	汽车零售	福建省福州市
厦门国美电器有限公司	家用电器零售	福建省厦门市
福州家乐福商业有限公司	超级市场零售	福建省福州市
福建美的制冷产品销售有限公司	家用电器批发	福建省福州市
厦门肯德基有限公司	快餐服务	福建省厦门市
泉州市七匹狼体育用品有限公司	服装批发	福建省泉州市
厦门银祥食品有限公司	肉、禽、蛋及水产品零售	福建省厦门市
厦门宏仁医药有限公司	西药批发	福建省厦门市
百胜餐饮（福州）有限公司	快餐服务	福建省福州市
厦门永辉商业有限公司	超级市场零售	福建省厦门市

4-5 续表 41

企业名称	所属行业	企业所在地
泉州市中闽百汇购物有限公司	超级市场零售	福建省泉州市
福州民天实业有限公司	果品、蔬菜批发	福建省福州市
东南融通(中国)系统工程有限公司	计算机、软件及辅助设备批发	福建省厦门市
厦门市四美达科技发展有限公司	计算机、软件及辅助设备批发	福建省厦门市
厦门新华都购物广场有限公司	超级市场零售	福建省厦门市
厦门润瑞商业有限公司	超级市场零售	福建省厦门市
厦门福闽源服装贸易有限公司	服装批发	福建省厦门市
福州好又多百货有限公司	超级市场零售	福建省福州市
内蒙古伊利实业集团股份有限公司福州分公司	饮料及茶叶批发	福建省福州市
泉州市理想茶叶有限公司	饮料及茶叶零售	福建省泉州市
福建诺奇股份有限公司	服装零售	福建省泉州市
南平永辉超市有限公司	超级市场零售	福建省南平市
漳州新华都百货有限责任公司	超级市场零售	福建省漳州市
厦门市中博贸易有限公司	通信设备零售	福建省厦门市
福建省米兰春天量贩有限公司	超级市场零售	福建省龙岩市
三明新华都购物广场有限公司	超级市场零售	福建省三明市
福州市天虹百货有限公司	百货零售	福建省福州市
厦门磐基大酒店有限公司	旅游饭店	福建省厦门市
龙岩新华都辉业购物广场有限公司	超级市场零售	福建省龙岩市
福州心艺企业管理有限公司	其他日用品零售	福建省福州市
沃尔玛深国投百货有限公司泉州江滨北路分店	百货零售	福建省泉州市
福建五丰大商场有限公司	其他日用品批发	福建省福州市
厦门华润燃气有限公司	生活用燃料零售	福建省厦门市
福建泉州市华远电讯有限公司	通信设备零售	福建省泉州市
福州香格里拉酒店有限公司	旅游饭店	福建省福州市
厦门麦当劳食品发展有限公司	快餐服务	福建省厦门市
莆田市新华都万家惠购物广场有限公司	超级市场零售	福建省莆田市
福州麦当劳餐厅食品有限公司	快餐服务	福建省福州市
福州德克士食品有限公司	快餐服务	福建省福州市
福州大洋百货有限公司	百货零售	福建省福州市
福州世纪金源大饭店有限公司	正餐服务	福建省福州市
厦门国际大酒店有限公司	旅游饭店	福建省厦门市
厦门和平里酒店有限公司	旅游饭店	福建省厦门市
福建捷龙商业有限公司	超级市场零售	福建省泉州市
厦门海悦山庄酒店有限公司	旅游饭店	福建省厦门市
杭钢（厦门）酒店有限公司	旅游饭店	福建省厦门市
泉州酒店	旅游饭店	福建省泉州市
泉州悦华酒店有限公司	旅游饭店	福建省泉州市
厦门京闽中心酒店	旅游饭店	福建省厦门市
厦门悦华酒店	旅游饭店	福建省厦门市
福州西湖大酒店	旅游饭店	福建省福州市
福清融侨大酒店	旅游饭店	福建省福州市
厦门东方酒店有限公司	旅游饭店	福建省厦门市
厦门国际会展酒店有限公司	一般旅馆	福建省厦门市
中石化森美（福建）石油有限公司	石油及制品批发	福建省福州市
江西省		
中国石油化工股份有限公司江西赣州石油分公司	石油及制品批发	江西省赣州市
中国石油化工股份有限公司江西南昌石油分公司	石油及制品批发	江西省南昌市
江西新华发行集团有限公司	图书零售	江西省南昌市
江西省烟草公司南昌市公司	烟草制品批发	江西省南昌市
江西煤炭销售运输有限责任公司	煤炭及制品批发	江西省南昌市
中国石油化工股份公司江西吉安分公司	石油及制品批发	江西省吉安市

4-5 续表 42

企业名称	所属行业	企业所在地
江西省烟草公司赣州市公司	烟草制品批发	江西省赣州市
中国石油化工股份有限公司江西宜春石油分公司	石油及制品批发	江西省宜春市
中国石油化工股份有限公司九江石油分公司	石油及制品批发	江西省九江市
江西省烟草公司上饶分公司	烟草制品批发	江西省上饶市
江西省烟草公司九江分公司	烟草制品批发	江西省九江市
江西中石化股份有限公司抚州分公司	石油及制品批发	江西省抚州市
江西省烟草公司宜春市公司(江西省宜春市烟草专卖局)	烟草制品批发	江西省宜春市
江西省烟草公司抚州分公司	烟草制品批发	江西省抚州市
中国石油化工股份有限公司上饶分公司	石油及制品批发	江西省上饶市
南昌百货大楼股份有限公司	百货零售	江西省南昌市
江西南华医药有限公司	药品零售	江西省南昌市
江西省烟草公司吉安市公司	烟草制品批发	江西省吉安市
江西江中医贸有限责任公司	中药材及中成药批发	江西省南昌市
江西汇仁集团医药科研营销有限公司	中药材及中成药批发	江西省南昌市
江西四特酒营销有限责任公司	其他食品批发	江西省宜春市
中国石油化工股份有限公司江西景德镇石油分公司	石油及制品批发	江西省景德镇市
中国石油化工股份有限公司江西新余石油分公司	石油及制品批发	江西省新余市
中国石油化工股份有限公司江西萍乡石油分公司	石油及制品批发	江西省萍乡市
南昌洪城大厦股份有限公司	百货零售	江西省南昌市
江西洪客隆百货投资有限公司	百货零售	江西省南昌市
景德镇市烟草公司	烟草制品批发	江西省景德镇市
江西省烟草公司萍乡市公司	烟草制品批发	江西省萍乡市
江西仁和药业有限公司	中药材及中成药批发	江西省宜春市
江西九州通药业有限公司	西药批发	江西省南昌市
联盛商业连锁股份有限公司	百货零售	江西省九江市
南昌市天虹商场有限公司	百货零售	江西省南昌市
江西鹏润国美电器有限公司	家用电器零售	江西省南昌市
江西省烟草公司新余市公司	烟草制品批发	江西省新余市
赣州国光实业有限公司	超级市场零售	江西省赣州市
江西省烟草公司鹰潭市公司	烟草制品批发	江西省鹰潭市
崇仁县万和废旧物资回收有限公司	再生物资回收与批发	江西省抚州市
江西九州医药有限公司	西药批发	江西省宜春市
深圳创维-RGB电子有限公司江西分公司	家用电器批发	江西省宜春市
江西仁翔药业有限公司	西药批发	江西省宜春市
长沙旺旺食品有限公司南昌分公司	饮料及茶叶批发	江西省南昌市
沃尔玛深国投百货有限公司南昌八一广场分店	超级市场零售	江西省南昌市
思创数码科技股份有限公司	计算机、软件及辅助设备零售	江西省南昌市
重庆海尔家电销售有限公司南昌公司	家用电器批发	江西省南昌市
南昌喜盈门实业有限公司	家具零售	江西省南昌市
江西康力药品物流有限公司	西药批发	江西省宜春市
南昌肯德基有限公司	快餐服务	江西省南昌市
江西青龙集团商厦有限公司	超级市场零售	江西省宜春市
江西黄庆仁栈华氏大药房有限公司	药品零售	江西省南昌市
吉安市国光实业有限公司	其他综合零售	江西省吉安市
南昌西湖大润发商业有限公司	超级市场零售	江西省南昌市
江西渝州腾达电器有限公司	家用电器零售	江西省新余市
洪客隆投资发展新余有限公司	百货零售	江西省新余市
洪客隆投资发展（抚州）有限公司	超级市场零售	江西省抚州市
九江市派拉蒙百货有限公司	超级市场零售	江西省九江市
江西嘉莱特和平国际酒店有限公司	旅游饭店	江西省南昌市
山东省		
青岛海尔零部件采购有限公司	金属及金属矿批发	山东省青岛市

4-5 续表 43

企业名称	所属行业	企业所在地
淄博商厦股份有限公司	百货零售	山东省淄博市
山东银座商城股份有限公司	百货零售	山东省济南市
山东潍坊百货集团股份有限公司	百货零售	山东省潍坊市
青岛海尔电器销售有限公司	家用电器批发	山东省青岛市
中国石油化工股份有限公司山东潍坊分公司	石油及制品批发	山东省潍坊市
青岛海尔国际贸易有限公司	其他机械设备及电子产品批发	山东省青岛市
山东家家悦集团有限公司	超级市场零售	山东省威海市
中石化山东青岛石油分公司	石油及制品批发	山东省青岛市
山东济宁烟草有限公司	烟草制品批发	山东省济宁市
山东淄川服装城商贸公司	服装批发	山东省淄博市
海信科龙电器股份有限公司青岛分公司	家用电器批发	山东省青岛市
中国石油化工股份有限公司山东济南石油分公司	石油及制品批发	山东省济南市
淄川服装城	服装批发	山东省淄博市
诸城福田汽车科技开发有限公司	汽车、摩托车及零配件批发	山东省潍坊市
中国石油化工股份有限公司山东烟台石油分公司	石油及制品批发	山东省烟台市
济南人民大润发商业有限公司	超级市场零售	山东省济南市
青岛烟草有限公司	烟草制品批发	山东省青岛市
山东临沂烟草有限公司	烟草制品批发	山东省临沂市
山东烟台烟草有限公司	烟草制品批发	山东省烟台市
中国石油化工股份有限公司山东临沂石油分公司	机动车燃料零售	山东省临沂市
山东省农业生产资料有限责任公司	化肥批发	山东省济南市
道恩集团有限公司	其他化工产品批发	山东省烟台市
山东济南烟草有限公司	烟草制品批发	山东省济南市
山东远通汽车贸易集团有限公司	汽车零售	山东省临沂市
淄博金彩沙发城有限责任公司	家具零售	山东省淄博市
山东新星集团有限公司	百货零售	山东省淄博市
山东海王银河医药有限公司	药品零售	山东省潍坊市
新汶矿业集团物资供销有限责任公司	其他机械设备及电子产品批发	山东省泰安市
中国石油化工股份有限公司山东淄博石油公司	石油及制品批发	山东省淄博市
临清市泰润轴承有限公司	其他机械设备及电子产品批发	山东省聊城市
山东潍坊烟草有限公司	烟草制品批发	山东省潍坊市
山东鲁花集团商贸有限公司	米、面制品及食用油批发	山东省烟台市
济南华联商厦集团股份有限公司	百货零售	山东省济南市
淄川服装城商厦有限公司	服装零售	山东省淄博市
烟台张裕葡萄酿酒公司销售有限公司	饮料及茶叶批发	山东省烟台市
中国石油天然气股份有限公司山东青岛销售分公司	石油及制品批发	山东省青岛市
中国石油化工股份有限公司山东济宁石油分公司	石油及制品批发	山东省济宁市
中化化肥有限公司山东烟台市分公司	化肥批发	山东省烟台市
中国石油化工股份有限公司山东菏泽石油分公司	石油及制品批发	山东省菏泽市
中国石油化工股份有限公司山东石油分公司	石油及制品批发	山东省济南市
中国重汽山东进出口有限公司	汽车、摩托车及零配件批发	山东省济南市
济南中信医药有限公司	西药批发	山东省济南市
山东德州百货大楼（集团）有限责任公司	百货零售	山东省德州市
中国石化山东泰山石油股份有限公司	石油及制品批发	山东省泰安市
山东格力电器市场营销有限公司	家用电器批发	山东省济南市
山东省机械进出口集团公司	其他机械设备及电子产品批发	山东省青岛市
山东菏泽烟草有限公司	烟草制品批发	山东省菏泽市
山东东方誉源现代农业集团有限责任公司	化肥批发	山东省潍坊市
山东瑞康医药股份有限公司	西药批发	山东省烟台市
中国石油化工股份有限公司山东聊城石油分公司	石油及制品批发	山东省聊城市
中国石油化工股份有限公司山东滨州石油分公司	机动车燃料零售	山东省滨州市
山东泰安烟草有限公司	烟草制品批发	山东省泰安市

4-5 续表 44

企业名称	所属行业	企业所在地
山东晨鸣纸业销售有限公司	文具用品批发	山东省潍坊市
中国石油天然气股份有限公司山东烟台销售分公司	石油及制品批发	山东省烟台市
中国石油化工山东日照石油公司	石油及制品批发	山东省日照市
山东全福元商业集团有限责任公司	百货零售	山东省潍坊市
润华集团股份有限公司	汽车零售	山东省济南市
山东德州烟草有限公司	烟草制品批发	山东省德州市
山东聊城烟草有限公司	烟草制品批发	山东省聊城市
诸城雷沃科技有限公司	汽车、摩托车及零配件批发	山东省潍坊市
山东枣庄烟草有限公司	烟草制品批发	山东省枣庄市
山东鲁南蔬菜产业有限公司	果品、蔬菜批发	山东省临沂市
临沂青汽车辆制造有限公司	汽车、摩托车及零配件批发	山东省临沂市
中国石油化工股份有限公司山东威海石油分公司	机动车燃料零售	山东省威海市
山东淄博烟草有限公司	烟草制品批发	山东省淄博市
青岛永旺东泰商业有限公司	百货零售	山东省青岛市
烟台市农业生产资料总公司	化肥批发	山东省烟台市
临沂罗欣医药集团有限公司	药品零售	山东省临沂市
周村胜利家居城	其他未列明的批发	山东省淄博市
山东九州通医药有限公司	西药批发	山东省济南市
青岛福兴祥商品配送有限公司	米、面制品及食用油批发	山东省青岛市
中国石油天然气股份有限公司山东菏泽销售分公司	石油及制品批发	山东省菏泽市
青岛维客集团股份有限公司	百货零售	山东省青岛市
山东滨州烟草有限公司	烟草制品批发	山东省滨州市
山东齐鲁万和医药营销有限公司	医疗用品及器材批发	山东省济南市
青岛北方国贸大厦集团股份有限公司	百货零售	山东省青岛市
山东新华书店集团有限公司	图书批发	山东省济南市
中国石油天然气股份有限公司山东潍坊销售分公司	石油及制品批发	山东省潍坊市
山东瑞中医药有限公司	西药批发	山东省济宁市
山东威海烟草有限公司	烟草制品批发	山东省威海市
青岛益佳国际贸易集团有限公司	服装批发	山东省青岛市
山东日照烟草有限公司	烟草制品批发	山东省日照市
肥城银宝食品销售公司	肉、禽、蛋及水产品零售	山东省泰安市
绮丽集团有限责任公司	服装批发	山东省青岛市
山东瑞中医药销售公司	中药材及中成药批发	山东省济宁市
青岛国美电器有限公司	家用电器零售	山东省青岛市
烟台市振华百货集团股份有限公司振华商厦	百货零售	山东省烟台市
山东康惠医药有限公司	西药批发	山东省潍坊市
青岛传承国际商贸有限公司	鞋帽批发	山东省青岛市
济南药业集团有限责任公司	中药材及中成药批发	山东省济南市
沾化王尔庄海产品有限公司	肉、禽、蛋及水产品批发	山东省滨州市
枣庄贵诚集团购物中心有限公司	百货零售	山东省枣庄市
山东赛菲尔珠宝首饰有限公司	首饰、工艺品及收藏品批发	山东省潍坊市
中国石油天然气股份有限公司山东德州销售分公司	机动车燃料零售	山东省德州市
济南国美电器有限公司	家用电器零售	山东省济南市
国药控股山东有限公司	中药材及中成药批发	山东省济南市
青岛利客来商贸集团股份有限公司	百货零售	山东省青岛市
烟台市家家悦超市有限公司	超级市场零售	山东省烟台市
利群集团青岛利群商厦有限公司	百货零售	山东省青岛市
中国船舶燃料青岛有限公司	石油及制品批发	山东省青岛市
青岛肯德基有限公司	快餐服务	山东省青岛市
临沂梅开置业有限公司	再生物资回收与批发	山东省临沂市
潍坊市钢联金属材料有限公司	金属及金属矿批发	山东省潍坊市
海阳市胶东水产品批发市场	其他食品批发	山东省烟台市

4-5　续表 45

企业名称	所属行业	企业所在地
中国石油天然气股份有限公司山东枣庄销售分公司	石油及制品批发	山东省枣庄市
中国石油天然气股份有限公司山东泰安销售分公司	机动车燃料零售	山东省泰安市
山东东营烟草有限公司	烟草制品批发	山东省东营市
烟台振华量贩超市有限公司	百货零售	山东省烟台市
山东九州商业集团有限公司	百货零售	山东省临沂市
中国石油山东济南销售分公司	石油及制品批发	山东省济南市
中国石油天然股份有限公司淄博销售公司	石油及制品批发	山东省淄博市
中国石油化工股份有限公司山东莱芜石油分公司	石油及制品批发	山东省莱芜市
烟台市供销石油公司	石油及制品批发	山东省烟台市
中国石油天然气股份有限公司山东威海销售分公司	机动车燃料零售	山东省威海市
山东福田雷沃重工国际贸易有限公司	农业机械批发	山东省潍坊市
淄博市兴鲁化工有限公司	其他化工产品批发	山东省淄博市
山东永弘机械销售有限公司	其他机械设备及电子产品批发	山东省烟台市
山东新华医药贸易有限公司	西药批发	山东省淄博市
日照维恩仓储物流有限公司碑廓分公司	建材批发	山东省日照市
山东省万事达物资有限公司	金属及金属矿批发	山东省滨州市
新泰市青龙路市场服务有限公司	其他农畜产品批发	山东省泰安市
山东苏宁电器有限公司	家用电器零售	山东省济南市
山东统一银座商业有限公司	超级市场零售	山东省济南市
青岛海信东海商贸有限公司	百货零售	山东省青岛市
山东银座配送有限公司	米、面制品及食用油批发	山东省济南市
临沂医药集团有限公司	药品零售	山东省临沂市
山东龙口市博商购物广场	百货零售	山东省烟台市
麦凯乐（青岛）百货总店有限公司	百货零售	山东省青岛市
山东南菜园蔬菜食品有限公司	果品、蔬菜批发	山东省临沂市
山东省聊城市百货大楼有限责任公司	百货零售	山东省聊城市
威海联桥进出口有限公司	贸易经纪与代理	山东省威海市
泰安银座商城有限公司	百货零售	山东省泰安市
中国石油天然气股份有限公司山东济宁销售分公司	机动车燃料零售	山东省济宁市
山东省东营市百货大楼	百货零售	山东省东营市
济南TCL电器销售有限公司	家用电器批发	山东省济南市
淄博东泰集团有限公司	百货零售	山东省淄博市
青岛百洋医药科技有限公司	医疗用品及器材批发	山东省青岛市
中国石油天然气股份有限公司山东聊城销售分公司	石油及制品批发	山东省聊城市
三联商社股份有限公司	家用电器零售	山东省济南市
东营银座商城有限公司	百货零售	山东省东营市
山东龙大商贸有限公司	米、面制品及食用油批发	山东省聊城市
青岛鲁宁苏宁电器有限公司	家用电器零售	山东省青岛市
烟台振华购物中心有限公司	百货零售	山东省烟台市
山东翔龙实业集团有限公司	农业机械批发	山东省临沂市
淄博银座商城有限公司	百货零售	山东省淄博市
山东奥德隆集团有限公司	百货零售	山东省淄博市
山东蓝海股份有限公司	正餐服务	山东省东营市
深圳创维-RGB有限公司山东分公司	家用电器批发	山东省济南市
胜利油田胜大超市	超级市场零售	山东省东营市
山东永弘工程设备有限公司	其他机械设备及电子产品批发	山东省烟台市
山东莱芜烟草有限公司	烟草制品批发	山东省莱芜市
山东银座电器有限责任公司	家用电器批发	山东省济南市
济宁九龙家电有限公司	家用电器零售	山东省济宁市
青州市黄楼弘秀花卉发展有限公司	其他农畜产品批发	山东省潍坊市
临沂佳轮汽车销售服务有限公司	汽车零售	山东省临沂市

4-5 续表 46

企业名称	所属行业	企业所在地
威海长江糖酒有限公司	超级市场零售	山东省威海市
山东金宇商贸有限公司	其他室内装修材料零售	山东省济宁市
青岛利群百货股份有限公司	百货零售	山东省青岛市
淄博通乾商务策划运营有限公司	纺织品及针织品零售	山东省淄博市
东营市商业大厦有限责任公司	百货零售	山东省东营市
山东荣庆物流有限公司	果品、蔬菜批发	山东省临沂市
山东科瑞石油装备有限公司	其他机械设备及电子产品批发	山东省东营市
青岛家乐福商业有限公司	超级市场零售	山东省青岛市
日照日百商业有限公司	百货零售	山东省日照市
济南金田小商品市场发展有限公司	化妆品及卫生用品批发	山东省济南市
青岛黄海制药经营有限公司	西药批发	山东省青岛市
国运集团有限公司	汽车、摩托车及零配件批发	山东省青岛市
新泰银座商城有限公司	百货零售	山东省泰安市
青岛第一百盛有限公司	百货零售	山东省青岛市
青岛巴龙集团有限公司	纺织品、针织品及原料批发	山东省青岛市
新泰青云购物中心有限公司	百货零售	山东省泰安市
山东省东营市日用工业品公司	百货零售	山东省东营市
山东八戒食品有限公司	肉、禽、蛋及水产品批发	山东省肥城市
临沂银座商城有限公司	百货零售	山东省临沂市
山东登海先锋种业有限公司	种子、饲料批发	山东省烟台市
日照凌云工贸有限公司	家用电器零售	山东省日照市
重庆海尔家电销售有限公司济宁分公司	家用电器批发	山东省济宁市
山东省苍山县供销社合作社联合社	其他综合零售	山东省临沂市
滨州银座商城有限公司	百货零售	山东省滨州市
东营金田小商品市场发展有限公司	纺织品、针织品及原料批发	山东省东营市
山东潍坊烟草有限公司诸城分公司	烟草制品批发	山东省潍坊市
青岛瑞尚贸易发展有限公司	服装批发	山东省青岛市
龙口市第一百货商店有限责任公司	百货零售	山东省烟台市
菏泽牡丹医药有限责任公司	药品零售	山东省菏泽市
兖州市广场商厦	百货零售	山东省济宁市
青岛阳光百货股份有限公司	百货零售	山东省青岛市
滕州市中浩伟业实业有限公司	盐及调味品批发	山东省枣庄市
邹城市百货大楼有限责任公司	百货零售	山东省济宁市
山东家家悦生鲜配送有限公司	肉、禽、蛋及水产品批发	山东省威海市
山东康诺盛世医药有限公司	西药批发	山东省烟台市
济南人民商场集团有限公司	百货零售	山东省济南市
山东宏图三胞科技发展有限公司	计算机、软件及辅助设备零售	山东省济南市
山东新方集团股份有限公司	煤炭及制品批发	山东省潍坊市
中国石油天然气山东日照销售分公司	石油及制品批发	山东省日照市
东营振华百货发展有限公司	百货零售	山东省东营市
滕州市嘉誉商贸有限公司	肉、禽、蛋及水产品批发	山东省枣庄市
山东潍坊烟草有限公司青州分公司	烟草制品批发	山东省潍坊市
山东大陆企业集团有限公司	金属及金属矿批发	山东省临沂市
淄博新世界市场发展有限公司	其他室内装修材料零售	山东省淄博市
山东滨州鲁滨首饰有限公司	首饰、工艺品及收藏品批发	山东省滨州市
青岛新华书店有限责任公司	图书零售	山东省青岛市
青岛天合医药股份有限公司	西药批发	山东省青岛市
苍山县百货公司	百货零售	山东省临沂市
诸城金顺粮油购销有限公司	米、面制品及食用油批发	山东省潍坊市
德州银龙集团有限公司	棉、麻批发	山东省德州市
中国石油山东莱芜销售分公司	石油及制品批发	山东省莱芜市

4-5 续表 47

企业名称	所属行业	企业所在地
银座集团股份有限公司菏泽银座商城	百货零售	山东省菏泽市
烟台福利莱商贸有限公司	饮料及茶叶批发	山东省烟台市
山东五星电器有限公司	家用电器零售	山东省青岛市
威海金蚂蚁集团有限公司	五金、交电批发	山东省威海市
章丘市供销社	百货零售	山东省济南市
潍坊美的制冷产品销售有限公司	家用电器批发	山东省潍坊市
淄博高新技术创业服务中心	贸易经纪与代理	山东省淄博市
山东省桓台县供销合作社联合社	百货零售	山东省淄博市
山东莱州市百货大楼有限公司	超级市场零售	山东省烟台市
龙口市城关供销合作社	百货零售	山东省烟台市
安丘市永安实业总公司	建材批发	山东省潍坊市
青岛润泰事业有限公司烟台分公司	百货零售	山东省烟台市
山东金田小商品市场发展有限公司	厨房、卫生间用具及日用杂货批发	山东省威海市
山东威海百货大楼集团股份有限公司	百货零售	山东省威海市
潍坊广潍汽车销售服务有限公司	汽车零售	山东省潍坊市
山东景芝酒厂销售总公司	饮料及茶叶批发	山东省潍坊市
山东德州扒鸡贸易总公司	肉、禽、蛋及水产品批发	山东省德州市
苍山县北方物流有限公司	果品、蔬菜批发	山东省临沂市
淄博建桥开发有限公司	服装零售	山东省淄博市
青岛润泰事业有限公司	超级市场零售	山东省青岛市
山东省潍坊市密水商场	其他综合零售	山东省潍坊市
山东金都百货股份有限公司	超级市场零售	山东省烟台市
济南漱玉平民大药房有限公司	药品零售	山东省济南市
泰安凌云经贸有限公司	百货零售	山东省泰安市
陵县粮食购销中心	粮油零售	山东省德州市
平原县龙跃装饰有限公司	其他室内装修材料零售	山东省德州市
山东金孚隆股份有限公司	超级市场零售	山东省潍坊市
山东省德州泰康药业有限公司	药品零售	山东省德州市
山东省淄博市糖酒站股份有限公司	百货零售	山东省淄博市
济宁银座商城有限公司	百货零售	山东省济宁市
山东圣豪商业有限公司	超级市场零售	山东省滨州市
青岛海信营销有限公司临沂分公司	家用电器零售	山东省临沂市
山东乐拍商业有限公司	邮购及电子销售	山东省济南市
青岛海丽达购物中心有限公司	超级市场零售	山东省青岛市
利群集团莱州购物广场有限公司	超级市场零售	山东省烟台市
淄博大润发商业有限公司	超级市场零售	山东省淄博市
青岛香格里拉大饭店	旅游饭店	山东省青岛市
济南市新华书店	图书零售	山东省济南市
庆云县信誉楼商厦有限公司	百货零售	山东省德州市
青岛润泰事业有限公司临沂分公司	超级市场零售	山东省临沂市
昆山润福商贸有限公司济南天桥分公司	超级市场零售	山东省济南市
银座集团股份有限公司莱芜银座商城	超级市场零售	山东省莱芜市
日照银座购物广场有限公司	百货零售	山东省日照市
青岛春阳大润发商业有限公司	百货零售	山东省青岛市
青岛屈臣氏个人用品商店有限公司	超级市场零售	山东省青岛市
淄川东大小商品城	鞋帽零售	山东省淄博市
滕州银座商城有限公司	百货零售	山东省枣庄市
山东济南人民商场五星百货有限公司聊城分公司	百货零售	山东省聊城市
山东大厦	旅游饭店	山东省济南市
山东真维斯服饰有限公司	服装零售	山东省青岛市
济阳方正家具市场	家具零售	山东省济南市

4-5 续表 48

企业名称	所属行业	企业所在地
山东泰山新合作商贸连锁有限公司	百货零售	山东省肥城市
邹城兰星石油产品销售有限公司	机动车燃料零售	山东省济宁市
潍坊百货大楼股份有限公司	百货零售	山东省潍坊市
山东世纪金榜书业有限公司	文具用品零售	山东省济南市
淄博广电天网视讯有限公司	通信设备零售	山东省淄博市
山东十八乐超市有限公司莱芜店	超级市场零售	山东省莱芜市
山东世纪泰华集团有限公司	百货零售	山东省潍坊市
威海润华商业有限公司	百货零售	山东省威海市
山东临朐华兴商场有限公司	百货零售	山东省潍坊市
青岛即墨振华大润发商业有限公司	超级市场零售	山东省青岛市
济南家乐福商业有限公司	超级市场零售	山东省济南市
新泰齐云商场有限公司	百货零售	山东省泰安市
苍山县天运发展总公司	服装零售	山东省临沂市
山东省桓台县联华超市有限公司	超级市场零售	山东省淄博市
龙口市南山宾馆	旅游饭店	山东省烟台市
潍坊世纪泰华福乐多超市有限公司	百货零售	山东省潍坊市
济南舜耕山庄	旅游饭店	山东省济南市
青岛海天大酒店有限公司	旅游饭店	山东省青岛市
山东麦当劳餐厅食品有限公司	快餐服务	山东省济南市
济宁华润燃气有限公司	生活用燃料零售	山东省济宁市
烟台佳世客商业有限公司	百货零售	山东省烟台市
青岛府新大厦	旅游饭店	山东省青岛市
济南市环山鱼翅皇宫大酒店	正餐服务	山东省济南市
山东天河酒店集团有限公司	正餐服务	山东省东营市
青岛奥海投资发展有限公司海尔洲际酒店	旅游饭店	山东省青岛市
青岛海景花园大酒店	旅游饭店	山东省青岛市
青岛颐中国际大酒店	旅游饭店	山东省青岛市
济南海尔绿城置业有限公司喜来登大酒店	旅游饭店	山东省济南市
青岛良友金都美食城有限公司	正餐服务	山东省青岛市
山东银座旅游集团有限公司	旅游饭店	山东省济南市
青岛麦当劳（餐厅食品）有限公司	快餐服务	山东省青岛市
青岛黄岛蓝海大饭店有限公司	旅游饭店	山东省青岛市
济南贵和皇冠假日酒店有限责任公司	旅游饭店	山东省济南市
河南省		
郑州日产汽车销售有限公司	其他机械设备及电子产品批发	河南省郑州市
中国石油化工股份有限公司河南郑州石油分公司	石油及制品批发	河南省郑州市
郑州煤电物资供销有限公司	建材批发	河南省郑州市
河南省烟草公司郑州市公司	烟草制品批发	河南省郑州市
河南省烟草公司南阳市公司	烟草制品批发	河南省南阳市
郑州丹尼斯百货有限公司	百货零售	河南省郑州市
洛阳长兴农业机械有限公司	农业机械批发	河南省洛阳市
中国石油化工股份有限公司河南南阳石油分公司	石油及制品批发	河南省南阳市
河南省烟草公司洛阳分公司	烟草制品批发	河南省洛阳市
中国石油天然气股份有限公司河南郑州销售分公司	石油及制品批发	河南省郑州市
中国石油化工股份有限公司河南洛阳石油分公司	机动车燃料零售	河南省洛阳市
郑州海永蓝工贸有限公司	家用电器批发	河南省郑州市
河南省烟草公司商丘市公司	烟草制品批发	河南省商丘市
河南省烟草公司周口市公司	烟草制品批发	河南省周口市
河南省烟草公司驻马店市公司	烟草制品批发	河南省驻马店市
中国石油化工股份有限公司河南三门峡石油分公司	石油及制品批发	河南省三门峡市
河南省烟草公司许昌分公司	烟草制品批发	河南省许昌市

4-5 续表 49

企业名称	所属行业	企业所在地
郑州煤炭工业（集团）正运煤炭销售有限公司	煤炭及制品批发	河南省郑州市
河南省烟草公司平顶山分公司	烟草制品批发	河南省平顶山市
中国石油化工股份有限公司河南新乡石油分公司	机动车燃料零售	河南省新乡市
河南九州通医药有限公司	西药批发	河南省郑州市
河南省烟草公司信阳分公司	烟草制品批发	河南省信阳市
中国石油化工股份有限公司河南信阳石油分公司	机动车燃料零售	河南省信阳市
中国石油化工股份有限公司河南平顶山石油分公司	石油及制品批发	河南省平顶山市
河南省烟草公司安阳市公司	烟草制品批发	河南省安阳市
中国石油化工股份有限公司河南许昌石油分公司	石油及制品批发	河南省许昌市
河南省烟草公司新乡市公司	烟草制品批发	河南省新乡市
中国石油化工股份有限公司河南焦作石油分公司	石油及制品批发	河南省焦作市
中国石油化工股份有限公司河南安阳石油分公司	石油及制品批发	河南省安阳市
河南省烟草公司三门峡市公司	烟草制品批发	河南省三门峡市
中国石油化工股份有限公司驻马店分公司	石油及制品批发	河南省驻马店市
河南省烟草公司开封市公司	烟草制品批发	河南省开封市
中国石油化工股份有限公司河南商丘分公司	机动车燃料零售	河南省商丘市
大商集团郑州新玛特购物广场有限公司	百货零售	河南省郑州市
河南省新华书店	图书批发	河南省郑州市
中国石油化工股份有限公司周口分公司	石油及制品批发	河南省周口市
中国石油天然气股份有限公司河南商丘销售分公司	机动车燃料零售	河南省商丘市
中国石油天然气股份有限公司河南洛阳销售分公司	机动车燃料零售	河南省洛阳市
河南省爱生医药物流有限公司	医疗用品及器材批发	河南省郑州市
中国石油化工股份有限公司河南开封石油分公司	石油及制品批发	河南省开封市
中国石油天然气股份有限公司河南开封销售分公司	石油及制品批发	河南省开封市
中国石油化工股份有限公司河南濮阳石油分公司	机动车燃料零售	河南省濮阳市
河南省烟草公司焦作市公司	烟草制品批发	河南省焦作市
国药控股(郑州)九瑞股份有限公司	中药材及中成药批发	河南省郑州市
河南省烟草公司濮阳市公司	烟草制品批发	河南省濮阳市
河南永乐生活电器有限公司	家用电器零售	河南省郑州市
河南省国美电器有限公司	家用电器零售	河南省郑州市
南阳市烟草公司内乡县分公司	烟草制品批发	河南省南阳市
河南省烟草公司漯河市公司	烟草制品批发	河南省漯河市
郑州经济技术开发区自备车运输贸易有限公司	煤炭及制品批发	河南省郑州市
中国石油天然气股份有限公司河南周口销售分公司	石油及制品批发	河南省周口市
郑州铁路华东实业总公司	煤炭及制品批发	河南省郑州市
中国石油化工股份有限公司河南鹤壁石油分公司	石油及制品批发	河南省鹤壁市
河南世纪联华超市有限公司	超级市场零售	河南省郑州市
中国石油天然气股份有限公司河南许昌销售分公司	石油及制品批发	河南省许昌市
陕县锦盛矿业有限公司	金属及金属矿批发	河南省三门峡市
平顶山市普生药业有限公司	药品零售	河南省平顶山市
哈森集团世一堂百川医药商贸有限公司	西药批发	河南省商丘市
中国石油天然气股份有限公司河南三门峡销售分公司	石油及制品批发	河南省三门峡市
河南大张实业有限公司	超级市场零售	河南省洛阳市
洛阳王府井百货有限责任公司	百货零售	河南省洛阳市
许昌市胖东来商贸集团有限公司	百货零售	河南省许昌市
河南千里马工程机械有限公司	其他机械设备及电子产品批发	河南省郑州市
中国石油天然气股份有限公司河南平顶山销售分公司	石油及制品批发	河南省平顶山市
河南省烟草公司鹤壁市公司	烟草制品批发	河南省鹤壁市
中国石油天然气股份有限公司河南南阳销售分公司	石油及制品批发	河南省南阳市
中国石油天然气股份有限公司河南新乡销售分公司	石油及制品批发	河南省新乡市
河南苏宁电器有限公司	家用电器零售	河南省郑州市

4-5　续表 50

企业名称	所属行业	企业所在地
洛阳铁路运通集团实业发展公司	煤炭及制品批发	河南省洛阳市
河南省烟草公司郑州市公司	烟草制品批发	河南省南阳市
河南新世纪亚飞汽车贸易有限公司	汽车、摩托车及零配件批发	河南省郑州市
新乡美的制冷产品销售有限公司	家用电器批发	河南省新乡市
洛阳丹尼斯量贩有限公司	超级市场零售	河南省洛阳市
郑州铁路煤炭运销有限公司	煤炭及制品批发	河南省郑州市
南阳美的空调销售有限公司	家用电器批发	河南省南阳市
南阳市盐业公司	盐及调味品批发	河南省南阳市
河南华联商厦有限公司	百货零售	河南省郑州市
信阳亚兴集团有限责任公司	超级市场零售	河南省信阳市
信阳市西亚商业有限公司	超级市场零售	河南省信阳市
中国石油化工股份有限公司河南中原分公司	石油及制品批发	河南省濮阳市
河南沃通建筑设备有限公司	其他机械设备及电子产品批发	河南省郑州市
大商集团(郑州)商贸有限公司	服装零售	河南省郑州市
漯河市烟草公司临颍县分公司	烟草制品批发	河南省漯河市
焦作新亚商厦有限责任公司	百货零售	河南省焦作市
南阳市烟草公司方城县分公司	烟草制品批发	河南省南阳市
河南思达连锁商业有限公司	超级市场零售	河南省郑州市
漯河双汇商业连锁有限公司	肉、禽、蛋及水产品零售	河南省漯河市
郑州悦家商业有限公司北环店	超级市场零售	河南省郑州市
河南张仲景大药房股份有限公司	药品零售	河南省郑州市
南阳市烟草公司唐河县分公司	烟草制品批发	河南省南阳市
郑州肯德基有限公司	快餐服务	河南省郑州市
郑州市易初莲花连锁超市有限公司	超级市场零售	河南省郑州市
河南郑柳工程机械有限公司	汽车、摩托车及零配件批发	河南省郑州市
河南万宝股份有限公司	家用电器零售	河南省开封市
新乡市胖东来百货有限公司	百货零售	河南省新乡市
河南九头崖集团平顶山商业连锁有限公司	超级市场零售	河南省平顶山市
焦作市百货大楼有限责任公司	百货零售	河南省焦作市
河南华润万家生活超市有限公司	超级市场零售	河南省郑州市
郑州正道花园百货股份有限公司	百货零售	河南省郑州市
河南新亚通讯器材有限公司	通信设备零售	河南省郑州市
永城市煤电控股集团先帅百货有限责任公司	百货零售	河南省商丘市
驻马店市乐山商场实业有限公司	百货零售	河南省驻马店市
焦作市三维商业广场有限公司	百货零售	河南省焦作市
大商集团开封千盛购物广场有限公司	超级市场零售	河南省开封市
南阳市万德隆商贸有限责任公司	百货零售	河南省南阳市
河南富豪表行有限公司	钟表、眼镜零售	河南省郑州市
郑州丹尼斯生活广场有限公司济源分公司	百货零售	河南省济源市
郑州迪信通电子通信技术有限公司	通信设备零售	河南省郑州市
三门峡百联商贸有限公司	百货零售	河南省三门峡市
河南省新华书店郑州市店	图书零售	河南省郑州市
河南中植汽车销售服务有限公司	汽车零售	河南省郑州市
新乡市平原商场有限公司	百货零售	河南省新乡市
新乡市胖东来生活广场有限公司	超级市场零售	河南省新乡市
郑州丹尼斯百货有限公司商丘新建分公司	超级市场零售	河南省商丘市
河南麦当劳（餐厅食品）有限公司	正餐服务	河南省郑州市
郑州裕达国贸酒店有限公司	旅游饭店	河南省郑州市
河南中州旅游股份有限公司	旅游饭店	河南省郑州市
河南大河锦江饭店有限责任公司	旅游饭店	河南省郑州市
河南雅高国际饭店有限公司	旅游饭店	河南省郑州市

4-5 续表 51

企业名称	所属行业	企业所在地
河南省黄河迎宾馆	旅游饭店	河南省郑州市
湖北省		
中国石化销售有限公司华中分公司	石油及制品批发	湖北省武汉市
武钢集团国际经济贸易总公司	贸易经纪与代理	湖北省武汉市
中国石油化工股份有限公司湖北石油分公司	石油及制品批发	湖北省武汉市
中国石油天然气股份有限公司华中销售分公司	石油及制品批发	湖北省武汉市
武汉中百集团股份有限公司	超级市场零售	湖北省武汉市
武汉武商集团股份有限公司	百货零售	湖北省武汉市
中国铁路物资武汉公司	贸易经纪与代理	湖北省武汉市
中石化长江燃料有限公司	石油及制品批发	湖北省武汉市
武汉中商集团股份有限公司	百货零售	湖北省武汉市
中国石油化工股份有限公司湖北武汉分公司	机动车燃料零售	湖北省武汉市
湖北省烟草公司武汉市公司	烟草制品批发	湖北省武汉市
武汉白沙洲冷链物流有限责任公司	肉、禽、蛋及水产品批发	湖北省武汉市
武汉艾德蒙科技股份有限公司	计算机、软件及辅助设备批发	湖北省武汉市
东风裕隆汽车销售有限公司	汽车、摩托车及零配件批发	湖北省武汉市
武汉工贸有限公司	家用电器零售	湖北省武汉市
九州通医药集团股份有限公司	西药批发	湖北省武汉市
三环集团公司	汽车零售	湖北省武汉市
湖北省烟草公司恩施州公司	烟草制品批发	湖北省恩施市
中石化湖北宜昌石油分公司	石油及制品批发	湖北省宜昌市
湖北新兴格力电器销售有限公司	家用电器批发	湖北省武汉市
中国石油天然气股份有限公司湖北销售分公司武汉零售分公司	生活用燃料零售	湖北省武汉市
中国石油化工股份有限公司湖北襄樊石油分公司	石油及制品批发	湖北省襄樊市
湖北省烟草公司黄冈市公司	烟草制品批发	湖北省黄州市
中石化股份公司湖北黄冈石油分公司	石油及制品批发	湖北省黄冈市
湖北省烟草公司荆州市公司	烟草制品批发	湖北省荆州市
湖北高路油站经营有限责任公司	机动车燃料零售	湖北省武汉市
湖北劲牌保健酒业有限公司	饮料及茶叶批发	湖北省黄石市
中铁大桥局集团武汉物资有限责任公司	金属及金属矿批发	湖北省武汉市
中石化股份有限公司湖北荆州石油分公司	石油及制品批发	湖北省荆州市
湖北省烟草公司襄樊分公司	烟草制品批发	湖北省襄樊市
湖北省烟草公司孝感市公司	烟草制品批发	湖北省孝感市
湖北银丰实业集团	棉、麻批发	湖北省武汉市
湖北省烟草公司宜昌市公司	烟草制品批发	湖北省宜昌市
中国石油化工股份有限公司湖北荆门石油分公司	石油及制品批发	湖北省荆门市
新龙药业集团有限公司	西药批发	湖北省武汉市
中国石油化工股份有限公司湖北咸宁石油分公司	石油及制品批发	湖北省咸宁市
中石化黄石石油分公司	机动车燃料零售	湖北省黄石市
三里岗香菇贸易公司	其他农畜产品批发	湖北省随州市
国药控股湖北有限公司	西药批发	湖北省武汉市
中国石油化工股份有限公司十堰分公司	石油及制品批发	湖北省十堰市
中国石油天然气股份有限公司湖北黄冈销售分公司	石油及制品批发	湖北省黄冈市
中国石油天然气股份有限公司湖北宜昌销售分公司	机动车燃料零售	湖北省宜昌市
群光实业（武汉）有限公司	百货零售	湖北省武汉市
中国石油化工股份有限公司湖北恩施石油分公司	石油及制品批发	湖北省恩施市

4-5 续表 52

企业名称	所属行业	企业所在地
武汉汉福超市有限公司	超级市场零售	湖北省武汉市
湖北省新华书店	图书批发	湖北省武汉市
武汉国美电器有限公司	家用电器零售	湖北省武汉市
武汉苏宁电器有限公司	家用电器零售	湖北省武汉市
中国石油天然气股份有限公司湖北襄樊销售分公司	机动车燃料零售	湖北省襄樊市
湖北省烟草公司咸宁市分公司	烟草制品批发	湖北省咸宁市
荆门市东方百货大厦	超级市场零售	湖北省荆门市
湖北省烟草公司黄石市公司	烟草制品批发	湖北省黄石市
内蒙古伊利实业集团股份有限公司武汉分公司	其他食品批发	湖北省武汉市
枝江吉星商贸有限公司	其他食品批发	湖北省宜昌市
荆门市烟草专卖局	烟草制品批发	湖北省荆门市
黄冈市黄商贸易股份有限公司	百货零售	湖北省黄冈市
中石化长江燃料有限公司武汉分公司	机动车燃料零售	湖北省武汉市
百胜餐饮（武汉）有限公司	快餐服务	湖北省武汉市
湖北省烟草公司随州市公司	烟草制品批发	湖北省随州市
湖北省烟草公司十堰市公司	烟草制品批发	湖北省十堰市
宜昌国贸大厦集团有限公司	百货零售	湖北省宜昌市
武汉中南工程机械设备有限责任公司	其他机械设备及电子产品批发	湖北省武汉市
湖北富迪实业有限公司	超级市场零售	湖北省仙桃市
武汉市汉商集团股份有限公司	百货零售	湖北省武汉市
湖北省十堰市人民商场股份有限公司	百货零售	湖北省十堰市
中国石化股份有限公司湖北随州石油分公司	石油及制品批发	湖北省随州市
湖北省盐业总公司	盐及调味品批发	湖北省武汉市
武汉市南浦食品有限责任公司	其他食品批发	湖北省武汉市
湖北省十堰市寿康永乐有限公司	超级市场零售	湖北省十堰市
湖北金城大厦集团实业公司	百货零售	湖北省荆门市
武汉千里马工程机械有限公司	其他机械设备及电子产品批发	湖北省武汉市
湖北立旺食品有限公司武汉分公司	其他食品批发	湖北省武汉市
湖北省烟草公司仙桃市公司	烟草制品批发	湖北省仙桃市
中国石油天然气股份有限公司湖北孝感分公司	机动车燃料零售	湖北省孝感市
武穴市食品公司	肉、禽、蛋及水产品零售	湖北省黄冈市
赤壁商城	果品、蔬菜零售	湖北省咸宁市
中国石油天然气股份有限公司湖北恩施销售分公司	石油及制品批发	湖北省恩施市
湖北新世纪购物中心股份有限公司	百货零售	湖北省随州市
湖北省金属材料总公司	金属及金属矿批发	湖北省武汉市
沃尔玛深国投百货有限公司武汉中山大道分店	超级市场零售	湖北省武汉市
武汉蒙牛乳业有限公司	饮料及茶叶批发	湖北省武汉市
武汉滔博商贸江汉有限公司	服装零售	湖北省武汉市
湖北天下明药业有限公司	西药批发	湖北省武汉市
十堰市新合作鑫城超市有限公司	超级市场零售	湖北省十堰市
中国石油天然气股份有限公司湖北荆门销售分公司	石油及制品批发	湖北省荆门市
武汉友谊副食品商业有限责任公司	其他农畜产品批发	湖北省武汉市
中国石油化工股份有限公司湖北高速公路油站管理分公司	机动车燃料零售	湖北省武汉市
武汉鲁巷广场购物中心	百货零售	湖北省武汉市
武汉TCL电器销售有限公司	家用电器批发	湖北省武汉市
中国石油天然气股份有限公司咸宁销售分公司	机动车燃料零售	湖北省咸宁市
蕲春县食品公司	肉、禽、蛋及水产品零售	湖北省黄冈市
湖北省东安工贸有限公司	汽车零售	湖北省武汉市
武汉麦当劳餐饮食品有限公司	快餐服务	湖北省武汉市
湖北银海棉业有限责任公司	棉、麻批发	湖北省潜江市
湖北孝武电器集团有限公司	家用电器零售	湖北省孝感市

4-5 续表 53

企业名称	所属行业	企业所在地
武汉王府井百货有限责任公司	百货零售	湖北省武汉市
武汉大润发江汉超市发展有限公司	超级市场零售	湖北省武汉市
湖北银泰仙桃商城大厦有限公司	百货零售	湖北省仙桃市
湖北雅斯连锁商业有限公司	超级市场零售	湖北省宜昌市
襄樊鼓楼商场股份有限公司	百货零售	湖北省襄樊市
武汉市亢龙太子酒轩有限责任公司	正餐服务	湖北省武汉市
十堰市新合作京华超市有限公司	超级市场零售	湖北省十堰市
房县供销合作联合社	百货零售	湖北省十堰市
武汉新华书店股份有限公司	图书零售	湖北省武汉市
湖北东方超市有限公司	超级市场零售	湖北省宜昌市
蕲春富春工贸城有限责任公司	其他综合零售	湖北省黄冈市
郧西县供销合作社联合社	百货零售	湖北省十堰市
武汉中邮时代电讯科技有限公司	通信设备零售	湖北省武汉市
武汉市小蓝鲸健康美食酒店管理有限公司	正餐服务	湖北省武汉市
武汉南洋大华商贸中心	烟草制品零售	湖北省武汉市
新百丽鞋业（深圳）有限公司	鞋帽零售	湖北省武汉市
宜昌北山商业连锁有限责任公司	超级市场零售	湖北省宜昌市
鄂州市新合供销有限责任公司	百货零售	湖北省鄂州市
武汉艳阳天商贸发展有限公司	正餐服务	湖北省武汉市
荆州大润发商业有限公司	超级市场零售	湖北省荆州市
湖北孝商股份有限公司	超级市场零售	湖北省孝感市
湖北鑫园商贸有限公司	百货零售	湖北省潜江市
湖北联海食品集团有限公司	肉、禽、蛋及水产品零售	湖北省黄石市
湖北医药集团有限公司10	药品零售	湖北省武汉市
湖北真维斯服饰有限公司	服装零售	湖北省武汉市
湖北顺泰商贸有限公司	百货零售	湖北省随州市
香格里拉国际饭店管理有限公司	旅游饭店	湖北省武汉市
长江轮船海外旅游总公司（武汉）	旅游饭店	湖北省武汉市
武汉湖锦娱乐发展有限公司江汉分公司	正餐服务	湖北省武汉市
湖北巴山夜雨酒店管理有限公司	正餐服务	湖北省武汉市
湖北三五酒店有限公司	正餐服务	湖北省武汉市
武汉华美达光谷大酒店	旅游饭店	湖北省武汉市
湖南省		
南方建材股份有限公司	建材批发	湖南省长沙市
湖南省烟草公司长沙市公司	烟草制品批发	湖南省长沙市
中国石油化工股份有限公司湖南长沙石油分公司	机动车燃料零售	湖南省长沙市
湖南大唐燃料开发有限责任公司	煤炭及制品批发	湖南省长沙市
湖南省烟草公司郴州市公司	烟草制品批发	湖南省郴州市
湖南友谊阿波罗商业股份有限公司	百货零售	湖南省长沙市
湖南省烟草公司常德市公司	烟草制品批发	湖南省常德市
中国石油化工股份有限公司湖南株洲石油公司	机动车燃料零售	湖南省株洲市
湖南省烟草公司衡阳市公司	烟草制品批发	湖南省衡阳市
湖南省烟草公司岳阳市公司	烟草制品批发	湖南省岳阳市
湖南省烟草公司邵阳市公司	烟草制品批发	湖南省邵阳市
湖南申湘汽车星沙商务广场有限公司	汽车零售	湖南省长沙市
中国石油化工股份有限公司湖南岳阳石油分公司	机动车燃料零售	湖南省岳阳市
中国石油天然气股份有限公司湖南长沙销售分公司	机动车燃料零售	湖南省长沙市
长沙通程实业（集团）有限公司	百货零售	湖南省长沙市
湖南省新华书店有限责任公司	图书批发	湖南省长沙市
中国石油化工股份有限公司湖南郴州石油分公司	机动车燃料零售	湖南省郴州市
湖南省烟草公司益阳分公司	烟草制品批发	湖南省益阳市

4-5 续表 54

企业名称	所属行业	企业所在地
中国石化湖南衡阳分公司	机动车燃料零售	湖南省衡阳市
长沙双鹤医药有限责任公司	中药材及中成药批发	湖南省长沙市
湖南省烟草公司株洲分公司	烟草制品批发	湖南省株洲市
湖南省烟草公司永州市公司	烟草制品批发	湖南省永州市
中国石油化工股份有限公司湖南怀化石油分公	机动车燃料零售	湖南省怀化市
湖南省烟草公司湘西自治州公司	饮料及茶叶批发	湖南省湘西土家族苗族自治州
中国石油化工股份有限公司永州石油分公司	机动车燃料零售	湖南省永州市
湖南省烟草公司娄底市公司	烟草制品批发	湖南省娄底市
湖南省烟草公司湘潭市公司	烟草制品批发	湖南省湘潭市
中国石油化工股份有限公司湖南常德石油分公司	机动车燃料零售	湖南省常德市
湖南省烟草公司怀化市公司	烟草制品批发	湖南省怀化市
湖南平和堂实业有限公司	百货零售	湖南省长沙市
湖南省茶业有限公司	饮料及茶叶批发	湖南省长沙市
中石化股份有限公司湖南娄底石油分公司	机动车燃料零售	湖南省娄底市
中国石油化工股份有限公司湖南湘潭石油分公司	机动车燃料零售	湖南省湘潭市
快乐购物有限责任公司	邮购及电子销售	湖南省长沙市
步步高商业连锁股份有限公司	超级市场零售	湖南省湘潭市
湖南省轻工盐业集团有限责任公司	盐及调味品批发	湖南省长沙市
湖南省烟草公司张家界市公司	烟草制品批发	湖南省张家界市
中石化湖南益阳石油分公司	机动车燃料零售	湖南省益阳市
株洲百货股份有限公司	百货零售	湖南省株洲市
湖南家润多超市有限公司	超级市场零售	湖南省长沙市
湖南新一佳商业投资有限公司	超级市场零售	湖南省长沙市
湖南大旺食品有限公司长沙分公司	其他食品批发	湖南省长沙市
永州商业城有限责任公司	百货零售	湖南省永州市
长沙王府井百货有限公司	百货零售	湖南省长沙市
中国石油天然气股份有限公司湖南销售常德分公司	机动车燃料零售	湖南省常德市
中国石油化工股份有限公司湖南湘西分公司	机动车燃料零售	湖南省湘西土家族苗族自治州
湖南国美电器有限公司	家用电器零售	湖南省长沙市
中国石油天然气股份有限公司湖南销售郴州分公司	机动车燃料零售	湖南省郴州市
中石油湖南益阳销售分公司	机动车燃料零售	湖南省益阳市
湖南苏宁电器有限公司	家用电器零售	湖南省长沙市
宁乡县联发商贸有限公司	糕点、糖果及糖批发	湖南省长沙市
湖南双舟医药有限责任公司	西药批发	湖南省长沙市
中储发展股份有限公司衡阳分公司	金属及金属矿批发	湖南省衡阳市
湖南邵阳中油销售有限公司	机动车燃料零售	湖南省邵阳市
长沙肯德基有限公司	快餐服务	湖南省长沙市
中国石油湖南销售衡阳分公司	机动车燃料零售	湖南省衡阳市
中国石油天然气股份有限公司湖南岳阳销售分	机动车燃料零售	湖南省岳阳市
湖南时代阳光医药有限公司	西药批发	湖南省长沙市
湖南时代阳光养天和大药房连锁有限公司	药品零售	湖南省长沙市
湖南省印刷物资有限责任公司	其他机械设备及电子产品批发	湖南省长沙市
长沙东之杰运动产业发展有限公司	服装零售	湖南省长沙市
湖南达嘉维康医药有限公司	西药批发	湖南省长沙市
常德美的制冷产品销售有限公司	家用电器批发	湖南省常德市
湖南天士力民生药业有限公司	中药材及中成药批发	湖南省湘潭市
湖南金霞粮食产业有限公司	米、面制品及食用油批发	湖南省长沙市
湖南中旺工程机械设备有限公司	其他机械设备及电子产品批发	湖南省长沙市
长沙TCL电器销售有限公司	家用电器批发	湖南省长沙市
心连心集团有限公司	超级市场零售	湖南省湘潭市
沃尔玛深国投百货有限公司岳阳巴陵中路分店	超级市场零售	湖南省岳阳市
长沙家乐福超市有限责任公司	超级市场零售	湖南省长沙市

4-5 续表 55

企业名称	所属行业	企业所在地
湖南康尔佳医药有限公司	西药批发	湖南省长沙市
老百姓大药房连锁有限公司	药品零售	湖南省长沙市
中石化湖南石油分公司	石油及制品批发	湖南省长沙市
怀化步步高商业连锁有限责任公司	超级市场零售	湖南省怀化市
湖南益丰大药房医药连锁有限公司(总部)	药品零售	湖南省常德市
王一实业集团衡阳香江百货有限公司	百货零售	湖南省衡阳市
湖南常德鼎城德源医药有限公司	西药批发	湖南省常德市
湖南崇盛商贸有限公司荣盛晶珠百货	服装零售	湖南省衡阳市
湖南佳惠百货有限责任公司	超级市场零售	湖南省怀化市
张家界梅尼商贸有限公司	百货零售	湖南省张家界市
长沙步步高商业连锁有限责任公司	超级市场零售	湖南省长沙市
购宝乐商业(湖南)有限公司	超级市场零售	湖南省长沙市
湖南步步高连锁超市益阳有限公司	超级市场零售	湖南省益阳市
常德大润发商业有限公司	超级市场零售	湖南省常德市
沃尔玛深国投百货有限公司娄底春园分店	百货零售	湖南省娄底市
湖南真维斯服饰有限公司	服装零售	湖南省长沙市
湖南运达酒店管理有限公司	旅游饭店	湖南省长沙市
湖南麦当劳（餐厅食品）有限公司	快餐服务	湖南省长沙市
华天酒店集团股份有限公司	旅游饭店	湖南省长沙市
湖南华雅国际大酒店有限公司	旅游饭店	湖南省长沙市
新百丽鞋业（深圳）有限公司长沙分公司	鞋帽零售	湖南省长沙市
益阳步步高商业连锁有限责任公司	超级市场零售	湖南省益阳市
湖南飞鸿通信科技有限公司	通信设备零售	湖南省长沙市
长沙路口物资供销有限公司	百货零售	湖南省长沙市
衡阳步步高商业连锁有限责任公司	超级市场零售	湖南省衡阳市
邵阳市步步高连锁超市有限责任公司	百货零售	湖南省邵阳市
湖南新农合医药连锁有限公司	药品零售	湖南省长沙市
湖南千金金沙大药房零售连锁有限公司	药品零售	湖南省长沙市
长沙润良商业有限公司	超级市场零售	湖南省长沙市
湖南国际金融大厦有限公司（潇湘华天大酒店）	旅游饭店	湖南省长沙市
湖南芙蓉国酒店管理有限公司长沙芙蓉国豪廷大酒店	旅游饭店	湖南省长沙市
长沙市通程国际广场置业发展有限公司	旅游饭店	湖南省长沙市
湖南省中移鼎讯通信有限公司	通讯及广播电视设备批发	湖南省长沙市
株洲市华天大酒店有限责任公司	旅游饭店	湖南省株洲市
长沙神农大酒店有限公司	旅游饭店	湖南省长沙市
沅江广通大酒店有限公司	一般旅馆	湖南省益阳市
广东省		
中国石化销售有限公司华南分公司	石油及制品批发	广东省广州市
中国石油化工股份化工销售华南分公司	其他化工产品批发	广东省广州市
中国石油天然气股份有限公司华南销售分公司	石油及制品批发	广东省广州市
广东省石油企业集团南方石油化工有限公司	石油及制品批发	广东省广州市
比亚迪汽车销售有限公司	汽车、摩托车及零配件批发	广东省深圳市
中国石油化工股份有限公司广东石油分公司	石油及制品批发	广东省广州市
深圳市天音通信发展有限公司	通讯及广播电视设备批发	广东省深圳市
中国石油化工股份有限公司广东广州石油分公司	机动车燃料零售	广东省广州市
中国石油化工股份有限公司深圳石油分公司	石油及制品批发	广东省深圳市
惠州TCL电器销售有限公司	家用电器批发	广东省惠州市
广东物资集团汽车贸易公司	汽车零售	广东省广州市
广州医药有限公司	西药批发	广东省广州市
中国石油化工股份有限公司广东佛山石油分公司	石油及制品批发	广东省佛山市
中石化中海船舶燃料供应有限公司	石油及制品批发	广东省广州市
华润万家有限公司	超级市场零售	广东省深圳市

4-5 续表 56

企业名称	所属行业	企业所在地
广东省丝绸纺织集团有限公司	纺织品、针织品及原料批发	广东省广州市
中国烟草总公司深圳市公司	烟草制品批发	广东省深圳市
联想（深圳）电子有限公司	计算机、软件及辅助设备批发	广东省深圳市
广州立白企业集团有限公司	厨房、卫生间用具及日用杂货批发	广东省广州市
广东烟草广州市有限公司	烟草制品批发	广东省广州市
完美(中国)日用品有限公司生产经营部	其他食品批发	广东省中山市
天虹商场股份有限公司	百货零售	广东省深圳市
国药控股广州有限公司	西药批发	广东省广州市
深圳市北方投资有限公司	建材批发	广东省深圳市
中国石油化工有限公司广东东莞石油分公司	机动车燃料零售	广东省东莞市
深圳市爱施德股份有限公司	通讯及广播电视设备批发	广东省深圳市
深圳中电投资股份有限公司	其他机械设备及电子产品批发	广东省深圳市
广州珠江电力燃料有限公司	煤炭及制品批发	广东省广州市
昆山润华商业有限公司广州黄埔分公司	服装批发	广东省广州市
广东省纺织品进出口股份有限公司	纺织品、针织品及原料批发	广东省广州市
广州钢铁企业集团有限公司	金属及金属矿批发	广东省广州市
中山市物资集团有限公司	金属及金属矿批发	广东省中山市
中国石油化工股份有限公司广东惠州石油分公司	机动车燃料零售	广东省惠州市
沃尔玛深国投百货有限公司	百货零售	广东省深圳市
中油碧辟石油有限公司广州分公司	机动车燃料零售	广东省广州市
广东烟草东莞市有限公司	烟草制品批发	广东省东莞市
广州万力轮胎商贸有限公司	其他化工产品批发	广东省广州市
广州白马服装贸易有限公司	服装批发	广东省广州市
广州屈臣氏个人用品商店有限公司	超级市场零售	广东省广州市
广东烟草佛山市有限公司责任公司	烟草制品批发	广东省佛山市
松下电器机电(深圳)有限公司	其他机械设备及电子产品批发	广东省深圳市
中国石油化工股份有限公司广东茂名石油分公司	机动车燃料零售	广东省茂名市
中国石油化工股份有限公司广东江门石油分公司	机动车燃料零售	广东省江门市
深圳茂业商厦有限公司	百货零售	广东省深圳市
中国石油化工股份有限公司广东韶关石油分公司	石油及制品批发	广东省韶关市
广州市国美电器有限公司	家用电器零售	广东省广州市
中国石油化工股份有限公司广东清远石油分公司	石油及制品批发	广东省清远市
中国石油化工股份有限公司湛江石油分公司	机动车燃料零售	广东省湛江市
广州市广百股份有限公司	百货零售	广东省广州市
中国石油化工股份有限公司广东中山石油分公司	机动车燃料零售	广东省中山市
中石化工股份有限公司广东肇庆石油分公司	机动车燃料零售	广东省肇庆市
广州友谊集团股份有限公司	百货零售	广东省广州市
中海油销售深圳有限公司	机动车燃料零售	广东省深圳市
广东省农业生产资料总公司	化肥批发	广东省广州市
深圳市国美电器有限公司	家用电器零售	广东省深圳市
广东新协力集团有限公司	汽车零售	广东省佛山市
深圳市青岛啤酒华南营销有限公司	饮料及茶叶批发	广东省深圳市
中捷通信有限公司	通讯及广播电视设备批发	广东省广州市
广东省机械进出口股份有限公司	其他机械设备及电子产品批发	广东省广州市
汕头市众业达电器有限公司	其他机械设备及电子产品批发	广东省汕头市
深圳市苏宁电器有限公司	家用电器零售	广东省深圳市
深圳市人人乐商业有限公司	超级市场零售	广东省深圳市
广州友谊班尼路服饰有限公司	服装零售	广东省广州市
华润万家生活超市（广州）有限公司	超级市场零售	广东省广州市
广东烟草湛江市有限公司	烟草制品批发	广东省湛江市
广州纺织品进出口集团有限公司	服装批发	广东省广州市

4-5 续表 57

企业名称	所属行业	企业所在地
深圳市三九医药贸易有限公司	中药材及中成药批发	广东省深圳市
广东苏宁电器有限公司	家用电器零售	广东省广州市
广东烟草惠州市有限公司	烟草制品批发	广东省惠州市
广州神州数码有限公司	计算机、软件及辅助设备批发	广东省广州市
广州易初莲花连锁超市有限公司	超级市场零售	广东省广州市
广东烟草梅州市有限公司	烟草制品批发	广东省梅州市
中国石油化工股份有限公司广东梅州石油分公司	机动车燃料零售	广东省梅州市
格兰仕空调（中山）销售公司	家用电器批发	广东省中山市
广东省中山食品水产进出口集团有限公司	肉、禽、蛋及水产品批发	广东省中山市
广东省外贸开发公司	贸易经纪与代理	广东省广州市
百胜餐饮广东有限公司	快餐服务	广东省广州市
广东九州通医药有限公司	西药批发	广东省中山市
广东烟草韶关市有限公司	烟草制品批发	广东省韶关市
中国石油化工股份有限公司广东河源石油分公司	机动车燃料零售	广东省河源市
广东烟草揭阳市有限公司	烟草制品批发	广东省揭阳市
中国石油天然气股份有限公司广东广州销售分公司	机动车燃料零售	广东省广州市
三星中国投资有限公司广州分公司	家用电器批发	广东省广州市
华润水泥投资有限公司	建材批发	广东省深圳市
中国石油化工股份有限公司珠海石油分公司	机动车燃料零售	广东省珠海市
广东省轻工进出口股份有限公司	其他未列明的批发	广东省广州市
广州百佳超级市场有限公司	超级市场零售	广东省广州市
中域电讯连锁集团股份有限公司	通讯及广播电视设备批发	广东省东莞市
施耐德电气（中国）投资有限公司广州分公司	五金、交电批发	广东省广州市
广东烟草江门市有限公司	烟草制品批发	广东省江门市
真维斯服饰(中国)有限公司	服装批发	广东省惠州市
中国石油化工股份有限公司广东阳江分公司	石油及制品批发	广东省阳江市
广州天河城百货有限公司	服装零售	广东省广州市
联强国际贸易（中国）有限公司广州分公司	计算机、软件及辅助设备批发	广东省广州市
深圳市中金岭南有色金属股份有限公司	金属及金属矿批发	广东省深圳市
广州中邮普泰移动通信设备有限责任公司	通讯及广播电视设备批发	广东省广州市
广东烟草茂名市有限责任公司	烟草制品批发	广东省茂名市
中山市壹加壹商业连锁有限公司	百货零售	广东省中山市
中油中泰燃气有限公司	石油及制品批发	广东省珠海市
广东烟草清远市有限公司	烟草制品批发	广东省清远市
深圳市华孚进出口有限公司	纺织品、针织品及原料批发	广东省深圳市
广东烟草肇庆市有限责任公司	烟草制品批发	广东省肇庆市
中海石油炼化惠州销售有限责任公司	机动车燃料零售	广东省惠州市
松下电器(中国)有限公司广州分公司	家用电器批发	广东省广州市
深圳一致药业股份有限公司	西药批发	广东省深圳市
深圳市顺电连锁股份有限公司	家用电器零售	广东省深圳市
广东烟草中山市有限责任公司	烟草制品批发	广东省中山市
广东烟草河源市有限责任公司	烟草制品批发	广东省河源市
周生生中国商业有限公司	首饰、工艺品及收藏品批发	广东省广州市
深圳市燃气集团股份有限公司	机动车燃料零售	广东省深圳市
广东龙粤通信设备集团有限公司	通信设备零售	广东省广州市
广东三元麦当劳食品有限公司	快餐服务	广东省广州市
中国石油天燃气股份有限公司广东湛江销售分公司	石油及制品批发	广东省湛江市
广东吉之岛天贸百货有限公司	百货零售	广东省广州市
雅芳(中国)有限公司	化妆品及卫生用品零售	广东省广州市
广东省烟草汕尾市有限公司	烟草制品批发	广东省汕尾市

4-5 续表 58

企业名称	所属行业	企业所在地
广东烟草珠海市有限公司	烟草制品批发	广东省珠海市
广州广钢集团金兴物资供应有限公司	再生物资回收与批发	广东省广州市
广州采芝林药业有限公司	中药材及中成药批发	广东省广州市
中国石油化工股份有限公司广东粤东石油公司	石油及制品批发	广东省汕头市
广东粤宏石油化工有限公司	石油及制品批发	广东省中山市
广东烟草普宁市有限责任公司	烟草制品批发	广东省揭阳市
广东省食品进出口集团公司	肉、禽、蛋及水产品批发	广东省广州市
佛山市顺德区乐从供销集团有限公司	超级市场零售	广东省佛山市
新一佳超市有限公司	百货零售	广东省深圳市
广州市金宝服饰有限公司	服装批发	广东省广州市
深圳市怡化电脑有限公司	计算机、软件及辅助设备批发	广东省深圳市
广州市好又多百货商业广场有限公司	百货零售	广东省广州市
百胜餐饮(深圳)有限公司	快餐服务	广东省深圳市
联新能源发展有限公司	石油及制品批发	广东省广州市
广东烟草潮阳有限责任公司潮阳分公司	烟草制品批发	广东省汕头市
深圳市百佳华百货有限公司	百货零售	广东省深圳市
中国石油天然气股份有限公司广东肇庆分公司	机动车燃料零售	广东省肇庆市
遂溪县供销合作联社	化肥批发	广东省湛江市
卡西欧电子(深圳)有限公司	其他机械设备及电子产品批发	广东省深圳市
广州家广超市有限公司	超级市场零售	广东省广州市
茂名市天源商贸发展有限公司	石油及制品批发	广东省茂名市
广东省肇庆土产进出口公司	米、面制品及食用油批发	广东省肇庆市
广州人和新天地贸易有限公司	服装批发	广东省广州市
广州市长晟实业发展有限公司	服装批发	广东省广州市
深圳市金立通信设备有限公司	通讯及广播电视设备批发	广东省深圳市
深圳岁宝百货有限公司	百货零售	广东省深圳市
大金(中国)投资有限公司广州分公司	其他机械设备及电子产品批发	广东省广州市
深圳市恒波商业连锁股份有限公司	通信设备零售	广东省深圳市
珠海格力电器销售有限公司	家用电器批发	广东省珠海市
中国石油化工股份有限公司广东云浮石油分公司	机动车燃料零售	广东省云浮市
四会市东城街道经济实业发展总公司	珠宝首饰零售	广东省肇庆市
广州市振戎燃气连锁经营有限公司	石油及制品批发	广东省广州市
深圳市国有免税商品（集团）有限公司	烟草制品零售	广东省深圳市
永旺华南商业有限公司	百货零售	广东省深圳市
广东烟草阳江市有限责任公司	烟草制品批发	广东省阳江市
佛山市顺德区越大化工贸易有限公司	其他化工产品批发	广东省佛山市
深圳市亨吉利世界名表中心有限公司	钟表、眼镜零售	广东省深圳市
广州市国美电器有限公司佛山分公司	家用电器零售	广东省佛山市
和记黄浦(中国)商贸有限公司	石油及制品批发	广东省广州市
广东周大福珠宝金行有限公司	首饰、工艺品及收藏品批发	广东省广州市
广州市金属回收公司	再生物资回收与批发	广东省广州市
深圳市齐普生信息科技有限公司	计算机、软件及辅助设备批发	广东省深圳市
深圳市华成峰实业有限公司	其他机械设备及电子产品批发	广东省深圳市
珠海市免税企业集团有限公司	百货零售	广东省珠海市
深圳市海王星辰医药有限公司	药品零售	广东省深圳市
中国石油天然气股份有限公司广东惠州销售分公司	石油及制品批发	广东省惠州市
汕头市创美药业有限公司	中药材及中成药批发	广东省汕头市
中国船舶燃料广州有限公司	石油及制品批发	广东省广州市
广东华农温氏畜牧股份有限公司	肉、禽、蛋及水产品批发	广东省云浮市
深圳家乐福商业有限公司	超级市场零售	广东省深圳市
广州市宏丽黄埔百货有限公司	超级市场零售	广东省广州市

4-5 续表 59

企业名称	所属行业	企业所在地
中油碧辟石油有限公司江门分公司	机动车燃料零售	广东省江门市
东莞市糖酒集团美宜佳便利店有限公司	糕点、糖果及糖批发	广东省东莞市
深圳市光汇石油化工股份有限公司	石油及制品批发	广东省深圳市
深圳虎威制衣有限公司广州分公司	服装零售	广东省广州市
肇庆市盛林再生资源有限公司	再生物资回收与批发	广东省肇庆市
深圳岁宝连锁商业发展有限公司	百货零售	广东省深圳市
深圳健安医药有限公司	西药批发	广东省深圳市
中国石油天然气股份有限公司广东江门销售分公司	机动车燃料零售	广东省江门市
中国石油化工股份有限公司广东揭阳石油分公司	石油及制品批发	广东省揭阳市
百朗商贸(深圳)有限公司	鞋帽零售	广东省深圳市
东莞市嘉荣超市有限公司	超级市场零售	广东省东莞市
珠海市国泉贸易有限公司	服装零售	广东省珠海市
中油碧辟石油有限公司中山分公司	机动车燃料零售	广东省中山市
华润万家生活超市（珠海）有限公司	百货零售	广东省珠海市
广东烟草云浮市有限责任公司	烟草制品批发	广东省云浮市
中油碧辟石油有限公司惠州分公司	机动车燃料零售	广东省惠州市
东莞市时尚电器有限公司	家用电器零售	广东省东莞市
东莞市东糖集团有限公司	糕点、糖果及糖批发	广东省东莞市
广州市粮食集团有限责任公司	米、面制品及食用油批发	广东省广州市
广州市鲲跃体育用品有限公司	服装批发	广东省广州市
佛山市苏宁电器有限公司	家用电器零售	广东省佛山市
广州大参林药业有限公司	中药材及中成药批发	广东省广州市
东莞市天虹商场有限公司	百货零售	广东省东莞市
广州天马国际时装贸易有限公司	服装批发	广东省广州市
中国石化股份有限公司广东汕尾石油分公司	机动车燃料零售	广东省汕尾市
深圳市领跑体育用品有限公司	服装零售	广东省深圳市
深圳创维-RGB电子有限公司广州分公司	家用电器批发	广东省广州市
深圳市利联太阳百货有限公司	百货零售	广东省深圳市
东莞市大地通讯连锁服务有限公司	通讯及广播电视设备批发	广东省东莞市
麦当劳餐厅(深圳)有限公司	快餐服务	广东省深圳市
金利来（中国）有限公司广州分公司	服装批发	广东省广州市
TCL家用电器（惠州）有限公司	家用电器批发	广东省惠州市
广州TCL电器销售有限公司	家用电器批发	广东省广州市
广东赛壹便利店有限公司	超级市场零售	广东省广州市
广东新华发行集团股份有限公司	图书批发	广东省广州市
深圳市国美电器有限公司东莞市分公司	家用电器零售	广东省东莞市
中油碧辟石油有限公司深圳分公司	其他未列明的零售	广东省深圳市
广东烟草汕尾市有限公司陆丰分公司	烟草制品批发	广东省汕尾市
广东省中山食品进出口有限公司	肉、禽、蛋及水产品批发	广东省中山市
广东新明珠陶瓷集团有限公司	建材批发	广东省佛山市
广州市煤建公司	煤炭及制品批发	广东省广州市
广东烟草汕头市有限责任公司	烟草制品批发	广东省汕头市
中山榄菊销售有限公司	其他日用品批发	广东省中山市
深圳市休明盛世商贸有限责任公司	其他农畜产品批发	广东省深圳市
嘉顿食品贸易（中国）有限公司	糕点、糖果及糖批发	广东省东莞市
广东烟草南雄市有限公司	烟草制品批发	广东省韶关市
珠海市燃气集团有限公司	石油及制品批发	广东省珠海市
广州大旺食品有限公司广州分公司	糕点、糖果及糖批发	广东省广州市
深圳市深燃石油气有限公司	其他未列明的零售	广东省深圳市
广东骏捷汽车贸易有限公司	汽车、摩托车及零配件批发	广东省广州市
福达(中国)投资有限公司	盐及调味品批发	广东省广州市
深圳酷动数码有限公司	计算机、软件及辅助设备批发	广东省深圳市

4-5 续表 60

企业名称	所属行业	企业所在地
深圳市康哲药业有限公司	西药批发	广东省深圳市
深圳市鑫荣懋实业发展有限公司	果品、蔬菜批发	广东省深圳市
广州红牛维他命饮料有限公司	饮料及茶叶批发	广东省广州市
广东格兰仕电器销售有限公司	家用电器批发	广东省中山市
广州王府井百货大楼有限责任公司	百货零售	广东省广州市
东莞沃尔玛百货有限公司	超级市场零售	广东省东莞市
广东大参林连锁药店有限公司	药品零售	广东省广州市
李锦记中国销售有限公司	盐及调味品批发	广东省广州市
茂名市明湖百货有限公司	超级市场零售	广东省茂名市
深圳世强电讯有限公司	其他机械设备及电子产品批发	广东省深圳市
广州市宏丽有限公司	超级市场零售	广东省广州市
中山市创世纪汽车有限公司	汽车零售	广东省中山市
达能益力贸易（深圳）有限公司	饮料及茶叶批发	广东省深圳市
广州摩登百货股份有限公司	百货零售	广东省广州市
银基贸易发展(深圳)有限公司	饮料及茶叶批发	广东省深圳市
东莞市励骏实业有限公司	鞋帽零售	广东省东莞市
东莞喜威液化石油气有限公司	石油及制品批发	广东省东莞市
微优商贸(深圳)有限公司	计算机、软件及辅助设备批发	广东省深圳市
广东温氏食品集团有限公司勒竹分公司	肉、禽、蛋及水产品批发	广东省云浮市
珠海市泰锋电业有限公司	家用电器零售	广东省珠海市
东莞市苏宁电器有限公司	家用电器零售	广东省东莞市
东莞美的制冷设备销售有限公司	家用电器批发	广东省东莞市
四会市大地资源再生有限公司	再生物资回收与批发	广东省肇庆市
健康元药业集团股份有限公司	西药批发	广东省深圳市
茂名市实业发展集团公司	其他化工产品批发	广东省茂名市
华润万家生活超市(中山)有限公司	超级市场零售	广东省中山市
潮州市中凯华丰能源连锁配送有限公司	石油及制品批发	广东省潮州市
高州市食品企业集团公司	肉、禽、蛋及水产品批发	广东省茂名市
湛江纺织企业集团公司	棉、麻批发	广东省湛江市
广州市盛世长运商贸连锁有限公司	服装批发	广东省广州市
中山市信和商业连锁有限公司	超级市场零售	广东省中山市
广东东鹏陶瓷股份有限公司	建材批发	广东省佛山市
广州市鼎尚股份有限公司	服装批发	广东省广州市
深圳美的制冷产品销售有限公司	家用电器批发	广东省深圳市
广东一力医药有限公司	中药材及中成药批发	广东省肇庆市
广州九州通医药有限公司	中药材及中成药批发	广东省广州市
信宜市粤信肉类食品有限公司	肉、禽、蛋及水产品批发	广东省茂名市
广东益华百货有限公司	百货零售	广东省中山市
广州食品企业集团有限公司	肉、禽、蛋及水产品批发	广东省广州市
深圳市国美电器有限公司中山分公司	家用电器零售	广东省中山市
深圳市国美电器有限公司惠州分公司	家用电器零售	广东省惠州市
广州真功夫快餐连锁管理有限公司	快餐服务	广东省广州市
东莞市荣兴纸业有限公司	其他未列明的批发	广东省东莞市
广州市新大新有限公司	百货零售	广东省广州市
广州沃尔玛百货有限公司	超级市场零售	广东省广州市
深圳百安居装饰建材有限公司	其他室内装修材料零售	广东省深圳市
中山市万荣营销有限公司	化妆品及卫生用品批发	广东省中山市
中国石油化工股份有限公司广东潮州石油分公司	石油及制品批发	广东省潮州市
深圳乐荣超市有限公司	超级市场零售	广东省深圳市
广东温氏食品集团有限公司车岗分公司	肉、禽、蛋及水产品批发	广东省云浮市
深圳市昊天林实业有限公司	其他电子产品零售	广东省深圳市
珠海众大利物资车业有限公司	汽车零售	广东省珠海市

4-5 续表 61

企业名称	所属行业	企业所在地
珠海市华海鹏城酒业有限公司	饮料及茶叶批发	广东省珠海市
广州花园酒店	旅游饭店	广东省广州市
广州市运通四方实业有限公司	汽车、摩托车及零配件批发	广东省广州市
深圳市红牛实业有限公司	饮料及茶叶批发	广东省深圳市
广东温氏食品集团有限公司稔村分公司	肉、禽、蛋及水产品批发	广东省云浮市
广州安骅汽车贸易有限公司	汽车零售	广东省广州市
内蒙古伊利实业股份有限公司广州分公司	饮料及茶叶批发	广东省广州市
特易购商业(广东)有限公司	百货零售	广东省广州市
深圳出版发行集团公司	图书零售	广东省深圳市
东莞市东孚商贸有限公司	化妆品及卫生用品批发	广东省东莞市
佛山市顺德区大润发商业有限公司	超级市场零售	广东省佛山市
深圳市龙浩天地商贸发展有限公司	鞋帽零售	广东省深圳市
七天酒店深圳有限公司	一般旅馆	广东省广州市
沃尔玛（广东）商业零售有限公司	超级市场零售	广东省广州市
深圳市金活医药有限公司	中药材及中成药批发	广东省深圳市
东莞家乐福商业有限公司	超级市场零售	广东省东莞市
海球(广州)商业有限公司	服装零售	广东省广州市
东莞市国贸超级市场有限公司	超级市场零售	广东省东莞市
广东紫云轩药业有限公司	中药材及中成药批发	广东省茂名市
广州市广新电器有限公司	家用电器批发	广东省广州市
深圳市联诚医药有限公司	西药批发	广东省深圳市
深圳市金永励实业发展有限公司	化妆品及卫生用品批发	广东省深圳市
新兴县温氏食品联营有限公司	肉、禽、蛋及水产品批发	广东省云浮市
广州市长隆酒店有限公司	旅游饭店	广东省广州市
深圳市安新源贸易有限公司	化妆品及卫生用品批发	广东省深圳市
深圳市金帝营销有限公司	糕点、糖果及糖批发	广东省深圳市
深圳市源兴果品有限公司	果品、蔬菜批发	广东省深圳市
深圳市江波龙电子有限公司	计算机、软件及辅助设备批发	广东省深圳市
香格里拉大酒店(广州琶洲)有限公司	旅游饭店	广东省广州市
中山苏宁电器有限公司	家用电器零售	广东省中山市
昆山润福商贸有限公司广州花都分公司	百货零售	广东省广州市
广州百佳超级市场有限公司深圳分公司	超级市场零售	广东省深圳市
中国石油天然气股份有限公司广东阳江销售分公司	石油及制品批发	广东省阳江市
深圳荷花商贸有限公司	服装批发	广东省深圳市
韶关市宜达燃料开发有限公司	煤炭及制品批发	广东省韶关市
深圳市鹏峰汽车有限公司	汽车零售	广东省深圳市
广东万宁连锁商业有限公司	其他综合零售	广东省广州市
广州城建开发宏城连锁超级市场有限公司	超级市场零售	广东省广州市
佛山市南海大沣实业有限公司	鞋帽批发	广东省佛山市
台山市长江食品有限公司	肉、禽、蛋及水产品批发	广东省江门市
广东骏和通信设备连锁销售有限公司	通信设备零售	广东省广州市
惠州市天虹商场有限公司	百货零售	广东省惠州市
佛山市顺德区乐从供销集团顺客隆商场有限公司	超级市场零售	广东省佛山市
惠州市人人乐商业有限公司	百货零售	广东省惠州市
东芝家用电器销售（南海）有限公司	家用电器批发	广东省佛山市
深圳市TCL电器销售有限公司	其他机械设备及电子产品批发	广东省深圳市
广东雄峰特殊钢有限公司	金属及金属矿批发	广东省佛山市
广东省盐业运销(企业)集团公司	盐及调味品批发	广东省广州市
中国石油天然气股份有限公司广东清远销售分公司	石油及制品批发	广东省清远市
百隆纺织（深圳）有限公司	纺织品、针织品及原料批发	广东省深圳市
深圳市赛威特实业有限公司	计算机、软件及辅助设备批发	广东省深圳市

4-5 续表 62

企业名称	所属行业	企业所在地
深圳市深南燃气有限公司	石油及制品批发	广东省深圳市
蓝带啤酒销售有限公司	其他食品批发	广东省肇庆市
广州宝元贸易有限公司	服装零售	广东省广州市
昆山润华商业有限公司中山小榄分公司	百货零售	广东省中山市
广州市番禺沙园集团有限公司	家用电器零售	广东省广州市
深圳市卡尔丹顿服饰有限公司	服装零售	广东省深圳市
广东省广弘食品集团有限公司	肉、禽、蛋及水产品批发	广东省广州市
中山市华润万家便利超市有限公司	超级市场零售	广东省中山市
深圳面点王饮食连锁有限公司	快餐服务	广东省深圳市
东莞肯德基有限公司	快餐服务	广东省东莞市
白天鹅宾馆	旅游饭店	广东省广州市
东莞市天和商贸有限公司	百货零售	广东省东莞市
深圳市一致医药连锁有限公司	药品零售	广东省深圳市
肇庆市大润发商业发展有限公司	超级市场零售	广东省肇庆市
青岛润泰实业有限公司东莞大朗分公司	超级市场零售	广东省东莞市
广东吉之岛天贸百货有限公司珠海扬名广场分公司	百货零售	广东省珠海市
中国大酒店	旅游饭店	广东省广州市
江门市益华百货有限公司	百货零售	广东省江门市
真维斯服饰（广东）有限公司	服装零售	广东省惠州市
广州市好又多新港百货商业有限公司	超级市场零售	广东省广州市
广州酒家集团股份有限公司	正餐服务	广东省广州市
深圳臻乔时装有限公司	服装零售	广东省深圳市
佛山宾馆有限公司	旅游饭店	广东省佛山市
深圳市曼妮芬针织品有限公司	服装零售	广东省深圳市
广州市国美电器有限公司茂名分公司	家用电器零售	广东省茂名市
昆山润华商业有限公司潮州分公司	百货零售	广东省潮州市
港中旅（珠海）海洋温泉有限公司	旅游饭店	广东省珠海市
深圳华侨城大酒店有限公司	旅游饭店	广东省深圳市
广州市好又多芳村百货商业有限公司	百货零售	广东省广州市
广州富力恒盛置业发展有限公司富力丽思卡尔顿酒店分公司	旅游饭店	广东省广州市
深圳市大润发商业有限公司	超级市场零售	广东省深圳市
佛山市南海区华南通商贸发展有限公司	百货零售	广东省佛山市
韶关市大润发商业有限公司	超级市场零售	广东省韶关市
汕头市易初莲花有限公司	超级市场零售	广东省汕头市
佛山市南海润良商业有限公司	超级市场零售	广东省佛山市
中石化广东公司普宁分公司	机动车燃料零售	广东省揭阳市
深圳市有荣配销有限公司	超级市场零售	广东省深圳市
深圳市好又多量贩百货有限公司	超级市场零售	广东省深圳市
广州市润平商业有限公司	百货零售	广东省广州市
惠州市丽日购物广场有限公司	百货零售	广东省惠州市
利信达商业(中国)有限公司	服装零售	广东省广州市
广州市国美电器有限公司江门分公司	家用电器零售	广东省江门市
广州市海王星辰医药连锁有限公司	药品零售	广东省广州市
广州康诚商业有限公司	超级市场零售	广东省广州市
香格里拉大酒店（深圳福田）有限公司	旅游饭店	广东省深圳市
广州购书中心有限公司	图书零售	广东省广州市
广州市人人乐商业有限公司	超级市场零售	广东省广州市
汕头苏宁电器有限公司	家用电器零售	广东省汕头市
广州卡奴迪路服饰股份有限公司	服装零售	广东省广州市
广州市城建天誉房地产开发有限公司威斯汀酒店	旅游饭店	广东省广州市
广州市好又多黄花岗百货有限公司	百货零售	广东省广州市
广东胜佳超市有限公司	百货零售	广东省广州市

4-5 续表 63

企业名称	所属行业	企业所在地
深圳真功夫餐饮管理有限公司	快餐服务	广东省深圳市
广州健民医药连锁有限公司	药品零售	广东省广州市
广州市新华书店集团有限公司	图书零售	广东省广州市
真功夫餐饮管理有限公司	快餐服务	广东省东莞市
敢创国际商贸(深圳)有限公司	计算机、软件及辅助设备零售	广东省深圳市
深圳市国惠康实业发展有限公司	超级市场零售	广东省深圳市
广东肇福珠宝金行有限公司	珠宝首饰零售	广东省肇庆市
广州市东方宾馆股份有限公司	旅游饭店	广东省广州市
广东大参林连锁药店有限公司	药品零售	广东省茂名市
华润（深圳）有限公司君悦酒店	旅游饭店	广东省深圳市
东莞市嘉祥通讯有限公司	通信设备零售	广东省东莞市
佛山市顺德区金百惠贸易有限公司	超级市场零售	广东省佛山市
广东赛壹便利店有限公司深圳分公司	其他综合零售	广东省深圳市
东莞市塘厦三正半山酒店有限酒店	旅游饭店	广东省东莞市
江门市逸豪酒店有限公司	旅游饭店	广东省江门市
广东东明股份有限公司	超级市场零售	广东省韶关市
广州富力鼎盛置业发展有限公司富力君悦大酒店分公司	旅游饭店	广东省广州市
深圳市岁孚服装有限公司	服装零售	广东省深圳市
深圳市中联大药房有限公司	药品零售	广东省深圳市
东莞市会展国际大酒店	旅游饭店	广东省东莞市
广州渔民新村饮食有限公司	正餐服务	广东省广州市
广州市绿茵阁饮食连锁有限公司	正餐服务	广东省广州市
美心星巴克咖啡餐饮(深圳)有限公司	饮料及冷饮服务	广东省深圳市
星河实业（深圳）有限公司星河丽思卡尔顿酒店	旅游饭店	广东省深圳市
惠州市康帝国际酒店有限公司	旅游饭店	广东省惠州市
深圳香格里拉大酒店有限公司	旅游饭店	广东省深圳市
东莞麦华食品有限公司	快餐服务	广东省东莞市
深圳维也纳酒店有限公司	旅游饭店	广东省深圳市
深圳威尼斯酒店	旅游饭店	广东省深圳市
广东新白云宾馆有限公司	旅游饭店	广东省广州市
永旺中国商业有限公司顺德分公司	超级市场零售	广东省佛山市
深圳市大中华喜来登酒店有限公司	旅游饭店	广东省深圳市
广东亚洲国际大酒店	旅游饭店	广东省广州市
南海渔村有限公司	正餐服务	广东省广州市
中山市京华世纪酒店有限公司	旅游饭店	广东省中山市
东莞市龙泉国际大酒店	旅游饭店	广东省东莞市
汕头市高新区新梅园大酒楼有限公司	正餐服务	广东省汕头市
深圳恒丰海悦国际酒店有限公司	旅游饭店	广东省深圳市
深圳市方太厨具有限公司	家用电器零售	广东省深圳市
深圳市嘉旺餐饮连锁有限公司	快餐服务	广东省深圳市
东莞麦长食品有限公司	快餐服务	广东省东莞市
美心星巴克咖啡餐饮(广东)有限公司	饮料及冷饮服务	广东省广州市
东莞市蒂豪花园酒店有限公司	旅游饭店	广东省东莞市
东莞市松山湖酒店有限公司凯悦酒店分公司	旅游饭店	广东省东莞市
中山麦当劳食品有限公司	快餐服务	广东省中山市
东莞市嘉华酒店有限公司	旅游饭店	广东省东莞市
广州华侨大厦企业有限公司	旅游饭店	广东省广州市
深圳市华侨城城市客栈有限公司	一般旅馆	广东省深圳市
深圳永和大王餐饮有限公司	快餐服务	广东省深圳市
湛江康益广场娱乐有限公司	旅游饭店	广东省湛江市

4-5 续表 64

企业名称	所属行业	企业所在地
佛山市恒安瑞士酒店管理有限公司	旅游饭店	广东省佛山市
深圳圣廷苑酒店有限公司	旅游饭店	广东省深圳市
江门市名冠金凯悦大酒店有限公司	一般旅馆	广东省江门市
深圳航空食品有限公司	其他餐饮服务	广东省深圳市
金茂深圳酒店投资有限公司金茂深圳万豪酒店	旅游饭店	广东省深圳市
广州大厦有限公司	一般旅馆	广东省广州市
珠海度假村酒店有限公司	旅游饭店	广东省珠海市
广州市番禺中国旅行社	正餐服务	广东省广州市
深圳市小肥羊餐饮连锁有限公司	正餐服务	广东省深圳市
深圳好日子酒店有限公司	旅游饭店	广东省深圳市
春满园饮食管理服务（深圳）有限公司	正餐服务	广东省深圳市
广信江湾新城	旅游饭店	广东省广州市
广州凯旋华美达大酒店	旅游饭店	广东省广州市
东莞旗峰山酒店有限公司	正餐服务	广东省东莞市
广州市星河湾酒店有限公司	旅游饭店	广东省广州市
广州黄埔华苑大酒店	正餐服务	广东省广州市
江门麦当劳（餐厅食品）有限公司	快餐服务	广东省江门市
肇庆市奥威斯酒店有限公司	旅游饭店	广东省肇庆市
广东省机场管理集团公司白云机场铂尔曼大酒店	旅游饭店	广东省广州市
深圳领鲜稻香饮食有限公司	正餐服务	广东省深圳市
广州泛亚饮食有限公司	快餐服务	广东省广州市
深圳大快活快餐有限公司	快餐服务	广东省深圳市
广州流花宾馆集团股份有限公司	旅游饭店	广东省广州市
佛山金城大酒店有限公司	旅游饭店	广东省佛山市
东莞市长安国际酒店有限公司	旅游饭店	广东省东莞市
中山香格里拉大酒店有限公司	旅游饭店	广东省中山市
广州陶陶居饮食有限公司	正餐服务	广东省广州市
广州市越秀区艺都燕窝鱼翅酒家	正餐服务	广东省广州市
深圳市迈志豪餐饮实业有限公司	其他餐饮服务	广东省深圳市
加福投资(深圳)有限公司福朋喜来登酒店	旅游饭店	广东省深圳市
广东大厦	旅游饭店	广东省广州市
深圳阳光酒店	旅游饭店	广东省深圳市
深圳市海珠城美食会有限公司	正餐服务	广东省深圳市
广州市番禺区南村四海一家美食城	正餐服务	广东省广州市
东莞市昌明实业有限公司喜来登酒店	旅游饭店	广东省东莞市
广东迎宾馆	旅游饭店	广东省广州市
深圳市誉兴饮食管理有限公司	其他餐饮服务	广东省深圳市
东新(佛冈)温泉开发有限公司	旅游饭店	广东省清远市
东莞市宏远酒店有限公司	旅游饭店	广东省东莞市
中山市海港商务酒店有限公司	正餐服务	广东省中山市
余彭年管理(深圳)有限公司	旅游饭店	广东省深圳市
湛江市赤坎大天然海鲜居有限公司	正餐服务	广东省湛江市
深圳市百岁村餐饮连锁有限公司	正餐服务	广东省深圳市
东莞宾馆有限公司	旅游饭店	广东省东莞市
增城市碧桂园凤凰城酒店有限公司	旅游饭店	广东省广州市
东莞市太子酒店有限公司	旅游饭店	广东省东莞市
广州华威达商务大酒店有限公司	旅游饭店	广东省广州市
东莞海悦花园大酒店有限公司	旅游饭店	广东省东莞市
广西壮族自治区		
中国石油化工股份有限公司广西南宁石油分公司	石油及制品批发	广西壮族自治区南宁市
中国石油化工股份有限公司广西柳州石油分公司	石油及制品批发	广西壮族自治区柳州市

4-5 续表 65

企业名称	所属行业	企业所在地
中国石油化工股份有限公司广西梧州石油分公司	石油及制品批发	广西壮族自治区梧州市
中国石油化工股份有限公司广西桂林石油分公司	石油及制品批发	广西壮族自治区桂林市
广西壮族自治区烟草公司南宁市公司	烟草制品批发	广西壮族自治区南宁市
中国石油化工股份有限公司广西百色石油分公司	石油及制品批发	广西壮族自治区百色市
中国石油天然气股份有限公司广西南宁销售分公司	石油及制品批发	广西壮族自治区南宁市
广西壮族自治区烟草公司桂林市公司	烟草制品批发	广西壮族自治区桂林市
中国石油化工股份有限公司广西河池石油分公司	石油及制品批发	广西壮族自治区河池市
中国石油化工股份有限公司广西贵港石油分公司	石油及制品批发	广西壮族自治区贵港市
中国石油化工股份有限公司广西玉林石油分公司	石油及制品批发	广西壮族自治区玉林市
广西柳州医药有限责任公司	药品零售	广西壮族自治区柳州市
广西壮族自治区烟草公司柳州市公司	烟草制品批发	广西壮族自治区柳州市
中国石油化工股份有限公司广西钦州石油分公司	石油及制品批发	广西壮族自治区钦州市
南宁百货大楼股份有限公司	百货零售	广西壮族自治区南宁市
广西壮族自治区烟草公司百色市公司	烟草制品批发	广西壮族自治区百色市
广西格力空调销售有限责任公司	其他机械设备及电子产品批发	广西壮族自治区南宁市
广西辉煌交通石化有限公司	石油及制品批发	广西壮族自治区南宁市
广西玉柴机器专卖发展有限公司	其他未列明的零售	广西壮族自治区玉林市
广西壮族自治区烟草公司河池分公司	烟草制品批发	广西壮族自治区河池市
中国石油天然气股份有限公司广西桂林销售分公司	石油及制品批发	广西壮族自治区桂林市
中国石油天然气股份有限公司广西柳州销售分公司	石油及制品批发	广西壮族自治区柳州市
中国石油天然气股份有限公司广西玉林销售分公司	石油及制品批发	广西壮族自治区玉林市
广西壮族自治区烟草公司玉林市公司	烟草制品批发	广西壮族自治区玉林市
中国石油化工股份有限公司广西北海石油分公司	石油及制品批发	广西壮族自治区北海市
广西壮族自治区烟草公司贵港市公司	烟草制品批发	广西壮族自治区贵港市
广西南宁梦之岛百货有限公司	百货零售	广西壮族自治区南宁市
中国石油天然气股份有限公司广西河池销售分公司	石油及制品批发	广西壮族自治区河池市
广西壮族自治区烟草公司梧州分公司	烟草制品批发	广西壮族自治区梧州市
广西壮族自治区烟草公司钦州市公司	烟草制品批发	广西壮族自治区钦州市
中国石油天然气股份有限公司广西钦州销售分公司	石油及制品批发	广西壮族自治区钦州市
广西新华书店集团有限公司	图书批发	广西壮族自治区南宁市
桂林市微笑堂实业发展有限公司	百货零售	广西壮族自治区桂林市
广西小松工程机械设备有限责任公司	其他机械设备及电子产品批发	广西壮族自治区南宁市
广西壮族自治区烟草公司北海市公司	烟草制品批发	广西壮族自治区北海市
广西烟草公司贺州市公司	烟草制品批发	广西壮族自治区贺州市
广西壮族自治区烟草公司崇左市公司	烟草制品批发	广西壮族自治区崇左市
中国石油天然气股份有限公司广西百色销售分公司	石油及制品批发	广西壮族自治区百色市
广西南宁梦之岛水晶城百货有限公司	百货零售	广西壮族自治区南宁市
广西壮族自治区烟草公司来宾市公司	烟草制品批发	广西壮族自治区来宾市
广西南城百货股份有限公司	超级市场零售	广西壮族自治区南宁市
广西太华医药有限公司	西药批发	广西壮族自治区南宁市
广西联华超市股份有限公司	超级市场零售	广西壮族自治区柳州市
广西平安堂药业有限责任公司	西药批发	广西壮族自治区玉林市
广西壮族自治区烟草公司防城港市公司	烟草制品批发	广西壮族自治区防城港市
柳州工贸大厦股份有限公司	百货零售	广西壮族自治区柳州市
广西壮族自治区盐业公司	盐及调味品批发	广西壮族自治区南宁市
广西苏宁电器有限公司	家用电器零售	广西壮族自治区南宁市
广西松宇机电设备有限公司	其他机械设备及电子产品批发	广西壮族自治区南宁市
柳州市百货股份有限公司	百货零售	广西壮族自治区柳州市
南宁市人人乐商业有限公司	超级市场零售	广西壮族自治区南宁市
南宁市王者通讯股份有限公司	通讯及广播电视设备批发	广西壮族自治区南宁市
广西顶佳计算机信息有限公司	计算机、软件及辅助设备批发	广西壮族自治区南宁市

4-5 续表 66

企业名称	所属行业	企业所在地
广西洁宝纸业有限公司	化妆品及卫生用品批发	广西壮族自治区柳州市
南宁国美电器有限公司	家用电器零售	广西壮族自治区南宁市
北海大润发商业有限公司	超级市场零售	广西壮族自治区北海市
北海和安贸易有限责任公司	百货零售	广西壮族自治区北海市
玉林金城商厦有限责任公司	超级市场零售	广西壮族自治区玉林市
广西利客隆超市有限公司	超级市场零售	广西壮族自治区南宁市
南宁肯德基有限公司	快餐服务	广西壮族自治区南宁市
桂林南城百货有限公司	超级市场零售	广西壮族自治区桂林市
桂林市西麦营销有限公司	饮料及茶叶零售	广西壮族自治区桂林市
广西老百姓大药房连锁有限责任公司	药品零售	广西壮族自治区南宁市
广西华联综合超市有限公司	超级市场零售	广西壮族自治区南宁市
广西宁铁生活服务总公司	生活用燃料零售	广西壮族自治区柳州市
广西通用商贸有限公司	超级市场零售	广西壮族自治区玉林市
柳州五菱新事业发展有限责任公司	汽车零售	广西壮族自治区柳州市
漓江大瀑布饭店	旅游饭店	广西壮族自治区桂林市
广西麦当劳餐厅食品有限公司	快餐服务	广西壮族自治区南宁市
广西南宁饭店	旅游饭店	广西壮族自治区南宁市
广西红林大酒店有限公司	旅游饭店	广西壮族自治区南宁市
广西沃顿国际大酒店有限公司	旅游饭店	广西壮族自治区南宁市
柳州饭店	旅游饭店	广西壮族自治区柳州市
南宁明园饭店	旅游饭店	广西壮族自治区南宁市
海南省		
中国石油化工股份有限公司海南石油分公司	机动车燃料零售	海南省海口市
海南省烟草公司海口公司	烟草制品批发	海南省海口市
中国石油天然气股份公司海南销售分公司	机动车燃料零售	海南省海口市
海南天然橡胶产业集团金橡有限公司	其他化工产品批发	海南省海口市
海南省烟草公司三亚公司	烟草制品批发	海南省三亚市
海南省烟草琼海公司	烟草制品批发	海南省琼海市
海南四环医药有限公司	西药批发	海南省儋州市
海南省烟草公司儋州公司	烟草制品批发	海南省儋州市
海南大润发商业有限公司	超级市场零售	海南省海口市
海南神威药业有限公司	中药材及中成药批发	海南省儋州市
海南民生百货商场有限公司	百货零售	海南省海口市
广州市国美电器有限公司海南分公司	家用电器零售	海南省海口市
海南快克药业有限公司	西药批发	海南省海口市
海口家乐福商业有限公司	超级市场零售	海南省海口市
昆山润华商业有限公司海口国兴大道分公司	超级市场零售	海南省海口市
金茂三亚丽思卡尔顿酒店	旅游饭店	海南省三亚市
三亚天域度假酒店	旅游饭店	海南省三亚市
三亚希尔顿大酒店	旅游饭店	海南省三亚市
三亚盈湾酒店有限公司	旅游饭店	海南省三亚市
三亚红树林旅业有限公司	旅游饭店	海南省三亚市
三亚家化万豪度假酒店	旅游饭店	海南省三亚市
三亚国光豪生度假酒店有限公司	旅游饭店	海南省三亚市
海南新佳和实业有限公司	旅游饭店	海南省三亚市
三亚君澜度假酒店	旅游饭店	海南省三亚市
三亚蜈支洲岛度假中心	旅游饭店	海南省三亚市
三亚湘投银泰度假酒店	旅游饭店	海南省三亚市
三亚华宇皇冠假日酒店	旅游饭店	海南省三亚市
三亚海韵度假酒店有限公司	旅游饭店	海南省三亚市
华能海南实业有限公司海口喜来登温泉度假酒店	旅游饭店	海南省海口市

4-5 续表 67

企业名称	所属行业	企业所在地
三亚亚龙湾仙人掌度假酒店	旅游饭店	海南省三亚市
重庆市		
重庆海尔家电销售有限公司	家用电器批发	重庆市江北区
中国烟草总公司重庆市公司	烟草制品批发	重庆市江北区
中国石油天然气股份有限公司重庆销售分公司	石油及制品批发	重庆市渝中区
重庆商社新世纪百货有限公司	百货零售	重庆市江北区
重庆百货大楼股份有限公司	百货零售	重庆市渝中区
重庆医药股份有限公司	药品零售	重庆市渝中区
重庆东风渝安汽车销售有限公司	汽车、摩托车及零配件批发	重庆市沙坪坝区
重庆力帆实业集团销售有限公司	汽车、摩托车及零配件批发	重庆市沙坪坝区
中国石油化工股份有限公司重庆石油分公司	石油及制品批发	重庆市渝中区
重庆铠恩国际家居名都经营有限公司	家具零售	重庆市巴南区
重庆永辉超市有限公司	超级市场零售	重庆市江北区
重庆华轻商业公司	家用电器批发	重庆市渝中区
九禾股份有限公司	化肥批发	重庆市杨家坪区
重庆新华书店集团公司	文具用品零售	重庆市渝中区
重庆渝宁苏宁电器有限公司	家用电器零售	重庆市渝中区
重庆商社电器有限公司	家用电器零售	重庆市渝中区
重庆国美电器有限公司	家用电器零售	重庆市沙坪坝区
重庆桐君阁股份有限公司	中药材及中成药批发	重庆市渝中区
重庆市油脂公司	米、面制品及食用油批发	重庆市渝中区
重庆鼎豪商贸有限公司	煤炭及制品批发	重庆市万州区
中国石油重庆销售涪陵分公司	机动车燃料零售	重庆市涪陵区
重庆九州通医药有限公司	西药批发	重庆市南岸区
重庆美的空调销售有限公司	家用电器批发	重庆市渝中区
重庆市盐业总公司	盐及调味品批发	重庆市渝中区
重庆中钢物资有限公司	非金属矿及制品批发	重庆市长寿区
中国石油化工股份有限公司重庆三峡石油分公司	石油及制品批发	重庆市万州区
重庆龙禹石油有限公司	石油及制品批发	重庆市渝北区
重庆重客隆超市连锁有限责任公司	超级市场零售	重庆市渝中区
重庆鼎尚物流有限公司	其他化工产品批发	重庆市万州区
重庆科渝药品经营有限公司	西药批发	重庆市南岸区
重庆市长安跨越车辆营销有限公司	汽车、摩托车及零配件批发	重庆市江北区
重庆市再生资源物流有限公司	再生物资回收与批发	重庆市渝中区
重庆安福汽车营销有限公司	汽车零售	重庆市渝北区
重庆家乐福商业有限公司	百货零售	重庆市渝中区
重庆和平药房连锁有限责任公司	西药批发	重庆市渝中区
重庆市新大兴实业（集团）有限公司	超级市场零售	重庆市涪陵区
重庆德佳食品（集团）有限公司	牲畜批发	重庆市合川区
重庆远东百货有限公司	百货零售	重庆市江北区
重庆长圣医药有限公司	西药批发	重庆市南岸区
中国石油天然气股份有限公司重庆渝中销售分公司	机动车燃料零售	重庆市九龙坡区
中国烟草总公司重庆市公司武隆分公司	烟草制品批发	重庆市武隆区
万州烟草分公司	烟草制品批发	重庆市万州区
周大福珠宝金行（重庆）有限公司	首饰、工艺品及收藏品批发	重庆市涪陵区
中国烟草总公司重庆市公司涪陵分公司	烟草制品批发	重庆市涪陵区
重庆市万州区华西实业有限责任公司	服装批发	重庆市万州区
重庆市烟草公司奉节分公司	烟草制品批发	重庆市奉节县
重庆明辉格力电器销售有限公司	家用电器批发	重庆市九龙坡区
重庆中百仓储超市有限公司	超级市场零售	重庆市九龙坡区
重庆市凯福珠宝金行有限公司	首饰、工艺品及收藏品批发	重庆市涪陵区

4-5 续表 68

企业名称	所属行业	企业所在地
重庆陶然居饮食文化（集团）股份有限公司	正餐服务	重庆市九龙坡区
中国烟草总公司重庆市公司黔江分公司	烟草制品批发	重庆市黔江区
重庆兴红得聪餐饮管理有限公司	快餐服务	重庆市渝中区
重庆嘉茂沙坪坝商业咨询管理有限公司	百货零售	重庆市沙坪坝区
重庆东银壳牌石化有限公司	石油及制品批发	重庆市渝北区
中国烟草总公司重庆市公司巫山分公司	烟草制品批发	重庆市巫山区
重庆市铜梁县粮油购销总公司	谷物、豆及薯类批发	重庆市铜梁县
重庆天助水泥销售有限公司	其他室内装修材料零售	重庆市江津区
中国石油重庆销售江南分公司巴南公司	石油及制品批发	重庆市巴南区
重庆市龙水五金产业投资有限公司	五金零售	重庆市大足县
重庆TCL电器销售有限公司	家用电器批发	重庆市九龙坡区
重庆八达电子工程有限公司	计算机、软件及辅助设备批发	重庆市九龙坡区
重庆骑龙饮食文化有限公司	正餐服务	重庆市北碚区
重庆诗仙太白酒类销售有限公司	其他食品批发	重庆市万州区
重庆智飞生物制品有限公司	医疗用品及器材批发	重庆市江北区
重庆市欧亚汽车销售有限公司	汽车零售	重庆市九龙坡区
重庆好又多百货商业有限公司	超级市场零售	重庆市南岸区
重庆佳永小天鹅餐饮有限公司	正餐服务	重庆市江北区
重庆桐君阁大药房连锁有限责任公司	药品零售	重庆市渝中区
重庆美特斯邦威服饰有限责任公司	服装零售	重庆市渝中区
重庆名豪实业集团百货有限公司	百货零售	重庆市永川区
重庆和之吉饮食文化有限公司	正餐服务	重庆市渝中区
重庆市万州区福意百货有限公司	百货零售	重庆市万州区
重庆市黔江区武陵山家居市场有限责任公司	家具零售	重庆市黔江区
重庆肯德基有限公司	快餐服务	重庆市渝中区
重庆世纪金源时代大饭店有限公司	旅游饭店	重庆市江北区
重庆市金科大酒店有限公司	旅游饭店	重庆市渝北区
重庆朝天门商贸有限责任公司	一般旅馆	重庆市黔江区
重庆君豪大饭店有限责任公司	旅游饭店	重庆市江北区
重庆天来酒店有限公司	旅游饭店	重庆市渝北区
重庆洲际酒店投资有限公司	旅游饭店	重庆市渝中区
重庆申基房地产开发有限公司申基索菲特大酒店	正餐服务	重庆市九龙坡区
重庆皇石大酒店有限公司	旅游饭店	重庆市渝中区
四川省		
攀钢集团国际经济贸易有限公司	金属及金属矿批发	四川省成都市
四川省烟草公司成都市公司	烟草制品批发	四川省成都市
中国石油化工股份有限公司四川石油分公司	机动车燃料零售	四川省成都市
中国铁路物资成都有限公司	金属及金属矿批发	四川省成都市
四川省农业生产资料总公司（集团公司）	化肥批发	四川省成都市
四川省烟草公司凉山州公司	烟草制品批发	四川省凉山州
中国石油天然气股份有限公司四川成都销售分公司	机动车燃料零售	四川省成都市
中铁物资集团西南有限公司	金属及金属矿批发	四川省成都市
成都西部医药经营有限公司	西药批发	四川省成都市
中国石油天然气股份有限公司四川销售成品油分公司司	机动车燃料零售	四川省成都市
联想（成都）有限公司	计算机、软件及辅助设备批发	四川省成都市
成都红旗连锁股份有限公司	超级市场零售	四川省成都市
四川科伦医药贸易有限公司	西药批发	四川省成都市
四川新华文轩连锁股份有限公司	图书零售	四川省成都市
四川苏宁电器有限公司	家用电器零售	四川省成都市
成都伊藤洋华堂有限公司	百货零售	四川省成都市
四川陆地石油销售有限责任公司	石油及制品批发	四川省德阳市

4-5 续表 69

企业名称	所属行业	企业所在地
成都国美电器有限公司	家用电器零售	四川省成都市
成都王府井百货有限公司	百货零售	四川省成都市
中铁二局集团物资有限公司	建材批发	四川省成都市
四川省烟草公司绵阳市公司	烟草制品批发	四川省绵阳市
四川省烟草公司泸州市公司	烟草制品批发	四川省泸州市
四川省烟草公司宜宾市公司	烟草制品批发	四川省宜宾市
四川省医药股份有限公司	西药批发	四川省成都市
四川省烟草公司南充市公司	烟草制品批发	四川省南充市
中国石油天然气股份有限公司四川岷江销售分公司	机动车燃料零售	四川省成都市
四川省烟草公司德阳市公司	烟草制品批发	四川省德阳市
成都万友经济开发总公司	汽车零售	四川省成都市
中石化四川销售有限公司	石油及制品批发	四川省成都市
中国石油天然气股份有限公司四川乐山销售分公司	机动车燃料零售	四川省乐山市
四川省烟草公司达州市公司	烟草制品批发	四川省达州市
中国石油天然气股份有限公司四川宜宾销售分公司	石油及制品批发	四川省宜宾市
中国石油天然汽股份有限公司四川绵阳销售分公司	机动车燃料零售	四川省绵阳市
中国石油天然气股份有限公司四川德阳销售分公司	机动车燃料零售	四川省德阳市
成商集团股份有限公司	百货零售	四川省成都市
中国石油天然气股份有限公司四川广元销售分公司	石油及制品批发	四川省广元市
中国石油天然气股份有限公司四川攀枝花销售分公司	机动车燃料零售	四川省攀枝花市
中国石油天然气股份有限公司四川南充销售分公司	机动车燃料零售	四川省南充市
熠晖冶金集团有限责任公司	金属及金属矿批发	四川省成都市
中国石油天然气股份有限公司四川凉山销售分公司	机动车燃料零售	四川省凉山州
中国石油天然气股份有限公司四川达州销售分公司	机动车燃料零售	四川省达州市
四川省烟草公司乐山分公司	烟草制品批发	四川省乐山市
延长壳牌（四川）石油有限公司	机动车燃料零售	四川省成都市
中国石油天然气公司泸州销售分公司	机动车燃料零售	四川省泸州市
成都神州数码有限公司	计算机、软件及辅助设备批发	四川省成都市
成都家乐福超市有限公司	超级市场零售	四川省成都市
四川省烟草公司资阳分公司	烟草制品批发	四川省资阳市
四川省烟草公司广元市公司	烟草制品批发	四川省广元市
中石化绵阳石化销售有限公司	机动车燃料零售	四川省绵阳市
四川海底捞餐饮股份有限公司	其他餐饮服务	四川省资阳市
四川省烟草公司内江分公司	烟草制品批发	四川省内江市
四川领跑体育用品有限公司	服装批发	四川省成都市
四川省烟草公司眉山市公司	烟草制品批发	四川省眉山市
中国石油天然气股份有限公司四川内江销售分公司	机动车燃料零售	四川省内江市
四川省烟草公司遂宁分公司	烟草制品批发	四川省遂宁市
中国石油天然气股份有限公司四川资阳销售分公司	机动车燃料零售	四川省资阳市
成都市人人乐商业有限公司	百货零售	四川省成都市
四川省烟草公司攀枝花市公司	烟草制品批发	四川省攀枝花市
成都泰立电信商场连锁有限公司	通讯及广播电视设备批发	四川省成都市
中国石油天然气股份有限公司四川雅安销售分公司	石油及制品批发	四川省雅安市
四川省烟草公司广安分公司	烟草制品批发	四川省广安市
四川省烟草公司自贡市公司	烟草制品批发	四川省自贡市
中国石油天然气股份有限公司四川甘孜销售分公司	石油及制品批发	四川省甘孜州市
中国石油天然气股份有限公司四川广安销售分公司	机动车燃料零售	四川省广安市
中国石油天然气股份有限公司四川眉山销售分公司	机动车燃料零售	四川省眉山市
四川省烟草公司巴中分公司	烟草制品批发	四川省巴中市
成都青羊区仁和春天百货有限公司	百货零售	四川省成都市
四川本草堂药业有限公司	西药批发	四川省成都市

4-5 续表 70

企业名称	所属行业	企业所在地
绵阳市酒鑫鑫商贸有限公司	饮料及茶叶批发	四川省绵阳市
中国石油天然气股份有限公司四川巴中销售分	机动车燃料零售	四川省巴中市
中国石油天然气股份有限公司四川自贡销售分公司	机动车燃料零售	四川省自贡市
四川华星天然气有限责任公司	石油及制品批发	四川省成都市
宜宾市智溢酒业有限公司	饮料及茶叶批发	四川省宜宾市
成都仁和春天百货有限公司	百货零售	四川省成都市
四川宏华国际贸易有限公司	其他机械设备及电子产品批发	四川省成都市
百胜餐饮成都有限公司	快餐服务	四川省成都市
四川省互惠商业责任有限公司	超级市场零售	四川省成都市
四川金利医药贸易有限公司	西药批发	四川省成都市
成都商厦太平洋百货有限公司	百货零售	四川省成都市
成都美美力诚百货有限公司	服装零售	四川省成都市
四川同创工程机械有限公司	其他机械设备及电子产品批发	四川省成都市
泸州汇通百货股份有限公司	百货零售	四川省泸州市
四川省烟草公司雅安市公司	烟草制品批发	四川省雅安市
四川省古蔺县仙潭销售公司	饮料及茶叶批发	四川省泸州市
四川省绵阳药业集团公司	西药批发	四川省绵阳市
中国石油天然气股份有限公司四川阿坝销售分公司	石油及制品批发	四川省阿坝市
成都好又多百货商业广场有限公司	超级市场零售	四川省成都市
中国汽车贸易西南公司	汽车零售	四川省成都市
四川省烟草公司阿坝州公司	烟草制品批发	四川省阿坝州
成都讯捷通讯连锁有限公司	通信设备零售	四川省成都市
乐山市大众汽车贸易有限公司	汽车零售	四川省乐山市
成都龙翔通讯有限责任公司	通讯及广播电视设备批发	四川省成都市
四川省烟草公司甘孜分公司	烟草制品批发	四川省甘孜市
成都天味商贸有限公司	其他食品批发	四川省成都市
成都舞东风连锁超市有限责任公司	超级市场零售	四川省成都市
成都金松营销有限公司	家用电器批发	四川省成都市
成都京东世纪贸易有限公司	邮购及电子销售	四川省成都市
万源市爱家购物广场	超级市场零售	四川省达州市
成都德仁堂药业有限公司	中药材及中成药批发	四川省成都市
成都泰格时代数码通讯有限公司	计算机、软件及辅助设备批发	四川省成都市
成都欧尚超市有限公司	超级市场零售	四川省成都市
成都宏川酒业有限公司	饮料及茶叶批发	四川省成都市
成都屈臣经济发展有限公司	超级市场零售	四川省成都市
渠县人民市场开发服务有限公司	肉、禽、蛋及水产品批发	四川省达州市
四川省达州商业集团有限公司	百货零售	四川省达州市
成都大商投资有限公司	百货零售	四川省成都市
成都伊斯丹百货有限公司	百货零售	四川省成都市
成都市荣贸食品有限公司	其他食品批发	四川省成都市
绵阳市家福来电器有限公司	家用电器零售	四川省绵阳市
成都沃特工程矿山机械有限责任公司	农业机械批发	四川省成都市
中国石油天然气股份有限公司四川遂宁销售分公司	机动车燃料零售	四川省遂宁市
达州市天成实业有限公司	百货零售	四川省达州市
成都九龙贸易有限责任公司	超级市场零售	四川省成都市
香格里拉大酒店（成都）有限公司	旅游饭店	四川省成都市
成都市滔博商贸有限公司	鞋帽零售	四川省成都市
成都市好来屋量贩家居百货有限公司	百货零售	四川省成都市
成都市青羊区红旗连锁有限公司	超级市场零售	四川省成都市
成都欧尚超市有限公司高新店	超级市场零售	四川省成都市
四川麦当劳餐厅食品有限公司	快餐服务	四川省锦江区

4-5 续表 71

企业名称	所属行业	企业所在地
成都美特斯邦威服饰有限责任公司	服装零售	四川省成都市
绵阳兴达好又多商贸有限公司	超级市场零售	四川省绵阳市
四川真维斯服饰有限公司	服装零售	四川省成都市
成都市锦江区红旗连锁有限公司	超级市场零售	四川省成都市
四川哦哦超市连锁管理有限公司	超级市场零售	四川省成都市
成都巴国布衣餐饮发展有限公司	正餐服务	四川省成都市
成都人民商场集团南充川北有限公司	百货零售	四川省南充市
成都市成华区红旗连锁有限公司	超级市场零售	四川省成都市
城市名人酒店管理（中国）有限公司	旅游饭店	四川省成都市
自贡市家和超市有限责任公司	超级市场零售	四川省自贡市
四川省汇星实业（集团）有限公司	百货零售	四川省绵阳市
成都世纪城新国际会展中心有限公司世纪天堂洲际大饭店	旅游饭店	四川省成都市
四川锦江宾馆有限责任公司	旅游饭店	四川省成都市
成都市向阳凯宾斯基饭店有限公司	旅游饭店	四川省成都市
四川宜宾叙府旅游开发有限公司	百货零售	四川省宜宾市
四川雅安博娟超市连锁有限公司	超级市场零售	四川省雅安市
四川卓尔百货有限公司购物中心	超级市场零售	四川省内江市
重庆商社新世纪百货连锁经营有限公司南充商都	超级市场零售	四川省南充市
重庆百货大楼股份有限公司泸州商场	百货零售	四川省泸州市
四川海王星辰健康药房有限公司	药品零售	四川省成都市
四川九寨天堂国际会议度假中心有限公司	旅游饭店	四川省阿坝州
四川省成都市饮食公司	正餐服务	四川省成都市
成都世纪城新国际会展中心有限公司假日酒店	旅游饭店	四川省成都市
成都银杏金阁餐饮股份有限公司	正餐服务	四川省成都市
成都建工集团旅游有限公司青城国际酒店	旅游饭店	四川省成都市
成都红杏酒家有限责任公司	正餐服务	四川省成都市
成都国际会议展览中心	正餐服务	四川省成都市
贵州省		
贵州茅台酒销售有限公司	饮料及茶叶批发	贵州省遵义市
贵州省烟草公司遵义市公司	烟草制品批发	贵州省遵义市
贵州省烟草公司毕节地区分公司	烟草制品批发	贵州省毕节市
贵州省烟草公司贵阳市公司	烟草制品批发	贵州省贵阳市
贵州前进轮胎销售有限公司	汽车、摩托车及零配件批发	贵州省贵阳市
中国石油化工股份有限公司贵州贵阳分公司	石油及制品批发	贵州省贵阳市
中国石油化工股份有限公司贵州遵义石油分公司	机动车燃料零售	贵州省遵义市
中国石油天然气股份有限公司贵州贵阳销售分公司	石油及制品批发	贵州省贵阳市
贵州贵铁物流有限公司	煤炭及制品批发	贵州省贵阳市
中国石油化工股份有限公司六盘水石油分公司	机动车燃料零售	贵州省六盘水市
贵州省烟草公司黔南州公司	烟草制品批发	贵州省黔南州
贵州省黔西南州烟草公司	烟草制品批发	贵州省黔西南州
贵州省烟草公司铜仁分公司	烟草制品批发	贵州省铜仁市
贵州省烟草公司六盘水市公司	烟草制品批发	贵州省六盘水市
贵州省烟草公司黔东南分公司	烟草制品批发	贵州省黔东南州
中国石油化工股份有限公司贵州黔西南州石油分公司	机动车燃料零售	贵州省黔西南州
中国石油化工股份有限公司贵州黔南石油分公司	石油及制品批发	贵州省黔南州
中国石油化工股份有限公司黔东南石油分公司	石油及制品批发	贵州省黔东南州
中国石油化工股份有限公司贵州毕节石油分公司	机动车燃料零售	贵州省毕节市
贵州省烟草公司安顺分公司	烟草制品批发	贵州省安顺市
中国石油化工股份有限公司贵州安顺石油分公司	机动车燃料零售	贵州省安顺市
中国石油化工股份有限公司贵州铜仁分公司	机动车燃料零售	贵州省铜仁市
中国石油股份有限公司遵义销售分公司	机动车燃料零售	贵州省遵义市

4-5 续表 72

企业名称	所属行业	企业所在地
贵州省新华书店	图书批发	贵州省贵阳市
贵阳星力百货集团有限公司	百货零售	贵州省贵阳市
贵州茅台酒厂集团习酒有限责任公司	饮料及茶叶批发	贵州省遵义市
贵州康心药业有限公司	西药批发	贵州省贵阳市
中国石油天然气股份有限公司贵州毕节销售分公司	机动车燃料零售	贵州省毕节市
贵阳通源丰田汽车销售服务有限公司	汽车零售	贵州省贵阳市
贵州省医药（集团）有限责任公司	西药批发	贵州省贵阳市
贵州国美电器有限公司	家用电器零售	贵州省贵阳市
贵州美的空调销售有限公司	家用电器批发	贵州省贵阳市
贵阳东方苏宁电器有限公司	家用电器零售	贵州省贵阳市
贵州星力百货购物广场有限公司	百货零售	贵州省贵阳市
贵州宁铁南昆物流有限责任公司安龙分公司	煤炭及制品批发	贵州省黔西南州
贵州一树连锁药业有限公司	药品零售	贵州省贵阳市
贵州新讯捷通讯有限公司	通信设备零售	贵州省贵阳市
贵州雅园饮食娱乐有限责任公司	正餐服务	贵州省贵阳市
贵阳世纪金源大饭店管理有限责任公司	旅游饭店	贵州省贵阳市
云南省		
云南红塔烟叶物资有限责任公司	其他农畜产品批发	云南省玉溪市
云南省烟草公司昆明市公司	烟草制品批发	云南省昆明市
云南中烟物资（集团）有限责任公司	其他未列明的批发	云南省昆明市
中国石油化工股份有限公司云南昆明石油分公司	石油及制品批发	云南省昆明市
云南省烟草公司曲靖市公司	烟草制品批发	云南省曲靖市
云南省医药有限公司	西药批发	云南省昆明市
中国石油天然气股份有限公司云南昆明销售分公司	机动车燃料零售	云南省昆明市
云南省烟草公司玉溪市公司	烟草制品批发	云南省玉溪市
云南省烟草公司红河州公司	烟草制品批发	云南省红河州
云南省烟草公司大理州公司	烟草制品批发	云南省大理州
中国石油化工股份有限公司云南曲靖石油分公司	石油及制品批发	云南省曲靖市
云南省烟草公司昭通市分公司	烟草制品批发	云南省昭通市
云南省烟草公司楚雄分公司	烟草制品批发	云南省楚雄州
中国石油化工股份有限公司大理分公司	石油及制品批发	云南省大理州
云南省烟草公司保山市公司	烟草制品批发	云南省保山市
云南省烟草公司文山州公司	烟草制品批发	云南省文山市
云南省烟草公司普洱分公司	烟草制品批发	云南省普洱市
中国石油化工股份有限公司云南玉溪石油分公司	石油及制品批发	云南省玉溪市
中国石油化工股份有限公司云南楚雄石油分公司	石油及制品批发	云南省楚雄州
云南鑫盛物流有限公司	金属及金属矿批发	云南省昆明市
云南沃尔玛百货有限公司	超级市场零售	云南省昆明市
昆明船舶设备集团有限公司	其他机械设备及电子产品批发	云南省昆明市
中国石油化工股份有限责任公司云南红河石油分公司	机动车燃料零售	云南省红河市
云南烟草公司临沧市公司	烟草制品批发	云南省临沧市
中国石油天然气股份有限公司云南大理销售分公司	石油及制品批发	云南省大理州
云南鸿翔一心堂药业(集团)股份有限公司	药品零售	云南省昆明市
中国石油化工股份有限云南文山石油分公司	机动车燃料零售	云南省文山市
云南金六福酒业有限公司	饮料及茶叶批发	云南省迪庆市
中国石油化工股份有限公司云南临沧石油分公司	石油及制品批发	云南省临沧市
中国航油集团云南石油有限公司	石油及制品批发	云南省昆明市
西双版纳中化安联橡胶有限公司	其他化工产品批发	云南省西双版纳州
昆明家乐福超市有限公司	超级市场零售	云南省昆明市
昆明云顺和商业发展有限公司	百货零售	云南省昆明市
中国石油化工股份有限公司普洱分公司	石油及制品批发	云南省普洱市

4-5 续表 73

企业名称	所属行业	企业所在地
云南省烟草公司丽江市公司	烟草制品批发	云南省丽江市
中国石油天然气股份有限公司云南红河销售分公司	机动车燃料零售	云南省红河市
昆明国美电器有限公司	家用电器零售	云南省昆明市
云南小松工程机械有限公司	其他机械设备及电子产品批发	云南省昆明市
云南强林石化有限公司	机动车燃料零售	云南省昆明市
中国石油天然气股份有限公司云南文山销售分公司	机动车燃料零售	云南省文山市
云南省烟草烟叶公司	其他未列明的批发	云南省昆明市
中国石油天然气股份有限公司云南销售分公司玉溪零售部	机动车燃料零售	云南省玉溪市
云南易初明通工程机械维修有限公司	其他机械设备及电子产品批发	云南省昆明市
云南白药集团医药电子商务有限公司	中药材及中成药批发	云南省昆明市
中国石油化工股份有限公司云南保山石油分公司	机动车燃料零售	云南省保山市
云南东骏药业有限公司	西药批发	云南省昆明市
昆明铁路磷业工贸有限公司	化肥批发	云南省昆明市
云南苏宁电器有限公司	家用电器零售	云南省昆明市
昆明七彩云南实业股份有限公司	珠宝首饰零售	云南省昆明市
中国石油天然气股份有限公司云南保山销售分公司	机动车燃料零售	云南省保山市
昆明百货大楼（集团）珠宝经营有限公司	珠宝首饰零售	云南省昆明市
中国石油天然气股份有限公司楚雄销售分公司	石油及制品批发	云南省楚雄州
昆明金美百货有限公司	百货零售	云南省昆明市
云南讯捷通讯有限公司	通讯及广播电视设备批发	云南省昆明市
云南省烟草公司德宏州公司	烟草制品批发	云南省德宏州
云南云燃燃料有限公司	煤炭及制品批发	云南省昆明市
云南奥龙世博经贸有限公司	服装零售	云南省昆明市
中国石油化工股份有限公司云南丽江分公司	石油及制品批发	云南省丽江市
中国石油化工股份有限公司云南德宏石油分公司	石油及制品批发	云南省德宏州
云南健之佳连锁健康药房有限公司	药品零售	云南省昆明市
深圳创维—RGB电子有限公司云南分公司	家用电器批发	云南省昆明市
云南玉溪百信商贸集团有限公司	超级市场零售	云南省玉溪市
云南立锐体育用品有限公司	服装零售	云南省昆明市
云南大唐红河电力燃料有限公司	煤炭及制品批发	云南省红河州
昆明新华书店连锁有限公司	图书零售	云南省昆明市
昆明肯德基有限公司	快餐服务	云南省昆明市
昆明王府井百货有限责任公司	百货零售	云南省昆明市
云南美好家园商贸有限公司	百货零售	云南省昆明市
云南白药大药房有限公司	药品零售	云南省昆明市
昆明新知图书城有限责任公司	图书零售	云南省昆明市
师宗县供销合作联合社	百货零售	云南省曲靖市
昆明世纪金源大饭店有限公司	旅游饭店	云南省昆明市
昆明翠湖宾馆有限公司	旅游饭店	云南省昆明市
云南红河投资有限公司	旅游饭店	云南省红河市
西藏自治区		
西藏自治区烟草公司	烟草制品批发	西藏自治区拉萨市
中国石油天燃气股份有限公司西藏销售分公司拉萨公司	机动车燃料零售	西藏自治区拉萨市
西藏泰达厚生医药有限公司	西药批发	西藏自治区拉萨市
陕西省		
中国铁路物资西安公司	石油及制品批发	陕西省西安市
陕西西部国际车城有限公司	汽车零售	陕西省西安市
中国石油化工股份有限公司陕西石油分公司	石油及制品批发	陕西省西安市
中国石油天然气股份有限公司陕西西安销售分公司	石油及制品批发	陕西省西安市
榆林神华能源有限责任公司	煤炭及制品批发	陕西省榆林市
陕西省烟草公司西安分公司	烟草制品批发	陕西省西安市

4-5 续表 74

企业名称	所属行业	企业所在地
中国石油天然气股份有限公司陕西榆林销售分公司	石油及制品批发	陕西省榆林市
中国石油天然气股份有限公司陕西宝鸡销售分公司	石油及制品批发	陕西省宝鸡市
陕西东大石油化工有限公司	石油及制品批发	陕西省西安市
陕西西北轻工批发市场经营管理有限公司	家用电器零售	陕西省西安市
中国石油天然气股份有限公司陕西延安销售分公司	石油及制品批发	陕西省延安市
陕西省汽车工业贸易总公司	汽车、摩托车及零配件批发	陕西省西安市
中国石油天然气股份有限公司渭南销售分公司	石油及制品批发	陕西省渭南市
陕西省煤炭运销（集团）有限责任公司	煤炭及制品批发	陕西省西安市
中油股份陕西咸阳销售分公司	石油及制品批发	陕西省咸阳市
陕西华润万家生活超市有限公司	超级市场零售	陕西省西安市
西安开元商城有限公司	百货零售	陕西省西安市
西安大明宫购物广场有限责任公司	家具零售	陕西省西安市
中国石油化工股份有限公司陕西西安石油分公司	石油及制品批发	陕西省西安市
陕西省烟草公司榆林市公司	烟草制品批发	陕西省榆林市
陕西省烟草公司宝鸡市分公司	烟草制品批发	陕西省宝鸡市
陕西省烟草公司咸阳市公司	烟草制品批发	陕西省咸阳市
陕西省烟草公司渭南市公司	烟草制品批发	陕西省渭南市
西安市国美电器有限公司	家用电器零售	陕西省西安市
西安市人人乐超市有限公司	超级市场零售	陕西省西安市
宝商集团宝鸡商业经营管理有限责任公司	超级市场零售	陕西省宝鸡市
陕西新兴格力电器销售有限公司	家用电器批发	陕西省西安市
陕西西凤酒营销有限公司	饮料及茶叶批发	陕西省宝鸡市
陕西省烟草公司汉中市公司	烟草制品批发	陕西省汉中市
中国石油天然气股份有限公司陕西汉中销售分公司	石油及制品批发	陕西省汉中市
陕西省烟草公司安康市公司	烟草制品批发	陕西省安康市
中国石油天然气股份有限公司陕西安康销售分公司	石油及制品批发	陕西省安康市
陕西省烟草公司延安市公司	烟草制品批发	陕西省延安市
陕西苏宁电器有限责任公司	家用电器零售	陕西省西安市
陕西省军区军人服务社	百货零售	陕西省西安市
西安爱家超市有限公司	超级市场零售	陕西省西安市
西安民生集团股份有限公司	百货零售	陕西省西安市
世纪金花股份有限公司	百货零售	陕西省西安市
陕西省烟草公司商洛市公司	烟草制品批发	陕西省商洛市
中国石油天然气股份有限公司陕西商洛销售分公司	石油及制品批发	陕西省商洛市
国药集团西北医药有限公司	西药批发	陕西省西安市
陕西凯达投资集团有限责任公司	服装零售	陕西省西安市
中国石化销售有限公司西北宝鸡分公司	石油及制品批发	陕西省宝鸡市
中国石油天然气股份有限公司陕西铜川销售分公司	石油及制品批发	陕西省铜川市
西安大明宫建材家居有限公司	建材批发	陕西省西安市
陕西丹尼尔市场股份有限公司	服装批发	陕西省西安市
陕西丹尼尔康复路大卖场有限公司	服装批发	陕西省西安市
西安航天龙腾丰田汽车销售服务有限公司	汽车零售	陕西省西安市
陕西延长壳牌石油有限公司	机动车燃料零售	陕西省西安市
陕西通达果汁集团股份有限公司	饮料及茶叶零售	陕西省西安市
西安新西北双鹤医药有限责任公司	中药材及中成药批发	陕西省西安市
新百丽鞋业（深圳）有限公司西安分公司	鞋帽零售	陕西省西安市
西安双鹤医药股份有限公司	药品零售	陕西省西安市
咸阳世纪金花商贸有限公司	超级市场零售	陕西省咸阳市
陕西民生家乐商业连锁有限责任公司	超级市场零售	陕西省西安市
西安兴正元购物中心有限公司	百货零售	陕西省西安市
陕西百嘉贸易服务有限公司	化妆品及卫生用品批发	陕西省西安市

4-5 续表 75

企业名称	所属行业	企业所在地
陕西伊势威贸易有限责任公司	汽车零售	陕西省西安市
百胜餐饮(西安)有限公司	正餐服务	陕西省西安市
延安百货大楼（集团）有限公司	百货零售	陕西省延安市
西安饮食股份有限公司	正餐服务	陕西省西安市
宝鸡天健医药有限公司	中药材及中成药批发	陕西省宝鸡市
陕西华东置业发展有限公司	服装零售	陕西省西安市
陕西五环胜道运动产业开发有限公司	服装零售	陕西省西安市
陕西渭南燕兴实业有限公司	汽车零售	陕西省渭南市
宝鸡人民商场股份有限公司	百货零售	陕西省宝鸡市
西安易初莲花连锁超市有限公司	超级市场零售	陕西省西安市
陕西省烟草公司铜川市公司	烟草制品批发	陕西省铜川市
西安迅捷通讯有限公司	通信设备零售	陕西省西安市
西安市新华书店	图书零售	陕西省西安市
陕西松茂食品餐饮有限公司	快餐服务	陕西省西安市
西安真爱服务产业有限公司	正餐服务	陕西省西安市
陕西乐家电视购物有限责任公司	邮购及电子销售	陕西省西安市
西安美特斯邦威服饰有限责任公司	服装零售	陕西省西安市
沃尔玛陕西百货有限公司	超级市场零售	陕西省西安市
咸阳华润万家生活超市有限公司	超级市场零售	陕西省咸阳市
香格里拉大酒店（西安）有限公司	旅游饭店	陕西省西安市
汉中桃心岛商贸有限责任公司	超级市场零售	陕西省汉中市
陕西老百姓大药房连锁有限公司	药品零售	陕西省西安市
陕西家得宝家居建材超市有限公司	其他室内装修材料零售	陕西省西安市
西安百福乐好又多商贸公司	超级市场零售	陕西省西安市
陕西人民大厦有限公司	旅游饭店	陕西省西安市
汉中世纪阳光商厦有限公司	家用电器零售	陕西省汉中市
西安福迎门大香港鲍翅酒楼有限公司	正餐服务	陕西省西安市
西安百姓厨房大馄饨餐饮有限责任公司	正餐服务	陕西省西安市
陕西宾馆	旅游饭店	陕西省西安市
甘肃省		
中国石油天然气股份有限公司西北销售兰州分公司	石油及制品批发	甘肃省兰州市
中国石油天然气股份有限公司甘肃兰州销售分公司	机动车燃料零售	甘肃省兰州市
中国石油天然气股份有限公司甘肃酒泉销售分公司	石油及制品批发	甘肃省酒泉市
甘肃省烟草公司兰州市公司	烟草制品批发	甘肃省兰州市
中国石油天然气股份有限公司甘肃天水销售分公司	机动车燃料零售	甘肃省天水市
中国石油天然气股份有限甘肃平凉销售分公司	石油及制品批发	甘肃省平凉市
中国石油天然气股份有限公司甘肃庆阳销售分公司	石油及制品批发	甘肃省庆阳市
中国石油天然气股份有限公司甘肃定西销售分公司	机动车燃料零售	甘肃省定西市
中国石油甘肃白银销售分公司	机动车燃料零售	甘肃省白银市
中国石油天然气有限公司甘肃陇南销售分公司	机动车燃料零售	甘肃省陇南市
中国石油天然气股份有限公司甘肃武威销售分公司	石油及制品批发	甘肃省武威市
甘肃省烟草公司天水分公司	烟草制品批发	甘肃省天水市
中国石油天然气股份有限公司甘肃张掖销售分公司	石油及制品批发	甘肃省张掖市
甘肃仕通汽车销售有限公司	汽车、摩托车及零配件批发	甘肃省兰州市
甘肃省烟草公司陇南分公司	烟草制品批发	甘肃省陇南市
兰州国芳百盛购物广场有限责任公司	百货零售	甘肃省兰州市
甘肃省烟草公司庆阳市公司	烟草制品批发	甘肃省庆阳市
甘肃省烟草公司定西分公司	烟草制品批发	甘肃省定西市
兰州民百（集团）股份有限公司	百货零售	甘肃省兰州市
中国石油天然气股份有限公司甘肃临夏销售分公司	石油及制品批发	甘肃省临夏市
兰州强生医药有限责任公司	西药批发	甘肃省兰州市

4-5 续表 76

企业名称	所属行业	企业所在地
甘肃省烟草公司白银市公司	烟草制品批发	甘肃省白银市
甘肃省烟草公司武威市公司	烟草制品批发	甘肃省武威市
甘肃省烟草公司平凉市公司	烟草制品批发	甘肃省平凉市
甘肃国美电器有限公司	家用电器零售	甘肃省兰州市
兰州西太华工贸集团股份有限公司	百货零售	甘肃省兰州市
甘肃国芳综合超市有限公司	百货零售	甘肃省兰州市
甘肃苏宁电器有限公司	家用电器零售	甘肃省兰州市
甘肃华润万家生活超市有限公司	百货零售	甘肃省兰州市
甘肃省烟草公司酒泉市公司	烟草制品批发	甘肃省酒泉市
甘肃省烟草公司张掖分公司	烟草制品批发	甘肃省张掖市
甘肃省烟草公司临夏回族自治州公司	烟草制品批发	甘肃省临夏市
兰州良志实业集团有限责任公司	汽车零售	甘肃省兰州市
高台县景隆市场建设服务有限责任公司	百货零售	甘肃省张掖市
甘肃众友医药连锁有限公司	药品零售	甘肃省兰州市
兰州惠仁堂药业有限公司	药品零售	甘肃省兰州市
兰州肯德基有限公司	快餐服务	甘肃省兰州市
甘肃宁卧庄宾馆	旅游饭店	甘肃省兰州市
青海省		
中国石油天然气股份有限公司青海销售公司	石油及制品批发	青海省西宁市
中国石化销售有限公司西北青海分公司	石油及制品批发	青海省西宁市
青海省烟草公司西宁市公司	烟草制品批发	青海省西宁市
中国石油青海海西德令哈销售分公司	石油及制品批发	青海省海西市
中国石油天然气股份有限公司青海销售公司格尔木分公司	石油及制品批发	青海省海西市
西宁王府井百货有限公司	超级市场零售	青海省西宁市
西宁中油燃气有限责任公司	石油及制品批发	青海省西宁市
青海省烟草公司海东地区公司	烟草制品批发	青海省海东市
西宁大十字百货商店有限公司	百货零售	青海省西宁市
北京华联综合超市股份有限公司青海第一分公司	超级市场零售	青海省西宁市
青海百货股份有限公司	超级市场零售	青海省西宁市
宁夏回族自治区		
宁夏灵武宝塔大古储运有限公司	石油及制品批发	宁夏回族自治区银川市
中国石油天然气股份有限公司宁夏银川销售公司	石油及制品批发	宁夏回族自治区银川市
中国石化销售有限公司西北宁夏分公司	石油及制品批发	宁夏回族自治区银川市
银川新华百货商店股份有限公司	百货零售	宁夏回族自治区银川市
中油宁夏石嘴山销售分公司	石油及制品批发	宁夏回族自治区石嘴山市
宁夏回族自治区烟草公司银川市公司	烟草制品批发	宁夏回族自治区银川市
银川新华百货东桥电器有限公司	家用电器零售	宁夏回族自治区银川市
中国石油天然气股份有限公司宁夏固原销售分公司	石油及制品批发	宁夏回族自治区固原市
中国石油天然股份有限公司宁夏高速公路销售分公司	石油及制品批发	宁夏回族自治区银川市
银川市新华百货连锁超市有限公司	超级市场零售	宁夏回族自治区银川市
宁夏驰创贸易有限责任公司	煤炭及制品批发	宁夏回族自治区银川市
宁夏回族自治区烟草公司吴忠市公司	烟草制品批发	宁夏回族自治区吴忠市
新疆维吾尔族自治区		
中国石油天然气股份有限公司西北销售新疆分公司	石油及制品批发	新疆维吾尔自治区乌鲁木齐市
中国石化销售有限公司西北新疆分公司	石油及制品批发	新疆维吾尔自治区乌鲁木齐市
新疆生产建设兵团石油有限公司	石油及制品批发	新疆维吾尔自治区乌鲁木齐市
中国石油天然气股份有限公司新疆乌鲁木齐销售公司	机动车燃料零售	新疆维吾尔自治区乌鲁木齐市
国药集团新疆新特药业有限公司	药品零售	新疆维吾尔自治区乌鲁木齐市
中国石油天然气股份有限公司新疆库尔勒销售分公司	石油及制品批发	新疆维吾尔自治区巴州市
中国石油天然气股份有限公司新疆阿克苏销售分公司	石油及制品批发	新疆维吾尔自治区阿克苏地区
新疆友好集团股份有限公司	百货零售	新疆维吾尔自治区乌鲁木齐市

4-5 续表 77

企业名称	所属行业	企业所在地
新疆亚欧大陆桥铁运物流运销有限责任公司	金属及金属矿批发	新疆维吾尔自治区乌鲁木齐市
新疆维吾尔自治区烟草公司乌鲁木齐分公司	烟草制品批发	新疆维吾尔自治区乌鲁木齐市
中国石油天然股份有限公司新疆喀什销售分公司	石油及制品批发	新疆维吾尔自治区喀什地区
新疆生产建设兵团棉麻公司	棉、麻批发	新疆维吾尔自治区乌鲁木齐市
新疆农资（集团）有限责任公司	化肥批发	新疆维吾尔自治区乌鲁木齐市
中国石油天然气股份有限公司新疆昌吉销售分公司	石油及制品批发	新疆维吾尔自治区昌吉市
中国石油天然气股份有限公司新疆伊犁销售分公司	石油及制品批发	新疆维吾尔自治区伊犁州
中国石油天然气股份有限公司新疆哈密销售分公司	石油及制品批发	新疆维吾尔自治区哈密地区
新疆同益投资有限公司	石油及制品批发	新疆维吾尔自治区克拉玛依市
中国石油天然气股份有限公司新疆吐鲁番销售分公司	石油及制品批发	新疆维吾尔自治区吐鲁番地区
美克美家家具连锁有限公司	家具零售	新疆维吾尔自治区乌鲁木齐市
新疆九州通医药有限公司	药品零售	新疆维吾尔自治区乌鲁木齐市
中国石油天然气股份有限公司新疆阿勒泰销售分公司	石油及制品批发	新疆维吾尔自治区阿勒泰市
新疆生产建设兵团农业生产资料供应公司	化肥批发	新疆维吾尔自治区乌鲁木齐市
新疆新鑫矿业股份有限公司	金属及金属矿批发	新疆维吾尔自治区乌鲁木齐市
新疆亚欧大陆桥农产品运销有限责任公司	棉、麻批发	新疆维吾尔自治区乌鲁木齐市
昌吉回族自治州粮油购销（集团）有限责任公司	谷物、豆及薯类批发	新疆维吾尔自治区昌吉市
新疆国美电器有限公司	家用电器零售	新疆维吾尔自治区乌鲁木齐市
新疆维吾尔自治区新华书店	图书批发	新疆维吾尔自治区乌鲁木齐市
新疆兵团农四师供销合作联合社	化肥批发	新疆维吾尔自治区伊犁州
中国石油天然气股份有限公司新疆和田销售公司	石油及制品批发	新疆维吾尔自治区和田市
新疆兵团农七师供销合作总公司	棉、麻批发	新疆维吾尔自治区伊犁州
新疆维吾尔自治区巴音郭楞蒙古自治州烟草公司	烟草制品批发	新疆维吾尔自治区巴州市
新疆维吾尔自治区昌吉回族自治州烟草公司	烟草制品批发	新疆维吾尔自治区昌吉市
乌鲁木齐铁路局实业开发总公司	石油及制品批发	新疆维吾尔自治区乌鲁木齐市
新疆友好百盛商业发展有限公司	百货零售	新疆维吾尔自治区乌鲁木齐市
新疆烟草公司伊犁州分公司	烟草制品批发	新疆维吾尔自治区伊犁州
新疆维吾尔自治区喀什地区烟草公司	烟草制品批发	新疆维吾尔自治区喀什地区
新疆汇嘉时代百货股份有限公司	百货零售	新疆维吾尔自治区乌鲁木齐市
新疆维吾尔自治区阿克苏地区烟草公司	烟草制品批发	新疆维吾尔自治区阿克苏地区
新疆中石化基钰化工销售有限公司	石油及制品批发	新疆维吾尔自治区乌鲁木齐市
新疆维吾尔自治区塔城地区烟草公司	烟草制品批发	新疆维吾尔自治区塔城地区
巴楚县金谷棉业有限公司	棉、麻批发	新疆维吾尔自治区喀什地区
中国石油天然气股份有限公司新疆塔城销售公司	石油及制品批发	新疆维吾尔自治区塔城地区
新疆好家乡超市有限公司	超级市场零售	新疆维吾尔自治区乌鲁木齐市
新疆星沃机械工程有限公司	汽车、摩托车及零配件批发	新疆维吾尔自治区乌鲁木齐市
中国石油天然气股份有限公司新疆博尔塔拉自治州销售分公司	石油及制品批发	新疆维吾尔自治区博尔塔拉市
阿瓦提县棉麻公司	棉、麻批发	新疆维吾尔自治区阿克苏地区
新疆小松工程机械有限公司	汽车、摩托车及零配件批发	新疆维吾尔自治区乌鲁木齐市
精河县精棉棉业有限责任公司	棉、麻批发	新疆维吾尔自治区博尔塔拉市
新疆家乐福超市有限公司	超级市场零售	新疆维吾尔自治区乌鲁木齐市
巴楚县光大棉业有限责任公司	棉、麻批发	新疆维吾尔自治区喀什地区
新疆苏宁电器有限公司	家用电器零售	新疆维吾尔自治区乌鲁木齐市
新疆宏景通讯有限公司	通信设备零售	新疆维吾尔自治区乌鲁木齐市
新疆肯德基有限公司	快餐服务	新疆维吾尔自治区乌鲁木齐市
新疆银都酒店有限责任公司	旅游饭店	新疆维吾尔自治区乌鲁木齐市
新疆鸿福大饭店有限责任公司	旅游饭店	新疆维吾尔自治区乌鲁木齐市
新疆机场集团天缘酒店管理有限责任公司	旅游饭店	新疆维吾尔自治区乌鲁木齐市

附　录

简要说明：

附录Ⅰ：统计上大中小微型企业划分办法

附录Ⅱ：统计上大中小型企业划分办法（暂行）

附录Ⅲ：批发和零售业、住宿和餐饮业统计限额标准

附录Ⅳ：主要统计指标解释

附录Ⅰ　统计上大中小微型企业划分办法

一、根据工业和信息化部、国家统计局、国家发展改革委、财政部《关于印发中小企业划型标准规定的通知》（工信部联企业〔2011〕300 号），结合统计工作的实际情况，特制定本办法。

二、本办法适用对象为在中华人民共和国境内依法设立的各种组织形式的法人企业或单位。个体工商户参照本办法进行划分。

三、本办法适用范围包括：农、林、牧、渔业，采矿业，制造业，电力、热力、燃气及水生产和供应业，建筑业，批发和零售业，交通运输、仓储和邮政业，住宿和餐饮业，信息传输、软件和信息技术服务业，房地产业，租赁和商务服务业，科学研究和技术服务业，水利、环境和公共设施管理业，居民服务、修理和其他服务业，文化、体育和娱乐业等 15 个行业门类以及社会工作行业大类。

四、本办法按照行业门类、大类、中类和组合类别，依据从业人员、营业收入、资产总额等指标或替代指标，将我国的企业划分为大型、中型、小型、微型等四种类型。具体划分标准见附表。

五、企业划分由政府综合统计部门根据统计年报每年确定一次，定报统计原则上不进行调整。

六、本办法自印发之日起执行，国家统计局 2003 年印发的《统计上大中小型企业划分办法（暂行）》（国统字〔2003〕17 号）同时废止。

附表：统计上大中小微型企业划分标准

行业名称	指标名称	计量单位	大型	中型	小型	微型
农、林、牧、渔业	营业收入(Y)	万元	Y≥20000	500≤Y＜20000	50≤Y＜500	Y＜50
工业 *	从业人员(X)	人	X≥1000	300≤X＜1000	20≤X＜300	X＜20
	营业收入(Y)	万元	Y≥40000	2000≤Y＜40000	300≤Y＜2000	Y＜300
建筑业	营业收入(Y)	万元	Y≥80000	6000≤Y＜80000	300≤Y＜6000	Y＜300
	资产总额(Z)	万元	Z≥80000	5000≤Z＜80000	300≤Z＜5000	Z＜300
批发业	从业人员(X)	人	X≥200	20≤X＜200	5≤X＜20	X＜5
	营业收入(Y)	万元	Y≥40000	5000≤Y＜40000	1000≤Y＜5000	Y＜1000
零售业	从业人员(X)	人	X≥300	50≤X＜300	10≤X＜50	X＜10
	营业收入(Y)	万元	Y≥20000	500≤Y＜20000	100≤Y＜500	Y＜100
交通运输业 *	从业人员(X)	人	X≥1000	300≤X＜1000	20≤X＜300	X＜20
	营业收入(Y)	万元	Y≥30000	3000≤Y＜30000	200≤Y＜3000	Y＜200
仓储业	从业人员(X)	人	X≥200	100≤X＜200	20≤X＜100	X＜20
	营业收入(Y)	万元	Y≥30000	1000≤Y＜30000	100≤Y＜1000	Y＜100
邮政业	从业人员(X)	人	X≥1000	300≤X＜1000	20≤X＜300	X＜20
	营业收入(Y)	万元	Y≥30000	2000≤Y＜30000	100≤Y＜2000	Y＜100
住宿业	从业人员(X)	人	X≥300	100≤X＜300	10≤X＜100	X＜10
	营业收入(Y)	万元	Y≥10000	2000≤Y＜10000	100≤Y＜2000	Y＜100
餐饮业	从业人员(X)	人	X≥300	100≤X＜300	10≤X＜100	X＜10
	营业收入(Y)	万元	Y≥10000	2000≤Y＜10000	100≤Y＜2000	Y＜100
信息传输业 *	从业人员(X)	人	X≥2000	100≤X＜2000	10≤X＜100	X＜10
	营业收入(Y)	万元	Y≥100000	1000≤Y＜100000	100≤Y＜1000	Y＜100
软件和信息技术服务业	从业人员(X)	人	X≥300	100≤X＜300	10≤X＜100	X＜10
	营业收入(Y)	万元	Y≥10000	1000≤Y＜10000	50≤Y＜1000	Y＜50
房地产开发经营	营业收入(Y)	万元	Y≥200000	1000≤Y＜200000	100≤Y＜1000	Y＜100
	资产总额(Z)	万元	Z≥10000	5000≤Z＜10000	2000≤Z＜5000	Z＜2000
物业管理	从业人员(X)	人	X≥1000	300≤X＜1000	100≤X＜300	X＜100
	营业收入(Y)	万元	Y≥5000	1000≤Y＜5000	500≤Y＜1000	Y＜500
租赁和商务服务业	从业人员(X)	人	X≥300	100≤X＜300	10≤X＜100	X＜10
	资产总额(Z)	万元	Z≥120000	8000≤Z＜120000	100≤Z＜8000	Z＜100
其他未列明行业 *	从业人员(X)	人	X≥300	100≤X＜300	10≤X＜100	X＜10

说明：

1.大型、中型和小型企业须同时满足所列指标的下限，否则下划一档；微型企业只须满足所列指标中的一项即可。

2.附表中各行业的范围以《国民经济行业分类》(GB/T4754-2011）为准。带*的项为行业组合类别，其中，工业包括采矿业，制造业，电力、热力、燃气及水生产和供应业；交通运输业包括道路运输业，水上运输业，航空运输业，管道运输业，装卸搬运和运输代理业，不包括铁路运输业；信息传输业包括电信、广播电视和卫星传输服务，互联网和相关服务；其他未列明行业包括科学研究和技术服务业，水利、环境和公共设施管理业，居民服务、修理和其他服务业，社会工作，文化、体育和娱乐业，以及房地产中介服务，其他房地产业等，不包括自有房地产经营活动。

3.企业划分指标以现行统计制度为准。(1）从业人员，是指期末从业人员数，没有期末从业人员数的，采用全年平均人员数代替。(2）营业收入，工业、建筑业、限额以上批发和零售业、限额以上住宿和餐饮业以及其他设置主营业务收入指标的行业，采用主营业务收入；限额以下批发与零售业企业采用商品销售额代替；限额以下住宿与餐饮业企业采用营业额代替；农、林、牧、渔业企业采用营业总收入代替；其他未设置主营业务收入的行业，采用营业收入指标。(3）资产总额，采用资产总计代替。

附录Ⅱ 统计上大中小型企业划分办法（暂行）

一、根据国家经贸委、国家计委、财政部、国家统计局《关于印发中小企业标准暂行规定的通知》（国经贸委中小企[2003]143 号），结合统计工作的实际情况，特制定本办法。

二、本办法适用于统计上对工业（采矿业，制造业，电力、燃气及水的生产和供应业）、建筑业、交通运输、仓储和邮政业、批发和零售业、住宿和餐饮业的企业划分规模。

三、本办法以法人企业或单位作为对企业规模的划分对象，以从业人员数、销售额和资产总额三项指标为划分依据。企业规模的具体划分标准见附表。

四、企业规模由政府综合统计部门根据上年统计年报每年划分一次。企业规模一经确认，月度统计原则上不进行调整。

附表：统计上大中小型企业划分标准

行业名称	指标名称	计算单位	大型	中型	小型
工业企业	从业人员数 销售额 资产总额	人 万元 万元	2000 及以上 30000 及以上 40000 及以上	300-2000 以下 3000-30000 以下 4000-40000 以下	300 以下 3000 以下 4000 以下
建筑业企业	从业人员数 销售额 资产总额	人 万元 万元	3000 及以上 30000 及以上 40000 及以上	600-3000 以下 3000-30000 以下 4000-40000 以下	600 以下 3000 以下 4000 以下
批发业企业	从业人员数 销售额	人 万元	200 及以上 30000 及以上	100-200 以下 3000-30000 以下	100 以下 3000 以下
零售业企业	从业人员数 销售额	人 万元	500 及以上 15000 及以上	100-500 以下 1000-15000 以下	100 以下 1000 以下
交通运输业企业	从业人员数 销售额	人 万元	3000 及以上 30000 及以上	500-3000 以下 3000-30000 以下	500 以下 3000 以下
邮政业企业	从业人员数 销售额	人 万元	1000 及以上 30000 及以上	400-1000 以下 3000-30000 以下	400 以下 3000 以下
住宿和餐饮业企业	从业人员数 销售额	人 万元	800 及以上 15000 及以上	400-800 以下 3000-15000 以下	400 以下 3000 以下

说明：1. 表中的“工业企业”包括采矿业、制造业、电力、燃气及水的生产和供应业三个行业的企业。

2. 工业企业的销售额以现行统计制度中的年产品销售收入代替；建筑业企业的销售额以现行统计制度中的年工程结算收入代替；批发和零售业的销售额以现行报表制度中的年销售额代替；交通运输和邮政业、住宿和餐饮业企业的销售额以现行统计制度中的年营业收入代替；资产总额以现行统计制度中的资产合计代替。

3. 大型和中型企业须同时满足所列各项条件的下限指标，否则下划一档。

附录Ⅲ　批发和零售业、住宿和餐饮业统计限额标准

行业类别	统计指标名称	限额标准
批发业	年主营业务收入	2000 万元
零售业	年主营业务收入	500 万元
住宿业	年主营业务收入	200 万元
餐饮业		

附录Ⅳ 主要统计指标解释

一、批发和零售业、住宿和餐饮业主要财务指标解释

1.资产总计：指企业拥有或控制的能以货币计量的经济资源，包括各种财产、债权和其他权利。资产按其流动性(即资产的变现能力和支付能力)划分为：流动资产、长期投资、固定资产、无形资产、递延资产和其他资产。

2.流动资产：指企业可以在一年内或者超过一年的一个生产周期内变现或者耗用的资产，包括现金及各种存款、短期投资，应收及预付款项、存货等。

3.存货：指企业在生产经营过程中为销售或耗用而储备的各种资产，包括原材料、周转材料、包装物、低值易耗品、在产品、自制半成品、产成品等。

4.固定资产原价：指企业在建造、购置、安装、改建、扩建、技术改造某项固定资产时所支出的全部货币总额。

5.固定资产折旧：指对固定资产由于磨损和损耗而转移到产品中去的那一部分价值的补偿。

6.负债合计：指企业所承担的能以货币计量，将以资产或劳务偿付的债务，偿还形式包括货币、资产或提供劳务。

7.所有者权益合计：指企业投资人对企业净资产的所有权。企业净资产为企业全部资产与企业全部负债的差额，包括实收资本、资本公积、盈余公积、未分配利润等。

8.实收资本：指企业投资者实际投入的资本(或股本)，包括货币、实物、无形资产等各种形式的投入。实收资本按投资主体可分为国家资本、集体资本、法人资本、个人资本、港澳台资本和外商资本。

9.国家资本：指有权代表国家投资的政府部门或机构、直属事业单位对企业形成的资本金。

10.集体资本：指由本企业职工等自然人集体投资或各种机构对企业进行扶持形成的集体性质的资本金。

11.法人资本：指法人以其依法可支配的资产投入企业形成的资本金。

12.个人资本：指自然人实际投入企业的资本金。

13.港澳台资本：指我国香港、澳门和台湾地区投资者实际投入企业的资本金。

14.外商资本：指外国投资者实际投入企业的资本金。

15.营业收入合计：指企业在销售商品、提供劳务及让渡资产使用权等日常活动中所形成的经济利益的总收入。包括主营业务收入和其他业务收入。

16.主营业务收入：指企业在从事销售商品、提供劳务等主要生产经营活动中所产生的收入总额。

17.主营业务成本：指企业为销售商品、提供劳务等主要生产经营活动而发生的各种耗费。

18.主营业务税金及附加：指企业根据实现收入的一定比例计提的营业税、城建税和教育费附加总额。

19.主营业务利润：指企业在从事商品销售、提供服务等主要经营中所产生的利润之和。

20.其他业务利润：指企业除销售商品、提供劳务等主要经营活动外的其他业务收入扣除其他业务成本及应负担的费用、税金后的净收入。

21.营业费用：指企业在销售商品、提供劳务等生产经营中发生的各项经营费用和餐饮企业经营中发生的各项费用。包括运输费、装卸费、包装费、保险费、展览费、差旅费、广告费、商品损耗、进出口商品累计佣金、经营人员的工资及福利费等。

22.管理费用：指企业行政管理部门为组织和管

理生产经营活动而发生的各项费用。

23.税金：指企业按规定从管理费用中支付的各种税金，包括房产税、土地使用税、车船使用税、印花税等。

24.差旅费：指因公务出差所发生的各种费用，包含外埠差旅费、市内差旅费、各种出差补贴等。

25.工会经费：指建立工会组织的企业事业按每月全部职工工资总额的一定比例向工会拨缴的经费。

26.财务费用：指企业为筹集生产经营所需资金等而发生的费用，包括利息支出、汇兑损失以及相关的金融机构手续费等。

27.利息净支出：指企业在生产经营期间利息支出扣除利息收入后的净额。

28.营业利润：指企业从事生产经营活动所产生的利润，即主营业务利润加其他业务利润扣除管理费用、财务费用后的净额。

29.利润总额：指企业在生产经营过程中各种收入扣除各种耗费后的盈余，反映企业在报告期内实现的亏盈总额，包括营业利润、补贴收入、投资净收益和营业外收支净额。

30.应交所得税：指企业按税法规定，应从生产经营等活动的所得中交纳的税金。

31.劳动、失业保险费：指企业向社会保障部门和保险公司为本单位职工支付的劳动保险、失业保险的费用。

32.住房公积金和住房补贴：指企业单位、及其在职职工缴存的长期住房储金和国家为职工解决住房问题而给予的住房补贴资助。

33.本年应付工资总额：指企业应支付给本单位职工的全部工资，它反映企业本期累计应付的工资总额，而不是会计“应付工资”科目的余额。

34.本年应付福利费总额：指企业累计提取的福利费总额，它反映本期应付福利费的全部发生额，而不是会计“应付福利费”科目的余额。

35.本年应交增值税(批发和零售企业填写)：指企业按税法规定，从事货物销售或提供加工、修理修配劳务等增加货物价值的活动本期应交纳的税金。指企业在报告期应交增值税额。计算公式为：

本年应交增值税=销项税额-(进项税额-进项税额转出)-出口抵减内销产品应纳税额-减免税款+出口退税

36.全部从业人员年平均人数：指年内各月平均拥有的人数，其计算公式为：

全部从业人员平均人数=（1 月平均人数 + 2 月平均人数 + … + 12 月平均人数）/ 12

月平均人数=（月初从业人员数 +月末从业人员数）/ 2

二、批发和零售业商品购、销、存情况指标解释

1.商品购进额：指从本企业以外的单位和个人购进（包括从国外直接进口）作为转卖或加工后转卖的商品金额。本指标由从生产者购进额、从批发和零售业购进额、进口额和其他项组成，反映批发和零售业从国内外市场上购进商品的价值总量。

2.进口：指直接从国外进口的商品和委托外贸部门代理进口的商品，不包括从国内有关单位购进的进口商品。外贸企业只能统计自主经营进口的商品，不包括受托代理进口的商品。

3.商品销售额：指售予本企业以外的单位和个人的商品金额(含增值税)。这个指标反映批发和零售业在国内市场上销售商品以及出口商品的价值总量。

4.出口：指直接向国（境）外出口商品和委托外贸企业代理出口的商品金额，商品出口不包括售给外贸企业出口或加工后出口的商品，以及在国内市场以外币销售的商品。外贸企业只统计自主经营出口的商品，不包括受托代理出口的商品。

5.期末商品库存额：指批发和零售业企业（单位）已取得所有权的全部商品金额。这个指标反映批发和零售业的商品库存情况，以及对市场商品供应的保证程度。

三、住宿和餐饮业经营情况指标解释

1.营业额：指住宿和餐饮业法人企业、产业活动单位在经营活动中因提供服务或销售商品等取得的收入。包括：客房收入、餐费收入、商品销售额（含增值税）和其他收入。

2.客房收入：指住宿和餐饮业法人企业、产业活动单位在经营活动中因提供住宿服务取得的收

入。

3.餐费收入：指住宿和餐饮业法人企业、产业活动单位因为顾客提供就餐服务取得的收入。包括：经烹饪、调制加工后出售的各种食品，如主食、炒菜、凉拌菜等的收入。

4.商品销售额：指住宿和餐饮业法人企业、产业活动单位出售商品的销售总额（含增值税）。

5.其他收入：指营业额中除客房收入、餐费收入、商品销售额（含增值税）以外的其他收入。包括：娱乐、健身和商务服务等。

6.床位数：指宾馆、饭店、酒店、旅馆等供应旅客使用的床位数，不包括临时加的床位和宾馆、饭店、酒店、旅馆等内部工作人员使用的床位。该指标按年内正常情况下的实有数统计。

7.餐位数：指住宿和餐饮业法人企业、产业活动单位为顾客提供就餐服务时，正常可同时容纳就餐人员的餐位数量，不包括临时加的餐位。该指标按年内正常情况下的实有数统计。

8.年末餐饮营业面积：指住宿和餐饮业法人企业、产业活动单位对外提供就餐服务的门店建筑面积和从事食品加工、烹饪、调制的厨房面积，不包括办公用房和仓库等面积。该指标按年末实有面积统计。

四、批发和零售业、住宿和餐饮业主要经济效益分析指标解释

1.负债率：指企业负债总额与资产总额之比。它表示企业资产总额中，债权人提供资金所占的比重，以及企业资产对债权人权益的保障程度。其计算公式为：

负债率 =（负债总额 ÷ 资产总额）× 100%

2.主营业务毛利率：指企业主营业务收入和主营业务成本之间的差额与主营业务收入之比，其计算公式为：

主营业务毛利率 =（主营业务收入 − 主营业务成本）÷ 主营业务收入 × 100%

3.人均营业收入：指企业营业收入与年末从业人员数之比，其计算公式为：

人均营业收入 = 营业收入 ÷ 年末从业人员数

4.流动资产周转次数：指企业一定时期内主营业务收入同流动资产总额的比值，其计算公式为：

流动资产周转次数 = 主营业务收入 ÷ 流动资产总额

5.费用率：指营业费用、管理费用和财务费用三项之和与营业收入之比。其计算公式为：

费用率 =（营业费用 + 管理费用 + 财务费用）÷ 营业收入 × 100%